Härdler (Hrsg.)
Betriebswirtschaftslehre
für Ingenieure

Herausgeber:
Prof. Dr. habil. Jürgen Härdler

Autoren:
Prof. Dr. Angelika Büchner (Kapitel 7)
Prof. Dr. Dieter Brenzke (Kapitel 9, 10)
Prof. Dr. habil. Manfred Goepel (Kapitel 12)
Prof. Dr. habil. Dietmar Gonschorek (Kapitel 8)
Prof. Dr. habil. Jürgen Härdler (Kapitel 1, 2, 4, 5)
Prof. Dr. habil. Rudolf Merz (Abschnitt 1.6)
Prof. Dr. Matthias Schwarz (Kapitel 6)
Prof. Dr. Herbert Strunz (Kapitel 11)
Prof. Dr. Angela Walter (Kapitel 3)

Westsächsische Hochschule Zwickau (FH)

Jürgen Härdler (Hrsg.)

Betriebswirtschaftslehre für Ingenieure

Mit 166 Abbildungen, 20 Tabellen, 40 Übungsaufgaben,
63 Demonstrations- und Fallbeispielen sowie 210 Kontrollfragen

HANSER

Die Deutsche Bibliothek – CIP-Einheitsaufnahme

Ein Titeldatensatz für diese Publikation
ist bei Der Deutschen Bibliothek erhältlich.

ISBN 3-446-21524-7

www.hanser.de
Satz: Petra Grundke, Zwickau
Druck und Bindung: Druckhaus „Thomas Müntzer“ GmbH, Bad Langensalza
Printed in Germany

Vorwort

Ein weiteres Lehrbuch mit dem Inhalt „**Betriebswirtschaftslehre**“ erscheint oberflächlich betrachtet nicht sinnvoll, denn es gibt schon viele ausgezeichnete Titel, die sich mit dem gleichen Wissensgebiet auseinander setzen. Das einzige Manko dieser hervorragenden Bücher besteht aber darin, dass sie aufgrund ihres stofflichen Umfanges (meist etwa oder über 1000 Seiten) und aufgrund ungenügender kapitelintegrierter Demonstrationsbeispiele und Übungsaufgaben sowohl den betriebswirtschaftlichen Studieneinsteiger als auch die Studenten, für die betriebswirtschaftliche Grundtatbestände eher **studienbegleitende Randprobleme** verkörpern, überfordern.

Aus meiner langjährigen Tätigkeit als „Bediener“ der Betriebswirtschaftslehre in überwiegend technischen, naturwissenschaftlichen und künstlerischen Fachbereichen unserer Hochschule weiß ich, wie nötig ein solches kurz gefasstes und auf die Erlebniswelt dieser Leser zugeschnittenes **Kompendium** ist.

Mit diesem Buch wird deshalb versucht, vorrangig den Studenten ingenieurwissenschaftlicher Fachbereiche, die keine oder nur wenige betriebswirtschaftliche Vorkenntnisse besitzen, jenen Überblick über das **Gesamtspektrum der Betriebswirtschaftslehre** zu vermitteln, den diese für ihren späteren erfolgreichen Praxiseinsatz benötigen, ohne den Ingenieurstudenten zum Betriebswirtschaftsstudenten umwandeln zu wollen.

Mit dem unterbreiteten Fachinhalt sollen dem Studenten und späteren Mitarbeiter, gleich auf welcher Führungsebene und in welchem technischen Ressort, fundierte betriebswirtschaftliche **Grundlagenkenntnisse** vermittelt werden. Der Ingenieur muss dabei erkennen, dass jede noch so gute technische Lösung zum Misserfolg verurteilt ist, wenn sie preislich am Markt nicht umsetzbar ist.

Um dem Anspruch eines kurzgefassten Lehrbuches zu entsprechen, wurden die 12 Kapitel jeweils in der Seitenzahl beschränkt, wobei einleitend zu jedem Kapitel **Studienziele** formuliert sind, die Aussagen darüber machen sollen, was vom Studierenden im Ergebnis seiner Studienarbeit erwartet wird. An jedes Kapitelende sind **Kontrollfragen** und **Übungsaufgaben** zur individuellen Selbstüberprüfung sowie ausführliche **Literaturhinweise** angefügt.

Bei der methodischen Aufbereitung des Lehrstoffes wurde besonderer Wert auf hohen Praxisbezug, aber auch auf eine gute visuelle Gestaltung der Darlegungen in Form von aussagefähigen **Abbildungen**, **Tabellen**, **Übungsaufgaben** sowie ergebnisorientierten **Demonstrations-** und **Fallbeispielen** gelegt. Ein separater **Lösungsteil** zu den Übungsaufgaben vervollständigt das Spektrum der angebotenen Studienhilfen.

Der Herausgeber bedankt sich bei allen Autoren dieses Buches. Besondere Anerkennung möchte ich Frau Dipl.-Ing. oec. *Petra Grundke* sowie den Herren Dipl.-Wirtschaftsingenieur *René Müller* und cand. Dipl.-Wirtschaftsingenieur *André Völkel* für ihre kreativ-redaktionelle Mitarbeit aussprechen.

Zwickau, Frühjahr 2001 *Jürgen Härdler*

Inhaltsverzeichnis

Symbolverzeichnis

A	Anschaffungskosten bzw. Anschaffungswert
AB	Anfangsbestand
AfA	Absetzung für Abnutzung
AG	Aktiengesellschaft bzw. Arbeitsgang
AGB	Allgemeine Geschäftsbedingungen
Ah	Arbeitsstunde
AK	Anschaffungskosten bzw. Arbeitskraft
AktG	Aktiengesetz
AO	Abgabenordnung
Ap	Arbeitsproduktivität
ASP	Application Service Providing
B2B	Business-to-Business
B2C	Business-to-Customer
BAB	Betriebsabrechnungsbogen
BBP	Business to Business Procurement
BDE	Betriebsdatenerfassung
BetrVG	Betriebsverfassungsgesetz
BewG	Bewertungsgesetz
BewRGr	Richtlinien für die Bewertung des Grundvermögens
BG	Baugruppe
BGB	Bürgerliches Gesetzbuch
BImSchG	Bundesimmissionsschutzgesetz
BT	Bauteil
BUT	Beschaffungsmarkt-Unternehmensstärke-Portfolio
BWL	Betriebswirtschaftslehre
BWP	Beschaffungsmarktattraktivitäts-Wettbewerbs-Portfolio
CAD	Computer Aided Design
CAE	Computer Aided Engineering
CAM	Computer Aided Manufacturing
CAP	Computer Aided Planning
CAPI	Computer Assisted Personal Interviewing
CAQ	Computer Aided Quality
CATI	Computer Assisted Telephone Interviewing
CF	Cash-Flow
CRM	Customer Relationship Management
CSAQ	Computer Self Administered Questionaires
DAX	Deutscher Aktienindex
D	Degressionsbetrag
DIN	Deutsche Industrienorm
DSS	Decision-Support-System
EB	Endbestand
EDV	Elektronische Datenverarbeitung

EG	Europäische Gemeinschaft
EIS	Executive Information System
EK	Eigenkapital
ERP	Enterprise Resource Planning bzw. European Recovery Program
EstDV	Einkommensteuerdurchführungsverordnung
EStG	Einkommensteuergesetz
EStR	Einkommensteuerrichtlinien
EU	Europäische Union
EURIBOR	European Interbank Offered Rate
EWC	Europäischer Abfallkatalog
EWIV	Europäische wirtschaftliche Interessenvereinigung
FAG	Finanzausgleichsgesetz
FE	Fertigerzeugnis
FGK	Fertigungsgemeinkosten
FGO	Finanzgerichtsordnung
FK	Fremdkapital
FKZ	Fremdkapitalzins
G	Gewinn
GbR	Gesellschaft bürgerlichen Rechts
GenG	Genossenschaftsgesetz
GewStDV	Gewerbesteuerdurchführungsverordnung
GewStG	Gewerbesteuergesetz
GewStR	Gewerbesteuerrichtlinien
GmbH	Gesellschaft mit beschränkter Haftung
GmbHG	Gesetz betreffend die Gesellschaft mit beschränkter Haftung
GrEStG	Grunderwerbsteuergesetz
GrStG	Grundsteuergesetz
GuV	Gewinn- und Verlustrechnung
GVG	Gerichtsverfassungsgesetz
H	Hebesatz
HGB	Handelsgesetzbuch
HK	Herstellkosten
HRefG	Handelsregisterreformgesetz
HWC	Europäisches Verzeichnis gefährlicher Abfälle
I&K	Informations- und Kommunikationstechnologie
i	Fremdkapitalzins
IHS	Instandhaltungsstrategie
IKR	Industriekontenrahmen
IPO	International Procurement Office
JiT	Just-in-Time
JÜ	Jahresüberschuss
K	Kreditinanspruchnahme
KAG	Kommunalabgabengesetz
KG	Kommanditgesellschaft

KGaA	Kommanditgesellschaft auf Aktien
KGV	Kurs-Gewinn-Verhältnis
KKl	Kontenklasse
KLR	Kosten- und Leistungsrechnung
KMU	Kleine und mittelständische Unternehmen
Kp	Kapitalproduktivität
Kr-Linie	Kreditlinie
KraftStG	Kraftfahrzeugsteuergesetz
KrW-/AbfG	Kreislaufwirtschaft- und Abfallgesetz
KStDV	Körperschaftsteuerdurchführungsverordnung
KStG	Körperschaftsteuergesetz
KStR	Körperschaftsteuerrichtlinien
L_{AV}	Resterlöswert zum Ersatzzeitpunkt
L_{EV}	Resterlöswert zum Nutzungsdauerende
L_G	Gesamtleistungsvorrat des Anlagegutes
L_p	in der Periode verbrauchter Leistungsvorrat
LAB	Lieferanten-Abnehmer-Beziehung
LEK	Lohneinzelkosten
LFAG	Länderfinanzausgleichsgesetze
LIBOR	London Interbank Offered Rate
LohnStDV	Lohnsteuerdurchführungsverordnung
LohnStR	Lohnsteuerrichtlinien
M	Mitarbeiter bzw. Messzahl für Gewerbesteuer
MAPI	Machinery and Allied Products Institute
MbO	Management by Objectives
ME	Mengeneinheiten
MEK	Materialeinzelkosten
MGK	Materialgemeinkosten
MinöSTDV	Mineralölsteuergesetz-Durchführungsverordnung
MinöStG	Mineralölsteuergesetz
MIS	Management Information System
MitbestG	Mitbestimmungsgesetz
MOB	Make-or-Buy
MRO	Maintenance, Repair and Operating
MVA	Müllverbrennungsanlagen
n	Zahl der Jahre der Nutzung bzw. betriebsgewöhnliche Nutzungsdauer
NC	Numerical Control
OHG	Offene Handelsgesellschaft
p	Abschreibungsprozentsatz
P	Pufferlager
P_A	Arbeitsproduktivität
PA	Periodenanfang
PAngV	Preisangabenverordnung

PartGG	Partnerschaftsgesellschaftsgesetz
PE	Periodenende
PLG	Potenzialgestaltung
PPG	Produkt-/Produktionsprogrammgestaltung
PPS-System	Produktionsplanungs- und -steuerungssystem
PRPS	Produktions-/Recyclingplanung- und -steuerung
PublG	Publizitätsgesetz
PZG	Produktionsprozessgestaltung
REFA	Verband für Arbeitsstudien und Betriebsorganisation
r_{EK}	Eigenkapitalrentabilität
REWE	Rechnungswesen
r_{GK}	Gesamtkapitalrentabilität
R_n	Restwert am Ende der Nutzungsdauer
RVF	Restwertverteilungsfaktor
S	Skontosatz
s	Skontofrist
SCM	Supply Chain Management
SK	Selbstkosten
SSM	Schnittstellenmanagement
StromStG	Stromsteuergesetz
SWOT	Strengths, Weaknesses, Options and Threats
t	Zeit, Laufzeit
TCO	Total Cost of Ownership
t_m	mittlere Laufzeit
TPM	Total Productive Maintenance
TQC	Total Quality Control
TQM	Total Quality Management
TW	Tageswert
UE	Unfertiges Erzeugnis
UMS	Umweltmanagementsystem
UmwG	Umwandlungssteuergesetz
UStDV	Umsatzsteuerdurchführungsverordnung
UStG	Umsatzsteuergesetz
UStR	Umsatzsteuerrichtlinien
V	Verschuldungsgrad
VersStG	Versicherungsteuergesetz
VMI	Vendor Managed Inventory
VtrGK	Vertriebsgemeinkosten
VwGK	Verwaltungsgemeinkosten
WHG	Wasserhaushaltgesetz
$x_{opt.}$	optimale Bestellmenge
Z	Zahlungsziel
ZM	Zahlungsmittel
ZPO	Zivilprozessordnung

1 Grundlagen der Betriebswirtschaftslehre

1.1 Studienziele

Dieses Kapitel soll dem Leser ermöglichen

- ➨ den Begriff der Betriebswirtschaftslehre einschließlich darin enthaltener Einzelerkenntnisse zu definieren;
- ➨ eine treffsichere Einordnung der Betriebswirtschaftslehre in das allgemeine Wissenschaftssystem unter Beachtung definierter Merkmalskriterien des Wissenschaftsbegriffes vorzunehmen;
- ➨ die wesentlichen Methoden der betriebswirtschaftlichen Erkenntnisgewinnung einschließlich ihrer Differenzierungsmerkmale zu nennen;
- ➨ den Begriff des Wirtschaftens zu definieren und die tragenden Ausprägungsmerkmale des ökonomischen Prinzips zu unterbreiten;
- ➨ die unterschiedlichen Kennzahlen des betrieblichen Wirtschaftens zu nennen, zu berechnen und zu interpretieren;
- ➨ die Begriffspaare betrieblicher Stromgrößen einschließlich der Zuordnung definierter Geschäftsfälle zu diesen Einzelgrößen zu erläutern;
- ➨ das Funktionsverständnis des Wirtschaftsrechts als Gestaltungsinstrument betriebswirtschaftlicher Prozesse zu entwickeln.

1.2 Begriff und Teilbereiche der Betriebswirtschaftslehre

Unter dem Begriff der **Betriebswirtschaftslehre** versteht man eine

beschreibende und entscheidungsorientierte Teildisziplin der Wirtschaftswissenschaften, die – in Umkehrung zur Volkswirtschaftslehre – die Strukturen und Prozesse einzelner Betriebe bzw. Haushalte untersucht und auf Grund der dabei erkannten Regel- und Gesetzmäßigkeiten Empfehlungen für zielorientierte, wirtschaftliche Verhaltensweisen ableitet.

Als **Nachsatz** zu dieser Definition muss noch angeführt werden, dass die übergeordneten gesamtwirtschaftlichen Zusammenhänge (z. B. die Preisbildung der Produktionsfaktoren) nur insoweit Berücksichtigung finden, wie sie aus dem Blickwinkel der einzelnen Unternehmen von Wichtigkeit sind.
Hinterfragt man den Begriffsinhalt näher, so lassen sich folgende **Einzelerkenntnisse** darstellen:

a) Das Attribut „**beschreibend**" verdeutlicht zunächst nur eine völlig wertfreie Zustandserfassung betrieblicher Sachtatbestände einschließlich der Darstellung ihrer wesentlichen Zusammenhänge.

b) Mit dem Attribut „**entscheidungsorientiert**" soll zum Ausdruck gebracht werden, dass ein Nutzen der bloßen Beschreibungsaufgabe erst dann gegeben ist, wenn die daraus abgeleiteten Leitungsentscheidungen der Erfüllung definierter betrieblicher Formalziele dienen.

c) Das Attribut „**einzeln**“ verkörpert die strenge einzelwirtschaftliche Betrachtung der Betriebe – auch Froschperspektive genannt.

d) Die Attribute „**zielorientiert und wirtschaftlich**“ dokumentieren die Gestaltungsaufgabe der Betriebswirtschaftslehre.

e) Trotz einzelwirtschaftlicher Betrachtungsweise zwischen der Betriebs- und Volkswirtschaftslehre bestehen vielfältige **berührende** und **überschneidende** Schnittstellen.

Will die Betriebswirtschaftslehre ihrem angesprochenen Zielansatz gerecht werden, nämlich Empfehlungen für zielgerichtete Verhaltensweisen in den Betrieben auszusprechen, dann kann dies auf **zweierlei Art und Weise** geschehen:

1. Sie untersucht Sachtatbestände, die für **alle** Wirtschaftseinheiten zutreffend sind, und kommt damit zu einem allgemein gültigen Aussagensystem.
2. Sie untersucht betriebliche Sachtatbestände unter Einbeziehung der wirtschaftlichen Spezifika einzelner Wirtschaftszweige und kommt damit **nur** zu speziellen Aussagen von geringerem Abstraktionswert.

Das Ergebnis beider Vorgehensweisen ist im ersten Fall der Teilbereich der „**Allgemeinen Betriebswirtschaftslehre**“ und im zweiten der Begriff der „**Speziellen (Besonderen) Betriebswirtschaftslehren**“. Vervollständigt wird die Untergliederung der Betriebswirtschaftslehre durch einen dritten Teilbereich, die „**Betriebswirtschaftlichen Verfahrenstechniken**“, auch Betriebstechniken genannt, mit deren Hilfe (Werkzeuge) die erforderliche Datenaufbereitung und -verarbeitung, i. w. S. auch die Erkenntnisgewinnung erfolgt. Abschließend zu diesem Problem soll noch vermerkt werden, dass alle drei genannten Teilbereiche einander bedingen und sich zum Teil überschneiden.

Als Beispiel soll an dieser Stelle die **Beschaffungsfunktion** eines Unternehmens genannt werden, die als Funktionslehre einerseits die Gesamtheit aller Produktionsfaktoren beansprucht und andererseits selbst in allen Wirtschaftszweigen vorkommt.

Neben dieser institutionellen Untergliederung der Betriebswirtschaftslehre gibt es in der wissenschaftlichen Literatur auch andere wie z. B. die **funktionelle** und die **genetische** Gliederungsmöglichkeit. Währenddem die zuletzt genannte eine Unterteilung der Betriebswirtschaftslehre nach den betrieblichen Hauptfunktionen vollzieht, dokumentiert die genetische die zeitliche Untergliederung des Betriebes von seiner Gründung bis zur Insolvenz bzw. Liquidation. Die *Abbildung 1.1* verkörpert eine Zusammenfassung aller Möglichkeiten der Gliederung der Betriebswirtschaftslehre vorrangig, jedoch aus der Sicht der **institutionellen** Gliederung betrachtet.

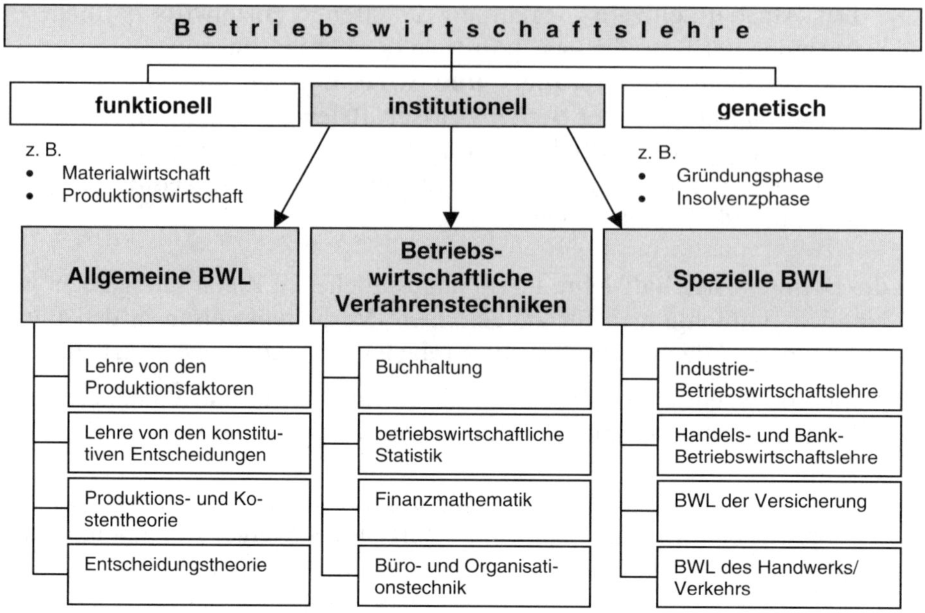

Abbildung 1.1: Teilbereiche und Erkenntnisse der Betriebswirtschaftslehre

Die nachfolgenden Kapitelausführungen beziehen sich in ihrer Ergebnisdarstellung sowohl auf den Aussagestatus der allgemeinen Betriebswirtschaftslehre als auch auf die Industriebetriebslehre, jedoch in einem funktionellen Darstellungsablauf – beginnend bei der Beschaffungs- und endend bei der Absatzfunktion.

1.3 Einordnung der Betriebswirtschaftslehre in das Wissenschaftssystem

Geht man von der bisher noch nicht bewiesenen Tatsache aus, dass die Betriebs- und Volkswirtschaftslehre immanente Bestandteile der Wirtschaftswissenschaften verkörpern, so stellt sich an dieser Stelle sofort die Frage nach der weitergehenden Einordnung der Betriebswirtschaftslehre in das System der Wissenschaften. Unter **Wissenschaft** versteht man in Anlehnung an die in der Literatur (z. B. *Brockhaus-Enzyklopädie*, Band 24, 277) unterbreiteten Begriffsdarstellungen

> eine Summe von gesicherten Erkenntnissen, die sich auf einen Gegenstandsbereich beziehen und die in einem sachlich geordneten Zusammenhang stehen.

Nach dieser Aussage ist damit eine Wissenschaft durch drei **Merkmale** strukturiert.

1. Eine Wissenschaft ist durch ein klar abgegrenztes **Gegenstandsgebiet** (Erkenntnisobjekt) gekennzeichnet.

2. Eine Wissenschaft hat ein klar definiertes statisches (zeitpunktbezogen) oder dynamisches (zeitraumbezogen) **Erkenntnisziel**.
3. Eine Wissenschaft stellt ihre durch spezifische Forschungsmethoden gewonnenen Erkenntnisse in **systematisierter Ordnung** dar.

In Anlehnung an verschiedene Autoren wie z. B. *Bartzsch* S. 25; *Fries* S. 2; *Olfert/Rahn* S. 23 lässt sich folgender **Einordnungspfad** der Betriebswirtschaftslehre in das allgemeine Wissenschaftssystem ableiten (*Abbildung 1.2*).

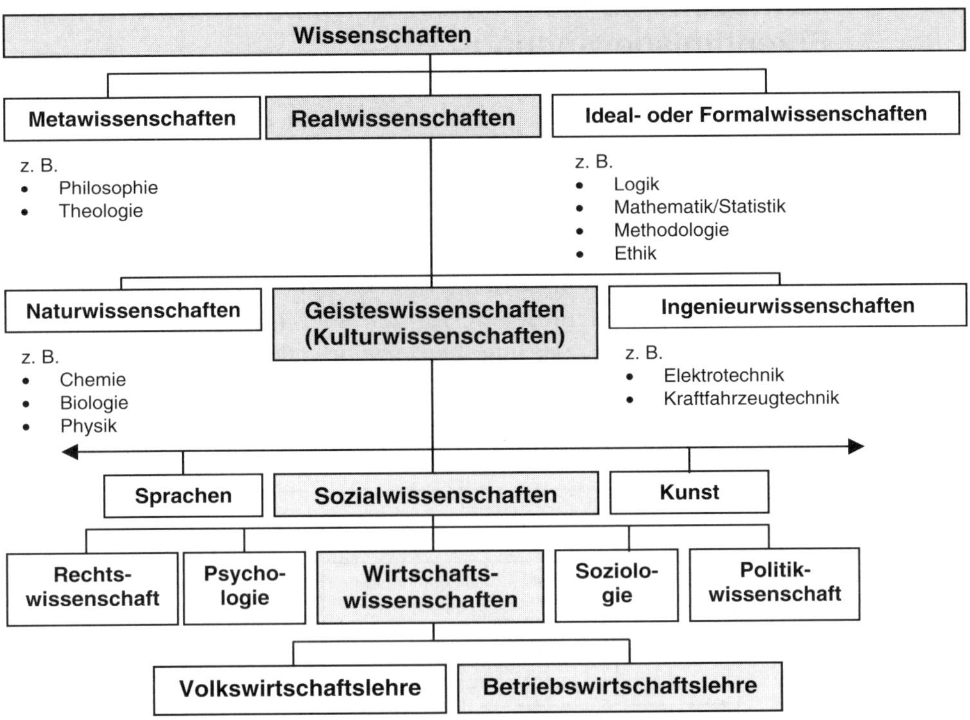

Abbildung 1.2: Betriebswirtschaftslehre im Wissenschaftssystem

Erläuternd zu dieser Abbildung ist noch Folgendes festzustellen:

1. Währenddem Erkenntnisse aus den **Ideal**- bzw. **Formalwissenschaften** nur aus dem menschlichen Denkprozess abgeleitet werden, sind die Erkenntnisse aus den **Realwissenschaften** objektiver Natur, d. h., sie sind unabhängig von menschlichen Denkprozessen in der objektiven Realität vorhanden.
2. Abgegrenztes Gegenstandsgebiet der **Natur- und Ingenieurwissenschaften** sind physische, mittels Sinneswahrnehmungen erfassbare Objekte, demgegenüber besitzen **Geistes- oder Kulturwissenschaften** psychische, also vom Menschen geschaffene Gegenstände.

3. Unter **Sozialwissenschaften** versteht man den zusammenfassenden Oberbegriff für solche Einzelwissenschaften, die sich mit dem Menschen als sozialem Wesen beschäftigen.
4. Das abgegrenzte Untersuchungsobjekt der **Wirtschaftswissenschaften** ist dagegen das wirtschaftliche Handeln des Menschen in der Wirtschaft, als Summe aller Aktivitäten, die der bewussten Bedürfnisbefriedigung mittels Wirtschaftsgütern dienen.

1.4 Methoden und Modelle der betriebswirtschaftlichen Erkenntnisgewinnung

Will die Betriebswirtschaftslehre als Einzelwissenschaft zu den Wissenschaften gerechnet werden, dann muss sie im Ergebnis ihres Erkenntnisprozesses systematisiertes Wissen sowohl in der Form **gesicherter Erkenntnisse** als auch in **Theorien** und **Hypothesen** ableiten. Dieses Wissen kann einerseits eine reine Erkenntnis des Seienden (Erkenntnisziel der theoretischen Betriebswirtschaftslehre) und andererseits anwendungsorientiertes Wissen (Erkenntnisziel der angewandten Betriebswirtschaftslehre) sein. Zu den wichtigsten **Basis-Methoden** der zielgerichteten Erkenntnisableitung betriebswirtschaftlicher Prozesse und Strukturen gehören (*Abbildung 1.3*).

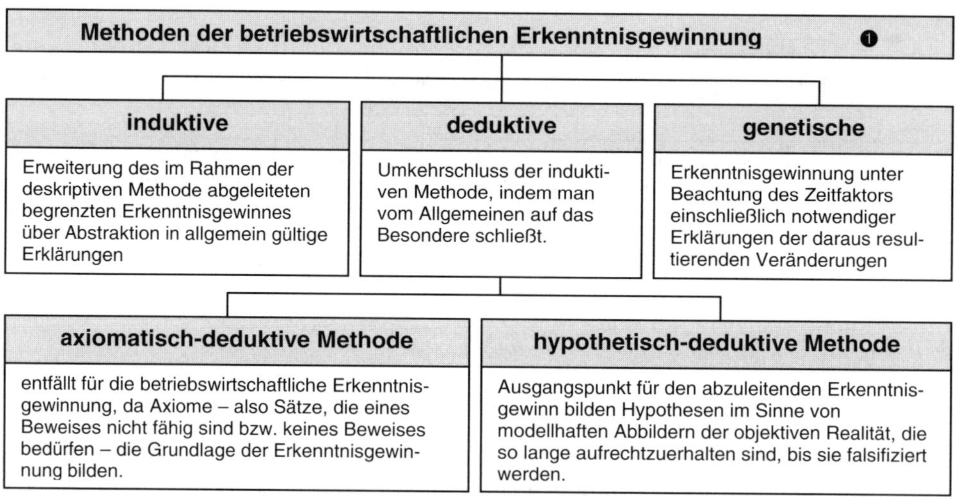

Abbildung 1.3: Methoden der betriebswirtschaftlichen Erkenntnisgewinnung

Beispiel: Ökonomische Steuerreform

Auf viele Unternehmen kommt derzeit ein neuer „Kostendruck" zu, dem nun entgegnet werden soll. Die Frage lautet: **Was ist zu tun, um die negativen Auswirkungen der zusätzlichen Steuerbelastung so gering wie möglich zu halten**? Zunächst ist ein Zahlengerüst zu ermitteln oder ein angenommenes Zahlengerüst zu postulieren (dieses wird/kann/muss später variiert werden, um das Modell verallgemeinern zu können). Dann sind die Zielgrößen (Steuerbelastung

in Form von Geldabfluss) und Gewinn zu berechnen. Anschließend ist zu fragen, wie die Zielgrößen durch andere Maßnahmen zu beeinflussen sind. Dieses „Herumprobieren" ist typisch für die induktive Methode. Ergebnis einer solchen Untersuchung ist dann ein Modell in Gestalt eines Wenn-dann-Beziehungsgeflechts, das als Handlungsanleitung genutzt werden kann.
Besteht nun ein solches Modell, so kann es daraufhin untersucht werden, inwieweit es auf andere Fragestellungen angewandt werden kann. Stellt sich diese Anwendbarkeit auf allgemein gültige Weise heraus, können – ausgehend vom ursprünglichen Modell – Varianten des Modells entwickelt werden. Dies ist eine typisch deduktive Vorgehensweise.

Neuerdings werden aber auch noch andere Methoden in der wissenschaftlichen Literatur genannt (siehe *Jung* 1998, 38 f.) wie die **verstehende**, **experimentelle** und **heuristische** Methode.
Wie das angeführte Beispiel zeigt, dienen zur betriebswirtschaftlichen Entscheidungsvorbereitung nicht nur die abstrakten Methoden, sondern auch zeitlich und räumlich spezifizierte **Modelle**, die in vereinfachter Art und Weise die komplex wirtschaftliche Realität reproduzieren. Dabei ist zu beachten, dass die im Ergebnis der Modellauswertung abgeleiteten Erkenntnisse ebenfalls **Hypothesen** verkörpern, die an der Wahrheit gemessen werden müssen, und die dann entweder verifiziert (bestätigt) oder falsifiziert (widerlegt) werden.

Folgende **Modellformen** können nach der Art ihres Untersuchungszweckes unterschieden werden:

a) **Beschreibungsmodelle** modellieren auf Erfahrung basierende Erscheinungen, ohne dass diese analysiert und erklärt werden (Beispiel: Buchführung).
b) **Reduktivmodelle** reduzieren einen in der objektiven Realität beobachteten Gesamtzusammenhang auf einen vereinfachten Teilzusammenhang, indem man die unwesentlichen Faktoren gedanklich isoliert.
c) **Konstruktionsmodelle** konstruieren aus definierten Basisbegriffen ein gedankliches Modell, an dem sich die erforderlichen Zusammenhänge und Kausalitäten widerspiegeln.
d) **Erklärungsmodelle** erklären verbal und bildlich die Ursachen betrieblicher Prozessabläufe einschließlich der zu Grunde liegenden Gesetzmäßigkeiten (Beispiel: Produktions- und Kostentheorie).
e) **Entscheidungsmodelle** suchen nach Mitteln zur optimalen Zielrealisierung, d. h., mehrere Variable werden innerhalb definierter Restriktionen zu einer extremwertgestalteten Zielfunktion zusammengefasst.

Neben der Strukturierung der Modelle nach der Spezifik ihres Untersuchungszweckes gibt es aber auch noch Modelle strukturiert nach der Art ihrer voraussichtlichen **Ergebnisstruktur** (vgl. *Jung* 1998, 44 ff.). Als solche sind zu nennen:

- deterministische und stochastische Modelle
- statische und dynamische Modelle
- analytische und Simulationsmodelle

1.5 Betriebswirtschaftliche Grundbegriffe

1.5.1 Wirtschaft, Wirtschaften, Ökonomisches Prinzip

Unter dem Begriff **Wirtschaft** versteht man

> alle Institutionen und Handlungen – im Sinne der Arbeitsteilung und des Tausches – die bewusst der menschlichen Bedürfnisbefriedigung mittels Gütern und Dienstleistungen dienen.

Als wirtschaftliche Institutionen fungieren dabei die auf differenzierte Zwecke ausgerichteten **Einzelwirtschaften**, auch Wirtschaftseinheiten genannt, und die Volkswirtschaft als Gesamtheit aller Institutionen eines Staates. Die Einzelwirtschaften lassen sich weiter in **Produktions**- und **Konsumtionswirtschaften** unterteilen. Die zuerst genannte Kategorie (auch als Betriebe bezeichnet) übernimmt dabei den produzierenden Part der Bedürfnisbefriedigung, also die Leistungserstellung und -verwertung der **Wirtschaftsgüter**, als ein anderer Begriff für die in der Definition angesprochenen Güter und Dienstleistungen. Unter der Konsumtionswirtschaft versteht man dagegen den konsumierenden Zweck der Institutionen, d. h. den Verbrauch der in den Betrieben hergestellten Wirtschaftsgüter. Wenn bei diesen konsumierenden Institutionen (Haushalten) produziert wird, dann erfolgt dies ausschließlich für den Eigenbedarf. Die öffentlichen Haushalte nehmen zwar eine Zwitterstellung ein, denn sie gehören, wenn sie bedürfnisbefriedigende Handlungen vollziehen, zu den Produktionswirtschaften. In Verbindung mit dem Wirtschaftsbegriff stehen noch zwei andere Kategorien, nämlich das **Wirtschaftssubjekt** und das **Wirtschaftsobjekt**. Währenddem die Subjekte die schon angesprochenen Institutionen im Sinne der privaten und öffentlichen Haushalte und Betriebe beinhalten, verbergen sich unter den Objekten die von den Subjekten eingesetzten Mittel wie z. B. Material, Personal und Sachanlagen.

Unter dem Begriff des **Wirtschaftens** versteht man dagegen

> den Inbegriff aller planvollen menschlichen Handlungen (Produktion von Sachgütern und/oder Erstellungen von Leistungen und Diensten) mit dem Ziel, die an den Bedürfnissen der Menschen gemessene Knappheit der Güter zu verringern.

Kurz gesagt, ist „Wirtschaften" **Disponieren** über **knappe Güter**, soweit diese verfüg- und übertragbarer Gegenstand von Märkten sind.

Demgegenüber gibt es auch die Kategorie der **freien Güter**, also solche Güter, die keine Mangelerscheinung auslösen und damit nicht zu den Wirtschaftsgütern gehören.

Wirtschaftsgüter lassen sich unter verschiedensten Aspekten nach folgenden **Begriffspaaren** differenzieren:

1. Input- und Outputgüter
2. Produktions- und Konsumtionsgüter
3. Verbrauchs- und Gebrauchsgüter
4. materielle und immaterielle Güter
5. Real- und Nominalgüter

Währenddem das Unterscheidungsmerkmal des zuerst genannten Paares die unterschiedliche Stellung im Produktionsprozess darstellt, orientiert sich die zweite Differenzierung am Aspekt der indirekten und direkten Bedürfnisbefriedigung. Das Unterscheidungsmerkmal des dritten Begriffspaares ist der einzelne oder wiederholte wirtschaftliche Gebrauch. Die immateriellen Güter, also alle Dienstleistungen und Rechte (z. B. Rechte auf Geld) besitzen im Gegensatz zu den materiellen keine wirkliche Substanz. Die Differenzierung zwischen Real- und Nominalgütern besitzt nur für die Geldwirtschaft substanzielle Bedeutung.

Die in der Begriffserklärung zum „Wirtschaften“ fixierte Zielstellung kann nur erreicht werden, wenn das Wirtschaften in bewusster und zielorientierter Form menschlichen alternativen Handelns zum Tragen kommt. Dieses rationale Handeln nennt man das „**ökonomische Prinzip**“ oder Rationalprinzip. Es kann theoretisch betrachtet in drei Ausprägungen angewandt werden, nämlich als

I. **Minimumprinzip** (Sparsamkeitsprinzip)
Frage: Wie kann man ein gegebenes Ziel (Ertrag) mit einem möglichst geringen Mitteleinsatz (Aufwand) erreichen?

II. **Maximumprinzip** (Ergiebigkeitsprinzip)
Frage: Wie kann man mit vorgegebenem Mitteleinsatz (Aufwand) ein maximales Ziel (Ertrag) erreichen?

III. **Extremumprinzip**
Frage: Wie kann man den Mitteleinsatz (Aufwand) mit dem Ziel (Ertrag) so abstimmen, dass ein möglichst extrem hoher Ertragsüberschuss erzielt wird?

Der Vollständigkeit halber muss an dieser Stelle auch gesagt werden, dass es auch noch andere Ansätze als diesen – auch als produktivitäts-orientierten Ansatz der Betriebswirtschaftslehre bezeichneten – Systemansatz des Wirtschaftens gibt. Als weitere grundlegende Ansätze gelten der **entscheidungs-,** der **system-** und der **verhaltensorientierte** Ansatz der Betriebswirtschaftslehre.

In der *Abbildung 1.4* wird das inhaltliche Zusammenspiel der vorangestellten Kategorien noch einmal verdeutlicht:

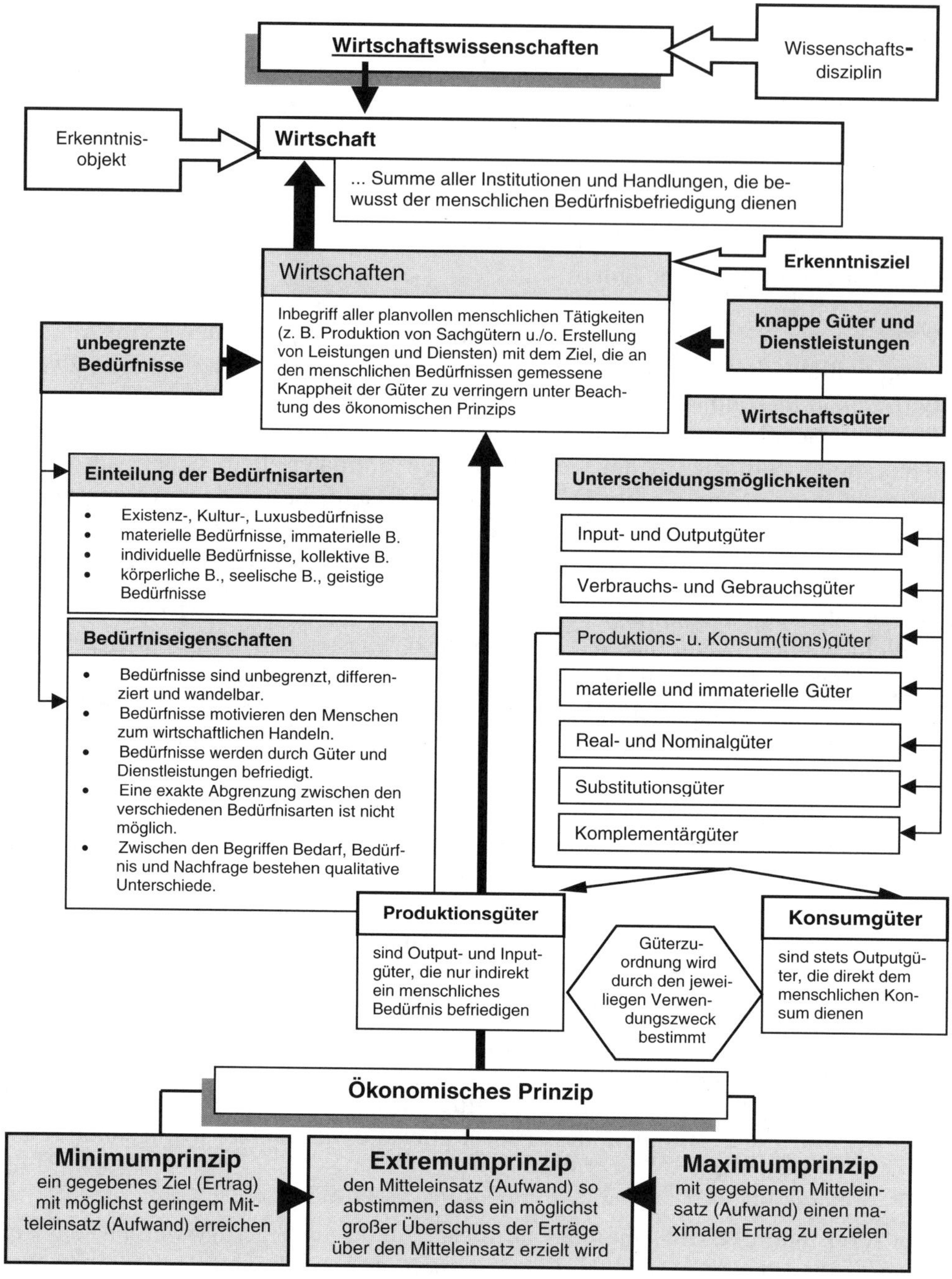

Abbildung 1.4: Wirtschaft, Wirtschaften und ökonomisches Prinzip

1.5.2 Kennzahlen betrieblichen Wirtschaftens

Die im Folgenden aufgeführten Kennzahlen des betrieblichen Wirtschaftens werden in der Literatur auch als Erfolgsziele eines Unternehmens bezeichnet. Sie gelten damit als Maßstäbe für die erfolgreiche Anwendung des schon vorher erläuterten Rationalprinzips. Als solche **Kennzahlen** gelten:

- Produktivität
- Wirtschaftlichkeit
- Rentabilität
- Liquidität

1.5.2.1 Produktivität

Die **Produktivität**, auch als technische Wirtschaftlichkeit bezeichnet,

> verkörpert das mengenmäßige Verhältnis von Ausbringungsmenge – im Sinne der Produktionsleistung – zur Einsatzmenge an Produktionsfaktoren eines Betriebes.

Da die Einsatzmengen an volks- und betriebswirtschaftlichen Produktionsfaktoren oft einer unterschiedlichen Dimensionierung unterliegen (z. B. Bodenfläche in Hektar, Arbeitskräfte in Stunden oder Kapitaleinsatz in €), werden in der praktischen Umsetzung **Teilproduktivitäten** ❷ gebildet wie z. B.:

a) die **Bodenproduktivität** ⇒ [Boden] [t/ha]

$$\frac{\text{Erträge}}{\text{Bodenfläche}}$$

b) die **Arbeitsproduktivität** ⇒ [Arbeit] [Stück/Ak]

$$\frac{\text{Leistung}}{\text{Ak/Ah}}$$

c) die **Kapitalproduktivität** ⇒ [Kapital][Stück/EURO]

$$\frac{\text{Leistung}}{\text{Kapitaleinsatz}}$$

Jung 1998, 29, weist mit Bezugnahme auf *Heinen* 1985, 376, darauf hin, dass die „Problematik der Bildung von Teilproduktivitäten in der Zurechenbarkeit der Outputs auf die jeweilige Bezugsgröße liegt". Damit kann geschlussfolgert werden, dass eine veränderte Ausbringungsmenge nicht unbedingt mit einer veränderten Faktoreinsatzmenge korreliert. Ein isolierter Teilproduktivitätsvergleich ist nach *Luger* 1998/1999, 55, deshalb nur unter zwei **Prämissen** sinnvoll, wenn

1. „die Relation der Einsatzfaktormengen bei Veränderung der Ausbringungsmenge gleich bleibt oder
2. die Einsatzmenge der nicht in die Berechnung einbezogenen Einsatzfaktoren sich parallel zur Ausbringungsmenge entwickelt".

Für den Regelfall der Berechnung gilt jedoch, dass die genannten Teilproduktivitäten nicht als isolierte Berechnungsgrößen darzustellen sind.
Das nachfolgende Beispiel dokumentiert die Berechnung der unter b) und c) genannten Teilproduktivitäten.

Beispiel
In einem Betrieb A wurden **1200 Stück** einer Ware von **400 Mitarbeitern** bei einer Kostenbelastung von **64.000 €** hergestellt. In einem Betrieb B dagegen fertigen **500 Mitarbeiter 1500 Stück** der Ware bei Kosten in Höhe von **75.000 €**.

Zu berechnen sind für beide Betriebe

a) die **Arbeitsproduktivität (Ap)**
b) die **Kapitalproduktivität (Kp)**

$$\text{Produktivität} = \frac{\text{Ausbringungsmenge}}{\text{Faktoreinsatzmenge}}$$

Betrieb A

$$Ap = \frac{1200 \text{ Stück}}{400 \text{ M}} = 3 \text{ Stück/M}$$

$$Kp = \frac{1200 \text{ Stück}}{64.000 \text{ EURO}} = 0{,}01875 \text{ Stück/EURO}$$

Betrieb B

$$Ap = \frac{1500 \text{ Stück}}{500 \text{ M}} = 3 \text{ Stück/M}$$

$$Kp = \frac{1500 \text{ Stück}}{75.000 \text{ EURO}} = 0{,}02 \text{ Stück/EURO}$$

Abschließend zu dieser Kennzahl muss noch festgestellt werden, dass es einen klar definierten **Produktivitätsmaßstab** wie bei den nachfolgenden Kennzahlen nicht gibt. Ein ermittelter Quotient muss deshalb sowohl einem innerbetrieblichen als auch einem branchenorientierten und funktionalen Leistungsvergleich (**Benchmarking** – siehe Abschnitt 11.5.2) unterzogen werden.

1.5.2.2 Wirtschaftlichkeit

Um dem vorher angesprochenen Negativaspekt der unterschiedlichen Dimensionierung der Out- und Inputs zu entgehen, werden diese mit Geldeinheiten bewertet und damit als Ertrag und Aufwand bzw. als Leistung und Kosten ausgedrückt. In Erweiterung des Beispiels zur Produktivität gilt:

Annahme: Der Stückerlös für ein Produkt des Betriebes A beträgt 48 €.

Fragen:

1. Wie hoch ist jeweils die **wertmäßige Wirtschaftlichkeit** im Betrieb A?

$$\text{Wirtschaftlichkeit} = \frac{\text{wertmäßiger Faktorertrag}}{\text{wertmäßiger Faktoreinsatz}}$$

$$\text{Betrieb A: Wirtschaftlichkeit} = \frac{1200 \text{ Stück} \cdot 48 \text{ EURO/Stück}}{64.000 \text{ EURO}} = 0{,}9$$

3. Wie hoch muss Betrieb B seinen Stückerlös ansetzen, um eine **Wirtschaftlichkeit** von 0,9 wie Betrieb A zu erreichen?

$$\frac{1500 \cdot x}{75.000} = 0{,}9 \qquad x = 45 \text{ EURO/Stück}$$

Die Wirtschaftlichkeit, auch als Effizienz oder Effektivität bezeichnet,

verkörpert damit das wertmäßige und somit dimensionslose Verhältnis von in Geld bewerteten Out- und Inputs.

Als **Wirtschaftlichkeitsmaßstab** gilt dabei ein Quotient gleich oder größer als 1. Nach *Luger*, S. 57 ff., lassen sich zwei Unterformen der Wirtschaftlichkeitsmessung darstellen:

a) die **Soll-Ist-Wirtschaftlichkeit**

- [Einsatz-Wirtschaftlichkeit] $\frac{\text{Soll-Aufwand}}{\text{Ist-Aufwand}}$
- [Kosten-Wirtschaftlichkeit] $\frac{\text{Soll-Kosten}}{\text{Ist-Kosten}}$
- [Ausbringungs-Wirtschaftlichkeit] $\frac{\text{Ist-Ertrag}}{\text{Soll-Ertrag}}$

b) die **Input-Output-Wirtschaftlichkeit**

- [Ertrags-Wirtschaftlichkeit] $\frac{\text{Ertrag}}{\text{Aufwand}}$
- [Produkt-Wirtschaftlichkeit] $\frac{\text{Leistung}}{\text{Kosten}}$

Die unter a) genannte Variante der Wirtschaftlichkeitsmessung erscheint besser für die Ableitung von gesicherten Leitungsentscheidungen geeignet, weil

- sich alle drei Kennzahlen nur auf jeweils ein und denselben Input- oder Outputwert beziehen,
- sich aus der Gegenüberstellung von Soll- und Istwerten treffsichere Differenzursachen ableiten lassen,
- sich die Kosten- und Aufwandswirtschaftlichkeit – bezogen auf eine positive Entwicklung – immer auf einen hohen Quotienten und die Ausbringungs-Wirtschaftlichkeit bei demselbem Sachverhalt auf einen möglichst niedrigen Quotienten bezieht.

Als Besonderheiten erfordern jedoch die beiden erstgenannten Kennzahlen eine **gleiche Ausbringungsmenge**. Demgegenüber gebietet die Ausbringungs-Wirtschaftlichkeit eine **gleiche Aufwandshöhe**. In jedem Fall ist bei den Unterformen zu überprüfen, ob die Effizienzsteigerung nur aus einer Produktivitäts- oder nur aus einer Preisveränderung oder aus beiden resultiert. Ergibt sich eine Steigerung nur aus einer reinen Preiserhöhung, sollte diese Steigerung kritisch betriebswirtschaftlich hinterfragt werden.

Bei der Input-Output-Wirtschaftlichkeit ist die Produkt-Wirtschaftlichkeit aussagefähiger, denn sie negiert betriebs- und periodenfremde sowie außerordentliche Ertrags- und Aufwandsinhalte (siehe Abschnitt 10.4.2).

Zur Verdeutlichung der angesprochenen Probleme dient das nachfolgende Beispiel:

Demonstrationsbeispiel: Messung der Wirtschaftlichkeit

Sachverhalt

Zu den messbaren Ergebnissen ökonomischen Handelns zählt die Wirtschaftlichkeit als Ausdruck des wertmäßigen Verhältnisses von in Geld bewertetem Ertrag zu Aufwand bzw. Leistung zu Kosten.

Ausgangsdaten

Die technologische und technische Gestaltung des Produktionsprozesses eines Unternehmens gestattet die Herstellung von 2000 Nieten aus 20 kg Ausgangsmaterial. Der Wert des Materials beläuft sich auf 1 €/kg. Der Wert einer Niete beträgt 0,01 €.

Aufgabenstellungen

a) Berechnen Sie den Quotienten der **Wirtschaftlichkeit** beim Einsatz von 20 kg Material zur Herstellung von 2000 Nieten!

b) Erhöhen Sie die **Wirtschaftlichkeit** der Nietenherstellung durch folgende Mengen- und Preisveränderungen:

b1) Erhöhung der Anzahl der Nieten von 2000 auf 2100

b2) Verminderung der Menge des eingesetzten Materials von 20 kg auf 19 kg b3) Preiserhöhung der Nieten um 10 % auf 0,011 €/Niete sowie

b4) eine Preissenkung des Materials auf 0,90 €/kg!

c) Beweisen Sie, dass der **Quotient aus Leistung zu Kosten** für die Messung der betrieblichen Wirtschaftlichkeit aussagefähiger ist als der **Quotient Ertrag zu Aufwand**!

d) Begründen Sie, warum die Messung der Wirtschaftlichkeit auf der Basis eines **SOLL-IST-Kostenvergleichs** in der Regel einen Quotienten < 1 zeigt!

e) Welche weiteren Maßnahmen sehen Sie als Ingenieur, um die im Punkt b) berechneten Quotienten weiter zu verbessern?

Lösungen

zu a)

$$\text{Wirtschaftlichkeit} = \frac{\text{wertmäßiger Faktorertrag}}{\text{wertmäßiger Faktoreinsatz}}$$

$$= \frac{2000 \text{ Nieten} \cdot 0{,}01 \text{ EURO/Niete}}{20 \text{ kg} \cdot 1 \text{ EURO/kg}} = 1$$

zu b)

b1) $$\text{Wirtschaftlichkeit} = \frac{2100 \text{ Nieten} \cdot 0{,}01 \text{ EURO/Niete}}{20 \text{ kg} \cdot 1 \text{ EURO/kg}} = 1{,}05$$

b2) $$\text{Wirtschaftlichkeit} = \frac{2000 \text{ Nieten} \cdot 0{,}01 \text{ EURO/Niete}}{19 \text{ kg} \cdot 1 \text{ EURO/kg}} = 1{,}05$$

b3) $$\text{Wirtschaftlichkeit} = \frac{2000 \text{ Nieten} \cdot 0{,}011 \text{ EURO/Niete}}{20 \text{ kg} \cdot 1 \text{ EURO/kg}} = 1{,}1$$

b4) $$\text{Wirtschaftlichkeit} = \frac{2000 \text{ Nieten} \cdot 0{,}01 \text{ EURO/Niete}}{20 \text{ kg} \cdot 0{,}90 \text{ EURO/kg}} = 1{,}11$$

zu c)

- Der Quotient aus Leistung und Kosten ist aussagefähiger, denn er eliminiert betriebsfremde, außerordentliche und periodenfremde Aufwandspositionen.

zu d)

- Weil die Soll-Kosten geplante Kosten unter optimalen Produktionsverhältnissen verkörpern, die in der Regel schwer einzuhalten sind.

zu e)

- Gestaltung einer besseren Materialverwertung durch den Einsatz optimaler Zuschnittstechnologien,
- Senkung der Materialkostenpreise durch günstigeren Materialeinkauf,
- Gewährleistung der notwendigen Funktionen eines Produktes unter einem möglichst niedrigen Kostenansatz durch Anwendung von Wertanalysen (value analysis),
- Höhere Kapazitätsauslastung der Kostenstellen durch die Anwendung ausfallmindernder Instandhaltungsstrategien u. Ä.

1.5.2.3 Rentabilität

Umgangssprachlich wird der Rentabilitätsbegriff oft mit dem Gewinn eines Betriebes gleichgesetzt. Dies ist nur zum Teil richtig. Aus betriebswirtschaftlicher Sicht versteht man nämlich unter der **Rentabilität**

> das prozentuale Verhältnis von Gewinn zu eingesetztem Kapital, also die Kapitalverzinsung innerhalb einer Abrechnungsperiode.

In dieser Definition erfolgt keine genaue Unterscheidung des Kapitals im Sinne von Eigen-, Gesamt- und Fremdkapital. Vollzieht man diese Präzisierung, so ergeben sich drei **Teilrentabilitäten** ❸ :

a) die **Eigenkapitalrentabilität** ⇒ $\frac{\text{Gewinn}}{\text{Eigenkapital}} \cdot 100\,\%$

b) die **Gesamtkapitalrentabilität** ⇒ $\frac{\text{Gewinn + FK-Zinsen}}{\text{Gesamtkapital}} \cdot 100\,\%$

c) die **Fremdkapitalrentabilität** ⇒ $\frac{\text{FK-Zinsen}}{\text{Fremdkapital}} \cdot 100\,\%$

Beispiel

Berechnen Sie die **prozentuale Rentabilität** (Eigen- und Gesamtkapitalrentabilität) eines Unternehmens, wenn Ihnen folgende Ausgangsdaten bekannt sind:

Rentabilität:	*	Eigenkapital:	200.000 €
	*	Umsatzerlöse:	500.000 €/Jahr
	*	Einzelkosten:	150.000 €/Jahr
	*	Fremdkapital:	50 % vom Eigenkapital
	*	Gemeinkosten:	333.000 €/Jahr
	*	Fremdkapitalzins:	4 %

Lösung

$$\text{Eigenkapitalrentabilität} = \frac{G}{EK} \cdot 100\,\% = \frac{17.000 \cdot 100\,\%}{200.000} = 8{,}5\,\%$$

$$\text{Gesamtkapitalrentabilität} = \frac{G + FKZ}{EK + FK} \cdot 100\,\% = \frac{(17.000 + 4.000) \cdot 100\,\%}{200.000 + 100.000} = 7\,\%$$

Bei der Berechnung der Eigen- und Gesamtkapitalrentabilität entsteht bei Unternehmensvergleichen durch die praxisübliche Integration des Bilanzgewinns in die Berechnung ein Dissens. Dieser wird ursächlich hervorgerufen einerseits durch unterschiedliche Bewertungsansätze und -differenzen und andererseits durch die Abgeltung bzw. Nichtabgeltung der unternehmerischen Leitungstätigkeit. Vergleicht man also eine Personen- mit einer Kapitalgesellschaft, so ist bei der zuerst genannten Gesellschaftsform der nicht in Ansatz gebrachte „Unternehmerlohn" abzuziehen. Die korrigierten Formeln lauten dann:

$$\text{Eigenkapitalrentabilität} = \left(\frac{\text{Gewinn - Unternehmerlohn}}{\text{Eigenkapital}}\right) \cdot 100\ \%$$

und

$$\text{Gesamtkapitalrentabilität} = \left(\frac{\text{Gewinn - Unternehmerlohn + FK-Zins}}{\text{Gesamtkapital}}\right) \cdot 100\ \%$$

Anzumerken wäre an dieser Stelle noch die Tatsache, dass es eine einseitige Begrenzung der Rentabilität auf den Kapitalbezug nicht gibt. So kann z. B. auch ein Quotient aus

$$\left(\frac{\text{Gewinn - Unternehmerlohn}}{\text{Umsatz}}\right) \cdot 100\ \%$$

gebildet werden. Diese Kennziffer heißt dann **Umsatzrentabilität**. Multipliziert man diese mit einer anderen, auch den Umsatz integrierenden Kennzahl wie den **Kapitalumschlag** (Umsatz : Kapital), so erhält man daraus ebenfalls die Kapitalrentabilität, in diesem Zusammenhang auch als **Return on Investment** bezeichnet. Der Kapitalumschlag ist umso höher, je öfter sich das eingesetzte Kapital über den Umsatz des Unternehmens vollzieht. Übrigens, die Rentabilitätsbetrachtung ist nicht nur für privatrechtliche Betriebe von Relevanz, sondern auch für öffentlich-rechtliche Betriebe wird sie – bedingt durch deren zunehmenden erwerbswirtschaftlichen Zielansatz – immer mehr zum Wertmaß des wirtschaftlichen Handelns.

1.5.2.4 Liquidität

Unter **Liquidität** versteht man allgemein

> die Fähigkeit eines Unternehmens, seinen Zahlungsverpflichtungen gegenüber Gläubigern jederzeit fristgerecht und betragsgenau nachzukommen, unabhängig von der konkreten betrieblichen Zielstellung.

Als allgemeine **Liquiditätsbedingung** gilt:

> Anfangsbestand an Zahlungsmitteln + $\sum$ Einzahlungen $\geq \sum$ Auszahlungen

Diese Bedingung zu erfüllen geschieht am besten durch das Aufstellen eines Finanzplanes (vgl. 8.5.1) oder mittels der Berechnung und Beachtung definierter **Liquiditätskennzahlen** ➍, auch -**grade** genannt. Da im Abschnitt 8.2.4 sowohl auf die unterschiedlichen Liquiditätsgrade als auch auf deren Wertgrößen näher eingegangen wird, soll an dieser Stelle nur festgestellt werden:

> Die Liquidität ist nicht die oberste Zielstellung eines Betriebes, sondern nur notwendige Existenzbedingung. Insofern gilt es, eine optimale Liquidität, die weder zu Rentabilitätsproblemen (Überliquidität) noch zu Zahlungsschwierigkeiten (Unterliquidität) führt, zu erreichen.

Eine bessere Aussage zum Liquiditätsstatus eines Betriebes als die mit den Liquiditätsgraden – auch als statische oder relative Liquidität bezeichnete Größe – ist die **dynamische Liquidität**. Bei ihr erfolgt eine zukunftsorientierte Gegenüberstellung, indem sowohl alle vorgesehenen Ausgaben als auch die geplanten Einnahmen mit in die Berechnung einbezogen werden.

1.5.3 Begriffspaare betrieblicher Stromgrößen

In den bisherigen Ausführungen, besonders in dem Abschnitt 1.5.1 bei der Darlegung der Ausprägungsformen des ökonomischen Prinzips, aber auch im Abschnitt 1.5.2.2 bei der Darstellung der Kennzahlen der Wirtschaftlichkeitsmessung werden wiederholt zwei Begriffspaare (**Ertrag und Aufwand** bzw. **Leistung und Kosten**) verwendet, ohne dass diese näher interpretiert werden. Dies soll an dieser Stelle erfolgen, ohne den Begriffserläuterungen des Rechnungswesens (vgl. Abschnitt 10.3.2.1 und 10.4.2) vorzugreifen. Neben den dort bei der Abhandlung der Bilanz aufgeführten **Bestandsgrößen**, also Größen, die das zeitpunktbezogene (Bilanzstichtag) und in Geld- oder Naturaleinheiten ausgedrückte Vermögen und damit Kapital eines Betriebes dokumentieren, gibt es auch noch Güter- und Geldströme und daraus resultierende zeitraumbezogene **Stromgrößen**. Währenddem der Güterstrom den Fluss der Wirtschaftsgüter in bzw. durch den Betrieb vom Beschaffungs- zum Absatzmarkt verkörpert, vollzieht sich der Geldstrom, der als gleichzeitiges Bindeglied zwischen dem Betrieb und den Geld- und Finanzmärkten fungiert, in umgekehrter Richtung. Betrachtet man die genannten Leistungs- und Zahlungsvorgänge etwas genauer, so ergeben sich aus diesen vier weitere **Begriffspaare** als Stromgrößen (siehe *Abbildung 1.5*).

Sowohl in der Theorie als auch in der Praxis werden die in den Begriffspaaren aufgeführten Einzelbegriffe unterschiedlich definiert und voneinander abgegrenzt. Eine genaue Definition ist jedoch eine unabdingbare Voraussetzung sowohl für die exakte Berechnung der im vorhergehenden Abschnitt angeführten Kennzahlen betrieblichen Wirtschaftens als auch für das Grundverständnis des im Kapitel 10 erläuterten Rechnungswesens.

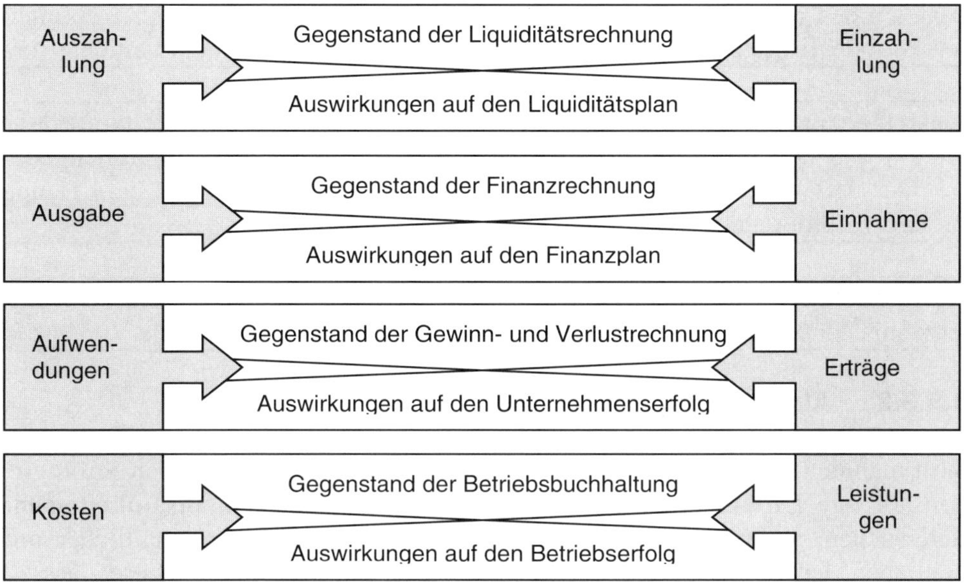

Abbildung 1.5: Begriffspaare als Stromgrößen

1.5.3.1 Definitionen der Einzelgrößen

Als **Definitionen** für die einzelnen Stromgrößen gelten:

Als **Auszahlungen** oder **Einzahlungen** versteht man den tatsächlichen Abfluss oder äußeren Zufluss von liquiden Zahlungsmitteln (Bar- und/oder Buchgeld) in einer definierten Periode.

Als **Ausgabe** bezeichnet man den Gegenwert aller in einer definierten Periode beschafften Wirtschaftsgüter – deshalb wird diese Größe auch oft als Beschaffungswert tituliert – sowie private Entnahmen. Ausgaben führen in der Regel zur Senkung des Geldvermögens.

Als **Einnahmen** benennt man dagegen den erzielten Gegenwert aller in einer definierten Periode verkauften Güter und Dienstleistungen, unabhängig von deren Erstellungstermin, sowie private Einlagen. Einnahmen führen in der Regel zur Erhöhung des Geldvermögens.

Der **Aufwand** verkörpert den entstandenen Wertverzehr aller in einer definierten Periode verbrauchten Güter und Dienstleistungen. Aufwendungen führen in der Regel zur Senkung des Reinvermögens.

Der **Ertrag** – bestehend aus Betriebsertrag und neutralem Ertrag – dokumentiert dagegen den der Unternehmung zuzurechnenden Wertzugang in einer definierten Periode. Erträge führen in der Regel zur Erhöhung des Reineinkommens.

Kosten beinhalten im Gegensatz zu den Aufwendungen nur den Wertverzehr an Gütern und Dienstleistungen einschließlich zu zahlender öffentlicher Abgaben in einer definierten Periode, der zur Erbringung betrieblicher, aus dem Hauptprozess resultierender Leistungen erforderlich ist.

Leistungen – als Gegenpart zu den Kosten – dokumentieren das marktbewertete Ergebnis der betrieblichen Haupttätigkeit in einer definierten Periode.

1.5.3.2 Abgrenzungsmerkmale

Will man den zweiten genannten Aspekt vollziehen und die fixierten Stromgrößen auf ihre **Unterschiede** und eventuelle begriffliche **Gemeinsamkeiten** hin untersuchen, so bedarf dies der Beachtung unterschiedlicher inhaltlicher und zeitlicher Merkmale dieser Größen. Nicht immer gilt deshalb die **These**, dass

Auszahlung	≠	Ausgabe	≠	Aufwand	≠	Kosten
Einzahlung	≠	Einnahme	≠	Ertrag	≠	Leistung

ist.

Jung, S. 994/995 mit Bezug auf *Eisele*, S. 513 ff. dokumentiert die begrifflichen Abgrenzungen an folgenden **Schemen**:

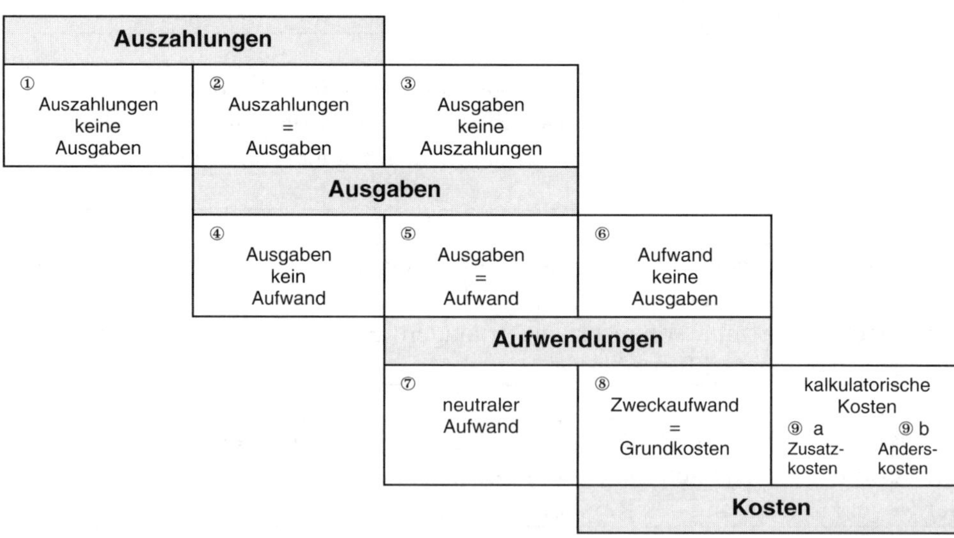

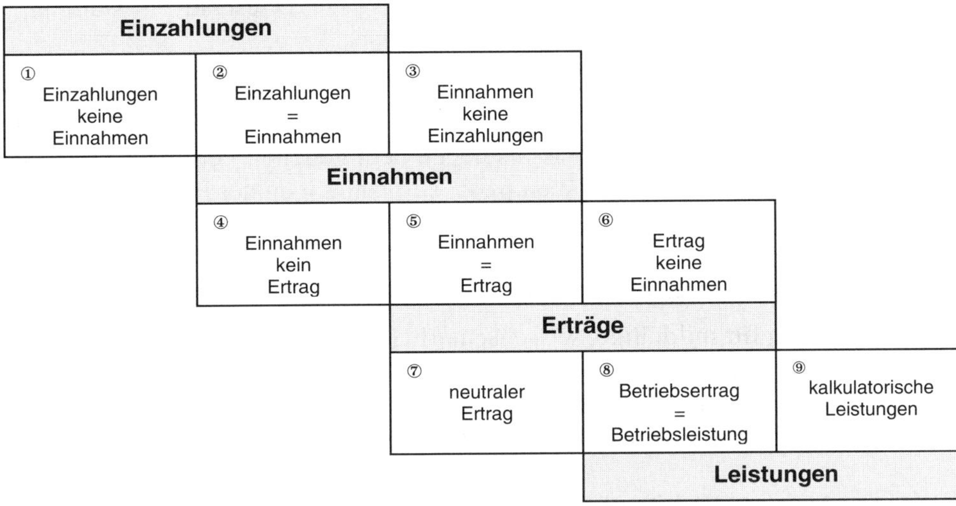

Abbildung 1.6: Abgrenzungsmerkmale zwischen den Stromgrößen

Für die unter den Nummern angegebenen Sachverhalte gelten folgende **Beispiele**:

Beispiele für die Betrachtungsebene: Auszahlung – Ausgabe

1. Rückzahlung eines in einer früheren Periode aufgenommenen Darlehens oder einer Geldausleihe
2. Gehalts- bzw. Zinszahlung oder Materialeinkauf gegen Barzahlung
3. Materialeinkauf auf ein in einer späteren Periode bezogenes Zahlungsziel

Erkenntnisse:

- Zwischen den Stromgrößen Auszahlung und Ausgabe besteht ein inhaltlicher Konsens darin, dass in der Regel für alle beschafften Wirtschaftsgüter sofortige, spätere oder sogar frühere (z. B. Anzahlungen für Wirtschaftsgüter) Auszahlungen als geldliche Gegenleistungen erfolgen.
- Eine über eine definierte Abrechnungsperiode (z. B. Monat, Quartal, Jahr) hinausgehende inhaltliche Übereinstimmung ist nicht möglich (vgl. Beispiel 1 und 3).
- Es gibt sogar geschäftliche Aktivitäten, die nie Ausgabe (z. B. Zahlung von Umsatzsteuer) bzw. nie Auszahlung (z. B. Schenkung von Wirtschaftsgütern oder Entgegennahme unentgeltlicher Dienstleistungen) werden.

Beispiele für Betrachtungsebene: Ausgabe – Aufwand

4. Ausgaben für den Erwerb nicht planmäßig abschreibbarer Grundstücke
5. Erwerb, Bezahlung und Verbrauch/materielle Abnutzung von Material bzw. Sachanlagen in der gleichen Periode

6. Nutzung einer geschenkten Büro-, Betriebs- und Geschäftsausstattung

Erkenntnisse:

- Die Ausgaben mit Aufwandscharakter wären eigentlich noch dahingehend zu differenzieren, dass es neben dem gleichen Periodenbezug (Beispiel 5) auch noch Ausgaben bzw. Aufwendungen der Periode mit früheren oder späteren Aufwendungen bzw. Ausgaben gibt.

Beispiele für die Betrachtungsebene: Aufwand – Kosten

7. Spenden für mildtätige, wissenschaftliche oder politische Zwecke
8. Lohn- und Materialverbrauch
9. a) Verrechnung von kalkulatorischem Unternehmerlohn
   b) Verrechnung von kalkulatorischen Wagnissen

Weil im Abschnitt 10.4.2 auf die exakte Abgrenzung der beiden Begriffe Aufwand und Kosten eingegangen wird, wird an dieser Stelle auf die Darstellung weiterer Erkenntnisse verzichtet. Da im Betrachtungskomplex der Stromgrößen Einzahlung – Einnahme – Ertrag – Leistung die annähernd gleichen inhaltlichen und zeitlichen Abgrenzungsmerkmale gelten wie bei vorangestellten Ausführungen, werden in diesem Zusammenhang nur Beispiele für die Abgrenzung dieser Stromgrößen kommentarlos aufgeführt.

Beispiele für die Betrachtungsebene: Einzahlung – Einnahme

1. Private Einlagen
2. Vollzug einer Dienstleistung gegen sofortige Barzahlung
3. Verkauf von Fertigerzeugnissen gegen ein auf eine spätere Periode bezogenes Zahlungsziel

Beispiel für die Betrachtungsebene: Einnahme – Ertrag

4. Grundstücksverkauf
5. Produktion und Verkauf von Produkten in der gleichen Periode
   Hinweis: Auch in diesem Zusammenhang gilt es, die Einnahmen bzw. Erträge zu beachten, die zu früheren bzw. späteren Erträgen sowie zu früheren oder späteren Einnahmen führen
6. Eigenleistungen
7. Erträge aus Wertpapierverkäufen
8. Absatzleistungen im Sinne von Erlösen aus dem Verkauf von Erzeugnissen
9. Die kalkulatorischen Leistungen entsprechen betragsmäßig den kalkulatorischen Zusatzkosten sowie den Anderskosten, soweit diese vom Aufwand abweichen

Demonstrationsbeispiel zur Abgrenzung der Stromgrößen

Sachverhalt

In einem Unternehmen der Werkzeugmaschinenbranche treten im ersten Quartal des Geschäftsjahres folgende Geschäftsvorfälle auf:

- Werkstoffeinkauf auf Ziel 15.000 €
- Warenverkauf (bar) 18.000 €
- Aufnahme eines Darlehens zu Gunsten des Bankkontos 13.000 €
- Privatentnahme (bar) 15.000 €
- Erwerb eines PKW gegen Barzahlung 26.000 €

Aufgabenstellungen

1. Ordnen Sie die im Sachverhalt genannten Geschäftsvorfälle den Ihnen bekannten Stromgrößen zu!
2. Begründen Sie die einzelnen Zuordnungsentscheidungen anhand der den jeweiligen Stromgrößen innewohnenden Spezifika (z. B. Zahlungsab- oder -zufluss in einer definierten Rechnungsperiode, Verminderung des Geldvermögens, Zunahme des Reinvermögens u. a.)!

Lösungen

zu 1.

Stromgrößen / Geschäftsvorfälle	Auszahlung	Ausgabe	Aufwand	Kosten	Leistung	Ertrag	Einnahme	Einzahlung
1 Werkstoffeinkauf auf Ziel	nein	ja	nein	nein				
2 Warenverkauf (bar)					ja	Ja	ja	ja
3 Aufnahme eines Darlehens zugunsten des Bankkontos					nein	Nein	nein	ja
4 Privatentnahme (bar)	ja	ja	ja	nein				
5 Erwerb eines PKW gegen Barzahlung	ja	ja	nein	nein				

zu 2.

Begründung Geschäftsvorfall 1

- ist keine Auszahlung, da kein definiertes Zahlungsziel angegeben wird
- ist Ausgabe, da Verbindlichkeiten zur Senkung des Geldvermögens führen
- ist kein Aufwand, da sich Bestände an Sachvermögen mit den Verbindlichkeiten ausgleichen
- sind keine Kosten, da kein Werteverzehr im inneren Leistungsprozess erfolgt

Begründung Geschäftsvorfall 2
- ist Leistung, da Umsatzerträge vorliegen
- ist Ertrag, da Bestände an Zahlungsmitteln zur Erhöhung des Reinvermögens führen
- ist Einnahme, da Bestände an Zahlungsmitteln zunehmen
- ist Einzahlung, da tatsächlicher Zahlungsmittelzufluss innerhalb der Rechnungsperiode

Begründung Geschäftsvorfall 3
- ist keine Leistung, da kein Umsatzertrag gegeben ist
- ist kein Ertrag, da keine Erhöhung des Reinvermögens vorliegt
- ist keine Einnahme, da erhöhten Zahlungsmitteln (Buchgeld) auch erhöhte Verbindlichkeiten gegenüberstehen
- ist Einzahlung, da tatsächlicher Zahlungsmittelzufluss erfolgt

Begründung Geschäftsvorfall 4
- ist Auszahlung, da Zahlungsmittelabfluss innerhalb der Rechnungsperiode erfolgt
- ist Ausgabe, da sich das Geldvermögen vermindert
- ist Aufwand, da sich das Reinvermögen vermindert
- sind nicht Kosten, da kein Werteverzehr im inneren Leistungsprozess erfolgt

Begründung Geschäftsvorfall 5
- ist Auszahlung, da Zahlungsmittelabfluss innerhalb der Rechnungsperiode erfolgt
- ist Ausgabe, da Bestände an Zahlungsmitteln sinken
- ist kein Aufwand, da sich Zahlungsmittelabfluss und Erhöhung der Bestände an Sachanlagen egalisieren
- sind nicht Kosten, da kein Werteverzehr im inneren Leistungsprozess erfolgt

1.6 Rechtliche Rahmenbedingungen

1.6.1 Vorbemerkung

Im Kontext der Darstellung der Grundlagen der Betriebswirtschaftslehre ist die Einbettung der rechtlichen Regelung betriebswirtschaftlicher Prozesse innerhalb einer bestehenden Wirtschaftsordnung unabdingbar. Diese Tatsache resultiert aus der Querschnittsfunktion des Rechts in der Gesellschaft.

Die volkswirtschaftliche Querschnittswirkung des Rechts verbietet es, den Umgang mit der rechtlichen Regelung in der Wirtschaft nur als Ressortangelegenheit der Juristen zu sehen. Je nach Position im arbeitsteiligen Prozess eines Unternehmens werden alle Mitarbeiter mehr oder weniger tagtäglich mit Rechtsfragen konfrontiert.

Ein rechtskonformes Agieren verlangt deshalb auch von einem Ingenieur grundlegende Kenntnisse über die rechtliche Wirkung seiner Tätigkeit. Beweise dafür liegen auf der Hand. Die Vertragsgestaltung für wissenschaftliche Leistungen erfordern Kenntnisse im Vertragsrecht; ebenso seine Tätigkeit im Absatz oder der Beschaffung. Oder: Die Gewährleistung der Produktsicherheit im Zusammenhang mit der Produzentenhaftung stellt der technischen Problematik die juristische zur Seite; oder: Der Ingenieur kann Gesellschafter einer Personengesellschaft (GbR/OHG/KG) bzw. Kapitalgesellschaft (GmbH/AG) sein. Hier existieren Rechtsbeziehungen im Innenverhältnis zu den anderen Gesellschaften als auch (bei Personengesellschaften) Haftungsbeziehungen des Gesellschafters zu Dritten (Gläubigern) im Außenverhältnis der Gesellschaft. Oder: Der Ingenieur kann als Geschäftsführer einer GmbH fungieren oder als Vertreter einer Personengesellschaft. Hier stehen juristische Kenntnisse mindestens gleichrangig neben dem spezifischen Ingenieurwissen. Gänzlich unbestritten ist letztlich der Fall, wenn der Ingenieur selbst als Unternehmer auftritt (z. B. Einzelkaufmann). Hier gesellen sich zu den oben erwähnten Rechtsfragen noch die der Haftung des Unternehmens bzw. des Unternehmers neben Rechtsfragen der Investitionen, Finanzierung und Kreditsicherung. Beschäftigt er noch Arbeitnehmer, kommt das Arbeitsrecht hinzu. Schließlich kann auch aus dem gewerblichen Rechtsschutz (Patentrecht, Markenrecht, Urheberrecht) zusätzlicher Regelungsbedarf entstehen.

Fazit: Rechtskenntnisse gehören zum Katalog des Grundwissens eines Ingenieurs!

Es kann nicht die konzeptionelle Zielstellung eines Betriebswirtschaftslehrbuches sein, rechtlich relevantes Detailwissen für Ingenieure zu vermitteln. Dafür stellt die juristische Fachliteratur (siehe Literaturhinweise) ein breites Angebot bereit. In diesem Abschnitt geht es darum, das **Rechtsbewusstsein des Ingenieurs** anzusprechen, es zu wecken bzw. zu schärfen, um ihn für juristische Problemstellungen seiner Tätigkeit aufzuschließen. Im Ergebnis sollte die bewusste Nutzung rechtlicher Möglichkeiten bei der Interessensicherung der wirtschaftlich handelnden Subjekte erreicht werden.

1.6.2 Rechtsbegriff und Aufgabenstellung

Definitorisch betrachtet ist das **Recht**

eine Verhaltensregel, deren Einsatz die Gestaltung menschlichen Verhaltens zum Ziel hat.

Schlussfolgernd aus dieser Feststellung soll die rechtliche Regelung damit Stabilität in den Beziehungen bewirken, eine Zuverlässigkeit im Handeln sichern und dem Zufall bzw. der Willkür entgegenwirken. Das Recht knüpft dabei an die Triebkraft menschlichen Verhaltens an – nämlich an Interessen, deren ständige Befriedigung sich durch die Individuen vollzieht. Die damit notwendigerweise einhergehenden Interessenkonflikte sind mit Hilfe des Rechts ständig zu harmonisieren, nach Möglichkeit bereits prophylaktisch zu minimieren oder gar zu eliminieren. Die widerspruchslösende Funktion des Rechts bewirkt das Funktionieren des Wirtschaftsorganismus. Auf die Wirtschaft übertragen geht es um die juristische Ausformung wirtschaftlicher Interessen im Prozess

- der Erbringung von Lieferungen und Leistungen,
- der Austauschverhältnisse,
- des Schutzes der Ergebnisse,
- der Gestaltung von Arbeitsverhältnissen.

Diese rechtliche Ausformung äußert sich in folgenden prinzipiellen **Aufgabenstellungen** des Rechts in der Wirtschaft:

a) Festlegung der **Rechtsstellung** der Rechtssubjekte, also ihrer Rechte und Pflichten in ihrem Verantwortungsbereich;
b) Regelung von **Prozessen** der **Kooperation** (Rechtsformen der Kooperation, z. B. Verträge und Rechtsfolgen bei Pflichtverletzungen) und der **Konfliktlösung** im Rechtsstreit (Arten der Konflikte; Organe der Streitentscheidung sowie Rechtsmittel gegen Gerichtsentscheidungen);
c) **Rechtsformen** der Unternehmen: Es wird festgelegt, in welcher Rechtsform Unternehmen organisiert werden können, z. B. als Personengesellschaften (GbR/OHG/KG/GmbH & Co KG) oder Kapitalgesellschaften (GmbH/AG);
d) Regelung der Gewährleistung der **wirtschaftlichen Grundfreiheiten** (Regelung über selbstständige Erwerbstätigkeit, Vereinigungsfreiheit, Vertragsfreiheit, Eigentum, Freizügigkeit, Schutz von Geschäftsräumen) und
e) Regelung des staatlichen **Wirtschaftseingriffs- und Wirtschaftslenkungsmechanismus** (Wirtschaftsförderung, Wettbewerbsregime, Außenwirtschaftsbeziehungen).

Die verhaltensorganisierende Rolle des Rechts beruht auf seinen **Eigenschaften**, die sich am Beispiel der Rechtsnorm zeigen:

1. Die Allgemeinverbindlichkeit der Rechtsnorm bewirkt eine gleiche Verbindlichkeit für alle Rechtssubjekte im sachlichen und personellen Geltungsbereich dieser Rechtsnorm.
2. Der Inhalt rechtlicher Regelungen besteht aus Rechten und Pflichten, wobei für die Gewährleistung der Rechte und die Erfüllung von Pflichten staatlicher Rechtsschutz gewährt wird mit der Möglichkeit, die Einhaltung des Rechts bzw. Erfüllung einer Rechtspflicht zu erzwingen.

Zum zuletzt genannten Aspekt der Erzwingung einer Rechtspflicht steht ein differenzierter Katalog von Rechtsfolgen (Auferlegung von Nachteilen) bis hin zur gerichtlichen Lösung des Konfliktes zur Verfügung. Es sei jedoch deutlich darauf hingewiesen, dass das Recht sich nicht im Selbstlauf durchsetzt, sondern immer bewusst, mitunter in einem konfliktreichen und langwierigen Prozess von den agierenden Rechtssubjekten für den jeweiligen Einzelfall erstritten und durchgesetzt werden muss.

1.6.3 Einteilung des Rechts

Wie die nachfolgende *Abbildung 1.7* zeigt, besteht das System der Rechtsordnung aus zwei Bereichen, dem **Privatrecht** und dem **öffentlichen Recht**.

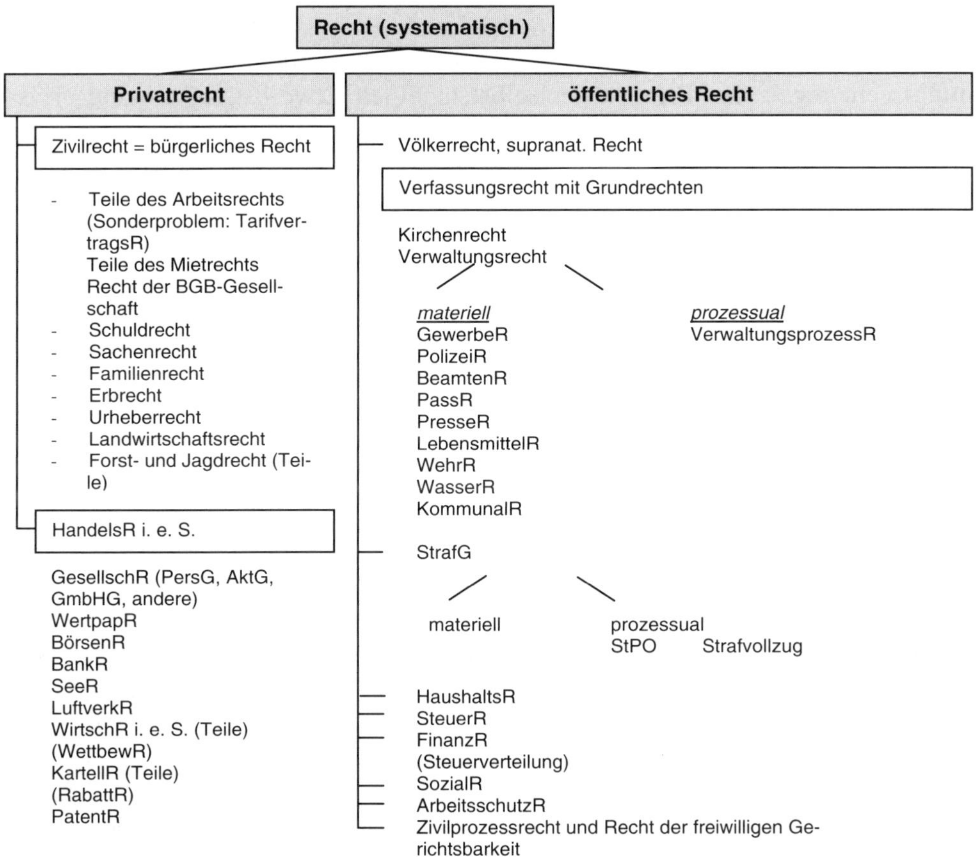

Abbildung 1.7: Einteilung der Rechtsgebiete nach Nagel 1987

Der zuerst genannte Bereich, das **Privatrecht,** regelt die Beziehungen zwischen den Bürgern (eingeschlossen die Unternehmen). Es sind Beziehungen der

Gleichordnung, das heißt, die kooperierenden Rechtssubjekte stehen sich auf einer Ebene juristisch gleichberechtigt gegenüber. Um zusammenzuwirken, müssen die Rechtssubjekte Willensübereinstimmung erzielen. Deshalb ist die adäquate Regelungsmethode der Vertrag (Ausdruck des Willenskonsenses). Derjenige Teil des Privatrechtes, der die wirtschaftlichen Aktivitäten berührt, wird als **Wirtschaftsprivatrecht** bezeichnet. Dazu gehören Teile des bürgerlichen Rechts sowie das Handelsrecht, Gesellschafts-, Wettbewerbsrecht, der gewerbliche Rechtsschutz (z. B. Patentrecht), Wertpapierrecht und Versicherungsrecht.

Das **öffentliche Recht** hat die Beziehungen zwischen Staat (Hoheitsträger) und Bürger sowie das Verhältnis der Verwaltungsträger untereinander zum Gegenstand. Es herrscht hier das Prinzip der Über-Unterordnung, und die juristische Gestaltungsform ist der Verwaltungsakt. Auch der öffentlich-rechtliche Teil der Rechtsordnung wirkt in den Wirtschaftsbereich. Dieser Teil wird als öffentliches **Wirtschaftsverwaltungsrecht** bezeichnet. Das öffentliche Wirtschaftsverwaltungsrecht regelt den Prozess der selbstständigen Erwerbstätigkeit und erfasst die gesamtwirtschaftliche Ordnung (Gewerbeordnung/Handwerksordnung; Wettbewerbsrecht; Außenwirtschaftsrecht; Verkehrswirtschaftsrecht; Energierecht; Medienrecht; EG-Recht).

Fazit: Die betriebswirtschaftlichen Aktivitäten des Unternehmens berühren beide Säulen der Rechtsordnung: das Privatrecht und das öffentliche Recht.

1.6.4 Rechtsquellen des Wirtschaftsprivatrechts

Als **Rechtsquellen** des Wirtschaftsprivatrechts fungieren:

a) Rechtsnormen
b) Vereinbarungen
c) Gewohnheitsrecht (Verkehrssitte/Handelsbrauch)
d) Rechtsprechung der Gerichte (Gerichtsentscheidungen).

Zu a) Als Rechtsnormen stellen sich **Gesetze**, **Rechtsverordnungen** und **Satzungen** dar, wobei alle drei Gestaltungsformen unterhalb der Verfassung (Grundgesetz) stehen. Gesetze werden in einem speziellen Verfahren vom Bund und den Bundesländern erlassen (sog. konkurrierende Gesetzgebung). Gesetze regeln grundlegende Verhältnisse in einem langen Zeitraum. Rechtsverordnungen werden von der Regierung (Exekutive) geschaffen mit dem Ziel der Anpassung der Rechtslage an veränderte Bedürfnisse. Sie bedürfen einer gesetzlichen Ermächtigungsgrundlage. Schließlich gehören noch Satzungen der Körperschaften des öffentlichen Rechts dazu. Diese regeln damit ihre eigene Angelegenheit in ihrem Geltungsbereich verbindlich (Selbstverwaltung).

Zu b) **Vereinbarungen** spielen bei Verträgen eine große Rolle. Diese Vereinbarungen können individuell oder in der Form von allgemeinen Geschäftsbedingungen (AGB) ergehen. Sie sind Rechtsgrundlage, ergänzend zu den Rechtsnormen und damit für die Vertragspartner verbindlich.

Zu c) Das **Gewohnheitsrecht** lebt als Verkehrssitte oder Handelsbrauch und ist bei der rechtlichen Würdigung eines Sachverhaltes zu beachten. Es ist nichtkodifiziertes, also nicht geschriebenes Recht und lebt in der Wirtschaftspraxis durch andauernde Übung.

Zu d) Letztlich gilt die ständige **Rechtsprechung** der Gerichte als Rechtsquelle. Allerdings besteht in unserer Rechtsordnung keine Bindung eines Gerichts an eine Entscheidung eines höherrangigen Gerichts (Ausnahme: Bundesverfassungsgericht und Grundsatzurteile des Bundesgerichtshofes).

1.6.5 Konfliktlösung im Rechtsstreit

Die Art und Weise der Durchsetzbarkeit des Rechts hat einen profunden Einfluss auf die Rechtssicherheit und das Rechtsbewusstsein des Rechtssubjektes: Derjenige, der ein Recht besitzt, z. B. einen Anspruch (gegenüber einem Verpflichteten), muss diesen auch durchsetzen können, um seine Interessen zu sichern. Und umgekehrt darf der Verpflichtete sich nicht ohne Folgen seiner Pflichterfüllung entziehen können. Die Rechtsordnung muss dafür ein geeignetes Instrumentarium bereitstellen. Konzeptionell gibt es **zwei Wege**:

1. Die Rechtsordnung hält Rechtsfolgen bereit, die der Berechtigte gegen den Pflichtverletzer anwenden kann, um ihn zu „disziplinieren“.
2. Das BGB hält für Vertragsverletzungen einen Katalog von Rechtsfolgen bereit, aus dem der Berechtigte gegen den Vertragsverletzer vorgehen kann.

Der zuerst genannte Aspekt vollzieht sich zunächst zwischen diesen beiden Rechtssubjekten auf der Rechtsgrundlage von **Regelungen** für das jeweilige spezifische Rechtsverhältnis, z. B. bei Verträgen.
Der zweite Weg besteht – sozusagen als Ultima Ratio – in der Einschaltung eines konfliktlösenden Organs (staatliches Gericht), welches repressiv (zwangsausübend) tätig wird und dessen Entscheidung der Verpflichtete unterliegt. Das staatliche **Gerichtssystem** ist wie in der *Abbildung 1.8* strukturiert.

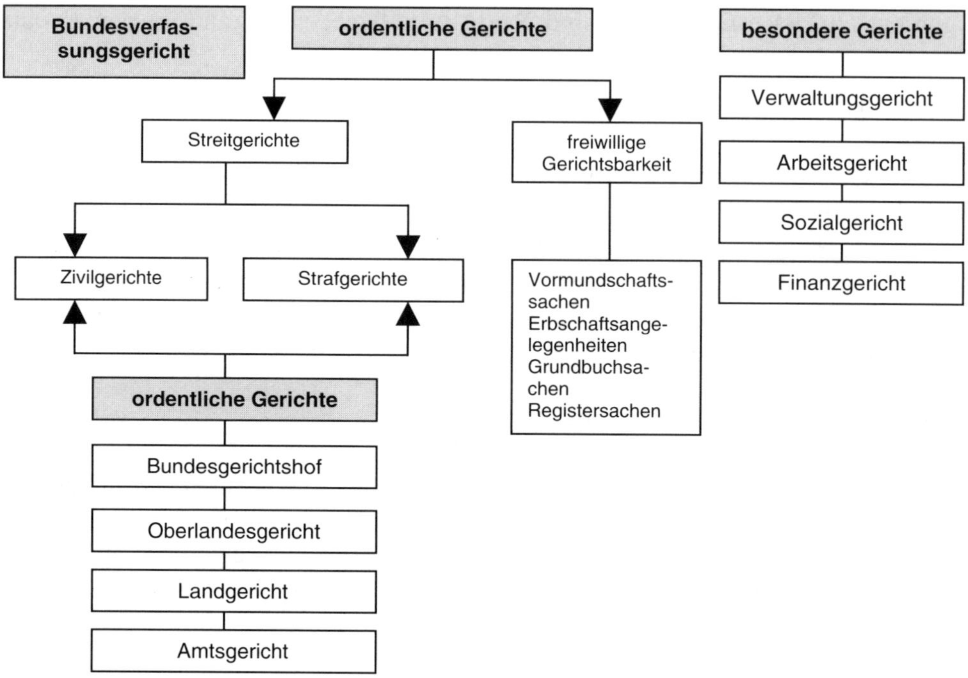

Abbildung 1.8: Instanzen der Gerichtsbarkeit

Die Streitgerichtsbarkeit (z. B. zuständig bei Vertragskonflikten) wird in **vier Instanzen** gegliedert, wobei das Gerichtsverfassungsgesetz (GVG) und die Zivilprozessordnung (ZPO) regeln, welche Instanz für welche Konflikte zuständig sind. Als herauszuhebende **Gründe** für diese Untergliederungen gelten:

a) die Arbeitsteilung im gerichtlichen Verfahren und
b) der demokratische Charakter der Rechtsstaatlichkeit.

Letzteres heißt, dass der Beklagte eine Gerichtsentscheidung nicht hilflos hinnehmen muss, sondern er die Möglichkeit besitzt, durch Einlegung von Rechtsbehelfen diese Entscheidung anzugreifen. I. d. R. befindet dann die nächsthöhere Instanz über die Entscheidung der niedrigen Instanz (z. B. Rückverweisung zur erneuten Verhandlung). Im Bereich der Wirtschaft, vor allem bei Vertragsbeziehungen, hat sich neben der staatlichen Gerichtsbarkeit eine private Gerichtsbarkeit entwickelt, die so genannten **Schiedsgerichte**. Die Wirtschaftspraxis bedient sich – in manchen Branchen fast ausschließlich – dieser Privatgerichtsbarkeit, insbesondere wegen ihrer fachlichen Kompetenz, der Raschheit der Entscheidung und der Kostengünstigkeit. Die Entscheidung des Schiedsgerichts ist in der Regel endgültig und Rechtsbehelfen nicht zugänglich.

1.6.6 Grundlagen des Vertragsrechts

Das **Vertragsrecht** stellt eines der **Kernstücke** im Wirtschaftsprivatrecht dar. Der Vertrag wirkt

als Rechtsform der Kooperation bei der Erbringung und dem Austausch von Leistungen und Warenlieferungen.

Die Teilnehmer (Rechtssubjekte) an Vertragsbeziehungen sind natürliche Personen (als solche gelten alle Menschen von der Geburt bis zum Tod) oder juristische Personen (als solche gelten z. B. alle Kapitalgesellschaften von der Gründung bis zur Auflösung). Die Rechtsordnung legt die Bedingungen fest, unter denen diese Subjekte am Rechtsverkehr teilnehmen können (z. B. die Geschäftsfähigkeit bei natürlichen Personen). Als Objekte der Vertragsbeziehungen fungieren bewegliche und unbewegliche Sachen (Grundstücke) sowie Rechte (z. B. Forderungen, Mitgliedschaftsrechte, Patentrechte, ...). Die Rechtsordnung regelt das Regime des Zustandekommens, des Inhaltes und der Erfüllung von Verträgen sowie die Leistungsstörungen bei der Vertragserfüllung (Arten der Vertragsverletzungen und Rechtsfolgen daraus gegen den Schuldner).

Das gesamte Vertragsregime beruht auf dem Prinzip der Vertragsfreiheit, wonach die Vertragsparteien frei sind in ihrer Entscheidung, **ob**, **mit wem** und zu **welchen** inhaltlichen Bedingungen sie miteinander kontrahieren. Dieses Prinzip der Vertragsfreiheit sowie das gesamte Vertragsregime stützt sich auf breit gefächerte Rechtsgrundlagen, von denen das Bürgerliche Gesetzbuch (BGB) und das Handelsgesetzbuch (HGB) von grundlegender Bedeutung sind. Letzteres regelt in fünf Büchern (im Zusammenhang mit dem BGB) die Rechtsbeziehungen zwischen den Kaufleuten. Das BGB (seit 1. 1. 1900 in Kraft) hat ebenfalls **fünf Teile** (Bücher) zum Gegenstand, die sich wie folgt untergliedern:

Erstes Buch **Allgemeiner Teil**	Zweites Buch **Recht der Schuldverhältnisse**	Drittes Buch **Sachenrecht**	Viertes Buch **Familienrecht**	Fünftes Buch **Erbrecht**
§§ 1–240	§§ 241–853	§§ 854–1296	§§ 1297–1921	§§ 1922–2385

Abbildung 1.9: Untergliederung des BGB

Die Praxis kennt vielfältige Vertragsverhältnisse, die sich inhaltlich voneinander unterscheiden. Dennoch sind zwischen diesen ähnliche/gleiche Merkmale zu finden. Man spricht dann von einem **Vertragstyp**. Zum Beispiel bilden Kauf, Tausch und Schenkung einen derartigen Vertragstyp, für den der Eigentumswechsel an der veräußerten Sache das typische, einheitliche Merkmal darstellt. Oder: Bei Miete, Pacht, Leihe und Darlehen ist die Gebrauchsüberlassung auf

Zeit mit Rückgabe der Sache nach Gebrauch/Zeitablauf das einheitliche Merkmal. Das BGB erfasst im Schuldrechtsteil (7. Abschnitt) die überwiegende Anzahl der Vertragstypen (vgl. auch Abschnitt 5.2.2). Jedoch sind nicht alle Vertragstypen im BGB erfasst. Es handelt sich um Vertragsverhältnisse, die sich erst im Laufe der Zeit herausgebildet haben. Sie werden unter dem Begriff **atypische** Verträge behandelt, die eben gesetzlich nicht fixiert sind: Sie leben in der Rechtspraxis ohne Kodifikation. Dazu zählen z. B. der **Leasingvertrag** (vgl. 8.3.3.1); **Franchising**; **Energielieferung**; **Automatenaufstellung**; **Factoring** (vgl. 8.3.3.2).

1.7 Kontrollfragen, Übungsaufgaben und Literaturhinweise

Kontrollfragen

1. Wie würden Sie die Attribute „beschreibend“ und „entscheidungsorientiert“ innerhalb der Definition der Betriebswirtschaftslehre näher erläutern? ➡ Abschn. 1.2
2. Was bedeutet die These, dass die Betriebswirtschaftslehre in Umkehrung zur Volkswirtschaftslehre einzelwirtschaftlich orientiert ist? ➡ Abschn. 1.2
3. Worin bestehen die prinzipiellen Unterschiede zwischen der institutionellen, der funktionellen und der genetischen Untergliederung der Betriebswirtschaftslehre? ➡ Abschn. 1.2
4. Durch welche klar definierten Merkmale ist der Begriff der Wissenschaft gekennzeichnet? ➡ Abschn. 1.3
5. Stimmt die Behauptung, dass die Betriebswirtschaftslehre zum Einordnungspfad der Ideal- oder Formalwissenschaften gehört? ➡ Abschn. 1.3
6. Worin unterscheiden sich die Erkenntnisziele der theoretischen und der angewandten Betriebswirtschaftslehre und wieso ist die axiomatisch-deduktive Methode für die betriebswirtschaftliche Erkenntnisgewinnung nicht geeignet? ➡ Abschn. 1.4
7. Durch welchen Begriff würden Sie den folgenden Nachsatz ersetzen: „Summe aller Aktivitäten, die der bewussten Bedürfnisbefriedigung mittels Wirtschaftsgütern dienen“? ➡ Abschn. 1.5.1
8. Durch welche Aspekte unterscheiden sich die Kategorien der Wirtschaftsgüter von den freien Gütern und zu welcher Unterkategorie der Wirtschaftsgüter gehören alle Dienstleistungen und Rechte? ➡ Abschn. 1.5.1

9. Wieso bezeichnet man das ökonomische Prinzip auch als den produktivitätsorientierten Ansatz der Betriebswirtschaftslehre und welcher Unterschied ergibt sich daraus im Vergleich zum entscheidungsorientierten Ansatz? ➨ Abschn. 1.5.1
10. Warum wird die Produktivität auch als technische Wirtschaftlichkeit bezeichnet und wie bezeichnet man die Teilproduktivität, bei der die Leistung durch den Kapitaleinsatz dividiert wird? ➨ Abschn. 1.5.2
11. Zu welchen Unterformen der Wirtschaftlichkeitsmessung gehören die Einsatz- und die Ertragswirtschaftlichkeit? ➨ Abschn. 1.5.2
12. Wieso entsteht bei der praxisüblichen Berechnung der Eigen- und der Gesamtrentabilität bei Unternehmungsvergleichen eine objektive Ergebnisdifferenz? ➨ Abschn. 1.5.2
13. Hinterfragen Sie die These, dass die Liquidität nicht die oberste betriebliche Zielstellung verkörpert, wohl aber eine notwendige Existenzbedingung! ➨ Abschn. 1.5.2
14. Worin besteht der inhaltliche Unterschied zwischen Bestands- und Stromgrößen in einer Unternehmung und welches Abhängigkeitsverhältnis besteht zwischen beiden? ➨ Abschn. 1.5.3
15. Wie bezeichnet man das marktbewertete Ergebnis der betrieblichen Haupttätigkeit und durch welchen weiteren Bestandteil unterscheidet sich dieser Begriff zur Stromgröße des Ertrages? ➨ Abschn. 1.5.3
16. Zu welchen Stromgrößen gehören Instandhaltungsaufwendungen an nicht der produktiven Nutzung unterliegenden Mietshäusern der Unternehmung sowie die Entgegennahme der Umsatzsteuer von Kunden? ➨ Abschn. 1.5.3
17. Begründen Sie die These, wonach Rechtskenntnisse des Ingenieurs in seinem Tätigkeitsbereich zum Grundwissen des Ingenieurs gehören. ➨ Abschn. 1.6.1
18. Welche Eckpunkte werden im Wirtschaftsleben von der rechtlichen Regelung erfasst? ➨ Abschn. 1.6.4

Übungsaufgaben

❶ Methoden der betriebswirtschaftlichen Erkenntnisgewinnung

1. **Sachverhalt**
   Ein Diplomand untersucht bei „Tenneco-Automotive" im Bereich der Anlagenwirtschaft einen betriebswirtschaftlichen Sachverhalt und kommt dabei

1a) zum Erkenntnisgewinn einschließlich notwendiger Erklärungen unter Integration des **Zeitfaktors,**

1b) zum Erkenntnisgewinn durch **reine Informationssammlung und -ordnung** im Untersuchungsbetrieb,

1c) zum Erkenntnisgewinn durch **Abstraktion** spezifischer Erkenntnis in allgemein gültige Erklärungen und

1d) zum Erkenntnisgewinn unter Zuhilfenahme von **Axiomen**.

2. **Aufgabenstellungen**

2.1 Welche **Methoden** der betriebswirtschaftlichen Erkenntnisgewinnung werden jeweils durch den Diplomanden angewandt?

2.2 **Kennzeichnen und begründen** Sie aus den oben angeführten Methoden die Methode, die für die betriebswirtschaftliche Erkenntnisgewinnung entfällt!

❷ Kennzahlen betrieblichen Wirtschaftens (Produktivität)

1. **Sachverhalt**

Im Betrieb A werden **1440 Stück** einer Ware von **200 Mitarbeitern** bei einer Kostenbelastung von **32.000 €** hergestellt. Im Betrieb B fertigen **250 Mitarbeiter 1800 Stück** der Ware bei Kosten in Höhe von **36.000 €**. Der Stückerlös für ein Produkt aus Betrieb A beträgt **19,20 €**.

2. **Aufgabenstellungen**

2.1 Berechnen Sie für beide Betriebe

a) die **Arbeitsproduktivität**

b) die **Kapitalproduktivität**

nach der allgemein gültigen Produktivitätsformel:

$$\text{Produktivität} = \frac{\text{Ausbringungsmenge}}{\text{Faktoreinsatzmenge}}$$

2.2 Wie hoch ist jeweils die **wertmäßige Wirtschaftlichkeit** im Betrieb A?

2.3 Wie hoch muss Betrieb B seinen Stückerlös ansetzen, um **eine Wirtschaftlichkeit von 0,85** zu erreichen?

❸ Kennzahlen betrieblichen Wirtschaftens (Rentabilität)

1. Ausgangsdaten

- Eigenkapital: 120.000 €
- Umsatzerlöse: 600.000 €/Jahr
- Einzelkosten: 300.000 €/Jahr
- Fremdkapital: 125 % vom Eigenkapital
- Gemeinkosten: 285.600 €/Jahr
- Fremdkapitalzins: 4,8 % (nur bei Gesamtkapitalrentabilität einbeziehen)

2. **Aufgabenstellung**
Berechnen und **interpretieren** Sie die **prozentuale Rentabilität** (Eigen- und Gesamtkapitalrentabilität) eines Unternehmens unter Beachtung der o. g. **Ausgangsdaten.**

❹ Kennzahlen betrieblichen Wirtschaftens (Liquidität)

1. Ausgangsdaten

• Kassenbestand	2.000 €
• Bestände Endprodukte	12.000 €
• Postgiroguthaben	4.000 €
• kurzfristige Verbindlichkeiten	8.000 €
• Guthaben bei Kreditinstituten	6.000 €
• kurzfristige Forderungen	1.200 €
• Bestände Roh-, Hilfs- und Betriebsstoffe	4.000 €

1. **Aufgabenstellung**
Berechnen und interpretieren Sie auf der Basis nachfolgend genannter Liquiditätskennzahlen

$$\text{Liquidität 1. Grades (Barliquidität)} = \frac{\text{Zahlungsmittel (Bargeld, Buchgeld, Geldersatzmittel)}}{\text{sofort fällige + kurzfristige Verbindlichkeiten}}$$

$$\text{Liquidität 2. Grades (Liquidität auf kurze Sicht)} = \frac{\text{Zahlungsmittel + jederzeit liquidierbare Vermögensteile}}{\text{sofort fällige + kurzfristige Verbindlichkeiten}}$$

$$\text{Liquidität 3. Grades (Liquidität auf mittlere Sicht)} = \frac{\text{Zahlungsmittel + jederzeit liquidierbare Vermögensteile + mittelfristig liquidierbare Vermögensteile}}{\text{sofort fällige + kurzfristige Verbindlichkeiten}}$$

und unter Beachtung der o. g. Daten die **Barliquidität** und die **Liquidität 2. Grades**!

Literaturhinweise

Ahlert, D. / Franz, K.-P. / Kaefer, W.: Grundlagen und Grundbegriffe der Betriebswirtschaftslehre. Düsseldorf: VDI-Verlag, 1991

Bartzsch, W. H.: Betriebswirtschaft für Ingenieure. Berlin–Offenbach: VDE-Verlag, 1977

Bestmann, U.: Kompendium der Betriebswirtschaftslehre. München; Wien: R. Oldenbourg Verlag, 1996

Brockhaus-Enzyklopädie. Band 24. Mannheim: Verlag F. A. Brockhaus, 1994

Clausius, E.: Betriebswirtschaftslehre I. München; Wien: R. Oldenbourg Verlag, 1998

Däubler, W.: Das Zivilrecht – Ein Leitfaden durch das BGB: Teil 1 und 2. Rowohlt-Taschenbuchverlag, 1997

Eisele, W.: Technik des betrieblichen Rechnungswesens – Buchführung, Kostenrechnung, Sonderbilanzen. München: Verlag Franz Vahlen, 1990

Fries, H. P.: Betriebswirtschaftslehre des Industriebetriebes. München; Wien: R. Oldenbourg Verlag, 1991

Gerhuber / Grunwald: Bürgerliches Recht. 4. Aufl. Verlag C. H. Beck, 1998

Heinen, E.: Industriebetriebslehre, Entscheidungen im Industriebetrieb. Wiesbaden: Dr. Theodor Gabler Verlag, 1985

Jung, H.: Allgemeine Betriebswirtschaftslehre. München; Wien: R. Oldenbourg Verlag, 1998

Köhler, H.: BGB. Allgemeiner Teil, 23. Aufl. München: Verlag C. H. Beck, 1996

Luger, A. E. / Geisbüsch, H.-G. / Neumann, J. M.: Allgemeine Betriebswirtschaftslehre. München; Wien: Carl Hanser Verlag, 1998/99

Nagel, B.: Wirtschaftsrecht I. München; Wien: R. Oldenbourg Verlag, 1987

Olfert, K. / Rahn, H.-J.: Einführung in die Betriebswirtschaftslehre. Ludwigshafen: Friedrich Kiehl Verlag, 1997

Schierenbeck, H.: Grundzüge der Betriebswirtschaftslehre. München; Wien: R. Oldenbourg Verlag, 1995

Schweitzer, M.: Industriebetriebslehre. München: Verlag Franz Vahlen, 1990

Specht, O.: Betriebswirtschaft für Ingenieure und Informatiker. Ludwigshafen: Friedrich Kiehl Verlag, 1996

Wöhe, G.: Einführung in die Allgemeine Betriebswirtschaftslehre. München: Verlag Franz Vahlen, 2000

2 Betrieb und Unternehmung als Erkenntnisobjekte der Betriebswirtschaftslehre

2.1 Studienziele

Dieses Kapitel soll dem Leser ermöglichen

- die unterscheidenden Merkmale zwischen den Begriffen Betrieb, Unternehmen und Unternehmung aufzuzeigen und zu interpretieren;
- die Vielfalt der Gliederungsmöglichkeiten, nach denen Unternehmungen mittels definierter Merkmale typisiert werden können, kennen zu lernen und betriebswirtschaftlich auszuwerten;
- ausgehend von der allgemein gültigen Zieldefinition die wesentliche Unterteilung eines Zielsystems in Formal- und Sachziele vorzunehmen einschließlich deren Differenzierung nach Zielbeziehungen und -rängen;
- zu erkennen, dass das Grundmodell einer Unternehmung intern komplex-komplizierte Prozesse und Strukturen beinhaltet und extern vielfältigen Verflechtungsbeziehungen mit der Umwelt unterliegt;
- die Grundtypen von privatrechtlichen und öffentlich-rechtlichen Betrieben zu unterscheiden sowie die Hauptmerkmale ausgewählter Rechtsformen von den Gründungs- bis zu den Auflösungsmodalitäten herauszuarbeiten einschließlich der vorrangigen Interpretation handelsrechtlicher Besonderheiten;
- den Begriff von Unternehmenszusammenschlüssen unter dem Aspekt möglicher Bindungsintensitäten zu deuten und die Kernaussagen ihrer Unterformen zu interpretieren.

2.2 Begriffsbestimmungen Betrieb, Unternehmen und Unternehmung

Wie bereits im Abschnitt 1.5.1 bei der Darstellung betriebswirtschaftlicher Grundbegriffe angesprochen, umfasst der Begriff der Wirtschaft alle Institutionen, die bewusst der menschlichen Bedürfnisbefriedigung mittels Wirtschaftsgütern dienen. In diesem Zusammenhang wurde darüber hinaus festgestellt, dass als wirtschaftliche Institutionen auf differenzierte Zwecke und Ziele ausgerichtete Einzelwirtschaften fungieren.
Zu diesen gehört bekanntlich neben der Konsumtions- auch die Produktionswirtschaft, im umgangssprachlichen Gebrauch auch als Betrieb bezeichnet. Ein **Betrieb** ist

> eine Stätte, in der Güter und Dienstleistungen für den Bedarf Dritter im Rahmen der Arbeitsteilung produziert und anschließend am Markt verwertet werden.

Aus dieser Definition darf jedoch nicht geschlussfolgert werden, dass ein Betrieb zur Realisierung seiner Grundsatzaufgabe nicht auch konsumieren darf, weil er sonst zu der Konsumtionswirtschaft gehören würde.

Außer dem Begriff Betrieb als dem Gegenstandsgebiet der Betriebswirtschaftslehre werden in der Theorie und Praxis auch noch andere Synonyme wie z. B. **Unternehmung** und **Unternehmen**, aber auch **Fabrik, Firma, Werk** bzw. **Geschäft** verwendet. Dies ist unexakt und bedarf einer näheren Hinterfragung. Nach *Gutenberg 1983* gilt der Betrieb als Oberbegriff für alle Produktionswirtschaften, egal ob in markt- oder planwirtschaftlich gestalteten Wirtschaftssystemen. Damit ist klar, dass ein Betrieb von **systemindifferenten Bestimmungsfaktoren** geprägt wird. Als solche gelten:

a) die Kombination von betrieblichen Produktionsfaktoren,
b) das Prinzip der Wirtschaftlichkeit und
c) das Prinzip des finanziellen Gleichgewichts.

Der Terminus **Unternehmung** gilt nach den oben angesprochenen Autoren dagegen als das primäre Erscheinungsbild eines Betriebes in der Marktwirtschaft. Dabei wird geschlussfolgert, dass nur in diesem Wirtschaftssystem die für die Unternehmungen notwendigen konstitutiven Merkmale (auch **systemdifferente Bestimmungsfaktoren** genannt) wie

a) das Autonomieprinzip,
b) das erwerbwirtschaftliche Prinzip und
c) das Prinzip des Privateigentums

gewährleistet sind.

Damit ist sicher, dass der Unternehmungsbegriff inhaltlich umfassender ist als der Begriff des Betriebes. Schlussfolgernd kann somit postuliert werden, dass

jede Unternehmung zugleich Betrieb ist, aber nicht jeder Betrieb eine Unternehmung verkörpert!

Interessant in diesem Kontext ist auch die Auffassung von *Kosiol 1974*, der zunächst die gleiche Meinung in Bezug auf die Primärstellung von Unternehmungen in der Marktwirtschaft wie die vorgenannten Autoren vertritt, jedoch später resümiert, dass das erwerbswirtschaftliche Prinzip und das Prinzip an Privateigentum nicht zu den bestimmenden Merkmalen einer Unternehmung gehören. Nimmt man diese These auf, so ergeben sich wirtschaftliche Gebilde, die zwar Betriebe, aber keine privaten Unternehmungen sind. Kosiol bezeichnet sie als **öffentliche Unternehmen**. Abschließend zu dieser Begriffsproblematik gilt es noch, den Begriff der **öffentlichen Betriebe und Verwaltungen** zu klären. Diese Wirtschaftseinheiten haben auch in der Marktwirtschaft ihre Existenzberechtigung, spielen aber gegenüber den Unternehmungen eine untergeordnete Rolle. Im Planwirtschaftssystem übernehmen sie dagegen den Aufgabenpart der marktwirtschaftlichen Unternehmungen, allerdings dann mit den systemdifferenten Bestimmungsfaktoren der **Planwirtschaft**. Als solche gelten nach *Wöhe 2000*, 10:

a) das Organprinzip,
b) das Prinzip der Planerfüllung,

c) das Prinzip des Gemeineigentums.

Öffentliche Betriebe und Verwaltungen gelten nach *Schierenbeck 1995*, 24 schlechthin als „Organe der Gesamtwirtschaft, die vom Staat getragen werden und die den gesellschaftlichen Bedarf nach Wirtschaftsgütern kollektiv oder auch über den Markt befriedigen“.

Im letzteren Fall sind sie mit den Unternehmungen vergleichbar. Die *Abbildung 2.1* dokumentiert in Anlehnung an den oben genannten Autor den Gesamtzusammenhang die bestimmenden Merkmale der vorangestellten Begriffe:

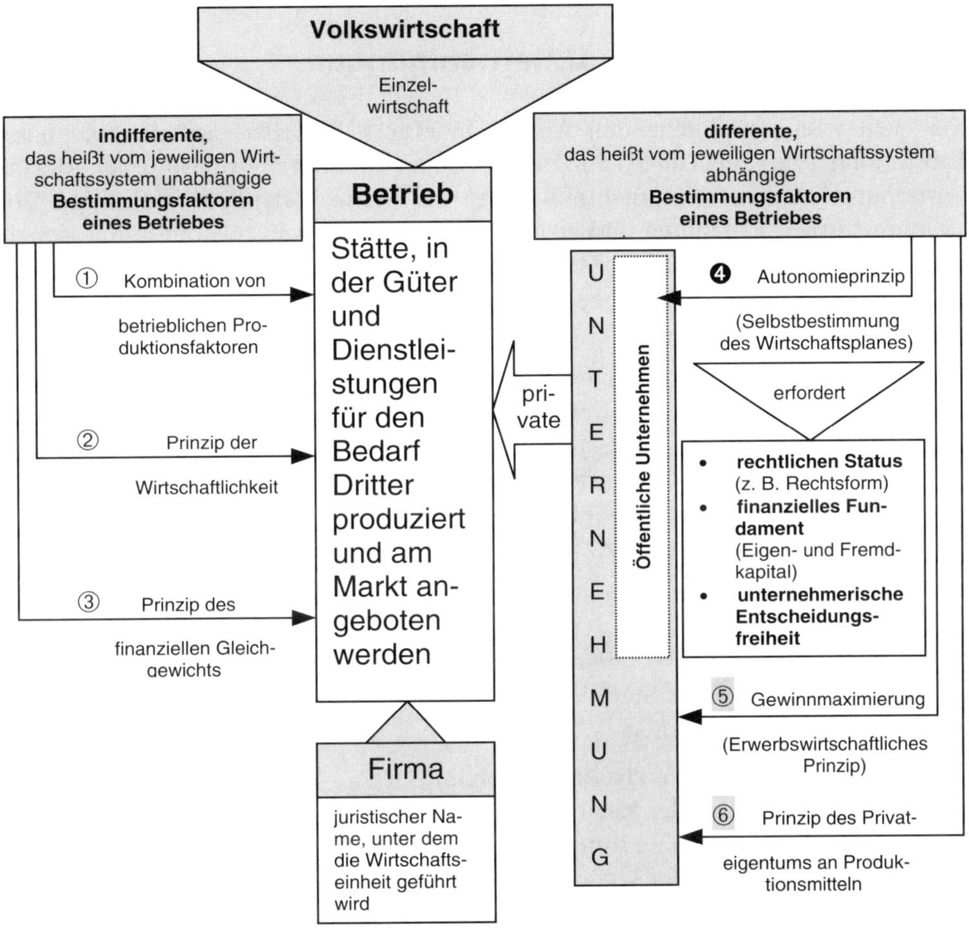

Abbildung 2.1: Begriffsbestimmungen Betrieb, Unternehmen, Unternehmung, Firma

Zu den weiter genannten Synonymbegriffen für den Begriff Betrieb ist festzustellen, dass dieser Bezugskontext zum Teil falsch ist, verkörpern diese Kategorien in Anlehnung an *Wöhe 2000*, 13, doch lediglich differenzierte Denkansätze für den Betriebsbegriff. So entspricht

- der Begriff des Werkes oder der Fabrik nur dem **technischen**,

- das Geschäft nur dem **kaufmännischen** und
- die Firma nur dem **juristischen**

Aspekt eines Betriebes. Da, wie schon eingangs vermerkt, nur die Unternehmung alle für das Funktionieren des Marktwirtschaftssystems erforderlichen Merkmale erfüllt, wird bei der Darstellung weiterer Inhalte wie z. B. der Betriebstypologie und den Betriebszielen sowie beim Grundmodell des Betriebes nur noch der Begriff der Unternehmung verwendet. Diese Tatsache erscheint auf Grund der an anderer Stelle postulierten Logik (**jede Unternehmung ist zugleich Betrieb**) legitim.

2.3 Typologie von Unternehmungen

Wie schon im vorhergehenden Absatz angeführt, beziehen sich die folgenden Erörterungen auf die Unternehmung als dem primären Betriebstyp der Marktwirtschaft. Da diese Unternehmungen in der Wirtschaftspraxis vielfältige Gestaltungsformen annehmen und sich damit quantitativ und qualitativ unterscheiden, müssen sie nach definierten Wesenskriterien systematisiert, d. h. typisiert werden. *Bestmann 1996*, 2, begründet die **Vorteilhaftigkeit** einer Typisierung unter **drei Aspekten**:

1. „Die Typisierung trägt, indem sie strukturiert, zur Schaffung einer allgemein besseren Übersicht bei.
2. Die Typisierung hilft, das Erfahrungsobjekt nach verschiedenen Gesichtspunkten zu analysieren.
3. Die Typisierung unterstützt die Bemühungen der Praxis, Lösungen für anstehende Probleme zu finden.“

Da die Vielfalt der Gesichtspunkte und damit die Gliederungsmöglichkeiten, nach denen Unternehmungen typisiert werden können (vgl. *Wöhe 2000*, 14 ff., *Schierenbeck 1995*, 27 ff., *Olfert/Rahn 1997*, 38 ff., *Bestmann 1996*, 2 f.) sehr groß ist, sollen an dieser Stelle nur die wichtigsten Merkmale genannt werden. Als solche **Merkmale** gelten:

a) Typologie nach **Wirtschaftszweigen**
b) Typologie nach der **Leistungsart**
c) Typologie nach dem **dominanten Elementarfaktor**
d) Typologie nach der **Größenklasse**
e) Typologie nach der **Standortcharakteristika**
f) Typologie nach der **Rechtsform**
g) Typologie nach den **Unternehmungsverbindungen**

Zu a) Die Typisierung nach diesem Aspekt in **Industrie-, Handels-, Versicherungs-, Verkehrs**-, **Bank**- und **sonstigen Dienstleistungsunternehmungen** ist sehr allgemein und bezieht sich vorrangig auf Differenzierungen im Beschaffungs-, Finanzierungs- und Buchführungssektor. Zur Erweiterung des Aussage wertes ist es deshalb gut, wenn die genannten Branchen tiefer, wie in *Abbildung 2.2* dargestellt, nach **Hauptwirtschaftszweigen** untergliedert werden. In dieser Abbildung (entlehnt an den Punkt 7.3 des *Statistischen Jahrbuches 1999*, 130) erfolgt die Aufspaltung der Unternehmungen auf die einzelnen Zweige unter dem gleichzeitigen Aspekt der Unternehmungs- und Beschäftigtenanzahl.

Haupt-Wirtschaftszweige	**Unternehmungen**		**Beschäftigte**		**Beschäftigte pro Unternehmung**
	absolut	%	absolut	%	
1. Land- und Forstwirtschaft, Fischerei	28 195	1,34	137 958	0,63	4,9
2. Energie- und Wasserversorgung, Bergbau	3 010	0,14	485 183	2,21	161,2
3. Verarbeitendes Gewerbe	336 561	16,04	8 581 947	39,16	25,5
4. Baugewerbe	181 598	8,66	1 864 592	8,51	10,3
5. Handel	585 073	27,89	3 878 928	17,70	6,6
6. Verkehr und Nachrichtenübermittlung	81 039	3,86	1 513 583	6,91	18,7
7. Kreditinstitute und Versicherungsgewerbe	80 052	3,82	979 435	4,47	12,2
8. Sonstige Dienstleistungsunternehmungen und freie Berufe	802 325	38,25	4 474 212	20,42	5,6
Σ	2 097 853	100,0	21 915 838	100,0	10,4

Abbildung 2.2: Typisierung der Unternehmungen nach Hauptwirtschaftszweigen

Wertet man die in der vorangestellten Abbildung aufgeführten Zahlen aus, so ergeben sich folgende **Analyseergebnisse**:

1. Unterteilt man die 8 Positionen in einen Sachleistungs- (1–4) und Dienstleistungssektor (5–8), so ist die Beschäftigtenanzahl fast dekkungsgleich (**50,51 %** zu **49,49 %**). Demgegenüber dokumentiert sich die Anzahl der Unternehmungen in einem Verhältnis von **26,18 %** zu **73,82 %**, d. h., rund ¾ aller Unternehmungen sind Dienstleistungsbetriebe.
2. Die jeweiligen Maximal- und Minimalwerte innerhalb ihrer Merkmalsausprägungen beinhalten bei der Anzahl der Unternehmungen die sonstigen Dienstleistungsbetriebe (**38,25 %**) und die Unternehmungen

der Energie- und Wasserversorgung sowie des Bergbaus (**0,14 %**). Bei der Beschäftigtenanzahl verkörpern die Unternehmungen des verarbeitenden Gewerbes den Spitzenwert (**39,16 %**). Der Minimalwert (**0,63%**) ist dagegen dem Land- und Forstwirtschaftsbereich zuzuordnen.

3. Würde man die Unternehmungs- und Beschäftigtenanzahl der aufgelisteten Wirtschaftszweige noch nach **Unternehmungs**- und **Beschäftigungsgrößenklassen** weiter unterteilen, so ergäbe sich in horizontaler Fortsetzung der Abbildung 2.2 folgendes Bild (*Abbildung 2.3*).

Haupt-Wirtschaftszweige	**Unternehmungs- und Beschäftigungsgrößenklassen**					
	1 - 49		50 – 499		500 und mehr	
	Unternehmen	Beschäftigte	Unternehmen	Beschäftigte	Unternehmen	Beschäftigte
1. Land- und Forstwirtschaft, Fischerei	28 012	121 702	182	15 573	1	683
2. Energie- und Wasserversorgung, Bergbau	2 512	20 788	385	60 799	113	403 596
3. Verarbeitendes Gewerbe	317 359	2 210 940	17 357	2 341 471	1 845	4 029 536
4. Baugewerbe	177 086	1 240 408	4 407	458 510	105	165 674
5. Handel	578 119	2 331 454	6 552	763 958	402	783 516
6. Verkehr und Nachrichtenübermittlung	79 534	380 916	1 405	164 778	100	967 889
7. Kreditinstitute und Versicherungsgewerbe	78 096	209 292	1 677	246 780	279	523 363
8. Sonstige Dienstleistungsunternehmungen und freie Berufe	796 114	3 075 714	5 699	748 881	512	649 617
$\sum$	2 056 832	9 591 214	37 664	4 800 750	3 357	7 523 874

Abbildung 2.3: Typisierung der Unternehmungen nach Unternehmungs- und Beschäftigungsgrößenklassen

Zu b) Bei der Typisierung der Unternehmungen nach der Leistungsart wird grundlegend unterschieden in

a) Sachleistungsunternehmungen und
b) Dienstleistungsunternehmungen.

Währenddem zu den zuerst genannten Unternehmungen vorrangig alle Industrie- und Handwerksbetriebe (z. B. Betriebe der Chemie- und Möbelindustrie, des Maschinenbaus bzw. Schlosser- und Elektroinstallateure) gehören, zählen zu den Dienstleistungsunternehmungen die schon unter a) angeführten Unternehmen wie die Handels-, Bank-, Versicherungs- und Verkehrsbetriebe. Auf eine weitere Untergliederung der Sachleistungsbetriebe, z. B. in Rohstoffgewinnungsbetriebe, wird an dieser Stelle verzichtet.

Zu c) Die Typisierung nach diesem Wesensmerkmal unterscheidet die Unternehmungen nach der vorherrschenden Priorität der betrieblichen Elementarfaktoren in **lohn**-, **anlagen**- und **materialintensive** Betriebe.

Zu d) Die Typisierung der Unternehmungen nach der Größenklasse ist nicht unproblematisch, weil diese meist nur auf der Basis der Beschäftigtenanzahl (vgl. Abbildung 2.3) erfolgt. Aussagefähiger wird diese Typisierung dann, wenn noch weitere Faktoren wie z. B. die **Umsatzhöhe pro Geschäftsjahr** oder die **Bilanzsumme** mit in die Betrachtung einbezogen werden. Man spricht dann von einem **mehrdimensionalen Typisierungsmaßstab**. Ein Beispiel für den zuletzt genannten Aspekt liefert die Umschreibung d**er Größenklassen von Kapitalgesellschaften** nach **§ 267 Absatz 1**–3 **HGB**. Dort wird die Zuordnung zu einer Größenklasse so vorgenommen, dass mindestens zwei von drei der in *Abbildung 2.4* integrierten Merkmale erfüllt sein müssen:

Größenklassen / Merkmale	Größenklasse: kleine	Größenklasse: mittelgroße	Größenklasse: große
Bilanzsumme	≤ 6.720.000 DM	Wenn mindestens zwei Merkmale der kleinen und großen Größenklasse über– oder unterschritten werden	> 26.890.000 DM
Umsatzerlöse	≤ 13.440.000 DM		> 53.780.000 DM
Arbeitnehmerzahl	50 im Jahresdurchschnitt		250 im Jahresdurchschnitt

Abbildung 2.4: Umschreibung der Größenklassen von Kapitalgesellschaften

Zu e) Diese Typisierung von Unternehmungen nach dem Standort zählt zu den konstituierten Entscheidungen. Als solche gelten alle Entscheidungen, die primär bei der Unternehmungsgründung anfallen (z. B. Rechts- und Kooperationsform, Unternehmungsgegenstand usw.) und die mit weit reichenden Konsequenzen verbunden sind.

Der Standort einer Unternehmung kann nach vielfältigen Orientierungsaspekten bestimmt werden. Nach *Olfert/Rahn 1997*, 40 f. sind dies: die **Arbeits-, Abgaben-, Verkehrs-, Energie-, Umwelt-, Absatz-** und **Auslandsorientierung**. Als effizienter Standort gilt dabei derjenige, wo die höchste Kapitalrendite erzielt wird (vgl. Abschnitt 1.5.2.3).

Auf eine weitere Interpretation der Unternehmungstypologie nach der Rechtsform und den Unternehmungsverbindungen wird an dieser Stelle verzichtet.

Beide Aspekte werden im Rahmen der konstitutiven Unternehmungsentscheidungen noch näher dargestellt.

2.4 Unternehmungsziele

Bereits aus den vorhergehenden Abschnitten zur Begriffsinterpretation der Betriebswirtschaftslehre (vgl. 1.2) und zum Unternehmungsbegriff (vgl. 2.2), aber auch bei der Darstellung der Kennzahlen betrieblichen Wirtschaftens (vgl. 1.5.2) wurde ersichtlich, dass zu gestaltende betriebswirtschaftliche Sachtatbestände einer klar definierten Ziel(vor)stellung bedürfen. Geht man von der allgemein gültigen Zieldefinition aus, so verkörpern bekanntlich Ziele einen **gewünschten anzustrebenden Sollzustand eines definierten Sachverhaltes**. Bezogen auf die Unternehmung als den Betriebstyp der Marktwirtschaft heißt das: Sicherung der Unternehmungsexistenz auf dem Markt durch langfristige Gewinnmaximierung. Diese oberste Zielstellung kann in der Betriebspraxis nicht getrennt von gleichzeitig wirkenden Restriktionen (im Sinne von Nebenzielen) gesehen werden. Beachtet und integriert man diese, so spricht man von einem unternehmungsorientierten Zielsystem oder einer Zielkonzeption. Dieses System wird in der Realität nicht autokratisch, sondern von vielen Unternehmungsträgern (z. B. Gesellschafter, Manager, Arbeitnehmer, Gewerkschaften, Banken) in einem oft kompromissbehafteten siebenstufigen **Zielbildungsprozess** (vgl. *Wild 1980*, 57 ff.) erarbeitet. Dieser reicht von der **Zielsuche, -operationalisierung, -analyse** und -**ordnung** über die **Realisierbarkeitsprüfung** und **Zielentscheidung** bis hin zur **Zielüberprüfung** und gegebenenfalls erforderlichen **Zielrevision**. Zieht man ein Fazit aus dem bisher Dargestellten, so erkennt man, dass

unternehmerisches Handeln einer klar definierten Zielkonzeption bedarf, in deren Ergebnis Entscheidungen zwischen mehreren Alternativen abzuleiten sind bei Vermeidung von möglichen Zielkonflikten.

2.4.1 Zielinhalte

Das genannte Zielsystem, als ein Bündel von miteinander in Beziehung stehenden Einzelzielen wird in der Literatur (vgl. auch *Eichhorn 2000*, 159 ff.) nach unterschiedlichsten Aspekten systematisiert. Währenddem *Wöhe 2000*, 175, und *Olfert/Rahn 1997*, 171, von einer grundsätzlichen Unterscheidung in „**monetäre**“ und „**nicht monetäre Zielvorstellungen**“ spricht, systematisiert *Schierenbeck 1995*, 62, Zielsysteme nach drei Zielkategorien, nämlich in „**Leistungs-, Finanz**- und **Erfolgsziele**“. *Jung 1998*, 27 ff., unterteilt dagegen Zielinhalte in **Formal**- und **Sachziele**. Diesem Systematisierungsanspruch soll im Folgenden entsprochen werden. Unter **Formalzielen**, oft auch als Erfolgsziele bezeichnet, versteht man alle übergeordneten Unternehmungsziele, die mittels Sachzielen vollzogen werden.

Formalziele dokumentieren damit das Quantum des anzustrebenden Unternehmungserfolges, vorrangig ausgedrückt im Begriff der Rentabilität. Wie schon im Abschnitt 1.5.2.3 angesprochen, bedarf der im Zähler dieser Kennzahl integrierte absolute Gewinnbegriff einer berechnungstechnischen Relativierung, das heißt, je nach Analyseziel sind entweder der **pagatorische** oder **kalkulatorische** oder der reine **Kapitalgewinn** als Rechengröße zu involvieren. Im Gegensatz dazu verkörpern die **Sachziele**

solche Zielansätze, die sich unmittelbar auf konkrete betriebliche Handlungen innerhalb des betrieblichen Umsatzprozesses beziehen.

Sachziele lassen sich, je nachdem welche betriebliche Funktion man betrachtet, unterscheiden in:

- **Leistungsziele**
- **Finanzziele**
- **Sozial- und Ökologieziele**
- **Führungs- und Organisationsziele**.

2.4.2 Zielbeziehungen und Zielränge

Die im Vorigen nach unterschiedlichen Zielkategorien bzw. -inhalten vorsystematisierten Einzelziele (oft auch als Zielarten bezeichnet) eines Zielsystems (z. B. Formal- oder Sachziele) stehen näher betrachtet sowohl in einem definierten Beziehungszusammenhang als auch in einem hierarchischen Beziehungsgefüge. Bei dem zuerst genannten Aspekt spricht man von **Zielbeziehungen** (vgl. *Vahs/Schäfer-Kunz 2000*, 19 ff.), im zweiten Fall von **Zielrängen**. Zielbeziehungen lassen sich weiter unterscheiden in:

komplementäre Ziele (Zielidentität)
– wenn die Erreichung von Z_1 die Erfüllung von Z_2 fördert
Beispiel: Schaffung menschenwürdiger Arbeitsplätze und langfristige Gewinnmaximierung

konkurrierende (konfliktäre) **Ziele**
– wenn Z_1 umso besser erfüllt ist, je schlechter Z_2 realisiert wird
Beispiel: Schaffung menschenwürdiger Arbeitsplätze und kurzfristige Gewinnmaximierung

	antinome Ziele
	– wenn die Realisation von Z_1 die Realisation von Z_2 ausschließt und umgekehrt
Beispiel:	Senkung des Energieverbrauchs einer Maschine bei gleichzeitiger Erhöhung des Erzeugnisausstoßes

	indifferente (neutrale) **Ziele**
	– wenn die Erfüllung von Z_1 das Ausmaß der Erfüllung von Z_2 weder beeinträchtigt noch fördert
Beispiel:	Verbesserung des Kantinenessens und Senkung Betriebsstoffkosten

Beispiel:
Welche **Zielbeziehungen** liegen in folgenden Fällen vor:

a) Senkung der Selbstkosten und Reduzierung des Werbeaufwandes
Zielbeziehung: komplementär

b) Erhöhung der Löhne und Gehälter und kurzfristige Gewinnmaximierung
Zielbeziehung: konkurrierend

c) Erhöhung des Umsatzes und Senkung der Produktionszahlen
Zielbeziehung: antinom

Der Gesichtspunkt Zielränge beinhaltet dagegen eine Differenzierung der Unternehmungsziele in:

	Oberziele
	– in der Regel nicht sofort erreichbar
	– nicht operational formulierbar
Beispiel:	Gewinnmaximierung

	Zwischenziele (Subziele)
	– in der Regel operational
Beispiel:	Umsatzsteigerung um 2 Mio. €
	Kostensenkung um 1 Mio. €

	Unterziele
	– jedes Unterziel ist operational
Beispiel:	Werbeetaterhöhung auf 300.000 €

Der in diesem Kontext verwendete Begriff der Operationalisierung beinhaltet dabei den Aspekt der Quantifizierung der Ziele in Bezug auf Zielbetrag, -zeitraum, -restriktionen einschließlich notwendiger Finanz- und Sachmittel. Abschließend sollte noch erwähnt werden, dass die Oberziele in der Regel vom **Topmanagement** aus den Unternehmungsvisionen und -strategien unter Beachtung der zugrunde liegenden Unternehmenskultur als einem System von

Grundeinstellungen und Wertehaltungen abgeleitet werden. Mittel- und Unterziele sind dagegen Arbeitsgegenstand des **Middle und Lower Managements**. Wie schon unter 2.4.1 vermerkt, lassen sich einzelne Zielarten auch noch nach anderen Aspekten wie z. B. nach dem Ausmaß der **Zielerreichung** und nach dem **Zeitbezug** unterteilen (vgl. *Wöhe 2000*, 126).

In *Abbildung 2.5* werden abschließend die in diesem Punkt angesprochenen Kategorien noch einmal im Gesamtkonzept dargestellt.

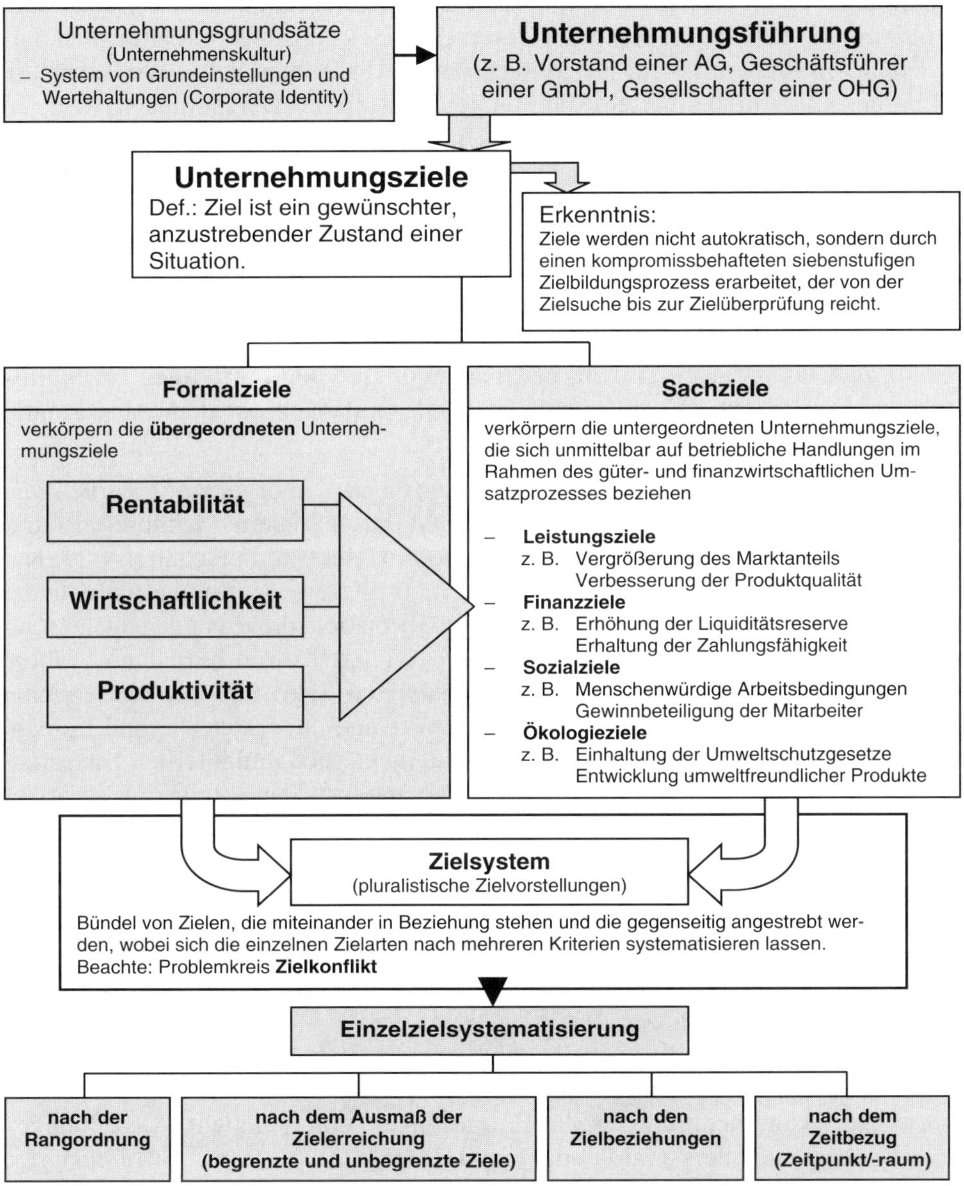

Abbildung 2.5: Zielkategorien der Unternehmung

2.5 Grundmodell der Unternehmung

Geht man von den im Abschnitt 2.2 dargestellten Begriffsbestimmungen zum Betrieb bzw. der Unternehmung aus, so ist unschwer zu erkennen, dass die mit der Leistungserstellung und -verwertung einhergehenden **Prozesse und Strukturen** einer Unternehmung sehr komplex-kompliziert sind. Aus dieser Tatsache und den permanent parallel dazu verlaufenden Prozessveränderungen einschließlich der Verflechtung mit der Umwelt in einem definierten Zeitraum resultieren die Schwierigkeiten, die Unternehmungswirklichkeit realitätsnah darzustellen. Um dies trotzdem zu ermöglichen, bedient man sich – wie bereits in 1.4 dargestellt – modellhafter Abbildungen. Bei diesen Darstellungen wird zunächst davon ausgegangen, dass jede Unternehmung vielfältige externe Verflechtungen mit ihrer Umwelt in Form des **Beschaffungs**-, **Absatz**- und **Kapitalmarktes**, aber auch mit dem **Staat** besitzt. Unternehmensintern werden die im Beschaffungsmarkt erworbenen, auch als Elementarfaktoren bezeichneten Inputgrößen wie **tätige Arbeit, Anlagengüter** und **Material** durch die dispositive Arbeitsleistung (auch als leitende Arbeit bezeichnet) zu den betrieblichen Produktionsfaktoren (vgl. Abbildung 6.2) verknüpft. Im folgenden Prozess werden sie zu Outputs im Sinne von Fertigerzeugnissen oder unfertigen Erzeugnissen bzw. Leistungen umgewandelt. Diese gilt es danach auf dem Absatzmarkt effektivitätsorientiert zu realisieren.

Die dabei erzielten Absatzerlöse fließen dann in die Unternehmung zurück und stärken damit – nach Abführung der **Abgaben** durch Steuern, Gebühren, Beiträgen und eventuellen Strafabgaben an definierte Gebietskörperschaften (vgl. Kapitel 9) – wiederum deren Finanzkraft. Die in diesem Wertumlaufmodell der Unternehmung durch den angeführten Transformationsprozess ausgelösten Güter- und Finanzbewegungen (auch als Güter- und Geldstrom bezeichnet) führen letztendlich zu den im Abschnitt 1.5.3 aufgezeigten Begriffspaaren betrieblicher Stromgrößen wie zum Beispiel Ertrag und Aufwand oder Ausgabe und Einnahme. In der *Abbildung 2.6* werden die genannten externen und internen Kausalitäten einer Unternehmung noch einmal zusammengefasst dargestellt.

Unterstellt man, dass es sich bei der Abbildung 2.6 um eine produktionswirtschaftlich orientierte Unternehmung handelt, so lassen sich folgende zusammenfassende **Erkenntnisse** ableiten:

1. Jede Unternehmung als eine fremdbedarfsdeckende Wirtschaftseinheit wird von sechs **systemindifferenten** und **-differenten Bestimmungsfaktoren** beeinflusst.
2. Jede Unternehmung korrespondiert mit anderen Wirtschaftseinheiten über den **Beschaffungs**- und **Absatzmarkt**.
3. Jede Unternehmung erhält Einzahlungen und vollzieht Auszahlungen sowohl aus dem **Geld**- und **Kapitalmarkt** als auch mit differenzierten **Gebietskörperschaften**.

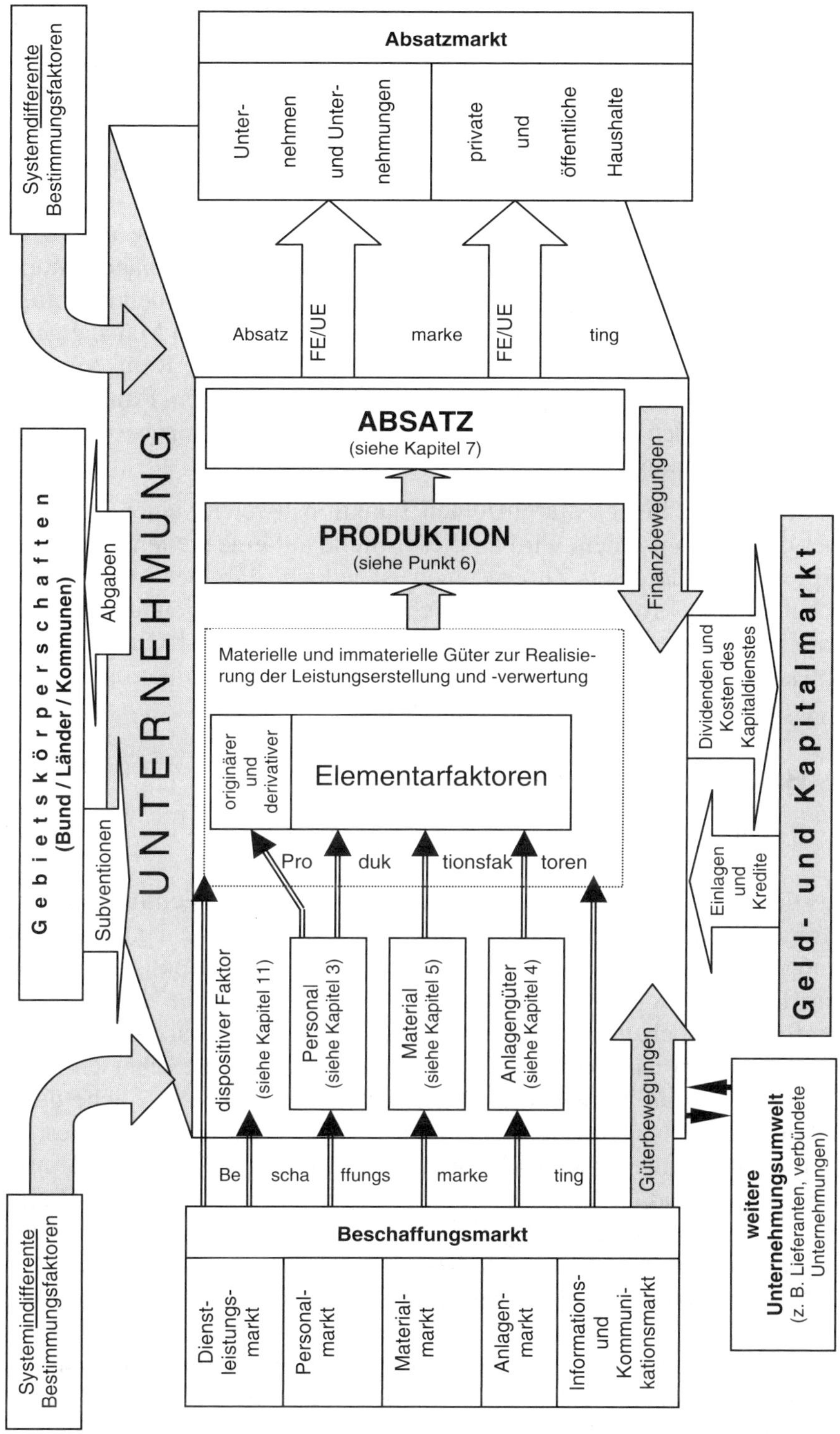

Abbildung 2.6: Verflechtungsbeziehungen zwischen Unternehmung und Umwelt

4. Jede Unternehmung verkörpert ein **Umwandlungssystem** von Inputgütern, d. h. Güter niederer in Güter höherer Ordnung.
5. Jede Unternehmung besitzt einen **Realgüterfluss** mit einem gegensätzlich gerichteten **Nominalgüterfluss** als Ausdruck der Güter- und Finanzbewegungen.
6. Jede Unternehmung ist ein **soziotechnisches System** im Sinne eines „Mensch-Maschine-Systems".
7. Jede Unternehmung besitzt zur zielorientierten Realisierung ihres Aufgabenspektrums mindestens vier klassische, sowohl miteinander korrespondierende als auch in gegenseitiger Abhängigkeit stehende **Hauptfunktionsbereiche** (Beschaffung, Produktion, Absatz und Management).
8. Jede Unternehmung beinhaltet darüber hinaus noch eine Reihe von weiteren prozessbezogenen, jedoch funktionsübergreifenden **Funktionsbereichen** wie den Finanz-, Controlling- und Informationsbereich, aber auch das Rechnungswesen.

Da in den Kapiteln 3 bis 11 die einzelnen Funktionsbereiche einer Unternehmung näher dargestellt werden, wird an dieser Stelle auf eine weitere (detailliertere) Interpretation verzichtet. Zu erwähnen ist jedoch, dass der in der Unternehmung ablaufende Prozess nach unterschiedlichen Dimensionen dargestellt werden kann. So verwendet *Bestmann 1996*, 9, z. B. eine Unterscheidung nach Aktionsobjekten (Real- sowie Nominalgüterprozess und Informationsprozess) und nach Aktionsphasen (Input-, Throughput- und Outputgüter).

2.6 Rechtsformen von Betrieben

2.6.1 Vorbemerkung

Bereits aus der Überschrift zu diesem Gliederungspunkt ist ersichtlich, dass bei den nachfolgenden Bemerkungen nicht nur wie bisher auf die Unternehmung Bezug genommen werden darf, sondern auf den der Unternehmung übergeordneten Begriff des Betriebes. Dies hat seine vorrangige Ursache darin, dass in diesen Oberbegriff auch die öffentlich-rechtlichen Betriebe einzuordnen sind. Der Rechtsformbegriff ist in der Literatur meist unter der Kapitelüberschrift der „**Konstitutiven Entscheidungen des Betriebes**" angesiedelt. Als solche gelten bekanntlich alle langfristigen Entscheidungen wie die Wahl des Standortes, der Rechtsform und der Unternehmungsverbindungen mit grundlegender Bedeutung für die Arbeitsweise und Grundstruktur eines Betriebes. Unter dem Begriff einer Grundstruktur wird dabei der rechtliche Handlungsrahmen des Betriebes hinsichtlich seiner Außen- und Innenverhältnisse verstanden. Die juristische Basis dieser Rechtsbeziehungen ist im **Gesellschaftsrecht** (vgl. *Beck-Texte 2000*) fixiert. Dieses ist wie im Abschnitt 1.6.3 bereits dargestellt, kein kodifiziertes – also in einem Gesetzbuch subsumiertes – Recht, sondern eine Zusammenfassung einer Vielzahl von Einzelgesetzen (z. B. **BGB, HGB, GmbHG, AktG, GenG, PartGG, UmwG, EWIV-VO, MitbestG** u. a.). Zu erwähnen wäre noch die

Tatsache, dass das Gesellschaftsrecht ein so genanntes „**dispositives Recht**" verkörpert, d. h., den Firmengründern soll eine weitgehende Wahlfreiheit bezüglich der Gestaltung ihrer Innen- und Außenverhältnisse gewährt werden. Dies kann jedoch nicht heißen, dass damit die Wahl einer Rechtsform absolut keinen Einschränkungen unterliegt. **Einschränkungen** als besonderer Aspekt der Schutzwürdigkeit potenzieller Geschäftspartner beziehen sich besonders auf

- eine definierte **Mindestzahl** von Gründern (z. B. OHG, KG, eG, Einmanngesellschaft),
- ein definiertes **Mindestkapital** bei Gründung (z. B. GmbH, AG),
- einen definierten **Betriebszweck** (z. B. VVaG, Partenreedereien, Bergrechtliche Gewerkschaften, Genossenschaften),
- definierte **Eigentumsverhältnisse** (z. B. öffentliche Betriebe in privatrechtlicher Form können nur als öffentliche Gesellschaften und öffentliche Genossenschaften gestaltet werden),
- eine definierte **Rechtsfähigkeit** (z. B. öffentlich-rechtliche Anstalten und Körperschaften) als spezielle Rechtsformen des öffentlichen Rechts).

Abschließend muss noch festgestellt werden, dass auch ohne eine bestätigte Rechtsform durch Eintragung in das Handelsregister die Aufnahme einer Betriebstätigkeit vorab gegeben ist, jedoch ist mit diesem konkludenten (folgerichtigen) Handeln die spätere Rechtsform bereits vorbestimmt (präjudiziert).

2.6.2 Überblick über die Rechtsformen

Eine grundlegende Einteilung der in der Wirtschaft vorkommenden Rechtsformen von Betrieben kann anhand folgender **Systematisierungsmerkmale** vorgenommen werden:

a) **Erwerbsstrebensquantum** (erwerbs-, gemein- oder gemischtwirtschaftliches Prinzip als Zielstellung),
b) **Kapitalträgerart** (private oder/und öffentliche Hand),
c) **Rechtsfähigkeit** (keine eigene Rechtspersönlichkeit oder juristische Person) und
d) **Rechtsbereich** (Privat- oder/und öffentliches Recht).

Unter Berücksichtigung der Priorität der vorgenannten Systematisierungskriterien ergibt sich zunächst für die **privatrechtlichen Betriebe** folgende grundlegende **Einteilung** (*Abbildung 2.7*).

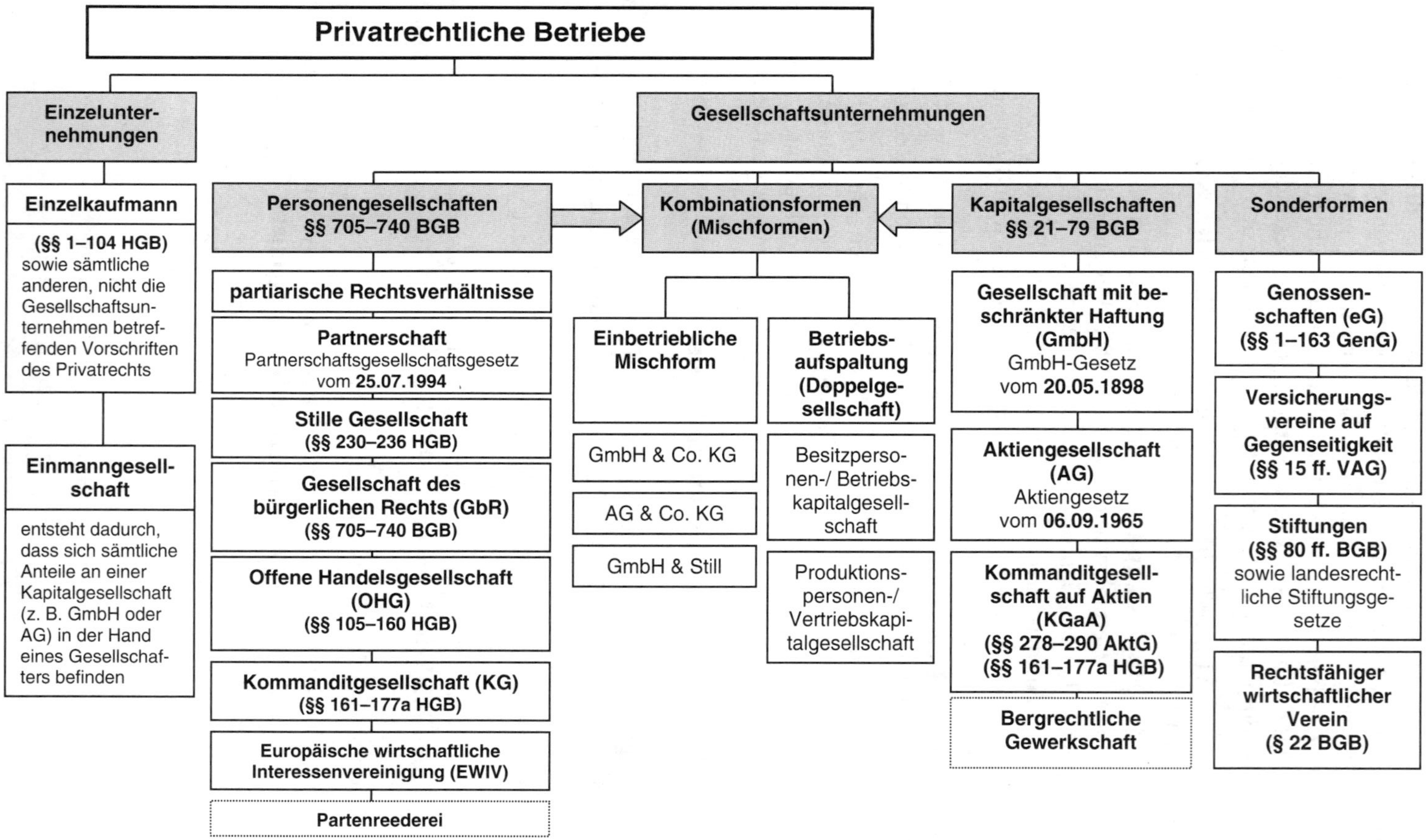

Abbildung 2.7: Systematisierung der Rechtsformen (Überblick über privatrechtliche Betriebe)

2.6.3 Grundtypen von privatrechtlichen Betrieben

2.6.3.1 Einzelunternehmungen

Eine Einzelunternehmung im Sinne eines Einzelkaufmanns gilt als die originäre Rechtsform aller Unternehmungen überhaupt. Sie ist auch heute noch die häufigste (über 71 % aller Unternehmungen besaßen 1998 diese Rechtsform), besonders bei Klein- und Mittelunternehmungen vorkommende, rechtlich am einfachsten zu bildende Unternehmungsform. Definitiv ist eine **Einzelunternehmung**

ein Gewerbebetrieb, in dem die Geschäftsführung das Haftungsrisiko, das Kapitalvolumen sowie die Gewinn- und Verlustverteilung nur von einer geschäftsfähigen Person, dem Einzelunternehmer oder -kaufmann oder Inhaber, ausgeübt, übernommen, aufgebracht und zugerechnet werden kann.

Als **Gewerbebetrieb** gilt nach **§ 15 EStG** Absatz 2 bekanntlich „jede selbstständige nachhaltige Betätigung, die mit der Absicht, Gewinn zu erzielen, übernommen wird und die sich als Beteiligung am allgemeinen wirtschaftlichen Verkehr darstellt, wenn die Betätigung weder als Ausübung von Land- und Forstwirtschaft, freier Beruf oder als andere selbstständige Arbeit anzusehen ist."

Unter dem Attribut der **Geschäftsfähigkeit** versteht man dagegen laut **§§ 104 ff. BGB** die abgestufte Fähigkeit, rechtsgeschäftliche Willenserklärungen abzugeben und entgegenzunehmen. Um das Haftungsrisiko bei dieser Rechtsform zu mindern, können auch von Einzelunternehmern jetzt sofort **Einmann-Gesellschaften** in Form einer Einmann-GmbH oder AG bzw. als Einmann-GmbH & Co. KG gegründet werden.

2.6.3.2 Gesellschaftsunternehmungen

Der Begriff Gesellschaftsunternehmung verkörpert laut Abbildung 2.7 zunächst nur einen Oberbegriff für alle unter diesem Dach zusammengefassten **Personen- und Kapitalgesellschaften** einschließlich deren **Kombinationen** sowie definierter **Sonderformen von Gesellschaftsunternehmungen**. Wie der Name schon ausdrückt, beinhalten Gesellschaften Unternehmungsformen mit mehreren Personen (auch Gesellschafter genannt). Ohne an dieser Stelle schon auf detaillierte Vor- und Nachteile der jeweiligen Unterformen der Personen- und Kapitalgesellschaften einzugehen, lassen sich die kennzeichnenden **Merkmale** dieser Rechtsformen wie folgt darstellen:

Personengesellschaften

➡ Personengesellschaften unterliegen einer **strengen Bindung** zwischen der Gesellschaft und den Inhabern und dokumentieren damit **keine eigene Rechtspersönlichkeit.**

- ➠ Personengesellschaften gebieten die **aktive** und **kreativ-persönliche Mitarbeit** der Gesellschafter im Rahmen der Geschäftsführung.
- ➠ Personengesellschaften verkörpern den **höchsten**, auch das Privatvermögen betreffenden **Haftungsanspruch** an die Eigentümer seitens der Gläubiger.

Kapitalgesellschaften

- ➠ Kapitalgesellschaften unterliegen in der Regel einer **strengen Trennung** zwischen Kapitaleigentümern und den Personen (Organen) der Geschäftsführung.
- ➠ Kapitalgesellschaften verkörpern eine **eigene Rechtspersönlichkeit** im Sinne einer juristischen Person.
- ➠ Kapitalgesellschaften haften in der Regel nur bis zur Höhe ihres eingebrachten und erwirtschafteten **Geschäftsvermögens**.
- ➠ Kapitalgesellschaften bedingen die Beachtung **definierter Form-** und **Handlungsvorschriften** besonders bei der Gründung, aber auch bei der Haftung sowie Besteuerung.

Kombinationsformen

In der Wirtschaftspraxis werden Kombinationsformen zwischen Personen- und Kapitalgesellschaften vorrangig deshalb gebildet, weil man die **Vorteile** beider Gesellschaftstypen (**z. B. günstigere Besteuerung durch Wegfall der Körperschaftsteuer** bei Personengesellschaften **bzw. Haftungsbeschränkung** bei Kapitalgesellschaften) miteinander verbinden kann, ohne deren jeweiligen **Nachteile** in Anspruch nehmen zu müssen. Bei der **einbetrieblichen Mischform** stellt besonders bei mittelständischen Unternehmungen die **GmbH & Co. KG** die favorisierte Rechtsform dar. Die Bevorzugung ergibt sich aus der gewollten Haftungsbeschränkung der sonst als Vollhafter fungierenden Komplementäre. Diese bilden eine GmbH und die anderen Gesellschafter verkörpern Kommanditisten, also Teilhafter. Mit diesem Typ von Gesellschafter verlieren sie im Insolvenzfall höchstens den Maximalwert ihrer Einlage. Die strenge Trennung von Komplementär(en) und Kommanditist(en) ergibt auch die Bezeichnung der **GmbH & Co. KG im weiteren Sinne**. Sind dagegen die Gesellschafter der GmbH (also die Komplementäre der KG) zugleich auch Kommanditisten, so ergibt sich die Titulierung einer **GmbH & Co. KG im engeren Sinne**. In jedem Fall übernimmt die „Komplenentär-GmbH" sowohl die Geschäftsführung in dieser Unternehmung als auch deren Vertretungsmacht gegenüber der Unternehmungsumwelt.
In der nachfolgenden *Abbildung 2.8* wird der potenzielle Unterschied zwischen den beiden Begriffsauffassungen dargestellt.

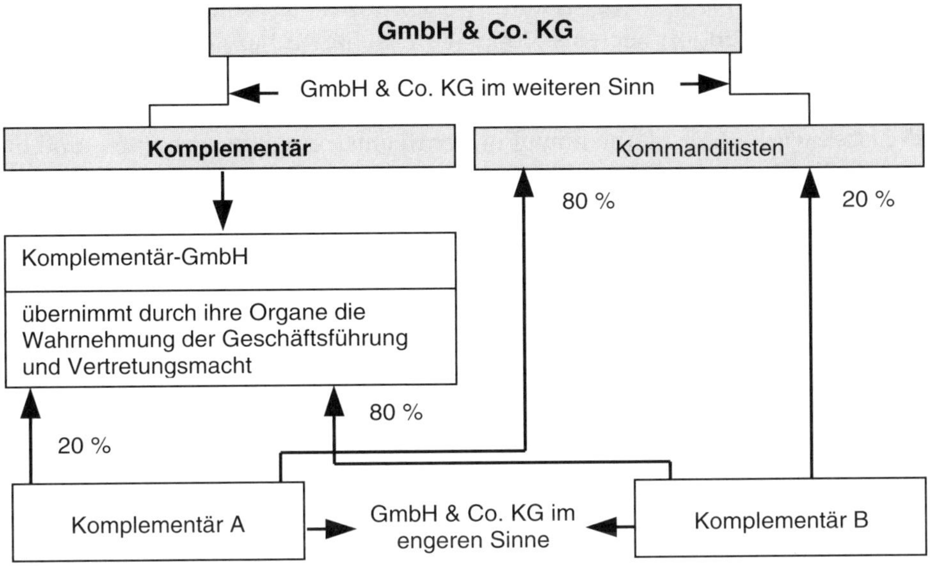

Abbildung 2.8: Aufbau einer GmbH & Co. KG in enger und erweiterter Auffassung

Möglich ist in diesem Kontext auch die Bildung einer **Einmann-GmbH & Co. KG**. Dies ist dann der Fall, wenn eine einzelne Person zugleich als GmbH-Gesellschafter und Kommanditist fungiert. In der Literatur (vgl. *Bestmann 1996*, 30) wird noch eine weitere Spielart dieser Rechtskonstruktion genannt, die sogenannte dreistufige GmbH & Co. KG. Bei dieser übernimmt nicht die GmbH den Part des Komplementärs, sondern wiederum eine GmbH & Co. KG. Übrigens entfällt in der neueren Schreibweise oft der Zusatz KG. Zusammengefasst besitzt die gesamte Rechtsform folgende **Vorteile**:

a) **Risikobeschränkung** durch Haftungsbeschränkung der Komplementäre auf das von ihnen eingebrachte Mindest-Stammkapital von 25.000 €.
b) **Nachfolgeerleichterung**, das heißt, dass beim Fehlen eines kompetenten Komplementär-Nachfolgers nicht die sofortige Auflösung der KG erfolgt, sondern bedingt durch den juristischen Status der GmbH als Komplementär deren Geschäftsführer durchaus ersetzbar sind.
c) **Gewinnbesteuerung**, das heißt, die erzielten Gewinne werden in die jeweils steuerlich günstigere Rechtsform verschoben.

Die Nachteile, wie z. B. der erhöhte Aufwand der doppelten Rechnungslegung, werden durch die datenverarbeitungsgerechte Gestaltung des Rechnungswesens leicht kompensiert. Bei der **AG & Co. KG** ist der Komplementär keine GmbH, sondern eine AG. In Bezug auf die Vor- und Nachteile gelten deshalb die gleichen Aussagen wie bei der GmbH & Co. KG. Bei der **GmbH & Still** beteiligen sich die Gesellschafter der GmbH nicht nur mit ihren Stammeinlagen, sondern auch mit stillen Einlagen am Gesellschaftskapital.

Die zweite prinzipielle Möglichkeit, Mischformen zu etablieren, sind **Betriebsaufspaltungen**, oft auch als Doppelgesellschaften bezeichnet. Das Grundprinzip dieser Gesellschaftskonstruktion besteht darin, dass eine bisher einheitliche Unternehmung in zwei rechtlich selbstständige Gesellschaften aufgeteilt wird. Dabei wird eine Unternehmung in der Rechtsform einer Personen- und die andere in der Rechtsform einer Kapitalgesellschaft geführt. Bei der in der Abbildung 2.7 zuerst genannten Doppelgesellschaft in der Form einer **Besitzpersonen- und Betriebskapitalgesellschaft** bleibt in der Regel das Anlagevermögen (Maschinen, Gebäude, Grundstücke) im Besitz der Personengesellschaft, welche dieses an die Kapitalgesellschaft verpachtet. Die risikobehafteten Funktionsbereiche wie die Produktion und der Absatz werden dagegen in die Kapitalgesellschaft ausgelagert. Besteht eine weitreichende Identität zwischen den an beiden Gesellschaften tätigen Gesellschaftern, so fallen alle Gewinne nur den Kapitalgesellschaften zu. Aus der angeführten Gesellschaftergleichheit mindern die Geschäftsführergehälter und die bezahlten Pachtzinsen den zu versteuernden Gewinn. Die „Gewinne" der Personengesellschaft sind dagegen in der Regel nur die Pachteinnahmen. Die zweite Form der Doppelgesellschaft, bestehend aus einer **Produktionspersonen- und Vertriebskapitalgesellschaft**, entsteht dagegen dadurch, dass die zuerst genannte Gesellschaft nur die Anlagenverwaltungs- und Produktionsfunktion übernimmt, die risikobehaftetere Absatzfunktion wird in die Kapitalgesellschaft ausgegliedert. Die hergestellten Erzeugnisse werden nun zu festen und niedrigeren Verrechnungspreisen, als dies beim Direktvertrieb der Fall wäre, an die als reine Vertriebsgesellschaft fungierende Gesellschaft verkauft. Alle aus dem Vertrieb sich ergebenden Risiken trägt somit die Kapitalgesellschaft.

Sonderformen

Da die Sonderformen von Gesellschaftsunternehmungen im nachfolgenden Abschnitt 2.6.3.3 bei der Darstellung der Hauptmerkmale ausgewählter privatrechtlicher Rechtsformen keine Berücksichtigung finden, sollen die wesentlichen **Rechtsmerkmale** besonders der **Genossenschaft** schon an dieser Stelle genannt werden (*Abbildung 2.9*).

Merkmale \ Rechtsform	Genossenschaft (eG)
Rechtsgrundlage	• Genossenschaftsgesetz (GenG) in der **Neufassung von 1973** • Gesetz betreffend die Erwerbs- und Wirtschaftsgenossenschaften in den Fassungen vom **August 1994 und Juni 1998**
Zielstellung	• Förderung des Erwerbs oder der Wirtschaft ihrer Mitglieder mittels **gemeinwirtschaftlichen** Geschäftsbetriebes
Gründungsmodalitäten	• mindestens **7** natürliche und/oder juristische Gründer (Genossen). • Gesellschaft von nicht geschlossener Mitgliederzahl • Eintragung in das zuständige Genossenschaftsregister
Gesellschaftsvertrag (Statut)	• in schriftlicher Form • Als **Mindestinhalt** gelten die Festlegungen zur maximalen und minimalen Einlagenhöhe (Geschäftsanteil), zum Erwerb der Geschäftsanteile und zur Nachschusspflicht. • Satzungsänderungen bedürfen der ¾-Mehrheit aller Genossen.
Firmenart	• keine Personen-, sondern nur Sachfirma • Zusatz **e. G.** ist zwingend vorgeschrieben.
Rechtspersönlichkeit	• Als wirtschaftlicher Verein verkörpert die e. G. eine **juristische Person**.
Mindestkapital und Kapitalbezeichnung	• kein vorgeschriebenes Mindestkapital • Summe der Einlagen verkörpert das Grundkapital. • **10 %** Mindesteinzahlung auf den Geschäftsanteil
Haftung	• Für die Verbindlichkeiten der e. G. haftet nur das Vermögen der **Genossenschaft** gegenüber den Gläubigern. • Durch vereinbarte **Nachschusspflicht** sind auch höhere beschränkte oder unbeschränkte Haftungssummen möglich. • Bei nicht voll eingezahlten Geschäftsanteilen haften die Genossen über den Fehlbetrag auch mit ihrem **Privatvermögen**.
Gewinn- und Verlustanteil	• laut Satzung normalerweise im Verhältnis der Geschäftsanteile zum Grundkapital • Sind Geschäftsanteile nicht voll eingezahlt, werden die Gewinne bis zur vereinbarten Höhe zugeschrieben, Verluste dementsprechend abgezogen.
Leitungsorgane	• Vorstand (**§ 24 GenG**) • Aufsichtsrat (**§ 36 GenG**) • Generalversammlung (**§§ 43 ff. GenG**)
Auflösungsmodalitäten	• durch Zeitablauf (**§ 79 GenG**) • durch Beschluss der Generalversammlung (**§ 78 GenG**) • durch Insolvenzeröffnung

Abbildung 2.9: Merkmale der Genossenschaft

Zusammenfassend lässt sich feststellen, dass die Bedeutung der Genossenschaften entweder im Zusammenschluss von wirtschaftlich schwachen Marktteilnehmern (z. B. Handwerkern) oder in der Verbesserung der Wettbewerbssituation gegenüber Großunternehmen begründet ist. Je nach dem Zweck der Bildung gibt es **Bezugs-, Absatz-, Produktiv-, Kredit- und Verkehrsgenossenschaften.**

Ein **Versicherungsverein auf Gegenseitigkeit** (VVaG) ist als private Personenvereinigung eine juristische Person mit dem Zweck der Befriedigung von Versicherungsbedürfnissen (Versicherungsschutz) für seine Mitglieder.

Diese sind damit Versicherungsnehmer und -geber zugleich. Die rechtliche Grundlage bildet das **Versicherungsaufsichtsgesetz** (VAG). Die Gründung eines VVaG erfolgt durch einen notariell beglaubigten Gesellschaftsvertrag, der alle erforderlichen Versicherungsmodalitäten enthält. Den angesprochenen Rechtsstatus erhält der Versicherungsverein zum einen durch Eintragung in das Handelsregister und zum anderen durch Erlaubnis der zuständigen Aufsichtsbehörde. Als Leitungsorgane fungieren in Anlehnung an die Aktiengesellschaft als oberstes Organ die Hauptversammlung, der Aufsichtsrat und der mit der Geschäftsführung beauftragte Vorstand. Die Leistungen an die Versicherungsnehmer werden aus den Beiträgen finanziert. Überschüsse oder Fehlbeträge können daher nicht verteilt werden, sondern werden zu Beitragsrückerstattungen oder -erhöhungen bzw. zur Eigenkapitalverstärkung (Kapitalbasis bildet ein Gründungsfonds) verwendet. Da die Beiträge von jedem Versicherten gleich groß sind, gilt der **Grundsatz der absoluten Gleichbehandlung**. Als Beispiele gelten die Vereinigte Postversicherung VVaG und die HUK Coburg.

Rechtsgrundlage für die **Stiftungen des privaten Rechts** (z. B. Carl-Zeiss-Stiftung, Bertelsmann-Stiftung) sind die **§§ 80 ff. des BGB** und diverse **landesrechtliche Stiftungsgesetze**.

Stiftungen sind ebenfalls juristische Personen, die von einem oder mehreren Stiftern (private oder juristische Personen) mit einem Kapitalstock ausgestattet werden und die einem definierten, meist sozialen Zweck gewidmet sind.

Die Gründung erfolgt durch eine vom Stifter schriftlich ausgearbeitete Verfassung, auch Stiftungsurkunde genannt. Der vorher angesprochene Rechtsstatus erfolgt durch eine staatliche Genehmigung. Die Geschäftsführung obliegt einem berufenen Vorstand.

Vereine können laut BGB (**§§ 21–79**) als nichtwirtschaftliche (§ 21) und wirtschaftliche Vereine (**§ 22**) geführt werden. **Ein wirtschaftlicher Verein** dokumentiert nach dem angeführten Paragraphen ein auf einen wirtschaftlichen Geschäftsbetrieb ausgerichtetes Ziel (Zweck). Die Rechtsfähigkeit erlangt diese Personenvereinigung ebenfalls durch staatliche Verleihung. Die Gründung bedarf einer schriftlichen Vereinssatzung. Die Geschäftsführung und die Vertretungsmacht obliegt gleichfalls einem berufenen Vorstand (**§ 25**), der von der Mitgliederversammlung gewählt wird. Für die Verbindlichkeiten des Vereins haftet nur das Vereinsvermögen (§ **31**), nicht das einzelne Mitglied. Die Auflösung erfolgt durch ¾-Mehrheit im Rahmen der Mitgliederversammlung.

2.6.3.3 Hauptmerkmale ausgewählter privatrechtlicher Rechtsformen

Basierend auf den allgemein gültigen Aussagen der Punkte 2.6.3.1 und 2.6.3.2, werden in diesem Abschnitt nun die in der Praxis am häufigsten vorkommenden und in der Abbildung 2.7 bereits aufgeführten privatrechtlichen Rechtsformen von Betrieben anhand ihrer primären Hauptmerkmale näher aufgezeigt und damit charakterisiert. Mit der vollzogenen matrixorientierten Darstellung soll einerseits durch die spaltenmäßige Auflistung der Merkmale eine einheitliche Betrachtungsweise der Rechtsformen insgesamt gesichert werden. Andererseits gestattet der zeilenmäßige Überblick den sofortigen Merkmalsunterschied zwischen diesen, aber auch mögliche Gemeinsamkeiten. Als primäre **Hauptmerkmale** (vgl. auch *Luger 1998*, 121) für die tabellarische Gegenüberstellung wurden gewählt:

a) Rechtsgrundlage
b) Gründungsmodalitäten
c) Firmenart/Rechtspersönlichkeit
d) Mindestkapital und Kapitalbezeichnung
e) Haftung
f) Gewinn- und Verlustbeteiligung
g) Leitungsbefugnis/-organe
h) Kapitalaufbringung/Finanzierungspotenzial
i) Steuern
j) Auflösungsmodalitäten

Bevor in den nachfolgenden Abbildungen vorrangig die handels-, aber auch steuerrechtlichen Merkmale textlich dargelegt werden, sei an dieser Stelle nochmals auf folgende **Feststellung** hingewiesen:

1. Die fixierten Erläuterungen basieren auf dem derzeit geltenden Handels- und Steuerrecht unter Integration der im **Handelsrechtsreformgesetz (HRefG)** vom 22. Juni 1998 fixierten **Neuregelungen und Änderungen** zum Kaufmanns- und Firmenrecht.
2. Da – wie schon im Abschnitt 2.6.1 angesprochen – die juristische Rechtsgrundlage für die Rechtsformausgestaltung das **Gesellschaftsrecht** mit seinen dispositiven Bestimmungen ist, sind Abweichungen bezüglich der Gestaltung der Geschäftsführungen und Vertretungsmacht jederzeit möglich.

Die nachfolgende *Abbildung 2.10* verdeutlicht zunächst die Hauptmerkmale einer **Einzelunternehmung**.

Rechtsform / Hauptmerkmale	**Einzelunternehmung (e. K.)**
Rechtsgrundlage	• HGB §§ 1–104
Gründungsmodalitäten	• **eine** natürliche **geschäftsfähige** (§§ 106 ff. BGB) Person (Einzelkaufmann oder Inhaber) • Gründung erfolgt formlos, d. h. ohne Gesellschaftsvertrag und notarielle Beurkundung • Eintragung in die **Abteilung A** des Handelsregisters mit deklaratorischer (rechtsbezeugender) Wirkung
Firmenart/Rechtspersönlichkeit	• **Personenfirma** (z. B. Jürgen Neumann e. K.) • **Laut HGB § 19** muss die Bezeichnung **e. K.** oder **e. Kfm.** oder **e. Kfr**. als Zusatz angehangen werden. • Firma dokumentiert **keine** eigene Rechtspersönlichkeit, jedoch **relative Rechtsfähigkeit** mit **differenzierten** handels- und steuerrechtlichen Auswirkungen.
Mindestkapital/ Kapitalbezeichnung	• **keine** vorgeschriebene Mindesthöhe • **Kapitaleinlage**
Haftung	• Der Einzelunternehmer haftet **unbeschränkt** für die gesamten Verbindlichkeiten der Firma, d. h., es gibt **keine Trennung** zwischen Geschäfts- und Privatvermögen.
Gewinn- und Verlustbeteiligung	• einerseits **freie** Verfügbarkeit über den erwirtschafteten Gewinn, andererseits auch **voller** Verlustzuspruch
Leitungsbefugnis	• Da Identität zwischen natürlicher Person und Firma, besitzt der Einzelunternehmer die **alleinige** Geschäftsführerbefugnis und Vertretungsmacht (Außenverhältnis). • Vertretungsmacht kann auch durch vom Eigentümer bestellte Vertreter (**Prokurist oder Handlungsbevollmächtigte**) realisiert werden. • Eventueller stiller Gesellschafter besitzt keine Leitungsbefugnis, sondern nur Kontrollrecht (**§ 233 HGB**).
Kapitalaufbringung/ Finanzierungspotenzial	• Privatvermögen, Selbstfinanzierung durch **Gewinn-Thesaurierung**, Aufnahme stiller Gesellschafter • **niedrige** Kreditwürdigkeit durch **fehlendes** Mindestkapital und eventuell **geringes** Privatvermögen
Steuern	• Die durch die Einzelunternehmung erwirtschafteten Gewinne unterliegen **nur beim Eigentümer** der Einkommensteuer. • Die Firma selbst unterliegt differenzierten Substanz-, Verkehrs- und Verbrauchssteuern.
Auflösungsmodalitäten	• Tod des Inhabers • Liquidation (freiwillige Selbstaufgabe) • Insolvenz der Firma
Besonderheiten	• keine Publizitätspflicht

Abbildung 2.10: Hauptmerkmale der Einzelunternehmung

Bevor in der nächsten Abbildung 2.11 auf die Hauptmerkmale der offenen Handelsgesellschaft und Kommanditgesellschaft eingegangen wird, sollen an dieser

Stelle zunächst einige Bemerkungen zur **Gesellschaft des bürgerlichen Rechts (GbR)** vorausgeschickt werden. Diese auch auf Grund ihrer Rechtsgrundlage (**§§ 705–740 BGB**) als BGB-Gesellschaft betitelte Rechtsform gilt als die Basiskonstruktion der Personengesellschaften, aber auch als die bevorzugte Rechtsform aller nicht gewerblichen Personenvereinigungen. Definitiv (vgl. § 705 BGB) verkörpert die GbR als **nicht juristische Person**

eine einfache Aggregation von mindestens zwei oder mehreren natürlichen oder juristischen Personen mit dem Motiv der vertraglichen Förderung einer gemeinsamen zeitlich begrenzten oder unbegrenzten Zweckerfüllung.

Die GbR dokumentiert nach dem Handelsrecht mangels eines kaufmännischen Gewerbes **keine Firma** und wird damit auch nicht in das **Handelsregister** eingetragen. In der Regel charakterisieren die Namen der Gesellschafter die Firma. Weitere typische **Merkmale** dieser Rechtsform sind in *Abbildung 2.11* aufgeführt.

Wie unter dem ersten Aspekt der Besonderheiten schon angesprochen, kann abweichend von der unbeschränkten Haftung aller Gesellschaften ein Passus mit den Gläubigern vereinbart werden, der die Haftung auf eine vorher festgelegte Summe beschränkt. Der Name der GbR ist dann um den Nachsatz mbH zu erweitern (**GbRmbH**). Diese Haftungsbeschränkung muss mangels Eintragung in das Handelsregister bei jeder ökonomischen Transaktion gegenüber dem Geschäftspartner deutlich gemacht werden. Als typische und atypische Anwendungsfälle von BGB-Gesellschaften gelten die **Arbeitsgemeinschaften** im Baugewerbe, die **Sozietäten** bei Freiberuflern (z. B. Ärzte, Notare und Rechtsanwälte), **Bankkonsortien** als typische und die **Bauherrengemeinschaften** als atypische Form.

Verkörpert die GbR eine nicht selten vorkommende Rechtsform für gewerbliche Kleinbetriebe, aber vor allem für nicht gewerbliche Personenvereinigungen, so dokumentiert die **offene Handelsgesellschaft (OHG)** demgegenüber eine weit verbreitete Rechtskonstruktion für gewerbliche Mittelbetriebe.

Definitiv lässt sich die OHG nach **§ 105 HGB** als eine Gesellschaft bezeichnen,

deren Zweck auf den Betrieb eines Handelsgewerbes unter gemeinschaftlicher Firma gerichtet ist, wobei bei keinem der Gesellschafter die Haftung gegenüber den Gläubigern beschränkt ist.

Um dem Nachteil der vollen persönlichen Haftung und der daraus resultierenden Beschränkung der Gesellschafteranzahl zu entgehen, wurde eine weiterentwickelte Rechtskonstruktion der OHG geschaffen, die **Kommanditgesellschaft (KG)**. Bei dieser Rechtsform gibt es neben den voll haftenden **Komplementären**, die die gleiche Rechtsstellung wie ein OHG-Gesellschafter beinhalten, noch die begrenzt haftenden **Kommanditisten**. In der *Abbildung 2.12* sind zunächst die Hauptmerkmale der OHG aufgelistet.

Gründungs-modalitäten	• Abschluss eines gewöhnlich formlosen **Gesellschaftsvertrages** (§ 705 BGB) • Bei **Grundstückseinbringung** ist **notarielle Beurkundung** des Vertrages erforderlich (**§ 313 BGB**).
Mindestkapital/ Kapitalbezeichnung	• **nicht** festgelegte Mindesthöhe • Einlagen der Gesellschafter müssen **gleich hoch** sein (§ 706 Absatz 1 BGB). • Einlagen können Geld- und/oder Sach- bzw. Dienstleistungen sein (**§ 706 Absatz 2/3**). • Laut **§ 718/719 BGB** werden alle Einlagen der Gesellschafter und die durch die Geschäftsführung erworbenen Gegenstände Gesellschaftsvermögen (**Gesamthandvermögen).** • Einlagen werden als **Beiträge** bezeichnet.
Haftung	• Die Gesellschafter haften in der Regel **persönlich unbeschränkt** und **direkt** sowie **gesamtschuldnerisch (§ 735 BGB)** auf Grund der fehlenden Einrede der Haftungsbeschränkung, Vorausklage und Haftungsteilung. • (Beachte: **Individual- bzw. Kollektivfassung** zu den Schuld- und Haftungsfragen der GbR – vgl. *Daumke/ Keßler 1990*, 17)
Gewinn- und Verlustbeteiligung	• Wenn nicht im Vertrag anders geregelt, nach **gleichen Anteilen** (**§ 722 BGB**). • Verteilung der Gewinne/Verluste ist jedoch erst nach **Auflösung** der GbR bzw. zum **Ende** des Geschäftsjahres möglich.
Leitungsbefugnis	• Geschäftsführung und Vertretungsmacht obliegt in der Regel **allen Gesellschaftern** (**§ 709 BGB**). • Es gilt das Prinzip der **Einstimmigkeit**. • **Übertragung** der Geschäftsführung auf einen oder mehrere Gesellschafter ist – wenn im Gesellschaftsvertrag verankert – möglich (**§ 710 BGB**).
Auflösungs-modalitäten	• nach Ablauf der Zielstellung • nach Tod oder Insolvenzeröffnung eines Gesellschafters • Kündigung eines Gesellschafters bei unbefristeter Zeitdauer der Gesellschaft (**§ 723 BGB**)
Besonderheiten	• Eine **Haftungsbeschränkung** auf das Gesellschaftsvermögen muss gegenüber den Gläubigern **kenntlich** gemacht werden. • Es gibt **typische und atypische** Formen von BGB-Gesellschaften.

Abbildung 2.11: Hauptmerkmale der Gesellschaft des bürgerlichen Rechts

Rechtsform / Hauptmerkmale	Offene Handelsgesellschaft (OHG)
Rechtsgrundlage	• BGB §§ 705–740 • HGB §§ 105–160
Gründungs-modalitäten	• mindestens **zwei** natürliche oder juristische Personen • Gründung erfolgt durch **formfreien**, meist schriftlichen Gesellschaftsvertrag. • Laut **§ 123 HGB** beginnt die Außenwirksamkeit der Gesellschaft mit der Eintragung ins Handelsregister bzw. vor Eintragung mit dem **Zeitpunkt** des **Gesellschaftsbeginns.**
Firmenart/ Rechts-Persönlichkeit	• **Personenfirma** (z. B. Naumann & Schürer OHG) • Laut **§ 19 HGB muss** die Firma die Bezeichnung "Offene Handelsgesellschaft" oder eine allgemein verständliche Abkürzung (**OHG**) beinhalten. • Obwohl **keine** juristische Person, kann die OHG unter ihrer Firma Rechte und Sachen erwerben bzw. Verbindlichkeiten eingehen, klagen und verklagt werden (**§ 124 HGB**).
Mindestkapital/ Kapitalbezeichnung	• keine **vorgeschriebene** Mindesthöhe • häufig von § 706 BGB abweichend **unterschiedliche** Einlagenhöhen der Gesellschafter • **Kapitalanteile**
Haftung	• Alle Gesellschafter haften laut **§§ 128/129 HGB und § 421 BGB** für die Verbindlichkeiten der Gesellschaft **persönlich unbeschränkt** und **unmittelbar** (direkt) sowie **solidarisch** (gesamtschuldnerisch).
Gewinn- und Verlustbeteiligung ❶	• Bei Nichtfestlegung im Gesellschaftsvertrag gilt laut **§§ 120/121 HGB** folgender prinzipieller Ablauf: a) **4 %** Verzinsung der zu Beginn des Geschäftsjahres eingebrachten Kapitalanteile (**Vordividende**) b) Zinsmäßige Berücksichtigung von **Privatentnahmen** (§ 122 HGB) und **-einlagen** der Gesellschafter während des Geschäftsjahres c) Verteilung des Restgewinns nach **Köpfen** • Die geschäftsführenden Gesellschafter erhalten in der Regel ein ebenfalls den Restgewinn minderndes Arbeitsentgelt. • Die **Verlustverteilung** erfolgt ebenfalls nach Köpfen.
Leitungsbefugnis	• Laut **§ 114 HGB** ist jeder Gesellschafter zur Geschäftsführung – im Sinne von Handlungen, die der gewöhnliche Betrieb des Handelsgewerbes mit sich bringt (§ 116 HGB) – **berechtigt** und **verpflichtet**. • **Abweichungen** von § 114 HGB in Form von Entziehungen (**§ 117 HGB**) der Befugnis oder der Realisierung von Gesamtbeschlüssen (**§ 116 HGB**) bei außergewöhnlichen Geschäftshandlungen sind möglich. • Laut **§ 125 HGB** ist auch jeder Gesellschafter zur **Alleinvertretungsmacht** berechtigt, die aber vertraglich eingeschränkt oder ausgeschlossen werden kann.

Kapitalaufbringung/ Finanzierungs-potenzial	• Kapitalaufbringung wie Einzelunternehmung • höhere Kreditwürdigkeit durch **Solidarhaftung** der Gesellschafter
Steuern	• Da die Gesellschaft kein selbstständiges Steuerobjekt verkörpert, unterliegt sie auch **nicht** der Körperschaftsteuer. • **Einkommensteuerpflicht** liegt damit nur bei den Gesellschaftern (vgl. 9.3.3). • Firma selbst unterliegt weiteren Steuern – siehe Seite 80 (vgl. 9.3.2)
Auflösungs-modalitäten	• Laut **§ 131 HGB** durch folgende Gründe: - Zeitablauf - Liquidation durch Gesellschaftsbeschluss - Insolvenzeröffnung - gerichtliche Entscheidung - Kündigung eines Gesellschafters 6 Monate vor Geschäftsjahresabschluss (**§ 132 HGB**).
Besonderheiten	• Laut **§ 112** (113) **HGB** gilt **Wettbewerbsverbot**.

Abbildung 2.12: Hauptmerkmale der offenen Handelsgesellschaft

Zur Verdeutlichung des in der Abbildung angeführten Procedere zur Gewinn- und Verlustbeteiligung einer OHG soll folgendes Demonstrationsbeispiel dienen:

Demonstrationsbeispiel:

Sachverhalt

Eine OHG erzielt in einem Geschäftsjahr einen Reingewinn von 350.800 €. Beteiligungsverhältnis der drei Gesellschafter A, B und C:
A = 800.000 €, B = 600.000 €, C = 400.000 €. Privatentnahme von A am 18.10. 40.000 €, Einlage von C am 06.08. 60.000 €.
Nach dem Gesellschaftsvertrag werden die Kapitalanteile mit 5 % verzinst. Privatentnahmen und Einlagen sind mit 5 % zinsenmäßig zu berücksichtigen. Der Restgewinn ist im Verhältnis 5 : 5 : 3 zu verteilen.

Aufgabenstellungen

1. Berechnen Sie die Gewinn- und die neuen Kapitalanteile der Gesellschafter.
2. Welche Eigenkapitalrentabilitäten ergeben sich für die Gesellschafter? (Annahme: Monat = 30 Kalendertage, Jahr = 360 Tage)

Lösungen

zu 1.

Gesellschafter A: Privatentnahme am 18.10.

5 % von 40.000 € = 2.000 €

$$\text{Vordividende} = 2000 \cdot \frac{72}{360} = 400 \text{ EURO}$$

Gesellschafter C: Privateinlage am 06.08.

5 % von 60.000 € = 3.000 €

$$\text{Vordividende} = 3000 \cdot \frac{144}{360} = 1.200\ €$$

zu 2.

Eigenkapitalrentabilitäten:

$$A \quad R_{EK} = \frac{139.600}{760.000} \cdot 100\ \% = 18{,}37\%$$

$$B \quad R_{EK} = \frac{130.000}{600.000} \cdot 100\ \% = 21{,}67\%$$

$$C \quad R_{EK} = \frac{81.200}{460.000} \cdot 100\ \% = 17{,}65\%$$

Gesell-schafter	Kapitalan-teil	5% Vordi-vidende	Kopfan-teil	Gesamt-gewinn	neuer Ka-pitalanteil	Eigenkapital-rentabilität (%)
A	800.000 – 40.000 760.000	40.000 – 400 39.600	100.000	139.600	899.600	18,37
B	600.000	30.000	100.000	130.000	730.000	21,67
C	400.000 + 60.000 460.000	20.000 + 1.200 21.200	60.000	81.200	541.200	17,65
A + B + C	1.820.000	90.800	260.000	350.800	2.170.800	

Wie schon bei den Ausführungen zur OHG erwähnt, unterscheidet sich die **Kommanditgesellschaft** (**KG**) von der OHG im Wesentlichen nur durch die unterschiedlichen Haftungsvolumina der Gesellschafter (Komplementäre = Vollhafter; Kommanditisten = Teilhafter). Die Rechtsgrundlage dieser ebenfalls nicht juristischen Person bilden die Paragraphen der OHG und subsidiär die §§ 161–177a HGB. Als grundsätzliche **Besonderheiten** aus diesen unterstützenden Vorschriften – primär bezüglich der Kommanditisten – wären zu nennen:

- Mindestens **ein Komplemen**tär und **ein Kommanditist** bilden die Gesellschaft (vgl. S. 161 HGB).
- Laut **§ 19 HGB** muss dieser Rechtsform die Bezeichnung „Kommanditgesellschaft" oder eine allgemein verständliche Abkürzung wie z. B. **KG** angefügt werden.
- Jeder Kommanditist ist verpflichtet, die vertraglich fixierten **Beiträge** fristgemäß bis zur festgelegten Höhe der **Kapitaleinlage** zu leisten.
- Beim Kommanditisten **beschränkt** sich die Haftung auf die im Handelsregister fixierte Kommanditeinlage (**§§ 171/172 HGB**).
- Für den **noch nicht** geleisteten Teil seiner **Kapitaleinlage** haftet der Kommanditist gegenüber den Gesellschaftsgläubigern auch mit seinem **Privatvermögen**.
- Die Gewinn- und Verlustbeteiligung erfolgt nach dem gleichen Procedere wie bei der OHG (vgl. § 121 HGB), jedoch wird der Restgewinn bzw.

Restverlust in einem **angemessenen Verhältnis** ❷ zwischen Komplementären und Kommanditisten verteilt (**§ 168 HGB**).

- Ist die Kommanditeinlage noch **nicht voll eingezahlt**, wird der Gewinn des Kommanditisten so lange einbehalten, bis die vertraglich verankerte Kapitaleinlage erreicht ist (**§ 169 HGB**).
- Kommanditisten sind **lt. §§ 164 und 170 HGB** von der Geschäftsführung und Vertretungsmacht **ausgeschlossen**, besitzen jedoch nach **§ 166 HGB Kontrollrecht** bezüglich der abschriftlichen Mitteilung des Jahresabschlusses.
- Die Gewinnanteile der Kommanditisten werden bei der Ermittlung der Einkommensteuer in der Einkunftsart „**Einkünfte aus Gewerbebetrieb**" erfasst.
- Der Kommanditist unterliegt keinem **Wettbewerbsverbot** (**§ 165 HGB**).
- Der Tod eines Kommanditisten löst die Gesellschaft nicht auf, sondern wird mit den Erben fortgesetzt (**§ 177 HGB**).
- Nach **§ 132 HGB** besitzt der Kommanditist ebenfalls ein **Kündigungsrecht** auf den Schluss des Geschäftsjahres mit einer 6-monatigen Kündigungsfrist.

Die KG ist gleichfalls die Rechtsform familienorientierter gewerblicher Klein- und Mittelbetriebe mit relativ großer Kreditwürdigkeit. Da das Aufnahmequantum von Kommanditisten quasi unbegrenzt ist, verkörpert sie einen Übergang zur Kapitalgesellschaft der GmbH.
Abschließend sollen in der folgenden *Abbildung 2.13* noch einmal mit Bezug auf die vorangestellten Darlegungen die primären **Unterschiede**, aber auch **Gemeinsamkeiten** zwischen den – wie Einzelunternehmer oder OHG-Gesellschafter zu betrachtenden – **Komplementären** und den **Kommanditisten** der KG dargestellt werden.

Gesellschafter / Merkmale	**Komplementär**	**Kommanditist**
Leitungsbefugnis im Sinne der Geschäftsführung und Vertretungsmacht	ja	nein
Haftung	Geschäfts- und Privatvermögen	nur Kapitaleinlage
Kündigungsrecht	ja	ja
Wettbewerbsverbot	ja	nein
Kontrollrecht	laufend	eingeschränkt
Firmenname	ja	nein
Restgewinnverteilung	höher	niedriger
Tod der Gesellschafter	Auflösung	Fortsetzung durch Erben

Abbildung 2.13: Unterschiede und Gemeinsamkeiten zwischen Komplementär und Kommanditist

Wie aus der Abbildung 2.7 ersichtlich, gehören neben den bisher ausführlicher dargestellten Rechtsformen auch die „**Stille Gesellschaft**", die „**Partnerschaft**" und die „**Europäische wirtschaftliche Interessenvereinigung**" noch zu den Personengesellschaften.

Die **stille Gesellschaft**

beinhaltet eine vertragliche Vereinigung zwischen **einem** Eigentümer eines bestehenden Handelsgeschäftes in beliebiger Rechtsform als Kreditnehmer und **einem** nach außen nicht in Erscheinung tretenden stillen Gesellschafter als Kreditgeber, dessen dispositive Geld- oder Sacheinlage Eigenkapitalbestandteil des Geschäftsinhabers wird.

Die Rechtsgrundlage dieser Gesellschaft bilden die **§§ 230–236 HGB**. Die Gründung erfolgt ebenfalls mittels eines formfreien Gesellschaftsvertrages (**§ 232**), der im engeren Sinne betrachtet eher einen Darlehensvertrag verkörpert. Da die Gesellschaft nach außen nicht in Erscheinung tritt (z. B. keine Eintragung ins Handelsregister, keine eigene Firmenbezeichnung), gilt sie als **reine Innengesellschaft**. Zu beachten sind seitens des stillen Gesellschafters folgende hervorzuhebenden Aspekte:

a) Der stille Gesellschafter besitzt bei einer **typischen** stillen Gesellschaft im Gegensatz zur atypischen Form **keine Leitungsbefugnis**, sondern nur Kontrollrecht (**§§ 230, 233 HGB**).
b) Der stille Gesellschafter ist **zwingend** am Unternehmungsgewinn, mindestens **angemessen** in Form einer festen Grundverzinsung der Einlage und einer gekoppelten prozentualen Beteiligung am Restgewinn zu partizipieren (**§ 231 HGB**).
c) Der stille Gesellschafter ist auch am Verlust der Unternehmung **angemessen** beteiligt, höchstens bis zum Betrag seiner Einlage adäquat dem Gewinnanspruch. Allerdings kann diese Verlustbeteiligung vertraglich ausgeschlossen werden (**§ 231 HGB**).
d) Der stille Gesellschafter kann im Falle der **Unternehmungsinsolvenz** den Teil seiner Einlage, der den auf ihn anfallenden Verlustanteil übersteigt, als **Insolvenzgläubiger** geltend machen (**§ 235 HGB**).

Die stille Gesellschaft kann durch vertraglichen **Zeitablauf**, **Kündigung** oder **Tod** des natürlichen Gesellschaftsinhabers aufgelöst werden (§ 234 HGB).

Wie vorher unter a) angesprochen, gibt es zwei Arten von stillen Gesellschaften, nämlich die **typische** und die **atypische**. Währenddem die zuerst genannte in ihrer rechtlichen Ausgestaltung allein auf den handelsrechtlichen Vorschriften beruht, lässt die atypische Form gesetzliche – allerdings im Gesellschaftsvertrag zu verankernde – Abweichungen zu. Damit entspricht sie in etwa den Modalitäten einer BGB-Gesellschaft.

Die hervorzuhebenden **Unterschiede** zwischen einer typischen und atypischen stillen Gesellschaft sind:

1. Stiller Gesellschafter besitzt **keine** Leitungsbefugnis ⟺ stiller Gesellschafter besitzt Leitungsbefugnis in Form **einer** erweiterten rechtsgeschäftlichen Mitbestimmung, z. B. als Bevollmächtigter oder Prokurist.
2. Stiller Gesellschafter erhält **nur** das Recht auf abschriftliche Bilanzeinsicht ⟺ stiller Gesellschafter genießt **erweiterte** Einsichtsrechte.
3. Stiller Gesellschafter ist **nur** am Gewinn zwingend beteiligt ⟺ stiller Gesellschafter besitzt darüber hinaus Anteilsrechte am **gesamten** Firmenvermögen, also auch den stillen Reserven.

Unter einer **Partnerschaft** versteht man in Anlehnung an § 1 des Partnerschaftsgesellschaftsgesetzes (**PartGG**) vom 25. Juli 1994

> eine Gesellschaft aus mindestens zwei **natürlichen** Personen, in der sich Angehörige freier Berufe zur Ausübung ihrer **nicht** als Handelsgewerbe geltenden Berufstätigkeiten zusammenschließen.

Im Sinne dieses Gesetzes gelten nach **§ 1, Absatz 2** als freie Berufe Ärzte, Zahnärzte, Tierärzte, Heilpraktiker, Wirtschafts- und Steuerprüfer, Dolmetscher, Künstler und viele andere einer besonderen Qualifikation und Begabung unterliegenden Berufe. Als hervorzuhebende **Merkmale** einer Partnerschaft sind zu nennen:

a) Herausragende Rechtsgrundlage ist neben dem PartGG das **BGB (§§ 705–740)**.
b) Der Name der Partnerschaft muss den Namen **mindestens eines Partners** sowie den **Zusatz** „und Partner" oder „Partnerschaft" einschließlich der Berufsbezeichnungen **aller** vertretenen Berufe enthalten (§ 2 PartGG).
c) Laut § 3 bedarf der Partnerschaftsvertrag der **Schriftform** mit Angabe der Vor- und Zunamen, ausgeübten Berufe und Wohnorte der Partner sowie Sitz und Gegenstand der Partnerschaft.
d) Die Anmeldung der Partnerschaft hat laut § 4 PartGG im **Partnerschaftsregister** der §§ 106, Absatz 1 und 108 des HGB unter den gleichen Anmeldungsmodalitäten zu erfolgen.
e) Laut § 8 haften für die Verbindlichkeiten der Partnerschaft gegenüber den Gläubigern neben dem Gesellschaftskapital **auch** die Partner als **Gesamtschuldner**.

Die noch wenig praktizierte Rechtsform der **Europäischen wirtschaftlichen Interessenvereinigung** (EWIV) als supranationale Rechtsform fußt auf der Verordnung (EWG) Nr. 2137 des Rates über die Schaffung einer EWIV vom 25. Juli 1**985** und dem **EWIV-Ausführungsgesetz** vom 14. April 1988.

Der Zweck der Interessenvereinigung besteht in Anlehnung an den Artikel 3 der genannten Verordnung

in der Erleichterung, Entwicklung, Verbesserung oder Steigerung der wirtschaftlichen Tätigkeit ihrer Mitglieder, ohne dabei als Gesellschaft selbst Gewinn zu erzielen. Ihre Tätigkeit muss im ursächlichen Zusammenhang mit der wirtschaftlichen Tätigkeit ihrer Mitglieder stehen und darf nur eine Hilfstätigkeit dazu bilden.

Als wesentliche **Merkmale** der EWIV gelten:

- **Mitgliedschaft (Artikel 4)**:
  Zwei Gesellschaften sowie andere juristische Einheiten des öffentlichen und privaten Rechts sowie zwei natürliche Personen, die eine gewerbliche, kaufmännische, handwerkliche, landwirtschaftliche oder freiberufliche Tätigkeit in der Gemeinschaft ausüben.
- **Gründung/Eintragung (Artikel 5 und 6):**
  Die Gründung der Vereinigung erfolgt durch einen Gründungsvertrag mit den im Artikel 5 unter a) – e) fixierten Angaben. Die Eintragung wird im Staat des Sitzes in das nach Artikel 39 Absatz 1 bestimmte Register (für Deutschland gilt laut § 2 des EWIV-Ausführungsgesetzes das Handelsregister) vorgenommen.
- **Organe/Haftung (Artikel 16 und 24):**
  Als Organe der EWIV gelten die gemeinsam handelnden Mitglieder (jedes Mitglied besitzt eine Stimme) sowie ein oder mehrere Geschäftsführer. Die Mitglieder haften unbeschränkt und gesamtschuldnerisch für die Verbindlichkeiten der Vereinigung.

Die in *Abbildung 2.7* unter der Rubrik der Personengesellschaften an erster Stelle genannte „Rechtsform“ der **partiarischen Rechtsverhältnisse** verkörpert nach *Bestmann 1996*, 24 einen Grenzfall zur BGB-Gesellschaft. Diese Feststellung resultiert aus der Tatsache, dass diese Rechtsverhältnisse (z. B. das partiarische Darlehen) bereits einen Übergang von reinen Schuld- zu Beteiligungsverhältnissen dokumentieren, indem **keine festen Verzinsungen**, sondern nur **Gewinnbeteiligungen** vertraglich vereinbart werden.

Die **Gesellschaft mit beschränkter Haftung** (GmbH) ist wohl die bekannteste und beliebteste (derzeit ca. 750 000), weil sie einerseits eine für jeden gesetzlich zulässigen Zweck (**§ 1 GmbHG**) von mindestens einer Person zu errichtende sowie andererseits eine relativ einfach zu gründende und zu finanzierende Rechtsform für familiäre Klein- und Mittelbetriebe, aber auch für Großbetriebe in Deutschland verkörpert. Definitiv lässt sich eine **GmbH** in Anlehnung an die §§ 5, 13 und 14 GmbHG wie folgt charakterisieren:

.... ist eine nicht auf historischem Vorbild fußende Kapitalgesellschaft mit eigener Rechtspersönlichkeit, deren Gesellschafter als natürliche und juristische Personen mit Stammeinlagen auf das in Geschäftsanteile zerlegte Stammkapital (gezeichnetes Kapital) beteiligt sind, ohne persönlich für die Verbindlichkeiten der Gesellschaft zu haften.

Analog der Darstellung der anderen Rechtsformen zeichnet sich die genannte Kapitalgesellschaft durch folgende **Hauptmerkmale** aus (*Abbildung 2.14*).

Rechtsform / Haupt-merkmale	**Gesellschaft mit beschränkter Haftung (GmbH)**
Rechtsgrundlagen	• GmbHG §§ 1–86 vom 20. 05. 1898 • Euro-Einführungsgesetz vom 09. 06. 1998, Artikel 3, § 3 • Handelsrechtsreformgesetz vom 22. 06. 1998, Artikel 9 • Gesetz zur Änderung des Einführungsgesetzes zur Insolvenzordnung vom 19. 12. 1998
Gründungs-modalitäten	• lt. § 1 GmbHG durch **eine** (Ein-Mann-GmbH) oder **mehrere** Personen • Gründung erfolgt durch einen zwingend erforderlichen, notariell beurkundeten und von allen Gesellschaftern unterzeichneten schriftlichen Gesellschaftsvertrag (Satzung) mit den in § 3 definierten Inhalten.
Firmenart/ Rechtspersönlichkeit ❸	• **Personen- oder Sachfirma** (z. B. Bosch GmbH oder Sächsische Maschinenwerke GmbH) mit der Bezeichnung „Gesellschaft mit beschränkter Haftung" (§ 4 GmbHG) oder eine allgemein verbindliche Abkürzung dieser Bezeichnung als Zusatz (z. B. GmbH oder mbH). • Die Gesellschaft entsteht als juristische Personen erst durch die **Eintragung** in das Handelsregister (**§ 11 GmbHG**). • Die Anmeldung im Handelsregister darf erst erfolgen, wenn auf jede Stammeinlage, soweit nicht Sacheinlagen vereinbart sind, ein Viertel eingezahlt ist (**§ 7 Absatz 2**). • Insgesamt muss auf das Stammkapital **mindestens** so viel eingezahlt sein, dass der **Gesamtbetrag** der eingezahlten Geldeinlagen zuzüglich der Gesamtsumme für Sacheinlagen die Hälfte des Mindeststammkapitals, also **12.500 €** erreicht.
Mindestkapital/ Kapitalbezeichnung (vgl. auch Abschnitt 8.3.1.3) ❸	• Laut § 5 Absatz 1 GmbHG beträgt der **Mindestbetrag** des Stammkapitals der Gesellschaft **25.000 €.** • Die **Stammeinlage** jedes Gesellschafters muss mindestens **100 €** betragen, wobei kein Gesellschafter lt. § 5 Absatz 2 bei Gründung mehrere Stammeinlagen übernehmen darf. • Der Betrag der Stammeinlage kann für die einzelnen Gesellschafter **unterschiedlich**, muss jedoch in € durch **fünfzig** teilbar sein (§ 5 Absatz 3).

Haftung	• Da die Haftung der Gesellschaft als juristische Person auf das **Geschäftsvermögen beschränkt** ist, haften in der Regel die Gesellschafter auch nur **begrenzt** bis zur Höhe ihrer **zugesagten Stammeinlagen**. • **Vor** Eintragung ins Handelsregister haften laut **§ 11 Absatz 2** die Gesellschafter für die Verbindlichkeiten der Gesellschaft **persönlich** und **solidarisch**. • In der Satzung kann festgelegt werden, dass die Gesellschafter über den Betrag ihrer Stammeinlagen hinaus in Form von **beschränkten** (§ 28) und **unbeschränkten** (§ 27) **Nachschüssen** „haften" (§ 26 GmbHG).
Gewinn- und Verlustbeteiligung	• Die laut § 29 GmbHG gesetzlich vorgeschriebene Gewinn- und Verlustverteilung erfolgt – wenn im Gesellschaftsvertrag kein anderer Verteilungsmaßstab vorgesehen ist – nach dem **Verhältnis der Geschäftsanteile**.
Leitungsbefugnis	• Die GmbH ist als juristische Person zwar rechtsfähig, die **Leitungsbefugnis** obliegt jedoch ihren **Organen**, die in ihrem Namen im Geschäftsverkehr handeln (Prinzip der **Fremdorganschaft,** *vgl. Busse v. Colbe u. a. 2000*, 442). • Als Organe gelten: – ein oder mehrere **Geschäftsführer** (**Gesellschafter oder Gesellschaftsfremde**) im Sinne natürlicher und unbeschränkt geschäftsfähiger Personen (**§ 6 Absatz 1 und 2 GmbHG; §§ 104 ff. BGB**). – die **Gesellschaftsversammlung** (§ 48), deren Aufgabenspektrum im **§ 46 Punkte 1 – 8** festgelegt ist und deren Beschlüsse durch einfache Stimmenmehrheit erfolgt (**§ 47 GmbHG**), wobei je **50 €** des Geschäftsanteils **eine** Stimme gewährt wird. – Die Bildung eines Aufsichtsrates zur Überwachung der Geschäftsführung ist laut § 77 BetrVG **fakultativ**, jedoch bei mehr als 500 Arbeitnehmern gesetzlich vorgeschrieben.
Kapitalaufbringung/ Finanzierungs-Potenzial	• Die **Kreditwürdigkeit** der Gesellschaft und damit die Fremdkapitalzuführung hängt bei geringem Eigenkapitalvolumen vor allem von der Bereitschaft der Gesellschafter ab, bei Gesellschaftskrediten auch mit ihrem **Privatvermögen** zu haften.
Steuern	• Da die Gesellschaft als juristische Person ein selbstständiges Steuerobjekt verkörpert, unterliegt sie der **Körperschaftsteuer** (vgl. **9.3.5**). • Gesellschaft ist auch gewerbesteuerpflichtig (GewStG vom 19. 05. 1999), des Weiteren unterliegt sie mehreren anderen Einzelsteuern, die unter den Oberbegriffen der **Substanz-, Verkehrs- und Verbrauchssteuern** zusammengefasst werden (vgl. Abschnitt 9.4, 9.5 und 9.6).

Auflösungs-Modalitäten	• Laut **§ 60 GmbHG** sind folgende primäre Auflösungsgründe denkbar: – **Zeitablauf** laut Gesellschaftsvertrag – **Gesellschaftsbeschluss** mit ¾-Mehrheit der abgegebenen Stimmen – **gerichtliches Urteil** (§ 61) – Eröffnung des **Insolvenzverfahrens** (§ 64)
Besonderheiten	• Laut **§§ 325 ff. HGB** unterliegt die Gesellschaft der **Publizitätspflicht**, wobei der Umfang der Rechnungslegung größenklassenabhängig ist (**§ 267 HGB**).

Abbildung 2.14: Hauptmerkmale der Gesellschaft mit beschränkter Haftung

Die zweite Form deutscher Kapitalgesellschaften ist die **Aktiengesellschaft** (**AG**). Diese Rechtsform basiert auf der Grundidee, den permanent steigenden Finanzbedarf der **Großunternehmen** relativ leicht über den Kapitalmarkt zu gewährleisten. Die Realisierung dieses Anspruches erfordert sowohl eine relativ **lockere** Bindung der Gesellschafter an die Unternehmung als auch eine **starke** Haftungsbeschränkung wie z. B. den Ausschluss von Nachschüssen. Resultierend aus dem zuerst genannten Aspekt ergibt sich jedoch die Tatsache umfangreicher und zum Teil komplizierter Gründungs-, Prüfungs- und Publizitätsmodalitäten. Darüber hinaus sichert ein größeres Rechtsvolumen als bei der GmbH in Form des Aktiengesetzes mit 277 Paragraphen den **Aktionärs**- und **Gläubigerschutz**. Definitiv lässt sich die Aktiengesellschaft in Anlehnung an die §§ 1–3 des AktG wie folgt beschreiben:

> ... ist als Formkaufmann eine Handelsgesellschaft mit eigener Rechtspersönlichkeit, die von einer oder mehreren Personen gegründet wird, wobei diese mit Einlagen auf das in Inhaber- oder Namensaktien zerlegte Grundkapital beteiligt sind, ohne persönlich für die Verbindlichkeiten der Gesellschaft gegenüber den Gläubigern zu haften.

Die wesentlichsten **Hauptmerkmale** der AG werden analog den vorangestellten Rechtsformen in *Abbildung 2.15* verdeutlicht.

Rechtsform / Haupt-merkmale	**Aktiengesellschaft (AG)**
Rechtsgrundlage	• §§ 21–79 BGB • §§ 1–277 AktG vom 06. 09. 1965 • Artikel 3 § 1 Euro-Einführungsgesetz vom 09. 06. 1998 • Artikel 8 HRefG vom 22. 06. 1998 • Artikel 3 Kapitalgesellschaften- und Co-Richtliniengesetz vom 24. 02. 2000

Gründungs-modalitäten	• Laut § 2 AktG mindestens **eine** oder **mehrere** natürliche bzw. juristische Personen, die alle ersten Aktien gegen Einlagen übernehmen. • Der Inhalt des Gesellschaftsvertrages ergibt sich aus § 23 AktG Punkte 1–6 und bedarf einer **notariellen** Beurkundung. • Werden Sacheinlagen oder Sachübernahmen bei Gründung eingebracht, so können dies laut § 27 AktG Absatz 2 nur Vermögensgegenstände sein, deren **wirtschaftlicher Wert** feststellbar ist. • Die Gründer haben laut § 30 AktG den **ersten Aufsichtsrat** und den **ersten Abschlussprüfer** für das erste Geschäftsjahr notariell zu bestellen, der erste Aufsichtsrat bestellt dann den **ersten Vorstand**. • Laut § 32 AktG bedarf die Gründung eines schriftlichen **Gründungsberichtes**.
Firmenart/ Rechtspersönlichkeit	• **Sachfirma** (außer bei Umwandlungen) • Laut § 4 AktG **muss** die Firma die Bezeichnung „Aktiengesellschaft" oder eine allgemein verständliche Abkürzung (AG) enthalten (z. B. Sachsenring Automobiltechnik AG). • Mit der Eintragung ins **Handelsregister** Abteilung B erlangt die AG ihre juristische Rechtsfähigkeit.
Mindestkapital/ Kapitalbeteiligung (vgl. auch Abschnitt 8.3.1.3)	• Der Mindestnennbetrag des Grundkapitals zum Gründungszeitpunkt beträgt **50.000 €** (§ 6 AktG). • Der Mindestbetrag einer **Nennbetragsaktie** muss laut § 8 Absatz 2 **1 €** betragen; höhere Aktiennennbeträge müssen auf **volle** € lauten. • **Stückaktien** lauten auf keinen Nennbetrag (nennwertlose Aktien), sondern bringen einen angegebenen **Bruchteil** am Grundkapital zum Ausdruck. • Laut §§ 36, 36a AktG muss bei Bareinlagen **mindestens ein Viertel** des Aktiennennbetrages zuzüglich des **Agios** eingezahlt werden.
Haftung	• Für die Verbindlichkeiten der Gesellschaft gegenüber den Gläubigern haftet in der Regel **nur** das Gesellschaftsvermögen (§ 1 AktG) und nicht das Privatvermögen der Aktionäre. • Sind Aktien **nicht** voll eingezahlt, so haften die Aktionäre für den Fehlbetrag auch mit ihrem **Privatvermögen** (Problem: **Kaduzierung** § 64). • **Nachschusspflicht** bei Verlusten ist **ausgeschlossen**. • **Vor** Eintragung ins Handelsregister (Vorab-AG) haften die Gesellschafter **persönlich** bzw. als **Gesamtschuldner** (§ 4a).
Gewinn- und Verlustbeteiligung	• Laut § 60 AktG bestimmen sie die Gewinn- und Verlustanteile eines Aktionärs in der Regel aus ihren **Anteilen** am Grundkapital. • Bemessungsgrundlage für die **Dividende** ist der Gewinn der Handelsbilanz.

Leitungsbefugnis	• Nach dem Prinzip der **Fremdorganschaft** besitzt die AG folgende Leitungsorgane: – den Vorstand als **leitendes** Organ (§§ 76 ff. AktG) – der Aufsichtsrat als **überwachendes** Organ (§§ 95 ff. AktG) – die Hauptversammlung als **beschließendes** Organ (§§ 118 ff. AktG).
Kapitalaufbringung/ Finanzierungs-Potenzial	• Durch große **Stückelung** des Grundkapitals besteht eine sehr gute Möglichkeit der **Eigenkapitalbeschaffung**. • Neben **Krediten** (vgl. 8.3.2) dienen auch **Schuldverschreibungen** (vgl. 8.3.2.3) als Fremdfinanzierungsmöglichkeit.
Steuern	(Siehe Ausführungen zur GmbH.)
Auflösungs-Modalitäten	• Laut §§ 262 ff. AktG sind folgende vorrangige **Auflösungsgründe** genannt: – **Zeitablauf** laut Satzung – **Hauptversammlungsbeschluss** mit ¾-Mehrheit des bei der Beschlussfassung vertretenen Grundkapitals – Eröffnung des **Insolvenzverfahrens**

Abbildung 2.15: Hauptmerkmale der Aktiengesellschaft

In der *Abbildung 2.16* sollen als abschließende Bemerkung zu dieser Rechtsform sowohl die **Aufgabeninhalte** der jeweiligen Leitungsorgane (Vorstand, Aufsichtsrat, Hauptversammlung) als auch deren **Wechselbeziehungen** zueinander noch einmal in Kurzform dargestellt werden.

Eine dritte Möglichkeit, eine Kapitalgesellschaft zu gründen, ist die **Kommanditgesellschaft auf Aktien** (KGaA). Diese Rechtsform beinhaltet sowohl Merkmalsausprägungen der Kommandit- als auch der Aktiengesellschaft. Auf Grund dieser Tatsache wird die KGaA auch oft unter der Rubrik der Mischformen angesiedelt (vgl. z. B. *Jung 1998*, 76). Laut **§ 278 AktG** lässt sich diese relativ kompliziert zu bildende Rechtsform wie folgt definieren:

> ... ist eine Gesellschaft mit eigener Rechtspersönlichkeit, bei der mindestens ein Gesellschafter den Gläubigern gegenüber persönlich haftet (**Komplementäre**) und die übrigen an dem in Aktien zerlegten Grundkapital beteiligt sind, ohne persönlich für die Gesellschaftsverbindlichkeiten zu haften (**Kommanditaktionäre**).

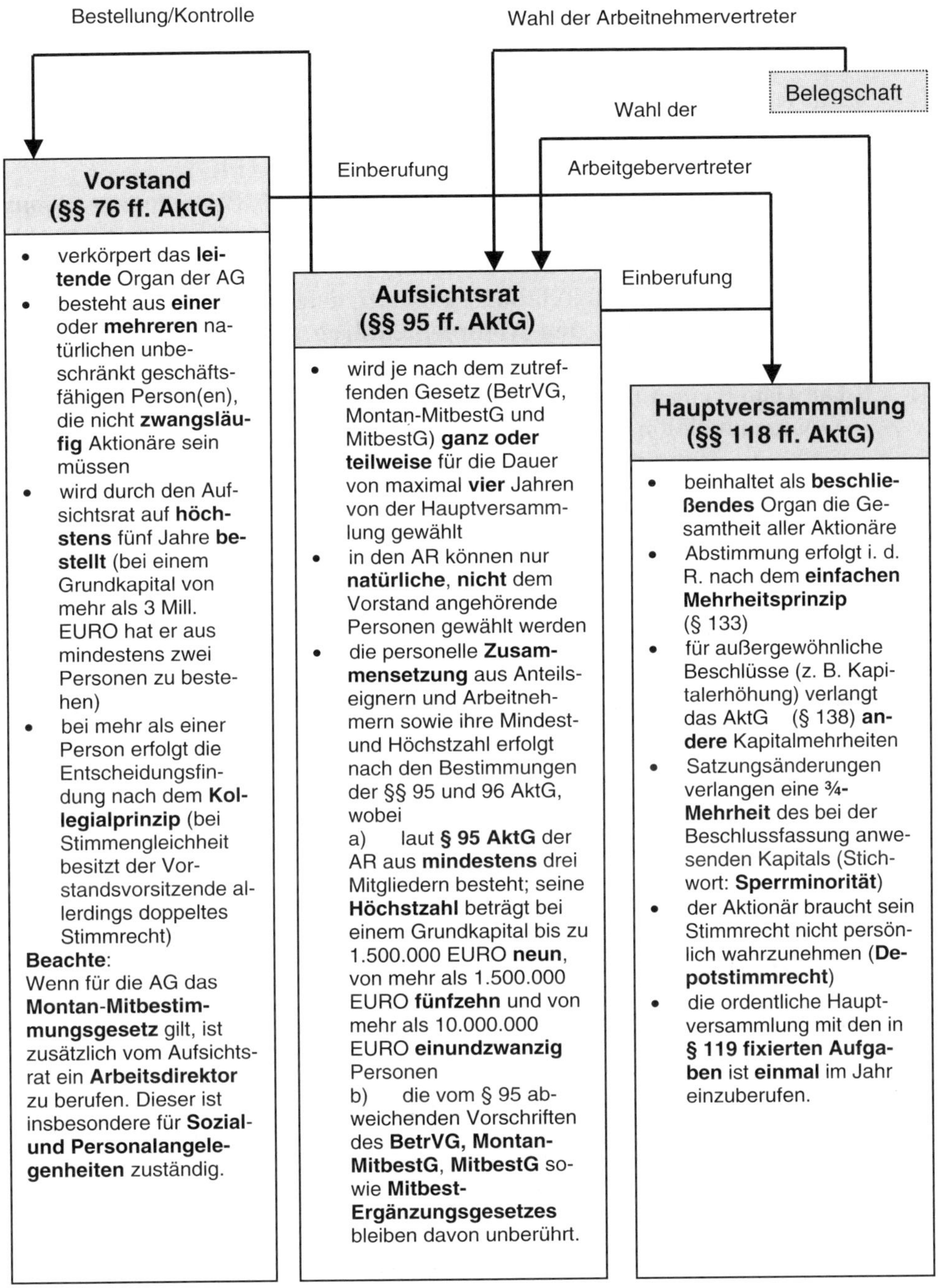

Abbildung 2.16: Organe der Aktiengesellschaft

Obwohl für die KGaA primär die Vorschriften der Aktiengesellschaft (§§ 1 bis 277) gelten, sind trotzdem einige Besonderheiten hinsichtlich ihrer Hauptmerkmale zu beachten:

1. Zur Gründung bedarf es **mindestens fünf Personen**, wobei einer die Position eines Komplementärs und die anderen vier die Positionen der Kommanditaktionäre übernehmen müssen (**§ 280 AktG**).
2. Die KGaA muss als Firma laut § 279 AktG die Bezeichnung „**Kommanditgesellschaft auf Aktien**" bzw. eine allgemein verständliche Abkürzung dieser Bezeichnung enthalten.
3. Die Leitung (Geschäftsführung und Vertretung) der Gesellschaft obliegt laut § 283 AktG **nur den Komplementären** und entspricht damit dem AG-Vorstand.
4. Die Hauptversammlung dokumentiert das vorrangige **Willensorgan** der Kommanditaktionäre. Komplementäre haben nur bei gleichzeitigem Aktienbesitz Stimmrecht, das laut **§ 285 Absatz 1** jedoch **stark eingeschränkt** ist (z. B. kein Stimmrecht bei der Abberufung des Aufsichtsrates).

Die Vorteile der KGaA liegen in der relativ einfachen Möglichkeit der Kapitalbeschaffung durch **Aktienemission**. Vorteilhaft ist auch die starke persönliche Bindung der voll haftenden Geschäftsleitung. Als nicht zu unterschätzender Nachteil sind die oft divergierenden Vorstellungen über die Gewinnverwendung (Kommanditaktionäre streben in der Regel eine hohe Dividende an) anzusehen.

Aus neuesten Veröffentlichungen des Statistischen Bundesamtes von 1998 ist zu entnehmen, dass sich die Summen der einzelnen Rechtsformen und damit die Anzahl insgesamt gegenüber der letzten Arbeitsstättenzählung des Statistischen Bundesamtes von 1987 wie folgt verändert haben (siehe *Abbildung 2.17*).

Rechtsform	**Anzahl 1987**	**Anteil in %**	**Anzahl 1998**	**Anteil in %**
Einzelunternehmungen	1.759.192	83,8	2.033.853	71,1
OHG/KG	101.901	4,9	347.389	12,1
GmbH	219.665	10,5	426.724	15
AG/KgaA	2.714	0,13	3.139	0,11
Genossenschaften	7.022	0,33	6.962	0,24
Unternehmungen mit sonstiger privater Rechtsform (für 1998 einschl. ausländische Rechtsformen)	4.193	0,19	36.103	1,26
Unternehmungen von Körperschaften des öffentlichen Rechts	3.078	0,15	5.813	0,20
Summe	2.097.765		2.859.983	

Abbildung 2.17: Gegenüberstellung der Anzahl der Rechtsformen 1987/1998

Abschließend zu diesem Problemkreis soll nicht unerwähnt bleiben, dass vielfältige unternehmungsinterne und -externe Aspekte dazu führen können, die originäre Rechtsform zu ändern. Als primäre, vorrangig handels-, aber auch steuerrechtliche **Wechselmotive** sind zu nennen:

a) Begrenzung der **Haftungstiefe**
b) Beschneidung oder Erweiterung der **Leitungsbefugnis**
c) Erhöhung der **Eigenkapitalbasis** und damit Verbesserung der **Kreditwürdigkeit**
d) Verringerung der **Steuerbelastung**
e) Einschränkung der **Publizitätspflicht**

Währenddem die Konsequenzen des Rechtsformwechsels auf den laufenden Geschäftsbetrieb als relativ unbedeutend anzusehen sind, resultieren aus den Änderungen vorrangig außerhalb einer Rechtsformgruppe vor allem zusätzliche, meist einmalige Steueraufwendungen primär im Bereich der **Gewinn- und Verkehrssteuern** (vgl. 9.3.3, 9.3.5 und 9.5).

Die Rechtsgrundlagen für den Rechtsformwechsel sind handelsrechtlich im Umwandlungsgesetz (UmwG) und steuerrechtlich im **Umwandlungssteuergesetz** (UmwStG), beide vom 28. 10. 1994, fixiert. Mit dieser neu strukturierten Rechtsbasis wurde ein Umwandlungsrecht geschaffen, das einerseits handelsrechtlich ein einfacheres Handling gewährleistet und steuerrechtlich eine Übertragung der Wirtschaftsgüter ohne Auflösung der stillen Reserven und damit den eventuellen Ausweis von Umwandlungsgewinnen garantiert.

Ist dieser zuletzt angeführte Aspekt nicht möglich, wie z. B. beim Wechsel von einer Kapital- in eine Personengesellschaft (in diesem Kontext müssen laut UmwStG alle stillen Reserven in der Bilanz der weiterführenden Rechtsform aufgedeckt und somit versteuert werden), bleibt nur der Weg einer Liquidation und anschließender Neugründung.

Laut § 1 Absatz 1 des UmwG sind folgende **Arten** der Umwandlung möglich:

1. durch Verschmelzung (§§ 2–122)
2. durch Spaltung (differenziert als Auf- und Abspaltung sowie Ausgliederung, §§ 123–177))
3. durch Vermögensübertragung (§§ 178–189)
4. durch Formwechsel (§§ 190–304)

Egal, welche Umwandlungsart letztendlich vollzogen wird, grundsätzlich gilt folgendes **Umwandlungsprocedere**:

a) Erarbeitung eines Verschmelzungs- bzw. **Spaltungsvertrages** oder **Umwandlungsbeschlusses** (vgl. z. B. § 4, § 126 oder § 194)
b) Erstattung eines schriftlichen **Umwandlungs- und Prüfungsberichts** laut §§ 8, 127 und 192 bzw. § 12

c) Anmeldung und Eintragung in das für die umgewandelte Rechtsform zuständige **Register** wie z. B. das Handels-, Partnerschafts- oder Vereinsregister (für die Verschmelzung gelten für die Anmeldung und Eintragung die §§ 16 und 20)

d) Ableitung von zustimmenden **Beschlüssen** über die unterbreiteten **Vertragswerke** (z. B. § 13) einschließlich der **Befristung** und des **Ausschlusses** von Klagen (vgl. § 14) gegen den Beschluss

Der vorangestellte Handlungsrahmen ist deshalb so umfangreich, weil den Gläubigern der an der Umwandlung beteiligten Rechtsträger ein großer Schutz gewährleistet werden soll. Zu beachten ist weiterhin, dass nur die gesetzlich festgelegten Umwandlungsfälle (bei der Verschmelzung gelten die Modalitäten des § 3) vom Umwandlungsrecht bevorzugt sind. In allen anderen Fällen ist schon der an anderer Stelle angesprochene Weg der Liquidation mit anschließender Neugründung zu vollziehen.

2.6.4 Grundtypen von öffentlich-rechtlichen Betrieben

2.6.4.1 Vorbemerkungen

Auch für die Wirtschaftsbetriebe der öffentlichen Hand (Bund, Länder, Gemeinden) gibt es definierte Rechtsformen. Aufbauend auf den im Abschnitt 2.6.2 fixierten Systematisierungsmerkmalen lassen sich öffentlich-rechtliche Betriebe in zwei grundlegende **Gruppen** (vgl. *Abbildung 2.18*) einteilen, nämlich in

a) **Betriebe ohne eigene Rechtspersönlichkeit** (in der Abbildung als rechtlich unselbstständige Betriebe bezeichnet) und in

b) **Betriebe mit eigener Rechtspersönlichkeit** (in der Abbildung als rechtlich selbstständige Betriebe bezeichnet).

2.6.4.2 Betriebe ohne eigene Rechtspersönlichkeit

Zu dieser Rubrik gehören die **reinen** und die **verselbstständigten Regiebetriebe**. Währenddem die zuerst genannten organisatorisch **nicht** aus der sie tragenden Verwaltung (z. B. Kommune) ausgegliedert wurden und von Beamten geleitet werden, sind die zweitgenannten aus der Trägerverwaltung ausgegliedert und unterliegen damit einer partiellen Selbstständigkeit. Ein weiteres Unterscheidungsmerkmal besteht darin, dass im ersten Fall die Einnahmen und Ausgaben umfassend nach dem **Bruttoprinzip** in der kameralistischen Buchführung des Trägers vollzogen werden. Demgegenüber realisieren die verselbstständigten Betriebe eine **eigene** kaufmännische Rechnungslegung, wobei nur das Ergebnis in den Haushalt des öffentlichen Trägers eingestellt wird (**Nettoprinzip**).

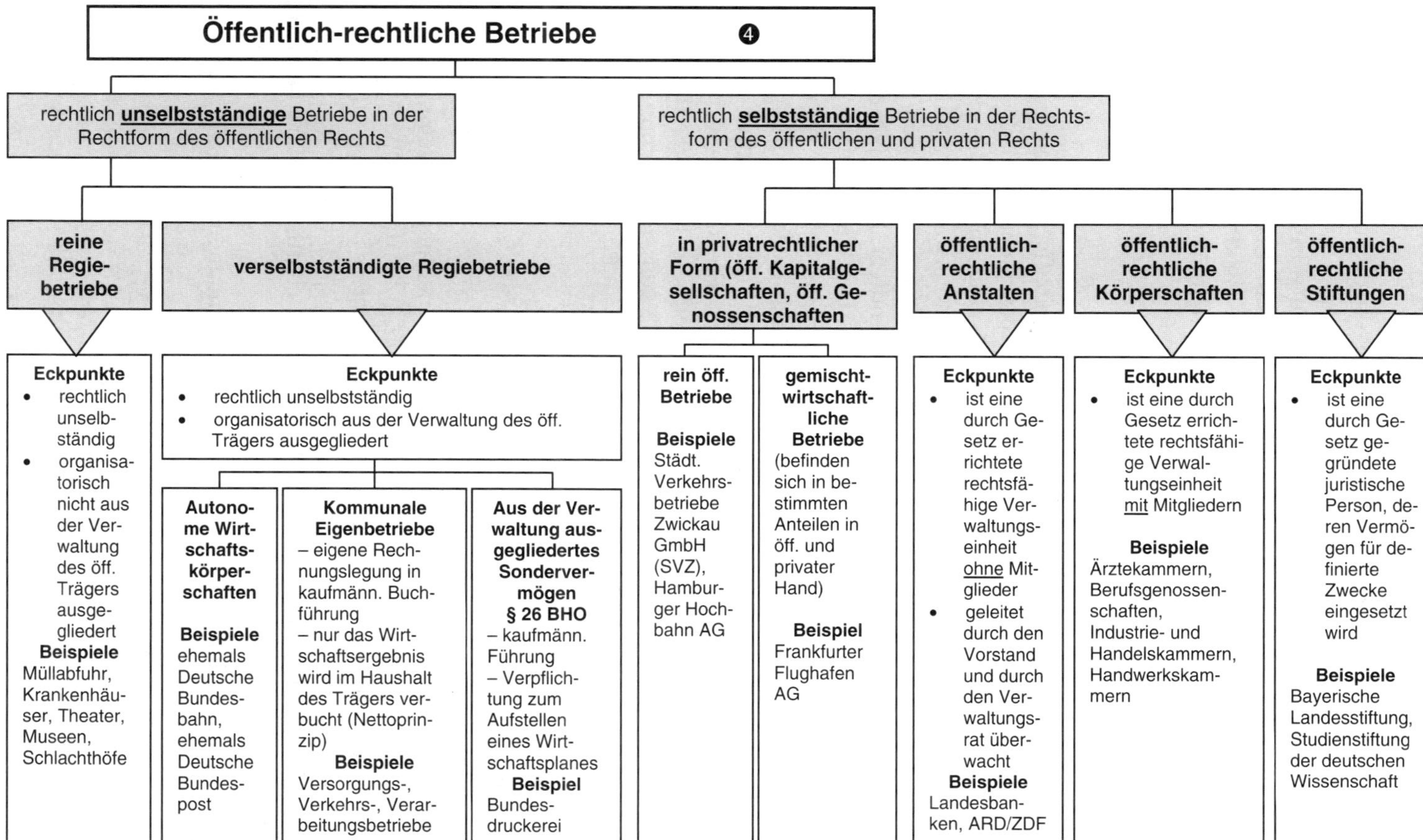

Abbildung 2.18: Systematisierung der Rechtsformen (Überblick über öffentlich – rechtliche Betriebe)

2.6.4.3 Betriebe mit eigener Rechtspersönlichkeit

Vielfach sind die im Vorigen genannten Betriebe – bedingt durch ihre Inflexibilität und zum Teil gemeinwirtschaftliche Zielstellung – nur ungenügend geeignet für die Realisierung der Kennzahlen betrieblichen Wirtschaftens (vgl. 1.5.2), besonders der Effizienz und Rentabilität. Um diesem Erfordernis zu entsprechen, werden auch öffentliche Wirtschaftseinheiten mit dem Status einer eigenen Rechtspersönlichkeit ausgestattet. Zu diesen gehören:

a) **Öffentlich-rechtliche Anstalten**
b) **Öffentlich-rechtliche Körperschaften**
c) **Öffentlich-rechtliche Stiftungen**.

All diese Rechtsformen werden durch **Gesetz** mit spezifischen Satzungsmodalitäten errichtet (z. B. Anstalten bedürfen keiner, Körperschaften dagegen bedürfen Mitglieder). Geleitet werden die genannten öffentlichen Rechtsformen in der Regel durch einen Vorstand, der durch einen Verwaltungsrat überwacht wird.
Öffentliche Wirtschaftsbetriebe in privatrechtlicher Form dürfen nur in beschränkt haftenden Rechtsformen wie z. B. als öffentliche Kapitalgesellschaften und öffentliche Genossenschaften gestaltet werden. Der Unterschied zu den privatrechtlichen Betrieben besteht in dreierlei Sicht, nämlich in der Kapitalträgerart, in dem vorwiegend geltenden Rechtsbereich und in der Berufung der Mitglieder des Verwaltungsrates. Die Differenzierung in **rein und gemischt wirtschaftliche** Betriebe ist dem unterschiedlichen Beteiligungsverhältnis am Gesellschaftskapital gestundet. Im ersten Teil besteht ein 100%iger Besitzstand der öffentlichen Hand, im zweiten Fall eine Teils-teils-Beteiligung zwischen privater und öffentlicher Hand.

2.7 Unternehmungsverbindungen

2.7.1 Begriffsbestimmungen und Ziele

Eine Unternehmungsverbindung, oft auch als Unternehmungszusammenschluss bezeichnet, entsteht in Anlehnung an *Wöhe 2000*, 320, durch eine Verkettung von bisher rechtlich und wirtschaftlich selbstständigen Betrieben zu größeren Institutionen, „ohne dass dadurch die rechtliche Selbstständigkeit und die Autonomie der einzelnen Unternehmen im Bereich wirtschaftlicher Entscheidungen aufgehoben werden muss".

Als grundlegende **Ziele** von Unternehmungsverbindungen gelten nach *Jung 1998*, 117:

- Erhöhung der **Wirtschaftlichkeit** (vgl. 1.5.2.2)
- Verbesserung der **Produktionsverhältnisse**
- Stärkung der **Wettbewerbsfähigkeit** (vgl. auch *Koch/Czogalla 1999*, 92 ff.)

- Verteilung und Minderung von **Risiken**
- Bildung von **Organisationen**
- Nutzung steuerlicher **Vergünstigungen**

Die aus diesen Grundsatzzielen resultierenden Detailziele wirken sich auf die vier Funktionsbereiche einer Unternehmung unterschiedlich aus. Währenddem im Beschaffungsbereich vor allem die **Sicherung der Materialversorgung** zu günstigsten Konditionen im Mittelpunkt der Betrachtung steht, fungiert im Bereich der Leistungserstellung die **Verbesserung** der **Produktionsverhältnisse,** wie z. B. kontinuierlichere Anlagenauslastung, Ausnutzung von kostenbezogenen Degressionseffekten, an erster Stelle. Im Funktionsbereich der Leistungsverwertung ist es vor allem die **Verbesserung** der **Marktstellung**, die bis zur Monopolmacht führen kann, die angestrebt wird. Aber auch der Ausgleich eines branchenspezifischen Risikos durch anorganische, also branchenfremde Zusammenschlüsse sowie eine gemeinsame Werbung kann angestrebt werden. Im Finanzierungssektor ist es vorrangig die Realisierung **hoher Kapitalsummen**, die zur Verwirklichung gemeinsamer Investitionsobjekte notwendig sind, die kleinere Unternehmungen zum Zusammenschluss motivieren, aber auch die gemeinsame Erschließung neuer internationaler Absatzmärkte im Zeichen der Globalisierung kann eine solche Zielstellung sein.

2.7.2 Systematisierung von Unternehmungsverbindungen

Unternehmungsverbindungen können nach verschiedenen Aspekten betrachtet und damit systematisiert dargestellt werden. Die in der Theorie und Praxis am häufigsten praktizierte Einteilung ist die nach der verbleibenden **wirtschaftlichen** und **rechtlichen Selbstständigkeit** der zusammengeschlossenen Betriebe. Je nach Grad der Bindungsintensität ist dabei in

- **kooperative** und
- **konzentrative**

Zusammenschlüsse zu unterscheiden.
Ein kooperativer Zusammenschluss liegt dann vor,

> wenn die rechtliche und die nicht der vertraglichen Zusammenarbeit unterworfene wirtschaftliche Selbständigkeit der Unternehmungen erhalten bleibt.

Als solche **Kooperationsformen** gelten:

- Kammern/Verbände
- Gelegenheitsgesellschaften
- Dauergesellschaften
- Interessengemeinschaften
- Kartelle
- strategische (internationale) Allianzen
- Wertschöpfungspartnerschaften

- Spin-off/Venture Management
- virtuelle Unternehmen (vgl. 11.5.9).

Unter einem **virtuellen Unternehmen** (VU) wird dagegen eine horizontale und/oder vertikale Kooperationsform rechtlich unabhängiger Unternehmen, Institutionen und/oder Einzelpersonen verstanden, die eine Leistung gegenüber Dritten auf der Grundlage eines gemeinsamen Geschäftsverständnisses erbringen. Im Prozess der Zusammenarbeit wird dabei auf die Institutionalisierung zentraler Funktionen verzichtet und der erforderliche Koordinierungsaspekt durch gemeinsame Nutzung der individuellen Informations- und Kommunikationssysteme realisiert (vgl. auch *Kemmner/Gillesen 1999*).

Ein konzentrativer Zusammenschluss ist dagegen,

> wenn mindestens die wirtschaftliche Selbstständigkeit eines zusammenschließenden Teilnehmers aufgehoben wird, unabhängig davon, ob die rechtliche Selbstständigkeit erhalten bleibt oder verloren geht.

Hier gelten als mögliche **Kooperationsformen**:

- verbundene Unternehmen, dargestellt als
  - in Mehrheitsbesitz stehende Unternehmen und Unternehmen mit Mehrheitsbeteiligung,
  - abhängige und herrschende Unternehmen,
  - Konzernunternehmen,
  - wechselseitige Beteiligungen,
  - Unternehmensverträge.
- verschmolzene Unternehmen, im Sinne eines vollständigen Zusammenschlusses mehrerer Unternehmen mit dem Verlust der wirtschaftlichen und rechtlichen Selbstständigkeit mindestens eines Unternehmens.

Ohne auf die einzelnen kooperativen und konzentrativen Kooperationsformen an dieser Stelle näher einzugehen, muss abschließend festgestellt werden, dass sich zurzeit in der Wirtschaft der Bundesrepublik Deutschland, besonders unter dem Aspekt der Globalisierung, eine Welle von Zusammenschlüssen vollzieht. So wurden z. B. schon im ersten Halbjahr 1997 für 13 Milliarden DM (6,6 Mrd. €) Firmenkäufe und Zusammenschlüsse getätigt. Im annähernd gleichen Zeitraum wurden damit beim Bundeskartellamt rund 1245 Vereinigungen angezeigt. Als genehmigte **aktuelle (2000/2001) Zusammenschlüsse** sind an dieser Stelle auszugsweise zu nennen:

- AOL & Time Warner (Fusion 2001)
- Rewe & LTU (Fusion 2001)
- E.ON & Oldenburgische LB (Kauf 2000)
- VEBA & VIAG (Fusion 2000)
- MAN & Sulzer AG (Kauf 2000).

2.8 Kontrollfragen, Übungsaufgaben und Literaturhinweise

2

Kontrollfragen

1. Worin bestehen die qualitativen Abgrenzungsmerkmale zwischen den Termini Betrieb, Unternehmen und Unternehmung? ➨ Abschn. 2.2
2. Begründen Sie die These, dass jede Unternehmung zugleich Betrieb ist, aber im Umkehrschluss nicht jeder Betrieb eine Unternehmung verkörpert! ➨ Abschn. 2.2
3. Anhand welcher Primäraspekte begründet sich die Vorteilhaftigkeit einer Typologie von Unternehmungen? ➨ Abschn. 2.3
4. Wieso ist die Typisierung der Unternehmungen nach der reinen Größenklasse nicht unproblematisch und durch welche Integrationsfaktoren lässt sich diese Aussageunsicherheit relativieren? ➨ Abschn. 2.3
5. Deuten Sie näher die Feststellung, dass u. a. jede Unternehmung sowohl ein güterwirtschaftliches Umwandlungssystem als auch ein soziotechnisches System verkörpert! ➨ Abschn. 2.5
6. Warum bezeichnet man die juristische Basis der Wahl einer definierten Rechtsform, das Gesellschaftsrecht, einerseits als nicht kodifiziertes und andererseits als dispositives Recht? ➨ Abschn. 2.6.1
7. Worin besteht der inhaltliche Unterschied zwischen einer GmbH & Co. KG im weiteren und engeren Betrachtungsfeld? ➨ Abschn. 2.6.3
8. Erläutern Sie sich anhand der Gesellschaftskonstruktion einer selbst gewählten Besitzpersonen- und Betriebskapitalgesellschaft das Grund- und Wirkprinzip von Betriebsaufspaltungen! ➨ Abschn. 2.6.3
9. Weshalb dokumentiert die Einzelunternehmung als Firma keine eigene Rechtspersönlichkeit, jedoch eine relative Rechtsfähigkeit? ➨ Abschn. 2.6.3
10. Welche Haftungsmodalitäten resultieren aus der These: „Den Gesellschaftern fehlt die Einrede der Haftungsbeschränkung, Vorausklage und Haftungsteilung“? ➨ Abschn. 2.6.3
11. Was versteht man unter den Begriffen der Vordividende sowie Restgewinnverteilung bzw. Gewinn- und Verlustverteilung nach Köpfen? ➨ Abschn. 2.6.3
12. Wie erklären Sie sich die qualitativen Unterschiede zwischen einer typischen und atypischen stillen Gesellschaft? ➨ Abschn. 2.6.3
13. Interpretieren Sie die Begriffe der beschränkten und unbeschränkten Nachschusspflicht einer GmbH! ➨ Abschn. 2.6.3
14. Wie ist das Prinzip der Fremdorganschaft im Rahmen der Betrachtung der Leitungsbefugnis von Kapitalgesellschaften zu deuten? ➨ Abschn. 2.6.3

15. Durch welche primäre Gemeinsamkeit, aber auch qualitativen Unterschiede unterscheiden sich die reinen und verselbstständigten öffentlich-rechtlichen Regiebetriebe? ➡ Abschn. 2.6.4.2
16. Stimmt die Behauptung, dass Ärztekammern zu den öffentlich-rechtlichen Anstalten und Landesbanken zu den öffentlich-rechtlichen Körperschaften gehören? ➡ Abschn. 2.6.4.3
17. Welches sind die grundlegenden Unterschiede zwischen einem kooperativen und einem konzentrativen Zusammenschluss? ➡ Abschn. 2.7.2

Übungsaufgaben

❶ Gewinn- und Verlustbeteiligung an einer OHG

1. **Ausgangsdaten**

Eine OHG erzielte im Geschäftsjahr 1999 einen Reingewinn von 420.000 €. Als weitere Zusatzdaten gelten:

- Die Gesellschaft besteht aus zwei natürlichen Personen, im Weiteren Gesellschafter A + B genannt.
- Die Beteiligungsverhältnisse von A + B am Gesellschaftskapital betragen 760.000 zu 520.000 €.
- A entnimmt am 20. 10. 99 50.000 €.
- B entnimmt am 30. 03. 99 60.000 € und vollzieht am 30. 06. 99 eine Einlage von 10.000 €.
- Die Entnahmen und Einlagen werden laut Gesellschaftsvertrag mit 6 % verzinst.
- Die Restgewinnverteilung erfolgt laut § 121 HGB.
- Laut Gesellschaftsvertrag erhält B einen Arbeitsanteil für die Geschäftsführung von 15.100 €.

2. **Aufgabenstellungen**

2.1 Berechnen Sie tabellarisch die Gewinn- und neuen Kapitalanteile der Gesellschafter A und B!

2.2 Welche prozentualen Eigenkapitalrentabilitäten ergeben sich für die Gesellschafter auf der Basis der neuen Kapitalanteile?

2.3 Übertragen Sie Ihre unter 2.1 gewonnenen Ergebnisinformationen sowohl in das Schema einer kontenförmigen Gewinn- und Verlustrechnung als auch auf die Kapital- und Privatkonten der Gesellschafter.

2.4 Nennen Sie die beiden Buchungssätze, mit denen

a) der Gewinnanteil von A aus der GuV auf das adäquate Kapitalkonto gebucht wird und

b) das Saldo des Privatkontos B auf das adäquate Kapitalkonto übertragen wird.

❷ Gewinn- und Verlustbeteiligung an einer KG

1. **Ausgangsdaten**

Übernehmen Sie die für die OHG fixierten Ausgangsdaten jetzt für die Ermittlung der Gewinn- und Verlustbeteiligung einer KG! Als zusätzliche Modalitäten gelten:

- Gesellschafter A spielt den Part des Komplementärs und B übernimmt die Rolle des Kommanditisten.
- A erhält einen Arbeitsanteil von 15.100 €.
- Die Restgewinnverteilung erfolgt laut § 168 HGB in einem angemessenen Verhältnis von 3 : 1.

2. **Aufgabenstellungen**

2.1 Berechnen Sie die Gewinn- und neuen Kapitalanteile des Komplementärs und des Kommanditisten!

2.2 Berechnen Sie die Eigenkapitalrentabilitäten des Komplementärs und des Kommanditisten.

2.3 Übertragen Sie den unter 2.1 fixierten Anfangs- und Endkapitalanteil der Gesellschafter in die Bilanz der KG unter dem Forderungsanspruch des § 167 HGB.

❸ Rechtspersönlichkeit und Mindestkapital einer GmbH

1. **Ausgangsdaten**

Fünf Personen möchten eine Gesellschaft mit beschränkter Haftung gründen. Als Ausgangsdaten gelten:

- Drei Gesellschafter verpflichten sich zu einer geldlichen Stammeinlage von 6.000, 4.000 und 2.000 €, wovon jeder ¼ bei Gründung einzahlt.
- Zwei Gesellschafter verpflichten sich zu Sacheinlagen von je 9.000 und 4.000 €.

2. **Aufgabenstellungen**

2.1 Ist eine Gründung laut § 5 Absatz 1 GmbHG unter den genannten Prämissen prinzipiell möglich?

2.2 Kann unter den fixierten Aspekten eine Anmeldung im Handelsregister laut § 7 GmbHG erfolgen?

2.3 Erläutern Sie die möglichen Konsequenzen einer Nichteintragung!

❹ **Öffentlich-rechtliche Betriebe**

1. Ausgangsdaten

Ein Student formuliert in einer Projektarbeit folgende Thesen:

- Öffentlich-rechtliche und privatrechtliche Betriebe unterscheiden sich primär durch ihre divergierenden Kapitalträgerarten und Zielsetzungen!
- Öffentlich-rechtliche Betriebe können niemals in privatrechtlicher Rechtsform gestaltet werden!
- Reine und verselbstständigte Regiebetriebe gelten als rechtlich unselbstständige Betriebe!
- Das ZDF dokumentiert eine öffentlich-rechtliche Körperschaft. Diese verkörpert eine durch Gesetz errichtete rechtsfähige Verwaltungseinheit ohne Mitglieder!
- Ärztekammern und Berufsgenossenschaften sind öffentlich-rechtliche Anstalten, als solche gelten alle nicht durch Gesetz errichtete rechtsfähige Verwaltungseinheiten mit Mitgliedern!
- Kommunale Eigenbetriebe vollziehen eine eigene, nach dem Prinzip der Doppik gestaltete Rechnungslegung, wobei nur das Wirtschaftsergebnis im Haushalt des öffentlichen Trägers verbucht wird!

2. Aufgabenstellung

Überprüfen Sie die aufgelisteten Thesen auf ihre Richtigkeit und korrigieren Sie mögliche Falschaussagen!

Literaturhinweise

Beck-Texte: Gesellschaftsrecht. München: Deutscher Taschenbuch Verlag, 2000

Bestmann, U.: Kompendium der Betriebswirtschaftslehre. München; Wien: R. Oldenbourg Verlag, 1996

Busse v. Colbe, W. / Coenenberg, A., Kajüter, P. / Linnhoff, U.: Betriebswirtschaft für Führungskräfte. Stuttgart: Schäffer-Poeschel Verlag, 2000

Daumke, M. / Keßler, J.: Gesellschaftsrecht. München; Wien: R. Oldenbourg Verlag, 1990

Eichhorn, P.: Das Prinzip Wirtschaftlichkeit. Wiesbaden: Gabler Verlag, 2000

Gutenberg, E.: Grundlagen der Betriebswirtschaftslehre, Bd. I. Berlin; Heidelberg; New York: Springer Verlag, 1983

Jung, H.: Allgemeine Betriebswirtschaftslehre. München; Wien: R. Oldenbourg Verlag, 1998

Kemmner, G.-A. / Gillesen, A.: Virtuelle Unternehmen. Heidelberg:: Physica-Verlag, 1999

Klunzinger, E.: Grundzüge des Gesellschaftsrechts. München: Verlag Franz Vahlen, 1999

Koch, W. / Czogalla, Ch.: Grundlagen und Probleme der Wirtschaftspolitik. Köln: Wirtschaftsverlag Bachem, 1999

Korndörfer, W.: Allgemeine Betriebswirtschaftslehre. Wiesbaden: Gabler Verlag, 1996

Kosiol; E.: Unternehmen als wirtschaftliches Aktionszentrum. Hamburg: Rowohlt Verlag, 1974

Luger, A.: Allgemeine Betriebswirtschaftslehre. München; Wien: Carl Hanser Verlag, 1998

Olfert, K. / Rahn, H.-J.: Einführung in die Betriebswirtschaftslehre. Ludwigshafen: Kiehl Verlag, 1997

Schierenbeck, H.: Grundzüge der Betriebswirtschaftslehre. München; Wien: R. Oldenbourg Verlag, 1995

Specht, O.: Betriebswirtschaft für Ingenieure und Informatiker. Ludwigshafen: Kiehl Verlag, 1996

Statistisches Jahrbuch für die Bundesrepublik Deutschland 1999. Stuttgart: Metzler-Poeschel Verlag, 1999

Vahs, D. / Schäfer-Kunz, J.: Einführung in die Betriebswirtschaftslehre. Stuttgart: Schäffer-Poeschel Verlag, 2000

Wild, J.: Grundlagen der Unternehmensplanung. Opladen: 1980

Wöhe, G.: Einführung in die Allgemeine Betriebswirtschaftslehre. München: Verlag Franz Vahlen, 2000

Wollenberger, K.: Taschenbuch der Betriebswirtschaftslehre. Leipzig: Fachbuch Verlag, 2000

3 Personalwirtschaft

3.1 Studienziele

Dieses Kapitel soll dem Leser ermöglichen

- die Zusammenhänge zwischen ökonomischen und sozialen Zielen in Unternehmen zu erkennen;
- die Bedeutung von Grundmodellen des arbeitenden Menschen für die Gestaltung der Personalarbeit zu ermessen;
- Grundkenntnisse der Personalplanung, des Personaleinsatzes, der Personalentwicklung, der Personalführung und der Entgeltgestaltung zu erlangen;
- Verständnis zu entwickeln für personalwirtschaftliche Fragestellungen, um als Führungskraft (oder Spezialist in einer Arbeitsgruppe) personalbezogene Probleme und Aufgaben in der Praxis handhaben zu können.

3.2 Einführung

3.2.1 Begriffe

Als **Personal** wird die Gesamtheit der in einem Unternehmen arbeitenden Menschen bezeichnet, die auf der Grundlage eines Arbeitsvertrages eine Arbeitsleistung gegen Entgelt erbringt (vgl. *Oechsler* 1997, 1). Dazu gehören die Mitarbeiter im gewerblichen und im kaufmännischen Bereich ebenso wie alle Führungskräfte auf verschiedenen Hierarchieebenen im Unternehmen.

Zum Begriff **Personalwirtschaft** wie auch zu anderen personalwirtschaftlichen Grundbegriffen gibt es in Literatur und Praxis keine einheitlichen Auffassungen. An Stelle von Personalwirtschaft werden auch die Begriffe Personalwesen, Personalpolitik, Personalmanagement oder Human Resource Management zur Kennzeichnung des Aufgabenbereiches, der sich mit Personalfragen im Unternehmen beschäftigt, verwendet (vgl. *Hentze* 1994, 25). Mit der Wahl des Begriffes können bestimmte Aspekte der Personalarbeit betont werden.

Als **Personalwesen** wird häufig die organisatorische Einheit (Personalabteilung) im Unternehmen bezeichnet, die sich ausschließlich mit personalbezogenen Aufgaben beschäftigt. Der Begriff **Personalpolitik** wird verwendet, wenn das Treffen von Grundsatzentscheidungen im Personalbereich betont werden soll. Die Bezeichnung **Personalmanagement** verdeutlicht, dass Personalarbeit integrativer Bestandteil des gesamten Managementprozesses ist. Bei dem in den 80er-Jahren an der Harvard Graduate School of Business entwickelten Konzept des **Human Resource Management** handelt es sich um ein Konzept, das bisher getrennt betrachtete personalwirtschaftliche Aufgabenfelder systematisch zusammenfasst und deren Integration in Strategie- und Strukturentscheidungen des Unternehmens analysiert. Die bereichsbezogene Perspektive personalwirtschaftlicher Aspekte wird zugunsten einer General-Management-Perspektive aufgegeben (vgl. *Staehle* 1994, 747 f.).

In diesem Beitrag wird der Begriff **Personalwirtschaft** verwendet, um zu betonen, dass es sich um eine betriebswirtschaftliche Teildisziplin mit den klassischen Funktionsbereichen Planung, Realisierung und Kontrolle handelt. Gleichzeitig unterscheidet sich Personalwirtschaft aber auch wesentlich von anderen betriebswirtschaftlichen Teildisziplinen, weil der Gegenstand das Leistungsverhalten der Mitarbeiter und Führungskräfte ist. Im Mittelpunkt der Personalwirtschaft steht die Gestaltung des Verhaltens von Individuen, die im Unternehmen auch eigene Ziele verfolgen.

3.2.2 Ökonomische und soziale Ziele

Zentrale Zielgrößen personalwirtschaftlicher Strategien und Maßnahmen sind ökonomische und soziale **Effizienzkriterien**. Ökonomische Effizienz im Personalbereich bedeutet die Erfüllung des Sachleistungsprogramms des Unternehmens durch den Einsatz von Mitarbeitern nach dem Prinzip der sparsamen Verwendung knapper Mittel. Soziale Effizienz hat die Erfüllung unterschiedlichster Mitarbeiterinteressen zum Inhalt. Dazu gehören beispielsweise gute Entlohnung, angenehme Arbeitsbedingungen, individuelle Entwicklungsmöglichkeiten und Schutz vor berufsbedingten Krankheiten. Dieses Prinzip wird durch eine möglichst hohe Arbeitsproduktivität verwirklicht, die ihrerseits den Beitrag der Personalwirtschaft zu ökonomischen Zielgrößen wie Gewinn oder Rentabilität des Unternehmens bringt. (vgl. *Kupsch/Marr* 1991, 737)

Arbeitsproduktivität ergibt sich aus dem Verhältnis der erzielten Güter- oder Leistungsmengen (O) zur eingesetzten Arbeitsmenge (A). Diese Kennzahl gibt an, wie viele Einheiten der Ausbringungsmenge eine Einheit der eingesetzten Arbeit erbringt:

Arbeitsproduktivität: $P_a = O/A$
O = erzielte Güter- oder Leistungsmenge; A = eingesetzte Arbeitsmenge

Für die erzielte Leistungsmenge und die eingesetzte Arbeitsmenge können Mengen- oder Wertgrößen eingesetzt werden.

Beispiel für Mengenverhältnis $$P_a = \frac{\textit{Stahl in t}}{\textit{Arbeitszeit in h}}$$

Beispiel für Wertverhältnis $$P_a = \frac{\textit{Wertschöpfung in EURO}}{\textit{Arbeitsvergütung in EURO}}$$

Die Erhöhung der Arbeitsproduktivität kann über eine Steigerung der Ausbringungsmenge bei unverändertem Faktoreinsatz oder durch Verringerung der Einsatzmenge bei vorgegebener Ausbringungsmenge erreicht werden.

Ein uneingeschränktes Bemühen um Maximierung der Arbeitsproduktivität beispielsweise über zusätzliche Belastungen oder Kürzung der Sozialleistungen mit dem Ziel der Kostenreduzierung entspricht nicht den Interessen der Mitarbeiter. Andererseits kann nicht davon ausgegangen werden, dass die Interessen der Arbeitnehmer einer Erhöhung der Arbeitsproduktivität grundsätzlich entgegenstehen, weil im Unternehmen vielfältige Zusammenhänge zwischen dem Ausmaß der Arbeitsproduktivität und beispielsweise der Sicherheit der Arbeitsplätze oder der Höhe des Entgelts bestehen. In Abhängigkeit von der Situation können sich die Interessen des Unternehmens und die der Arbeitnehmer komplementär oder konkurrierend verhalten. (Vgl. *Kupsch/Marr* 1991, 738 f.)

3.3 Grundlagen der Personalwirtschaft

3.3.1 Herausforderungen und Aufgaben

Bei der Bestimmung der Aufgaben der Personalwirtschaft ergibt sich das Problem, dass der direkte Zusammenhang zwischen den personalwirtschaftlichen Aufgaben und der Erreichung des Sachzieles des Unternehmens nicht immer unmittelbar gegeben ist. Vielmehr überlagert die Personalwirtschaft die güterbezogenen Funktionsbereiche wie Beschaffung, Produktion oder Vertrieb.

Die **Aufgabe** der Personalwirtschaft besteht in der Erhaltung und Entwicklung der menschlichen Leistungspotenziale in allen Struktureinheiten eines Unternehmens (vgl. *Kupsch/Marr* 1991, 775).

Deshalb ist es erforderlich, die Bestimmungsgrößen des Leistungsverhaltens der Mitarbeiter sowie deren Zusammenhänge zu erkennen und positiv zu gestalten. Zu diesen Bestimmungsgrößen des Arbeitsverhaltens gehören u. a. die Entgelthöhe, die Art der Arbeitsaufgabe, das Verhalten des Vorgesetzten und das soziale Umfeld. Aus diesen grundlegenden Aufgaben der Personalwirtschaft ergeben sich die in *Abbildung 3.1* dargestellten zentralen **Gestaltungsfelder** der Personalwirtschaft. Sowohl die Abgrenzung der Aufgabenbereiche der Personalwirtschaft wie auch das Setzen von Schwerpunkten innerhalb dieser Aufgabenbereiche richten sich nach dem jeweils zu Grunde gelegten Modell des Menschen (Abschn. 3.3.2).

Personalwirtschaft					
Personalbe-darfsplanung	**Personal-beschaffung**	**Personal-Einsatz**	**Personal-entwicklung**	**Personal-führung**	**Entgelt-gestaltung**

Abbildung 3.1: Wesentliche Aufgaben- und Gestaltungsfelder der Personalwirtschaft

3

Analog zu anderen betrieblichen Bereichen könnte angenommen werden, Personalarbeit wird vorrangig von Mitarbeitern des Personalbereiches im Unternehmen geleistet. Aufgaben wie Personaleinsatz und Personalführung liegen jedoch weitgehend im Verantwortungsbereich der Führungskräfte einer Fachabteilung. Betriebliche Personalarbeit wird demnach nicht nur von der Personalabteilung geleistet, sondern auch von jeder **Führungskraft** im Unternehmen (vgl. *Berthel* 1995, 10). Unter den Bedingungen des Wandels nimmt der von Führungskräften zu erfüllende Anteil personalwirtschaftlicher Aufgaben weiter zu bzw. erhält eine höhere Bedeutung.

Unabhängig davon, wer Personalarbeit im Unternehmen realisiert, muss sich auch die Personalwirtschaft unterschiedlichen Herausforderungen stellen. Vor allem die Markt-, Technologie-, Organisations- und Wertedynamik sind auf Personalarbeit wirkende Faktoren, die aber gleichzeitig von ihr beeinflusst werden können (*Scholz* 2000, 7). Ausgehend von dieser wechselseitigen Verflechtung der Personalarbeit und der internationalen Entwicklungen ist es notwendig, personalwirtschaftlichen Aktivitäten im Unternehmen folgende **Gestaltungsmaximen** zu Grunde zu legen (vgl. *Scholz* 2000, 65 ff.):

- Ausrichtung personalwirtschaftlicher Aktivitäten auf ökonomische Zielgrößen (Erfolgsorientierung);
- Möglichkeit der kurzfristigen Anpassung an Unvorhergesehenes (Flexibilität);
- Gewährung von Freiraum gegenüber Mitarbeitern (Individualisierung);
- Orientierung an den Wünschen der Empfänger personalwirtschaftlicher Leistungen (Kundenorientierung);
- Integration der Personalarbeit in das Qualitätsmanagement (Qualitätsorientierung);
- Motivation der Mitarbeiter zur Unterstützung von Veränderungen (Akzeptanzsicherung).

Beispiele für die Umsetzung dieser Maximen im Personalbereich sind die termingerechte Bereitstellung von Personaldaten, eine kurzfristige Besetzung offener Stellen und die schnelle Bereitstellung von gewünschten Weiterbildungsveranstaltungen.

3.3.2 Theoretische Grundlagen

Um das Arbeitsverhalten im Unternehmen beschreiben, erklären und gestalten zu können, ist es notwendig, von einem möglichst realistischen Grundmodell des arbeitenden Menschen auszugehen (*Kupsch/Marr* 1991, 731). Solche Grundmodelle enthalten Hypothesen über die Bestimmungsgrößen menschlichen Verhaltens. Im historischen Zeitablauf hat es eine ständige Entwicklung der Sichtweise auf den arbeitenden Menschen gegeben. Als Meilensteine dieser Entwicklung sollen drei **Grundmodelle** charakterisiert werden:

1. das mechanistische Grundmodell (Scientific Management)
2. das Modell der Human-Relations-Bewegung und
3. das verhaltenswissenschaftliche Modell.

Zu 1. Das mechanistische Grundmodell

F. W. Taylor (1865 – 1915) formulierte zu Beginn des 20. Jahrhunderts als Erster explizit Vorstellungen über die Bestimmungsgrößen menschlichen Verhaltens im Unternehmen. Er charakterisiert den arbeitenden Menschen lediglich als Gehilfen (Instrument) für die Bedienung von Maschinen. Das Ziel Taylors war es, durch die Anwendung einer effizienten Arbeitsmethodik die Optimierung der Produktivität zu erreichen. Er konzentrierte sich dabei auf folgende **Problemkreise** (*Kupsch/Marr* 1991, 731):

- Festlegung von Arbeitsmethoden,
- Entwicklung eines Systems von Leistungsnormen und Entlohnungsregeln,
- optimale Gestaltung des Arbeitsplatzes und
- Entwicklung organisatorischer Regeln zur Festlegung von Arbeitsprioritäten durch speziell ausgebildete Vorgesetzte (Funktionsmeister).

Problemlösungs- und Entscheidungsprozesse werden ausgeklammert. Das von Taylor entwickelte Konzept löste eine weltweite **Produktivitätssteigerung**, die Verkürzung der Arbeitszeit und Lohnerhöhungen aus. Die Ergebnisse und Annahmen Taylors setzte Henry Ford im Rahmen der Rationalisierung des industriellen Fertigungsprozesses bei Massenfertigung in der Automobilindustrie um (Modell T). Trotz dieser Fortschritte ist dieser Ansatz vom gegenwärtigen Erkenntnisstand aus zu kritisieren, insbesondere weil die Leistungsfähigkeit des arbeitenden Menschen bei starker Spezialisierung nicht zur Entfaltung kommt und der **Mensch** als soziales Wesen vernachlässigt wird (*Hentze* 1994, 32).

Zu 2. Das Grundmodell der Human-Relations-Bewegung

Eine Gegenströmung zum mechanistischen Grundmodell entstand aus der Human-Relations-Bewegung. Die Bedeutung sozialer Faktoren wurde erstmals im

Verlauf der so genannten **Hawthorn-Experimente** erkannt. Ein wesentliches Ergebnis dieser mehrjährigen Forschungsarbeiten in den Zwanzigerjahren des vergangenen Jahrhunderts war die Erkenntnis, dass die Arbeitsleistung nicht nur eine Funktion objektiver Arbeitsbedingungen ist und Menschen in Unternehmen nicht als isolierte Individuen handeln, sondern ihr Verhalten stark von sozialen Beziehungen zwischen Mitarbeitern und Vorgesetzten bzw. zwischen Mitarbeitern untereinander beeinflusst wird (*Kupsch/Marr* 1991, 733).

Ebenso problematisch wie die Annahme über den direkten Zusammenhang zwischen Lohn und Leistung im mechanistischen Konzept erwies sich die These der Human-Relations-Bewegung über eine einseitige Beziehung zwischen den sozialen Beziehungen am Arbeitsplatz und der Arbeitsleistung. Die sozialen Motive der Mitarbeiter wurden überbetont und die strukturellen und technischen Faktoren vernachlässigt (*Hentze* 1994, 35).

Zu 3. Das verhaltenswissenschaftliche Grundmodell

Im Mittelpunkt dieses Modells steht das **Entscheidungsverhalten** des Menschen (*Abbildung 3.2*). Das Arbeitsverhalten wird als Ergebnis bewusster Entscheidungen des arbeitenden Menschen aufgefasst (*Kupsch/Marr* 1991, 734).

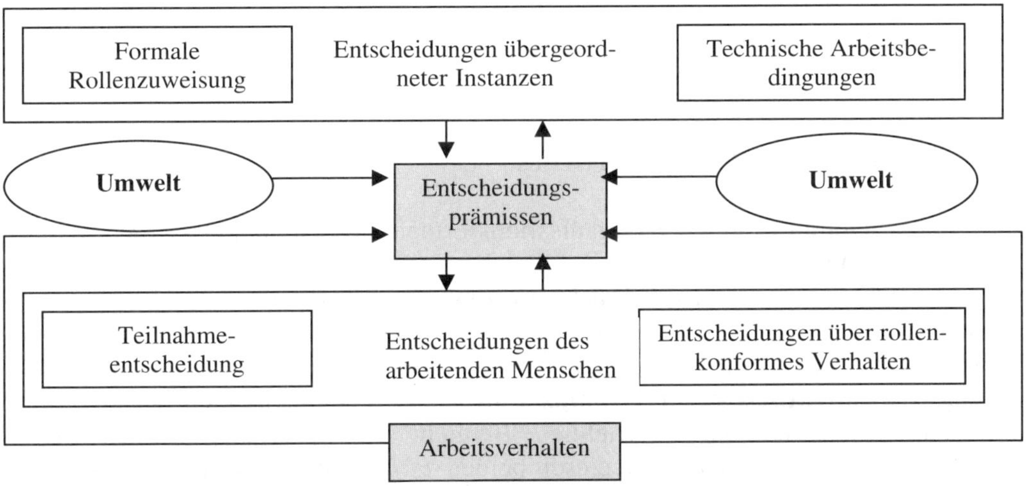

Abbildung 3.2: Bestimmungsgrößen des Arbeitsverhaltens (Kupsch/Marr 1991, 735)

Zwei Entscheidungen können in Abbildung 3.2 hervorgehoben werden: die grundsätzliche Entscheidung für die **Mitgliedschaft** im Unternehmen (bzw. zum Austritt) und die Entscheidung über die **Rollenkonformität**. Für den Mitarbeiter ist die Wahl einer Entscheidungsalternative kein einmaliges Problem. Es stellt sich ständig neu, wenn Veränderungen in seiner sozialen Umwelt oder in seinem Wertesystem auftreten.

Verhaltensorientierung in der Personalwirtschaft bedeutet nicht, Mitarbeiterinteressen über Unternehmensinteressen zu stellen. Allerdings bedeutet Verhaltensorientierung Abkehr von technokratischen Ablaufmechanismen im Sinne von Taylor. Unternehmen wollen Motivation und Engagement der Mitarbeiter und Führungskräfte als Potenzial verstehen und durch ihre Aktivitäten in allen Bereichen nutzbar machen (*Scholz* 2000, 11).

3.3.3 Organisationsformen

Es existiert eine Fülle von Organisationsformen, die in der Literatur diskutiert und in der Praxis realisiert werden (*Scholz* 2000, 193). Die Strukturierung der Personalfunktion hängt wesentlich davon ab, welches Gewicht dieser Funktion im Unternehmen beigemessen wird. Die steigende Bedeutung des Personalfaktors als Grundlage für den Erfolg des Unternehmens hat zu einer Veränderung der Aufgabenstellungen geführt. Es erfolgte der Übergang von der reinen Personalverwaltung, wie z. B. Lohnbuchhaltung, hin zu gestaltenden Funktionen, wie z. B. Personalentwicklung, (*Jung* 1995, 29). Hinsichtlich einer geeigneten Organisationsform der Personalwirtschaft sind zwei grundsätzliche **Fragen** zu beantworten:

1. Wie ist die Personalfunktion selbst strukturiert?, und
2. Wie ist die personalwirtschaftliche Teilfunktion in die Hierarchie des Unternehmens eingeordnet?

Zu 1. Struktur des Personalbereiches

Bei aller Vielfalt möglicher Organisationsformen werden als klassische Grundformen funktionsbezogene und objektbezogene Organisation unterschieden (*Jung* 1997, 856). Bei **funktionsbezogener Organisation** erfolgt die Zusammenfassung gleichartiger personalwirtschaftlicher Teilaufgaben in einzelnen Bereichen bzw. Abteilungen, z. B. Personalbeschaffung oder Personalentwicklung. Bei **objektbezogener Organisation** ist der Personalbereich bezogen auf verschiedene Abteilungen, betriebliche Bereiche oder Mitarbeitergruppen strukturiert. Vorteile und Grenzen dieser beiden Organisationsformen verdeutlicht *Abbildung 3.3*.

	Funktionsbezogene Organisationsform des Personalbereiches	Objektbezogene Organisationsform des Personalbereiches
Vorteile	– Spezialisierung möglich – hohes Erfahrungsniveau – hohe Fachkompetenz – einheitliche Regelungen	– kundenorientierte Personalarbeit – sachgerechte und individuelle Betreuung
Grenzen	– unterschiedliche Ansprechpartner für die Mitarbeiter – keine Kundenorientierung	– hoher Koordinationsaufwand – hohe Anforderungen an Mitarbeiter – des Personalbereiches

Abbildung 3.3: Bewertung unterschiedlicher Organisationsformen des Personalbereiches

In der betrieblichen Praxis existieren häufig gemischte Organisationsformen, um die Nachteile der vorher beschriebenen Organisationsformen zu vermeiden bzw. ihre jeweiligen Vorteile nutzen zu können oder weil sich der Personalbereich in dieser Form historisch so herausgebildet hat (*Abbildung 3.4*).

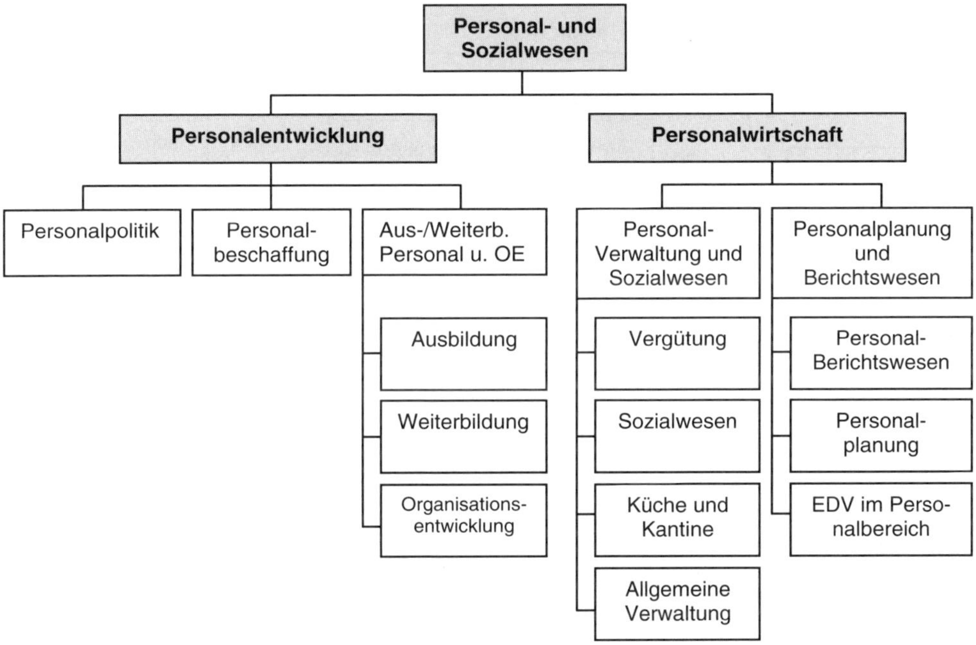

Abbildung 3.4: Beispiel einer historisch entstandenen Personalabteilung (Scholz 2000, 192)

Um einer zu starken Zentralisierung der Personalfunktion zu begegnen, wurde das **Referentenmodell** entwickelt. Das bedeutet, dass ein Personalreferent für spezifische personalwirtschaftliche Aufgaben in einem bestimmten Bereich zuständig ist. Dieser Bereich kann nach Werken und Abteilungen, nach betrieblichen Funktionen oder nach Berufsgruppen abgegrenzt sein. In Großunternehmen wird beispielsweise die Gruppe der oberen Führungskräfte von

Personalreferenten betreut. Das Referentenmodell ist auch dort zu finden, wo dezentralisiert tätige Geschäftseinheiten zu klein sind, um eine eigene Personalabteilung zu schaffen. Der Referent ist dann eine Art Außenstelle des zentralen Personalbereichs. An ihn werden besonders hohe Anforderungen gestellt. Moderne Formen des Referentenmodells, die Dezentralisierung von Personalaktivitäten mit der Zentralisierung von Managementkompetenz verbinden, werden auch als **Beratungs-Center** bezeichnet (*Scholz* 2000, 206).

Im Zusammenhang mit den zunehmenden Forderungen nach mehr Kundenorientierung und Erhöhung der Konzentration auf Wertschöpfungsaktivitäten im Personalbereich kann die Personalabteilung auch als Cost-Center, Profit-Center oder Wertschöpfungs-Center gestaltet sein (*Scholz* 2000, 207). Einen Überblick über kundenorientierte Strukturmodelle gibt *Abbildung 3.5.*

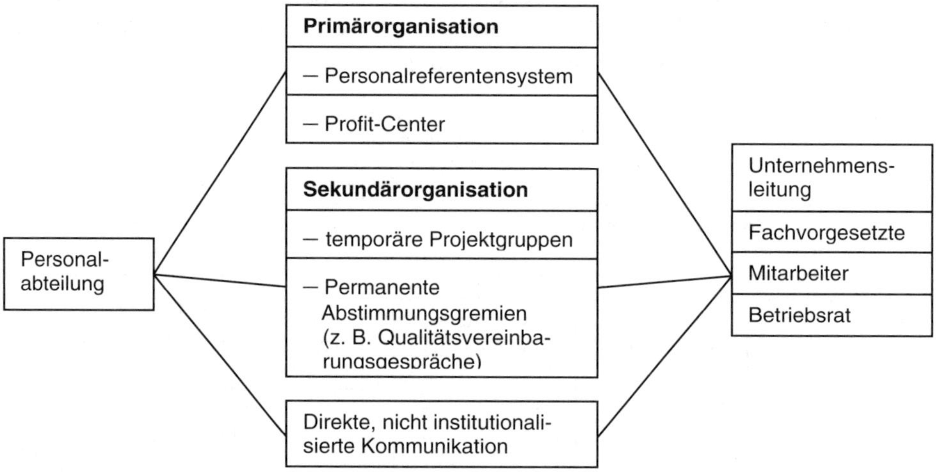

Abbildung 3.5: Kundenorientierte Organisationsmodelle (Bertram 1996, 167)

Zu 2. Einordnung der Personalwirtschaft in die Unternehmenshierarchie

Die Einordnung des Personalbereiches in den Unternehmensaufbau hängt von der Unternehmensgröße und der Bedeutung dieses Bereiches im Unternehmen ab. In kleinen und teilweise auch in mittelständischen Unternehmen existieren häufig keine speziellen Personalabteilungen. Personalwirtschaftliche Grundsatzentscheidungen werden von der Geschäftsleitung getroffen und die personalbezogenen administrativen Aufgaben dem Verwaltungsbereich mitübertragen (*Kupsch/Marr* 1991, 884). Bei großen Unternehmen ist es zweckmäßig, eine eigene Personalabteilung zu schaffen, die tendenziell auf höheren hierarchischen Ebenen eingeordnet werden sollte. Dies gilt insbesondere für personalintensive Unternehmen und für solche mit vorwiegend hoch qualifizierten Mitarbeitern. Wichtig ist die Einordnung auf oberen Hierarchieebenen, weil die Verwirklichung eines personalpolitischen Konzeptes alle Funktionsbereiche im Unternehmen betrifft und deshalb von der Unternehmensleitung unterstützt werden muss (*Kupsch/Marr* 1991, 884).

Die Personalabteilung gerät in vielen Unternehmen heute unter Druck und es ist eine gegenläufige Entwicklung zu verzeichnen. Aus Kostenüberlegungen heraus werden Personalabteilungen reduziert, gesplittet oder ganz abgeschafft (vgl. *Scholz* 2000, 192). Die Personalverantwortung wird auch in größeren Unternehmen von der zentralen Personalabteilung hin zu Führungskräften verlagert (**Dezentralisierung** der Personalarbeit). Anfallende Massenarbeiten werden von einer kleinen Verwaltungsstelle oder von externen Dienstleistern (**Outsourcing** der Personalarbeit – vgl. Abschnitt 11.5.5) erledigt. Strategische Personalarbeit wird von der Unternehmens- oder Geschäftsleitung übernommen. Vorteile liegen in der flacheren Hierarchie und kürzeren Entscheidungswegen. Mit der Abschaffung der Personalabteilungen sind auch nachteilige Wirkungen verbunden. Gehen personalpolitische Aufgaben auf dezentrale Einheiten über, so ist beispielsweise der Personalbedarf weder quantitativ noch qualitativ von einer zentralen Instanz zu bestimmen, ebenso wenig wie die Personalentwicklung und der Personaleinsatz. Das kann bedeuten, dass die unternehmensweite Einheitlichkeit bei der Gestaltung personalwirtschaftlicher Aufgaben verloren geht (*Scholz* 2000, 196).

3.4 Gestaltungsfelder der Personalwirtschaft

3.4.1 Personalbedarfsplanung

Die Personalbereitstellung wäre problemlos, wenn Mitarbeiter und Führungskräfte zu beliebigen Zeitpunkten in beliebiger Menge mit jeder gerade gewünschten Qualifikation beschaffbar wären. Diese Bedingung ist jedoch für die meisten Unternehmungen nie oder nur selten erfüllt. Außerdem beanspruchen die Suche nach Personal, der Beschaffungsprozess selbst, aber auch Ausbildung und Weiterbildung erhebliche Zeit.

Planungsaspekte spielen deshalb in allen der in Abbildung 3.1 dargestellten personalwirtschaftlichen Aufgabenfelder eine wichtige Rolle. Zwischen Personalplanung und anderen Planungsfeldern im Unternehmen bestehen enge Wechselbeziehungen. So determinieren Absatz- und Produktionsplanung beispielsweise Art und Anzahl des künftigen Personals. Weitere **Informationsgrundlagen** für die Personalplanung sind Reorganisationsvorhaben des Unternehmens sowie gesetzliche und arbeitsmarktbezogene Veränderungen (*Kupsch/Marr* 1991, 778). Umgekehrt beeinflusst der Personalbereich künftige Personalkosten, die in der Finanzplanung zu berücksichtigen sind (*Oechsler* 1997, 111). Ausgangspunkt und Kernstück jeder Personalplanung ist die Planung des Personalbedarfs.

Die **Personalbedarfsplanung** ist diejenige Funktion, die festlegt, welche Mitarbeiter zu welchem Zeitpunkt, an welchem Ort, in welcher Anzahl und mit welcher Qualifikation benötigt werden (*Oechsler* 1994, 110), um das Leistungsprogramm des Unternehmens erfüllen zu können.

Unter den Bedingungen des Wandels gewinnt der **Zeitaspekt** immer mehr an Bedeutung, d. h. nicht nur die Frage wann, sondern wie lange der Personalbedarf besteht (*Wittlage* 1995, 23).

Neben **externen** Einflussfaktoren auf den Personalbedarf (z. B. Marktdynamik, Technologieentwicklung) gehören zu **unternehmensinternen** Faktoren für einen kurzfristigen Planungszeitraum (vgl. *Hentze* 1994, 177):

- die produzierte bzw. abgesetzte Menge,
- der Technisierungsgrad,
- das Fertigungsprogramm und die Fertigungstiefe,
- die Arbeitsorganisation,
- die Betriebsgröße und
- die Arbeitsproduktivität.

Werden diese Faktoren der Personalbedarfsplanung zu Grunde gelegt, müssen sie im Zusammenhang gesehen und langfristig verfolgt werden.

3.4.1.1 Arten des Personalbedarfs

Als wichtige Arten des Personalbedarfs sind zunächst Bruttopersonalbedarf und Nettopersonalbedarf zu unterscheiden.

Als **Bruttopersonalbedarf** wird der gesamte Personalbedarf zum Zeitpunkt t_x unabhängig vom Personalbestand bezeichnet. Der Bruttopersonalbedarf umfasst Einsatz- und Reservepersonalbedarf.
Der **Nettopersonalbedarf** umfasst das zu beschaffende Personalpotenzial bis zum Zeitpunkt t_x in Abhängigkeit vom Personalbestand in t_0 und seiner Änderung im Zeitraum t_0 bis t_x.

Der Nettopersonalbedarf betrifft diejenigen Stellen im Unternehmen, die sich mit der vorhandenen Belegschaft nicht besetzen lassen, und ist deshalb Grundlage für Maßnahmen der Personalbeschaffung (Abschn. 3.4.2) oder der Personalentwicklung (Abschn. 3.4.4). Einen **Algorithmus** für die Ableitung des Nettopersonalbedarfs aus dem Bruttobedarf enthält *Abbildung 3.6*.

3

Bruttopersonalbedarf in t_x (abgeleitet aus anderen organisatorischen Teilplänen)
– Personalbestand in t_0
+ Personalabgänge im Zeitraum t_0 bis t_x
  – sichere Abgänge (z. B. Pensionierungen)
  – statistisch ermittelbare Werte (Fluktuation)
  – Auswirkungen getroffener Entscheidungen (Beförderungen, Versetzungen)
– bereits feststehende Personalzugänge im Zeitraum t_0 bis t_x

= zu beschaffendes Arbeitspotenzial bis zum Zeitpunkt t_x (Nettopersonalbedarf)

Abbildung 3.6 : Ableitung des Nettopersonalbedarfs (Kupsch/Marr 1991, 779)

Demonstrationsbeispiel:
Sachverhalt
Ein Werk eines mittelständischen Unternehmens hat zum 01. 01. 2002 einen Bruttopersonalbedarf von 103 Mitarbeitern. Der Personalbestand zum 01. 01. 2001 besteht aus 97 Mitarbeitern. Bekannt ist, dass zum Ende des Jahres 2001 in diesem Werk 5 Mitarbeiter pensioniert und 3 Mitarbeiter in ein anderes Werk versetzt werden. Im Durchschnitt verlassen pro Jahr 5 Mitarbeiter auf eigenen Wunsch das Werk (Fluktuation). Mit zwei künftigen Mitarbeitern wurde ein Arbeitsvertrag per 31. 12. 2001 abgeschlossen.

Aufgabenstellung
Wie hoch ist der Nettopersonalbedarf bzw. das zu beschaffende Arbeitspotenzial zum 01. 01. 2002?

Lösung
t_0 = 01. 01. 2001 t_x = 01. 01. 2002

Bruttopersonalbedarf in t_x: 103 MA
Personalbestand in t_0: 97 MA

Nettopersonalbedarf = 103 MA – 97 MA + 5 MA + 3 MA + 5 MA – 2 MA
= 17 MA

Der **quantitative** Personalbedarf bezieht sich auf die Zahl der Personen bzw. die Anzahl der Stellen, die für die Erfüllung der Aufgaben notwendig sind. Werden die erforderlichen Qualifikationen in die Überlegungen einbezogen, wird von **qualitativem** Personalbedarf gesprochen, der im Rahmen der **Arbeitsanalyse** (vgl. *Oechsler* 1997, 325 ff.) ermittelt werden kann. Grundlage für die Bestimmung des qualitativen Personalbedarfs ist das Anforderungsprofil (*Scholz* 2000, 309).

Anforderungsprofile enthalten die Anforderungshöhen einzelner Anforderungsarten eines Arbeitsplatzes, denen für eine sach- und zielgerechte Aufgabenerfüllung entsprechende individuelle Fähigkeiten, Kenntnisse und Erfahrungen gegenüberstehen müssen.

Vorschläge zur inhaltlichen Ausgestaltung von Anforderungsprofilen kommen aus der Arbeitswissenschaft. Die meisten Anforderungsklassifikationen im deutschsprachigen Raum basieren auf dem der Arbeitsbewertung zu Grunde liegenden **Genfer Schema** (vgl. *Gehle* 1950) und dessen Erweiterungen (*Abbildung 3.7*).

Genfer Schema	**REFA-Schema**	**Beispiele**	**Datenermittlung**
Können	Kenntnisse	Ausbildung, Erfahrung	in Klassen beschreibbar
	Geschicklichkeit	Handfertigkeit, Körpergewandtheit	
Verantwortung		Für die ... eigene Arbeit, ... Arbeit anderer, ... Sicherheit	in Klassen beschreibbar bzw. Konsequenzen abschätzbar
Belastung	Geistige Belastung	Aufmerksamkeit, Denkfähigkeit	Dauer, Art und Häufigkeit messbar bzw. beschreibbar
	Muskelmäßige Belastung	dynamische, statische, einseitige Arbeit	
Umgebungseinflüsse		Klima, Staub, Lärm, Hitze	messbar und zählbar
		Nässe, Schmutz, Dämpfe	in Klassen beschreibbar
		Erkältungsgefahr, Unfallgefahr	allgemein beschreibbar

Abbildung 3.7: Vorschläge für Obermerkmale von Anforderungen (Scholz 2000, 310)

Für die Bewertung von **Bürotätigkeiten** kann dieser Merkmalskatalog erweitert werden zum Beispiel um solche Anforderungsarten wie Umgangs- und Ausdrucksgewandtheit, Disponieren und Konzentration (*Kupsch/Marr* 1991, 821).

Für die Klassifikation der Anforderungen an Führungskräfte reichen die der Analyse aufgabenbezogener Tätigkeiten zu Grunde liegenden Schemata nicht aus. Hinzu kommen Anforderungen, die sich aus der Führungsrolle ergeben. Auf der Basis der Analyse der Tätigkeit von Führungskräften wurden unterschiedliche Anforderungskataloge entwickelt. Das Arbeitsverhalten des Vorgesetzten wird von folgenden **Basisanforderungen** beeinflusst (vgl. *Sonntag* 1996, 28 f.):

- Vorgabe von Zielen und Strategien unter großer Unsicherheit,
- Zuordnung knapper Ressourcen,
- Überblick bewahren und frühzeitig Probleme erkennen,
- Gewinnung von Informationen, Kooperation und Unterstützung,
- Gewinnung und Motivation von Mitarbeitern,
- Kontakte aufbauen und Konflikte lösen.

Im Zusammenhang mit Internationalisierungstendenzen steigen die Anforderungen an die **interkulturelle Kompetenz** von Mitarbeitern und Führungskräften. Mobilitätsbereitschaft und Sprachkenntnisse sind unbedingt notwendig, reichen allein jedoch nicht aus (*Sonntag* 1996, 31). Zusätzliche Anforderungen beziehen sich u. a. auf die Fähigkeit, mit Menschen anderer Kulturkreise erfolgreich zusammenzuarbeiten. ❶

3.4.1.2 Verfahren der Personalbedarfsplanung

Eindeutige Verfahren für die Bestimmung des Personalbedarfs gibt es nicht (*Kupsch/Marr* 1991, 782). In Abhängigkeit davon, ob es um gegenwärtige oder künftige Zeitpunkte, um quantitative oder qualitative Planungsaspekte, um das gesamte Unternehmen oder um die Ermittlung des Personalbedarfs für einzelne betriebliche Bereiche bzw. Arbeitsplätze geht, kann über die Anwendung unterschiedlicher Verfahren der Personalbedarf ermittelt werden.

> Die **Verfahren der Personalbedarfsermittlung** unterscheiden sich u. a. hinsichtlich der Wahl der Bezugsgrößen, der zu Grunde liegenden mathematischen Verfahren und hinsichtlich ihrer Eignung für unterschiedliche Planungshorizonte, betriebliche Bereiche und Betriebsgrößen (*Abbildung 3.8*).

Die **Stellenplanmethode** (auch als Stellenmethode bezeichnet) und die **Kennzahlenmethode** werden im Folgenden anhand von Beispielen erläutert.

a) Stellenplanmethode

Der **Stellenplan** beinhaltet alle Stellen und deren Bezeichnungen pro Abteilung, Filiale oder Geschäftsstelle. Der gegenwärtige Stellenplan wird ausgehend von Informationen über geplante Veränderungen (beispielsweise Investitionen, Rationalisierung) ergänzt bzw. erweitert. Das Ergebnis ist ein nach Bereichen und Abteilungen gegliederter künftiger Stellenplan, der den Sollbestand der Belegschaft für den Planungszeitraum angibt. Bei dieser Methode ist es wichtig, **stich-**

tagsbezogene Veränderungen im Stellengefüge aufzuzeichnen. Ein Beispiel für die Auswirkungen bekannter Veränderungen auf das Stellengefüge innerhalb verschiedener betrieblicher Bereiche beinhaltet *Abbildung 3.9*.

Methode	Bezugsgrößen	Umrechnungsmethode	Eignung
Schätz-Verfahren	unbestimmt (Erfahrung, Vorhaben und Maßnahmen anderer Unternehmenspläne u. a.)	Schätzung, systematische Schätzung, Expertenbefragung, Delphi-Methode	geeignet für kleinere und mittlere Betriebe zur kurz- und mittelfristigen Bedarfsermittlung
globale Bedarfsprognosen	Entwicklung bestimmter Größen in der Vergangenheit wie Beschäftigtenzahl und Umsatz	Trendextrapolation, Trendanalogie, Regressionsrechnung, Korrelationsrechnung	geeignet für Mittel-/Großbetriebe mit kontinuierlicher Absatz- und Produktionsentwicklung
Kennzahlen-Methode	Entwicklung der Arbeitsproduktivität bzw. anderer Kennzahlen	Trendextrapolation, Trendanalogie, Regressionsrechnung, inner- und außerbetriebliche Quervergleiche	geeignet für Betriebe aller Größenklassen zur Ermittlung des Personalbedarfs für bestimmte Betriebsteile
Verfahren der Personalbemessung	Zeitbedarf pro Arbeitseinheit Zeiteinheit	Schätzungen, Arbeitsanalysen, Zeitmessungen, Tätigkeitsvergleiche, Quervergleiche	für Betriebe geeignet, in denen im Rahmen der Arbeitsvorbereitung REFA bzw. MTM angewendet wird
Stellenplanmethode	gegenwärtige und künftige Organisationsstruktur	Stellenbeschreibungen, Arbeitsvorgänge	für alle Betriebe geeignet zur kurz- und mittelfristigen Planung
Analyse des Reservebedarfs	effektive und nominale Arbeitszeit	Analyse von Fehlzeiten, Fluktuationen, Prognose der tariflichen Arbeitszeit	für alle Betriebe kurz-, mittel- und langfristig geeignet

Abbildung 3.8: Verfahren der Personalbedarfsbestimmung (vgl. RKW 1996, 90)

	Materialbeschaffung	Fertigung	Vertrieb	Gesamt
Stellenbestand 01. 01.	013	193	025	231
Einführung Produkt A		+ 005	+ 001	+ 006
Neue Vertriebsniederlassung			+ 002	+ 002
Neues Fertigungsverfahren		– 010		– 010
Zentralisierung der Beschaffung	– 002			– 002
Stellenbestand 31. 12.	011	188	028	227

Abbildung 3.9: Beispiel für die stichtagsbezogene Anwendung der Stellenplanmethode (vgl. Bröckermann 1997, 36)

b) Kennzahlenmethode

Dieses Verfahren basiert auf der Entwicklung von Kennzahlen, die die Beziehung zwischen Personalbedarf und einer oder mehrerer Bezugsgrößen zum Ausdruck bringen. Es dabei von folgendem **Grundprinzip** ausgegangen (vgl. *Scholz* 2000, 291):

$$\text{Personalbedarf} = \frac{\text{Arbeitsmenge}}{\text{Leistungsfähigkeit/Mitarbeiter}}$$

Daraus lassen sich verschiedene einfache oder komplexe **Kennzahlenmodelle** ableiten. **Einfache Modelle** werden in der betrieblichen Praxis beispielsweise im Vertrieb und in Verbindung mit Umsatzzahlen angewendet. Der Personalbedarf wird wie folgt ermittelt:

$$\text{Personalbedarf} = \text{Umsatz in € (geplant)} \times \frac{\text{Anzahl der Vertriebsmitarbeiter (alt)}}{\text{Umsatz in € (alt)}}$$

Im Zusammenhang mit der Kennzahlenmethode ist auch auf die Beziehung zwischen einer Ertragsgröße und der **Arbeitsproduktivität** hinzuweisen. Der geplante Ertrag (z. B. Wertschöpfung) kann dafür in das Verhältnis zur geplanten Arbeitsproduktivität gesetzt und daraus der Personalbedarf errechnet werden.

Demonstrationsbeispiel:
Sachverhalt
In der Fertigungsabteilung eines Werkzeugmaschinenherstellers sind für das Jahr 2001 folgende Daten bekannt:

- Wertschöpfung: 2,4 Mio. €
- Gesamtzahl der Arbeitsstunden im Jahr: 800 000
- Arbeitsproduktivität: 3,0

Aufgabenstellung
Wie lautet die Prognose hinsichtlich der erforderlichen Zahl der Arbeitsstunden für das Jahr 2002, wenn die geplante Arbeitsproduktivität 10% über der aus dem Jahr 2001 liegt und eine Wertschöpfung von 2,6 Mio. € geplant ist?

Lösung

Geplante Wertschöpfung: 2,6 Mio. €
Geplante Arbeitsproduktivität: 3,3
(= 3,0 + 10 %)

$$\text{Arbeitsproduktivität} = \frac{\text{Wertschöpfung}}{\text{Arbeitsstunden}}$$

$$\text{Arbeitsstunden} = \frac{\text{geplante Wertschöpfung}}{\text{geplante Arbeitsproduktivität}} = \frac{2{,}6 \text{ Mio.}}{3{,}3} = 787.879$$

Erforderliche Arbeitsstunden im Jahr 2002: 787.879

In Abhängigkeit von Leistungsart und Branche können andere Kennzahlen gebildet werden, z. B. **Relationen** zwischen

- Gesamtbelegschaft und Anzahl der Mitarbeiter im Personalbereich,
- umbautem Raum je Arbeitsstunde und Anzahl der Mitarbeiter auf der Baustelle (Baukonzern),
- gefahrenen Transportkilometern und Anzahl der Mitarbeiter im Fuhrpark (Spedition),
- Flugzeuggröße und Personalbedarf (Fluggesellschaft).

Die Bestimmung des Personalbedarfs über einfache Kennzahlen ist nur dann sinnvoll, wenn Leistungsprogramm, Produktivität und Bedarfsdeterminanten für den Zeitraum der Bedarfsermittlung konstant bleiben und der Wertschöpfungsprozess effizient organisiert ist.

Sollen mehrere Einflussfaktoren auf den Personalbedarf berücksichtigt werden, können **multivariate Methoden** zur Berechnung herangezogen werden. Diese analysieren und prognostizieren den Personalbedarf als mathematisch-statistische Funktion mehrerer Einflussfaktoren. Diese Verknüpfung zahlreicher Variablen auf Grund empirischer Ergebnisse oder theoretischer Überlegungen erfolgt mit Hilfe von Korrelations- und Regressionsrechnungen.

Probleme bei der Anwendung komplexer mathematisch-statistischer Verfahren entstehen bei der Ermittlung **realistischer Bezugsgrößen**. Die Informationen über Veränderung der internen und externen Einflussfaktoren auf den Personalbedarf werden infolge des Wandels zunehmend unsicherer. Unternehmen sind deshalb gezwungen, die Personalplanung insgesamt **strategisch** auszurichten. Als Techniken zur Beschreibung unsicherer Zukunftsentwicklungen eignen sich besonders solche Methoden wie **Szenario-Technik**, **Delphi-Methode**, **Relevanzbaum-Technik** oder **Cross-Impact-Matrix** (*Scholz* 2000, 264) (vgl. auch Abschn. 4.7.2.). ❷

3.4.2 Personalbeschaffung und -auswahl

3.4.2.1 Prozess der Personalbeschaffung

Die **Personalbeschaffung** dient der Beschaffung des in der Personalbedarfsermittlung festgestellten qualitativen und quantitativen Nettopersonalbedarfs unter Berücksichtigung von Bedarfszeitpunkt und Bedarfsort (*Kupsch/Marr* 1991, 785).

Eine Grundlage für die Personalbeschaffung sind Informationen über bestehenden Personalbedarf ab einem Zeitpunkt oder für einen Zeitraum. Aus mittel- bis langfristiger Sicht ist die Beschaffung personeller Kapazitäten als permanenter Prozess zu gestalten, der in mehreren Phasen abläuft. Innerhalb der einzelnen Prozessphasen sind die in *Abbildung 3.10* genannten **Aufgabenkomplexe** zu erfüllen.

Phase 1: Gewinnung und Analyse beschaffungsrelevanter **Informationen**

⇩

Phase 2: Entscheidung über **Alternativen** der Personalbeschaffung

⇩

Phase 3: **Werbung** um potenzielle Mitarbeiter

⇩

Phase 4: **Auswahl** der geeigneten Bewerber

Abbildung 3.10: Prozess der Personalbeschaffung

Phase 1: Gewinnung und Analyse beschaffungsrelevanter Informationen

Voraussetzung für eine schnelle und permanente Besetzung frei werdender oder neu geschaffener Stellen sind Informationen über die Entwicklungen auf dem internen (innerbetrieblichen) und externen (außerbetrieblichen) **Arbeitsmarkt.** Die innerbetriebliche Arbeitsmarktforschung konzentriert sich auf die Erhebung ökonomischer und sozialer Daten der beschäftigten Mitarbeiter und Führungskräfte. Gegenstand der außerbetrieblichen Arbeitsmarktforschung sind bspw. konjunkturelle und saisonale Schwankungen des Arbeitsmarktes, die Veränderung der Bevölkerungs- und Beschäftigtenstruktur sowie die Konkurrenzsituation auf dem Arbeitsmarkt.

Phase 2: Entscheidung über Alternativen der Personalbeschaffung

Alternativen der Personalbeschaffung sind interne und externe Beschaffungsmöglichkeiten. Interne Möglichkeiten zielen darauf ab, personelle Kapazitäten mit Hilfe bereits im Unternehmen beschäftigter Mitarbeiter zu schaffen. Externe Möglichkeiten sind auf den gesamten Arbeitsmarkt außerhalb des Unternehmens gerichtet. In welchem Umfang Personal extern oder intern beschafft werden kann, hängt von der Höhe und der Dauer des Bedarfs sowie von der Strategie der Aus- und Weiterbildung im Unternehmen ab. Im Abschnitt 3.4.2.2 werden die einzelnen Maßnahmen näher erläutert.

Phase 3: Werbung um potenzielle Mitarbeiter

Die Personalwerbung dient nicht nur der Vermittlung von Informationen über zu besetzende Arbeitsplätze, sondern beispielsweise auch der Veröffentlichung von Daten über Größe und Geschäftsvolumen des Unternehmens, Führungsstil, Arbeitszeitregelung, Sozialleistungen sowie über Ausbildungsmethoden und Traineeprogramme. Das klassische Instrument der Personalwerbung ist die **Stellenanzeige** in Zeitungen und Fachzeitschriften. Zunehmend gewinnt das Internet als Kommunikationsmedium zwischen Arbeitgebern und Stellensuchenden an Bedeutung. Die Zahl der Online-Stellenbörsen wächst, und die etablierten **elektronischen Stellenmärkte** melden steigende Zugriffszahlen (*Migula/Alewell* 1999, 599)

Phase 4: Auswahl der geeigneten Bewerber

Die Anzahl der eingehenden Bewerbungen auf ausgeschriebene Stellen hängt von der Qualität der Personalwerbung und der Situation auf dem Arbeitsmarkt ab. Mit steigender Zahl der Bewerbungen wächst der Aufwand für die Auswahl geeigneter Mitarbeiter. Die Kosten der Personalauswahl setzen sich aus aktuellen und potenziellen **Kosten** zusammen. Die aktuellen Kosten entstehen bei der Durchführung des Auswahlvorganges und schließen auch die Gehälter für die mit der Auswahl beauftragten Personen ein. Potenzielle Kosten ergeben sich bei falschen Auswahlentscheidungen (*Kupsch/Marr* 1991, 789).

3.4.2.2 Alternativen der Personalbeschaffung

Bei der Beschaffung personeller Kapazität ist grundsätzlich zwischen internen und externen Beschaffungsmöglichkeiten zu unterscheiden. Interne Beschaffung personeller Kapazitäten kann z. B. erfolgen durch

- Vereinbarung von Mehrarbeit (z. B. durch Überstunden),
- Aufgabenumverteilung (z. B. durch Versetzung) oder durch
- Erhöhung des Qualifikationsniveaus (z. B. durch Weiterbildung).

Während die Vereinbarung von Überstunden eher eine quantitative Maßnahme ist, kann durch Erhöhung des Qualifikationsniveaus auch der qualitative Aspekt der Personalbeschaffung erfüllt werden. Die interne Personalbeschaffung erlangt zunehmende Bedeutung. Wird ein Arbeitsplatz frei, so ist zunächst die Möglichkeit einer internen Besetzung zu prüfen.

Die Möglichkeiten der **externen Personalbeschaffung** können in eher passive und eher aktive Maßnahmen unterteilt werden (*Abbildung 3.11*).

Eher passive Maßnahmen der externen Personalbeschaffung	**Eher aktive Maßnahmen der externen Personalbeschaffung**
– Eigenbewerbung – Bewerberkartei – Arbeitsvermittlung der Bundesanstalt für Arbeit – Personalleasing	– Personalberater und -vermittler – Stellenanzeigen – Personalbeschaffung via Internet – College-Recruiting – Kontakte von Betriebsangehörigen

Abbildung 3.11: Maßnahmen der externen Personalbeschaffung (Scholz 2000, 458)

Besteht der Personalbedarf zeitlich befristet, kann auf die Möglichkeit der Personalbeschaffung über Personalleasing zurückgegriffen werden. Unter **Personalleasing** ist die gewerbsmäßige Überlassung von Arbeitnehmern zu verstehen. Dabei besteht ein Dreiecksverhältnis zwischen Verleiher (Leasingfirma), Entleiher (Unternehmen, in dem Personalbedarf besteht) und Leiharbeitnehmer.

Eine wichtige Möglichkeit der externen Beschaffung hoch qualifizierter Mitarbeiter und Führungskräfte ist die Kooperation mit Ausbildungseinrichtungen. Ein gezieltes frühzeitiges Ansprechen potenzieller Mitarbeiter ergibt sich durch eine Zusammenarbeit mit Universitäten und Fachhochschulen (**College-Recruiting**), die in folgenden Formen realisiert werden kann:

- Bereitstellen von Praktikantenstellen,
- Zusammenarbeit bei Diplomarbeiten,
- gemeinsame Bearbeitung von Projekten,
- Vorträge von Unternehmensvertretern an der Hochschule und
- Unterstützung von Exkursionen in Unternehmen.

Mit der Nutzung des **Internets** ergeben sich für die Personalbeschaffung eine Reihe von Vorteilen. Unternehmen können kostengünstiger und gezielter nach Bewerbern suchen. Stellensuchende haben ständig Zugriff auf aktuelle Stellenangebote. Allerdings stehen diesen Vorteilen auch Grenzen gegenüber, so erfordert der Zugriff auf eine Jobbörse die entsprechenden technischen Voraussetzungen beim Bewerber, und beim Unternehmen kann es zu einer Fülle von Bewerbungen kommen, die bearbeitet werden müssen. Eine Gegenüberstellung von Vor- und Nachteilen der **Jobbörsen** enthält *Abbildung 3.12*.

Vorteile für Unternehmen	**Nachteile für Unternehmen**
– Präsentation der Stellenanzeige bis Stellenbesetzung möglich – Weltweite Veröffentlichung der Stellenanzeige möglich – höhere Erfolgschancen – Kostenersparnis – Erschließung neuer Bewerbergruppen – direkte Kontaktaufnahme mit Bewerber möglich	– Neben Jobangebot im Internet muss zur Zeit noch parallel in Printmedien eine Stelle angeboten werden – Gefahr einer Flut von Bewerbungen – unklare Erfolgaussichten
Vorteile für Bewerber	**Nachteile für Bewerber**
– nahezu kostenloser Zugriff auf Stellenanzeigen rund um die Uhr und weltweit – Zeitersparnis durch einfache und komfortable Suchroutinen – gezielte Recherchen möglich – direkte Kontaktaufnahme möglich – ständig aktuelle Angebote abrufbar	– eingeschränktes Angebot bezüglich bestimmter Berufsgruppen (vor allem Informatik-Bereich) – zunehmende Informationsflut – bestimmte technische Voraussetzungen sind notwendig

Abbildung 3.12: Vor- und Nachteile von Jobbörsen(Scholz 2000, 462)

3.4.2.3 Ablauf und Instrumente der Personalauswahl

Während bei der Beurteilung interner Bewerber auf Erfahrungen und Personalbeurteilungen zurückgegriffen werden kann, besteht insbesondere bei der Auswahl externer Bewerber die Notwendigkeit systematisch vorzugehen.

Systematisch Vorgehen heißt, den **Übereinstimmungsgrad** von definierten **Arbeitsanforderungen** an dem zu besetzenden Arbeitsplatz und den **Fähigkeiten** unterschiedlicher Bewerber festzustellen.

Das Ziel ist dabei zu prognostizieren, inwieweit der künftige Stelleninhaber den Erwartungen des Unternehmens hinsichtlich des **Leistungsverhaltens** gerecht werden wird (vgl. *Kupsch/Marr* 1991, 788). Ideal wäre eine vollständige Übereinstimmung zwischen Anforderungen des Arbeitsplatzes und Fähigkeitsmerkmalen der Person.

Der Prozess zur Auswahl geeigneter Mitarbeiter besteht aus einer variierbaren Abfolge von **Prüfmethoden** (*Abbildung 3.13*).

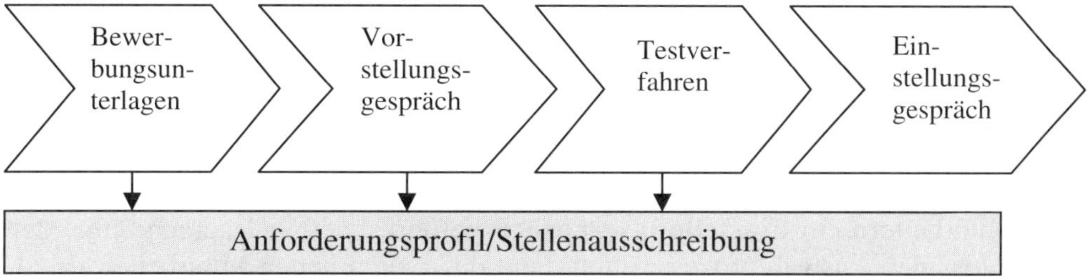

Abbildung 3.13: Ablauf der Personalauswahl

Zu den **Bewerbungsunterlagen** gehören insbesondere Lebenslauf, Zeugnisse und Referenzen. Die Analyse der Bewerbungsunterlagen dient lediglich der Vorauswahl und kann nur erste Informationen über den Bewerber geben, beispielsweise über Schul- und Berufsleistungen, soziale Aspekte, Interessen und Leistungsbereitschaft.

Das **Vorstellungsgespräch**, an dem auch Vertreter der künftigen Fachteilung teilnehmen sollten, dient der Sammlung von Informationen über Motivations- und Verhaltensaspekte des Bewerbers. Außerdem eröffnet es die Möglichkeit, den künftigen Mitarbeiter über das Unternehmen und den künftigen Aufgabenbereich zu informieren und so gegenseitige Erwartungen offen zu legen. Um große Bewertungsdifferenzen bei der Mitarbeiterauswahl zu vermeiden, ist das Einstellungsgespräch als standardisiertes Interview zu führen (*Kupsch/Marr* 1991, 789), d. h., die Gesprächsthemen und/oder Fragen werden vorher festgelegt. Der Erfolg des Gesprächs hängt dann wesentlich davon ab, inwiefern die für die künftige Arbeitsaufgabe relevanten Kriterien und Themen im Vorstellungsgespräch angesprochen und das Antwortverhalten der Bewerber vergleichbar gemacht werden kann.

Bei der Personalauswahl spielen zunehmend **Testverfahren** eine Rolle. Dabei kann zwischen Leistungstests, Intelligenztests sowie Charakter- und Persönlichkeitstests unterschieden werden (*Oechsler* 1997, 172). Der Bewerber wird beispielsweise mit standardisierten Arbeitssituationen oder sonstigen Testverfahren konfrontiert, die möglichst in Beziehung zum künftigen Aufgabenbereich stehen. Dabei wird angenommen, dass sein Handeln in diesen Situationen repräsentativ für sein künftiges Arbeitsverhalten ist. Die Aussagefähigkeit von Einstellungstests ist umstritten (*Kupsch/Marr* 1991, 791).

Eine kombinierte Anwendung unterschiedlicher Testverfahren erfolgt im **Assessment-Center**, das insbesondere in großen Unternehmen zur Auswahl von Führungsnachwuchskräften eingesetzt wird. Das Grundprinzip besteht darin, dass mehrere Gruppen von maximal zwölf Bewerbern gebildet werden, die von vier bis sechs Beobachtern nach festgelegten Bewertungskriterien in unterschiedlichen Prüfungssituationen beurteilt werden. Das Gesamturteil über jeden Kandidaten kommt in einer abschließenden Beobachterkonferenz durch gemeinsame Diskussion zu Stande.

Nachdem die Auswahlentscheidung getroffen wurde, wird mit den einzustellenden Mitarbeitern ein **Einstellungsgespräch** geführt. Dieses Gespräch bildet den Abschluss des Auswahlprozesses und dient dazu, dem neuen Mitarbeiter grundlegende Informationen hinsichtlich der Arbeitsaufnahme zu vermitteln bzw. damit in Zusammenhang stehende Fragen zu klären.

3.4.3 Personaleinsatz

3.4.3.1 Gegenstand und Informationsgrundlagen

Gegenstand der Personaleinsatzentscheidungen ist die Zuordnung der im Unternehmen verfügbaren Mitarbeiter auf vorhandene Stellen, entsprechend den Erfordernissen des Leistungsprozesses sowie den Interessen der Mitarbeiter (*Kupsch/Marr* 1991, 792).

Um diese Entscheidung zielorientiert treffen zu können, sind detaillierte Informationen über die an den Arbeitsplätzen zu erfüllenden **Anforderungen** sowie über die Fähigkeiten und Motive der Mitarbeiter erforderlich (*Abbildung 3.14*).

Informationsgrundlage	Ermittlungsmethode	Ergebnis
Anforderungen des Arbeitsplatzes	Arbeitsanalyse	Anforderungsprofil
Fähigkeiten der Arbeitskräfte	Personalbeurteilung Personalunterlagen	Fähigkeitsprofil
Motive der Arbeitskräfte	Personalbefragung	Profil der Motive

→ Personaleinsatz

Abbildung 3.14: Informationsgrundlagen des Personaleinsatzes (Jung 1997, 915)

Die notwendige Abstimmung aller drei Einflussgrößen erfordert entsprechende **Methoden** zur Ermittlung der benötigten Informationen. Für die Ermittlung der Arbeitsanforderungen kann die bereits genannte Methode der Arbeitsanalyse herangezogen werden, für die Ermittlung der Fähigkeiten der Mitarbeiter eignen sich Personalbeurteilung und Leistungsbewertung. Die Einsatzwünsche der Mitarbeiter lassen sich durch Mitarbeiterbefragung zumindest ansatzweise ermitteln (*Kupsch/Marr* 1991, 792).

Die Bedeutung des Personaleinsatzes steigt, weil industrielle Leistungsprozesse in immer kürzeren Zeitabständen dem technischen und organisatorischen Wandel unterworfen sind und daraus eine Änderung von Arbeitsinhalten und Anforderungen resultiert. Mittel- bis langfristig richten sich deshalb die Entscheidungen des Personaleinsatzes auch auf die Verringerung der Differenz zwischen Anforderungen und Fähigkeiten durch Gestaltung des gesamten Arbeitssystems und/oder durch Maßnahmen der Personalentwicklung und Personalbeschaffung.

3.4.3.2 Aufgaben des Personaleinsatzes

Während es aus **kurzfristiger** Sicht bei der qualitativen Zuordnung um eine möglichst vollständige Übereinstimmung von Stellenanforderungen und Mitarbeiterfähigkeiten unter möglichst weit gehender Berücksichtigung der Interessen der Mitarbeiter geht, steht im Mittelpunkt der quantitativen Zuordnung der termingenaue Einsatz einer dem Mengenbedarf entsprechenden Zahl von Mitarbeitern. **Langfristig** geht es um die wechselseitige Anpassung von Arbeitsanforderungen und Mitarbeiterfähigkeiten (*Jung* 1997, 916).

	Qualitativ	**quantitativ**
Kurzfristig	Zuordnung durch den Vergleich von Anforderungsprofil und Fähigkeitsprofil der beschäftigten Mitarbeiter (Abschn. 3.4.3.3)	Zuordnung durch Erstellung von Schicht- und Einsatzplänen (Abschn. 3.4.3.3)
langfristig	Anpassung der – Arbeitsplatzanforderungen durch Maßnahmen der **Arbeitsstrukturierung** – Fähigkeiten der Mitarbeiter durch Maßnahmen der Personalentwicklung (Abschn. 3.4.4)	Anpassung durch – Maßnahmen der Personalbeschaffung (Abschn. 3.4.2) – Maßnahmen der Personalfreistellung

Abbildung 3.15: Aufgaben des Personaleinsatzes (vgl. Jung 1997, 916)

Gegenstand der **Arbeitsstrukturierung** (*Abbildung 3.15*) sind die Arbeitsaufgabe und die Bedingungen, unter denen die Arbeit verrichtet wird (Kupsch/Marr 1991, 802). Der extremen Stellenspezialisierung im Sinne von Taylor steht heute die Generalisierung durch Erweiterung des Aufgabenfeldes entgegen. Ziel ist dabei, durch die Aufhebung tayloristischer Prinzipien der Trennung von Denken und Handeln abwechslungsreichere und interessantere Tätigkeiten zu schaffen. Möglichkeiten, dieses Ziel zu erreichen, sind solche Konzepte der Arbeitsorganisation wie **Jobrotation**, **Jobenrichment**, **Jobenlargement** und die Bildung **teilautonomer Arbeitsgruppen** (*Abbildung 3.16*).

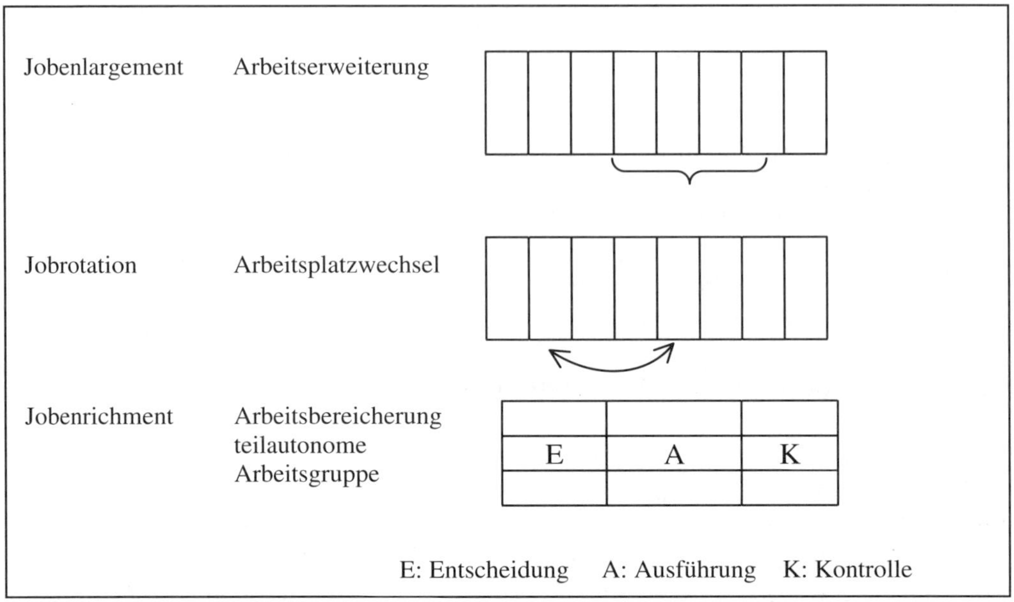

Abbildung 3.16: Neue Formen der Arbeitsorganisation (Oechsler 1997, 251)

3.4.3.3 Verfahren zur Handhabung des Zuordnungsproblems

Für die Lösung des kurzfristigen Zuordnungsproblems von Stellen und Stelleninhabern können unterschiedliche **Verfahren** eingesetzt werden:

a) Verfahren zur Handhabung des quantitativen Zuordnungsproblems

Quantitative Zuordnungsprobleme ergeben sich aus der Notwendigkeit zur Aufrechterhaltung eines kontinuierlichen Fertigungsablaufs. Dabei sind unvermeidliche Personalausfälle durch Urlaub, Krankheit, Unfall oder andere Fehlzeiten ebenso zu beachten wie kurzfristig entstehende Arbeitsspitzenbelastungen. Ein typisches Anwendungsgebiet der quantitativen Zuordnung ist die Erarbeitung eines **Schichtwechselplanes**, der einen kontinuierlichen Arbeitsablauf bei Minimierung der personellen Besetzung der Arbeitsplätze sicherstellt. Mit Hilfe der linearen Optimierung oder von Modellen der Netzplantechnik kann die Berechnung von Schicht- oder Einsatzplänen unterstützt werden (vgl. *Kupsch/Marr* 1991, 799).

b) Verfahren zur Handhabung des qualitativen Zuordnungsproblems

Charakteristisch für die Verfahren der qualitativen Zuordnung ist die Gegenüberstellung der Anforderungen der Arbeitsplätze und der individuellen Kenntnisse und Fähigkeiten der Mitarbeiter (*Jung* 1995, 917) mit dem Ziel, eine möglichst hohe Übereinstimmung zu erreichen. Als **Verfahren** können unterschieden werden (*Kupsch/Marr* 1991, 793 f.):

- kosten- und gewinnorientierte Verfahren,
- Modelle zur Maximierung der Eignungskoeffizienten und
- die Methode des Profilvergleichs.

Bei **kosten- und gewinnorientierten Verfahren** wird versucht, mit Hilfe von monetären Kriterien wie Kosten, Erlös und Gewinn eine Personalzuordnung vorzunehmen. Die **Modelle zur Maximierung der Eignungskoeffizienten** gehören in die Klasse der mit linearer Optimierung lösbaren Aufgaben. Der Eignungskoeffizient bringt den Grad der Übereinstimmung von Arbeitsanforderungen und Fähigkeiten eines Mitarbeiters zum Ausdruck.

Bei der Methode des **Profilvergleichs** werden die Anforderungen des Arbeitsplatzes und die Fähigkeiten des Mitarbeiters für jeweils identische und möglichst gut bewertbare Merkmale in Form eines Anforderungs- und Fähigkeitsprofils erhoben und einander gegenübergestellt (*Abbildung 3.17*). Bei der Festlegung der Anforderungsarten für Mitarbeiter im gewerblichen Bereich kann vom Genfer Schema und dessen Erweiterungen (vgl. Abbildung 3.7, Abschn. 3.4.1.1) ausgegangen werden. Das Anforderungsprofil für die Auswahl von Führungskräften wird aus den Aufgaben der zu besetzenden Stelle abgeleitet. Das **Ziel** des Profilvergleichs ist eine möglichst weit gehende Übereinstimmung von Anforderungs- und Fähigkeitshöhen. Das Ergebnis bestimmt den **Eignungsgrad** des Mitarbeiters für diesen Arbeitsplatz und enthält wichtige Informationen über notwendige Weiterbildungsmaßnahmen.

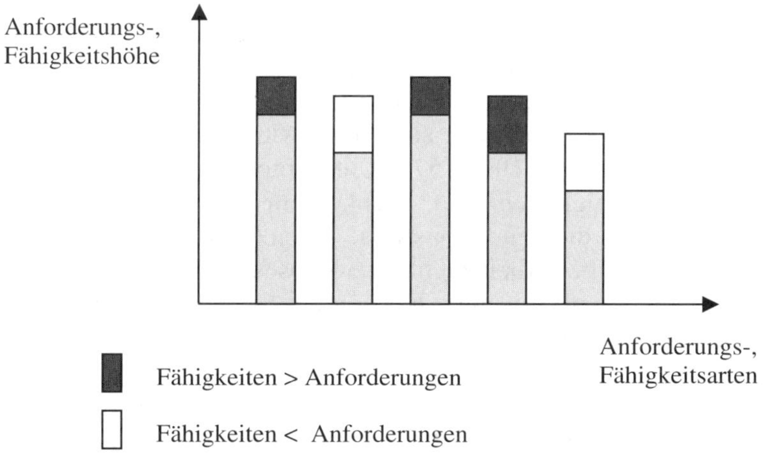

Abbildung 3.17: Grafische Darstellung des Profilvergleichs (Jung 1997, 919)

3.4.4 Personalentwicklung

3.4.4.1 Inhalt und Ziele der Personalentwicklung

Der Einsatz komplexer Fertigungs-, Informations- und Kommunikationstechniken, die Veränderung betrieblicher Strukturen sowie die fortschreitende Internationalisierung der Geschäftstätigkeit stellen neue Anforderungen an Führungskräfte und Mitarbeiter. Daraus resultiert die Notwendigkeit zur permanenten Entwicklung der Leistungsfähigkeit und -bereitschaft der Beschäftigten im Unternehmen.

Personalentwicklung ist eine Form der Beeinflussung des Verhaltens der Mitarbeiter und Führungskräfte über die Erweiterung bestehender oder die Vermittlung neuer Qualifikationen, die zur Wahrnehmung der gegenwärtigen und künftigen Aufgaben im Unternehmen erforderlich sind (*Jung* 1995, 893).

Qualifikation ist die Summe der Kenntnisse, Fähigkeiten, Fertigkeiten sowie Erfahrungen und Wertorientierungen, über die eine Person verfügt (*Staehle* 1994, 164). Als grundsätzliche **Ziele** der Personalentwicklung lassen sich nennen (vgl. *RKW* 1996, 279 f.):

- Verbesserung der Leistungsbereitschaft und -fähigkeit der Beschäftigten,
- Erkennen und Förderung betrieblicher Qualifikationspotenziale,
- Sicherung des Bedarfs an Führungs- und Führungsnachwuchskräften,
- Verbesserung des Organisationsklimas und
- Verbesserung der Wirtschaftlichkeit und Funktionalität der ablaufenden Prozesse durch Unterstützung der Organisationsentwicklung.

Sollen diese Ziele erreicht werden, kann Personalentwicklung nicht nur auf die Verbesserung der fachlichen Qualifikationen gerichtet werden, sondern muss die Förderung der **Handlungskompetenz** der Mitarbeiter und Führungskräfte einschließen. Handlungskompetenz ergibt sich aus Fach-, Methoden-, Sozial- und Persönlichkeitskompetenz (*Sonntag* 1996, 57). Unter **fachlicher Kompetenz** werden berufsspezifische Fertigkeiten und Fachkenntnisse verstanden, beispielsweise Kenntnisse über die Funktionsweise speicherprogrammierbarer Steuerungen oder Kenntnisse über arbeitsrechtliche Konsequenzen bei außerordentlicher Kündigung. Mit **methodischer Kompetenz** sind situations- und fachübergreifende, flexibel einsetzbare Fähigkeiten gemeint. Dazu gehören u. a. Fähigkeiten zur Moderation, zur Präsentation, zur Gesprächsführung und zur Projektsteuerung. **Soziale Kompetenz** umfasst beispielsweise Fähigkeiten zu Kommunikation und Kooperation mit Mitarbeitern, Kollegen und Vorgesetzten sowie die Fähigkeit, andere zu motivieren. Diese Komponente ist eine wesentliche Voraussetzung, um in Teams unterschiedlicher sozialer Struktur gruppenorientiert zu arbeiten. **Persönlichkeitskompetenz** schließt die persönlichkeitsbezogenen Dispositionen eines Menschen, die sich in Einstellungen, Werthaltungen und Motiven äußern, ein. Dazu gehören Kreativität und Initiative ebenso wie Intuition und ethische Grundprinzipien. Bei der konkreten Aufgabenbewältigung durch die Mitarbeiter überlagern und beeinflussen sich diese Kompetenzbereiche wechselseitig (*Sonntag* 1996, 57).

3.4.4.2 Prozess der Personalentwicklung

Personalentwicklung sollte als permanenter **Prozess** gestaltet werden, der mit der Ermittlung des Entwicklungsbedarfs beginnt (vgl. *RKW* 1996, 283). Je konkreter die Bedarfsermittlung erfolgt, umso zielgerichteter können Entwicklungsmaßnahmen geplant und umgesetzt werden. Fragen der Erfolgsermittlung realisierter Maßnahmen (Evaluation) werden bedeutsam, wenn Personalentwicklung als Investition in das Humanpotenzial verstanden wird (*Abbildung 3.18*). Der Prozess der Personalentwicklung kann in folgende drei Phasen gegliedert werden:

Phase 1: Bedarfs- und Potenzialanalyse

Ausgehend von den Entwicklungszielen sind zunächst der quantitative und der qualitative Entwicklungsbedarf zu spezifizieren. Grundlage dafür bilden Informationen über gegenwärtige und künftige **Anforderungen**, das **Kompetenzniveau**, das vorhandene **Entwicklungspotenzial** sowie über die **Entwicklungswünsche** der beschäftigten Mitarbeiter und Führungskräfte. Instrumente für die Beschaffung dieser Daten sind u. a. Strategie- und Strukturpläne, Selbst- und Fremdeinschätzungen der Mitarbeiter, moderierte Gruppendiskussionen oder das Assessment Center. Entwicklungswünsche können beispielsweise in Zielvereinbarungsgesprächen und Mitarbeiterbefragungen (durch Interviews oder Fragebogen) ermittelt werden.

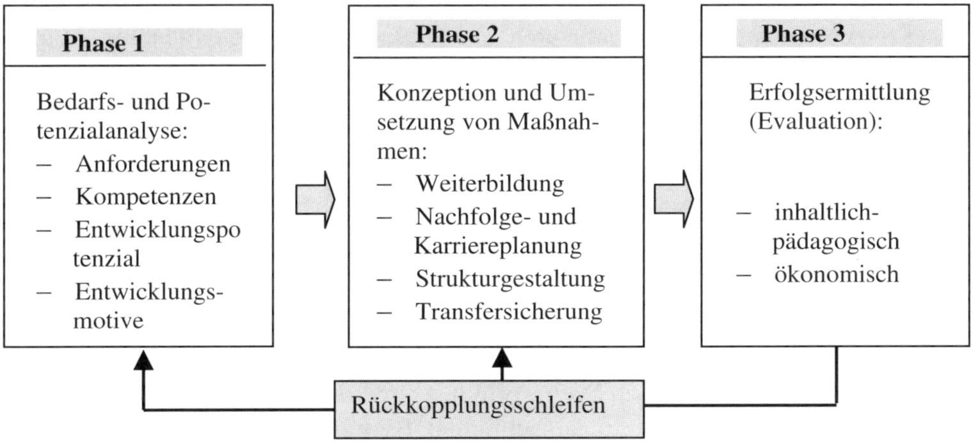

Abbildung 3.18: Prozess der Personalentwicklung

Phase 2: Durchführung der Entwicklungsmaßnahmen

Maßnahmen der betrieblichen **Weiterbildung** sind Formen organisierten Lernens, die der Aneignung von Handlungskompetenz dienen (*Pawlowsky/Bäumer* 1996, 8). Es ist jener Teil der beruflichen Weiterbildung, der vom Unternehmen durchgeführt und finanziert wird. Lernmethoden können danach unterschieden werden, ob sie am Arbeitsplatz oder außerhalb des Arbeitsplatzes stattfinden (*Abbildung 3.19*).

Lernmethoden am Arbeitsplatz (training on the job)	**Lernmethoden außerhalb des Arbeitsplatzes (training off the job)**
– Traineeprogramme	– Vorlesung/Vortrag
– Einsatz als Assistent	– Dialog/Gruppenarbeit
– Leitung von Projektgruppen und Workshops	– Fallstudien
	– Rollenspiele
– Übernahme von Sonderaufgaben	– Planspiele
– Einsatz im Ausland	– Computer-Simulationen
– Coaching/Mentoring	

Abbildung 3.19: Lernmethoden am Arbeitsplatz und außerhalb des Arbeitsplatzes

Nachfolge- und Karriereplanung ist die gedankliche Vorwegnahme einer Stellenfolge sowohl aus der Sicht der Unternehmung als auch aus der Sicht des Mitarbeiters. Damit können improvisierte und zufällige Beförderungs- und Versetzungsentscheidungen bei freien oder neu zu schaffenden Stellen abgelöst werden. Karriereplanung ist insofern ein Instrument der Personalentwicklung, als jeder Stellenwechsel den Mitarbeiter mit neuen Anforderungen konfrontiert, auf die er sich vorbereiten muss. Im positiven Fall bietet die neue Position erweiterte Handlungsspielräume, die zur Entwicklung seiner Qualifikationen beitragen können.

Die **Strukturgestaltung** bezieht sich als Instrument der Personalentwicklung primär auf den Arbeitsinhalt und die Handlungsspielräume von Tätigkeiten. Aber auch die Arbeitsbedingungen (Arbeitszeit) und das Arbeitsumfeld (Arbeitsraum/Arbeit in Gruppen) können sich positiv oder negativ im Sinne von Personalentwicklung auswirken. Jeder Arbeitsplatz ist zumindest ein Ort, an dem Erfahrungen gesammelt werden können. Ob er auch als Lern- und Entwicklungsfeld zu sehen ist, hängt von seiner Ausgestaltung, der (Eingangs)-Qualifikation und der Motivation des Arbeitsplatzinhabers ab.

Phase 3: Erfolgsermittlung (Evaluation)

Maßnahmen der betrieblichen Weiterbildung bzw. der Personalentwicklung insgesamt müssen sich an ihrem tatsächlichen Beitrag zum Unternehmenserfolg messen lassen (vgl. *Pawlowsky/Bäumer* 1996, 158). Damit ist die Frage nach der Erfolgsermittlung aufgeworfen, die die dritte Phase des Prozesses der Personalentwicklung bildet. Die Verfahren zur Erfolgsermittlung lassen sich unterscheiden in inhaltlich-pädagogische und ökonomische. Während sich die **inhaltlich-pädagogische** Erfolgsermittlung auf das Lernfeld bezieht, steht im Mittelpunkt der **ökonomischen** Evaluation die Frage nach der Umsetzung des Gelernten am Arbeitsplatz und damit die Wirkung der Entwicklungsmaßnahme auf das Leistungsverhalten der Mitarbeiter und Führungskräfte. Die Ergebnisse der Erfolgsermittlung bilden die Basis für erneute Bedarfs- und Potenzialanalysen. ❸

Nur wenn Personalentwicklung zur Führungsaufgabe jedes **Vorgesetzten** wird, können Mitarbeiter ihren Fähigkeiten sowie ihrem Leistungsvermögen und -potenzial entsprechend eingesetzt und gefördert werden.

3.4.5 Personalführung

3.4.5.1 Führung und Führungserfolg

Personalführung stellt einen Teilbereich der Unternehmensführung dar und bezieht sich auf das unmittelbar **Mitarbeiter-Vorgesetzten-Verhältnis** (*Macharzina* 1995, 36).

> Führung ist die Beeinflussung der Einstellungen und des Verhaltens von Personen sowie der Interaktion in und zwischen Gruppen, mit dem Zweck, bestimmte Ziele zu erreichen (vgl. *Staehle* 1994, 308).

Konkret können solche Ziele beispielsweise in der Erhöhung des Umsatzes, der Verbesserung des Betriebsklimas oder in der Betonung bestimmter Qualitätsstandards bestehen. Ausgehend von den Kriterien ökonomische und soziale Effizienz beinhaltet auch die Personalführung zwei Aspekte: Zum einen geht es um die positive Beeinflussung des Leistungsverhaltens der Mitarbeiter zur Erfüllung des **Sachziels** und zum anderen um die Förderung der **sozialen Ziele** der Mitarbeiter (vgl. *Kupsch/Marr* 1991, 848). Idealerweise sollte ein Vorgesetzter beide Funktionen wahrnehmen, das heißt die ihm unterstellten Mitarbeiter sowohl auf die Zielerreichung orientieren als auch um ein gutes Arbeitsklima bemüht sein. Die Fragen, warum, wie und unter welchen Gegebenheiten bestimmte Personen in der Lage sind, das Verhalten anderer Gruppenmitglieder zielgerichtet zu beeinflussen, ist Gegenstand verschiedener **führungstheoretischer Ansätze**. Diese Ansätze versuchen zu erklären, warum eine Person ein erfolgreicher Führer wird oder was Führungserfolg ist bzw. wodurch dieser beeinflusst wird. Situationstheoretische Ansätze gehen davon aus, dass Führungserfolg wesentlich beeinflusst werden kann von der Führungskraft, von der Gruppe und von der Situation (*Abbildung 3.20*).

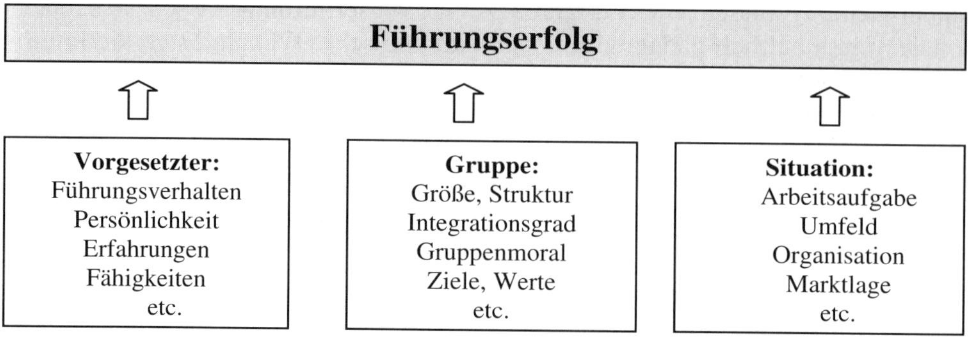

Abbildung 3.20: Determinanten des Führungserfolgs (vgl. Jung 1995, 411)

3.4.5.2 Führung von Arbeitsgruppen

Unter den Bedingungen des Wandels erlangen Fragen der Schaffung und Aufrechterhaltung einer **Arbeitsgruppe als Leistungsgemeinschaft** zentrale Bedeutung.

Das Interesse von Unternehmen an **Gruppen- bzw. Teamkonzepten** resultiert aus der Annahme, dass mit ihrer Einführung gleichzeitig soziale und ökonomische Ziele erreicht werden können (*Antoni* 1992, 86 ff.).

Arbeit in Gruppen oder Teams kann zu einer Leistungssteigerung im Sinne einer Outputerhöhung und gleichzeitig zur Erhöhung der Zufriedenheit der Gruppenmitglieder führen. Die traditionelle Gruppenform ist die permanente Arbeitsgruppe. Daneben entwickelten sich verschiedene andere **Gruppenformen**, die sich hinsichtlich ihrer organisatorischen Verankerung sowie ihrer Stabilität unterscheiden (*Abbildung 3.21*):

Bezug zur Arbeitsorganisation	**Stabilität des Bestandes**	
	kontinuierlich-terminiert	**temporär-flexibel**
integrierter Bestandteil	teilautonome Arbeitsgruppe	virtuelle Büros und Abteilungen
parallel	Projektgruppen	Qualitätszirkel Lernstatt

Abbildung 3.21: Gruppenformen im Unternehmen (Scholz 2000, 616)

Im gewerblichen Bereich ist Gruppenarbeit eine Möglichkeit, **Fertigungsteams** zu schaffen, die für jeweils einen bestimmten Systemabschnitt bzw. für eine betriebliche Funktion zuständig sind. In den Fertigungsteams werden die verbleibenden manuellen Tätigkeiten um Steuerungs-, Überwachungs-, Wartungs- und Reparaturaufgaben sowie um Prüffunktionen erweitert (*RKW* 1990, 74). Aufgaben wie Arbeitseinteilung, Feinsteuerung von Arbeitsaufträgen, Qualitätskontrollen, Material- und Werkzeugbereitstellung oder die Schicht- und Urlaubseinteilung übernimmt die Gruppe (*Faust et al.* 1995, 90). **Ziele** dieser bewussten Funktionserweiterung sind:

- Erhöhung der Anlagenverfügbarkeit,
- Verbesserung der Qualität,
- Erhöhung der Flexibilität und
- Erhöhung der Selbstorganisation der Gruppe.

Diese Ziele sind nur erreichbar, wenn der **Gruppenleiter** zum Moderator, Motivator und Koordinator der Gruppe wird. Er hat die Aufgabe, der Gruppe mehr Handlungsspielraum und Verantwortung für die eigenständige Lösung der Arbeitsaufgaben zu übertragen und bei auftretenden Problemen auch kreative Lösungen der Gruppe zu unterstützen. Gleichzeitig hat der Gruppenleiter die Gesamtverantwortung für Kosten, Qualität, Durchlaufzeit, Stückzahl und Bestände (*Faust et al.* 1995, 94).

Führung von Gruppen stellt deshalb vor allem eine Herausforderung an die im Abschnitt 3.4.4.1 beschriebenen **Handlungskompetenzen** des Team- oder Gruppenleiters dar. Das Führungsverhalten und die Akzeptanz eines vom Management eingesetzten Vorgesetzten beeinflussen erheblich den Zusammenhalt und die Zusammenarbeit eines Fertigungsteams. Der Gruppenleiter hat folgende Möglichkeiten, den Zusammenhalt der Gruppe zu unterstützen (vgl. *Scholz* 2000, 849):

- Förderung eines offenen und respektvollen Arbeitsklimas,
- Bewusstmachen und Abbau von Spannungen, die durch Konflikte entstehen,
- Schutz der Gruppenmitglieder vor persönlichen Angriffen,
- Förderung einer ausgewogenen Kommunikation,
- Überwachung der Einhaltung von Verhaltens- und Kommunikationsregeln sowie
- Einbeziehen von Außenseitern.

Insgesamt ist die Frage der Leistungsfähigkeit von Gruppen kompliziert und widersprüchlich. Deshalb stellt sich die Einführung von Gruppenarbeit als langwieriger Prozess dar.

3.4.6 Entgeltgestaltung

3.4.6.1 Kriterien zur Bestimmung der Entgelthöhe

Entscheidungen über die innerbetriebliche Lohn- und Gehaltsstruktur sind vor dem Hintergrund der Diskussion über „gerechte" Entlohnung zu sehen. Eine objektive Antwort auf die Frage nach dem gerechten Lohn lässt sich nicht geben, weil eine verursachungsgerechte Zuordnung der betrieblichen Wertschöpfung auf die beteiligten Gruppen nicht möglich ist. Außerdem beurteilt der Mitarbeiter die Entgelthöhe auf der Grundlage seiner Erfahrungen und Wertvorstellungen.

An Stelle von objektiven Maßstäben können aber verschiedene **Kriterien zur Bestimmung der Entgelthöhe** herangezogen werden. Solche Kriterien sind die Marktgerechtigkeit, die Anforderungsgerechtigkeit, die Leistungsgerechtigkeit und die soziale Gerechtigkeit (vgl. *Kupsch/Marr* 1991, 816).

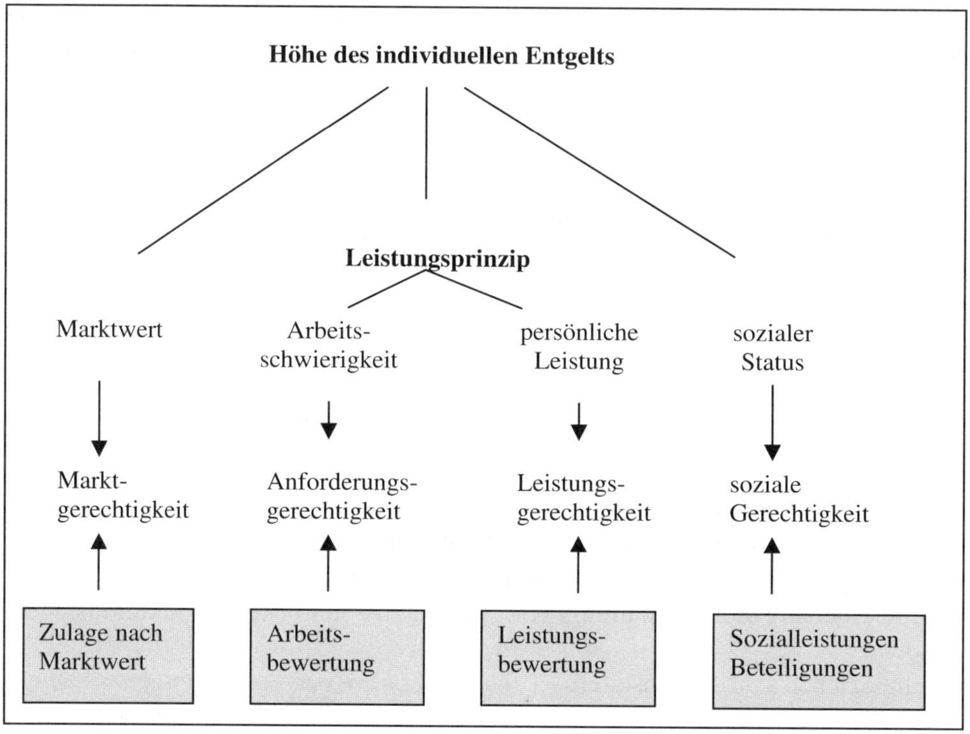

Abbildung 3.22: Kriterien und Instrumente zur Bestimmung der Entgelthöhe (in Anlehnung an Kupsch/Marr 1991, 817)

Die Aufgabe der **Arbeitsbewertung** (*Abbildung 3.22*) besteht darin, eine vergleichende Bewertung der Arbeitsplätze im Unternehmen hinsichtlich der Arbeitsschwierigkeit vorzunehmen. Diese Bewertung erfolgt unabhängig vom Stelleninhaber auf der Basis einer Normalleistung. Dabei wird in zwei **Schritten** vorgegangen:

1. Qualitative Analyse der zu bewertenden Arbeitsbeiträge (Ermittlung der Anforderungsarten)
2. Bewertung (Ergebnis: Arbeitswert oder Einordnung der betreffenden Arbeit in eine Schwierigkeitsrangordnung oder Schwierigkeitsgruppe)

Für die Durchführung der Analyse und Bewertung von Arbeitstätigkeiten sind die in *Abbildung 3.23* genannten **Verfahren der Arbeitsbewertung** geeignet. Diese Verfahren unterscheiden sich hinsichtlich der Art der Bewertung und hinsichtlich der Quantifizierung des Urteils über die Arbeitsschwierigkeit.

Erfolgt eine Gesamtbeurteilung aller Anforderungsarten, handelt es sich um **summarische** Arbeitsbewertung. Eine getrennte Analyse der einzelnen Anforderungsarten und die Zusammenfassung der Teilschwierigkeiten zu einem Arbeitswert ist das Kennzeichen der **analytischen** Arbeitsbewertung.

Die Schwierigkeit eines Arbeitsplatzes kann durch Reihung oder Stufung festgelegt werden. Bei der **Reihung** werden die Arbeitsplätze entsprechend ihrer Arbeitsschwierigkeit oder bezüglich eines Beurteilungsmerkmales in eine mit dem höchsten Schwierigkeitsgrad beginnende Rangordnung gebracht. Die **Stufung** dagegen legt Anforderungsklassen fest, die unterschiedliche Schwierigkeitsbereiche repräsentieren.

Art der Bewertung / **Art der Quantifizierung**	**summarisch**	**analytisch**
Reihung	**Rangfolgeverfahren** Alle Gesamtanforderungen werden als Ganzes verglichen und in eine Rangfolge gebracht.	**Rangreihenverfahren** Die Einzelkriterien der Gesamtanforderungen werden verglichen und einer Rangreihe zugeordnet .
Stufung	**Katalogverfahren/ Lohngruppenverfahren** Alle Gesamtanforderungen werden als Ganzes mit Richtbeispielen verglichen und zugeordnet (Classification).	**Wertzahlverfahren** Die Einzelkriterien der Gesamtanforderungen werden nach einem gewichteten Schema (Wertzahlen) bewertet.

Abbildung 3.23: Verfahren der Arbeitsbewertung (vgl. Oechsler 1997, 335)

Über die **Leistungsbewertung** (Abbildung 3.22) wird es möglich, neben der Schwierigkeit einer Arbeit auch das Verhältnis der persönlichen Leistung zur Normalleistung im Lohn zum Ausdruck zu bringen. Die Differenzierung des Entgeltes nach der Leistung kann erfolgen

a) direkt durch die Wahl der Lohnform (Abschn. 3.4.6.2) oder
b) durch eine Bewertung der Leistung.

Durch die Lohnform nicht erfasste Leistungsunterschiede können durch eine Leistungsbewertung in Form von Zulagen in die Entgelthöhe einfließen. Gegenstand der Bewertung der Leistung können das beobachtbare Leistungsverhalten und das festgestellte Leistungsergebnis sein. Die Beurteilung erfolgt nach einem ähnlichen System wie bei der Arbeitsbewertung, aber eben nicht bezogen auf die Schwierigkeit des Arbeitsplatzes, sondern bezogen auf die individuelle Leistung des Stelleninhabers.

Die an den Prinzipien Anforderungs- und Leistungsgerechtigkeit orientierte Entgeltgestaltung wird ergänzt durch freiwillige, gesetzlich vorgeschriebene oder vertraglich vereinbarte soziale Leistungen des Arbeitgebers an die Mitarbeiter (Prinzip der **Sozialgerechtigkeit,** Abbildung 3.22). Eine Möglichkeit, die Gewährung sozialer Leistungen zu flexibilisieren, sind Cafeteria-Systeme (*Kupsch/Marr* 1991, 836). Ähnlich der Menüwahl in der Cafeteria kann sich der Mitarbeiter innerhalb seines Einkommensrahmens aus einer vorgegebenen Palette sozialer Leistungen entsprechend seinen Präferenzen ein Paket zusammenstellen.

Eine zweite Möglichkeit, das Prinzip der Sozialgerechtigkeit zu verwirklichen, ist die Gewährung von Mitarbeiterbeteiligungen (Abbildung 3.22), die als Beteiligung am Erfolg oder am Kapital des Unternehmens gestaltet sein können. Unter Erfolgsbeteiligung ist die vom Arbeitgeber den Belegschaftsmitgliedern vertraglich zugesicherte Beteiligung an einer wirtschaftlichen Erfolgsgröße des Unternehmens zu verstehen, die zusätzlich zum vereinbarten Entgelt gewährt wird (*Kupsch/Marr* 1991, 849). Als Beteiligungsgrundlagen kommen Leistungs-, Ertrags- oder Gewinngrößen in Betracht. Unter den gegenwärtigen Marktbedingung ist vor allem die Gewinnbeteiligung sinnvoll, weil Mitarbeiter erst dann beteiligt werden, wenn für das Unternehmen durch den Verkauf der Produkte und Leistungen ein Gewinn realisiert werden konnte.

3.4.6.2 Lohnformen

Um die individuelle Leistung im Entgelt zu honorieren, stehen die klassischen **Lohnformen** Zeitlohn, Stück- oder Akkordlohn und Prämienlohn zur Verfügung (*Abbildung 3.24*).

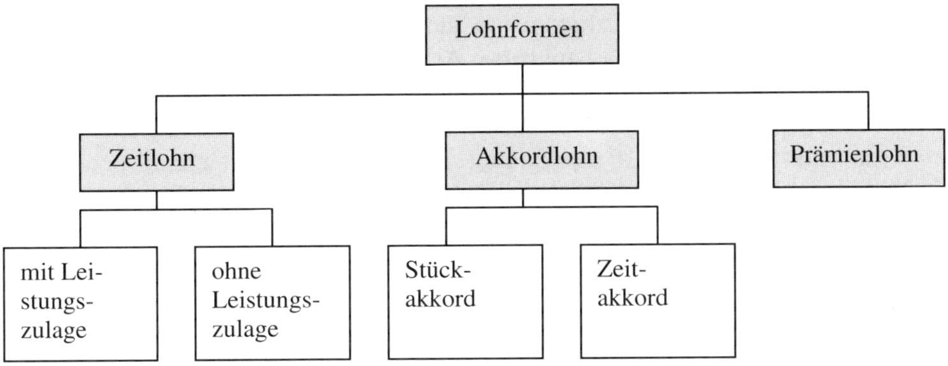

Abbildung 3.24: Systematisierung der Lohnformen

Beim **Zeitlohn** verläuft der Verdienst des Mitarbeiters proportional zur Arbeitszeit, d. h., der Lohnsatz pro Zeiteinheit ist konstant. Der Lohnsatz stellt das geldliche Äquivalent für die als Mengen- oder Zeitgröße ausgedrückte Maßeinheit der Arbeitsleistung dar (*Kupsch/Marr* 1991, 820). Als Bezugsleistung wird üblicherweise die von REFA (Verband für Arbeitsstudien) definierte Normalleistung gewählt.

Unter **Normalleistung** versteht man eine Leistung, die bei gegebener Arbeitsmethode von einem geeigneten Arbeiter nach normaler Einarbeitung und bei normalem Kräfteeinsatz ohne Gesundheitsschädigung auf Dauer und im Mittel der täglichen Arbeitszeit erreichbar ist (*Oechsler* 1997, 370).

Trotz der dabei auftretenden Kontrollproblematik ist der Zeitlohn die im gewerblichen Bereich verbreitetste Lohnform.

Zeitlohn (€) = Lohn pro Zeiteinheit (€/h) × Anzahl der Zeiteinheiten (h)

Als Zeiteinheit können z. B. die Stunde oder der Tag zu Grunde gelegt werden. Um einen direkten Leistungsanreiz zu schaffen, wird der Zeitlohn häufig mit einer Leistungszulage kombiniert. Bewertungskriterien für die Leistungszulage können z. B. die Belastbarkeit, das Führungsverhalten, die Zielerreichung und die Erfahrung sein (*Jung* 1995, 579). Diese Form der Entlohnung kann gewählt werden, wenn die Voraussetzungen für Akkord- oder Prämienlohn nicht erfüllt sind.

Beim **Akkordlohn** dient als Maßstab für das Entgelt die Leistungsmenge. Die Ermittlung des Lohnsatzes pro Mengeneinheit basiert auf der Vorstellung eines Normallohnes für eine Zeiteinheit (Akkordrichtsatz). Folgende **Voraussetzungen** müssen erfüllt sein, wenn der Akkordlohn eingesetzt werden soll (vgl. *Hentze* 1995, 99):

(1) Arbeiten sind akkordfähig, wenn die anzuwendenden Arbeitsmethoden im voraus bekannt sind und das Arbeitsergebnis mengenmäßig erfasst werden kann.
(2) Akkordreif ist eine Arbeit, wenn der Arbeitsplatz, der Arbeitsvorgang und der Arbeitsablauf so gestaltet sind, dass ein ausreichend geeigneter und eingearbeiteter Mitarbeiter die Arbeit störungsfrei durchführen kann.

Der **Akkordlohn** tritt in den beiden Formen Zeitakkord und Geldakkord auf.

Zeitakkord = Stck./h × Vorgabezeit/Stck. × Minutenfaktor Geldakkord = Stck./h × Geldfaktor

Der Minutenfaktor bei Zeitakkord errechnet sich aus dem Akkordrichtsatz dividiert durch 60 Minuten:

Minutenfaktor = Akkordrichtsatz : 60 min

Der Akkordrichtsatz ergibt sich aus der Summe eines Mindestlohnes (z. B. aus dem Tarifvertrag) und einem Akkordzuschlag:

Akkordrichtsatz = tariflicher Mindestlohn + Akkordzuschlag

Der Geldfaktor bei Geldakkord kann errechnet werden, indem der Akkordrichtsatz durch die vorgegebene Stückzahl dividiert oder indem die Vorgabezeit mit dem Minutenfaktor multipliziert wird:

Geldfaktor	= Akkordrichtsatz : Stückzahl (vorgegeben) oder
	= Vorgabezeit × Minutenfaktor

Demonstrationsbeispiel:
Sachverhalt
Ein Mitarbeiter im Fertigungsbereich erhält einen tariflichen Mindestlohn von 14,50 €/h. Es ist ein Akkordzuschlag von 20 % vereinbart. Die Vorgabezeit je Stück beträgt 10 Minuten. Der Mitarbeiter stellt in einer Stunde 7 Stück her.

Aufgabenstellung
Welchen Stundenverdienst erhält der Mitarbeiter?

Lösung

Akkordrichtsatz	= 14,50 €/h + 20 %
	= 14,50 €/h + 2,90 €/h = <u>17,40 €/h</u>

Minutenfaktor	= 17,40 €/h : 60 = <u>0,29 €/min</u>
Geldfaktor	= 10 min/Stück × 0,29 €/min = <u>2,90 €/Stück</u>
Zeitakkord	= 7 Stück/h × 10 min/Stück × 0,30 €/min = <u>20,30 €/h</u>
Geldakkord	= 7 Stück/h × 2,90 €/Stück = <u>20,30 €/h</u>

Der Mitarbeiter verdient in der Stunde 20,30 €.

Ein **Prämienlohn** liegt vor, wenn zu einem vereinbarten Grundlohn (z. B. Tariflohn) planmäßig und regelmäßig ein zusätzliches Entgelt in Form einer Prämie gewährt wird.

Prämienlohn (€) = Grundlohn (€/h) + Prämie

Während beim Akkordlohn der gesamte Lohn leistungsbezogen ist, wird beim Prämienlohn nur die Prämie durch die Mehrleistung bestimmt. Der Prämienlohn ist somit eine anforderungs- und leistungsabhängige Lohnform. Die Prämienarten lassen sich nach der Bezugsgröße in folgende **Gruppen** einteilen (vgl. *Hentze* 1995, 104):

- Mengenleistungsprämien,
- Qualitätsprämien,
- Ersparnisprämien,
- Nutzungsgradprämien,
- Terminprämien.

In Abhängigkeit von der Zahl der beteiligten Personen werden auch **Einzel- und Gruppenprämien** unterschieden. Der Unterschied zwischen einer Prämie und der o. g. Leistungszulage bei Zeitlohn besteht darin, dass die Prämie an objektiv messbare Bezugsgrößen gebunden ist, während die Leistungszulage subjektiv ermittelt wird. ❹

3.5 Entwicklungstendenzen der Personalwirtschaft

Im Zusammenhang mit den bereits im Abschnitt 3.3.1 genannten Herausforderungen an die Personalwirtschaft lassen sich folgende **Trends** identifizieren:

(1) Flexibilisierung

Das für das Personal lange Zeit dominierende unbefristete Vollzeitarbeitsverhältnis stellt zwar noch das für arbeits- und sozialrechtliche Bestimmungen als Referenzfall dienende „Normalarbeitsverhältnis" dar, wird aber in der betrieblichen Praxis durch eine Vielzahl abweichender Beschäftigungsformen ergänzt. Die zunehmende Flexibilisierung in den Arbeitsvertragsformen kann zum einen mit dem Anpassungsdruck der Unternehmen an betriebliche bzw. vom Markt ausgehende Notwendigkeiten begründet werden, zum anderen aber auch mit dem generellen Einstellungswandel bezüglich der Arbeit selbst. So genannte „post-materielle" Werte wie der Wunsch nach mehr Freizeit, Selbstbestimmung und Selbstverwirklichung treten immer mehr in den Vordergrund und konkretisieren sich auch in der Arbeitswelt. Das am weitesten verbreitete Instrument des flexiblen Personaleinsatzes ist der **befristete Arbeitsvertrag** (*Oechsler* 1997, 190 f.). In allen personalwirtschaftlich Gestaltungsfeldern gibt es Ansatzpunkte der Flexibilisierung der Personalarbeit (*Abbildung 3.25*).

Anwendungsfelder	Umsetzungsmaßnahmen
Personalbestand	Einsatz von Stammaushilfskräften und Leasing-Arbeitnehmern
Arbeitsorganisation	Berücksichtigung individueller Unterschiede der Mitarbeiter in den Fähigkeiten, Anforderungen und Werten
Arbeitszeitstrukturen	Flexibilität hinsichtlich Chronometrie und Chronologie der Arbeitszeit
Personalqualifikation	Vermittlung überfachlicher Qualifikationen
materielle Anreizsysteme	Maßnahmen, die der Aktivierung und Motivation der Mitarbeiter und Führungskräfte dienen
Vergütungssysteme	Unternehmensseite: flexible Personalkosten, Mitarbeiterseite: flexible Sozialleistungen
Personalführung	situationsangemessenes Führungsverhalten
Leistungen des Personalbereichs	Anpassung des Leistungsangebots, Dienstleistungsfunktion gegenüber Kunden

Abbildung 3.25: Ansatzpunkte der Flexibilisierung der Personalarbeit (vgl. Scholz 2000, 69)

(2) Virtualisierung

Eine Möglichkeit der notwendigen stärkeren strategischen Ausrichtung der Personalarbeit ist das Modell der **virtuellen Personalabteilung** (*Scholz* 2000, 208). In einer virtuellen Personalabteilung übernimmt jede Fachführungskraft über die reinen Führungsaufgaben hinaus neue Aufgaben beispielsweise im Bereich der Personalentwicklung und es kommt zu einer extrem schlanken und flachen Struktur des Personalbereiches. Damit wird auch eine größere Nähe der Personalfunktion zu den wertschöpfenden Aktivitäten gewährleistet. Grundlage der Virtualisierung sind moderne Informations- und Kommunikationstechnologien. Kritiker einer Virtualisierung im Personalbereich verweisen darauf, dass Aspekte der Personalarbeit nicht auf Informationsverarbeitung verkürzt werden dürfen und die Personalabteilung auch als Problemlöser im Unternehmen fungiert.

(3) Computerbasierung im Personalbereich

Zur Erfüllung der Ziele einer zeitgemäßen Personalarbeit gehört eine entsprechende EDV-Infrastruktur. Der Schwerpunkt des Angebotes an personalwirtschaftlicher Software liegt eindeutig bei den eher strukturierbaren Aufgabenfeldern. Gegenwärtig gibt es folgende **Gruppen** personalwirtschaftlicher PC-Software (*Scholz* 2000, 136):

- Personalinformationssysteme,
- Aus- und Weiterbildungssysteme,
- Systeme zum betrieblichen Vorschlagswesen,
- Bewerberverwaltungssysteme,
- Lohn- und Gehaltsabrechnungssysteme,
- Organisations- und Verwaltungssysteme,
- Personal- und Karriereplanungssysteme,
- Reisekosten- und Spesenabrechnungssysteme,
- Zeiterfassungs- und Zutrittskontrollsysteme.

Außerdem können weitere Programme zur Dienstplanorganisation und zur Zeugniserstellung sowie Datenbanken zu Arbeitsrechtsfragen im Unternehmen genutzt werden. Als **Standardsoftware** werden inzwischen auch integrierte Gesamtlösungen für das Personalmanagement (z. B. PeopleSoft, PAISY) und funktionsübergreifend (z. B. SAP, BAAN) angeboten (*Scholz* 2000, 136) und eingesetzt (siehe auch Abschn. 12.5).

(4) Internationalisierung

Der Trend zu länderübergreifenden **Unternehmenskooperationen und -fusionen**, aber auch die Gründung von Filialen und Niederlassungen im Ausland wird sich in den nächsten Jahren fortsetzen bzw. verstärken. Damit steigt der Bedarf an Fach- und Führungskräften, die qualifiziert und motiviert sind, Aufgaben im Rahmen der internationalen Geschäftstätigkeit zu übernehmen. Für diese Bedarfsdeckung stehen grundsätzlich zwei Möglichkeiten zur Verfügung. Entweder es werden gezielte Personalentwicklungsmaßnahmen getroffen oder es muss bereits bei der Personalbeschaffung und -auswahl ein **internationales Anforderungsprofil** zu Grunde gelegt werden (*Jung* 1995, 850). Auch innerhalb der anderen personalwirtschaftlichen Aufgabenfelder wie Personaleinsatz, Personalführung und Entgeltgestaltung sind die internationalen bzw. interkulturellen Aspekte zu berücksichtigen, um als Unternehmen im globalen Wettbewerb erfolgreich bleiben zu können.

3.6.1 Kontrollfragen, Übungsaufgaben und Literaturhinweise

Kontrollfragen

1. Was ist unter ökonomischer und sozialer Effizienz im Personalbereich zu verstehen und welche Zusammenhänge bestehen zwischen beiden Effizienzkriterien? ➠ Abschn. 3.2.2
2. Welche Gestaltungsmaximen sollten personalwirtschaftlichen Aktivitäten vor dem Hintergrund der gegenwärtigen Herausforderungen zu Grunde gelegt werden? ➠ Abschn. 3.3.1
3. Welche Vor- und Nachteile bietet eine objektbezogene gegenüber einer funktionsbezogenen Organisationsform des Personalbereiches? ➠ Abschn. 3.3.3
4. Was wird im Rahmen der Personalbedarfsplanung festgelegt und welche Arten des Personalbedarfs können unterschieden werden? ➠ Abschn. 3.4.1
5. Welche Unterschiede bestehen zwischen einem Anforderungs- und einem Fähigkeitsprofil? ➠ Abschn. 3.4.1
6. Welche Phasen der Personalbeschaffung werden unterschieden und worin bestehen die wesentlichsten Aufgaben innerhalb dieser Phasen ? ➠ Abschn. 3.4.2
7. In welchen Formen kann eine Zusammenarbeit zwischen Unternehmen und Hochschulen bei der Personalbeschaffung erfolgen? ➠ Abschn. 3.4.2
8. Welche eher aktiven und welche eher passiven Maßnahmen können zur Beschaffung von Personal realisiert werden? ➠ Abschn. 3.4.2

9. Welche Vor- und Nachteile bringen Internet-Jobbörsen für Unternehmen mit sich? ➨ Abschn. 3.4.2
10. Nennen und erläutern Sie die Prozessphasen bei der Personalauswahl. ➨ Abschn. 3.4.2
11. Welche Informationsgrundlagen sind für den Personaleinsatz relevant? ➨ Abschn. 3.4.3
12. Welchen grundsätzlichen Zielen dient Personalentwicklung? ➨ Abschn. 3.4.4
13. Welche Bedeutung hat die Bedarfs- und Potenzialanalyse im Rahmen der Personalentwicklung? ➨ Abschn. 3.4.4
14. Welche Methoden sind am Arbeitsplatz geeignet, um das Qualifikationsniveau bei Führungskräften zu erhöhen? ➨ Abschn. 3.4.4
15. Wie kann der Gruppenleiter den Zusammenhalt der Arbeitsgruppe fördern? ➨ Abschn. 3.4.5
16. Welche Kriterien können zur Bestimmung der Entgelthöhe herangezogen werden? ➨ Abschn. 3.4.6

Übungsaufgaben

❶ Bestimmung des Personalbedarfs

1. Ausgangsdaten

Infolge einer Reorganisationsmaßnahme hat der Geschäftsbereich A eines Unternehmens zum 01. 07. 2001 einen Bruttopersonalbedarf von 83 Mitarbeitern. Bekannt ist, dass zum 01. 06. 2001 sieben Mitarbeiter in einen anderen Geschäftsbereich versetzt werden und drei Mitarbeiter des Geschäftsbereiches A zum 31. 04. 2001 um Aufhebung ihres Arbeitsvertrages gebeten haben. Zum 01. 05. 2001 werden zwei Mitarbeiter ihren Wehrdienst antreten und mit einem künftigen Mitarbeiter wurde ein Arbeitsvertrag zum 01. 06. 2001 abgeschlossen. Der Personalbestand zum 01. 04. 2001 umfasst 93 Mitarbeiter.

2. Aufgabenstellungen

2.1. Wie hoch ist der Nettopersonalbedarf bzw. das zu beschaffende Arbeitspotenzial zum 01. 07. 2001?

2.2. Welche Informationen sind erforderlich, wenn das benötigte Arbeitspotenzial über die Neueinstellung von Mitarbeitern beschafft werden soll?

❷ Berechnung des Personalbedarfs mit Hilfe der Kennzahlenmethode

1. Ausgangsdaten

In der Montageabteilung eines Kopiergeräteherstellers sind für das Jahr 2001 folgende Daten bekannt:

– Wertschöpfung: 950.000 Mio. €
– Gesamtzahl der Arbeitstunden im Jahr: 413.043
– Arbeitsproduktivität: 2,3

2. Aufgabenstellung

Wie lautet die Prognose hinsichtlich der erforderlichen Zahl der Arbeitsstunden für das Jahr 2002, wenn die geplante Arbeitsproduktivität 8% über der aus dem Jahr 2001 liegt und eine Wertschöpfung von 1,1 Mio. € geplant ist?

❸ Fallstudie zur Personalentwicklung

1. Ausgangssituation

Stellen Sie sich vor, Sie seien für die Aus- und Weiterbildung der Beschäftigten eines Unternehmens zuständig. Am Donnerstag informiert Sie ein Gruppenleiter, am kommenden Montag werde eine neue Maschine für die Fertigung geliefert. Er nehme an, die für die Bedienung der Maschine vorgesehenen Mitarbeiter Müller, Maier und Schmidt seien der neuen Aufgabe nicht gewachsen.

2. Aufgabenstellungen

2.1 Beschreiben Sie, was alles schief gegangen ist.
2.2 Welche Vorwürfe müssten Sie gegen sich gelten lassen?
2.3 Was könnten Sie jetzt noch tun, um die Problemsituation zu entschärfen?

❹ Entlohnung

1. Ausgangsdaten

Ein Mitarbeiter im Fertigungsbereich erhält einen tariflichen Mindestlohn von 17,50 €/h. Es ist ein Akkordzuschlag von 10 % vereinbart. Die Vorgabezeit je Stück beträgt 3 Minuten. Der Mitarbeiter stellt in einer Stunde 23 Stück her.

2. Aufgabenstellungen

2.1. Wie hoch sind Zeitakkord und Geldakkord dieses Mitarbeiters?
2.2. Wie würde sich der Stundenverdienst des Mitarbeiters ändern, wenn er 19 Stück pro Stunde herstellen würde?
2.3. Welche Voraussetzungen müssen erfüllt sein, um Akkordentlohnung anwenden zu können?

Literaturhinweise

Antoni, C.: Gruppenarbeit – Ein Königsweg zu menschengerechter Arbeit und höherer Produktivität? In: Mannheimer Beiträge zur Wirtschafts- und Organisationspsychologie, Nr. 1/1992, S. 86 – 100

Berthel, J.: Personal-Management. 4. Auflage, Stuttgart: Schäffer-Poeschel, 1995

Bertram, C.: Qualität in der Personalabteilung. München und Mering: Hampp, 1996

Bröckermann, R.: Personalwirtschaft. Arbeitsbuch für das praxisorientierte Studium. Köln: Wirtschaftsverlag Bachem, 1997

Faust, M. / Jauch, P. / Brünnecke, K. / Deutschmann, C.: Dezentralisierung von Unternehmen. 2. Auflage, München und Mering: Hampp, 1995.

Gehle, F.: Internationale Tagung über Arbeitsbewertung in Genf. In: REFA-Nachrichten 3 (2/1950), S. 32–34

Hentze, J.: Personalwirtschaftslehre. Bd. 1, 6. Auflage, Bern u. a.: Paul Haupt, 1994

Hentze, J.: Personalwirtschaftslehre. Bd. 2, 6. Auflage, Bern u. a.: Paul Haupt, 1995

Jung, H.: Personalwirtschaft. München und Wien: R: Oldenbourg, 1995

Jung, H.: Allgemeine Betriebswirtschaftslehre. 3. Auflage, München und Wien: R. Oldenbourg, 1997

Kupsch, P. U. / Marr, R.: Personalwirtschaft. In: Heinen, E.: Industriebetriebslehre. 9. Auflage, Wiesbaden: Gabler, 1991

Macharzina, K.: Unternehmensführung. 2. Auflage, Wiesbaden: Gabler, 1995

Marggraf, C. (Hrsg.): Soziale Kompetenz und Innovation. Frankfurt a. M. u. a.: Lang, 1995

Marr, R. (Hrsg.): Arbeitszeitmanagement. 2. Auflage, Berlin: E. Schmidt, 1993

Migula, C. / Alewell, D.: Internet-Stellenanzeigen als Medium der Personalbeschaffung. In: Personal, Heft 12/1999, S. 599–603

Oechsler, W. A.: Personal und Arbeit. 6. Auflage, München, Wien: R. Oldenbourg, 1997

Pawlowsky, P. / Bäumer, J.: Betriebliche Weiterbildung. München: C. H. Beck, 1996

RKW (Rationalisierungs-Kuratorium der Deutschen Wirtschaft). RKW-Handbuch: Praxis der Personalplanung. 3. Auflage, Neuwied-Darmstadt: Luchterhand, 1996

Rosenstiel, L. v.: Führung von Mitarbeitern. 3. Auflage, Stuttgart: Schäffer-Poeschel, 1995.

Sattes, I. / Brodbeck, H. / Lang, C. / Domeisen, H. (Hrsg.): Erfolg in kleinen und mittleren Unternehmen. Stuttgart: Teubner, 1995

Scholz, C.: Personalmanagement. 5. Auflage, München: Franz Vahlen, 2000

Sonntag, K.-H.: Lernen im Unternehmen. München: C. H. Beck, 1996

Staehle, W.: Management. 7. Auflage, München: Franz Vahlen, 1994

Wittlage, H.: Personalbedarfsermittlung. München und Wien: R. Oldenbourg, 1995

4 Anlagenwirtschaft

4.1 Studienziele

Dieses Kapitel soll dem Leser ermöglichen

- ➠ den abgegrenzten produktionstheoretischen Anlagenbegriff zu deuten einschließlich der Interpretation der daraus abgeleiteten Anlagenmerkmale, -arten und -zeitkategorien;
- ➠ die Maßstäbe der Anlagenbewertung inklusive der Methoden der planmäßigen Abschreibung von Anlagegütern zu erkennen;
- ➠ sowohl die Interdependenzen zwischen den anlagenspezifischen Aufgabenfeldern zu beschreiben als auch deren Wechselbeziehungen zu anderen Unternehmensbereichen;
- ➠ die Teilrechnungen der Anlagendisposition erläuternd zu erklären;
- ➠ die Grundsatzaufgaben der Instandhaltung von Sachanlagen zu nennen einschließlich der Beschreibung grundlegender Instandhaltungsarten;
- ➠ die Motive und planungsspezifischen Arbeitsschritte der Anlagenentwicklung aufzuzeigen sowie die Ursachen der Anlagenaussonderung implizit deren Arten aufzuzählen und zu interpretieren.

4.2 Einführung

4.2.1 Definition Anlagenwirtschaft und ihre Kausalitäten zu anderen Unternehmensbereichen

Eine weitere Voraussetzung für die effiziente Realisierung von Wirtschaftsgütern ist neben dem Personal der Elementarfaktor **Sachanlage**. Diese Eingrenzung gegenüber dem bilanztheoretischen Anlagenbegriff – der das gesamte Anlagenvermögen, also auch die immateriellen und finanziellen Vermögensgegenstände umfasst – ist notwendig, um den Gegenstand der Anlagenwirtschaft unmissverständlich zu definieren.
Die Anlagenwirtschaft befasst sich demnach nur mit den unter dem Buchstaben A, römisch II, arabisch 1–4 (**vgl. § 266, Absatz 2 *HGB***) fixierten materiellen Bilanzpositionen, die auch als produktionstheoretischer Anlagenbegriff bezeichnet werden. Als Definition lässt sich die **Anlagenwirtschaft** wie folgt formulieren:

Anlagenwirtschaft beinhaltet alle zur Realisierung definierter Unternehmensziele notwendigen Kerntätigkeiten beginnend bei der Anlagendisposition über die Anlagenbeschaffung, Anlageninstandhaltung, Anlagenentwicklung bis zur Anlagenaussonderung einschließlich der damit verbundenen Planungs- und Steuerungsaktivitäten.

Mit dem Inhalt dieser Definition avanciert die Anlagenwirtschaft analog der im folgenden Kapitel (vgl. 5.2.1) dargestellten "Erweiterten und Integrierten Materialwirtschaft" auch zu einem **ganzheitlichen anlagenbezogenen Beschaf-**

fungs- und Versorgungssystem. Sowohl an den Hochschulen als auch in der Praxis wird dieser Erkenntnis aus unterschiedlichen Gründen (*Schweitzer* 1990, 334 f.) nicht bzw. nur zum Teil entsprochen!!! Häufig werden die anlagenwirtschaftlichen Teilfunktionen durch verschiedene Fachgebiete bzw. betriebliche Ressorts (z. B. Produktions-, Material- und Personalwirtschaft bzw. Finanzierung/Investitionen oder Rechnungswesen) vollzogen. Dies führt sowohl in der Theorie als auch in der Praxis zu erheblichen **Kompetenz- und Reibungsverlusten** besonders zum Nachteil einer umfassenden theoretischen Durchdringung anlagenwirtschaftlicher Problemfelder und daraus abzuleitender Synergieeffekte. Sowohl innerhalb der anlagenwirtschaftlichen Teilfunktionen als auch zwischen diesen und den anderen Unternehmensbereichen gibt es eine Vielzahl von technischen und ökonomischen Wechselwirkungen.
Männel 1990, 11, 13, 14 hat diese Kausalitäten untersucht und dargestellt. Auszugsweise aus diesen Darlegungen werden in der *Abbildung 4.1* nur die Interdependenzen zwischen den **anlagenwirtschaftlichen Aufgabenfeldern** und dem Unternehmensbereich **Produktion** aufgezeigt.

		Unternehmensbereich Produktion
Teilgebiete der Anlagenwirtschaft	Anlagenplanung	Planung bedienerfreundlicher und zugleich präziser arbeitender Produktionsmittel
	Anlagenbereitstellung	rasche Bereitstellung ermöglicht frühzeitigen Beginn der Produktion
	Anlagenanordnung	günstige Anlagenanordnung verkürzt die Durchlaufzeit der Werkstücke
	Anlagennutzung	bessere Nutzung der Anlagenkapazität steigert das Produktionsvolumen
	Anlageninstandhaltung	schnelle Durchführung von Instandhaltungsmaßnahmen erfordert nur kurze Produktionsunterbrechungen
	Anlagenverbesserung	konstruktive Verbesserungen erhöhen die Betriebsbereitschaft (Zuverlässigkeit)
	Anlagenausmusterung und -verwertung	Nutzung ausgemusterter Altanlagen für andere fertigungswirtschaftliche Aufgaben
	Anlagenersatz	Art der Ersatzanlage beeinflusst die Wahl des Fertigungsverfahrens

Abbildung 4.1: Wechselwirkungen zwischen den anlagenbezogenen Aufgabenfeldern und dem Unternehmensbereich Produktion

Bei den dargestellten Wechselbeziehungen gilt es in Anlehnung an den vorher genannten Autor 1990, 11 folgende ausgewählte **Aspekte** zu beachten:

- Die im Rahmen der **Anlagenplanung** fixierten quantitativen und qualitativen Parameter (z. B. das festgelegte Anlagenzeitgerüst und das technische Leistungsvermögen) determinieren die Instandhaltbarkeit und den Instandhaltungsbedarf.

- Die **Anlagenbereitstellung** darf nicht nur den Fremdbezug von Anlagengütern in ihre Betrachtung einbeziehen, sondern muss auch Gesichtspunkte des Anlageneigenbaus, des vorübergehenden Mietens und der Altanlagenverwertung beachten.
- Eine prozessorientierte **Anlagenanordnung** vermindert zwar primär die Nebennutzungszeit zu Gunsten der Hauptnutzungszeit, führt aber bei störungsbedingten Brachzeiten zu enormen Folgekosten.
- Die Qualität der angewandten **Instandhaltungsstrategie** beeinflusst nicht unerheblich den technischen und wirtschaftlichen Ersatzzeitpunkt.
- Die potenziellen Maßnahmen der **Anlagenverbesserung** erhöhen die Produktivität und Zuverlässigkeit der Maschinen und Anlagen.
- Die **Anlagenausmusterung** determiniert den Beschaffungsbedarf an Neuanlagen und Ersatzteilen.
- Die **Anlagenersatzentscheidungen** bestimmen maßgeblich die inhaltlichen und zeitlichen Aktivitäten der Anlagenplanung.

4.2.2 Oberziel und Grundsatzaufgaben

Das definierte **Oberziel** der Anlagenwirtschaft besteht – in Analogie zu den anderen betrieblichen Elementarfaktoren – in

> der stabilen, effizienten, rentablen und ökologischen Ver- und Entsorgung des Unternehmens mit Sachanlagen und anlagenbezogenen Dienstleistungen.

Aus dieser Zielstellung leiten sich entsprechend der Bedeutung der Anlagenwirtschaft – resultierend aus dem permanent steigenden Automatisierungsniveau der Produktion – eine Reihe von **Grundsatzaufgaben** ab. Als solche wären zu nennen:

- Bestimmung des **Anlagenbedarfes** und **-bestandes** unter Anwendung eines anforderungsgerechten und aussagefähigen Methodeninstrumentariums.
- **Bedarfs-** und **Bestandsabstimmung** durch Abgleich der Anlagenkapazität an den -bedarf.
- Gewährleistung einer wirtschaftlichen und produktiven **Anlagennutzung** durch eine sinnvolle Zuordnung der Aufgabeninhalte an das installierte Leistungsvermögen des Potenzialfaktors Anlagengut.
- Effektive externe und interne **Anlagenbeschaffung** zur Beseitigung von vorrangig kapazitiven Unterdeckungen.
- Gestaltung einer rationellen **Anlageninstandhaltung** zur Absicherung einer hohen Verfügbarkeit der Anlagengüter.
- Rentabilitätsbezogene **Anlagenausmusterung** und **-verwertung** durch unternehmensinterne und -externe Aktivitäten.

- Gewährleistung eines umfassenden **Anlagenmanagements**, beginnend bei der Anlagenverwaltung/Statistik über die Anlagenbuchhaltung bis hin zum Anlagencontrolling.

4.2.3 Betriebswirtschaftliche Ergebniswirksamkeit

Betrachtet man die in der nachfolgenden *Abbildung 4.2* dargestellten **Kostenstrukturen** an der **Gesamtleistung** verschiedener Branchen, so erkennt man unschwer den herausragenden Anteil der Materialkosten auf die betriebswirtschaftliche Ergebniswirksamkeit. Aber auch die mit der Beschaffung, Nutzung, Instandhaltung und Ausmusterung von Anlagen verbundenen Kosten – in der Abbildung integraler Bestandteil der sonstigen Kosten – sind nicht zu unterschätzen und bedingt durch die schon erwähnte zunehmende Automatisierung der Produktion sogar steigend (vgl. *Männel* 1990, 18).

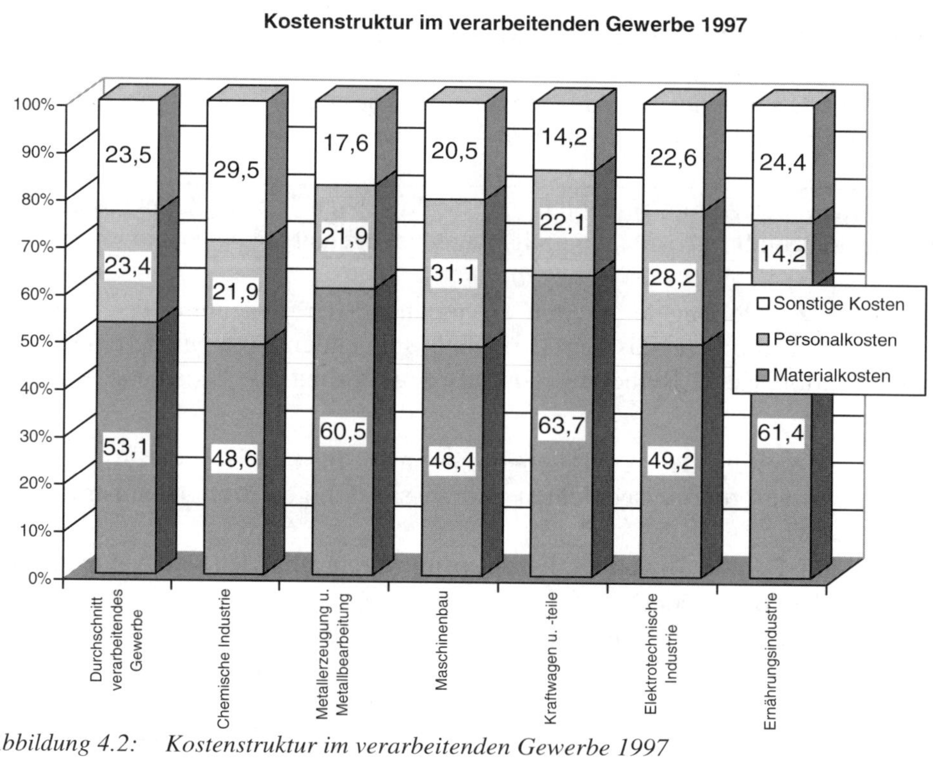

Abbildung 4.2: Kostenstruktur im verarbeitenden Gewerbe 1997

Würde man z. B. den Prozentsatz der sonstigen Kosten im Maschinenbau (20,5 %) etwas näher untersuchen, so wäre der Anteil der Anlagenkosten an den allgemeinen Betriebskosten sicher der größte Kostenblock. In Anlehnung an *Männel* 1990, 19 lassen sich diese Kosten wie folgt differenzieren (*Abbildung 4.3*):

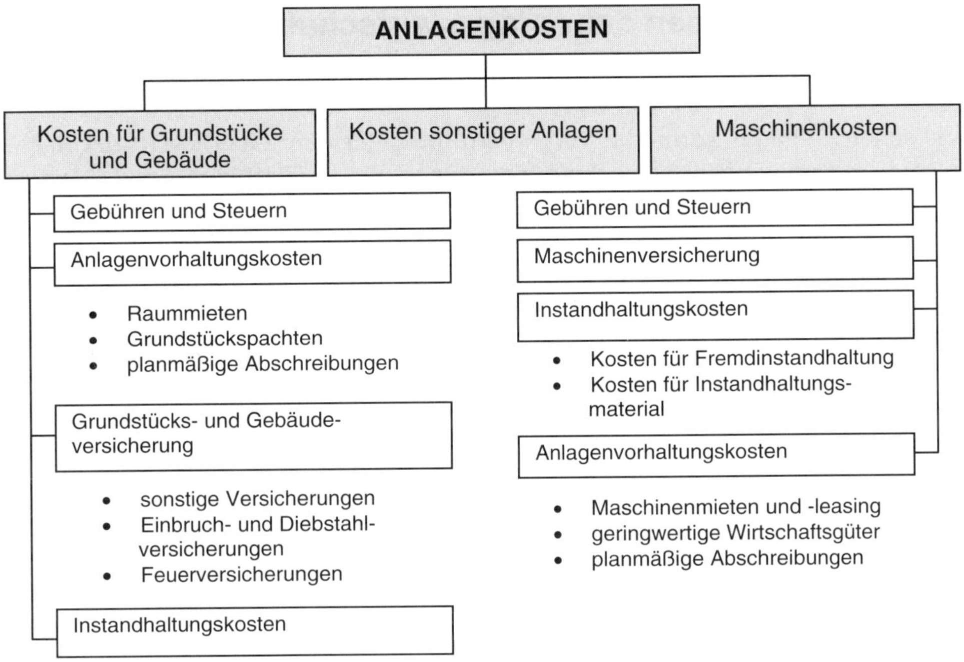

Abbildung 4.3: Differenzierung der Anlagenkosten im Kostenartenplan

Untersuchungen in Betrieben, die als Zulieferer in der Automobilindustrie wirken, haben auf die drei **Fragen**

1. Welchen prozentualen Anteil verkörpern die Material-, Personal- und sonstigen Kosten in Ihrem Unternehmen?
2. Wie hoch sind innerhalb der sonstigen Kosten bei Ihnen die Anlagenkosten?
3. Wäre es Ihnen möglich, die Summe der Anlagenkosten nach dem oben genannten Schema prozentual aufzuschlüsseln?

folgende zumindestens für diese Branche verallgemeinerungsfähige **Ergebnisse** gebracht:

Frage 1: Das Verhältnis der Material- zu Personal- zu sonstigen Kosten beträgt ca. **57,5 zu 24,6 zu 17,9 %.**

Frage 2: Der Anteil der Anlagenkosten innerhalb des sonstigen Kostenblockes liegt bei ca. **52 %.**

Frage 3: Die Proportionen zwischen den Hauptbestandteilen der Anlagenkosten, nämlich den Kosten sonstiger Anlagen, den Maschinenkosten und den Kosten für Grundstücke und Gebäude, sind **2,7 : 59 : 38,3 %.**

4

4.3 Grundlagen der Anlagenwirtschaft

4.3.1 Anlagenbegriff und Anlagenmerkmale

Wie schon eingangs vermerkt, verkörpern die unter dem Oberbegriff der Sachanlagen zusammengefassten **Anlagengüter** den Beschaffungs- und Versorgungsgegenstand der Anlagenwirtschaft. Diese Anlagengüter zeichnen sich im Gegensatz zum Anlagenbegriff im weiteren Sinne vorrangig dadurch aus, dass sie bis auf die Grundstücke und Bauten keinen länger- bzw. langfristigen Nutzungszeitraum beanspruchen, sondern nur einen mittelfristigen. Im betriebswirtschaftlichen Umgang werden sie oft auch unter den synonymen Oberbegriffen der **Betriebsmittel** oder **Arbeitsmittel** dargestellt.
Zusammengefasst unterscheidet man folgende **Arten** von Anlagengütern (siehe *Abbildung 4.4*):

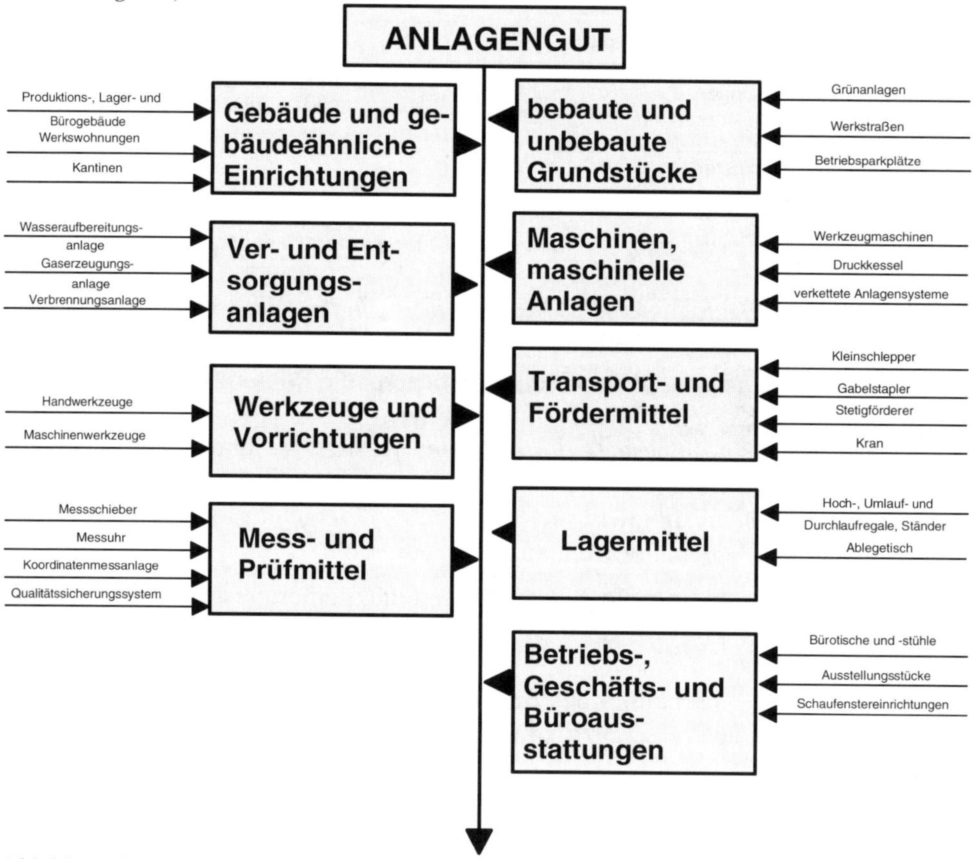

Abbildung 4.4: Arten von Anlagengütern

Betrachtet man die einzelnen Bestandteile des Begriffes Anlagengut etwas näher, so lassen sich folgende **Anlagenmerkmale** erkennen:

- Anlagen entstehen unter Verwendung finanzieller Mittel durch Investitionen.

- Anlagen verbrauchen sich nicht in einem Produktionszyklus, sondern übertragen ihre Nutzleistung über längere Zeiträume.
- Anlagen binden das in sie investierte Kapital über längere Zeiträume.
- Anlagen verlieren durch differenzierte Wertminderungen an Anschaffungswert.
- Anlagen übertragen ihren Wert nur sukzessive in jene Erzeugnisse, für deren Herstellung sie eingesetzt wurden.
- Anlagen verkörpern durch ihre „verdienten" Abschreibungsgegenwerte einen nicht unerheblichen unternehmerischen Finanzierungs- und Liquiditätsfaktor.

Hinterfragt man die unter den Punkten 2–5 aufgelisteten Sachverhalte, so stellt sich sofort die Frage nach dem Bezug der Abnutzbarkeit eines Anlagengutes. Für die in der vorangestellten Abbildung aufgeführten Arten von Anlagengütern gilt folgende **Differenzierung** (siehe *Abbildung 4.5*).

Abnutzbare Anlagengüter	Nicht abnutzbare Anlagengüter
• Gebäude • Technische Anlagen und Maschinen • Fahrzeuge • Betriebs-, Geschäfts- und Büroausstattungen	• Grundstücke

Abbildung 4.5: Differenzierung der Anlagengüter

Die getroffene Unterscheidung ist deshalb sehr wichtig, weil nach handels- und steuerrechtlichen Vorschriften (vgl. § 253, Abs. 1 und 2, § 255 Abs. 1 *HGB* sowie §§ 6 und 7 *EStG*) diese Anlagengüter am Geschäftsjahresende mit **Wertminderungen** im Inventar und in der Bilanz dargestellt werden müssen. Das Erfordernis der Wertminderung ergibt sich objektiv aus

- dem physischen Verschleiß der Anlagengüter resultierend aus ihrer produktiven Nutzung, aber auch aus
- dem Wirken des technischen Fortschritts und der sich daraus ergebenden wirtschaftlichen Entwertung.

Der konkrete wertmäßige Ansatz der Anlagengüter und damit auch der Sachanlagen sowie die Ermittlung der Zeitwerte durch Beachtung der zulässigen Abschreibungen erfolgt im Abschnitt 4.3.3 und im Kapitel Rechnungswesen unter 10.3.4.6.

4.3.2 Anlagenarten und Anlagenzeitgerüst

Wie schon im Abschnitt 4.2.1 hervorgehoben, befasst sich die Anlagenwirtschaft nur mit den Bilanzpositionen der Sachanlagen – in ihrer Summe auch Anlagenpark genannt. Unterstellt man, dass die Grundstücke in den Unternehmungen gesondert behandelt werden, so verbleiben als Betrachtungsgegenstand nur die in der *Abbildung 4.5* aufgeführten **abnutzbaren Anlagengüter**. Diese werden in den Literaturquellen (z. B. *REFA* 1985 Bd. 2, 1990, 340;) nach unterschiedlichsten Aspekten klassifiziert. In Anlehnung an *Schweitzer* 1990, 339 ergibt sich unter Integration nur der wichtigsten Kriterien folgende **Gliederung** (*Abbildung 4.6*).

ABNUTZBARE ANLAGENGÜTER

Verwendung

- Anlagen der Fertigung
- Anlagen der Beschaffung
- Anlagen der Produktion
- Anlagen des Absatzes
- Anlagen der Verwaltung

Lebensdauer

- langlebig
- kurzlebig

Zweck

- Bearbeitungsmaschinen
- Verarbeitungsmaschinen
- Fertigungsmaschinen
- Ein- und Mehrzweckmaschinen
- Antriebs- und Transportanlagen

Mobilität

- unbewegliche
- bewegliche

Branche

- Anlagen der Stromerzeugung
- Anlagen der Stahlerzeugung
- Anlagen der Papiererzeugung

Nutzungsmöglichkeiten

- Anlagenteil
- Einzelanlagen
- Anlageneinheit
- Anlagenkomplexe

Technologie

- Anlagen der mechanischen Fertigung
- Anlagen der Prozessfertigung

Abbildung 4.6: Gliederung der abnutzbaren Anlagengüter

Will man eine ansprechende zeitliche Ausnutzung des Anlagenparks einer Unternehmung gewährleisten, so bedarf dies der Ermittlung des zur anforderungsgerechten Erfüllung einer Arbeitsaufgabe notwendigen **Anlagenzeitgerüstes**.

Dieses beinhaltet sowohl eine **quantitative** als auch eine **qualitative** Komponente. Aus der quantitativen Seite des Zeitgerüstes resultieren folgende **Zeitkategorien**:

Absolute Bereitschaftszeit
ist die Kalenderzeit einer Planungsperiode (8760 h/Jahr, 730 h/Monat, 168 h/Woche und 24 h/Tag).

Betriebliche Bereitschaftszeit
ist die Zeit, während der in der Produktion gearbeitet wird, sie wird deshalb auch als Betriebs- oder Betriebsmittelzeit bezeichnet.

Stillstandszeit
ist die Zeit der Kalenderzeit, die innerhalb eines fixierten Planungszeitraumes (z. B. Jahr oder Monat) aus gesetzlichen oder betriebsinternen Aspekten nicht zur Verfügung steht.

Nutzungszeit
ist die Zeit der unmittelbaren Bearbeitung, Einwirk- und Lastlaufzeit (Hauptnutzungszeit) der Anlagengüter und die Zeit für Vorbereitungs- und Abschlussarbeiten (Nebennutzungszeit).

Brachzeit
ist jene Zeitdauer innerhalb der Betriebszeit, durch die ein Anlagengut in Folge von arbeitsablauf-, störungs- und arbeitnehmerbedingten Zeiten nicht genutzt werden kann.

Die qualitative Seite umfasst das technische Leistungsvermögen eines Anlagengutes einschließlich seiner ergonomischen Gestaltung. Nach *REFA* 1985, Band 2, S. 343 sind folgende **Kategorien des Leistungsvermögens** zu unterscheiden:

- „**Geometrisches Leistungsvermögen** (zum Beispiel Spitzenweite und -höhe einer Drehmaschine oder Format bei einer Druckmaschine),
- **physikalisches Leistungsvermögen** (zum Beispiel Drehzahlbereich von Werkzeugmaschinen oder maximaler Umformdruck bei Schmiedepressen),
- **ausstattungsmäßiges Leistungsvermögen** (zum Beispiel Vorschubautomatik bei Werkzeugmaschinen, Sortiereinrichtung bei Druckmaschinen oder Bildschirm bei einer EDV-Anlage) und
- **genauigkeitsmäßiges Leistungsvermögen** (zum Beispiel Bohrgenauigkeit eines Lehrenbohrwerkes oder Ausleuchtung der Ränder bei Tageslichtschreibern),
- **ergonomische Gestaltung** (zum Beispiel Anpassung an die Körpermaße und Körperkräfte des Menschen, niedriger Lärm, geringe Schwingungen).“

4.3.3 Bewertung und Abschreibung von Anlagegütern

Unter Bewertung versteht man bekanntlich ein Verfahren mit dem Ziel, den Wert von Gütern zu fixieren. Bei diesem Vorgang gilt es nach § 252 (1) eine Reihe von **Bewertungsgrundsätzen** für die Bilanzpositionen des Anlagevermögens zu beachten wie

- „Wertansätze in der Eröffnungsbilanz des Geschäftsjahres müssen mit denen der Schlussbilanz des vorgehenden Geschäftsjahres übereinstimmen.
- Vermögensgegenstände und Schulden sind zum Abschlussstichtag einzeln zu bewerten.
- Vermögensgegenstände sind vorsichtig zu bewerten, das heißt, grundsätzlich stets mit dem niedrigeren Wert (Niederstwertprinzip).
- Die auf den vorhergehenden Jahresabschluss angewandten Bewertungsmethoden sollen beibehalten werden."

Da es bei den Anlagegütern und damit auch bei den Sachanlagen – wie schon erwähnt – einen Unterschied zwischen abnutzbaren und nicht abnutzbaren gibt, sind für diese auch unterschiedliche **Wertansätze** zu beachten. **Abnutzbare Anlagegüter** sind

- zum Bilanzstichtag zu ihren fortgeführten Anschaffungskosten (Herstellungskosten) zu bewerten, also zu den Anschaffungskosten (Herstellungskosten) abzüglich planmäßiger Abschreibung.
- Außerplanmäßige Abschreibungen sind zusätzlich im Falle einer dauernden Wertminderung vorzunehmen, also bei Schadensfällen, Wertverfall durch technischen Fortschritt u. a.
- Gemäß § 253 (2) *HGB* besteht Abschreibungspflicht (Strenges Niederstwertprinzip).

Nicht abnutzbare Anlagegüter – im konkreten Kontext sind Grundstücke gemeint – sind

„zum Jahresabschluss höchstens zu den Anschaffungskosten anzusetzen. Bei einer dauernden Wertminderung muss auch hier eine außerplanmäßige Abschreibung auf den niedrigeren Tageswert erfolgen." (*Schmolke/Deitermann* 1992, 208).

Da auf die **Wertmaßstäbe** als Basis der Bewertung von Sachanlagen im Sinne der Anschaffungs- und Herstellungskosten bzw. Tageswerte im Abschnitt 10.3.4.6 näher eingegangen wird, sollen an dieser Stelle nur einige Bemerkungen zu den anzuwendenden **Methoden der planmäßigen Abschreibung** ❶ getätigt werden. Als solche gelten (siehe *Abbildung 4.7*):

Abschreibungsmethoden der planmäßigen Abschreibung

Lineare (gleich bleibende) Abschreibung

Merkmale:
- Abschreibung erfolgt stets mit einem über die Nutzungsdauer gleich bleibenden Prozentsatz von den Anschaffungs- oder Herstellkosten.
- Anlagengut ist am Ende der Nutzungsdauer voll abgeschrieben.
- Diese Abschreibungsmethode ist steuerlich bei allen abnutzbaren Anlagengütern erlaubt.

Formeln: $a = \frac{A}{n}$ $\qquad a = \frac{A - R_n}{n}$

Degressive Abschreibung (geometrisch)

Merkmale:
- Abschreibung wird nur im ersten Jahr von den Anschaffungs- oder Herstellkosten des Anlagengutes berechnet.
- In den folgenden Jahren wird dagegen mit einem gleich bleibenden Prozentsatz vom jeweiligen Restbuchwert abgeschrieben:

$$p = 100\left(1 - \sqrt[n]{\frac{R_n}{A}}\right)$$

- Da Buchwert von Jahr zu Jahr kleiner wird, ergeben sich fallende Abschreibungsbeträge.
- Anlagengut ist am Ende der Nutzungsdauer nicht voll abgeschrieben.
- Diese Abschreibungsmethode ist steuerrechtlich nur bei beweglichen abnutzbaren Anlagengütern möglich, wobei der Abschreibungssatz das Dreifache des linearen Satzes, höchstens jedoch 30% betragen darf. (§ 7 [2] EstG)
- **Beachte: Zur Gegenfinanzierung der Steuerreform 2001 gelten verschärfte Bedingungen für die Anwendung der degressiven Abschreibung, wobei der derzeitige maximale Prozentsatz von 30 % für bewegliche Wirtschaftsgüter des Anlagevermögens auf 20 % sinkt.**
- Darüber hinaus ist die degressive Abschreibung auch noch in arithmetischer Form möglich. Dafür gelten folgende Formeln:

$$D = \frac{A}{n(n+1)} \qquad D = \frac{A - R_n}{n(n+1)} \qquad a_1 = D \cdot n$$

Abschreibung nach Leistungseinheiten

Merkmale:
- erfolgt bei Anlagengütern, deren Leistung in der Regel erheblich schwankt und deren Verschleiß damit sehr differenziert.
- Bemessungsgrundlage für die Abschreibungsrechnung bildet die voraussichtliche Gesamtleistung des Anlagengutes.
- Der Jahresabschreibungsbetrag ergibt sich aus der Multiplikation von jährlicher Fahrleistung mit dem AfA-Betrag.
- Diese Abschreibungsmethode ist steuerlich zulässig.

Formel: $a = \frac{A}{L_G} \cdot L_p$

Legende:

a	Abschreibungsbetrag
A	Anschaffungskosten
n	Zahl der Jahre der Nutzung (betriebsgewöhnliche Nutzungsdauer)
R_n	Restwert am Ende der Nutzungsdauer
D	Degressionsbetrag
p	Abschreibungsprozentsatz
L_G	Gesamtleistungsvorrat des Anlagengutes
L_p	in der Periode verbrauchter Leistungsvorrat

Abbildung 4.7: Methoden und Merkmale planmäßiger Abschreibung

Demonstrationsbeispiel:
Sachverhalt

Eine Unternehmung investiert in eine Werkzeugmaschine 210.000 €. Die betriebsgewöhnliche Nutzungsdauer laut AfA-Tabellen beträgt 10 Jahre.

Aufgabenstellungen

a) Erarbeiten Sie eine tabellarische Übersicht der Abschreibungswerte bei linearer und geometrisch degressiver Abschreibung unter Beachtung des steuerrechtlich zulässigen Höchstsatzes.

b) Worin bestehen die Vor- und Nachteile dieser Abschreibungsmethoden?

Lösungen

zu a)

	lineare Abschreibung (10 %)	**geometrisch-degressive Abschreibung (20 %)**
Anschaffungswert	**210.000**	**210.000**
– 1. AfA	21.000	42.000
1. Restwert	189.000	168.000
– 2. AfA	21.000	33.600
2. Restwert	168.000	134.400
– 3 AfA	21.000	26.880
3. Restwert	147.000	107.520
– 4. AfA	21.000	21.504
4. Restwert	126.000	86.016
– 5. AfA	21.000	17.203
5. Restwert	105.000	68.813
– 6. AfA	21.000	13.763
6. Restwert	84.000	55.050
– 7. AfA	21.000	11.010
7. Restwert	63.000	44.040
– 8. AfA	21.000	8.808
8. Restwert	42.000	35.232
– 9. AfA	21.000	7.046
9. Restwert	21.000	28.186
– 10. AfA	21.000	5.637
10. RESTWERT	**0**	**22.549**

zu b) **lineare Abschreibungsmethode**

- einfache Berechnung, da stets ein gleich bleibender Prozentsatz vom Abgrenzungsgrundwert berechnet wird
- gleich bleibende Aufwandsbelastung über alle Nutzungsjahre
- kein Restwert und damit keine außergewöhnlich hohe Kostenbelastung am Ende der Nutzungsdauer
- Abschreibungswert entspricht in der Regel nicht der tatsächlichen Wertminderung

degressive Abschreibungsmethode

- berücksichtigt durch ihren relativ hohen Abschreibungsprozentsatz besser die wirtschaftliche und technische Entwertung der Anlagengüter
- höherer Abschreibungsbetrag am Nutzungsanfang führt zu einem Steuerspareffekt
- Abschreibungsgegenwerte (Amortisationen) verkörpern einen nicht unwesentlichen Finanzierungs- und Liquiditätsfaktor
- Abschreibungsmethode ist nur bei beweglichen abnutzbaren Anlagengütern möglich

Abschließend zu diesem Punkt sollte noch eine grundsätzliche Fragestellung beantwortet werden, nämlich:

Welche **Wechselform** zwischen linearer und degressiver Abschreibungsmethode ist steuerrechtlich (§ 7 (3) *EStG*) erlaubt und wann ergibt sich der optimale **Wechselzeitpunkt?**

Die Antwort ist in folgender Reihenfolge zu geben:

- Der Übergang von AfA in fallenden Jahresbeträgen zur AfA in gleichen Jahresbeträgen ist zulässig, eine Umkehrung nicht!
- Der optimale Wechselzeitpunkt ist dann gegeben, wenn der AfA-Betrag bei linearer Restabschreibung größer ist als bei fortgeführter degressiver AfA.
- Im o. g. Beispiel bedeutet das:

$$\boxed{i = n - \frac{100}{p} + 1} \qquad i = 10 - \frac{100}{20} + 1 \quad \underline{\underline{i = 6.\,\text{Jahr}}}$$

Legende:
i = Übergangsjahr
n = Nutzungsdauer
p = AfA-Satz

Beweis:
– Degressiver AfA-Betrag:
= 20% von 68.813 € Buchwert = 13.763 €

$$\text{– Linearer AfA-Betrag} = \frac{68.813\ €}{5\ \text{Restjahre}} = 13.763\ €$$

Laut § 6 (2) EStG können bewegliche, abnutzbare sowie selbstständig nutzbare Anlagengüter mit einem Anschaffungswert bis 800 DM (= 409 €) wahlweise im Sinne einer

- Vollabschreibung im Anschaffungsjahr oder
- Abschreibung in Nutzungsjahren

wertgemindert werden.

4.3.4 Teilfunktionen der Anlagenwirtschaft (Übersicht)

Die Realisierung des fixierten Oberzieles und der daraus resultierenden Grundsatzaufgaben bedarf einer gut funktionierenden Organisation der Anlagenwirtschaft. Entsprechend der **Logik**, dass Anlagengüter

beschafft,
installiert,
genutzt,
instand gehalten, verbessert und ausgesondert

werden müssen, lässt sich die prinzipielle inhaltliche Strukturierung der Anlagenwirtschaft in folgende **Teilfunktionen** – auch als Aufgabenfelder bezeichnet – untergliedern (siehe *Abbildung 4.8*).

4

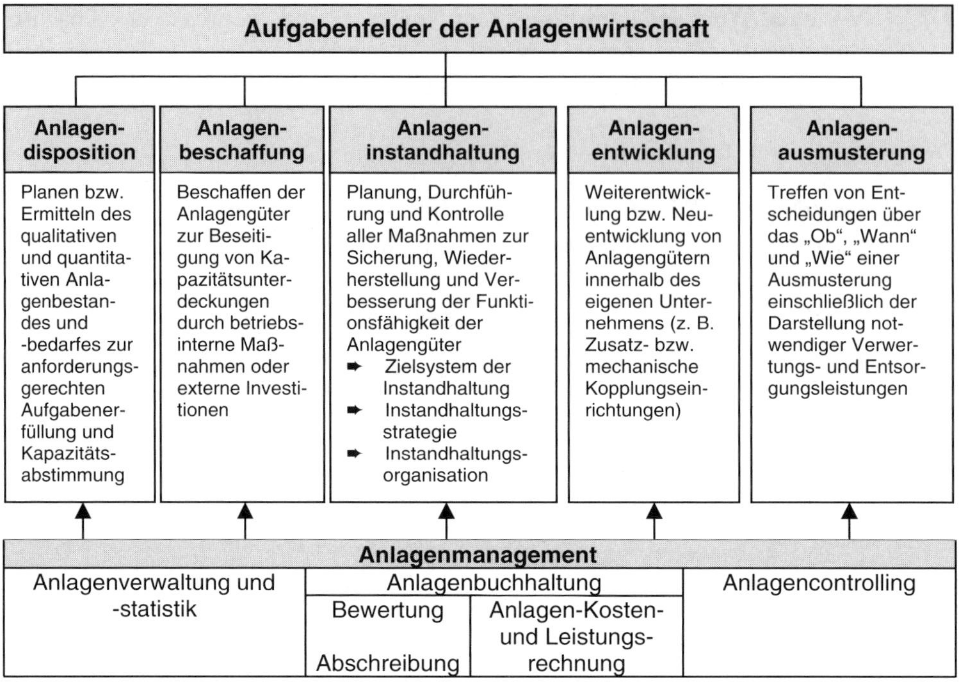

Abbildung 4.8: Teilfunktionen der Anlagenwirtschaft

Ohne den Ausführungen des Abschnittes 11.3.1.5 zur Gestaltung von Aufbau- und Ablauforganisationen in den Unternehmen vorzugreifen, sind vor allem bei der Ausformung der konkreten **Aufbauorganisation** von Anlagenwirtschaften zur Umsetzung der genannten Kerntätigkeiten folgende **Fragestellungen** zu beantworten:

1. Sollen die Aufgabeninhalte der Anlagenwirtschaft **zentral**, d. h. in einem betrieblichen Ressort, oder **dezentral** im Unternehmen organisiert werden?
2. Auf welcher **Ebene** der unternehmerischen Leitungshierarchie soll die Anlagenwirtschaft als eigenständiges Ressort angesiedelt werden (z. B. Direktorat, Hauptabteilung)?
3. Wie viele **interne Strukturebenen** darf die Anlagenwirtschaft beinhalten und gebieten diese neben den erforderlichen Linieninstanzen auch noch Stabsstellen?
4. Erscheint es sinnvoll, auch bei zentraler Organisationsstruktur definierte Teilaufgaben aus der Anlagenwirtschaft **auszugliedern** und sie von externen und internen **Dienstleistern** realisieren zu lassen?

4.4 Anlagendisposition

4.4.1 Begriff und Zielstellung

Unter dem Begriff der **Anlagendisposition** versteht man das

Abstimmen des Anlagenbedarfes mit der Anlagenkapazität mit dem Ziel, eine optimale Bedarfsdeckung zu erreichen.

Das Ergebnis dieser Bedarfs- und Bestandsabstimmung führt bei einer Bedarfsunterdeckung zur Anlagenbeschaffung (vgl. 4.5) und bei einer -überdeckung zur Anlagenausmusterung (vgl. 4.8).

4

4.4.2 Anlagenbedarfsrechnung

Der **Anlagenbedarf** beinhaltet die Kapazität, die zur Realisierung definierter Arbeitsinhalte quantitativ und qualitativ benötigt wird. Da die Bestimmungsmerkmale der Attribute quantitativ und qualitativ schon im Abschnitt 4.3.2 beim Anlagenzeitgerüst erläutert wurden, soll an dieser Stelle nur etwas zu den Bedarfsarten und zu den Bedarfs-Berechnungsmethoden gesagt werden.
Der Anlagenbedarf lässt sich in folgende **Bedarfsarten** untergliedern (siehe *Abbildung 4.9*).

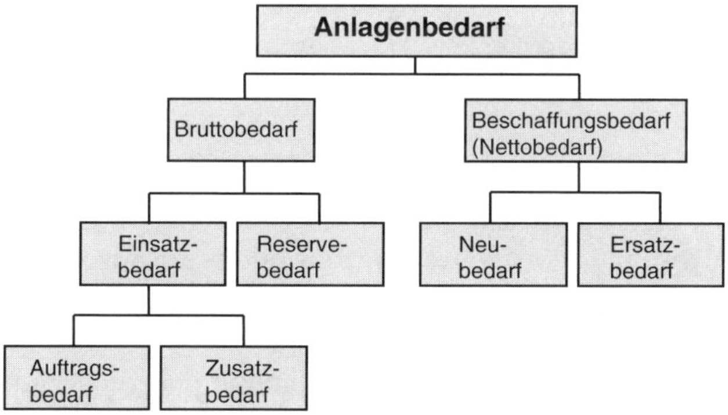

Abbildung 4.9: Gliederung des Anlagenbedarfes (siehe REFA, Bd. 2, 1985, 379)

Laut der angeführten Literaturquelle S. 379 ff. gelten für die einzelnen Kategorien folgende **Bestimmungsfaktoren** in wörtlicher Wiedergabe:

Bruttobedarf
ist der gesamte Bedarf an Anlagengütern, der in einer Periode zur Erfüllung der vorgesehenen Aufgaben erforderlich ist.

Einsatzbedarf
ist der Bedarf an Anlagengütern, der zur Durchführung von Aufträgen und von zusätzlichen Aufgaben erforderlich ist.

Reservebedarf
ist der Bedarf, der auf Grund längerfristiger technischer Störungen der Anlagengüter und auf Grund anderer längerfristiger Unterbrechung des Anlageneinsatzes erforderlich ist.

Auftragsbedarf
ist der Bedarf an Anlagengütern, der zur Durchführung von Aufträgen erforderlich ist.

Zusatzbedarf
ist der Bedarf, der zur Erfüllung von zusätzlichen Aufgaben erforderlich ist. Als solche gelten Aufgaben, die nicht im Einzelnen vorherbestimmt werden können.

Beschaffungsbedarf
oder auch Nettobedarf ergibt sich aus der Differenz zwischen dem Bruttobedarf und dem theoretischen Anlagengutbestand zu einem bestimmten Termin.

Neubedarf
ist der Bedarf, der zur Erfüllung solcher Aufgaben erforderlich ist, die ihrer Art nach neu sind oder die gegenüber ihrem bisherigen Umfang deutlich erweitert wurden.

Ersatzbedarf
ist der Bedarf, der sich durch den Verschleiß von Anlagengütern (im Besonderen von Werkzeugen und Vorrichtungen) und durch technische Veralterung ergibt.

Das konkrete **Methodenspektrum** zur Bestimmung des quantitativen Anlagenbedarfs orientiert sich analog der Bedarfsbestimmung an Material (vgl. 5.4.2.1 – Abbildung 5.8) und Personal. Das heißt, es gibt **deterministische** bzw. **stochastische** Verfahren der Bedarfsermittlung sowie die subjektive **Bedarfsschätzung**. Auf eine nähere Betrachtung der mit den beiden zuletzt genannten Verfahren verbundenen Arbeitsschritte und Formelansätze wird in diesem Zusammenhang verzichtet.

Für die **deterministische** Berechnung der Kategorien des Anlagenbedarfes sind jedoch zwei **Voraussetzungen** zu beachten:

1. Die Berechnung kann nur erfolgen, wenn das **inhaltliche und zeitliche Aufgabenspektrum** bekannt ist, das von einem Anlagengut in einer definierten Periode zu realisieren ist.
2. Bekannt sein müssen auch die in den Arbeitsplänen verankerten vorausberechneten **Sollzeiten zur Aufgabenrealisierung**

In Anlehnung an *REFA*, Bd. 2, 1985, 388 gilt für die Berechnung des Anlagenbedarfes folgende **Arbeitsschrittfolge** (siehe *Abbildung 4.10*).

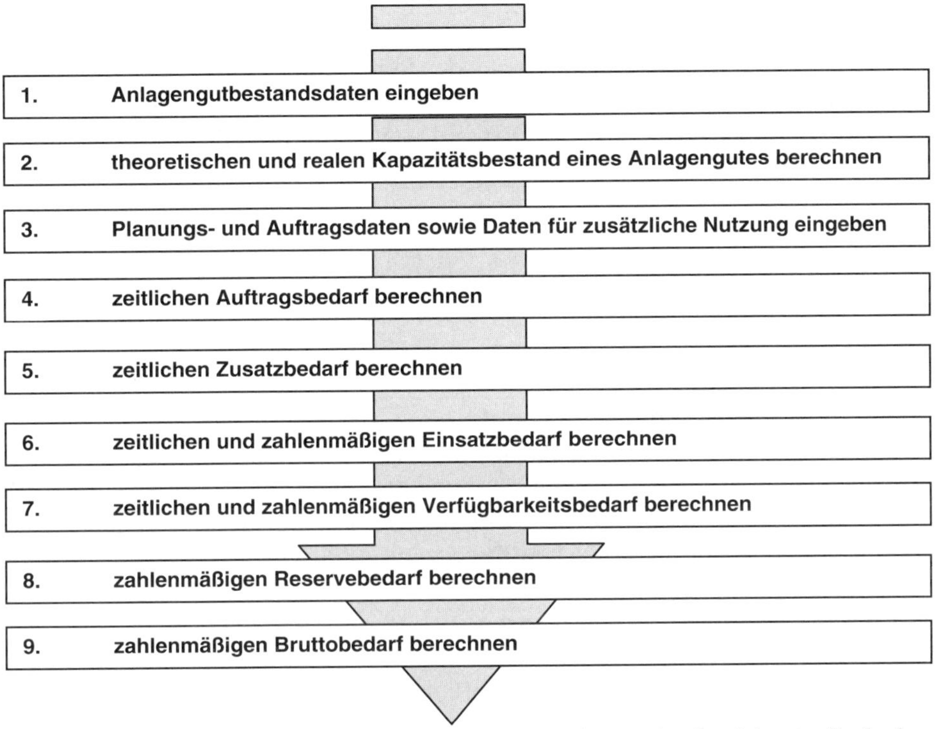

Abbildung 4.10: Vorgehen bei der deterministischen Berechnung des Betriebsmittelbedarfes

4.4.3 Anlagenbestandsrechnung

Der **Anlagenbestand** ist die quantitative und qualitative Kapazität an Anlagengütern, die zur Realisierung von Arbeitsinhalten zur Verfügung steht.
Als Analogie zu den Bedarfskategorien gelten laut REFA (*REFA*, Bd. 2, 1985, 360 ff.) folgende **Bestandsarten** für ein Anlagengut:

Theoretischer Anlagenbestand
ist der Kapazitätsbestand eines Anlagengutes, der sich aus der Summe der theoretischen Einsatzzeiten je Schicht in den für das Anlagengut betrieblich festgesetzten Schichten einer Periode ergibt.

Technisch verfügbarer Anlagenbestand
ist der Kapazitätsbestand eines Anlagengutes, der sich aus der Summe der Zeiten, in denen das Anlagengut während seiner theoretischen Einsatzzeit betriebsbereit zur Verfügung steht, ergibt.

Ausfallbestand
ist der nicht einsetzbare Kapazitätsbestand, der sich infolge technischer Ausfälle eines Anlagengutes aus der Summe der Ausfallzeiten je Periode ergibt.

Realer Anlagenbestand
ist der Kapazitätsbestand, der sich aus der Summe der Zeiten innerhalb der theoretischen Einsatzzeit, in welcher das Anlagengut bei voller Auslastung im Einsatz ist, ergibt. Er verkörpert die Differenz zwischen dem theoretischen und dem nicht einsetzbaren Anlagenbestand.

Unterbrechungsbestand
verkörpert den während der Betriebszeit nicht einsetzbaren Kapazitätsbestand eines Anlagengutes. Er ergibt sich aus der Summe der Unterbrechungszeiten je Periode.

Nicht einsetzbarer Anlagenbestand
dokumentiert die Summe von Ausfallbestand und Unterbrechungsbestand eines Anlagengutes. Er besteht demnach aus den Zeiten, in denen das Anlagengut während seiner theoretischen Einsatzzeit außer Einsatz ist oder in denen der Betrieb während seiner theoretischen Einsatzzeit ruht.

4.4.4 Anlagenabstimmung

Die Abstimmung und damit die eigentliche Disposition von Anlagenbedarf und -bestand erfolgt, wie schon eingangs vermerkt, mit der Zielstellung, eine **Dekkung** zwischen beiden Komponenten zu erreichen. Gelingt dies nicht, kommt es entweder zu **Anlagenbeschaffungen** oder **Anlagenausmusterungen**. Die *Abbildung 4.11* verkörpert die analogen Bedarfs- und Bestandskategorien in ihrem direkten **Sachzusammenhang**:

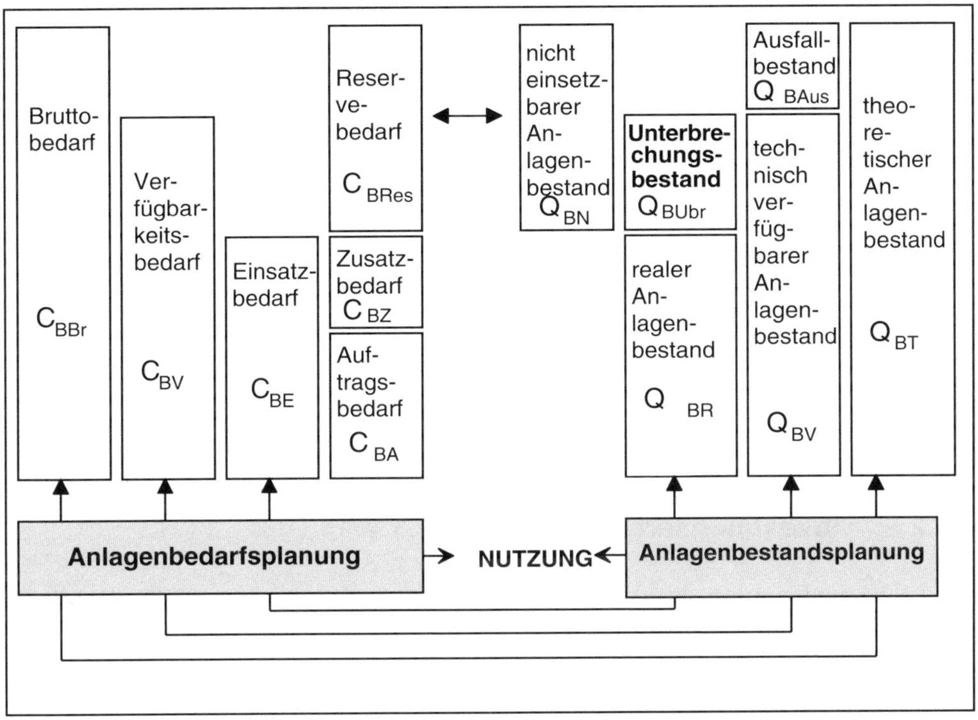

Abbildung 4.11: Abstimmung zwischen Anlagenbedarf und -bestand nach REFA, Bd. 2, 1985, 381

4.5 Anlagenbeschaffung (Investition)

4.5.1 Begriff und Ziele

Unter dem Begriff der **Anlagenbeschaffung** oder -bereitstellung versteht man im engeren Sinne betrachtet

alle Tätigkeiten, die mit der effizienten und rentablen Versorgung der Unternehmung mit Anlagengütern mittels unterschiedlicher Beschaffungsformen wie Kauf, Eigenfertigung, Leasing oder Miete verbunden sind.

Im praxisorientierten Sprachgebrauch wird meist der Beschaffungsbegriff mit dem Begriff der **Investition** gleichgesetzt. Geht man vom letzten Begriff aus, so verkörpern im weiteren Sinne Investitionen eine differenzierte Bindung von Kapital an Vermögen unter Beachtung leistungs- und finanzwirtschaftlicher Aspekte mit dem Resultat meist längerfristiger Folgewirkungen. Im engeren Sinne bezieht sich dieser Begriff jedoch vorrangig nur auf die Umwandlung liquider Mittel in Sachanlagen mit produktionswirtschaftlicher Nutzung. Man nennt diese Investitionsart dann **Realinvestitionen**. Da Investitionen die Verwendung vorher beschaffter finanzieller Mittel dokumentieren und damit den Anlass für eine Finanzierung darstellen, gelten die analogen Ziele der Finanzierung auch für Investitionen. Als solche **Investitionsziele** sind zu nennen (vgl. *Olfert* 1995, 45):

- **A Rentabilität**
- **B Sicherheit**
- **C Liquidität.**

Da die unter A und C genannten Kategorien schon in den Abschnitten 1.5.2.3 und 1.5.2.4 erläutert wurden, wird an dieser Stelle auf eine nähere Darstellung verzichtet. Das Investitionsziel der **Sicherheit** bezieht sich auf den Erwartungswert der Gewinnerzielung, denn Investitionen sind auch mit hohen Risiken verbunden, die bei großen Verlusten bis zur Illiquidität und damit Insolvenz der Unternehmung führen können. Deshalb ist es erforderlich, im Rahmen des Vollzugs der Arbeitsstufen der Investitionseinzelplanung eine Bewertung der Investitionsalternativen mit möglichst großer Datensicherheit zu vollziehen.

4.5.2 Investitionsarten

Eine Systematisierung der den Oberbegriff verkörpernden **Investitionsarten** ist nur dann möglich, wenn man diese nach vorher bestimmten Aspekten wie

- a) Investitions-**Verwendung**
- b) Investitions-**Zweck**
- c) Investitions-**Motiv**

strukturiert.
In Anlehnung an *Olfert* 1995, 27 ff. lassen sich die in *Abbildung 4.12* dargestellten **Investitionsarten** unterscheiden.

Neben dieser Einteilung sind aber auch noch weitere Unterteilungen möglich wie z. B. **unabhängige** und **abhängige** Investitionen (vgl. *Schweitzer* 1990, 351). Währenddem die Ersteren keine Kausalität zu schon vorhandenen bzw. zu beschaffenden Sachanlagen verkörpern, erfordern die abhängigen diese Komplementärbeziehung.

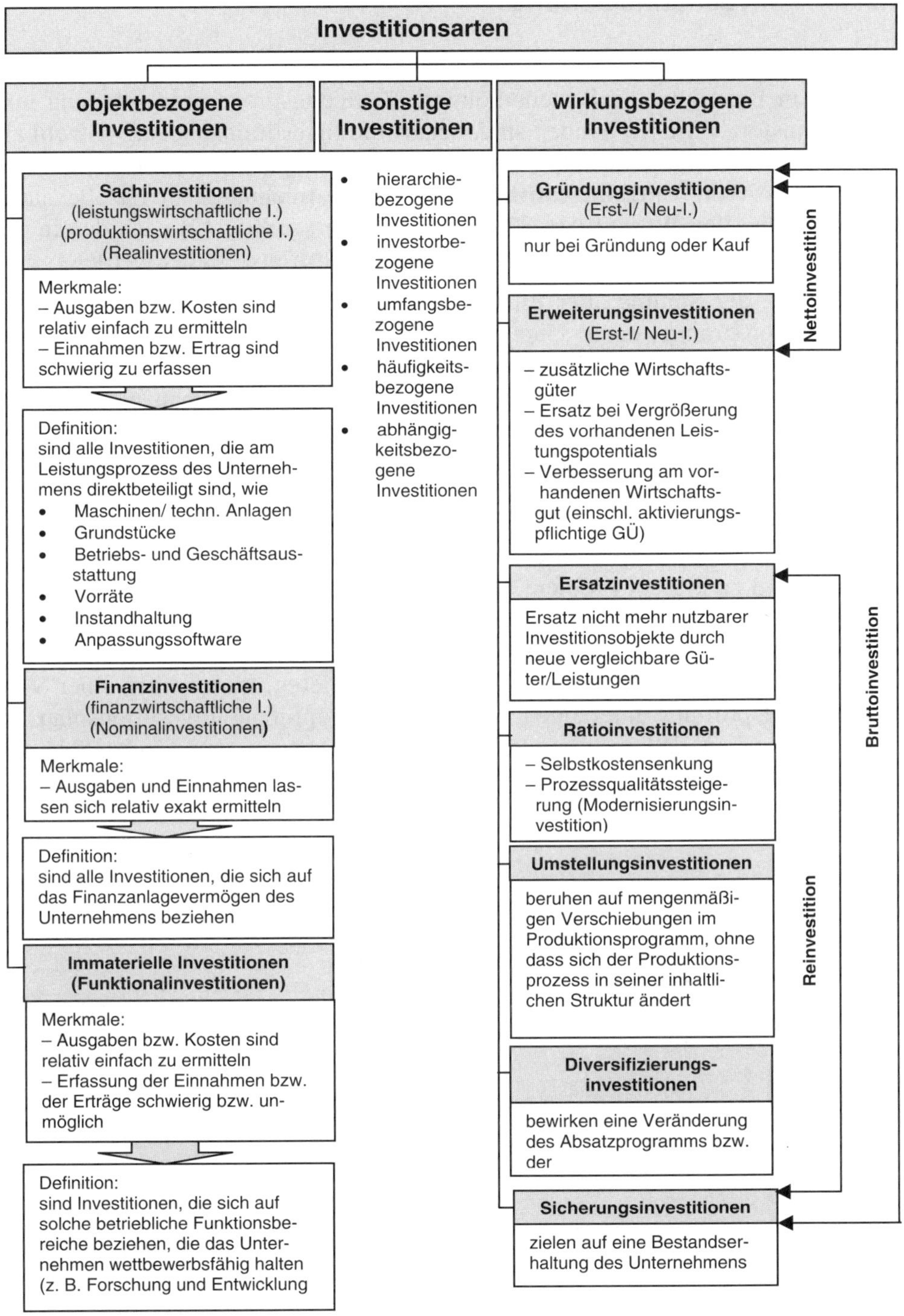

Abbildung 4.12: Einteilung der Investitionsarten

4.5.3 Investitionsplanung

Da mit einer Investition von Anlagengütern meistens weit reichende Konsequenzen in Bezug auf Fixkostenerhöhung, Fertigungsprogrammfestlegung und Innovationsfortschritt verbunden sind, bedarf die Investitionsplanung sowohl als **Einzel-** als auch als Gesamtplanung einer vorrangigen Beachtung. Der Planungsprozess von **Einzelinvestitionen** sollte in Anlehnung an das bekannte Phasenschema von Wild (1980, 37) und nach Olfert (1995, 42) nach den in der *Abbildung 4.13* dargestellten prinzipiellen **Arbeitsstufen** gestaltet werden.

Die Planung der Summe aller Einzelinvestitionen, die in ihrer Gesamtheit das Investitionsprogramm einer Unternehmung verkörpert, dokumentiert sich in dem **Gesamt- oder Investitionsplan**. Dieser Plan resultiert bzw. korrespondiert vor allem aus/mit dem Absatz-, Produktions-, Kosten- und Finanzplan des Unternehmens (vgl. Abbildung 11.3) unter Beachtung einer Vielzahl weiterer technischer, rechtlicher und sozialer Beschaffungsaspekte (z. B. Umwelt- und Instandhaltungsverträglichkeit, Betriebssicherheit usw.).
Bei diesem Planungsprozess ergibt sich nach Olfert, S. 104 das in *Abbildung 4.14* aufgeführte **Ablaufprocedere**.
Abschließend zu diesem Problem muss noch vermerkt werden, dass ein Investitionsplan durch den Vollzug einer **Simultan- oder Sukzessivplanung** erarbeitet werden kann. Beim erstgenannten Planungsaspekt werden alle Einnahmen und Ausgaben, die aus sämtlichen Investitionen resultieren, gleichzeitig einer Vorteilhaftigkeitsprüfung unterzogen und somit der optimale Investitionsplan erstellt. Im zweiten Fall resultiert der Investitionsplan aus den Modalitäten des Absatz- und Produktionsplanes (siehe Abschnitt 11.3.1.3).

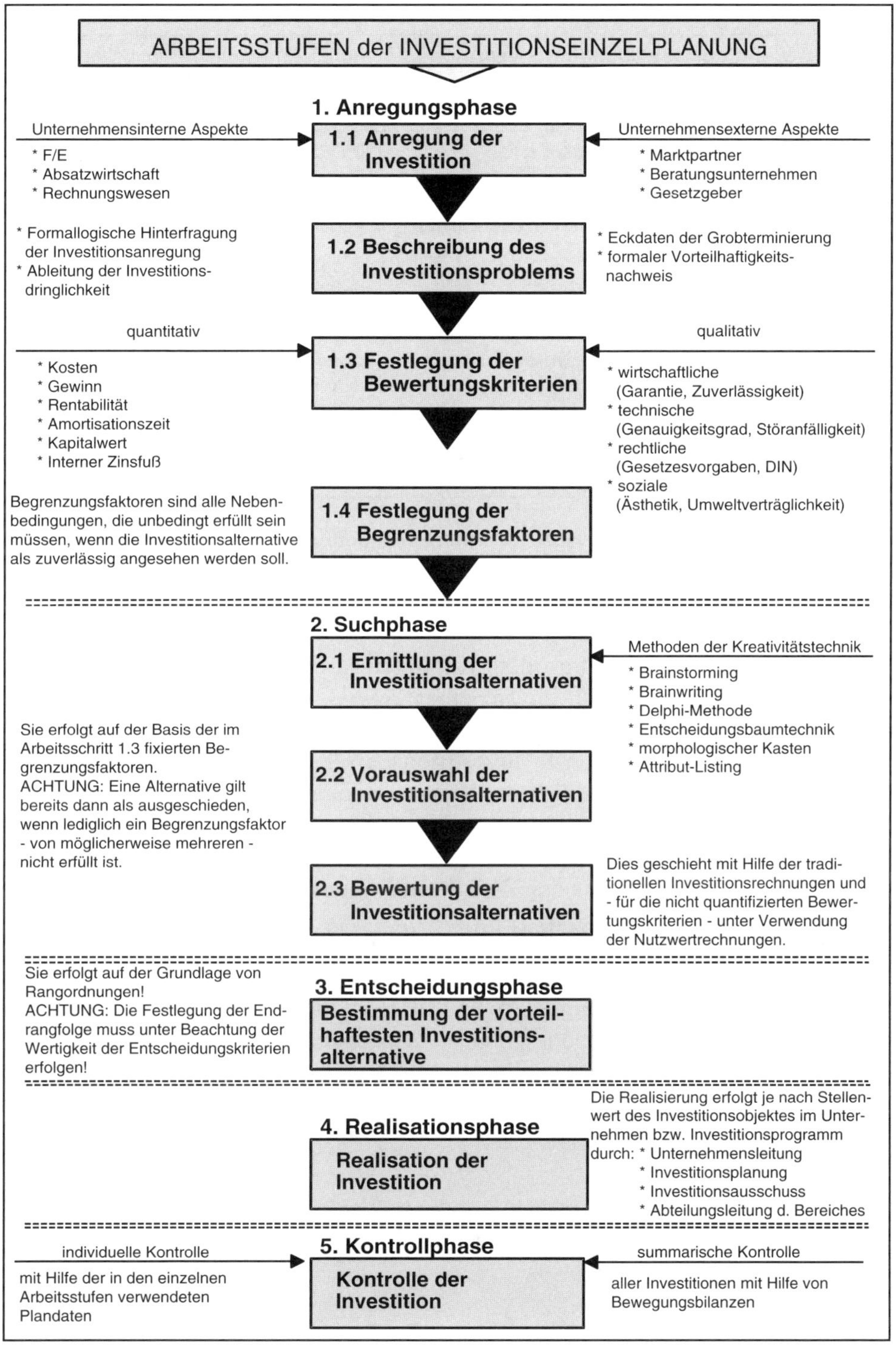

Abbildung 4.13: Arbeitsstufen der Investitionseinzelplanung

Feststellung der gewünschten Investitionen	durch Annahme der Investitionsanträge
Ermittlung des Investitionsbedarfes	im Rahmen der Investitionsplanung
Beurteilung der gewünschten Investitionen	im Rahmen der Investitionsplanung
Ermittlung des Kapitalbedarfes	im Rahmen der Finanzplanung
Ermittlung der Finanzierungsmöglichkeiten	durch Analyse des Geld-/Kapitalmarktes
Festlegung des Investitionsprogrammes	im Rahmen der Investitionsplanung

Abbildung 4.14: Ablaufprocedere der Investitionsgesamtplanung

4.5.4 Investitionsentscheidungen

Da Investitionen i. d. R. mit großem Kapitaleinsatz und einer langen Kapitalbindung verbunden sind, bedürfen sie einer gewissenhaften Investitionsentscheidung. Aus der genannten Langfristigkeit der Kapitalbindung, aber auch aus der verlustfreien Irreversibilität von Investitionsentscheidungen resultiert ein drittes Entscheidungsmerkmal, nämlich die **Risikoentscheidung unter Unsicherheit**. Interessant und besonders wichtig für den späteren Erfolg von Investitionsrechnungen als Vorbereitungselement effizienter und zieladäquater Investitionsentscheidungen ist die Kenntnis der **Wahlhandlungen** bezüglich der

a) Ungewissheit/Datensicherheit und
b) des Entscheidungstyps.

Die nachfolgende *Abbildung 4.15* klassifiziert die Investitionsentscheidungen nach den unter a) und b) genannten Gesichtspunkten:

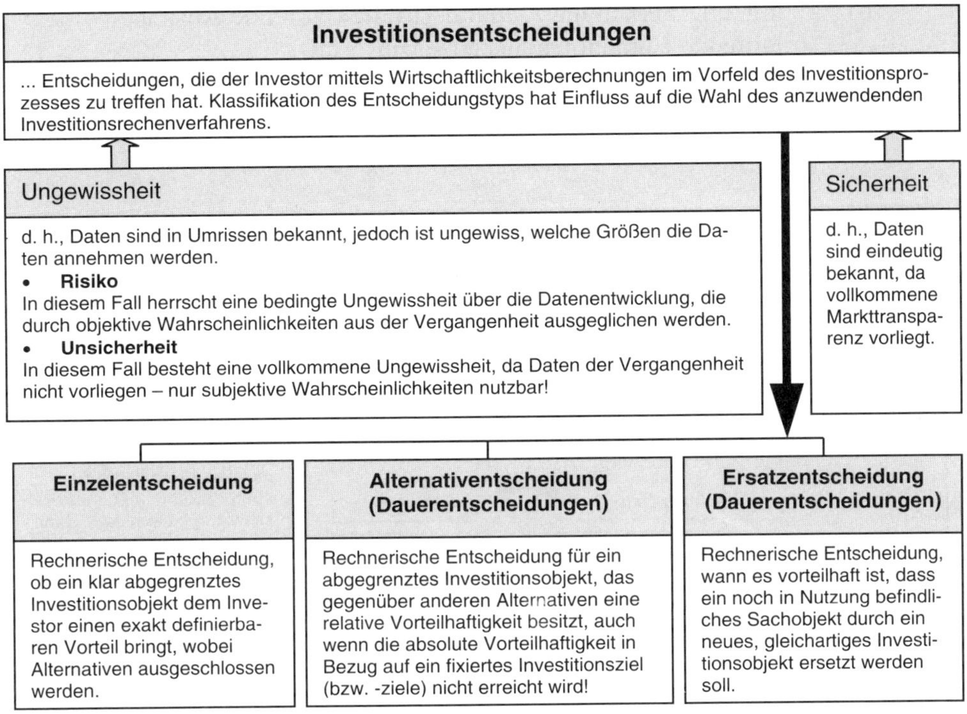

Abbildung 4.15: Klassifikation von Investitionsentscheidungen

4.5.5 Verfahren der Investitionsrechnung für Sachinvestitionen

4.5.5.1 Auszahlungs- und Einzahlungsbegriffe der Investitionsperiode

Die nach entsprechenden Aspekten untergliederten Investitionsaspekte (vgl. Abschnitt 4.5.2) werden bekanntlich im Rahmen von **Investitionsprozessen** beschafft. Betrachtet man die Investition dabei als Einnahme-Ausgabe-Reihe, so vollziehen sich zwischen dem Beginn und dem Ende einer Investitionsperiode die in *Abbildung 4.16* dargestellten **Auszahlungs- und Einzahlungsbegriffe** und daraus abgeleitete Erkenntnisse.

Aus der Abbildung lassen sich folgende **Erkenntnisse** ableiten:

- Die mehr oder weniger exakte Ermittlung der Ausgaben und Einnahmen über alle Nutzungsperioden ist eine entscheidende Voraussetzung für den potenziellen Aussagewert von Investitionsrechnungen.
- Bei den Zahlungsströmen können zwei Arten von grundlegenden Wertebewegungen unterschieden werden:
  a) bestandsabhängige Zahlungsströme (Anschaffungskosten + Desinvestition)

b) nutzungsabhängige Zahlungsströme (laufende Ausgaben + laufende Einnahmen aus Absatzerlösen)

- Investitionsprozesse sollten aus der Sicht des Investors Beiträge zur Realisierung der Erfolgs-, Liquiditäts- und Risikokomponente des Unternehmens leisten.

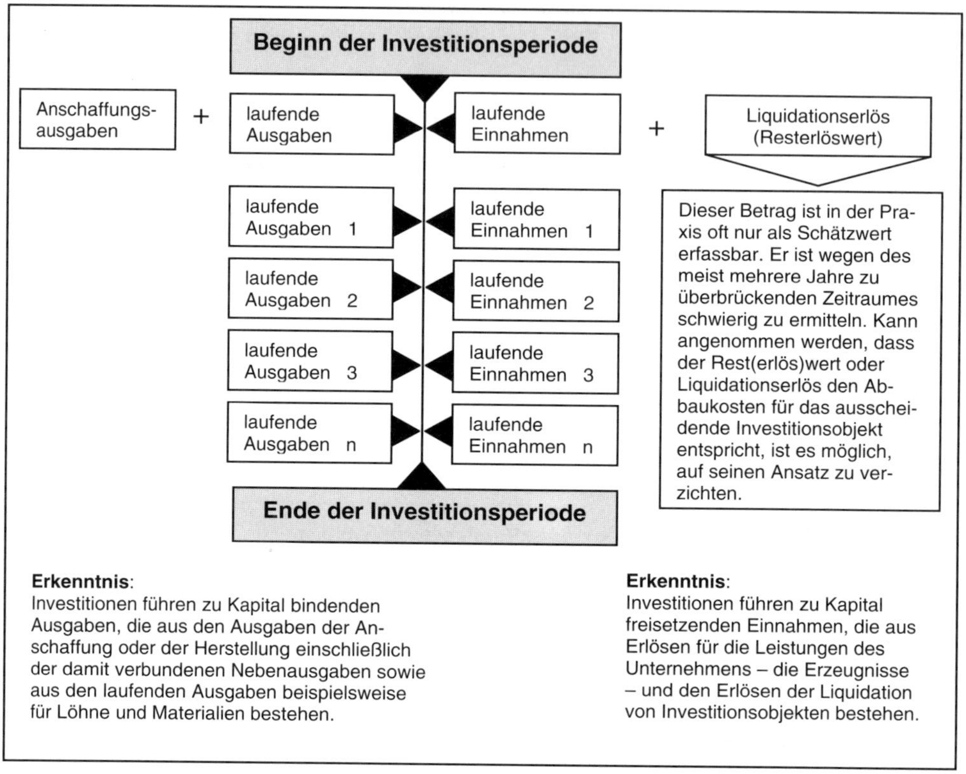

Abbildung 4.16: Auszahlungs- und Einzahlungsbegriffe der Investitionsperiode

4.5.5.2 Verfahren der Investitionsrechnung im Überblick

Wie aus der obigen Darstellung ersichtlich, werden Investitionsentscheidungen primär durch quantifizierbare Rechengrößen beeinflusst. In Theorie und Praxis haben sich zur Beurteilung von Investitionsvorhaben eine Reihe von **Verfahren** der Investitionsrechnung herauskristallisiert. In der nachfolgenden *Abbildung 4.17* werden diese überblicksmäßig dargestellt einschließlich ihrer primären **Merkmale**.

Verfahren der Investitionsrechnung für Sachinvestitionen

umfasst alle Rechenverfahren, die eine rationelle Beurteilung aller investitionspolitischen Maßnahmen eines Unternehmens ermöglichen, vorrangig auf der Basis quantifizierbarer Grundgrößen

Ausgangsdaten:
- Anschaffungskosten/-ausgaben
- Restwert/Liquiditätserlös

Ausgangsdaten:
- Gewinn/Überschuss
- Nutzungsdauer

statische Investitionsrechnung

Merkmale:
- beziehen sich nur auf eine Nutzungsperiode (Einperiodische Verfahren)
  - Anfangsperiode
  - Repräsentativperiode
- Durchschnittsperiode
- basieren auf Kosten und Leistungen
- Sonderproblem: „Kosten entstehen erst, wenn Einsatzgüter in den inneren Leistungsprozess gelangen – Ausgaben entstehen jedoch sofort"
- „Leistungen sind demgegenüber sofort gegeben, auch wenn Erzeugnisse noch nicht verkauft sind"
- berücksichtigen keine Interdependenzen
- erfassen nur durchschnittliche Werte für die Berechnung

MAPI-Methode

Merkmale:
spezielles Verfahren, welches vorwiegend zur Lösung von Ersatzproblemen angewandt wird
Kernfrage: Soll der Betrieb die Ersatzinvestition sofort vornehmen oder verschieben?

dynamische Investitionsrechnung

Merkmale:
- beziehen sich auf mehrere Perioden (Mehrperiodische Verfahren)
- basieren auf Einnahmen und Ausgaben
- bedienen sich finanzmathematischer Methoden
- bedürfen prognostischer Verfahren zur Einnahmeermittlung
- Sonderproblem: „Unsicherheit einfließender Daten"

Kostenvergleichsrechnung

Merkmale:
- berücksichtigt nur die Kosten
- es werden immer gleich hohe Erträge zwischen den Varianten unterstellt
- Umfang der einbezogenen Kostenarten in Praxis sehr differenziert
- Nichtbeachtung des Kapitaleinsatzes – nur bei Alternativ- und Ersatzentscheidungen anwendbar

Gewinnvergleichsrechnung (relative Vorteilhaftigkeit)

Merkmale:
- berücksichtigt neben den Kosten auch z. T. die differenzierte quantitative und qualitative Leistungsfähigkeit der Objekte
- Schwierigkeit der Zurechenbarkeit der Leistung, wenn Produkt auf mehreren Objekten gefertigt wird

Rentabilitätsvergleichsrechnung (absolute Vorteilhaftigkeit)

Merkmale:
- durch Kurzfristigkeit des Vergleiches bleiben Entwicklungstrends unbeachtet
- begrenzte Aussagefähigkeit, wenn sich die Objekte in ihren Anschaffungskosten und/oder in ihren Nutzungsdauern unterscheiden
- Stichwort: „Ergänzungsinvestition"

Amortisationsvergleichsrechnung (Kapitalrückfluss-Methode) (Pay-off-Methode) (Wiedergewinnungszeit)

Merkmale:
- Verfahren zur Grobeinschätzung des finanzwirtschaftlichen Risikos einer Investition
- Nichtberücksichtigung der Rückflüsse nach der Amortisationszeit
- Nichteinbeziehung des Aspektes der unterschiedlichen Nutzungsdauer der Investitionsobjekte

Kapitalwertmethode (Bar-Kapitalwert-Methode)

Merkmale:
– zeitlich und betragsmäßig differenzierte Erfassung der Zahlungsreihen
– Schwierigkeit der Relativierung der Ungewissheit der Zahlungsreihen trotz integrierender Korrekturverfahren

Kapitalendwertmethode

Merkmale:
entspricht formal der Bar-Kapitalwertmethode, Zahlungsreihen werden jedoch auf das Ende des Betrachtungszeitraumes bezogen

interne Zinsfußmethode ❷

Merkmale:
Methode, bei der die Ausgaben und Einnahmen eines internen Zinssatzes so abgezinst werden, dass der Kapitalwert null wird

Annuitätenmethode ❸

Merkmale:
Methode, die mittels Zinseszinsrechnung die Höhe des durchschnittlichen jährlichen Einnahmeüberschusses errechnet nach Abzug des Kapitaldienstes

Abbildung 4.17: Verfahren der Investitionsrechnung von Sachinvestitionen

4.5.5.3 Ausgewählte Rechenbeispiele

Demonstrationsbeispiel zur Investitionsrechnung mittels statischer Rechenverfahren

Sachverhalt

Ein wichtiges Hilfsmittel, das eine rationelle Beurteilung investitionspolitischer Maßnahmen ermöglicht, verkörpert die Investitionsrechnung in statischer Form. Der gewünschte Beurteilungseffekt richtet sich letztendlich nach der eingangs fixierten Zielstellung der Verfahren, also entweder der Beurteilung einer Einzelentscheidung oder der Entscheidung über die jeweilige Vorteilhaftigkeit von Investitionsalternativen oder der Ermittlung des optimalen Ersatzzeitpunktes.

Ausgangsdaten

Daten	Investitionsalternative	
	I_1	I_2
Anschaffungskosten (€)	300.000	150.000
Nutzungsdauer (Jahre)	10	10
Kapazität (LE/Jahr)	17.000	15.000
Auslastung (LE/Jahr)	10.000	10.000
Rest(erlös)wert (€)	20.000	0
Zinssatz (%)	7	7
Materialeinzelkosten (€/Jahr)	50.000	55.000
Energiekosten (€/Jahr)	3.500	2.500
Instandhaltungskosten für Mindestmaßnahmen (€/Jahr)	16.000	12.000
Fertigungslohn einschl. Lohnnebenkosten (€/Jahr)	20.000	35.000
Sondereinzelkosten der Fertigung (€/Jahr)	2.500	3.000
Gehälter einschl. Nebenkosten (€/Jahr)	15.000	15.000

Aufgabenstellungen

1. Ermitteln Sie auf der Grundlage der vorliegenden Ausgangsdaten die Vorteilhaftigkeit der Investitionsalternativen nach der Methode der **Kostenvergleichsrechnung**.
2. Ermitteln Sie ebenfalls nach der Methode der Kostenvergleichsrechnung die Vorteilhaftigkeit, jetzt aber unter der Annahme eines **differenzierten Auslastungsgrades** (I_1 = 12.500)
   Die Berechnung soll dabei auf den folgenden Voraussetzungen beruhen:
   - Die mittels der alternativen Investitionsobjekte zu fertigenden Erzeugnisse sind ähnlich oder gleich.
   - Die Preise der zu fertigenden Erzeugnisse sind in ihrer Höhe absatzunabhängig.
3. Definieren Sie den Begriff der „**kritischen Menge**" und ermitteln Sie diese rechnerisch und grafisch für den unter 1. genannten Sachverhalt.
   Wie kann die Formel zur Bestimmung der kritischen Menge bezogen auf die grafische Lösung betriebswirtschaftlich interpretiert werden?
4. Ermitteln Sie weiterhin tabellarisch für den unter 1. angeführten Sachverhalt die Vorteilhaftigkeit beider Alternativen, jetzt unter der Maßgabe der Berechnung des **geeignetsten Ersatzzeitpunktes** für beide Varianten, wobei folgende Unterstellungen bzw. Zusatzdaten gelten:
   - I_1 entspricht dem „neuen Investitionsobjekt"
   - I_2 entspricht dem „alten Investitionsobjekt"

– angenommener Ersatzzeitpunkt: Ende 8. Nutzungsjahr
– altes Investitionsobjekt könnte in Zahlung gegeben werden
– Resterlöswert (alt) am Ende der Nutzungsdauer = 2.000 €
– Resterlöswert (alt) am Ende der 8. Nutzungsjahres = 5.000 €

5. Ermitteln Sie unter Berücksichtigung der Ausgangsdaten nun die relative Vorteilhaftigkeit der Investitionsobjekte für alle drei Entscheidungstypen nach der tabellarischen Methode der **Gewinnvergleichsrechnung**, wenn folgende Bedingungen/**Zusatzdaten** gelten:
   – bei der Berechnung der Einzel-, Alternativ- und Ersatzentscheidung gelten die Preise:
     für I_1 = 15,10 €/EE
     für I_2 = 14,30 €/EE
6. Berechnen Sie nun für die unter 1. und 5. fixierten Sachverhalte und Zusatzdaten die **kritische Auslastung** beider alternativen Investitionsobjekte auf der Basis der Ihnen bekannten Gewinnfunktionen. Interpretieren Sie das Ergebnis.
7. Ermitteln Sie weiterhin die absolute Vorteilhaftigkeit mittels der **Rentabilitätsvergleichsrechnung** für alle drei Entscheidungstypen unter den in den Punkten 4. und 5. angeführten Sachverhalten und Zusatzdaten. Außerdem gilt bei der Einzelentscheidung eine Mindestrentabilität von 7 Prozent.
8. Berechnen Sie abschließend mittels der **Amortisationsvergleichsrechnung** die Vorteilhaftigkeit von Investitionen auf der Grundlage der ersten beiden Entscheidungstypen, basierend auf den unter 1. und 5. ermittelten Ausgangsdaten.
   Die vom Unternehmen geforderte Amortisationszeit beträgt 6 Jahre.
   Überlegen Sie darüber hinaus, inwieweit die errechneten Amortisationszeiten Auskunft über die wirtschaftliche Vorteilhaftigkeit von Investitionen geben.

Lösungen:

zu 1. Entscheidungsregel $K_{I_1} >=< K_{I_2}$

Das heißt, bei leistungsgleichen Alternativobjekten ist die Anlage vorzuziehen, die die **niedrigsten** jährlichen Kosten aufweist.

Damit gilt: $K_{I_1} = K_{v_1} + K_{f_1} >=< K_{I_2} = K_{v_2} + K_{f_2}$

Unter Zugrundelegung der Ausgangsdaten und nachfolgender Daten des Kostenvergleichs

	I_1	I_2
Fixe Kosten		
• Abschreibungen (€/Jahr)	28.000	15.000
• Zinsen (€/Jahr)	11.200	5.250
• Raumkosten (€/Jahr)	–	–
• Instandhaltungskosten für Mindestmaßnahmen (€/Jahr)	16.000	12.000
• Gehälter einschl. Sozialleistungen	15.000	15.000
• Sonstige fixe Kosten	–	–
Summe Fixkosten pro Jahr	70.200	47.250

4

	I_1	I_2
Variable Kosten		
• Löhne einschl. Lohnnebenkosten	20.000	35.000
• Materialeinzelkosten	50.000	55.000
• Energiekosten	3.500	2.500
• Werkzeugkosten	2.500	3.000
• Sonstige variable Kosten	–	–
Summe variable Kosten pro Jahr	76.000	95.500

einschließlich notwendiger Nebenrechnungen für die **Abschreibungen** und **Zinsen**

– Abschreibungsbetrag

$$b_{I_1} = \frac{(A - RW)}{n} = \frac{300.000 - 20.000}{10} = \underline{\underline{28.000 \ €/Jahr}}$$

– Abschreibungsbetrag

$$b_{I_2} = \frac{A}{n} = \frac{150.000}{10} = \underline{\underline{15.000 \ €/Jahr}}$$

– Zinsen

$$Z_{I_1} = \frac{(A + RW)}{2} \cdot i = \frac{(300.000 + 20.000)}{2} \cdot 0,07 = \underline{\underline{11.200 \ €/Jahr}}$$

– Zinsen

$$Z_{I_2} = \frac{A}{2} \cdot i = \frac{150.000}{2} \cdot 0,07 = \underline{\underline{5.250 \ €/Jahr}}$$

ergibt sich folgendes Resultat:

K_{I_1} (146.200) > K_{I_2} (142.750) → I_2 ist günstiger!

zu 2. Entscheidungsregel: $k_{I_1} >=< k_{I_2}$

Das heißt, bei Investitionsalternativen mit unterschiedlichen Leistungsmengen sind die Stückkosten also die Kosten einer Investitionsalternative /Jahr durch die Leistungsmenge /Jahr zu Grunde zu legen.
Damit gilt:

$$k_{I_1} = \frac{165.200 \ €/Jahr}{12.500 \ Stück/Jahr} = \underline{\underline{13,216 \ €/Stück}}$$

$$k_{I_2} = \frac{142.750 \ €/Jahr}{10.000 \ Stück/Jahr} = \underline{\underline{14,275 \ €/Stück}}$$

$k_{I_1} < k_{I_2}$ → I_1 ist günstiger!

zu 3. Definition „kritische Menge“: Die kritische Menge ist die Leistungsmenge, bei der die Kosten beider Investitionsalternativen gleich sind.
Formelansatz:

(variable Kosten /Stück der Anlage 1 • x) + Fixkosten p.a. der Anlage 1
=
(variable Kosten /Stück der Anlage 2 • x) + Fixkosten p.a. der Anlage 2

Damit gilt rechnerisch:

$$\frac{76.000 \text{ Stück}}{10.000 \text{ Stück/a}} \cdot x + 70.200 \text{ €/a} = \frac{95.500 \text{ Stück}}{10.000 \text{ Stück/a}} \cdot x + 47.250 \text{ €/a}$$

$$1{,}95 \ x = 22.950$$

$$x = 11.769{,}23 \text{ Stück/a}$$

Probe:

$$7{,}60 \cdot 11.769{,}23 + 70.200 = 9{,}55 \cdot 11.769{,}23 + 47.250$$

$$159.646{,}14 \text{ €/a} = 159.646{,}14 \text{ €/a}$$

Für die grafische Darstellung gilt:

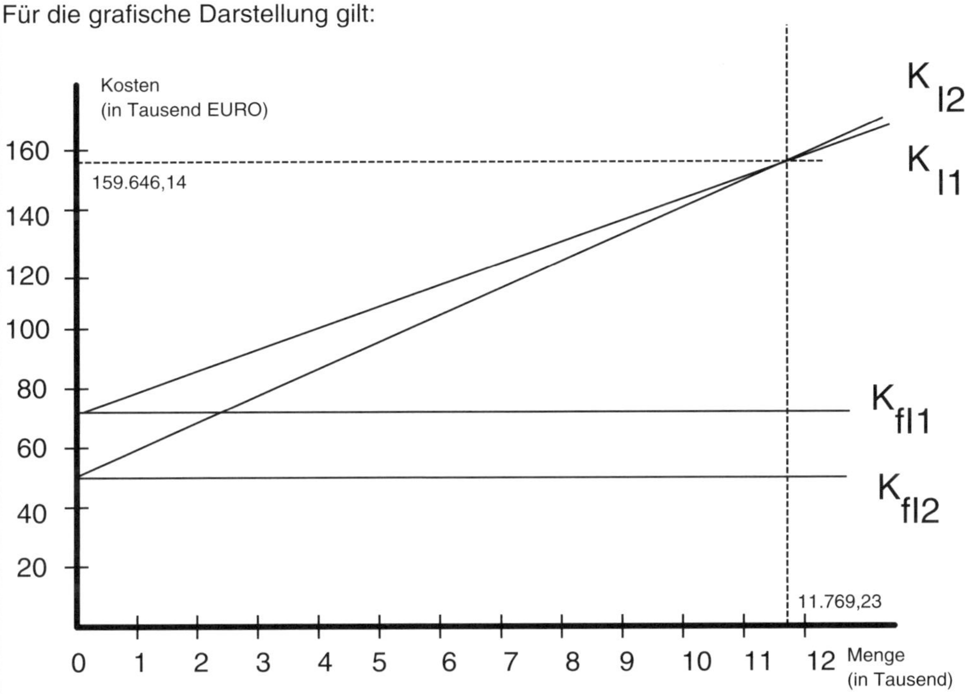

Betriebswirtschaftliche Interpretation:

- Bei einer fiktiven Produktionsmenge von 11.769,23 Stück/Jahr wären die Gesamtkosten beider Alternativen gleich (siehe Probe und Schnittpunkt).
- Bei $x > 11.769{,}23$ Stück/Jahr ist die Alternative I_1 immer günstiger, da geringere Gesamtkosten (z. B. x = 12.600 Stück/Jahr; K_{I1} = 165.960 €/Jahr; K_{I2} = 167.500 €/Jahr), obwohl I_1 einen um 150.000 € höheren Anschaffungswert besitzt (Kapitalknappheit ausgeschlossen!).
- Bei $x < 11.769{,}23$ Stück/Jahr ist die Alternative I_2 immer günstiger (z. B. 10.800 Stück/Jahr; K_{I1} = 152.280 €/Jahr; K_{I2} = 150.390 €/Jahr).
- Zu überprüfen wäre weiterhin, ob die kritische Menge in beiden Fällen innerhalb des Kapazitätslimits liegt!
- Unterstellt wird in diesem Zusammenhang auch, dass die Stückzahl der kritischen Menge am Markt realisierbar ist!

zu 4. Entscheidungsregel der Ersatzentscheidung: $K_{I_N} >=< K_{I_A}$

Tabellarischer Kostenvergleich:

		neues Investitions-objekt (I_1)	Altes Investitions-objekt (I_2)
Anschaffungskosten	(€)	300.000	150.000
Restwert	(€)	20.000	0
Nutzungsdauer	(Jahre)	10	10
Auslastung	(Stück/Jahr)	10.000	10.000
Zinssatz	(%)	7	7
Restnutzungsdauer	(Jahre)		2
Resterlöswert Ende des 8. Jahres	(€)		5.000
Resterlöswert Ende des 10. Jahres	(€)		2.000
Abschreibungen	(€/Jahr)	28.000	–
Verringerung des Liquidationswertes[1)]	(€/Jahr)	–	1.500
Zinsen[2)]	(€/Jahr)	11.200	245
Raumkosten	(€/Jahr)	–	–
Instandhaltungskosten	(€/Jahr)	16.000	12.000
Gehälter	(€/Jahr)	15.000	15.000
Sonstige fixe Kosten	(€/Jahr)	–	–
fixe Kosten	(€/Jahr)	70.200	28.745
Löhne	(€/Jahr)	20.000	35.000
Materialkosten	(€/Jahr)	50.000	55.000
Energiekosten	(€/Jahr)	3.500	2.500
Werkzeugkosten	(€/Jahr)	2.500	3.000
sonstige variable Kosten	(€/Jahr)	–	–
variable Kosten	(€/Jahr)	76.000	95.500
gesamte Kosten	(€/Jahr)	146.200 >	124.245
Kostendifferenz (N – A)	(€/Jahr)	+ 21955	

Nebenrechnungen zum Index 1) und 2):
Achtung:
Die Berechnung erfolgt unter der Annahme, dass beim Kostenvergleich lediglich die Betriebskosten der alten Investition den Betriebs- und Kapitalkosten der neuen Investition gegenübergestellt werden.
Wenn es jedoch für das alte Objekt einen *Resterlöswert* (Verkaufswert zum Ersatzzeitpunkt) gibt, so ist dieser in Form der durchschnittlichen Verringerung des Erlöses zu berücksichtigen!

1) $$l = \frac{L_{AV} - L_{EV}}{v} = \frac{5.000 - 2.000}{2} = \underline{\underline{1.500\ €}}$$

Der analoge Sachverhalt bezieht sich auch auf die kalkulatorischen Zinsen, da diese bei einer Weiternutzung des Objektes berechtigterweise angesetzt werden müssten!

2) $$Z = \frac{L_{AV} + L_{EV}}{2} \cdot i = \frac{5.000 + 2.000}{2} \cdot 0{,}07 = \underline{\underline{245\ €}}$$

Legende:
L_{AV} = Resterlöswert zum Ersatzzeitpunkt
L_{EV} = Resterlöswert zum Nutzungsdauerende

Auswertung:
Die Kostendifferenz von 21.955 € lässt erkennen, dass es noch nicht vorteilhaft ist, das alte Objekt zum Ende des 8. Nutzungsjahres zu ersetzen!

zu 5. Entscheidungsregel der Einzelentscheidung: $G_{I_1} \geq 0$

Tabellarische Grundstruktur:

		€	
Erträge	(€/Jahr)		151.000
fixe Kosten	(€/Jahr)	70.200	
variable Kosten	(€/Jahr)	76.000	
gesamte Kosten	(€/Jahr)		146.200
Gewinn	(€/Jahr)	+ 4.800	

Fazit: $G_{I_1} > 0$, Investition unter diesen Konditionen (Preis 15,10 €/EE und 10.000 LE/Jahr) effizient!

Entscheidungsregel der Alternativentscheidung: $G_{I_1} >=< G_{I_2}$

Tabellarische Grundstruktur:

	Investitionsobjekt I	Investitionsobjekt II
Leistung	10.000	10.000
Erträge	151.000	143.000
fixe Kosten variable Kosten	70.200 76.000	47.250 95.500
gesamte Kosten	146.200	142.750
Gewinn	+ 4.800	+ 250
Gewinndifferenz I – II	+ 4.550	

Fazit: $G_{I_1} > G_{I_2}$
Investitionsalternative I_1 besser, obwohl Kostenvergleichsrechnung eine andere Entscheidung ausgewiesen hat!

Beachte:
- Wenn beide Alternativen einer gleichen oder ungleichen Auslastung unterliegen, darf nur die Gewinnvergleichsrechnung pro Periode angewandt werden.
- Die Gewinnvergleichsrechnung pro Leistungseinheit kann nur erfolgen, wenn die Auslastung beider Vergleichsobjekte gleich hoch ist!

4

Entscheidungsregel der Ersatzentscheidung: $G_{I_N} >=< G_{I_A}$

		neues Investitions-objekt (I_1)	Altes Investitions-objekt (I_2)
Anschaffungskosten Restwert Nutzungsdauer Auslastung Zinssatz	(€) (€) (Jahre) (Stück/Jahr) (%)	10.000	10.000
Restnutzungsdauer Resterlöswert zu Beginn der Rest-ND Resterlöswert am Ende der Rest-ND	(Jahre) (€) (€)		2 5.000 2.000
Erträge	(€/Jahr)	151.000	143.000
fixe Kosten	(€/Jahr)	70.200	28.745
variable Kosten	(€/Jahr)	76.000	95.500
gesamte Kosten	(€/Jahr)	146.200	124.245
Gewinn	(€/Jahr)	4.800	18.755
Gewinndifferenz (A – N)	(€/Jahr)	+ 13.955	

Erkenntnis:
Es lohnt sich nicht, das alte Investitionsobjekt auszusondern und durch ein neues zu ersetzen, da das alte noch einen um 13.955 € höheren Gewinn erwirtschaftet! Das Ergebnis von 4. wird bestätigt.

zu 6. **Kritische Auslastung**
ist die Menge, bei welcher die durch die alternativen Investitionsobjekte erwirtschafteten Gewinne gleich hoch sind.

Formelansatz: $p_{I_1} x - k_{v_{I_1}} x - K_{f_{I_1}} = p_{I_2} x - k_{v_{I2}} x - K_{fI_2}$

$$15{,}10x - 7{,}60x - 70.200 = 14{,}30x - 9{,}55x - 47.250$$
$$7{,}5x - 70.200 = 4{,}75x - 47.250$$
$$2{,}75x = 22.950$$
$$\underline{\underline{x = 8.345 \text{ Stück/a}}}$$

Probe:
$$(15{,}1 \bullet 8.345) - (7{,}6 \bullet 8.345) - 70.200 = (14{,}3 \bullet 8.345) - (9{,}55 \bullet 8.345) - 47.250$$
$$\underline{\underline{-7.612{,}5 = -7.612{,}5}}$$

Interpretation:
- Die kritische Auslastung beider Objekte liegt bei 8.345 Stück/Jahr.
- Bei weniger als 8.345 Stück/Jahr ist das Investitionsobjekt I_2 vorteilhafter, bei mehr als die errechnete Menge ist Objekt I_1 vorzuziehen!

Legende:
p = Preis/EE
x = Stückzahl/Jahr
k_v = variable Kosten/Stück
K_f = Fixkosten/Jahr

zu 7. Entscheidungsregel der Einzelentscheidung: $R_{I_1} \geq R_{min}$

	€
Erträge	151.000
Abschreibungen	28.000
Zinsen	–
übrige fixe Kosten	31.000
fixe Kosten	59.000
variable Kosten	76.000
gesamte Kosten	135.000
Gewinn	+ 16.000

Achtung:
- Der **durchschnittliche Gewinn** ist als zusätzlicher, durch die Investition verursachter Gewinn zu verstehen, der nicht durch kalkulatorische Zinsen gemindert sein darf, da sich ansonsten statt der durchschnittlichen jährlichen Verzinsung lediglich die über den kalkulatorischen Zins hinausgehende Verzinsung ergeben würde.
- Für den ebenfalls für die Berechnung notwendigen durchschnittlichen Kapitaleinsatz werden bei abnutzbaren Anlagegütern die halben, um den Restwert geminderten Anschaffungswerte angesetzt.

Damit gilt:

$$R = \frac{G \cdot 100}{\varnothing \text{ Kapitalwert}} \% = \frac{16.000 \text{ €/Jahr} \cdot 100}{140.000 \text{ €}} \% = 11{,}42 \%$$

Fazit: R_{I_1} (11,42 %) > R_{min} (7 %) → Investition wäre vorteilhaft, da eine um 4,42 % höhere Rendite erreicht wird.

Entscheidungsregel der Alternativentscheidung: $R_{I_1} >=< R_{I_2}$

Tabellarische Grundstruktur:

		Investitionsobjekt I_1	Investitionsobjekt I_2
Anschaffungskosten	€	300.000	150.000
Restwert	€	20.000	0
Nutzungsdauer	Jahre	10	10
Auslastung	Stück/Jahr	10.000	10.000
Zinssatz	%	7	7
Erträge		151.000	143.000
Abschreibungen		28.000	15.000
Zinsen		–	–
übrige fixe Kosten		31.000	27.000
fixe Kosten		59.000	42.000
variable Kosten		76.000	95.500
gesamte Kosten		135.000	137.500
Gewinn		+ 16.000	+ 5.500

$$R_{I_2} = \frac{G \cdot 100}{\varnothing \text{ Kapitalwert}} \% = \frac{5.500 \text{ EURO/Jahr} \cdot 100}{75.000 \text{ EURO}} \% = 7{,}33 \%$$

Investition I_1 ist absolut vorteilhafter.

Als Entscheidungsmaßstab für die Ersatzentscheidung gilt der Prozentsatz der **zusätzlichen Kostenersparnis** unter der Voraussetzung konstanter Erträge (vgl. *Olfert* 1995, 172/173):

$$R = \frac{K_A - K_N}{D_N} \cdot 100\,\% \qquad R = \frac{124.245 - 146.200}{140.000} \cdot 100\,\% = \underline{\underline{-15{,}68\,\%}}$$

Erkenntnis:
Da der Rentabilitätswert negativ ist, sollte das alte Investitionsobjekt nicht ersetzt werden.

zu 8. Entscheidungsregel der Einzelentscheidung auf der Basis der Messung der Amortisationszeit:

$$AZ_{I_1} \leq AZ_{max}$$

Damit gilt:

$$\text{Amortisationszeit} = \frac{\text{Kapitaleinsatz}}{\text{zusätzlicher Gewinn} + \text{zusätzliche Abschreibungen}}$$

	Investitionsobjekt I_1	Investitionsobjekt I_2
Anschaffungskosten	300.000	150.000
Restwert	20.000	0
Abschreibungen	28.000	15.000
Gewinn	4.800	250
Rückfluss	32.800	15.250

$$AZ_{I_1} = \frac{300.000\ (€)}{32.800\ (€/\text{Jahr})} = \underline{\underline{9{,}15\ \text{Jahre}}}$$

Auswertung:
Investition ist nicht vorteilhaft, da die errechnete Amortisationszeit größer ist als die laut Aufgabenstellung zugelassene.

Entscheidungsregel der Alternativentscheidung:

$$AZ_{I_1} >=< AZ_{I_2}$$

$$AZ_{I_2} = \frac{150.000\ €/\text{Jahr}}{15.250\ €/\text{Jahr}} = \underline{\underline{9{,}84\ \text{Jahre}}}$$

Auswertung:
Das Investitionsobjekt I_1 ist dem Investitionsobjekt I_2 vorzuziehen, da es eine um 0,69 Jahre kürzere Amortisationszeit aufweist.

Demonstrationsbeispiel zur Investitionsrechnung mittels der Kapitalwertmethode

Sachverhalt

Ein wichtiges Kriterium für die Wahl eines normalen, dynamischen oder sparsamen Investitionsbudgets ist die Kenntnis der aufwands- und ertragsmäßigen Wirkungen des eingesetzten Investitionskapitals nicht nur im Budgetjahr, sondern auch in den Folgejahren und damit im Investitionsprogramm eines Unternehmens.

Dieser zeitraumbezogene Nutzeffektsnachweis kann mit statischen Methoden nicht mehr erbracht werden, da sie sich einerseits nur auf eine bestimmte Berechnungsperiode (Anfangs- oder Repräsentationsperiode) beziehen und andererseits den unterschiedlichen zeitlichen Anfall der Ein- und Auszahlungen und damit notwendige Zinsrechnungen nicht mit berücksichtigen. Bezogen auf die Gewinnvergleichsrechnung z. B. heißt das, dass Gewinne bei gleichem arithmetischen Mittel trotzdem nicht vergleichbar sind, da erzielte/erzielbare Gewinne aus einer Investitionsmaßnahme für ein Unternehmen umso positiver zu bewerten sind, je früher sie höchstmöglich erzielt werden.

Diesem Sachverhalt tragen die dynamischen Investitionsrechnungsverfahren Rechnung, indem sie auf Einnahmen und Ausgaben und nicht auf Aufwendungen und Erträge basieren, indem sie darüber hinaus eine Bezugnahme auf alle Nutzungsperioden garantieren und indem sie sich durch den Einsatz finanzmathematischer Methoden der Zinsrechnung bedienen.

Ausgangsdaten

Daten		Investitionsalternative	
		I_1	I_2
Anschaffungskosten	(€)	300.000	150.000
Nutzungsdauer	(Jahre)	10	10
Liquidationserlös	(€)	20.000	0
Zinssatz	(%)	7	7
Einnahmen	(€/Jahr)		
1. Jahr	(€)	650.000	900.000
2. Jahr	(€)	750.000	500.000
3. Jahr	(€)	600.000	600.000
4. Jahr	(€)	500.000	750.000
5. Jahr	(€)	900.000	650.000
Ausgaben	(€/Jahr)		
1. Jahr	(€)	600.000	700.000
2. Jahr	(€)	700.000	400.000
3. Jahr	(€)	300.000	300.000
4. Jahr	(€)	400.000	700.000
5. Jahr	(€)	700.000	600.000

Aufgabenstellungen

1. Definieren Sie den Begriff „**Kapitalwert**“ und formulieren Sie den **Grundsatz** der Kapitalwertmethode.
2. Beurteilen Sie mittels der rechnerischen und tabellarischen **Kapitalwertmethode** die Vorteilhaftigkeit einer Einzelentscheidung (I_1) auf der Basis der fixierten Ausgangsdaten ohne Berücksichtigung eines Liquidationserlöses und bei jährlich unterschiedlichen Einnahmeüberschüssen. Interpretieren Sie das Ergebnis.

4

3. Welcher **Kapitalwert** würde sich ergeben, wenn bei dem unter 2. genannten Sachverhalt der **Liquidationserlös** zu berücksichtigen wäre? Bestimmen Sie den Formelansatz!
4. Berechnen Sie den **Kapitalwert** nun auf der Basis der Tabellenwerte für den vorangestellten Sachverhalt, jetzt aber unter der Annahme, dass die **jährlichen Einnahmenüberschüsse gleich bleibend** (z. B. 140.000 €) wären. Welche Sonderformel der Kapitalwertbestimmung gilt?
5. Ermitteln Sie nun tabellarisch und mittels Zinstabelle die **Kapitalwerte** für die im Ausgangstableau angeführten Investitionsobjekte unter der Prämisse, dass der Anschaffungswert von I_2 gleich dem Wert von I_1 wäre. Leiten Sie anhand der zutreffenden Entscheidungsregel Ihre Vorteilhaftigkeitsentscheidung ab!
6. Ermitteln Sie nun die Kapitalwerte auf der Basis des im Datentableau **tatsächlich** ausgewiesenen Anschaffungswertes für I_2. Erweitern Sie die Entscheidungstabelle um den Differenzbetrag. Dieser soll in einer fiktiven oder realen Ergänzungsinvestition in die Entscheidung einbezogen werden. Als **angenommene** Einzahlungsüberschüsse dieser Investition für die einzelnen Jahre gelten:
   - 1. Jahr 15.000 €
   - 2. Jahr 13.000 €
   - 3. Jahr 18.000 €
   - 4. Jahr 21.000 €
   - 5. Jahr 14.000 €

Lösungen

zu 1. **Definition** Kapitalwert

Der Kapitalwert einer Investition dokumentiert die Differenz zwischen der Summe der Barwerte der investitionsresultierenden Einnahmenüberschüsse und der Investitionsausgabe zum Zeitpunkt t_0.

Formel (in Anlehnung an *Olfert* 1995, 192 ff.):

$$C_0 = C_e - C_a$$

C_0 = Kapitalwert
C_e = abgezinste Einnahmen (einschließlich Liquidationserlös)
C_a = abgezinste Ausgaben (einschließlich Anschaffungswert)

Grundansatz der Kapitalwertmethode:

- Die Kapitalwertmethode verkörpert ein Verfahren der Investitionsrechnung, bei dem der Kapitalwert zum Beginn der Nutzungsdauer von Investitionsobjekten als Maßstab der Vorteilhaftigkeit dient.
- Wie aus Abbildung 4.17 ersichtlich, benutzt dieses Verfahren Zahlungsreihen als Rechengrößen.
- Die Struktur der Zahlungsvorgänge wird dahingehend beachtet, indem die in einem Zeitraum anfallenden Einnahmen und Ausgaben mittels der Zinseszinsrechnung auf einen gemeinsamen Zeitpunkt (t_0) bezogen werden.
- Der gemeinsame Vergleichsmaßstab kann durch zwei Möglichkeiten erreicht werden:
  1. Festlegung eines einheitlichen Bezugszeitpunktes t_0: Zahlungen „abzinsen" ➨ Kapitalwert
  2. Festlegung eines einheitlichen Bezugszeitpunktes t_n: Zahlungen „aufzinsen" ➨ Endwert

4

- Die dynamischen Verfahren basieren auf vereinfachenden Annahmen:
  1. Der gesamte Zeitraum t beinhaltet gleich große Perioden t_0 t_1 ... t_n
  2. Die Zahlungen fallen jeweils am Ende einer Periode an.
  3. Soll- und Habenzinsen werden als gleich groß betrachtet.

zu 2. Entscheidungsregel bei Einzelentscheidung: $C_0 \geq 0$

Rechnerischer Lösungsansatz (bei jährlich unterschiedlichen Überschüssen und ohne Liquidationserlös):

Formel (nach *Olfert* 1995, 194):

$$C_0 = \frac{e_1 - a_1}{q} + \frac{e_2 - a_2}{q^2} + \cdots + \frac{e_n - a_n}{q^n} - a_0$$

Legende:

C_0 = Kapitalwert (€)

e = Einnahmen in den Nutzungsjahren 1 ... n (€/Jahr)

a = Ausgaben in den Nutzungsjahren 1 ... n (€/Jahr)

a_0 = Anschaffungswert (€)

q = Aufzinsungsfaktor (%) $(1+i)^n$ $i = \frac{\text{Prozentsatz}}{100}$

Beachte:

$$\frac{1}{q^n} = \frac{1}{(1+i)^n} = \text{Abzinsungsfaktor}$$

$$C_0 = \frac{650.000 - 600.000}{(1+0{,}07)} + \frac{750.000 - 700.000}{(1+0{,}07)^2} + \frac{600.000 - 300.000}{(1+0{,}07)^3} + \frac{500.000 - 400.000}{(1+0{,}07)^4} + \frac{900.000 - 700.000}{(1+0{,}07)^5} - 300.000$$

$$C_0 = \frac{50.000}{1{,}07} + \frac{50.000}{1{,}1449} + \frac{300.000}{1{,}2250} + \frac{100.000}{1{,}33107} + \frac{200.000}{1{,}4025} - 300.000$$

$$= + \ 254.196{,}44 \ €$$

Tabellarischer Lösungsansatz

Jahre	Einnahmen	Ausgaben	Überschüsse	Abzinsungsfaktor	Barwerte
1	650.000	600.000	50.000	0,935	46.750
2	750.000	700.000	50.000	0,873	43.650
3	600.000	300.000	300.000	0,816	244.800
4	500.000	400.000	100.000	0,763	76.300
5	900.000	700.000	200.000	0,713	142.600
Summe					554.100
– Anschaffungswert					300.000
= Kapitalwert (Differenz der Summe der Barwerte der künftigen EZÜ und der Investitionsausgabe t_0)					+ 254.100

Beachte: Die Berechnung des Abzinsungsfaktors (Diskontierungsfaktor) erfolgte bei der tabellarischen Berechnung mittels Tabellenwerk (Auszug nachstehend).

Jahre n	Zinssatz 1 %	2 %	3 %	4 %	5 %	6 %	7 %	...
1	0,990	0,980	0,971	0,962	0,952	0,943	0,935	...
2	0,980	0,961	0,943	0,925	0,907	0,890	0,873	...
3	0,971	0,942	0,915	0,889	0,864	0,840	0,816	...
4	0,961	0,924	0,888	0,855	0,823	0,792	0,763	...
5	0,951	0,906	0,863	0,822	0,784	0,747	0,713	...
...	...	...	...	...	...	...	...	...

Zwischen dem rechnerischen (z. B. 46.728,97) und dem tabellarischen Wert (z. B. 46.750) können zum Teil größere Differenzen auftreten, deshalb ist der geforderte Genauigkeitsanspruch zu beachten.

Interpretation:

- Im vorliegenden Beispiel liegt ein **positiver Kapitalwert** vor, d. h., dass ein Investitionsobjekt über die investitionsbedingten Ausgaben und die erwartete Verzinsung hinaus einen Investitionsgewinn in Höhe des positiven Kapitalwertes erwirtschaftet.
- Ergibt sich ein **Kapitalwert von null**, dann decken die Einnahmen lediglich die investitionsbedingten Ausgaben und die erwartete Verzinsung. Obwohl ein Investitionsgewinn nicht gegeben ist, kann die Investition immer noch als positiv beurteilt werden – es sei denn, es stünde eine Investitionsalternative zur Auswahl, die einen höheren Kapitalwert aufweist.
- Ein **negativer Kapitalwert** deutet darauf hin, dass die Investition unvorteilhaft ist.

zu 3. Rechnerischer Lösungsansatz (unter Berücksichtigung von Liquidationserlösen)

Formel: $$C_0 = \frac{e_1 - a_1}{q} + \cdots + \frac{e_n - a_n}{q^n} + \frac{L}{q^n} - a_0$$

L = Liquidationserlös (€)

$$554.199{,}44 + \frac{L}{q^n}\left(\frac{20.000}{1{,}4025} = 14.260{,}24\right) - 300.000 = \underline{\underline{268.459\ €}}$$

Tabellarischer Lösungsansatz (Ergebnis der Barwerte – siehe 2.)

Jahre	Einnahmen	Ausgaben	Überschüsse	Abzinsungsfaktor	Barwerte
1	650.000	600.000	50.000	0,935	46.750
2	750.000	700.000	50.000	0,873	43.650
3	600.000	300.000	300.000	0,816	244.800
4	500.000	400.000	100.000	0,763	76.300
5	900.000	700.000	200.000	0,713	142.600
L			20.000	0,713	14.260
Summe					568.360
– Anschaffungswert					300.000
= Kapitalwert					+ 268.360

zu 4. Sonderformel nach *Olfert* 1995, 105:

$$C_0 = \ddot{u} \cdot \frac{q^n - 1}{q^n (q-1)} + \frac{L}{q^n} - a_0$$

$$\frac{q^n - 1}{q^n (q-1)} = \text{Barwertfaktor}$$

ü = Einnahmenüberschüsse (€/Jahr)

Damit gilt, bezogen auf den Sachverhalt von 3.:

(140.000 · 4,100) + 14.260,24 – 300.000 = 288.260 €

zu 5. Entscheidungsregel bei Alternativentscheidung: $C_{0_{I_1}} >=< C_{0_{I_2}}$

Jahre	Abzinsungsfaktor	Investitionsobjekt 1		Investitionsobjekt 2			
		Überschuss	Barwert	Einnahmen	Ausgaben	Überschüsse	Barwert
1	0,935	50.000	46.750	900.000	700.000	200.000	187.000
2	0,873	50.000	43.650	500.000	400.000	100.000	87.300
3	0,816	300.000	244.800	600.000	300.000	300.000	244.800
4	0,763	100.000	76.300	750.000	700.000	50.000	38.150
5	0,713	200.000	142.600	650.000	600.000	50.000	35.650
+ L	0,713	20.000	14.260	–		–	
= Summe			568.360				592.900
– Anschaffungswert			300.000				300.000
= Kapitalwert			+ 268.360				+ 292.900

$C_{0_{I1}}$ (268.360 €) < $C_{0_{I2}}$ (292.900 €) → Alternative I_2 günstiger

zu 6.

	Investitionsobjekt 1		Investitionsobjekt 2		Ergänzungsinvestition
	Überschüsse	Barwert	Überschüsse	Barwert	Barwert
= Summe	720.000	568.360	700.000	592.900	66.067
– Anschaffungswert		300.000		150.000	150.000
= Kapitalwert		+ 268.360		+ 442.900	– 83.933

Aussage:

$C_{0_{I1}}$ (268.360 €) < $C_{0_{I2}}$ (442.900 €) → Alternative I_2 günstiger

Unter Einbeziehung einer Ergänzungsinvestition gilt:

$C_{0_{I1}}$ (268.360 €) < $C_{0_{I2}}$ (442.900 €) + $C_{0_{IE}}$ (– 83.933 €)

Trotz eines negativen Kapitalwerts aus der Ergänzungsinvestition spricht die Summe aus $C_{0_{I2}} + C_{0_{IE}}$ mit + 358.967 € für diese Alternativvariante gegenüber I_1.

4.6 Anlageninstandhaltung

4.6.1 Begriff und Grundsatzaufgaben

Die **Instandhaltung** beinhaltet im weiteren Sinne nach DIN 31051 die

„Gesamtheit aller Maßnahmen zum Bewahren und Wiederherstellen des Soll-Zustandes sowie zum Festlegen und Beurteilen des Ist-Zustandes für die jeweilige Betrachtungseinheit".

Dieser zielorientierte traditionelle Begriff kann im umgangssprachlichen Gebrauch mehrdeutig interpretiert werden. Zum einen verkörpert er das **Handlungsspektrum** aller Instandhaltungsarten, um die Zuverlässigkeit und Zeitverfügbarkeit der Anlagengüter zu bewahren oder wiederherzustellen. Zum anderen kennzeichnet er das betriebliche **Subsystem „**Instandhaltung**"**.
Die *Abbildung 4.18* stellt den markanten Definitionsinhalt bildlich dar.

Neuere Begriffsinterpretationen (vgl. *Werner* 1996, Punkt 3.2) erweitern die Begriffe der Instandhaltungsarten noch um die Arten **„instandhaltungsgerechte Konstruktion" und „systematische Schwachstellenbekämpfung"**, weil auch mit diesen Maßnahmen Soll-Zustände bewahrt bzw. wiederhergestellt werden können.

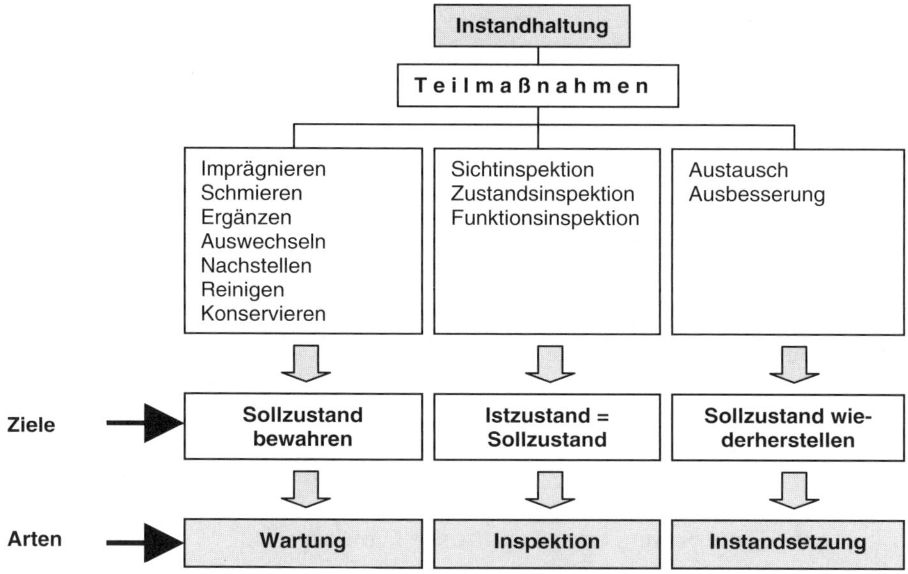

Abbildung 4.18: Zusammenhang von Teilmaßnahmen, Zielen und Arten der Instandhaltung

Die **Grundsatzaufgaben** der Instandhaltung lassen sich aus den drei Definitionszielen ableiten.

Sollzustand bewahren

Istzustand = Sollzustand

Sollzustand wiederherstellen

Im Einzelnen sind zu nennen:

- Realisierung von **Vorsorgemaßnahmen**, um den Abbau des installierten Abnutzungsvorrates während der Nutzungsdauer so gering wie möglich zu halten
- Realisierung von **Inspektionsmaßnahmen** zur Feststellung und Beurteilung des Abbaus des Abnutzungsvorrates, um die Zuverlässigkeit und Verfügbarkeit der Anlagengüter zu gewährleisten
- Realisierung von vorbeugenden und wiederherstellenden **Instandsetzungsmaßnahmen** zur Auffüllung des Abnutzungsvorrates
- Einhaltung der geplanten **Instandhaltungskosten** als Summe der Aufwendungen zur Realisierung der Wartungs-, Inspektions- und Instandsetzungsaufgaben (Gliederung und Budgetierung der Instandhaltungskosten siehe *Werner* 1996, Punkt 6.2 bzw. *Männel*, Integrierte Anlagenwirtschaft 1988, 28 ff. bzw. Broker 1989, 81 ff.)
- Senkung der durch den Ausfall eines Anlagengutes resultierenden **Schadens- und Schadensfolgekosten** als Oberbegriff der Stillsetzungs-, Stillstands-, Wiederanlauf- und Zusatzlaufkosten

Die drei in den beiden zuletzt genannten Grundsatzaufgaben erwähnten, mit der Instandhaltung verbundenen bzw. aus dieser resultierenden Kategorien wie Instandhaltungskosten (von 1980 bis 1994 haben sich diese verfünffacht), Schadenskosten und Schadensausfallkosten lassen sich in Bezug auf die angewandte **Instandhaltungsintensität** im Sinne der Häufigkeit und des Aufwandes einzelner Instandhaltungsmaßnahmen wie folgt darstellen (vgl. *Abbildung 4.19*).

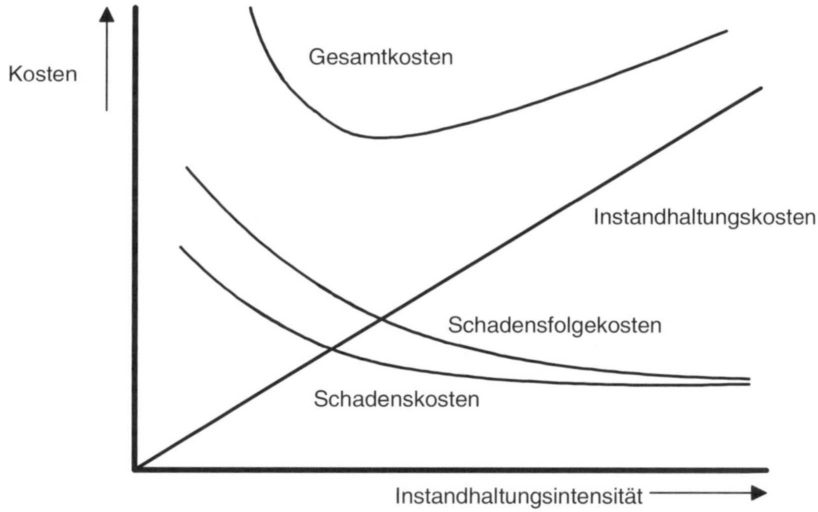

Abbildung 4.19: Zusammenhang Kosten und Instandhaltungsintensität

Im Minimum der **Gesamtkostenkurve** befindet sich demnach die optimale Instandhaltungsintensität oder anders formuliert die optimale Instandhaltungsstrategie. Dabei sind die Gesamtkosten nicht nur von dem Kostenumfang der einzelnen Maßnahmen, sondern auch von deren **Häufigkeit** abhängig.

4.6.2 Instandhaltungsarten

4.6.2.1 Wartung

Unter der Instandhaltungsart **Wartung** versteht man im weitesten Sinne

alle Pflegetätigkeiten wie Reinigung, Schmierung, Konservierung, Imprägnierung sowie die Tätigkeiten des Nachstellens, Auswechselns und Ergänzens mit dem Zielansatz der Erhaltung des Nutzungsvorrates der Anlagengüter.

Bevor die einzelnen Teilmaßnahmen der Wartung näher erläutert werden, muss gesagt werden, dass diese jeweils zweigeteilt gestaltet werden können, bezogen auf definierte **Realisierungsbedingungen** (siehe *Abbildung 4.20*).

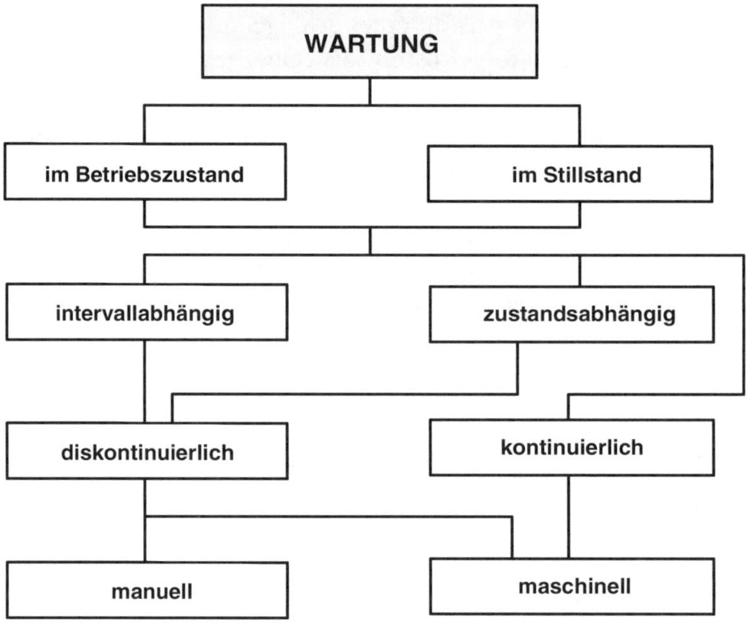

Abbildung 4.20: Binäre Realisierungsbedingungen der Wartung

Die wesentlichen Begriffsinterpretationen und damit Aufgabeninhalte der **Wartungstätigkeiten** werden im Folgenden kurz dargestellt:

Reinigung heißt Entfernung von Fremd-, Hilfsstoffen durch manuelle und maschinelle Tätigkeiten wie Schruppen, Scheuern, Saugen u. Ä.

Unter Schmierung versteht man das Zuführen von anforderungsgerechten Schmierstoffen zu definierten Schmier- bzw. Reibstellen mit dem Ziel der Senkung des Verschleißes und der Energieverluste auf der Grundlage eines Schmierplanes.

Konservierung verkörpert Schutzmaßnahmen gegen Fremdeinflüsse mit dem Ziel des Haltbarmachens von Betrachtungseinheiten.

Beseitigung einer toleranzüberschreitenden Abweichung mittels technischer Hilfsmittel.

Ersetzen bzw. Nach- und Auffüllen von Hilfsstoffen und Kleinteilen mit einfachen Werkzeugen und Vorrichtungen oft in Verbindung mit der Schmierung.

Um die in der Instandhaltungsart „Wartung" integrierten Tätigkeiten zweckentsprechend und wirtschaftlich durchführen zu können, bedarf es der Erarbeitung eines **Wartungsplanes**. Dieser sollte sowohl Angaben des Herstellers, Hinweise von Lieferanten, Wünsche des Nutzers, aber auch gesetzliche Auflagen bei der Konzipierung der Wartungstätigkeiten beinhalten. Abschließend sollte noch festgestellt werden, dass einige der genannten Tätigkeiten wie Reinigung, Schmierung und Konservierung auch von instandhaltungsfremden Bereichen wie z. B. der Fertigung durchgeführt werden bzw. werden können.

4.6.2.2 Inspektion

Die **Inspektion** als zweitgenannte Instandhaltungsart beinhaltet

alle Tätigkeiten zur Informationsgewinnung über den Abnutzungsvorrats-Abbau bzw. über die Nutzungsvorrats-Substanz einer Betrachtungseinheit. Dabei ist die Feststellung und Beurteilung bereits eingetretener Schäden keine Inspektion.

Auch dieser Maßnahmekomplex ist in Analogie zur Wartung binären Durchführungsbedingungen unterworfen wie z. B. Inspektion im **Betriebszustand** oder **Stillstand**.
Als wesentliche Arten der Inspektionsdurchführung sind zu nennen:

A Sichtinspektion beinhaltet

eine einfache, äußere Prüfung der Betrachtungseinheit in Bezug auf ihren Nutzungsvorrat/Mängel ohne technische Hilfsmittel.

B Zustandsinspektion beinhaltet

die Aufspürung verborgener Mängel wie Risse, Verschleißstellen u. Ä. mittels technischer Hilfsmittel, dabei sind die Messergebnisse (Istdaten) mit den Solldaten und zulässigen Toleranzgrenzen zu vergleichen.

C Funktionsinspektion beinhaltet

Maßnahmen, die vom Bedienungspersonal vor oder während der Produktion durchgeführt werden, wobei die festgelegten Funktionsabweichungen oft zusätzliche Fehlersuchen bedingen.

Für den Begriff der „Inspektion" wird neuerdings ein qualifizierteres Managementkonzept verwendet, die **Risk Based Inspection** (RBI). Der Ansatzpunkt dieser Methode ist der sonst meist vernachlässigte Aspekt der Beachtung der **Zuverlässigkeit** der technischen Anlagen. So sind in der Praxis häufig Daten über Ausfallursachen in Form von Instandsetzungsberichten vorhanden, jedoch werden diese nicht systematisiert erfasst und einer differenzierten Ursachenauswertung unterzogen. Die Integration von Ausfallhäufigkeiten muss dabei in starkem Zusammenhang mit der wirtschaftlichen Auswirkung des Ausfalls betrachtet werden, d. h., Anlagenteile mit geringen wirtschaftlichen Konsequenzen aber hoher Ausfallhäufigkeit werden unter Umständen intensiver betrachtet als Anlagen mit geringer Ausfallhäufigkeit aber hoher wirtschaftlicher Tragweite.

4.6.2.3 Instandsetzung

Die **Instandsetzung** – auch Reparatur genannt – beinhaltet

alle geplanten (vorbeugenden) und ungeplanten Einzelmaßnahmen, die zur Wiederherstellung des Soll-Zustandes einer Betrachtungseinheit durch Verschleiß, Mängel oder Schäden eingetreten sind. Dabei kann die Instandsetzung selbst durch Ausbessern (Reparatur) oder/und durch Teileaustausch vorgenommen werden.

Nach *Warnecke* 1992, 24 lassen sich die in *Abbildung 4.21* genannten **Teilmaßnahmen** und **Durchführungsmodi** der Instandsetzung unterscheiden.

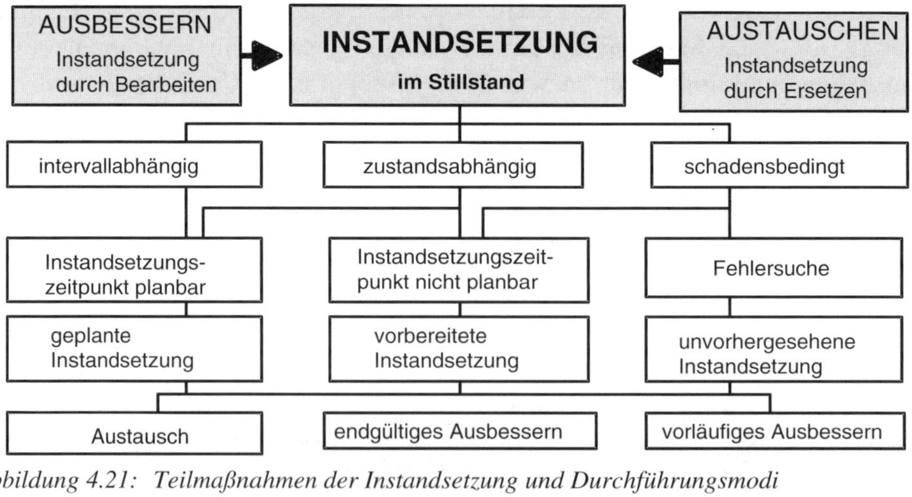

Abbildung 4.21: Teilmaßnahmen der Instandsetzung und Durchführungsmodi

Zur optimalen Kombination der Instandhaltungsarten und ihrer Untermaßnahmen verwendet man in der Praxis definierte Spielregeln, so genannte **Instandhaltungsstrategien** (IHS).
Als solche gelten Grundsätze,

> mit denen festgelegt wird, welche Instandhaltungstätigkeiten zu welchen Zeitpunkten an welchen Betrachtungseinheiten mit welchem Aufwand vorgenommen werden sollen einschließlich der erforderlichen Planungs-, Steuerungs- und Kontrolltätigkeiten.

Entsprechend dem in der Definition enthaltenen Aussagewert lässt sich dieser Oberbegriff in folgende **Strategietypen** weiter unterteilen (siehe *Abbildung 4.22*).

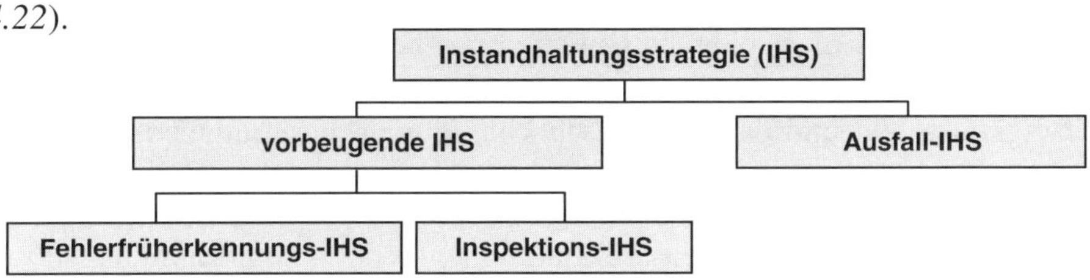

Abbildung 4.22: Einteilung der Instandhaltungsstrategien

Vor dem Hintergrund der zunehmenden Priorität des **Shareholder** als einem entscheidenden Aspekt für eine lang anhaltende Marktpräsenz steht auch die traditionelle Instandhaltung vor der Aufgabe, sich dem geänderten Rollenverständnis zu stellen und sich stärker als Teil der gesamten Wertschöpfungskette einer Unternehmung zu sehen.
Der konventionelle Inhalt der Instandhaltungsdefinition im Sinne des Bewahrens und Wiederherstellens von definierten Anlagezuständen ist zu erweitern um die Größe der Anlagenverbesserung (vgl. Abschnitt 4.7). Damit ist die Instandhaltung von morgen als eine Art „key“-Ressort anzusehen; welches gleichberechtigt mit den anderen betrieblichen Abteilungen in den Unternehmungsprozess eingebettet ist. Um diesem Forderungsanspruch zu genügen, bedarf es jedoch einer qualitativ veränderten Aufgabenstruktur der Instandhaltung im Sinne eines **Total Productive Management**. Die praktische Umsetzung dieses neuen Managementkonzeptes gebietet objektiv und subjektiv einen höheren Wissensstand der Instandhalter, besonders in Bezug auf die Anwendung aktueller Managementmethoden. Als solche sind u. a. zu nennen:

- Total Productive Maintenance (TPM – vgl. *Hartmann 1997*)
- Total Productive Equipment Maintenance (TPEM)
- Reliability Centered Maintenance (RCM)
- Life Cycle Costing (LCC)
- Dezentrale Anlagen- und Prozessverantwortung (DAPV).

Die ökonomische Wirksamkeit des angeführten Managementkonzeptes lässt sich auf der Grundlage einer strukturierten **Kennzahlenpyramide** (vgl. Härdler, Kemmner 1996, Punkt 6.5) durch Benchmarking nachweisen.

4.7 Anlagenentwicklung

4.7.1 Begriff und Motive

Unter dieser auch mit dem synonymen Begriff der **Anlagenverbesserung** bezeichneten anlagenspezifischen Teilfunktion versteht man alle Maßnahmen,

> die sich mit der Entwicklung bestehender Anlagengüter durch z. B. Zu- und Umbauten, Ergänzungen, Verbesserungen bzw. der prinzipiellen Neuentwicklung von Anlagengütern im eigenen Unternehmen befassen.

Vom Tätigkeitsinhalt und organisatorisch könnte man diese anlagenspezifische Teilfunktion auch der Instandhaltung zuordnen. De facto ist dies in vielen Fällen auch der Fall. Durch den Aufgabeninhalt der potenziellen Neuentwicklung von Anlagengütern sind diese beiden Teilfunktionen jedoch logisch nicht subsumierbar. Der besondere Stellenwert der Weiter- und Neuentwicklung von Anlagengütern ergibt sich aus dem Nichtangebot der benötigten Investitionen auf dem Markt. Nach REFA (*REFA*, Bd. 2, 1985, 417) sind dafür folgende beispielhafte Motive zu nennen:

a) „Es handelt sich um Sonderanfertigungen, deren Herstellung im eigenen Betrieb wirtschaftlicher ist;

b) die benötigten Betriebsmittel betreffen neue oder spezielle Verfahren, für die das Know-how bei den Herstellern nicht ausreicht;

c) es handelt sich um neue Erfindungen, und die entsprechenden Projekte sollen aus Konkurrenzgründen bis zur Serienreife des neuen Erzeugnisses geheim bleiben."

4.7.2 Planungsspezifische Arbeitsschritte

Da die für eine Neuentwicklung erforderlichen Planungs- und Steuerungsaufgaben denen der grundsätzlichen Erzeugnisentwicklung entsprechen, wird an dieser Stelle darauf nicht näher eingegangen. Als prinzipielle **Arbeitsschritte** sind jedoch zu fixieren:

1. Erarbeitung eines **Pflichtenheftes**, in dem alle quantitativen und qualitativen Neuentwicklungserfordernisse aufgeführt werden
2. Fixierung von Prioritäten des **Anforderungsspektrums**
3. Einbeziehung des **Entwicklers und Herstellers** in die Vertragsvereinbarungen zur Negierung von strittigen Haftungsmodalitäten bezüglich der Haftung für Sachmängel, Nachbesserung und Mängelbeseitigung

4. Vermerke zur Integration allgemein gültiger **Regelwerke** der Technik
5. Entwicklung möglichst baukastenorientierter **Konzepte** unter Einbeziehung von Methoden der Kreativitätstechnik sowie unter Beachtung definierter Einflussgrößen wie „Verknüpfungsbedingungen, Kompatibilität der Elemente, Einsatzbedingungen und -verhältnisse" (*REFA*, Bd. 2, 1985, 428 f.).

4.8 Anlagenausmusterung

4.8.1 Begriff und Ursachen

Diese auch allgemein als **Anlagenaussonderung** oder -ausscheidung bzw. -verwertung oder -freistellung benannte anlagenwirtschaftliche Teilfunktion

> verkörpert alle internen und externen Maßnahmen zur Verminderung des zeitlichen und zahlungsmäßigen Anlagenbestandes bei Bedarfsüberdeckung.

Die in der Definition vollzogene Synonymbetrachtung der Begriffe ist wissenschaftlich unexakt, denn als **Ausmusterung** bezeichnet man das geplante willentliche Ausscheiden von Anlagengütern aus ihrer bisherigen Funktion sowie ihre Überführung in eine andere Verwendung. Demgegenüber verkörpert der Begriff **Anlagenausscheidung** den generellen Fall der Nichtweiterverwendung eines Anlagengutes, wobei in diesem Zusammenhang keinerlei Rückschlüsse auf die Ursachen des Ausscheidens gegeben werden. Der Begriff der Verwertung ist die logisch-zeitliche Konsequenz der Anlagenausmusterung, denn die noch mit einem bestimmten technischen Nutzungspotenzial versehenen Anlagengüter sollen ja im weiteren Sinne dem volkswirtschaftlichen Leistungspotenzial erhalten bleiben. Das Ausmustern selbst kann situativ oder konstruktiv sein.
Die **Ursachen** der Anlagenausmusterung, also der geplanten willentlichen und gewollten Verminderung des Anlagenbestandes, können sehr vielfältig sein. Im Wesentlichen sind folgende **Gründe** zu nennen:

- technisch-technologische Gegebenheiten
  (z. B. Verschleiß, Schaden, Bruch, Technologieumstellungen, ...)
- rechtlich-sicherheitstechnische Gegebenheiten
  (z. B. Preissturz durch Angebotsüberhang, Absatzeinbußen, unzureichende Leistungsparameter, Veränderungen des Erzeugnisspektrums, Typenbereinigungen, Rohstoffverknappung, Zinsbelastungen, ...).

4.8.2 Arten der Ausmusterung

Die Maßnahmen der Ausmusterung, besser die nachfolgenden **Arten** der Anlagenverwertung, lassen sich wie folgt klassifizieren (siehe *Abbildung 4.23*).

Ausmusterungsarten

interne Maßnahmen

- Umsetzung
- vorübergehende Außerbetriebsetzung
- Reserveanlagenhaltung
- Ersatzteilspender
- Abwracken/Ersatzteileinlagerung

externe Maßnahmen

- Verkauf
- Leasingvertragsbeendigung
- Anlagentausch
- Inzahlunggebung
- Anlagenvermietung
- Schenkung/Stiftung

Abbildung 4.23: Ausmusterungsarten

Die internen und externen Maßnahmen sind in der Regel nicht nur mit Einnahmen verbunden, sondern auch mit Ausgaben, die je nach ihrer Zurechenbarkeit auf das Aussonderungsobjekt in **Einzelkosten** (z. B. Demontage- bzw. Abrisskosten, Sanierungs-, Umbau- und Modernisierungskosten, Abtransport- bzw. Vernichtungskosten oder Rekultivierungsaufwendungen) und in **Gemeinkosten** (z. B. Planungs- und Verwertungsaufwendungen, ...) unterschieden werden können.

4.9 Kontrollfragen, Übungsaufgaben und Literaturhinweise

Kontrollfragen

1. Worin besteht der Unterschied zwischen den bilanz- und produktionstheoretischen Anlagenbegriffen? ➨ Abschn. 4.2.1
2. Wie definiert sich das anlagenspezifische Oberziel und welche primären Grundsatzaufgaben lassen sich daraus ableiten? ➨ Abschn. 4.2.2
3. Welche quantitativen Aspekte unterscheiden die Begriffe der absoluten und betrieblichen Bereitschaftszeit und der Nutzungs- und Brachzeit? ➨ Abschn. 4.3.2
4. Wieso ist die Differenzierung der Anlagen in abnutzbare und nicht abnutzbare Anlagengüter für den Wertansatz in der Bilanz von Bedeutung? ➨ Abschn. 4.3.3
5. Warum ist die formelhafte Bestimmung der geometrisch-degressiven und der leistungsabhängigen Abschreibung in der Praxis sehr problembehaftet? ➨ Abschn. 4.3.3
6. Auf welche Fragestellungen sind bei der Gestaltung der Aufbauorganisationen von Anlagenwirtschaften zu achten? ➨ Abschn. 4.3.4
7. Worin unterscheiden sich die Bedarfsarten des Brutto- und Nettobedarfs an Anlagengütern? ➨ Abschn. 4.4.2

8. Welcher qualitative Dissens besteht zwischen den Kategorien des theoretischen und technisch verfügbaren Anlagenbestandes? ➠ Abschn. 4.4.3
9. Warum darf bei der Anlagendisposition der Auftragsbedarf nicht direkt dem realen Anlagenbestand gegenübergestellt werden? ➠ Abschn. 4.4.4
10. Wieso sind die Ziele der Anlagenbeschaffung mit denen der Finanzierung analog? ➠ Abschn. 4.5.1
11. Welcher Dissens besteht inhaltlich zwischen den Attributen einer unabhängigen und einer abhängigen Investition? ➠ Abschn. 4.5.2
12. Aus welchen Hauptbestandteilen bestehen die Kapital bindenden Ausgaben und Kapital freisetzenden Einnahmen? ➠ Abschn. 4.5.5
13. Welche differenzierenden Merkmale kennzeichnen die statischen und dynamischen Investitionsrechnungen? ➠ Abschn. 4.5.5
14. Was versteht man unter dem Begriff des Kapitalwertes? ➠ Abschn. 4.5.5
15. Welche Instandhaltungsarten verbinden Sie mit den Zielen „Sollzustand bewahren", „Istzustand = Sollzustand", „Sollzustand wiederherstellen"? ➠ Abschn. 4.6.1
16. Was versteht man unter den binären Realisierungsbedingungen der Wartung? ➠ Abschn. 4.6.2
17. Durch welche qualitativen Attribute unterscheiden sich die drei Inspektionsarten Sicht-, Zustands- und Funktionsinspektion voneinander? ➠ Abschn. 4.6.2
18. Durch welche Hinterfragungen ist eine Instandhaltungsstrategie gekennzeichnet? ➠ Abschn. 4.6.2
19. Wieso ist der Begriff Anlagenentwicklung mit dem Begriff der Anlageninstandhaltung logisch nicht subsumierbar? ➠ Abschn. 4.7.1
20. Warum ist eine synonyme Betrachtung der Begriffe der Anlagenausmusterung mit der Anlagenausscheidung nicht statthaft? ➠ Abschn. 4.8.1

Übungsaufgaben

❶ Methoden der planmäßigen Abschreibung

1. Ausgangsdaten

Eine Unternehmung investiert in eine maschinelle Anlage 42.000 €. Die betriebsgewöhnliche Nutzungsdauer lt. AfA-Tabellen beträgt für diese Anlage 6 Jahre. Bei geometrisch-degressiver Abschreibung soll von einem Abschreibungsprozentsatz von 25 % ausgegangen werden.

4

2. Aufgabenstellungen

Berechnen Sie tabellarisch

2.1 die jährlichen Abschreibungswerte bei linearer Abschreibung,

2.2 die jährlichen Abschreibungswerte bei arithmetisch-degressiver Abschreibung sowie

2.3 die jährlichen Abschreibungswerte bei geometrisch-degressiver Abschreibung.

Formeln:

$$a = \frac{A}{n} \qquad D = \frac{A}{\frac{n(n+1)}{2}} \qquad a_1 = D \cdot n \qquad i = n - \frac{100}{p} + 1$$

2.4 Wann ergibt sich der optimale Wechselzeitpunkt von geometrisch-degressiver Abschreibung auf die lineare Abschreibungsform? Geben Sie für das Beispiel das Nutzungsjahr an.

❷ Investitionsrechnung mittels der internen Zinsfuß-Methode

1. Ausgangsdaten

Daten		Investitionsalternative	
		I_1	I_2
Anschaffungskosten	(€)	300.000	150.000
Nutzungsdauer	(Jahre)	10	10
Liquidationserlös	(€)	20.000	0
Zinssatz	(%)	7	7
Einnahmen	(€/Jahr)		
1. Jahr	(€)	650.000	900.000
2. Jahr	(€)	750.000	500.000
3. Jahr	(€)	600.000	600.000
4. Jahr	(€)	500.000	750.000
5. Jahr	(€)	900.000	650.000
Ausgaben	(€/Jahr)		
1. Jahr	(€)	600.000	700.000
2. Jahr	(€)	700.000	400.000
3. Jahr	(€)	300.000	300.000
4. Jahr	(€)	400.000	700.000
5. Jahr	(€)	700.000	600.000

2. Aufgabenstellungen

2.1 Überlegen Sie, auf welchem **Grundansatz** diese Methode fußt und was man unter dem „internen Zinssatz“ versteht. Wie lauten der **Formelansatz** und die **Näherungslösung** zur Berechnung des internen Zinssatzes?

2.2 Ermitteln Sie für das Investitionsobjekt I_1 als **Einzelentscheidung** die Vorteilhaftigkeit (tabellarisch-rechnerisch und tabellarisch-grafisch) dieser Investitionsmaßnahme, wenn das Unternehmen einen Mindestverzinsungsanspruch von i_{min} = 16 % erwartet. Als Versuchszinssätze gelten 7 % und 30 %.

❸ **Investitionsrechnung mittels der Annuitäten-Methode**

1. Ausgangsdaten

Daten		Investitionsalternative	
		I_1	I_2
Anschaffungskosten	(€)	300.000	150.000
Nutzungsdauer	(Jahre)	10	10
Liquidationserlös	(€)	20.000	0
Zinssatz	(%)	7	7
Einnahmen	(€/Jahr)		
1. Jahr	(€)	650.000	900.000
2. Jahr	(€)	750.000	500.000
3. Jahr	(€)	600.000	600.000
4. Jahr	(€)	500.000	750.000
5. Jahr	(€)	900.000	650.000
Ausgaben	(€/Jahr)		
1. Jahr	(€)	600.000	700.000
2. Jahr	(€)	700.000	400.000
3. Jahr	(€)	300.000	300.000
4. Jahr	(€)	400.000	700.000
5. Jahr	(€)	700.000	600.000

2. Aufgabenstellungen

2.1 Definieren Sie den Begriff der **Annuität** und überlegen Sie, auf welchem **Formelansatz** sowie **Lösungsweg** diese Berechnungsmethode basiert.

2.2 Ermitteln Sie für das Objekt I_1 als Einzelentscheidung die Vorteilhaftigkeit mittels der **Annuitäten-Methode** unter Beachtung der gültigen Entscheidungsregel.

Literaturhinweise

Blohm/Lüder: Investition. München: Franz Vahlen, 1995

Broker, H.: Wie gut ist Ihre Instandhaltung? Köln: Verlag TÜV Rheinland, 1989

DIN 31051 – Instandhaltung, Grundbegriffe und Maßnahmen, 1985

EStG in: Steuergesetze, Textsammlungen. 44. Auflage, München, 2000

Härdler/Kemmner: Effiziente Instandhaltung durch Kennzahlenvergleiche. in: Praxishandbuch Instandhaltung. Augsburg: WEKA Verlag, 1996

Hartmann, E. H.: Erfolgreiche Einführung von TPM. Landsberg: moderne industrie, 1997

HGB, 34. überarbeitete Auflage, Deutscher Taschenbuchverlag, 1999

Lapp, H.: Instandhaltungsplanung. München: Franz Vahlen, 1995

4

Maggard, B. N.: TPM-Instandhaltung, die funktioniert. Landsberg: moderne industrie, 1995

Männel, W.: Schriften zur Betriebswirtschaftslehre. Kongress Anlagenwirtschaft ´90. Lauf an der Pegnitz: Gesellschaft für angewandte Betriebswirtschaft, 1990

Männel, W.: Integrierte Anlagenwirtschaft. Köln: Verlag TÜV Rheinland, 1998

Olfert, K.: Investition. Ludwigshafen: Kiehl Verlag, 1995

Rasch, A. A.: Erfolgspotential Instandhaltung. Berlin: Erich Schmid Verlag, 2000

REFA: Methodenlehre der Planung und Steuerung, Bd. 2. München: Hanser Verlag, 1985

REFA: Methodenlehre der Planung und Steuerung, Bd. 3. München: Hanser Verlag, 1985

Schmolke/Deitermann: Industrielles Rechnungswesen. Darmstadt: Winklers Verlag, – Gebrüder Grimm, 1992

Schweitzer, M.: Industriebetriebslehre. München: Franz Vahlen, 1990

Warnecke, H.-J.: Handbuch Instandhaltung, Bd. 1. Köln: Verlag TÜV, Rheinland, 1992

Werner, G.–W.: Handbuch Instandhaltung. Augsburg: Weka-Fachverlag, 1996

Wild, J.: Grundlagen der Unternehmensplanung. Opladen, 1980

5 Materialwirtschaft

5.1 Studienziele

Dieses Kapitel soll dem Leser ermöglichen

- ➠ die unterschiedlichen Begriffsauffassungen zwischen den betrieblichen Materialwirtschaftskonzepten zu erkennen;
- ➠ den Materialbegriff einschließlich der ihm immanenten Materialklassen zu definieren;
- ➠ den Begriff und die Grundsatzaufgaben der Materialdisposition zu erklären sowie die drei grundlegenden dispositionsspezifischen Teilfunktionen schnittstellenbezogen zu interpretieren;
- ➠ den Beschaffungsbegriff i. e. S. und die daraus resultierenden Kerninhalte zu beschreiben unter dem Denkansatz moderner Managementkonzepte;
- ➠ die Notwendigkeit der betrieblichen Materiallagerung zu begründen und über die wichtigsten Aktivitäten der vorbereitenden und realisierenden Aufgabenfelder zu informieren;
- ➠ die inhaltsbezogene Einordnung der Entsorgungsaufgabe in den materialwirtschaftlichen Kontext zu beweisen.

5

5.2 Einführung in die Materialwirtschaft

5.2.1 Begriffsauffassungen zur Materialwirtschaft

Ein Inputfaktor für den in einem Betrieb zu vollziehenden güterwirtschaftlichen Prozess ist der Produktionsfaktor **Material**.
Das strukturelle Subsystem, welches sich mit dem materialwirtschaftlichen Beschaffungs- und Bewirtschaftungsprozess von der Bedarfsermittlung bis zur Entsorgung beschäftigt, ist die betriebliche **Materialwirtschaft**.

Die **Materialwirtschaft** verkörpert ein institutionelles Subsystem einer Unternehmung, die alle zur effizienten Erstellung von Wirtschaftsgütern notwendigen materialwirtschaftlichen Beschaffungs- und Bewirtschaftungsfunktionen beinhaltet einschließlich der dazu erforderlichen Planungs- und Steuerungsmaßnahmen.

Hinterfragt man den Passus „materialwirtschaftliche Beschaffungs- und Bewirtschaftungsfunktionen“ dieser Definition, so lassen sich – je nachdem wie weit man die Inanspruchnahme der einzelnen Tätigkeiten in den genannten Funktionen vollzieht – drei **Differenzierungen** des Materialwirtschaftsbegriffes ableiten, nämlich Materialwirtschaft in der Interpretation einer engen, erweiterten und integrierten Begriffsauslegung.
Währenddem die **enge** Auffassung das materialspezifische Aufgabenfeld des Disponierens, Einkaufens, Einlagerns und Transportierens bis hin zum Wareneingangslager bzw. ersten Bedarfsträger umfasst, dehnt der **erweiterte** Begriff

das Tätigkeitsfeld des Transportierens auf alle Bedarfs- und Vorratsstellen aus, hinzu kommt noch die Teilfunktion des Verteilens. Diese beinhaltet alle materialbezogenen Handlungen (z. B. Verpackung, Kommissionierung, Auftragsbearbeitung und Transport), von der Fertigstellung der Erzeugnisse bis hin zur Übergabe an den Kunden. Damit dokumentiert diese Begriffsdarstellung erstmalig das ganzheitliche materialwirtschaftliche Beschaffungs- und Versorgungssystem vom Lieferanten bis zum Kunden. Die **integrierte** Begriffsinterpretation fußt auf der Erkenntnis, dass man dem Erfordernis eines ganzheitlichen kreativ-gestaltenden Prozessmanagements der unternehmerischen Teilfunktionen nur dann entspricht, wenn man dem reinen physischen inner- und außerbetrieblichen Materialtransport noch das Aufgabenspektrum der mengenmäßigen und terminlichen Materialsteuerung hinzufügt einschließlich der effizienten Materialentsorgung. Die *Abbildung 5.1* dokumentiert im zusammenfassenden Überblick die gemeinsamen, aber auch unterscheidenden materialwirtschaftlichen Teilfunktionen der drei genannten Begriffsauffassungen.

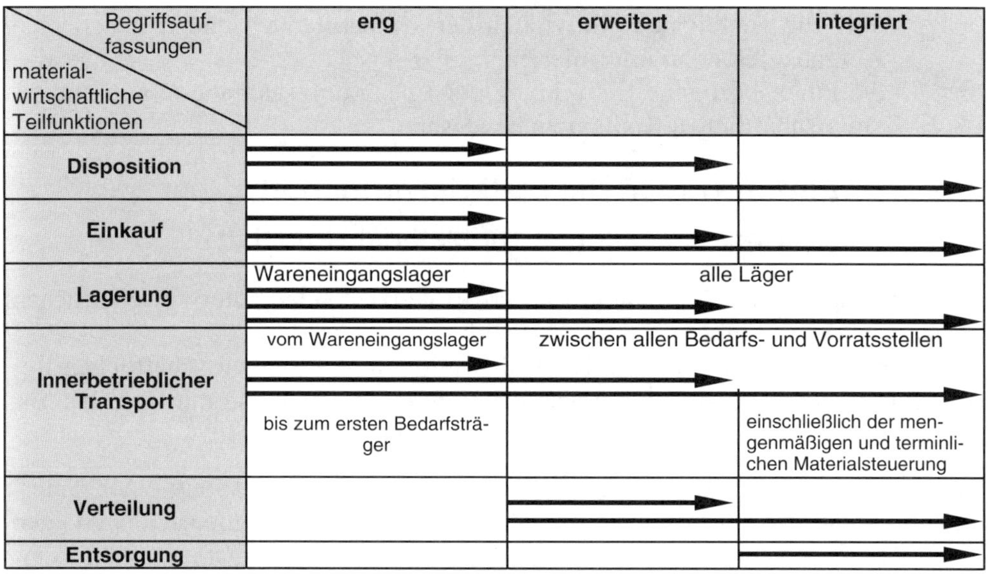

Abbildung 5.1: Funktionsinhalte differenzierter Begriffsauffassungen der Materialwirtschaft

5.2.2 Ziele und Grundsatzaufgaben

Jede Unternehmung besitzt als oberste Handlungsmaxime sowohl übergeordnete (Formalziele) als auch aus diesen abgeleitete strukturierte und auf konkrete betriebliche Handlungen abzielende Sachziele (vgl. Abschn. 2.4.2). Bezogen auf die Materialwirtschaft als betriebliche Querschnittsfunktion besteht deren sachliches **Oberziel** darin, das Unternehmen sicher und effizient mit den benötigten materialspezifischen Beschaffungsobjekten strategisch und operativ zu versorgen und gegebenenfalls auch ökologisch rationell zu entsorgen.

Da dieses Oberziel nicht sofort zu erreichen ist, bedarf es der Untersetzung durch definierte **Zwischen- und Unterziele**, wie zum Beispiel:

- Ausnutzung aller materialspezifischen **Kostensenkungs- und Leistungssteigerungspotenziale**, besonders im Aufgabenfeld des Einkaufs (z. B. niedrige Einstandspreise und optimale Bestellmengen), des Lagerns und der Entsorgung (z. B. durch gezielte Abfallvermeidung und/oder effiziente Abfallverwertung),
- Gewährleistung einer anforderungsgerechten **Qualitätssicherung**, besonders im Aktivitätenfeld des Lagerns (z. B. durch optimale Lagergutpflege), innerbetrieblichen Transports und der Verteilung (z. B. Reduzierung qualitätssenkender Liegezeiten),
- Absicherung einer optimalen in- und externen **Lieferbereitschaft** als Maßstab für die Materialverfügbarkeit, besonders im Handlungsspektrum der Disposition (z. B. lückenlose Bedarfs- und Bestandsermittlung) und des Einkaufs (z. B. Negierung von Lieferantenabhängigkeiten),
- Gestaltung einer geringen **Kapitalbindung**, besonders durch Maßnahmen im Lagerbereich (z. B. durch schnellen Lagerumschlag), der Disposition und der Ablauforganisation (z. B. störungsfreier Materialfluss).

Die Realisierung der angesprochenen Teilziele bedarf sowohl der komplexen Beachtung der in Klammern angeführten Anforderungen als auch einer auf die Gesamteffizienz der Unternehmungen bezogene Handlungsweise. Erfolgt dies nicht, so ergeben sich vielfältige **Zielkonflikte**, wie

- hohe terminliche, mengenmäßige und logistische Liefersicherheit gegen niedrige Materialeinstandspreise,
- Global Sourcing gegen Local Content,
- niedrige Lagerbestände gegen hohe Liefersicherheit,
- hohe Materialqualität gegen niedrige Materialeinzel- und -gemeinkosten.

Die Überwindung der beispielhaft angeführten Zielkonflikte gebietet die Realisierung einer Vektoroptimierung, d. h., von den möglichen Maximum- oder Minimumzielstellungen wird eine Zielstellung als Optimierungskriterium und die anderen als Restriktionen angenommen.
Ist das materialwirtschaftliche Optimum benannt, so lässt sich daraus unter Beachtung aktueller Marktbedingungen (vgl. *Fieten* 1994, 7) und **Managementkonzepte** (z. B. Outsourcing des gesamten C-Teile-Managements, e-Commerce, Supply-Chain-Management, Target-Costing, Total-Cost-of-Ownership-Konzept (TCO) u. a.) die **Grundsatzaufgabe** der Materialwirtschaft ableiten. Diese besteht in der Schaffung materialwirtschaftlicher Erfolgspotenziale für die Unternehmung. Die Verwirklichung dieser Maxime erfordert die konsequente Synthese einer primären **technisch-organisatorischen** und einer sekundären **ökonomischen Aufgabenkomponente** einschließlich der Verwirklichung der darin enthaltenen Unteraufgaben der Materialsicherung und Wertorientierung.

5.2.3 Betriebswirtschaftliche Ergebniswirksamkeit der Materialwirtschaft

Die betriebswirtschaftliche Ergebniswirksamkeit lässt sich aus einem dreiseitigen Blickwinkel interpretieren, nämlich aus der Sicht des direkten, des indirekten und des nicht quantifizierbaren Erfolgsnachweises für das Unternehmen.
Das **direkte Erfolgspotenzial** dokumentiert sich im Anteil der Materialkosten an den Selbstkosten eines Erzeugnisses. Dieser Kostenblock ist dabei zu unterscheiden in:

- Materialeinzelkosten: das heißt, Kosten, die für die Beschaffung der unterschiedlichen Beschaffungsgegenstände einschließlich der dazu erforderlichen Bezugskosten (z. B. Transport- und Transportversicherungskosten) anfallen.
- Materialgemeinkosten: das heißt, Kosten, die bei der Aufgabenerfüllung aller materialwirtschaftlichen Teilfunktionen nicht lokalisiert im Sinne von Bestell-, Lagerhaltungs-, Bewegungs- und Verteilkosten anfallen.

Untersuchungen (vgl. *Statistisches Jahrbuch* 1999, 193) im Bereich der industriellen Unternehmungen haben ergeben, dass die Materialeinzelkosten differenziert zwischen 40 und 60%, die Materialgemeinkosten ca. 6–10 % der Umsatzerlöse verkörpern.
Die **indirekte quantifizierbare Ergebniswirksamkeit** der Materialwirtschaft auf den Unternehmenserfolg macht sich u. a. in solchen Aspekten bemerkbar wie:

a) geringe Materialbestände einschließlich eiserner Reserve durch langfristige und auf gegenseitigem Vertrauen sowie Respekt basierenden Lieferantenbeziehungen,
b) geringere Nettoeinstandspreise durch gezielte Einflussnahme auf die mit den Lieferanten vereinbarten Einkaufskonditionen,
c) erhöhte Barverkaufspreise und stabile Umsätze durch Einflussnahme auf die Produktqualität und den Lieferservice.

Der **nicht quantifizierbare Erfolgsnachweis** zeigt sich vorrangig in dem verbesserten bzw. verschlechterten Imagepotenzial des Unternehmens gegenüber seiner Umwelt.

5.3 Grundlagen der Materialwirtschaft

5.3.1 Materialbegriff und Materialklassen

Der Materialbegriff stammt aus dem lateinischen Wortschatz (Materia) und bedeutet so viel wie **Ur- oder Grundstoff**.

> Als **Material** werden alle Gegenstände der Materialwirtschaft bezeichnet, die zur Gütererzeugung erforderlich sind wie Werk-, Hilfs- und Betriebsstoffe, Zulieferteile, Handelswaren, Dienstleistungen, sonstige Materialien, Investitionsgüter und Entsorgungsobjekte bzw. -leistungen und die dabei „ihre ursprüngliche Form, ihre selbstständige Funktion und die Möglichkeit zu anderweitiger Verwendung verlieren." (*REFA* 1985, 62)

Die in dieser Definition aufgeführten materialwirtschaftlichen Beschaffungsobjekte lassen sich dabei in den angeführten Oberbegriff nach **Materialklassen** systematisieren und intern definieren (vgl. *Abbildung 5.2*).

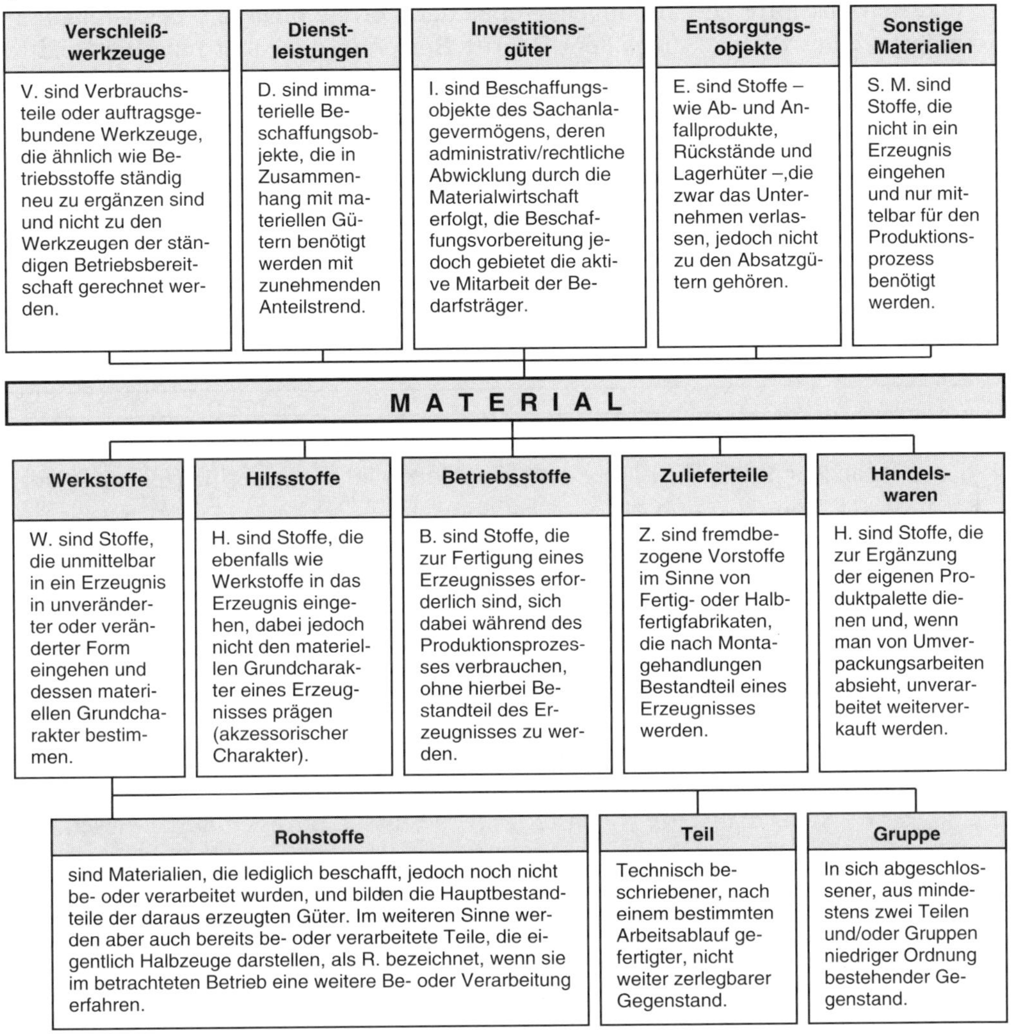

Abbildung 5.2: Beschaffungsobjekte der Materialwirtschaft

Die *Abbildung 5.3* dokumentiert das Zusammenspiel ausgewählter Materialklassen am Beispiel eines Schalldämpfers.

Materialklasse	**Einsatz bei Fertigung eines Schalldämpfers**
Werkstoff	Coil / Blech / Rohr / Basaltwolle / Keramikvlies / Flach- und Rundstahl
Hilfsstoff	Farbe / Schweißgase / Schweißspray / Schweißdraht
Zulieferteile	Katalysatoren / Innenrohre / Aus- und Eingangsrohre / Pressteile / Gummihalter
Verschleißteile	Stromdüsen / Schweißbrenner
Handelsware	Schrauben / Rohrschellen bei Ersatzteilbedarf

Abbildung 5.3: Einordnung der Materialklassen bei einem Schalldämpfer

5.3.2 Bewertung und Abschreibung des Materials

Laut Bilanzgliederungsschema [vgl. § 266 (2) *HGB*] gehören die Roh-, Hilfs- und Betriebsstoffe zur Vermögensgruppe der Vorräte innerhalb des Umlaufvermögens einer Bilanz. Unter dem Begriff Bewertung versteht man die Bezifferung einer Vermögensposition mit einem Geldbetrag.
Die **Anschaffungs- oder Herstellkosten** bilden stets die absolute Wertobergrenze nach § 253 (1) *HGB*. Für die Materialbewertung gilt das **strenge Niederstwertprinzip**, d. h., dass von zwei am Bilanzstichtag möglichen Wertansätzen, dem Tageswert und den Anschaffungs- oder Herstellungskosten, stets der niedrigere Wert nach § 253 (3) *HGB* in das Inventar und damit in die Schlussbilanz eingesetzt werden muss. Damit gilt:

- AK/HK > TW ➨ Bewertung zum Tageswert
- AK/HK < TW ➨ Bewertung zu Anschaffungs-/Herstellkosten

Beispiel:
Zum Bilanzstichtag (31. 12.) beträgt der Vorrat an einer definierten Lagersorte lt. Inventur 5.000 kg. 5,00 € je kg = 25.000 €.
Fall 1: Tageswert der Lagersorte zum 31. 12. beträgt 6,00 € je kg
Ergebnis: Wertansatz 25.000 €
Fall 2: Tageswert der Lagersorte zum 31. 12. beträgt 4,50 € je kg
Ergebnis: Wertansatz 22.500 €
Fazit:
- Nicht realisierte Gewinne dürfen aus Gründen der Vorsicht nicht ausgewiesen werden.
- Nicht realisierte Verluste (Fall 2) müssen dagegen ausgewiesen werden.

Für die Bewertung am jeweiligen Abschlussstichtag sind damit folgende **Wertarten** heranzuziehen:

1. Anschaffungs- oder Herstellungskosten
2. Börsen- oder Marktpreis
3. Stichtagswert
4. Zukunftswert

Auf eine eingehende Begriffsinterpretation wird an dieser Stelle verzichtet und auf Abschnitt 10.3.4.6 verwiesen.
Dem eigentlichen Bewertungsvorgang geht eine auf den Bilanzstichtag bezogene körperliche Erfassung der Materialien (Inventur) voraus. Laut § 252 (1), 3 HGB sind die Vermögensgegenstände zum Abschlussstichtag einzeln zu bewerten. Es gilt der Grundsatz der **Einzelbewertung**. Da die Roh-, Hilfs- und Betriebsstoffe i. d. R. zu unterschiedlichen Zeitpunkten und damit auch zu differierenden Preisen angeschafft wurden, ist eine Einzelbewertung in der Praxis

kaum realisierbar. Der Gesetzgeber lässt deshalb für „gleichartige" oder „annähernd gleichwertige" bewegliche Vermögensgegenstände eine **Sammel- oder Gruppenbewertung** in Form einer Durchschnitts- oder Verbrauchsfolgebewertung zu.

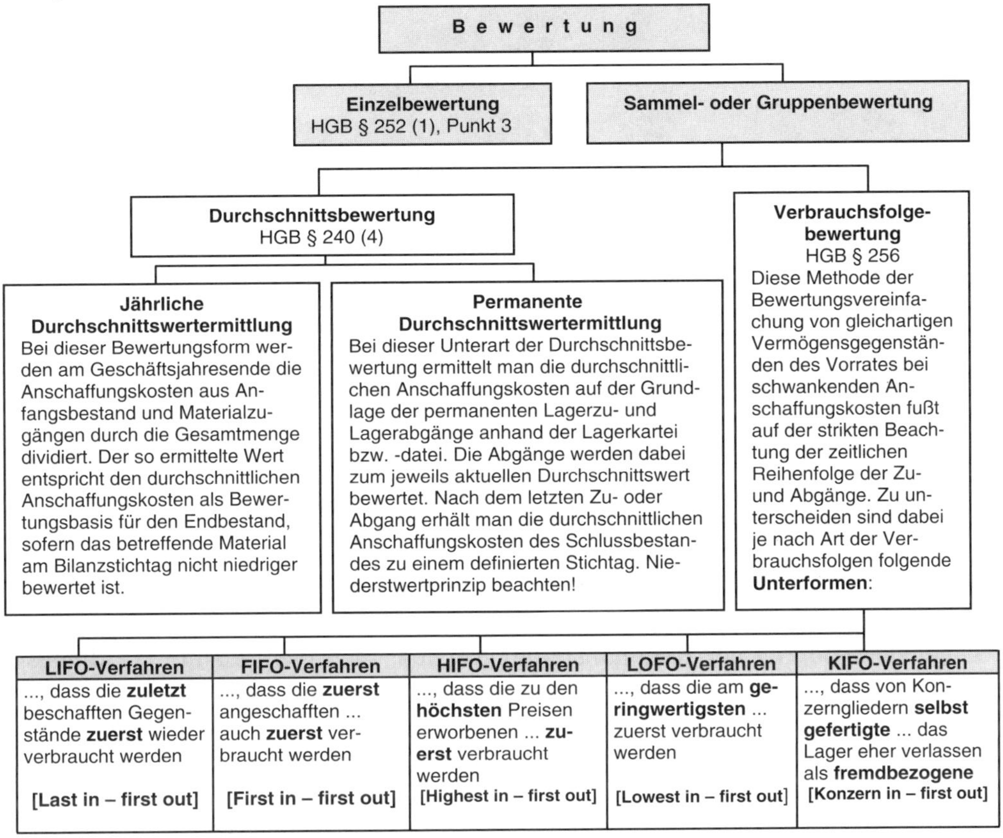

Abbildung 5.4: Bewertungsverfahren von Material

Demonstrationsbeispiel zur jährlichen Durchschnittsbewertung:
Sachverhalt
Ein Unternehmen der Automobilindustrie hat einen Anfangsbestand von 4.000 ME und am 16. 02., 16. 07. und 16. 12. des Jahres folgende Zugangsmengen: 2.400 ME, 3.200 ME, 1.200 ME. Die Anschaffungskosten je Mengeneinheit betragen 5,00 €, 7,00 €, 8,00 € und 9,00 €.

Aufgabenstellungen
1. Welchen Betrag weisen die durchschnittlichen Anschaffungskosten aus?
2. Welcher Bilanzansatz der Materialien ergibt sich bei einem Tageswert zum 31. 12. von 7,50 € und einem Schlussbestand von 10.000 ME?
3. Wie lautet der Bilanzansatz bei einem Tageswert zum 31. 12. von 6 €?

Lösungen

zu 1.

	Menge	Anschaffungskosten je Einheit (€)	Gesamtwert (€)
01. 01. Anfangsbestand	4.000	5,00	20.000
16. 02. Zugang	2.400	7,00	16.800
16. 07. Zugang	3.200	8,00	25.600
16. 12. Zugang	1.200	9,00	10.800
	10.800		73.200

Die durchschnittlichen Anschaffungskosten betragen **6,78 €**.

zu 2. Inventarmenge × Wert je Einheit = Bilanzansatz

10.000 × 6,78 = **67.800 €**

zu 3. 10.000 × 6,00 = **60.000 €**

Zur Abschreibungsproblematik wäre zu sagen, dass vom Gesetzgeber zwar keine planmäßigen Abschreibungen für Vermögensgegenstände des Umlaufvermögens vorgesehen sind, da dieses dem Unternehmen in der Regel nicht dauernd zur Verfügung steht, doch sind zum Bilanzstichtag ggf. **außerplanmäßige Abschreibungen** vorzunehmen.

5.3.3 Ausgewählte Maßnahmen der Materialrationalisierung

Unter dem Begriff der Rationalisierung versteht man das gesamte Handlungsspektrum, das zu einer Kostensenkung oder/und Leistungssteigerung führt. Bezogen auf den materialwirtschaftlichen Kontext sind dies folgende Maßnahmen:

- Materialstandardisierung
- Materialnummerung
- ABC-Analyse
- XYZ-Analyse
- Portfolioanalyse
- Preisstrukturanalyse
- Wertanalyse
- LMN-Analyse

5.3.3.1 Material- und Mengenstandardisierung

Unter dem Begriff der **Materialstandardisierung** versteht man ganz allgemein die Vereinheitlichung von Materialien in Bezug auf definierte **Eigenschaften** (z. B. Größe, Form, Qualität) oder **Mengen** (Mengenstandardisierung), ohne dass das Produktionsergebnis negativ beeinflusst wird.

Die Ziele und Aufgaben der Normung lassen sich durch Normenfunktionen (vgl. *Krieg* 1983, 12) widerspiegeln. Zu beachten ist, dass die Normung auf unterschiedlichen Normungsebenen realisiert wird. Die unterste Ebene verkörpern die **Werksnormen**, deren Inhalt in *Abbildung 5.5* dargestellt wird.

	WERKSTOFFBLATT	.... – Norm 30 00 50
.... – NUMMER	:	7.22
BEZEICHNUNG	:	warmgewalzter Rundstahl, Nach DIN 1013
WERKSTOFF	:	X5 CrNi 18 10, nach DIN 17 440
WERKSTOFFNUMMER	:	1.4301
BRUCHDEHNUNG	:	min. 45 % (A 5)
ANLIEFERFORM	:	in Stäben von 4000 mm
BEMERKUNGEN	:	--
LIEFERANTEN VERZEICHNIS		
LIEFERANTEN: Krupp Stahl AG, 101; Thyssen Edelstahlwerke AG, 169; Thyssen Schulte GmbH, 173		

Abbildung 5.5: Abgeleitete Werksnorm eines Automobil-Zulieferbetriebes

5

Der Begriff **Mengenstandardisierung** verkörpert dagegen eine Normierung des **Materialverbrauchs**. In einem ersten Arbeitsschritt erfolgt zunächst die Ermittlung des Prognose-Materialbedarfes. Dieser Bedarfszahl wird dann in einem zweiten Schritt der tatsächliche Verbrauch gegenübergestellt und das Ergebnis im Sinne einer positiven oder negativen Abweichungsanalyse interpretiert.

5.3.3.2 Materialnummerung (*DIN 6763*)

Im Regelfall tragen alle Materialien eine Handelsbezeichnung. Für das materialwirtschaftliche Tagesgeschäft, besonders im Einkaufs- und Lagerbereich, ist diese Identifizierung auf Grund mangelnder Eindeutigkeit, der Nichterkennung von Materialmerkmalen und der schlechten Datenverarbeitungsfähigkeit nicht bzw. nur bedingt geeignet.
Die logische Schlussfolgerung aus den genannten Gesichtspunkten ist die Erarbeitung und Anwendung von **Nummerungssystemen**.

Dieser Begriff beinhaltet nach *Wiendahl* 1989, 124 „eine nach bestimmten Aspekten gegliederte Zusammenfassung von Nummern und Nummernteilen eines Anwendungsgebietes, einschließlich der Erläuterung ihres Aufbaus.“

Als grundlegende Nummerungssysteme sind zu unterscheiden:
a) der rein identifizierende Nummernschlüssel und
b) der identifizierende und klassifizierende Nummernschlüssel.

Währenddem der erste nur eine bloße Unterscheidung der Materialsorten zulässt, vermittelt der zweite auch über die reine Identifizierung hinausgehende Informationen (z. B. Materialklasse, -gruppe, -sorte und -stoff, Lagerstandort, Einkaufsstelle usw.).
Zu beachten ist in diesem Zusammenhang, dass bei der Anwendung von Nummernschlüsseln ohne Prüfziffern die Gefahr besteht, dass besonders im Rahmen der Einkaufsmodalitäten fehlerhafte Informationsbeziehungen zwischen Abnehmer und Lieferanten entstehen. Schuld hierfür sind vor allen Hör-, Lese- und Eingabefehler.

Beispiel:

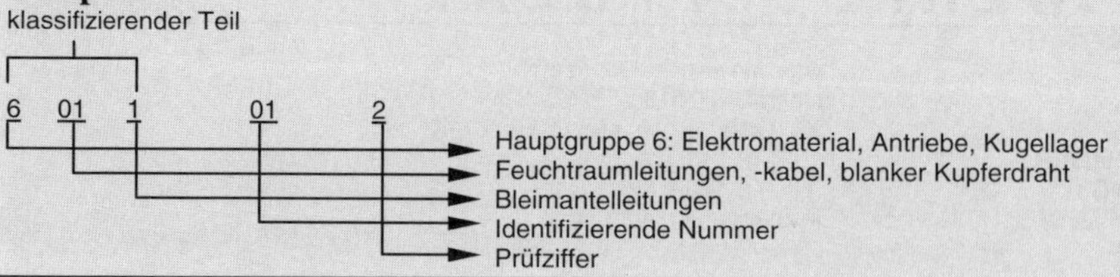

Aus diesem Tatbestand heraus wurden Verfahren zur Bildung und Selbstprüfung von **Prüfziffern** erarbeitet. Als das wohl heute noch gängigste unter diesen Verfahren gilt das Verfahren „Modulus 11".

5.3.3.3 ABC-Analyse

Diese Rationalisierungsmethode lässt sich in den Unternehmungen überall dort anwenden, wo **Mengen-Wert-Kausalitäten** bestehen.

Der **Grundgedanke** dieses Analyseverfahrens besteht auf den materialwirtschaftlichen Aspekt bezogen darin, die wesentlichen Materialien von den unwesentlichen zu unterscheiden.

Der Aspekt der Wesentlichkeit von Materialien oder Lieferanten – man könnte auch sagen: ihre wirtschaftliche Bedeutung – kann an verschiedenen Bezugsgrößen (z. B. Umsatzerlöse, Einkaufs- und Lagerwert) gemessen werden. In der Regel werden drei, in Sonderfällen fünf Gruppen zur „Wesentlichkeits-Klassifizierung" gebildet:

1.	**wenige A-Materialien bzw. A-Lieferanten mit großer wirtschaftlicher Bedeutung**	➡ **A-Materialien/Lieferanten**
2.	**einige B-Materialien bzw. B-Lieferanten mit mittlerer wirtschaftlicher Bedeutung**	➡ **B-Materialien/Lieferanten**
3.	**viele C-Materialien bzw. C-Lieferanten mit geringer wirtschaftlicher Bedeutung**	➡ **C-Materialien/Lieferanten**

Erkenntnisse in der Theorie, aber auch Untersuchungen in der Praxis haben folgende verallgemeinerungsfähige Wertgrenzenabstufungen erbracht, die jedoch immer unter dem Blickwinkel des gültigen Maßstabes der jeweiligen Branche zu korrigieren sind:

- **A 5 % aller Artikel 85 % des Wertes**
- **B 15 % aller Artikel 10 % des Wertes**
- **C 80 % aller Artikel 5 % des Wertes**

Dieses Verhältnis der Wert- zu den Materialpositionsanteilen kann auch mit Hilfe von **Konzentrationskurven (Lorenzkurven)** grafisch dargestellt werden. Dabei ist zu beachten, dass der Kurvenverlauf um so flacher (z. B. bei einfachen Industriegütern) ist, je näher die Branche am Konsumenten ist. Als Grund dafür gilt die Erkenntnis, dass zufallsbedingte Nachfragen auch ein relativ breites Angebotssortiment erfordern.

Die Erstellung einer ABC-Analyse erfolgt in vier **Arbeitsschritten** ❶:

1. Berechnung des wertmäßigen Einkaufsvolumens aus dem Produkt von Jahresbedarfsmenge und Einstandspreis je Materialart,
2. Festlegung der nicht chronologischen Rangfolge entsprechend dem ermittelten Einkaufsvolumen,
3. Sortieren der Materialarten nach Rang und Berechnung der kumulierten Einkaufsvolumina und Jahresbedarfsmengen,
4. Klassifizierung der Materialarten einschließlich Auswertung.

5.3.3.4 XYZ-Analyse

Eine weitere Möglichkeit Materialien zu klassifizieren, und zwar nicht nach ihrem Wesentlichkeitsfaktor, sondern entsprechend ihrem **Verbrauchsverhalten,** ergibt sich aus der Anwendung der XYZ-Analyse, auch RSU-Analyse genannt. Zwischen dem Verbrauchsverhalten (konstant, trendförmig, saisonal oder unregelmäßig) und der Materialarteneingruppierung besteht folgender Zusammenhang (*Hartmann* 1993, 155):

1.	**Verbrauch ist konstant bei nur gelegentlichen Schwankungen; hohe Vorhersagegenauigkeit**	**➨ X-Teil – (R)**
2.	**Verbrauch unterliegt stärkeren Schwankungen, ist trendmäßig steigend oder fallend oder unterliegt saisonalen Schwankungen, saisonal im Sinne von regelmäßig wiederkehrenden Abweichungen von der Grundrichtung; mittlere Vorhersagegenauigkeit**	**➨ Y-Teil – (S)**
3.	**Verbrauch verläuft völlig unregelmäßig; niedrige Vorhersagegenauigkeit**	**➨ Z-Teil – (U)**

Als Maßstab für das Modell des stochastischen Verbrauchsverhaltens einer Materialsorte gilt der **Schwankungskoeffizient**, der ebenfalls nach Hartmann wie folgt zu berechnen ist:

$$SQ_i = \frac{n \cdot SQ_{i-1} + SF \cdot \left| 1 - \frac{T_i}{V_i} \right|}{n+1}$$

Formelzeichenerläuterung:

SQ_{i-1}	bis zur *i*-ten Periode fortgeschriebener *SQ*-Wert
n	Intervalle innerhalb einer Periode (zumeist „1")
SF	Sicherheitsfaktor
T	tatsächlicher Verbrauch
V	Vorhersagewert
i	laufende Periode

Der so ermittelte Schwankungskoeffizient als Ausdruck des Verbrauchsverhaltens in der laufenden Periode ist nach jedem Rechnerlauf neu zu berechnen. Das

Zeitintervall von einem Monat zwischen zwei Berechnungen gilt dabei als gebräuchlicher Praxiswert. Der Quotient T_i/V_i verkörpert somit das Verbrauchsverhalten einer Materialsorte in der laufenden Periode. Der absolute Betrag aus der Differenz des Quotienten zu 1 wird mit einem Sicherheitsfaktor multipliziert, der in Kausalität zu dem angepeilten Servicegrad steht.
Als **Wertgrenzen** gelten i. d. R. folgende Richtgrößen:

- $SQ \leq 1$ ➡ X-Teil
- $SQ > 1 \leq 5$ ➡ Y-Teil
- $SQ > 5$ ➡ Z-Teil

Der Aussagewert der unter 5.3.3.3 und 5.3.3.4 genannten Verfahren kann beträchtlich erhöht werden durch ihre **Kombination**. Eine weitere Möglichkeit der Materialklassifikation ist die **LMN-Analyse**. Abgrenzungskriterium ist dabei das Volumen bzw. Sperrigkeit.

5.4 Materialdisposition

5.4.1 Begriff und Grundsatzaufgaben

Mit Bezugnahme auf die materialwirtschaftliche Grundsatzaufgabe versteht man unter dem Begriff der Materialdisposition alle Tätigkeiten, die notwendig sind, um das Unternehmen in der erforderlichen **Art** und **Menge** sowie zum richtigen **Zeitpunkt** mit Material zu versorgen. Dabei heißt Versorgung nicht Versorgung um jeden Preis, sondern Materialbereitstellung unter Beachtung eines **Optimierungsaspektes** zwischen den konkurrierenden Zielen einer höchstmöglichen Lieferbereitschaft und geringen Kapitalbindungs- sowie Materialkosten.
Aus dem oben genannten Begriff der Materialdisposition lassen sich folgende **Grundsatzaufgaben** ableiten:

1. Vollzug der Nettobedarfsrechnung,
2. Zusammenfassung des ermittelten Bestellbedarfs zu wirtschaftlichen Bestellmengen,
3. Entscheidung über den differenzierten Einsatz notwendiger Bestandsstrategien zur mengenmäßigen Lagerbestandsergänzung,
4. Dispositionsstufenauflösung des Materialbedarfs für neue Fertigungsaufträge und Festlegung des erforderlichen Lieferbereitschaftsgrades,
5. Festlegung und Überwachung der lieferantenseitigen Anlieferzyklen sowie permanente Präzisierung der Abrufmodalitäten.

Zieht man Erkenntnisse aus den genannten Grundsatzaufgaben, so lassen sich eine Vielzahl von materialwirtschaftsin- und -externen **Informations- und Handlungsschnittstellen** der Disposition innerhalb eines Unternehmens (vgl. Härdler 1999, 87) erkennen, z. B.:

- Konstruktion, Arbeitsvorbereitung, Qualitätsmanagement,
- technisch-kaufmännische Produktionsplanung,
- Lager, Transport und
- Einkauf.

5.4.2 Teilfunktionen der Materialdisposition

Die in den Grundsatzaufgaben fixierten Inhalte lassen sich durch drei **Teilfunktionen** realisieren:

1. Bedarfsrechnung
2. Bestandsrechnung
3. Bestellrechnung

Während das Ergebnis der Bedarfsrechnung die Ermittlung des Bruttobedarfs ist, besteht das Resultat der Bestandsrechnung im Ausweis des erforderlichen mengen- und terminbezogenen Nettobedarfs. Das Fazit der Bestellrechnung ist die Bedarfsmeldung.

5.4.2.1 Materialbedarfsrechnung

Der Anwendung der eigentlichen Verfahren der Bedarfermittlung vorangestellt sind zunächst die Definition Bedarf und die aus ihr abgeleiteten Bedarfsarten. Unter **Bedarf** versteht man die art-, mengen- und termingerechte Kennzeichnung des Materials, welches zur Erstellung von Erzeugnissen zu einem bestimmten Termin benötigt wird. Damit gilt:

Bedarf gleich Menge zum Termin

Bei den **Bedarfsarten** sind zwei grundsätzliche Begriffinterpretationen möglich, einmal nach

a) dem Ursprung und der Dispositionsebene des Materials und
b) nach der Berücksichtigung der Lagerbestände.

Je nach Interpretationsstandpunkt ergeben sich Bedarfsarten nach *Abbildung 5.6*.

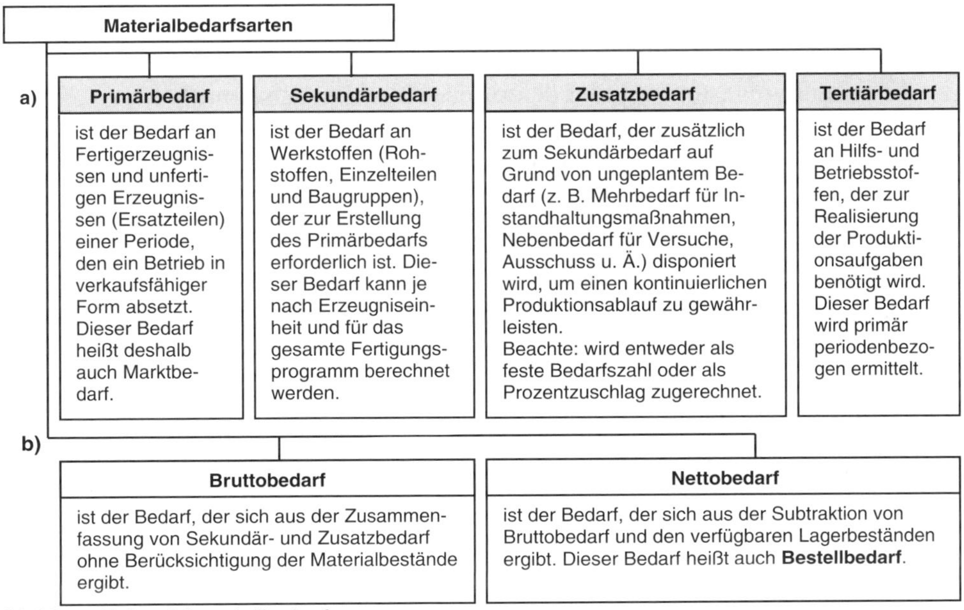

Abbildung 5.6: Materialbedarfsarten

Hinterleuchtet man die beiden Bedarfsarten „Brutto- und Nettobedarf" aus der Sicht ihrer Berechnung, so kommt man beim ersten Begriff zu folgendem **Ermittlungsschema** ❷:

1. Sekundärbedarf	Multiplikation von Primärbedarf mit den im Erzeugnis enthaltenen Einzelteilen und Baugruppen
2. + Zusatzbedarf	• ausschussbedingter Mehrverbrauch • Mehrbedarf für Instandhaltungsmaßnahmen • Nebenbedarf für Sonderzwecke
3. = Bruttobedarf	
Voraussetzung für die Berechnung des zweiten Bedarfsbegriffes ist die Integration einer Reihe von definierten Bestandsarten wie:	
4. – (IST-)Lagerbestand	ist der Bestand, der sich körperlich zum Planungszeitraum (Dispositionsstichtag) im Lager befindet (Lagerstufe 1).
5. + Vormerkbestand	umfasst die Bestandsmengen, die bereits für angenommene Aufträge (Kunden- und Fertigungsaufträge) vorgemerkt und damit nicht mehr verfügbar sind (Reservierungsbestand).
6. – Bestellbestand	ist der Bestand an bereits erteilten, aber noch nicht gelieferten Bestellungen (offene Bestellungen).
7. – Werkstattbestand	umfasst die Bestandsmenge, die das Lager zur Weiterverarbeitung verlassen hat und die sich zum Dispositionsstichtag in der Produktionssphäre (Werkstatt) befindet (Lagerstufe 2).
Das Endergebnis ist der Nettobedarf, der sich wie folgt interpretieren lässt:	
8. = Nettobedarf (Bestellbedarf)	Bestellungen werden erst notwendig, wenn der Bruttobedarf durch den verfügbaren Bestand nicht mehr gedeckt ist, d. h., wenn eine **Unterdeckung** auftritt. Eine **Unterdeckung** ist demnach identisch mit einem **positiven Nettobedarf**. Eine **Überdeckung** in einer Periode wird zur Deckung des Bedarfs in der nächsten Periode vorgetragen **(negativer Nettobedarf)**.

Abbildung 5.7: Berechnungsschema Nettobedarf

Die konkrete Ermittlung der beiden Primärkategorien Brutto- und Nettobedarf erfolgt durch drei prinzipielle **Verfahren**:

- die programmgesteuerte oder deterministische Bedarfsermittlung,
- die verbrauchsgesteuerte oder stochastische Bedarfsermittlung und
- die subjektive Bedarfsschätzung.

Welches Verfahren für welche Materialsorte letztendlich angewandt wird, ergibt sich aus dem Ergebnis der Materialklassifizierung, also aus dem Wesentlichkeitsfaktor bzw. aus der Vorhersagegenauigkeit.
Die angeführten Prinzip-Verfahren der Bedarfsermittlung werden in der *Abbildung 5.8* nach *Härdler* 1999, 91 näher dargestellt.

Zur programmorientierten Bedarfsermittlung
Grundlage dieses Verfahrens ist ein **Produktionsprogramm**. Ein solches Programm wird vorrangig für A- und B-Erzeugnisse auf der Grundlage des Absatzplanes erstellt. Programme können entweder auf Kunden- oder auf Lageraufträgen bzw. auf beiden beruhen.

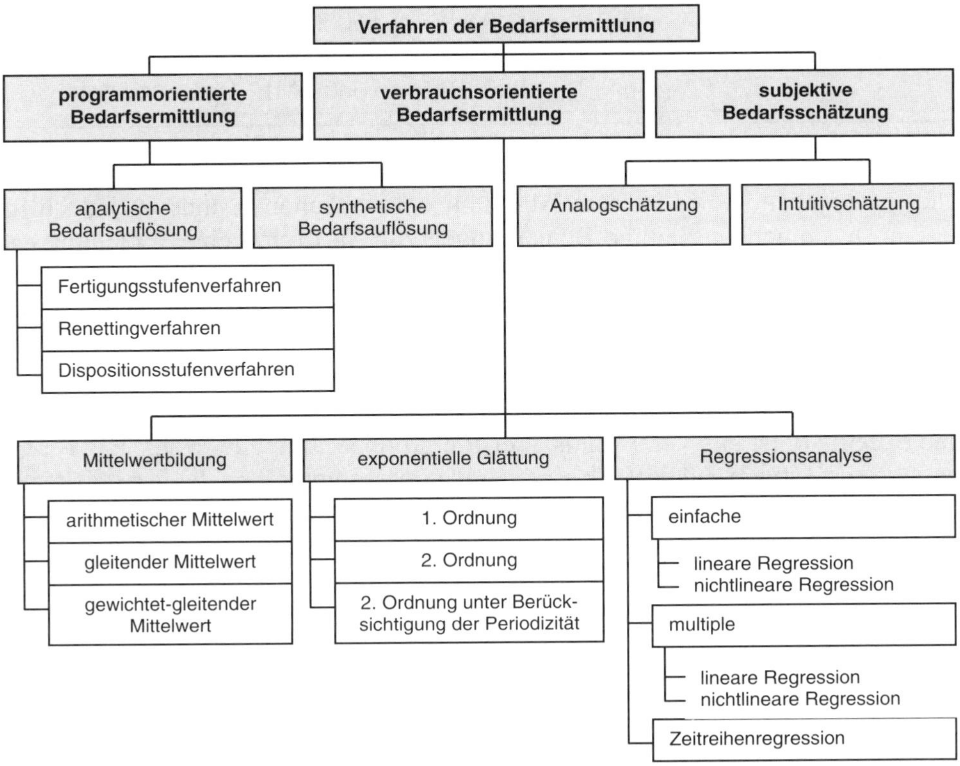

Abbildung 5.8: Detailübersicht der Bedarfsermittlungsverfahren

Der so ermittelte Primär- oder Marktbedarf bildet die Grundlage für die Berechnung des **Sekundärbedarfs**. Dieser ergibt sich aus der Multiplikation

Bedarf an Enderzeugnissen (Primärbedarf)	×	Bestandteile des jeweiligen Erzeugnisses (Materialbedarf an Bauteilen oder -gruppen je Erzeugniseinheit)

Beispiel:

Ein einfach strukturiertes Erzeugnis EE1, von dem in der Betrachtungsperiode 8000 Mengeneinheiten (ME) benötigt werden, besitzt folgende schematisierte Struktur:

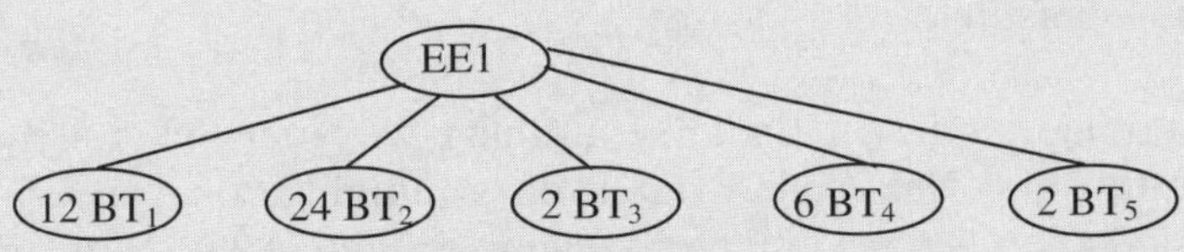

Unter Anwendung der fixierten Formel ergibt sich für die einzelnen Teile folgender Sekundärbedarf:

BT_1: Anzahl 12 × 8000 ME = 96000 ME

BT_2: Anzahl 24 × 8000 ME = 192000 ME

BT_3:	Anzahl	2×8000 ME =	16000 ME
BT_4:	Anzahl	6×8000 ME =	48000 ME
BT_5:	Anzahl	2×8000 ME =	16000 ME

Ohne an dieser Stelle auf die Ausführungen zur Gestaltung von Programmen näher einzugehen – dies ist dem Abschnitt 6 vorbehalten –, müssen jedoch in diesem Zusammenhang einige Bemerkungen zur Auflösung eines Erzeugnisses in seine Baugruppen und -teile gemacht werden.
Bekannt ist, dass – neben der **Konstruktionszeichnung** und dem **Arbeitsplan** der Arbeitsvorbereitung – die **Gesamt-Stückliste** den dritten wichtigen Informationsträger zur Darstellung der Bestandteile eines Erzeugnisses verkörpert.

Eine **Stückliste** ist ein Verzeichnis aller Baugruppen, Bauteile, Roh-, Hilfs- und Betriebsstoffe sowie Zukaufteile eines Erzeugnisses unter Angabe verschiedener Daten (z. B. Qualitäts- und Mengenangaben, Bezeichnung der Beschaffungsgegenstände u. Ä.).

Die *Abbildung 5.9* dokumentiert drei wesentliche **Arten** von Stücklisten.

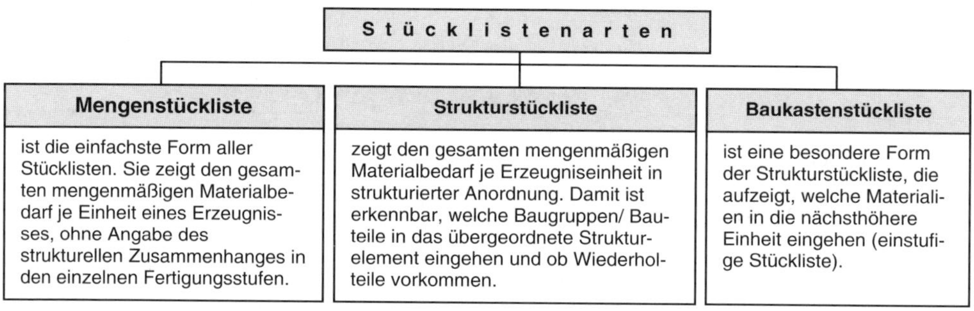

Abbildung 5.9: Arten von Stücklisten

Die in der vorangestellten Abbildung aufgeführten Sachverhalte der einzelnen Stücklisten sollen anhand des folgenden Demonstrationsbeispiels näher dargestellt werden:

Demonstrationsbeispiel:
Sachverhalt
Bei der programmorientierten Bedarfsermittlung wird der Sekundärbedarf und damit der Brutto- und Nettobedarf durch die Multiplikation von Primärbedarf mit den Bestandteilen des jeweiligen Erzeugnisses berechnet. Die Kenntnis der Bestandteile eines Erzeugnisses ergibt sich aus der Stückliste.

Ausgangsdaten
Vom Erzeugnis E1 liegt folgende schematisierte Erzeugnisstruktur vor:

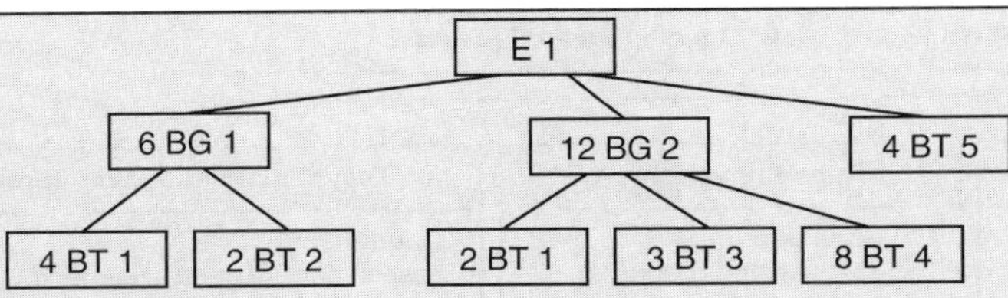

Aufgabenstellung

Erstellen Sie aus der angegebenen Erzeugnisstruktur

1. die Mengenstückliste,
2. die Strukturstückliste,
3. die Baukastenstücklisten für E 1 und BG 2.

Lösung

zu 1. Mengenstückliste von E 1

E 1	
Bezeichnung	Menge
BG 1	6
BG 2	12
BT 1	48
BT 2	12
BT 3	36
BT 4	96
BT 5	4

zu 2. Strukturstückliste von E 1

E 1		
Stufe	Bezeichnung	Menge
1	BG 1	6
2	BT 1	4
2	BT 2	2
1	BG 2	12
2	BT 1	2
2	BT 3	3
2	BT 4	8
1	BT 5	4

zu 3. Baukastenstückliste von E 1

E 1	
Bezeichnung	Menge
BG 1	6
BG 2	12
BT 5	5

Baukastenstückliste von BG 2

BG 2	
Bezeichnung	Menge
BT 1	2
BT 3	3
BT 4	8

Wie aus der Abbildung 5.8 ersichtlich, besitzt die programmorientierte (auch manchmal als gesteuerte bezeichnet) Bedarfsermittlung zwei Untermethoden:

- analytische Bedarfsauflösung,
- synthetische Bedarfsauflösung.

Erläuterung der analytischen Methode

Bei dieser Methode, die vorrangig bei großen Kundenaufträgen und damit bei lagerloser Fertigung angewandt wird, wird durch Auflösung nur der Struktur- und Baukastenstückliste eines Erzeugnisses von **oben nach unten** der Sekundärbedarf für alle Baugruppen und -teile einschließlich Zukaufteile ermittelt. Danach wird der Nettobedarf unter Berücksichtigung des verfügbaren Lagerbestandes durch Anwendung der **Untervarianten** nach *Abbildung 5.10* berechnet.

Analytische Bedarfsauflösung

Fertigungsstufenverfahren

Grundanliegen:
Bei dieser Variante werden die Erzeugnisbestandteile in der Reihenfolge der Fertigungsebenen bzw. Baustufen aufgelöst.

Beachte:
- nur anwendbar, wenn sich in der aufzulösenden Erzeugnisstruktur keine Wiederholteile befinden
- Bei der Erzeugnisgliederung nach Bedarfsermittlungsebenen ist von der niedrigsten Ebenennummer aufsteigend auszugehen.
- Das Ergebnis sind zeitversetzte (also realistische) Bedarfe.

Renettingverfahren

Grundanliegen:
Dieses praxisunübliche Verfahren ist – im Gegensatz zum vorherigen Verfahren – in der Lage, einen Mehrbedarf in verschiedenen Fertigungsebenen und Erzeugnissen zu berücksichtigen.

Beachte:
- Renetting ist aus dem engl. „net" abgeleitet.
- Die Vorsilbe „re" drückt aus, dass der abgesetzte Bestand aus der Vorstufe zur Nettobedarfsermittlung der nachfolgenden Auflösungsstufe wieder hinzuaddiert wird.
- Von dem so ermittelten Gesamtbedarf wird der periodengerechte Gesamtbestand subtrahiert.

Dispositionsstufenverfahren

Grundanliegen:
Diese in der Praxis überwiegend verwendete Auflösungsvariante ist ebenfalls bei Mehrfachbedarf in Erzeugnissen und verschiedenen Fertigungsstufen bzw. Bedarfsermittlungsebenen anwendbar.

Beachte:
- Um Mehrfachauflösungen wie bei den voraus erläuterten Verfahren zu vermeiden, werden bei dieser Variante alle gleichen Erzeugnisbestandteile der Verwendungsstufe zugeordnet, auf der sie zuletzt vorkommen.
- Die letzte Verwendungsstufe bezeichnet man als Dispositionsstufe.
- Das Ergebnis sind nicht zeitversetzte Bedarfe mit dem Nachteil höherer Lagerzeiten und damit Kapitalbindungskosten.

Abbildung 5.10: Verfahren der analytischen Bedarfsauflösung

Erläuterung der synthetischen Methode

Bei dieser Methode – die vorrangig bei lagerloser Einzel-, Kleinserien- und Variantenfertigung angewandt wird – bildet der Teileverwendungsnachweis die Berechnungsbasis. In Teileverwendungsnachweisen wird – im Gegensatz zur Stückliste, die die Erzeugnisstruktur beschreibt – festgestellt, in welchen Erzeugnissen die einzelnen Baugruppen und -teile enthalten sind. Dabei wird der Bedarf in umgekehrter Reihenfolge, also von **unten nach oben,** ermittelt.

Zur verbrauchsorientierten Bedarfsermittlung

Wenn die programmorientierte Bedarfsermittlung aus **technisch-organisatorischen** Aspekten (z. B. bei unplanmäßig hoher Ausschussquote, gehäuften ungeplanten Entnahmen bzw. bei Planungsunsicherheit) oder aus **wirtschaftlichen** Gesichtspunkten (z. B. bei Einzel- oder Kleinserienfertigung) nicht anwendbar ist, dann ist die verbrauchsorientierte Bedarfsermittlung eine gute Alternative. Die verschiedenen Berechnungsmethoden dieser Bedarfsermittlung wurden schon in der Abbildung 5.8 genannt.

Zur subjektiven Bedarfsschätzung

Sind Materialpositionen von geringem Wert mit gleichzeitig niedrigen Materialbewirtschaftungskosten oder liegen materialspezifische Sonderfälle (z. B. Modeartikel) vor, für die keine Verbrauchsstatistiken geführt wurden, erweist sich die subjektive Bedarfsschätzung als zweckmäßig.
Dabei sind folgende **Schätzmöglichkeiten** anwendbar:

- **Analogschätzung**
  wird angewandt, wenn von Verbräuchen ähnlicher Materialien geschlussfolgert werden kann.
- **Intuitivschätzung**
  wird angewandt, indem die Bedarfsprognosen aus Expertenmeinungen abgeleitet werden.

5.4.2.2 Materialbestandsrechnung

Wie aus Abschnitt 5.4.2.1 ersichtlich, liefern die verschiedenen Methoden der Bedarfsermittlung bzw. -schätzung als Ergebnisgröße den Bruttobedarf. Dieser gibt im Regelfall jedoch noch keine Aussage über die tatsächlich zu beschaffenden terminierten Materialmengen.

Beispiel:
Ein Unternehmen benötigt zur Komplettierung seiner Motorenfertigung am 17. Oktober 8000 Kurbelwellen. Der Ist-Lagerbestand beträgt am 10. Oktober 4200, wovon 2200 für den 12. Oktober reserviert sind. Am 1. Oktober wurden darüber hinaus 2300 Kurbelwellen bei einem Lieferanten bestellt, die am 13. Oktober eintreffen werden.
Demnach sind nicht 8000 Kurbelwellen, sondern 8000 – 4200 + 2200 – 2300 = 3700 Kurbelwellen einzukaufen.

Aus diesem Beispiel ergibt sich, dass der Bruttobedarfsgröße der verfügbare Lagerbestand entgegengestellt werden muss. Bei dieser Abstimmung ist seitens des Bestandes nicht nur der körperlich vorhandene Lagerbestand zu berücksichtigen, sondern auch die anderen Bestandsarten wie Vormerk-, Bestell- und Werkstattbestand. Zusammenfassend kann also festgestellt werden, dass das Ziel der Bestandsrechnung darin besteht, durch Ermittlung des disponiblen Bestandes den **Nettobedarf** zu berechnen und in Form einer Bedarfsmeldung dem Einkauf zu übergeben. Das Vorgehen der Abstimmung zwischen Bruttobedarf und verfügbarem Bestand kann verschiedenartig gestaltet sein. Die Begriffsbezeichnung der Abstimmung, also der Disposition, ist den Verfahren der Bedarfsermittlung angelehnt (bedarfs- und verbrauchsgesteuert). Die verbrauchsgesteuerte Disposition kann ihrerseits – je nach Veranlassungsaspekt – in eine **bestands- oder termingesteuerte** weiter unterteilt werden.
In der Praxis wird die dispositive Teilfunktion „Materialbestandsrechnung" als einheitliche **Mengen- und Wertrechnung** realisiert, wobei die Mengenrechnung als Grundlage für die Disposition und die Wertrechnung als Basis für die Betriebsabrechnung dient. Die Bestandsrechnung selbst vollzieht sich in drei **Phasen**:

- Material-Bestandsplanung,
- Material-Bestandsführung,
- Material-Bestandskontrolle.

Materialbestandsplanung

Die Aufgabe der Bestandsplanung besteht in der Festlegung der zu bevorratenden Lagersorten in der erforderlichen **Art**, **Menge** und **Zeit**.
Dabei muss vermieden werden, dass

- zu geringe Bestände den unternehmerischen Leistungsprozess gefährden,
- zu hohe Bestände die Wirtschaftlichkeit und Liquidität des Unternehmens negativ beeinflussen.

Gefragt ist also ein Bestandsmanagement (vgl. Abels u. a. 1995, 14), welches das zu lagernde Sortiment und die notwendigen Bestandshöhen optimiert. Zur Realisierung dieser Forderung bedient man sich bei der verbrauchsgesteuerten Disposition klar definierter **Bestands- oder Lagerhaltungsstrategien** (Lagermodelle) bezüglich der Gestaltung

- des maximalen Lagerbestandes (Höchstbestand),
- des zeitlichen Beschaffungsintervalls,
- der erforderlichen Beschaffungsmengen und
- des notwendigen Sicherheitsbestandes.

Unter einer **Bestandsstrategie** versteht man ein Lagerbewirtschaftungssystem, auf dessen Basis Entscheidungen über das **Wann** (Bestellzeitpunkt) und **Wieviel** (Bestellmenge) der einzulagernden Lagersorten herbeigeführt werden können.

Die gebräuchlichsten Modelle unterscheiden sich vor allem in der Differenzierung der beiden wichtigsten **Gestaltungsparameter**, dem

- Beschaffungsintervall und der
- Beschaffungsmenge.

Im Rahmen der Optimierung solcher Lagerbewirtschaftungssysteme sind bei den Lagerkennzahlen eine Reihe von **Merkmalsausprägungen** zu beachten. Für das Beschaffungsintervall gilt (nach *Müller-Hagedorn*, 16 f.):

1. es wird bestellt, wenn der Lagerbestand niedriger ist als eine Bestellgrenze oder ihr gleich ist (Symbol s);
2. es wird alle T Zeiteinheiten bestellt;
3. es wird bestellt, wenn sowohl der Fall 1 als auch der Fall 2 gegeben sind (also alle T Zeiteinheiten, jedoch nur dann, wenn der Lagerbestand die festgelegte Bestellgrenze unterschritten hat).

Für die **Bestellmenge** gelten folgende Ausprägungen:

- es wird jeweils eine Menge Q bestellt, die als optimale Bestellmenge bezeichnet wird;
- es wird eine solche Menge bestellt, dass der zum Zeitpunkt der Bestellung vorhandene Lagerbestand und die zu bestellende Menge die Höchstlagermenge S ergeben.

Aus der Kombination dieser fünf Ausprägungsmöglichkeiten lassen sich sechs prinzipielle **Strategieformen ❸** ableiten (siehe *Härdler* 1999, 116)
Die Frage, welche Modelle letztendlich bei der Lagerbewirtschaftung Anwendung finden, ist vorrangig abhängig von der Lagersorte, den Lager-, Kapitalbindungs- und Bezugsnebenkosten, der Preisstaffelung über die Lieferlosgrößen, der Lieferzeit, der Haltbarkeit und den Verbrauchscharakteristika. Bei Auftragsmaterialien, die bedarfsgesteuert beschafft und gelagert werden, wird besonders die s,Q-Strategie angewandt, bei Vorratsmaterialien dagegen die s,S-Strategie.
Aus der Festlegung der im Unternehmen angewandten Strategieform ergibt sich damit logischerweise auch die Art der **Bestandsergänzung** und damit der Dispositionssteuerung. Unter diesem Terminus versteht man bekanntlich den Veranlassungsgrund einer Disposition. Veranlasst eine bestimmte **Bestandshöhe** oder ein definierter **Termin** die Disposition, so liegt eine verbrauchsgesteuerte Materialdisposition vor. Ist dagegen der benötigte **Bedarf** im Sinne eines Kundenauftrages oder das **Produktionsprogramm** die Steuergröße, so resultiert daraus die bedarfsgesteuerte Disposition.

5

Verbrauchsorientierte Disposition

Diese relativ einfache Form der Dispositionssteuerung führt zu häufigen Mengen- und Terminunsicherheiten, die nur durch die Berücksichtigung von Sicherheitsbeständen egalisiert werden können. Zwei **Unterarten** sind möglich:

- Bestellpunktverfahren,
- Bestellrhythmusverfahren.

Erläuterungen zum Bestellpunktverfahren

Das Grundprinzip dieses Verfahrens wird aus der *Abbildung 5.11* ersichtlich.
Bei diesem am meisten praktizierten Verfahren signalisiert eine vorher errechnete Bestandshöhe (auch Meldebestand oder Bestellpunkt genannt) eine Bestellauslösung. Diese Größe verkörpert ein Bestandsvolumen, das ausreicht, um die Bedarfe während der **Wiederbeschaffungszeit** abzudecken einschließlich eines garantierten **Sicherheitsbestandes**. Die notwendigen Bestandsüberprüfungen erfolgen unmittelbar nach jeder Entnahme.

Die **Wiederbeschaffungszeit** ist in ihren drei Phasen dabei die Zeitspanne vom Erkennen des Bedarfs über alle Bearbeitungsphasen der Disposition und des Einkaufes (Vorlaufphase), der Lieferzeit (Realisierungsphase) und des Transportes bis hin zur Warenannahme und der Einlagerung (Nachlaufphase).

Unter **Sicherheitsbestand** (eiserner Bestand, Mindestbestand, Reserve) versteht man einen Puffer, der erforderlich ist, um bei Verbrauchs- oder Lieferterminüberschreitungen die Materialverfügbarkeit abzusichern.

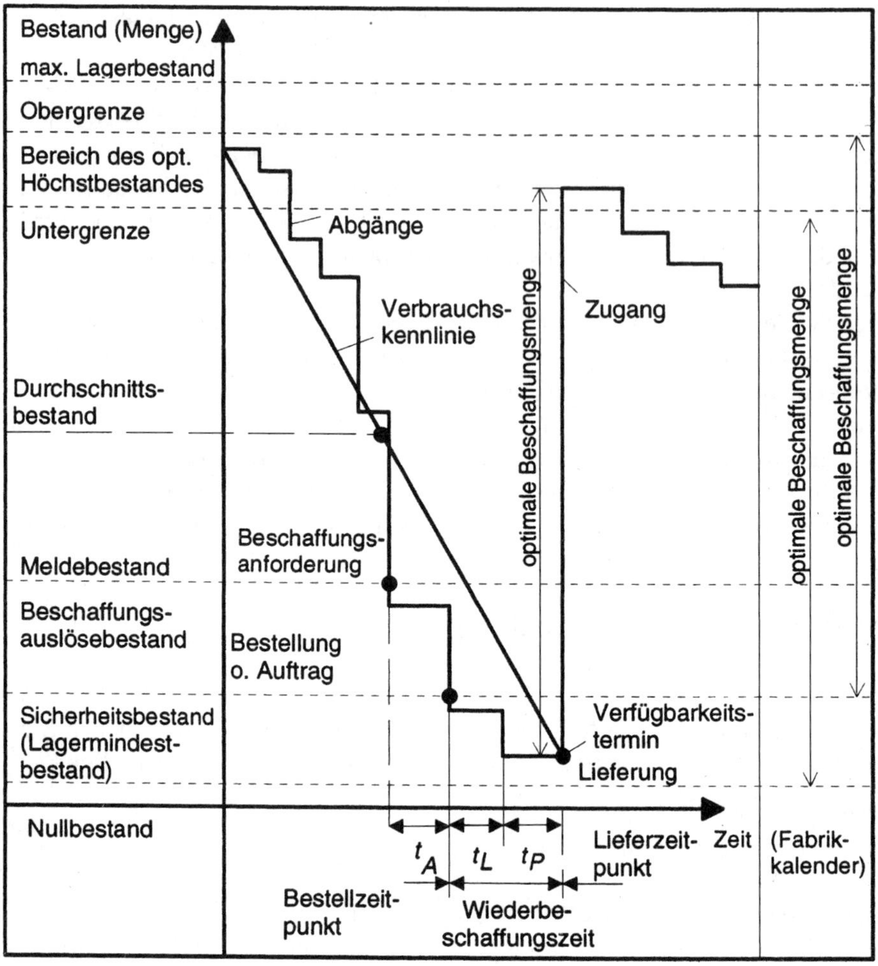

Abbildung 5.11: Modellansatz des Bestellpunktverfahrens (in Anlehnung an REFA 1985, 131 f.)

Beim Bestellpunktverfahren sind zwei weitere **Subverfahren** zu beachten:

- Verfahren der sofortigen Lagerergänzung,
- Verfahren der langfristigen Lagerergänzung.

Das **Verfahren der sofortigen Lagerergänzung** wird bei Lagersorten angewandt, wo die

Wiederbeschaffungszeit < Lagerzeit

ist. Unter Lagerzeit versteht man dabei die Zeitdifferenz zwischen zwei aufeinander folgenden Lieferungen. Die Ergänzungsberechnung erfolgt durch die Lagerkennzahl des **Meldebestandes**.

$$B_M = (T_W \cdot P) + B_S$$

Legende: B_M Meldebestand
T_W Wiederbeschaffungszeit ($t_A + t_L + t_P$) (in ZE)
P Bedarf pro Periode (in ME/ZE)
B_S Sicherheitsbestand (in ME)

Das **Verfahren der langfristigen Lagerergänzung** wird dann angewandt, wenn die

Wiederbeschaffungszeit > Lagerzeit

ist. Das heißt, dass zwischen der Bestellauslösung und dem Liefereingang noch weitere Materialentnahmen stattfinden. Dies hätte zur Folge, dass jede nachfolgende Entnahme zu einer neuen Bestellung führt, ohne dass die schon vorher ausgelöste Bestellung berücksichtigt wird. Damit ergibt sich die Notwendigkeit der Berücksichtigung dieser offenen Bestellungen, auch Eindeckung genannt.
Die Ergänzungsrechnung erfolgt nun durch einen präzisierten Meldebestand, den **Eindeckungs-Meldebestand.**

$$B_E = B_L + B_B$$

B_E Eindeckungs-Meldebestand
B_L Lagerbestand
B_B Bestellbestand

5

Erläuterungen zum Bestellrhythmusverfahren

Das Procedere dieses Dispositionsverfahrens ❹ wird dadurch charakterisiert, dass die Bestandsermittlung nicht wie beim Bestellpunktverfahren nach jeder Entnahme erfolgt, sondern in fixierten, **gleich langen Zeitabschnitten** (Kontroll-rhythmen). Steuerungsfaktor für die Bestellauslösung ist somit direkt die Zeitspanne der Kontrollen. Ist die Zeitspanne sehr lang, so können die Bestände den Meldepunkt erreichen bzw. unterschreiten, ohne dass eine Bestellauslösung erfolgt. Daraus resultiert die Gefahr von Fehlmengen und den sich daraus ergebenden **Fehlmengenkosten**, auch Stock-out-Costs genannt. Als logische Konsequenz aus dem genannten Sachverhalt ergibt sich die Tatsache, dass der Meldebestand nicht nur für die Wiederbeschaffungszeit ausreichen muss, sondern auch für den Zeitraum bis zur nächsten Kontrolle (Überprüfung). Somit ist der Bedarf während der Kontrollspanne mit zu berücksichtigen. In Erweiterung der Meldebestandsformel für das Bestellpunktverfahren gilt:

$$B_M = (T_W + T_K) \cdot P + B_S$$

T_K Zeitspanne zwischen zwei Kontrollen (Kontrollspanne), um festzustellen, ob eine Nachbestellung erforderlich ist.

Dieses Verfahren findet vor allem dort Anwendung, wo ein konstanter Lieferrhythmus durch den Lieferanten oder ein konstanter Fertigungsrhythmus beim materialwirtschaftlichen Abnehmer gegeben ist.

Bedarfsorientierte Disposition

Wie schon eingangs angesprochen, kann der Veranlassungsgrund einer Bestandsergänzung und damit Dispositionssteuerung nicht eine definierte Bestandshöhe oder ein Dispositionstermin sein, sondern auch der ermittelte, aus Kundenaufträgen und/oder dem Produktionsprogramm abgeleitete Bedarfswert. Dieser Wert bildet die materialwirtschaftliche Planungsgrundlage im erweiterten Sinne des Materialentnahmeplanes. Im Lager erfolgt dann eine Verfügbarkeitskontrolle, d. h. eine Abstimmung (Disposition) zwischen den Bedarfs- und Bestandswerten. Die Aufgabe der bedarfsbedingten Bestandsergänzung besteht nun darin, die **Lagerreichweite** zu ermitteln und eine Ergänzung dann einzuleiten, wenn der verfügbare Lagerbestand nicht mehr ausreicht, den ermittelten Bedarf zu decken. Unter diesem Denkansatz lassen sich zwei Zeitkategorien, die **Ist- und** die **Solleindeckungszeit,** berechnen, die beide die jeweilige Lagerreichweite zeitlich repräsentieren. Währenddem die zuerst genannte Zeitkategorie die Zeitspanne dokumentiert, für die der verfügbare Lagerbestand (tatsächlicher Lagerbestand – Vormerkbestand) einen zu erwartenden Bedarf abdeckt, verkörpert die genannte Solleindeckungszeit dagegen den Zeitraum, bis zu dem der verfügbare Lagerbestand plus Bestellbestand ausreichen soll, einen berechneten Bedarf abzudecken. Bei der Isteindeckungszeit bleiben damit die offenen Bestellungen unbeachtet. Aus der Umrechnung der Isteindeckungszeit auf den jeweils geltenden Fabrikkalender ergibt sich der **Isteindeckungstermin**.

Materialbestandsführung

Die zweite Phase der Materialbestandsrechnung ist die Bestandsführung. Diese hat die erstrangige Aufgabe, aktuelle Unterlagen über die mengen- und wertmäßigen Bestände zu erstellen. Damit ergibt sich das Erfordernis, sowohl für die Aktivität der Disposition als auch für die Kostenrechnung und den Bilanzabschluss den mengenmäßigen Verbrauch pro Material und Periode zu ermitteln. Hierfür stehen die verschiedenen Verfahren der Verbrauchsmengenermittlung zur Verfügung (vgl. *Härdler* 1999, 128).
So viel zur mengenmäßigen Bestandsermittlung. Die wertmäßige Bestands- und Verbrauchsberechnung erfolgt dadurch, dass die ermittelten Mengen mit einem Preis multipliziert werden.

Materialbestandskontrolle

Die letzte Phase der Materialbestandsrechnung ist die Materialbestandskontrolle. In ihr sind folgende **Handlungen** zu vollziehen:

- Eingangsüberwachung im Sinne der Eingangsmöglichkeiten und des -ablaufes,
- Entnahmeüberwachung im Sinne der Entnahmemöglichkeiten und des -ablaufes,
- Verfügbarkeitsüberwachung im Sinne der Verfügbarkeitsplanung und der -kontrolle.

5.4.2.3 Materialbestellrechnung

Hat man im Ergebnis der beiden vorangestellten Aktivitäten den Nettobedarf disponiert, so stellt dieser meist nur ein rein technisch-organisatorisches Bestellvolumen dar. Werden zwei weitere mit dem Materialeinkauf verbundene Kostenkomponenten, wie z. B. die **Beschaffungs- und Lagerhaltungskosten**, in die Betrachtung integriert, so ergibt sich die wirtschaftliche oder **optimale Bestellmenge**. Sie liegt dort, wo beide Kostenbestandteile die gleiche „Höhe" aufweisen, dies ist im Minimum der Gesamtkostenkurve der Fall. Grafisch ergibt das die Darstellung nach *Abbildung 5.12*.

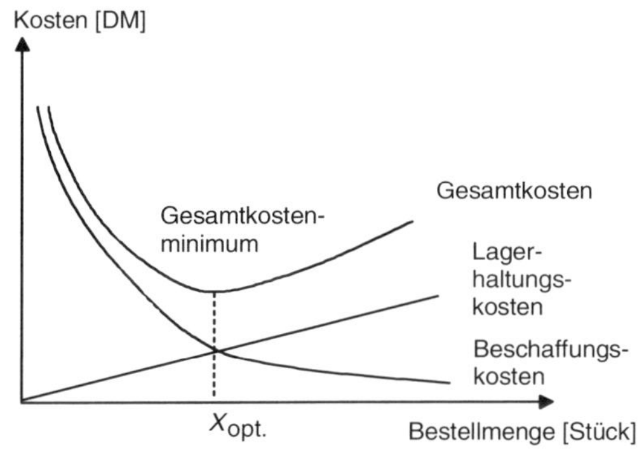

Legende:

K_G	= Gesamtkosten eines Beschaffungsvorganges
M	= Periodenbedarf
E	= Einstandspreis
K_B	= Fixkosten je Bestellung
n	= Bestellhäufigkeit
$\frac{x}{2}$	= Durchschnittsbestand
p	= Zinssatz für das während eines Jahres durchschnittlich gebundene Kapital
L_S	= Lagerkostensatz für die während eines Jahres auftretenden Kosten des Lagers

Abbildung 5.12: Optimale Bestellmenge

Die angesprochenen Beschaffungskosten lassen sich nach *Kopsidis* 1992, 197 ff. weiter in die **unmittelbaren und mittelbaren Beschaffungskosten** untergliedern. Während die zuerst genannten alle bestellmengenabhängigen Kosten umfassen, dokumentieren die mittelbaren Beschaffungskosten alle unternehmensinternen **Bestellkosten** wie

- „Dispositionskosten; dies sind die Kosten für Bedarfs-, Bestands- und Bestellrechnung;
- Einkaufskosten, welche anfallen für alle Arbeiten von der Bezugsquellenfindung bis zum Vertragsabschluss, und den
- Zugangskosten vom Wareneingang, von der Warenprüfung, Verbuchung, eventuell von der Bearbeitung von Beanstandungen, vom Rückversand der Mehrwegverpackungen sowie von der Rechnungsprüfung und Bezahlung," (*IHK-Industriefachwirt*, 30).

Die Lagerhaltungskosten verkörpern dagegen das Produkt aus dem durchschnittlichen Lagerbestandswert und dem Lagerhaltungskostensatz.

Fasst man alle genannten Einzelkomponenten zusammen, so lässt sich die **Gleichung der Gesamtkosten eines Beschaffungsvorganges** konstruieren:

$$K_G = M \cdot E + K_B \cdot n + \frac{X}{2}\left(E + \frac{K_B}{X}\right) \cdot \frac{p + L_S}{100}$$

Aus der Auflösung dieses Beziehungsgefüges nach X ergibt sich die bekannte **Andlersche Formel** als analytischer Berechnungsansatz zur Bestimmung der optimalen Bestellmenge:

$$X_{opt.} = \pm \sqrt{\frac{200 \cdot K_B \cdot M}{E \cdot L_{HS}}}$$

Setzt man für $X = \frac{M}{n}$ ein und löst die Gleichung nach n auf, so erhält man aus dieser Formel die korrespondierende Größe der **optimalen Bestellhäufigkeit**:

$$n_{opt.} = \sqrt{\frac{M \cdot E \cdot L_{HS}}{200 \cdot K_B}}$$

Demonstrationsbeispiel:
Sachverhalt
Bei der Ermittlung der optimalen Bestellmenge liegt ein Optimierungsproblem vor, das durch die entgegengesetzt wirkenden Tendenzen der Bestellkosten und der Lagerkosten je Mengeneinheit hervorgerufen wird. Eine optimale Lösung ist dann gegeben, wenn die Summe aus Bestell- und Lagerkosten je ME ein Minimum erreicht; diese Lösung wird als optimale Bestellmenge bezeichnet.

Ausgangsdaten
Der Einkaufsabteilung eines Unternehmens liegen für die Beschaffung einer Materialposition folgende Daten vor:

- Bestellkosten = 150 €
- Mengenmäßiger Lagerhöchstbestand = 12.500 Stück
- Jahresbedarf = 13.200 Stück
- Einstandspreis = 11 €/Stück
- Zinssatz für im Lager gebundenes Material = 9 %
- Kosten der Lagerung = 11.000 €

Aufgabenstellungen

1. Berechnen Sie die optimale Bestellmenge nach der klassischen Losgrößenformel.
2. Wie hoch ist die optimale Bestellhäufigkeit?

Lösungen

zu 1.

$$L_S = \frac{K_L \cdot 100 \cdot 2}{B_L \cdot E} = \frac{11.000 \cdot 100 \cdot 2}{12.500 \cdot 11} = 16\,(\%)$$

$$L_{HS} = p + L_S = 9 + 16 = 25\,(\%)$$

$$X_{opt.} = \sqrt{\frac{200 \cdot K_B \cdot M}{E \cdot L_{HS}}} = \sqrt{\frac{200 \cdot 150 \cdot 13.200}{11 \cdot 25}} = 1.200\,(ME)$$

zu 2.

$$n_{opt.} = \sqrt{\frac{M \cdot E \cdot L_{HS}}{200 \cdot K_B}} = \sqrt{\frac{13.200 \cdot 11 \cdot 25}{200 \cdot 150}} = 11 \text{ (Bestellungen)}$$

Zu beachten ist, dass die Anwendung der Andler´schen Formel an bestimmte Voraussetzungen gebunden ist (vgl. *Oeldorf/Olfert* 1995, 266).
Sind diese nicht zu erfüllen, so müssen **heuristische Modellansätze** wie

a) die gleitende wirtschaftliche Bestellmengen-Heuristik,
b) die Kostenausgleichs-Heuristik,
c) der Wagner-Within-Algorithmus,
d) die Selim-Heuristik,
e) die Groff-Heuristik,
f) die Silver-Meal-Heuristik und
g) die Part-Period-Heuristik

angewandt werden.

5.5 Materialbeschaffung

5.5.1 Begriff und Grundsatzaufgabe

Die **Materialbeschaffung** – auch Einkauf oder Erwerb genannt – umfasst alle strategischen, steuernden und operativen Tätigkeiten, die darauf gerichtet sind, eine wirtschaftliche, termin- und qualitätsgerechte Versorgung des Betriebes mit Beschaffungsobjekten, die dieser selbst nicht herstellt, zu gewährleisten.

Die Beschaffungshandlung kann dabei nach *Eschenbach* 1995, 127 als „Kauf, Leasing/Miete, Leihe, Tausch oder Selbsterstellung“ erfolgen. Zur Realisierung der in der Definition enthaltenen Grundsatzaufgabe gilt es drei **Aufgabenkomplexe** zu verwirklichen:

- Einkaufsvorbereitung,
- Einkaufsabwicklung,
- Einkaufscontrolling.

5.5.2 Aufgabenkomplexe des Einkaufs

5.5.2.1 Bestellvorbereitender Aufgabenkomplex

Dem eigentlichen Vollzug des Einkaufs vorgelagert ist der bestellvorbereitende, vorwiegend auf strategische Handlungen ausgerichtete Aufgabenkomplex. Eine dieser strategischen Aktivitäten ist die **Beschaffungsmarktforschung**. Unter dieser versteht man das aktive und systematische Gewinnen und Aufbereiten von auf das unternehmensspezifische Einkaufsspektrum ausgerichteten Beschaffungsmarktinformationen einschließlich der Ableitung von Prognosen für zukünftige Entwicklungen. Zur Gewinnung von Informationen bedient man sich in der Praxis verschiedener **Methoden** der Beschaffungsmarktforschung. Diese sind – auf Grund der Beschaffungsmarktspezifik (vgl. *Stange/Koppelmann* 1984, 347) – nicht mit den Methoden der Absatzmarktforschung gleichzusetzen. Der Spezifik spezieller Aufgaben- und Zielstellung entsprechend, können darüber hinaus auch noch andere Methoden der Informationsgewinnung eingesetzt werden, wie z. B. die Produktmarkt-, Risiko-, Konditions- und Lieferantenanalyse. In *Abbildung 5.13* sind exemplarisch der Zielansatz und die wesentlichsten Bewertungskriterien der **Materialmarkt- und Lieferantenanalyse** aufgeführt.

	Materialmarktanalyse	**Lieferantenanalyse**
Ziel	Untersuchung des Beschaffungsmarkts bezogen auf ausgewählte Marktpositionen.	Umfängliche Beurteilung der Lieferanten hinsichtl. qualitativer, technischer, logistischer und kommerzieller Parameter.
Wesentliche Bewertungskriterien	• technische Funktion, Eigenschaften • Konkurrenzdruck am Markt • Substitutionsmöglichkeiten (alternative Rohstoffe oder Herstellung) • Risiken und Möglichkeiten der Risikodeckung durch Lieferanten • Entwicklungstendenzen (z. B. Preisverfall in der Elektronik, technische Änderungen) • Konditionsgestaltung durch derzeitige und potenzielle Lieferanten • Qualitäts- und Logistikniveau • Kapazitäten, Auslastung, Konjunktur • wirtschaftliche Stabilität der Lieferanten • Verhalten konkurrierender Einkaufsorganisationen	• Interesse des Lieferanten an Zusammenarbeit, Bedeutung des einkaufenden Unternehmens für den Lieferanten, Vertrauensverhältnis, Kommunikation • Eigentümer, Beteiligungen, Bonität, wirtschaftliche Stabilität, Unternehmensstrategie • technischer Entwicklungsstand gemessen an Bestlösungen • Produktionstechnik, Mitarbeiterqualifikation, Betriebsorganisation • Lieferzeit, Liefertreue, Beratung, Zuverlässigkeit, Service, Kundenorientiertheit • Preis- und Konditionsgestaltung, Kostenstrukturen • Qualitätssicherungssystem, Qualitätsphilosophie, Reklamationshäufigkeit

Abbildung 5.13: Wesentliche Bewertungskriterien der Materialmarkt- und Lieferantenanalyse (siehe Härdler 1999, 146)

Egal welche der genannten Methoden der Marktforschung man letztlich anwendet, immer sind die nachfolgenden **Arbeitsschrittfolgen** zu realisieren:

1 Selektion der Beschaffungsobjekte anhand solcher Auswahlkriterien wie Materialart, Bedarfsstruktur, Beschaffungswert und -risiko usw.,

2 Informationsbeschaffung wie Primärmaterial sowie interne und externe Informationsquellen usw.,

3 Informationsanalyse und -aufbereitung wie Datensammlungen, Grafiken und Tabellen,
4 Informationsauswertung und Ableitung unternehmerischer, strategischer und operativer Entscheidungen.

Die geforderte „gezielte Beeinflussung" des Beschaffungsmarktes, sprich des Lieferanten, kann u. a. durch **Lieferantenkontakte** im Sinne von Einkäufer-, aber auch Vertreterbesuchen oder Audits vorgenommen werden. Diese dienen gerade bei schwierigen Verhandlungen der Förderung des partnerschaftlichen Verständnisses und der Klärung zahlreicher Detailfragen. Niemals jedoch darf der Einkäufer dabei seine kritische Distanz gegenüber den Vertretern des Lieferanten preisgeben. Es ist angeraten, die Verhandlungen z. B. mittels einer Checkliste formallogisch und auf den persönlichen Bedarf modifiziert vorzubereiten. Dabei gilt nachfolgender **Vorbereitungsgrundsatz** (*Schötz* 1996, Abschnitt 10.3):

„Je besser die **Vorbereitung**, desto sicherer, gelassener und überzeugter ist das eigene Auftreten."

Eine weitere Aktivität innerhalb dieses Aufgabenkomplexes ist die **Beschaffungsplanung**. Bei dieser stehen zwei **Hauptaufgaben** im Mittelpunkt:

- anforderungsgerechte Optimierung der Beschaffungsvorgänge wie Genehmigungsverfahren, Arbeitsabläufe, Termine, Verantwortlichkeiten und
- Vorgabe von Einkaufsstrategien als Rahmenbedingungen für die operative Einkaufstätigkeit.

In der *Abbildung 5.14* werden zum zuletzt genannten Gesichtspunkt einige aktuelle **Einkaufsstrategien** einschließlich ihrer Kurzcharakteristiken dargestellt.

Einkaufsstrategie	Kurzcharakteristik
Forward Sourcing	• materialwirtschaftliche Unterstützung einer simultanen Produkt- und Prozessentwicklung (Simultaneous Engineering) zur Verkürzung von Entwicklungszeiten (Time-to-Market),
Make-or-Buy	• Gegenüberstellung von Eigen- und Fremderstellung von Produkten/Leistungen zur Ermittlung der in der Gesamtbilanz wirtschaftlichsten Variante. Die Kosten der Eigenerstellung sollten dabei nach der Prozesskostenrechnung (Activity Based Costing) ermittelt werden.
Global Sourcing	• weltweite Nutzung von Beschaffungsmärkten zur Erzielung von Kostenvorteilen, die längerfristig Einsparpotenziale mit hoher Ergebniswirksamkeit gegenüber lokalen Kostenstrukturen erschließen können.
C-Teile-Management	• Vereinfachung von Beschaffungsvorgängen von Teilen mit geringem Ergebniseinfluss (C-Teile) z. B. durch **Third-Party-Buying**, Purchasing-Card-Systems, Outsourcing, E-Commerce, Nutzung des neuen Business-to-Business-Tools von SAP

Abbildung 5.14: Kurzcharakteristik moderner Einkaufsstrategien

Neben der Festlegung der anzuwendenden Einkaufsstrategie gehören als strategisches Handlungsspektrum auch die Aufgaben der **Beschaffungsvollzugsplanung** wie die Fixierung der Beschaffungsprinzipien und -wege zu diesem Komplex.

Beschaffungsprinzipien

Einem Unternehmen bieten sich drei **Prinzipien** der Materialbeschaffung an:

1. Einzelbeschaffung im Bedarfsfall

Bei diesem Verfahren besteht eine enge Kausalität zwischen dem Bedarf und dem Verbrauch, d. h., eine Beschaffung wird erst bei einem konkreten Auftrag ausgelöst. Damit erübrigen sich i. d. R. Lagerhaltungsaktivitäten, bis auf solche Materialien, „die bei einer langen Produktionsdauer sukzessiv in Teilmengen an die Verbrauchsorte abgegeben werden" (Grochla 1990, 25). Der Vorteil dieses Materialbereitstellungsprinzips besteht in der Verringerung der Lagerhaltungs- und Kapitalbindungskosten. Als Nachteile müssen die höheren Materialeinstandspreise und Transportkosten auf Grund kleinerer Bezugsmengen genannt werden.

2. Vorratsbeschaffung

Im Umkehrschluss zur Einzelbeschaffung besteht bei diesem Verfahren keine Übereinstimmung von Beschaffungs- und Verbrauchsmengen, da die benötigten Materialien verbrauchsorientiert oder spekulativ beschafft werden. Ergibt sich ein Bedarf, so stehen sie sofort zur Verfügung. Die Vorteile liegen – bedingt durch den Bezug größerer Beschaffungsmengen – in den niedrigen Bestell- und Bewegungskosten. Als Nachteile sind die hohen Kapitalbindungs- und Lagerhaltungskosten zu nennen.

3. Einsatzsynchrone Anlieferung

Die einsatzsynchrone Anlieferung versucht die Vorteile der vorangestellten Prinzipien zu kombinieren, ohne deren Nachteile in Anspruch zu nehmen. Im Klartext heißt das, dass einerseits nur eine solche Warenbereitstellung erfolgt, wie es der Fertigungsablauf erfordert, andererseits werden aber Rahmenlieferverträge über große Beschaffungsmengen abgeschlossen.

Beschaffungswege

Bei der Wahl der Beschaffungswege gibt es zwei prinzipielle Möglichkeiten:

1. den direkten Beschaffungsweg

Der direkte Beschaffungsweg bietet sich vor allem beim Einkauf von hochwertigen Materialien (A-Teile) oder Investitionen an. Durch eine kürzere Beschaffungskette können hierbei oftmals günstigere Einkaufskonditionen sowie eine fundierte Beratungs- und Serviceleistung realisiert werden. Auch eine direktere Einflussnahme auf die Erzeugnisgestaltung beim Hersteller bis zur kooperativen Produktoptimierung ist möglich. Der unmittelbare Einfluss auf den Prozess beim Hersteller kann die Wiederbeschaffungszeit erheblich verkürzen oder weitergehende Kulanz- bzw. Serviceregelungen ermöglichen.

2. den indirekten Beschaffungsweg

Beim indirekten Beschaffungsweg ist zwischen dem Lieferanten und dem beschaffenden Unternehmen mindestens ein Handelsorgan zwischengeschaltet. Häufig ist der Einstandspreis durch die Aufwendungen beim Händler höher als bei der direkten Beschaffung. Jedoch kann auf Grund großer Mengenabnahmen und einer effizient organisierten Logistik der Händler Preisvorteile erzielen, die dem beschaffenden Unternehmen partiell weitergereicht werden und somit einen günstigeren Einstandspreis ermöglichen.

Zu beachten ist, dass die Auswahlentscheidung über den richtigen Beschaffungsweg unternehmensspezifisch zu treffen ist unter der Integration solcher **Entscheidungsparameter** wie Marterialart, -menge und -qualität sowie Preisvorteile, Lieferfristen u. Ä.

5.5.2.2 Bestelldurchführender Aufgabenkomplex

In diesem Aufgabenkomplex werden alle Handlungen vollzogen, die letztendlich zum Kernpunkt des Einkaufs – der Bestellung – führen einschließlich daraus abgeleiteter Rechte und Forderungen. Insgesamt lassen sich die **10 Arbeitsschritte** in den drei Phasen der **Vertragsanbahnung**, des **Vertragsabschlusses** und der **Vertragsabwicklung** unterscheiden. In der *Abbildung 5.15* werden die Einzelaktivitäten der Arbeitsschritte in Anstrichen aufgeführt, wobei nennenswerte Besonderheiten anschließend erläutert werden.

Besonderheiten zu den Einzelaktivitäten

Teilarbeitsschritt 1:

Das **Bedarfsmeldeformular** ist dort anzuwenden, wo sporadischer, auftragsbezogener Bedarfsfall (z. B. Büromaterial-, Dienstleistungs- und Investitionsbedarf, kaum oder nicht wiederholende Sonderausstattungen usw.) vorliegt.

Teilarbeitsschritte 1a und 1b:

Bei diesem Arbeitsschritt gilt die Maxime, dass der Einkauf jede Bedarfsmeldung auf ihre formelle und sachliche Richtigkeit zu überprüfen hat unter Beachtung definierter **Genehmigungsebenen** und -**prozeduren**.

Teilarbeitsschritt 2:

- Anfragen und Angebote können bei geringwertigen Materialien zur Aufwandsreduktion mündlich erfolgen. Bei wertintensiveren Geschäften allerdings sollte schon aus **Nachweisgründen** nicht auf die Schriftform verzichtet werden.
- In der Regel sollten nicht weniger als **drei Angebote** eingeholt werden.
- Als **Anfragemodalitäten** gelten:
  a) Bedarfsanforderer bei Anfragen bis 1500 €
  b) Bedarfsanforderer bei Anfragen > 1500 € bis 5100 € unter Erstellung eines spezifizierten Leistungsverzeichnisses und Bestell-Begleitformulares
  c) Einkauf bei Anfragen > 5100 €

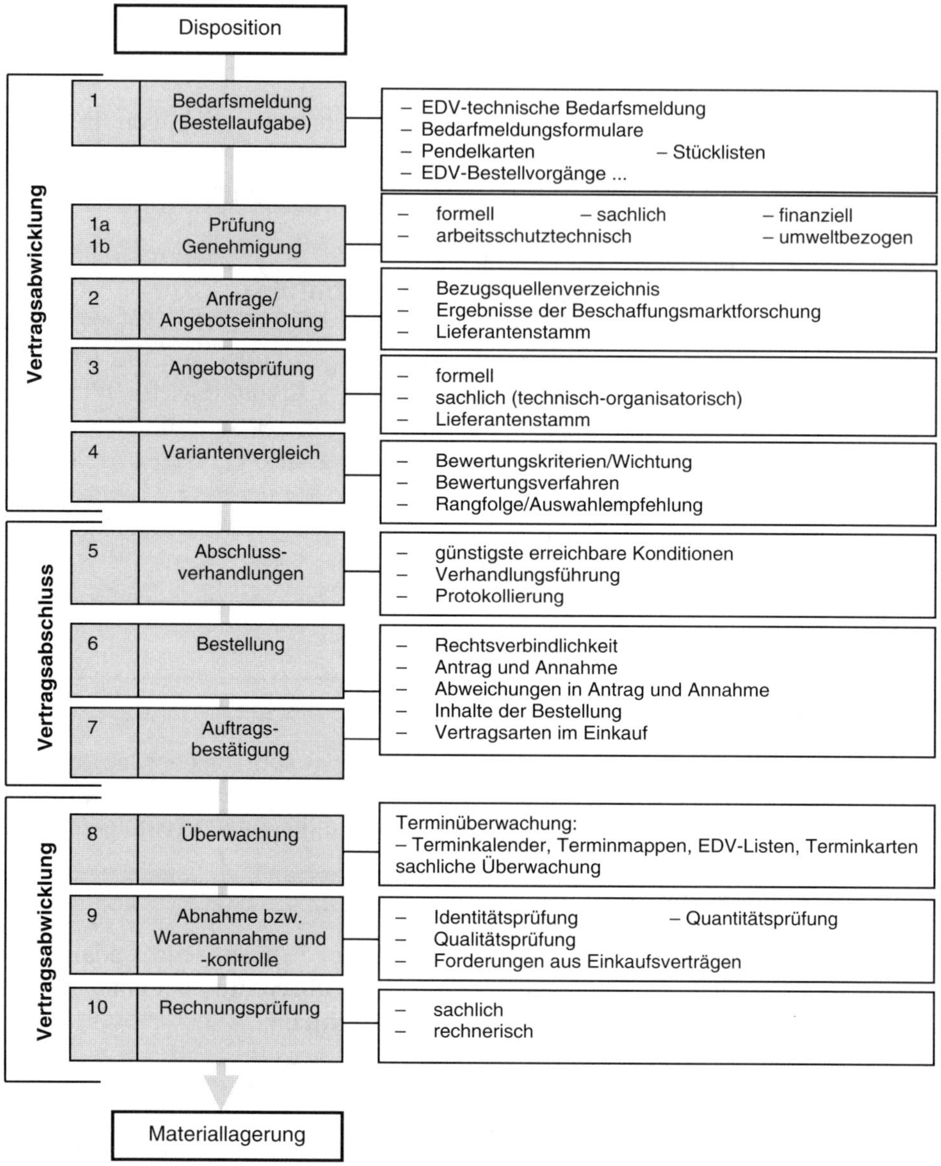

Abbildung 5.15: Phasen und Arbeitsschritte der Einkaufsabwicklung

Teilarbeitsschritt 3:

- Gegenstand der **sachlichen Angebotsprüfung** ist die fachliche Hinterfragung technisch erklärungsbedürftiger Beschaffungsobjekte.
- Aufgabe der **kommerziellen Prüfung** ist die Absicherung der Vergleichbarkeit der Angebote unter Beachtung des Grundsatzes: Vergleichbar ist nur das, was auch vergleichbar ist!

Teilarbeitsschritt 4:

Bei der **Auswahlentscheidung** über die Angebote sollten nicht nur die vergleichbaren Netto-Einstandspreise Berücksichtigung finden, sondern auch schwer bzw. nicht quantifizierbare Kriterien wie:

- über die Mindestanforderungen hinausgehende Funktionalitäten,
- erweiterte Nebenleistungen (Schulung, Ersatzteilpaket, Finanzierung, Serviceleistungen, Kulanz usw.).

Teilarbeitsschritt 5:

Dieser Arbeitsschritt ist nur notwendig, wenn sich vor der eigentlichen Bestellung noch Unklarheiten ergeben oder noch Angebotsverbesserungen zu erwarten sind.

Teilarbeitsschritte 6 und 7:

Eine Bestellung kann sowohl Antrag als auch Annahme sein, wobei bei der Bestellerteilung folgender **Bestellgrundsatz** gilt:

Stimmen Antrag und Annahme überein, so ist ein Kaufvertrag zu Stande gekommen.

Beispiel:

Variante I:

Das Angebot des Lieferanten (Antrag) wird durch die gleich lautende Bestellung des Kunden angenommen. Eine eventuelle Auftragsbestätigung hat in diesem Fall nur formellen Charakter, da der Vertrag bereits mit der Bestellung zu Stande gekommen ist.

Variante II:

Die Bestellung des Kunden (Antrag) wird durch die gleich lautende Auftragsbestätigung des Lieferanten angenommen. In diesem Falle entsteht das Vertragsverhältnis erst mit der Auftragsbestätigung.

Teilarbeitsschritt 8:

Bei terminsensiblen bzw. funktionell kritischen Lieferungen sollte eine terminliche und erforderlichenfalls auch sachliche Überwachung nach dem **Grundsatz** durchgeführt werden:

Die Lieferungen sollten auf Grund der Liquiditäts- und Kostennachteile nicht zu früh, aber auch auf Grund der möglichen Fertigungsstörungen nicht zu spät eintreffen!

Teilarbeitsschritt 9:

- **Identitätsprüfung**: Durch Vergleich von Vertrag, Lieferschein und Ware ist festzustellen, ob die gelieferte Ware dem Vertrag entspricht.
- **Quantitätsprüfung**: Sie erfolgt z. B. durch Zählen, Messen, Wiegen.
- **Qualitätsprüfung**: Sie kann als Voll- oder Stichprobenprüfung durchgeführt werden und dient der Prüfung auf Einhaltung qualitativer Parameter.

5

Teilarbeitsschritt 10:

Der Prüfungsvorgang vollzieht sich in zwei Stufen:

STUFEN DER RECHNUNGSPRÜFUNG

sachliche PRÜFUNG	rechnerische PRÜFUNG
"- Ist die Rechnung berechtigt? - Gelieferte = bestellte = eingegangene Menge? - Berechneter = vereinbarter Bestellpreis? - Stimmen die Bedingungen für die Belastungen für Fracht, Verpackung sowie Skonto, Rabatt und Bonus mit der Bestellung überein?"	"- Es wird der Rechenvorgang nachvollzogen und der Rechnungswert überprüft."

Abbildung 5.16: Stufen der Rechnungsprüfung (in Anlehnung an IHK-Material, Industriefachwirt, 52)

5.5.2.3 Bestellnachbereitender Aufgabenkomplex

Unter diesem auch als Einkaufscontrollings bezeichneten letzten Aufgabenkomplex des Einkaufes werden die strategisch orientierten Aufgaben der mittel- und langfristigen Steuerung der Einkaufsprozesse verstanden.

Er umfasst die beständige Analyse von Lieferanten- und Einkaufsleistung (Soll-Ist-Vergleiche), die Ableitung von Erkenntnissen für die Einkaufsplanung (Anforderungen, Ziele, Kennzahlen, Rahmenbedingungen) und das Berichtswesen.

Als wesentliche **Aufgaben** des Einkaufscontrolling gelten:

1. die Fortschrittsverfolgung der Materialeinzelkosten bei Materialien mit wesentlichem Ergebniseinfluss und
2. die Untersuchung der Entwicklung der Materialbewirtschaftungskosten.

Beim unter 1. genannten Sachverhalt sind die **Angebotspreise** sowie alle anderen Modalitäten der Lieferanten kritisch mittels Preisstruktur- und Wertanalysen bzw. durch eine offene Kalkulation zu analysieren. Als Kennzahl dient dazu die Materialeinsatzquote als der Quotient aus der Summe der Materialeinstandspreise zur Umsatzsumme.

Beim zweiten Aufgabenschwerpunkt gilt es, besonders die **Personal- und Sachgemeinkosten** in der Materialwirtschaft sowie die hierauf basierenden Gemeinkostenzuschlagssätze zu untersuchen. Als Messgrößen sowohl der Einkaufsleistung als auch des Verwaltungsaufwandes können folgende Kennzahlen angewandt werden:

1. $$\text{Bestellkostensatz} = \frac{\sum \text{Bestellkosten}}{\sum \text{Bestellungen}}$$

2. $$\text{Anfragerate} = \frac{\sum \text{angefragter Positionen}}{\sum \text{bestellter Positionen}}$$

3. $$\text{Terminverzugsquote} = \frac{\sum \text{Verzugslieferungen}}{\sum \text{Lieferungen}}$$

4. $$\text{Nachbearbeitungsquote} = \frac{\sum \text{Nachbearbeitungen}}{\sum \text{Bestellungen}}$$

5. $$\text{Eilbestellungsquote} = \frac{\sum \text{Eilbestellungen}}{\sum \text{Bestellungen}}$$

Als weitere Methoden besonders zur Messung und Kontrolle der Einkaufsleistung können das **Performance-Measurement** und das **Balanced-Scorecard-Concept** angesehen werden. Zu beachten ist, dass unter dem Einkaufscontrolling nicht nur die kostenbezogene Steuerung der Einkaufsprozesse verstanden werden darf, sondern auch die Lieferantenbewertung bezüglich der qualitativen und logistischen Leistung ist ein ganz wesentliches Instrument zur Steuerung der Lieferströme.

Abschließend besteht die Aufgabe des Controllings darin, die Ergebnisse der Materialwirtschaft gegenüber der Geschäftsführung im Sinne des „**Self-Controlling**" beispielsweise im Rahmen eines Managementinformationssystems darzustellen.

5.6 Materiallagerung

5.6.1 Begriffsbestimmungen

Die Kerntätigkeit der Materiallagerung resultiert aus den zeitindifferenten Bewegungsrhythmen des Materialflusses in den Unternehmen. Aus diesem Tatbestand entstehen **Disparitäten** zwischen den Material abgebenden und annehmenden Unternehmensbereichen. Um diese Bruchstellen innerhalb des betrieblichen Ablaufes zu minimieren, wurde als Ausgleichsmittel die Lagerung geschaffen. Die Stauungsorte selbst heißen **Lager**, die gestauten Materialien **Lagergüter**. Eine eindeutige Begriffsinterpretation der Lagerung ist, besonders aus praxisorientierter Sicht, sehr schwierig.

> Nach *Oeldorf/Olfert* 1995, 299 umfasst die **Lagerung** alle Vorgänge, beginnend bei der Aktivität des Materialeinganges, fortfahrend über die des Materiallagerns, bis hin zur Materialentnahme.

Leitet man die Quintessenz aus dem Lagerbegriff ab, so erkennt man, dass auch im Zeitalter der „Just-in-time"-Fertigung und der daraus resultierenden vernetzten prozessnahen Logistik auf eine betriebliche Vorratshaltung nicht verzichtet werden kann, denn nur in ganz wenigen Fällen lässt sich eine Synchronität aller bonitären Bewegungsrhythmen in einem Unternehmen erreichen.

5.6.2 Lagerhauptfunktionen und Lagerstufen

Geht man von der eingangs angesprochenen Zielstellung der Lagerung aus, nämlich von der Bruchstellenminimierung des betrieblichen Materialflusses, so ergeben sich daraus die nachfolgend in Anlehnung an *Kopsidis* 1992, 114 dargestellten **Lagerhauptfunktionen** (*Abbildung 5.17*)

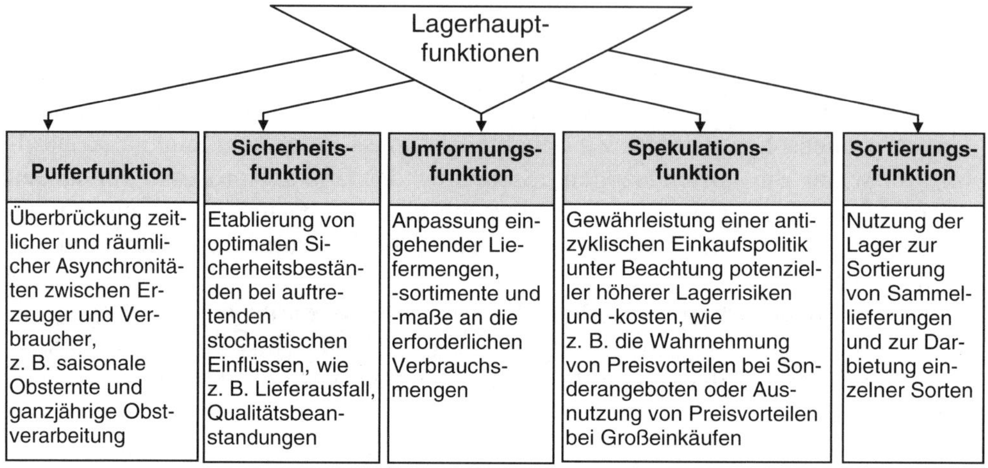

Abbildung 5.17: Lagerhauptfunktionen

Betrachtet man den Materialfluss in seiner logisch zeitlichen Abfolge durch die drei Hauptfunktionen einer Unternehmung, so ergeben sich drei **Lagerstufen** einschließlich der daraus abzuleitenden Lagerbezeichnungen:

- **Lagerstufe 1**: bezeichnet alle Lager, die sich zeitlich zwischen der Beschaffung und der Fertigung befinden. Benannt werden diese Lager als Wareneingangs-, Beschaffungs- oder Kaufteilelager. Sie dienen vorrangig zur Realisierung der Puffer-, Sicherheits- und Spekulationsfunktion.
- **Lagerstufe 2**: beinhaltet alle Lager, die sich zwischen den Prozessstufen der Produktion befinden. Bezeichnet werden diese Lager als Parallel-, Fertigungs-, Zwischen- oder Halbfabrikatelager. Vorrangig vollziehen sie die Puffer- und Veredelungsfunktion.
- **Lagerstufe 3**: beinhaltet alle Lager, die zeitlich nach der Produktionsphase liegen. Sie werden deshalb auch als Absatz-, Fertigwaren- , Halbfabrikate-, Handelswaren- oder Versandlager tituliert. Sie können zur Verwirklichung aller oben angeführten Lagerhauptfunktionen dienen.

In der Theorie werden die Handelswarenlager und die Lager, die der Lagerung von Verwaltungs- und Büromaterial dienen, den **Lagerstufen 4 und 5** zugeordnet.

5.6.3 Lagerarten und Lagertypen

Betrachtet man die vorangestellt fixierten Lagerbezeichnungen auch aus der Sicht weiterer **Lagermerkmale**, wie z. B.

- Lagerbauart und -technik,
- Lagerbesitzer und -standort,
- Lagergut und -technologie
- Funktionsbereiche innerhalb der Unternehmung,

so entstehen,

a) wenn man **nur eines** der angeführten Merkmale betrachtet, der Begriff der **Lagerart;**

Beispiel:

Lagerart

Merkmal: **Funktionsbereiche** → **Beschaffungslager** (Lager für RHB-Stoffe, Fertigwaren, Werkzeuge, Büromaterial usw.)

→ **Fertigungslager** (Werkstattlager) (Zwischenlager zwischen den Arbeitsprozessen)

→ **Absatzlager** (Vertriebslager) (bis vor Enderzeugnislager auch Vertriebslager genannt, für alle Enderzeugnisse)

oder

Merkmal: **Lagertechnik** → **Flachlager** (auch Bodenlager, ohne Einrichtungen; Ware liegt am Boden, z. B. Kies)

→ **Blocklager** (durch stapelfähige Behälter oder Waren mit Verpackungen)

→ **Regallager** (einfaches Fachregal, Palettenlager, Schieberegale, Hochregal usw.)

und

b) wenn man **mindestens zwei** der Merkmale gleichzeitig betrachtet, der Begriff des **Lagertyps.**

Beispiel:

Merkmal: **Bauart** ↓ **Freilager** (offenes Lager, nicht eingezäunt)

und

Merkmal: **Lagergut** ↓ **Stangenlager** (Langgutlager für jede Art von Stangen)

Lagertyp: **Freilager für Stangen**

5.6.4 Aufgabenkomplexe der Lagerung

5.6.4.1 Vorbereitender Aufgabenkomplex

In diesem vorbereitenden Aufgabenkomplex der Lagerung gilt es folgende **Handlungen** zu vollziehen:

1. Planung des Lagerstandortes und der Lagerkapazität,
2. Planung der Lagergestaltung,
3. Planung des innerbetrieblichen Transports.

Für die Bestimmung des optimalen **Lagerstandortes** zeichnen meist mehrere Einflussgrößen verantwortlich. Nach *Hartmann* 1993, 509 f. sind dies u. a.:

- „Grundstücksverhältnisse (Eigenschaften des Bodens, ...),
- Verkehrslage (Ein- und Ausfahrtmöglichkeiten, ...),
- Gas-, Wasser- und Stromversorgung,
- Umweltbedingungen (Abgase, ...) und
- Entsorgung (Lagerung und Abtransport von Produktionsabfällen)."

Voraussetzung für die konkrete Berechnung der notwendigen **Lagerkapazität** sind die Planungshandlungen der

- Planung der Lagerbauart,
- Planung der Lagereinrichtungen, Transport und
- Planung der Lagerordnung.

Die Planung des erstgenannten Aspektes wird primär durch folgende, nicht näher zu erläuternde Größen wie:

a) die **Materialeigenschaften** (z. B. Lagergut-Querschnitt, ...) und
b) der **Erfordernis der Materialflussgeradlinigkeit**

bestimmt.
Unter dem zweitgenannten Gesichtspunkt versteht man dagegen das gesamte Rüstzeug, mit deren Hilfe das Material einschließlich des Transports gelagert wird. Die **Lagereinrichtungen** lassen sich dabei nach zwei prinzipiellen Unterscheidungsmerkmalen einteilen:

a) feste Lagereinrichtungen,
b) bewegliche Lagereinrichtungen.

Die *Abbildung 5.18* gibt einen Überblick über die konkreten Behältnisse der festen und beweglichen Lagereinrichtungen.
Bei der Planung der Lagereinrichtungen gilt übrigens folgender **Idealgrundsatz**:

Liefereinheit = Transporteinheit = Lagereinheit = Entnahmeeinheit

Da die Materialbereitstellungsorte z. T. sehr weit auseinander liegen können, ergibt sich die Notwendigkeit des innerbetrieblichen Transports.

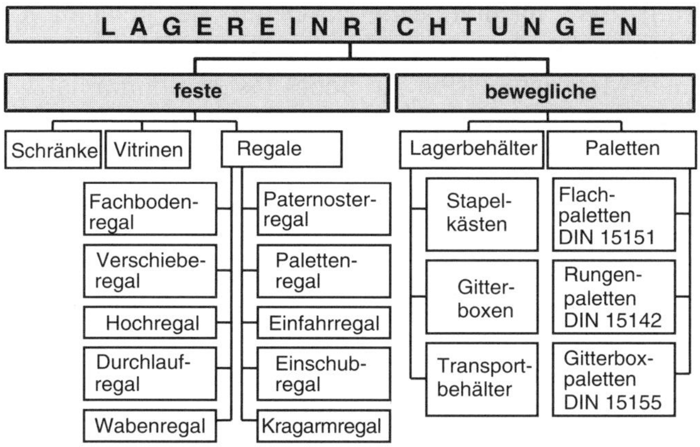

Abbildung 5.18: Einteilung und Behältnisse von Lagereinrichtungen

Weil die mit diesen Aktivitäten verbundenen Aufwendungen einen nicht unwesentlichen betrieblichen Kostenfaktor verkörpern, sollten innerbetriebliche Transporte, wenn man sie nicht gänzlich ausschließen kann, auf ein Minimum beschränkt werden. Das kann erreicht werden durch:

a) kurze Transportroutengestaltung,
b) anforderungsgerechten Transportmitteleinsatz.

Währenddem der erste Aspekt durch Anwendung mathematischer Optimierungsmodelle erreicht werden kann, können bei der Realisierung des unter b) genannten Sachverhaltes folgende **Transportmittel** nach der klassischen Einteilung Anwendung finden (*Abbildung 5.19*)

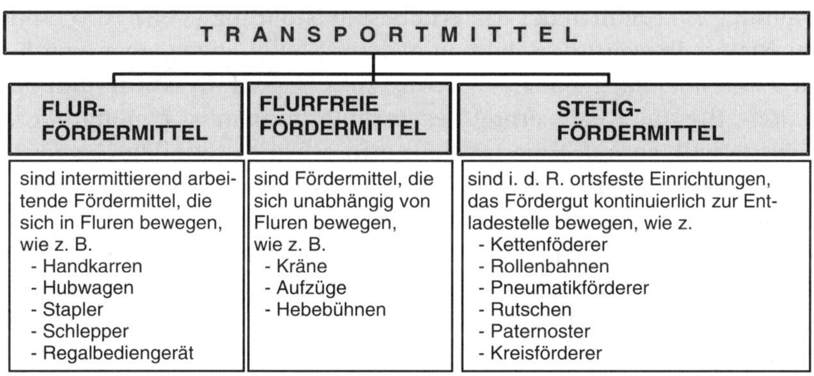

Abbildung 5.19: Einteilung der Transportmittel

Schließlich versteht man unter einer Planung der Lagerordnung alle Aktivitäten, die der Zuordnung des Lagergutes zum Lagerraum dienen.
Grundsätzlich bestehen zwei Möglichkeiten der Zuordnung:

a) Festplatzsystem (Magazinierprinzip),
b) Freiplatzsystem (Lokalisierungsprinzip).

Ohne auf vorteil- bzw. nachteilbezogene Details der genannten Systeme näher einzugehen, besteht der Grundgedanke des **Festplatzsystems** in der ständigen Zuordnung einer Materialposition zu einem festen Stammplatz. Demgegenüber beinhaltet das **Freiplatzsystem** das Prinzip, dass jeder freie Stellplatz zur Materiallagerung genutzt werden kann.

5.6.4.2 Durchführender Aufgabenkomplex

Aus den Erörterungen des vorbereitenden Aufgabenkomplexes wird bereits ersichtlich, dass die Hauptaufgabe der Lagerung in der Bildung und Verwaltung von Lagerbeständen besteht. Die konkrete Realisierung dieser Aufgabe erfordert deshalb einen **durchführenden Aufgabenkomplex**, der sich aus

a) einer technischen Teilaufgabe und
b) einer betriebswirtschaftlichen Teilaufgabe

zusammensetzt. Die primären Unteraufgaben der technischen Teilaufgabe sind in der *Abbildung 5.20* zusammenfassend dargestellt, wobei die ersten beiden Unteraufgaben bereits im Arbeitsschritt 9 des Einkaufs erläutert wurden.
Die herausragende Unteraufgabe der **betriebswirtschaftlichen Teilaufgabe** ist die Lagerbuchhaltung im Sinne der rechnerischen Erfassung aller Materialbewegungen und -bestände im Lager. Die notwendigen Informationen werden dabei mittels der **Materialrechnung** als eine vorrangige Hilfsrechnung des Rechnungswesens gewonnen. Diese untergliedert sich in eine Verbrauchsrechnung und in eine Bestandsrechnung. Im Rahmen der Verbrauchsrechnung werden die Zu- und Abgänge der einzelnen Materialarten laufend mengen- und wertmäßig erfasst und aufgezeichnet. Da auf die einzelnen Verfahren der Verbrauchsmengenermittlung im Rahmen der Materialbestandsführung (siehe Abschnitt 5.4.2.2) und der Materialbewertung schon an anderer Stelle eingegangen wurde, wird in diesem Zusammenhang nur noch etwas zum Begriff **Inventur** und zu den Inventurarten, die zur Realisierung des Inventurverfahrens benötigt werden, und zur Lagerstatistik gesagt. Eine Inventur erfolgt bei materiellen Gegenständen (z. B. Bargeld, Waren) durch Zählen, Messen, Wiegen, bei immateriellen Vermögensteilen (z. B. Forderungen) durch eine buchmäßige Bestandsaufnahme. Bei den Inventurarten kann man eine Unterscheidung nach dem Zeitpunkt oder nach dem Umfang der Bestandsaufnahme vornehmen. Aus der ersten Unterscheidung resultieren die Inventurarten der Stichtags- bzw. vor- oder nachgelagerten und permanenten Inventur, im zweiten Fall die Arten der Voll- und Stichprobeninventur (vgl. *Härdler* 1999, 204). Die **Lagerstatistik** hat nach *Kopsidis* 1992, 150 die Aufgabe, „die Zahlen der Lagerbuchhaltung (Urmaterial) übersichtlich zusammenzustellen, rechnerisch zu bearbeiten und in einer geeigneten Form darzustellen".
Als die geeignete Form der Datenaufbereitung und -auswertung für den Vollzug der Lagerstatistik gelten **Kennzahlen** des Lagers und des Transports.

Technische Teilaufgabe

Unteraufgaben

1 Warenannahme und Identitätsprüfung

2 Quantitäts- und Qualitätsprüfung

3 Aus- und Umpacken

– Vor Einlagerung der Materialien erfolgt deren Auspacken auf tragende, um- und abschließende Ladehilfsmittel
– Nach DIN 30781 verkörpert ein Ladehilfsmittel einen Ladungsträger zur Zusammenfassung von Gütern zu einer Ladeeinheit.

4 Transport

- Der Transport zum Lagerort kann erfolgen durch
  a) Bereichstransporteure mit abgegrenztem Arbeitsbereich,
  b) Transporte nach festen Fahrplänen,
  c) Steuerung über schriftliche Transportaufträge
  d) Funk-/Infrarotkommunikation

5 Einlagerung

– Voraussetzung für die körperliche Einlagerung ist die vorherige Identifizierung und Positionierung des Lagergutes.
– Unter Identifizierung versteht man die Untergliederung und Verschlüsselung einzelner Materialien nach spezifischen Aspekten wie Güterart, Materialklasse, Lagerort u. Ä.
– Unter der Positionierung der Materialien versteht man die Zuordnung der Materialien zum Lagerplatz. Dies kann je nach angewandten Lagerplatzsystem nach einer festen Lagerzuordnung oder freien (chaotischen) Lagerplatzzuordnung erfolgen.

6 Kommissionierung

– Unter Kommissionierung versteht man „die Entnahme von Teilmengen oder das Sammeln von unterschiedlichen Artikeln, um für die Produktion oder den Kunden eine bedarfsorientierte Zusammenstellung liefern zu können" (*Bichler* 1997, 158).
– Zum Kommissionieren gehört „auch das Suchen und Auffinden der Lagerplätze, die Entnahme, der Transport und die Abgabe der verlangten Güter an einem vorbestimmten Ort (Materialausgabe, Packerei, Arbeitslager u. Ä." (*Schulte* 1996, 263).

7 Warenausgang

– Die Zuführung der kommissionierten Artikel an den Übergabeort kann nach zwei Organisationsmöglichkeiten erfolgen:
  a) das Holsystem
  b) das Bringsystem
– Beim an bestimmte Anwendungsvoraussetzungen (z. B. kurze Wegstrecke) gebundenen Holsystem holen die beauftragten Mitarbeiter das benötigte Material selbstständig aus dem Lager.
– Beim ebenfalls an bestimmte Voraussetzungen (siehe *Eichner* 1995, 45) gebundenen Bringsystem wird das benötigte Material termin- und mengengerecht auf der Basis der Fertigungsaufträge angefordert.

8 Verpackung

– Nach *DIN 55405* versteht man unter Verpackung den allgemeinen Begriff für die Gesamtheit der von der Verpackungswirtschaft eingesetzten Mittel und Verfahren zur Erfüllung der Verpackungsaufgabe. Sie ist im engeren Sinne der Oberbegriff für die Gesamtheit der Packmittel und Packhilfsmittel.
– Nach der gleichen Norm ist ein Packmittel ein Erzeugnis aus Packstoff, das dazu bestimmt ist, das Packgut zu umhüllen oder zusammenzuhalten, damit es versand-, lager- und verkaufsfähig wird.
– Ein Packhilfsmittel ist dagegen ein Sammelbegriff für Hilfsmittel, die zusammen mit Packmitteln zum Verpacken, wie z. B. Verschließen einer Packung/eines Packstückes, dienen.

Abbildung 5.20: Unteraufgaben der technischen Teilaufgabe der Lagerung

Die *Abbildung 5.21* dokumentiert nach *Baum* 1996, 86 eine Darstellung ausgewählter **Lager- und Transportkennzahlen ❺** mit teilweisen Berechnungsquotienten:

Ausgewählte Lager- und Transportkennzahlen	
Lagerkennzahlen	**Transportkennzahlen**
Sicherheitskoeffizient = $\frac{\text{Sicherheitsbestand}}{\varnothing\ \text{Lagerbestand}} \times 100$	Nutzungsgrad der Transportmittel = $\frac{\text{transportierte Menge}}{\text{Transportkapazität}} \times 100$
Höhennutzungsgrad = $\frac{\text{Genutzte Lagerhöhe}}{\text{Vorhandene Lagerhöhe}}$	Einsatzgrad = $\frac{\text{Einsatzzeit}}{\text{Arbeitszeit}}$
Durchschnittliche Verweildauer (Tage) bzw. Durchschnittliche Reichweite (Tage) bzw. Durchschnittliche Eindecktage (Tage) = $\frac{\text{Durchschnittlicher Bestand}}{\text{Verbrauch je Zeiteinheit (Tag)}}$	Ausfallgrad = $\frac{\text{Stillstandszeit}}{\text{Einsatzzeit}}$
Lagernutzungsgrad = $\frac{\text{Belegte Lagerfläche}}{\text{Gesamtlagerfläche}} \times 100$	Transportflexibilität = $\frac{\text{Anzahl erfüllter Transport-sonderanforderungen}}{\text{Gesamtzahl aller Transport-sonderanforderungen}}$
Lagerquote = $\frac{\text{Lagerbestand im } \varnothing}{\text{Umsatz}} \times 100$	Durchschnittliche Transportweite = $\frac{\text{Summe aller Transport-leistungen pro Periode}}{\text{Gesamtaufkommen pro Periode}}$
Vorräte zum Umlaufvermögen = $\frac{\text{Lagerbestand im } \varnothing}{\text{Umlaufvermögen ges.}} \times 100$	
Personalanteile = $\frac{\text{Personalkosten Lager}}{\text{Personalkosten ges.}} \times 100$	
Lagerhaltungskostensatz = $\frac{\text{Lagerkosten ges.}}{\text{Lagerbestandswert}} \times 100$	

Abbildung 5.21: Lager- und Transportkennzahlen

Durch Anwendung strategischer **Analyse-, Management- und Benchmarkingsysteme** (vgl. auch 11.5.2) werden im Vergleich mit anderen Unternehmen der

Branche die eigenen Schwachstellen im Lager- und Transportbereich aufgezeigt und damit entsprechende Gegenmaßnahmen möglich.

5.7 Materialentsorgung

5.7.1 Begriffsbestimmungen

Der Entsorgungsbegriff wird in der Fachliteratur (vgl. *Hartmann* 1993, *Bichler* 1997, *Oeldorf/Olfert* 1995) wie auch im umgangssprachlichen Gebrauch sehr unterschiedlich interpretiert. Egal, zu welchem Standpunkt man gelangt, die formallogische Zuordnung dieses Komplexes zur Materialwirtschaft ist neuerdings unbestritten, denn es gilt der **Grundsatz**:

„Wer beschafft, ist auch für die Entsorgung zuständig!" (*Arbeitsgruppe Entsorgung* 1987, 20)

Diese Maxime vereint damit die im Rahmen des integrierten Materialwirtschaftskonzeptes geforderte Komplexität von Versorgungs- und Entsorgungsfunktion. Laut **Kreislaufwirtschafts- und Abfallgesetz** (*KrW-/AbfG* – § 3 (7)) beinhaltet die Entsorgung zunächst nur die Verwertung und Beseitigung von Abfällen. Unter **Abfällen**, auch Müll oder Reststoffe genannt, versteht man – bezugnehmend auf dieses Gesetz, Absatz 1, in Übereinstimmung mit dem EG-Abfallbegriff (vgl. EU Abfallrahmenrichtlinie, Nr. 5/442/EWG. Art. 1, Abs. 1, Buchstabe a, Satz 1) –

„Abfälle sind ... alle beweglichen Sachen, welche in die in Anhang I der genannten Rechtsnorm aufgeführten Gruppen (Q_1 – Q_{16}) fallen und deren sich ihre Besitzer entledigt, entledigen will oder muss."

Gasförmige und flüssige Abfälle liegen nicht im Geltungsbereich dieser Rechtsnorm, sondern werden durch andere gesetzliche Normen interpretiert, wie z. B. das Wasserhaushaltgesetz (WHG) und Bundesimmissionsschutzgesetz (BImSchG). Aus dieser Definition ist ersichtlich, dass die beiden den Abfallterminus charakterisierenden Merkmale die Attribute „**beweglich**" und „**entledigen**" verkörpern. Im *KrW-/AbfG*, § 3 Abs. 2 wird das Entledigungsattribut näher erläutert. Dabei ist erkennbar, dass schon sowohl die Zuführung zur Beseitigung als auch die Entbindung von der Sachherrschaft eines Produktes unter Wegfall jeder Zweckbindung die Entledigungsabsicht begründet.
In Anlehnung an *Rinschede/Wehking* 1995, 35 lassen sich Abfälle auch bezogen auf ihren **Entstehungsort** unterteilen in:

a) Abfälle im Ergebnis der Produktion,
b) Abfälle als Resultat logistischer Prozesse,
c) Abfälle durch Güternutzung.

Zu a) Abfälle im Ergebnis der Produktion
In Anlehnung an *Arnolds* et al. 1996, 403 ff. lässt sich in Abhängigkeit von den Entstehungsgründen von Abfällen im Rahmen der Produktion eine **Abfallklassifikation** nach *Abbildung 5.22* darstellen:

Entstehungsgründe	➠	Abfallklassifikation
Rückstände an Roh-, Hilfs- und Betriebsstoffen, die für den ursprünglichen Verwendungszweck unbrauchbar geworden sind	➠	**Materialabfall**
ungängige und überzählige Materialvorräte	➠	**Lagerhüter**
Zwischen-/Endprodukte mit Fehlern unterschiedlicher Art und Güte, die ebenfalls für den ursprünglichen Verwendungszweck unbrauchbar geworden sind	➠	**Fertigungsausschuss**
unverkäufliche End- und Zwischenprodukte mit fehlender (anderweitiger) Verwendungsmöglichkeit (Überschussproduktion)	➠	**nicht absetzbare Endprodukte**
vom Produzenten zurückgenommene Altprodukte, wie z. B. Altautos, Elektronikschrott u. a.	➠	**ausgediente Endprodukte**

Abbildung 5.22: Abfallklassifikation

Zu b) Abfälle als Resultat logistischer Prozesse
Als Abfälle im Ergebnis des Vollzuges der Transport-, Lagerungs- und Umschlagsprozesse in den Unternehmen gelten die als **Pack- und Packhilfsmittel** deklarierten Positionen wie Dosen, Fässer usw.

Zu c) Abfälle durch Güternutzung
Auch während der produktiven und nichtproduktiven Nutzungsphase unterliegen die Positionen des Anlage- und Umlaufvermögens einer materiellen, moralischen oder außerordentlichen Abnutzung während ihres Lebenszyklus und werden damit zu Abfällen. Nach *Rinschede/Wehking* 1995, 36 f. sind hierfür besonders technische Gründe (z. B. unzureichende Erfüllung sicherheitstechnischer Anforderungen), wirtschaftliche Gründe (z. B. hoher Wiederverkaufswert), psychologische Gründe (z. B. Modetrends) und juristische Gründe (z. B. sicherheitsbegründete Instandsetzungsverbot verantwortlich.

5.7.2 Teilaufgaben

Gemäß dem *KrW-/AbfG* hat die Entsorgung drei prinzipielle **Teilaufgaben** zu vollziehen:

- Vermeidung/Verminderung,
- Verwertung,
- Beseitigung.

5.7.2.1 Abfallvermeidung

Dieser Teilaufgabe der Abfallentsorgung gebührt aus ökonomischen und ökologischen Gründen die absolute **Priorität**. Denn es gilt:

Jeder Abfall ist dann am ökonomischsten, wenn er gar nicht entsteht!

Das Handlungsspektrum der Abfallvermeidung lässt sich in eine quantitative und eine qualitative Teilkomponente untergliedern. Die quantitative Vermeidung verkörpert dabei das Prinzip der Senkung der Abfallmengen durch die Anwendung differenzierter Strategien der Abfallvermeidung (vgl. *Arnolds* et al. 1996, 406 f.). Die qualitative Vermeidung verkörpert dagegen die Substitution von solchen Einsatzmaterialien, die in Bezug auf ihre spätere Entsorgung eine umweltverträglichere und kostengünstigere Materialalternative darstellen. Dabei gilt der **Grundsatz**:

Alternativmaterialien sollten dann eingesetzt werden, wenn die Gebrauchsfähigkeit eines Einsatzmaterials kleiner ist als seine späteren Kosten der Entsorgung.

5

5.7.2.2 Abfallverwertung

Sind Abfälle tatsächlich entstanden, so müssen sie verwertet oder beseitigt werden. Der Teilaufgabe der Verwertung vorgeschaltet sind die Aktivitäten der **Abfallvorbehandlung**, also solche Aktivitäten wie das Erfassen, Sammeln, Aufbereiten und Lagern von Abfällen. Der Vollzug dieser Handlungen ist jedoch an spezielle Aufbereitungsmaßnahmen wie z. B. die Klärung, Zentrifugierung, Nachsortierung, Bündelung und Pressung gebunden, die ihrerseits wieder bestimmte Verwertungsvoraussetzungen erfordern (vgl. *Grommes* 1994, 75 ff.). Diese Wiedergewinnung von Stoffen oder Energien, also das „Recyceln", ist natürlich nicht zum Nulltarif zu vollziehen, sondern verursacht auch Kosten. Als solche gelten nach *WISU*, Jg. 1995, 692 ff.:

- **„Einmalige Kosten:** Investitionskosten für Entwicklung und Errichtung der notwendigen Anlagen (entweder für Vorbehandlungsprozesse oder den Recyclingprozess selbst, außerdem Beschaffung der entsprechenden Erfassungs- und Transportbehältnisse, der Sammelpunkte etc.).
- **Laufende Kosten:** Personal- und Sachkosten für vorbereitende Maßnahmen (Sammlung, Lagerung, Sortierung u. a.) sowie für den Betrieb von Recyclinganlagen."

Ein **Wirtschaftlichkeitsvergleich** zwischen den angeführten Kosten des Recyclings, d. h. Ersatz des Primärstoffes durch Sekundärstoffe, und den Kosten der Produktion mit Primärstoff und Entsorgung von entstandenem Abfall lässt sich nach *Strebel* in Adam 1983, 37 wie folgt ableiten:

$$\mathbf{K^SM + K^SF + A^S \quad < \quad K^PM + K^PF + A^P - E}$$

Legende:

K^SM: Kosten für Sekundärrohstoffe (von der Rückstandserfassung bis zum Rückstandseinsatz)

K^PM: Kosten der Primärstoffe bis zum Produktionseinsatz

K^SF: Fertigungskosten bei Einsatz von Sekundärstoffen

K^PF: Fertigungskosten bei Einsatz von Primärstoffen

A^S: Entsorgungskosten bei Einsatz von Sekundärstoffen

A^P: Entsorgungskosten bei Einsatz von Primärstoffen

E: Erlös aus Verkauf von Abfällen zur Verwertung

Beispiel:

Auf einer Fräsmaschine (FBE 3000) sollen Gussteile bearbeitet werden. Dafür ist der Kühlschmierstoff „Kompakt W3CF“ zur Gewährleistung der Kühlung und Schmierung notwendig. Als Ausgangsdaten sind für ein Jahr gegeben:

- Kosten für den Sekundärrohstoff = 205 € (AfA Handfraktometer 75 €, Systemreiniger SR-X1 32 €, Stabilisierungsmittel Z22 26 €, Lohnkostenanteil 72 €)
- Kosten des Primärstoffes = 352 € (Materialeinstandspreis 295 €, Gemeinkostenanteil 57 €)
- Fertigungskosten beim Einsatz von Primär- und Sekundärstoffen sind gleich
- Entsorgungskosten bei Einsatz von Sekundärrohstoffen = 43 €
- Entsorgungskosten bei Einsatz von Primärstoffen = 412 €
- Erlöse aus dem Verkauf des alten Kühlschmierstoffes können nicht erzielt werden

Berechnung der effizienteren Alternative:

$$K^SM + K^SF + A^S < K^PM + K^PF + A^P - E$$

$$205\,€ + 0 + 43\,€ < 352\,€ + 0 + 412\,€ - 0$$

$$\underline{\mathbf{248\,€ < 764\,€}}$$

Der Recyclingvariante ist in diesem konkreten Fall der Vorzug zu geben. Die Differenz der Produktionskosten beträgt 516 €.

Unter dem Begriff der **Sekundär(roh)stoffe** als dem Ergebnis des Recyclings versteht man dabei Stoffe, die – im Gegensatz zu Primärrohstoffen – bereits in einem Produktionsprozess genutzt wurden und die nach den schon fixierten Maßnahmen der Abfallvorbehandlung einschließlich der dazu erforderlichen Aufbereitungshandlungen wieder als Einsatzstoffe zur Verfügung stehen.

5.7.2.3 Abfallbeseitigung

Fußend auf der Definition **lt. § 10 KrW-/AbfG** sowie auf weiteren Rechtsnormen wie dem Bundes-Immissionsschutzgesetz (BImSchG) oder dem Wasserhaushaltgesetz (WHG) gibt es folgende **Methoden** zur Beseitigung von Abfällen:

- Abfall-Ablagerung auf Deponien,
- Müllverbrennung in speziellen Müllverbrennungsanlagen (MVA),
- Einleitung flüssiger Rückstände in Gewässer,
- Emission von Rauch und Abgasen in die Atmosphäre.

Die Beseitigung selbst kann in Eigen- oder Fremdregie realisiert werden. Wird dem Letzteren entsprochen, so ist zu beachten, dass grundsätzlich der gewerbliche Abfallerzeuger/-besitzer für den Vollzug der ordnungsgemäßen und umweltverträglichen Beseitigung selbst verantwortlich ist.
Die letztendliche Ablagerung von Rest-Abfällen erfolgt dann auf Deponien, die nach *Rinschede/Wehking* 1995, 205 nach folgenden **Deponieklassen** unterschieden werden:

- Hausmülldeponie (hier erfolgt auch die Ablagerung von haushaltsähnlichen Gewerbeabfällen),
- Monodeponien,
- Inertdeponien,
- Sonderabfalldeponien,
- Untertagedeponien.

Zur Vermeidung von Umweltkatastrophen durch die Ablagerung z. B. toxischer Abfälle auf normalen Hausmülldeponien ergibt sich das Erfordernis einer lückenlosen **Nachweisführung** des Abfallweges von der Entstehung bis zur Endablagerung. Die Pflicht zur Nachweisführung (**obligatorisches** Nachweisverfahren) bezieht sich auf besonders überwachungsbedürftige Abfälle. Eine diesbezügliche Einstufung erfolgt durch § 41 *KrW-/AbfG*, den Europäischen Abfallkatalog (EWC) und das Europäische Verzeichnis gefährlicher Abfälle (HWC). Für nur überwachungsbedürftige Abfälle kann die Nachweisführung behördlicherseits angeordnet werden. Man spricht dann von einer **fakultativen** Nachweisführung.

5.7.3 Umweltrelevante Rechtsvorschriften

Abschließend zu dieser materialwirtschaftlichen Teilfunktion sollen an dieser Stelle noch einige umweltrelevante **Rechtsvorschriften** einschließlich ihrer Grundsatzinhalte primär für die materialwirtschaftliche Kerntätigkeit der Entsorgung aufgeführt werden (*Abbildung 5.23*; Stand: Mai 1998).

Rechtsgebiet/Vorschrift	Grundsatzinhalte
Wasserrecht Wasserhaushaltsgesetz	§§ 19a ff. Vorschriften zum Umgang mit wassergefährdenden Stoffen, Definition des Anlagenbegriffs und Anforderungen an diese Anlagen; Definition wassergefährdender Stoffe
Immissionsschutzrecht Immissionsschutzgesetz	Schutz vor schädlichen Einwirkungen auf die Umwelt §§ 38 ff. Beschaffenheit und Betrieb von Fahrzeugen
Abfallrecht Kreislaufwirtschafts- und Abfallgesetz	§ 4 Grundsatz der Kreislaufwirtschaft: Vermeidung besitzt Priorität Dritter Teil – Produktverantwortung (Entwicklung, Herstellung, Bearbeiten und Inverkehrbringen)
Chemikalienrecht Gefahrstoffverordnung	Einstufung (§ 4) und Kennzeichnung gefährlicher Stoffe und Zubereitungen (§§ 6, 7) § 14 DIN Sicherheitsdatenblatt § 15 Herstellungs- und Verwendungsverbote § 16 Anlegen von Gefahrstoffverzeichnissen im Unternehmen

Abbildung 5.23: Umweltrelevante Rechtsvorschriften

5.8 Neue Managementkonzepte in der Materialwirtschaft

Die Globalisierung und der gestiegene Wettbewerbsdruck machen auch ein Umdenken in der Materialwirtschaft notwendig. Getragen durch die innovativen Möglichkeiten der modernen Informations- und Kommunikationstechnologie (I&K) rücken bei den vorbereitenden und begleitenden Instrumentarien der Materialwirtschaft besonders strategische Analysemethoden, wie z. B. die **SWOT-Analyse** (vgl. *Westermann* 1998, Kapitel 2.4.2) oder **Portfolioanalyse** einschließlich ihrer Unterformen wie das Beschaffungsmarkt-Unternehmensstärke-Portfolio (BUP) und Beschaffungsmarktattraktivitäts-Wettbewerbsvorteils-Portfolio (BWP) in den Mittelpunkt des Interesses. Sie sollen das Management unterstützen die Materialwirtschaft und ihr Tätigkeitsspektrum strategisch neu zu positionieren. Hinzu kommen **die Angebots-, Produktlebenszyklus- oder Erfahrungskurvenanalyse**, die vorrangig einen taktisch/operativen Fokus haben. Das **Target-Costing synonym Design-to-Cost-Konzept** (vgl. Hahn u. a. 1999, 64f.) versucht die Kosten eines Produktes schon in der Produktentwicklungsphase zu senken. Die Materialwirtschaft arbeitet hierbei mit anderen Unternehmensbereichen, speziell mit der Abteilung Forschung und Entwicklung, eng zusammen und muss die technischen wie auch ökonomischen Neuerungen des Marktes adaptieren. Eine Erweiterung erfährt diese Zusammenarbeit noch beim **Advanced Purchasing synonym Forward Sourcing** oder **Early Supplier Involvment**. Hierbei werden wichtige Lieferanten in die Produktentwicklung integriert.

In der Disposition erleichtern **Enterprise-Resource-Planning-Systeme** (ERP) die Arbeit bzw. ermöglichen erst die Anwendung komplexer Optimierungsmethoden, wie z. B. die Groff-Heuristik in der Bestellrechnung. Damit wird es bei entsprechenden organisatorischen Voraussetzungen möglich sein, ein integriertes Bestandsmanagement zu etablieren und die Schnittstelle zwischen Disposition, Vertrieb und Produktion zu optimieren.

Bei der Kernfunktion des Einkaufs zeichnet sich eine Tendenz zur organisatorischen Trennung des strategischen von dem operativen Aufgabenkomplex ab. Dies bedeutet, dass die Teilfunktionen Beschaffungsmarketing, Lieferantenmanagement und Sourcingpolitik in einer neuen Organisationseinheit – dem strategischen Einkauf – konzentriert werden. Damit verbunden sind auch wesentlich höhere Anforderungen an die hier tätigen Beschaffungsmanager. Um die Leistungen des Einkaufs der Zukunft bewerten zu können, wird das **Performance Measurement und Einkaufscontrolling** weiter an Bedeutung gewinnen. Das **Global Sourcing** wird mit der Verbesserung der I&K-Technologie und der logistischen Systeme zu einem entscheidenden Wettbewerbsfaktor. Die operativen Aufgaben und damit der klassische Einkauf wird für A-Teile langfristig von der Disposition übernommen. Speziell der MRO-Bedarf wird in Zukunft ausschließlich über **Third Party Companies** elektronisch mittels **Purchasing Cards** oder **E-Commerce** abgewickelt.

5

Die Materiallagerung und -verteilung wird sich zu einem **integrierten Logistikmanagement** entwickeln. Dabei besteht die Chance alle innerbetrieblichen Material- und Informationsfluss-Schnittstellen zu beseitigen. Hierbei spielen ERP-Systeme eine entscheidende Rolle. Zusätzlich werden besonders weltweit tätige Unternehmen die Vorteile von **virtuellen Lagern** nutzen können. Ein neues Managementkonzept ist in diesem Konnex das **Vendor Managed Inventory** (VMI), bei dem ein Lieferant die gesamt Bestandsverantwortung über die von ihm bezogenen Beschaffungsobjekte im Lager des Abnehmers übernimmt.

Durch das gestiegene Umweltbewusstsein und schärfere Gesetze wird sich die Kernfunktion Entsorgung grundlegend ändern. Die Beschaffung, Nutzung und Entsorgung von Ressourcen muss auch unter ökologischen Gesichtspunkten betrachtet werden. Kreislaufsysteme stellen hierzu einen wichtigen ökologischen und wirtschaftlichen Ansatz dar. Als organisatorische Hilfsmittel werden **Umweltmanagementsysteme** (UMS) eingesetzt, die die Verwaltung der Ressourcen steuern. Da die Umweltproblematik schon bei der Beschaffung eine wichtige Rolle spielt, erscheint es sinnvoll, dass UMS in den strategischen Einkauf einzubinden. Durch die Integration der Produktions- und Recyclingplanung und -steuerung (PRPS) entstehen recyclingorientierte ERP-Systeme.

Kernfunktionsübergreifende Trends zeichnen sich vor allem im Bereich der zwischenbetrieblichen Kooperation ab. So implementiert das **Supply Chain Management** (SCM) ein vertikales Netzwerk vom Rohstofflieferanten bis zum Kunden. Dieses Konzept versucht vorrangig die logistischen Schnittstellenprobleme einer integrierten Wertschöpfungskette zu lösen. Daneben ist natürlich auch die strategische Ausrichtung und die Aufgabenverteilung Gegenstand des SCM. **Strategische Allianzen** (vgl. Arnold 1998, 3) werden in Zukunft neben dem SCM als horizontale Kooperation einen wesentlichen Wettbewerbsfaktor darstellen. Derartige Einkaufsgemeinschaften können im MRO-Bereich Bündelungs- und Prozessvorteile aufweisen, wobei allerdings kartellrechtliche Belange zu beachten sind. In Zukunft werden auch neue Organisationskonzepte in der Materialwirtschaft verstärkt berücksichtigt werden. Hier wären zu nennen: **Virtuelles oder Fraktales Unternehmen** (vgl. Kemmner1999), **Lean Management, Knowledge Management**, **Materialgruppenmanagement** und **Crossfunktionale Teamorganisation**. Als Motor vieler oben genannter Entwicklungen gilt die I&K-Technologie. Speziell dem **Internet** kommt ein hohes Integrationspotential zu. Die Performance der ERP-Systeme mit Internetzugang in Verbindung mit neuer **Data-Warehouse-Technologie** wird in einiger Zeit die Möglichkeit eröffnen, vertikale und horizontale Kooperationen voll elektronisch zu regeln. Ein weiteres Anwendungsgebiet der Internetnutzung stellen digitale Marktplätze oder Auktionen dar. Zusammenfassend lässt sich für die Zukunft der Materialwirtschaft konstatieren: **Doing business electronically**!

5.9 Kontrollfragen, Übungsaufgaben und Literaturhinweise

Kontrollfragen

1. Worin bestehen die unterschiedlichen, aber auch gemeinsamen Aufgabeninhalte zwischen den Konzepten der integrierten Materialwirtschaft und der Materiallogistik? ➨ Abschn. 5.2.1
2. Welche zum Teil gegensätzlichen Zielkriterien beinhaltet das materialwirtschaftliche Optimierungsproblem und welche Negativfolgen ergeben sich bei seiner Negierung? ➨ Abschn. 5.2.2
3. Durch welche qualitativen Merkmale unterscheiden sich einerseits die Materialklassen Werk-, Hilfs- und Betriebsstoffe sowie andererseits die Zulieferteile und Handelswaren? ➨ Abschn. 5.3.1
4. Wieso gilt bei der Materialbewertung das strenge Niederstwertprinzip und der Grundsatz der Einzelbewertung? ➨ Abschn. 5.3.2
5. Welches materialwirtschaftliche Handlungsspektrum verbirgt sich unter dem Maßnahmekomplex der Materialrationalisierung? ➨ Abschn. 5.3.3
6. Worin besteht das qualitative Unterscheidungsmerkmal der Klassifizierung von Materialien nach der ABC- und der XYZ-Analyse? ➨ Abschn. 5.3.3
7. Welche unternehmensin- und -externen Informations- und Handlungsschnittstellen ergeben sich aus der Umsetzung der grundlegenden materialwirtschaftlichen Dispositionsaufgaben? ➨ Abschn. 5.4.1

8. Nach welchen Grundschritten ermittelt man die Kategorie des Nettobedarfs und wie nennt man die Bedarfsart, die sich aus der Multiplikation von Primärbedarf und Materialbedarf an BG/BT je Erzeugniseinheit ergibt? ➠ Abschn. 5.4.2
9. Worin besteht das Grundprinzip der Bedarfsauslösung nach dem Dispositionsstufenverfahren? ➠ Abschn. 5.4.2
10. Durchdenken Sie die These, dass eine Bestellmengenerhöhung auch zu einer Erhöhung der Kapitalbindungskosten führt bei gleichzeitiger Senkung der Beschaffungskosten. ➠ Abschn. 5.4.2
11. Durch welche Gegensätze sind die Handlungen der Beschaffungsmarktforschung und der unsystematischen Markterkundung gekennzeichnet? ➠ Abschn. 5.5.2
12. Warum bezeichnet man die Bestellung als das Kernstück des bestelldurchführenden Aufgabenkomplexes? ➠ Abschn. 5.5.2
13. Woraus ergeben sich die Schwierigkeiten einer eindeutigen Fixierung des Lagerbegriffes und wie wird dieser nach VDI 2411 definiert? ➠ Abschn. 5.6.1
14. Wie heißt der Idealgrundsatz bei der Planung der Lagereinrichtungen? ➠ Abschn. 5.6.4
15. Wie heißen die beiden den Abfallterminus charakterisierenden Attribute lt. KrW-/AbfG? ➠ Abschn. 5.7.1
16. Begründen Sie die These der absoluten Priorität der Abfallvermeidung/-verminderung gegenüber den anderen Teilaufgaben der Entsorgung. ➠ Abschn. 5.7.2

Übungsaufgaben

❶ ABC-Analyse

1. Ausgangsdaten

Ein Unternehmen weist folgenden Jahresbedarf an 10 unterschiedlichen Materialpositionen auf:

Materialnummer	Jahresbedarf (Stück)	Einstandspreis (€/Stück)
1	2.000	11,25
2	12.500	0,12
3	3.000	2,50
4	15.000	0,10
5	1.500	5,00
6	200	300,00
7	30.000	0,05
8	150.000	0,01
9	100	450,00
10	50.000	0,03

2. Aufgabenstellungen

2.1 Klassifizieren Sie die Materialien anhand einer ABC-Analyse nach ihrer wertmäßigen Rangfolge unter Beachtung folgender Wertgrenzen:

- A-Teile: 70 %
- B-Teile: 25 %
- C-Teile: 5 %

2.2 Ordnen Sie folgende materialwirtschaftlichen Aktivitäten den klassifizierten Wertgruppen zu:

Materialwirtschaftliche Aktivität	gilt für Wertgruppe
Anwendung von Markt-, Preis- und Kostenstrukturanalysen	
Festlegung kleiner Bestellmengen	
Großzügige Festlegung von Sicherheitsbeständen	
Anwendung exakter Dispositionsverfahren	

❷ Materialbedarfsrechnung

1. Ausgangsdaten

Erzeugnisstruktur:

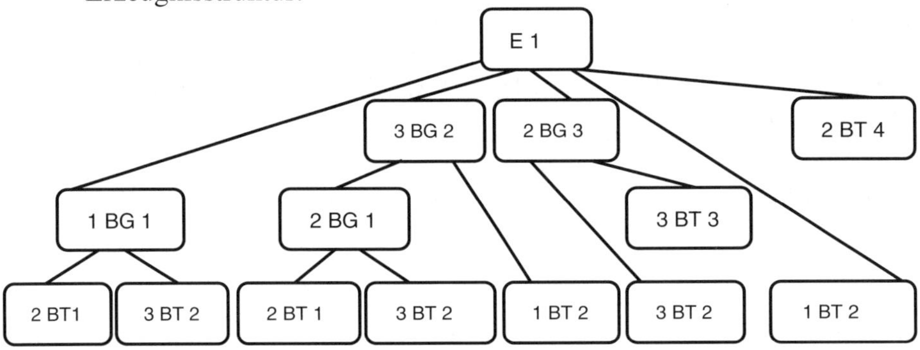

- Primärbedarf des Produktes/Periode

Periode	12	13	14	15	16	17	18	19
Bedarf (ME)	19	17	15	12	8	6	14	16

- Zwischen den Dispositionsstufen liegt **jeweils 1 Periode Produktionszeit**, die als **Vorlaufverschiebung** zu berücksichtigen ist.
- Als **Zusatzbedarf** sind in der 9., 10. und 12. Periode **30, 50 und 80 ME** BT 2 bereitzustellen.
- Der **Lagerbestand** an BT 2 beträgt in der 9. Periode **800 ME.**
- In der 10. Periode sind **40 ME** für bereits angenommene Kundenaufträge vorgemerkt.

- An **offenen Bestellungen** an BT 2 werden **500 ME** in der 11. Periode erwartet.
- In der 13. Periode befinden sich zum Dispositionsstichtag **200 ME** bereits in der Produktionssphäre **(Werkstattbestand);** eine eventuelle Bestellung wird jedoch noch in der gleichen Periode realisiert.

2. Aufgabenstellungen

2.1 Ermitteln Sie für die schon nach dem Dispositionsstufenverfahren aufgelöste Erzeugnisstruktur eines Produktes für das **Bauteil BT 2** den Mengenbedarf sowie die Nettobedarfe zwischen der 9. und 14. Periode.

2.2 Wie viele Bestellungen sind entsprechend den errechneten Nettobedarfen auszulösen?

2.3 An welchen Fabriktag müsste die 1. Bestellung ausgelöst werden, wenn der Beginn der 8. Periode der 699. Fabriktag wäre, die Wiederbeschaffungszeit 5 Arbeitstage beträgt und 1 Periode gleich 10 Arbeitstagen entspricht?

5

❸ Strategieformen

1. Ausgangsdaten

Nachfrageentwicklung im Betrachtungszeitraum

Tage	1	2	3	4	5	6	7	8	9	10	11	12	13	14	15	16	17	18	19	20
Nachfrage	5	10	5	10	5	10	10	10	10	5	10	5	10	0	0	10	10	5	10	5

- Anfangsbestand zum Betrachtungsbeginn: 50 Mengeneinheiten
- feste Losgröße $Q = 30$ Einheiten
- Grundbestand (Lagerhöchstbestand) $S = 80$ Einheiten
- Zahl der Zeiteinheiten = 5 Tage
- Bestellpunkt $s = 15$ Einheiten
- Sonderkonditionen: Wenn das Lager leer ist, erfolgt keine Auftragsannahme, der Lagerzugang erfolgt noch am Bestelltag.

2. Aufgabenstellung

Entwickeln Sie für die Q,T- und die S,T-Lagerhaltungspolitik das entsprechende Ablaufdiagramm und interpretieren Sie das Ergebnis.

❹ Bestellpunkt- und Bestellrhythmusverfahren

1. Ausgangsdaten

t_W = 2 Wochen (10 Arbeitstage)
P = 60 Stück/Woche
verfügbarer Bestand bei der ersten Kontrolle = 140 Stück
t_K = wöchentlich
B_m = 60 Stück

2. Aufgabenstellungen

2.1 Ermitteln Sie rechnerisch den Bestellpunkt nach dem Bestellpunktverfahren ohne Berücksichtigung eines Sicherheitsbestandes.

2.2 Berechnen Sie den Bestellpunkt nach dem Bestellrhythmusverfahren ebenfalls ohne Sicherheitsbestandsberücksichtigung.

2.3 Überprüfen Sie den Sachverhalt hinsichtlich einer möglichen Unterdeckung aus der Sicht des Bestellpunktverfahrens.

2.4 Überprüfen Sie den Sachverhalt aus der Sicht des Bestellrhythmusverfahrens.

❺ Lager- und Transportkennzahlen

1. Ausgangsdaten

Geg.:

–	Warenanfangsbestand	14.500 (in 1000 €)
–	Warenendbestand	25.500 (in 1000 €)
–	davon Sicherheitsbestand	6.000 (in 1000 €)
–	Tagesverbrauch	2.500 (in 1000 €)
–	tägliche Einsatzzeit der Transportmittel	14 h
–	tägliche Arbeitszeit	20 h

2. Aufgabenstellung

Berechnen Sie folgende Lager- und Transportkennzahlen:

- ∅ Lagerbestand
- ∅ Eindecktage
- Sicherheitskoeffizient
- Einsatzgrad der Transportmittel

Literaturhinweise

Abels/Kemmner: Diskover und Dikon – eine optimale Unterstützung für das strategische und operative Bestandsmanagement. In: Zeitschrift Potentiale Januar 1995, Herzogenrath, 1995.

Arbeitsgruppe Entsorgung BME-Arbeitskreis Essen: Abfallwirtschaft – Eine Aufgabe der Materialwirtschaft. (Ein Handbuch zum Thema Beschaffung und Entsorgung), BME Frankfurt am Main, 1987.

Arnold, U.: Beschaffungsmanagement. 2. Aufl., Stuttgart: Schäffer-Poeschel, 1997.

Arnold, U.: Erfolg durch Einkaufskooperation. Wiesbaden: Gabler, 1998

Arnolds, H.; Heege, F.; Tussing, W.: Materialwirtschaft und Einkauf. 9. Aufl., Wiesbaden: Gabler, 1996.

Baum, H.: Untersuchungen zur effizienten Gestaltung der Lagerwirtschaft im Umformtechnischen Zentrum GmbH Zwickau. Diplomarbeit, Hochschule für Technik und Wirtschaft Zwickau (FH), 1996.

Bichler, K.: Beschaffungs- und Lagerwirtschaft. 7. Aufl., Wiesbaden: Gabler, 1997.

DIN 6763: Nummerung: Allgemeine Begriffe. 1985.

DIN 30781: Transportkette. 1984.

DIN 55405: Begriffe für das Verpackungswesen. 1977.

Eichner, W.: Lagerwirtschaft. 1. Aufl., Wiesbaden: Gabler, 1995.

Einkäufer im Markt. 18/15. 9. 1998. Wiesbaden: Gabler, 1998.

Eschenbach, R.: Erfolgspotential Materialwirtschaft. München: C. H: Beck´sche Verlagsbuchhandlung, 1995.

Fieten, R.: Integrierte Materialwirtschaft. Leinfelden-Echterdingen: Konradin, 1994.

Grochla, E.: Grundlagen der Materialwirtschaft. Wiesbaden: Gabler, 1990.

Grommes, T.: Betrieb und Abfall – Abfallwirtschaft in kleinen und mittelständischen Betrieben. Berlin, Offenbach, 1994.

Hahn/Kaufmann: Handbuch industrielles Beschaffungsmanagement. Wiesbaden, 1999.

Hartmann, H.: Materialwirtschaft. 6. Aufl., Gernsbach: Deutscher Betriebswirte Verlag, 1993.

Härdler, J.: ABWL II: Materialwirtschaft – Grundlagen und Instrumentarien. (Hrsg.): Fernfachhochschule Hamburg, 1997.

Härdler, J.: ABWL II: Materialwirtschaft – Kerntätigkeiten. (Hrsg.): Fernfachhochschule Hamburg, 1997.

Härdler, J.: Material-Management: Grundlagen – Instrumentarien – Teilfunktionen. München; Wien: Hanser, 1999.

Härdler, J.: Studienmaterial Materialwirtschaft: Für Studenten der Studiengänge Betriebswirtschaft und Wirtschaftsingenieurwesen. Westsächsische Hochschule Zwickau (FH), 1998.

HGB: Handelsgesetzbuch 29. Aufl., München: Deutscher Taschenbuch Verlag, 1995.

IHK-Weiterbildungs-GmbH des DIHT (Hrsg.): Materialwirtschaft Industriefachwirt.

Kemmner, G.-A.: Virtuelle Unternehmen. Ein Leitfaden zum Aufbau und zur Organisation einer mittelständischen Unternehmenskooperation. Heidelberg: Physica-Verlag, 1999.

Koppelmann, U.: Beschaffungsmarketing. 3. Aufl., Berlin: Springer, 2000.

Kopsidis, R.: Materialwirtschaft. 2. Aufl., München; Wien: Hanser, 1992.

Krieg, K.: Einführung in die DIN-Normen, Stuttgart: Teubner Verlag, 1993.

Krw-/AbfG: Kreislaufwirtschafts- und Abfallgesetz vom 27. 09. 1994 (BGB1.I Nr. 66 S. 2705).

Large, R.: Trends im Beschaffungsmanagement – Entwicklungen, Herausforderungen, Lösungsansätze. Bernburg, 1998.

Müller-Hagedorn, L.: Betriebswirtschaftstheorie II. Studienbrief, Fernuniversität Hagen.

Oeldorf G.; Olfert,K: Materialwirtschaft. 7. Aufl., Ludwigshafen: Kiehl, 1995.

Piontek, J.: Beschaffungscontrolling. 2. Aufl., München: Oldenbourg, 1999.

REFA: Methodenlehre der Planung und Steuerung. Teil 2, 4. Aufl., München: Hanser, 1985.

Rinschede, A.; Wehking, K.-H.: Entsorgungslogistik Band 3: Kreislaufwirtschaft. Berlin, 1995.

Schötz, S.: Einkauf. Methoden, Werkzeuge und Arbeitshilfen für den industriellen Einkauf, Augsburg: WEKA Fachverlag für technische Führungskräfte GmbH, 1996.

Schulte, G.: Material- und Logistikmanagement. München: Oldenbourg, 1996.

Stange; Koppelmann: Beschaffungsmarktforschung. Zeitschrift für betriebswirtschaftliche Forschung, Nr. 5, 1984.

Statistisches Jahrbuch für die Bundesrepublik Deutschland und das Ausland. Stuttgart: Metzler-Poeschel, 1999.

Strebel; H.: Recycling in einer umweltorientierten Materialwirtschaft in: Adam D. (Hrsg.): Umweltmanagement in der Produktion, Wiesbaden: Gabler, 1993.

Westermann, H.: Strategische Planung in der integrierten Materialwirtschaft der SWOT-Analyse. In: Materialwirtschaft und Logistik in der Praxis. Augsburg: WEKA-Verlag, 1998.

Wiendahl, H.-P.: Betriebsorganisation für Ingenieure. 3. Aufl., München, Wien: Hanser, 1989.

WISU – das Wirtschaftsstudium: Jg. 1995, Heft 08/09.

6 Produktionswirtschaft

6.1 Studienziele

Dieses Kapitel soll dem Leser ermöglichen

➡ das Erkenntnisobjekt (Gegenstand) der Produktionswirtschaft gegenüber anderen Leistungsbereichen des Unternehmens und im Rahmen der Betriebswirtschaftslehre abzugrenzen,

➡ ein Produktionssystem auf der Grundlage seiner systembildenden Bestandteile und grundlegenden Eigenschaften zu beschreiben,

➡ wesentliche produktionswirtschaftliche Ziele zu nennen und zu erläutern sowie hinsichtlich ihres Beitrages für eine erfolgreiche Unternehmensentwicklung zu werten,

➡ ausgewählte industrielle Produktionstypen zu erläutern und deren Anwendung zu beurteilen,

➡ den Gestaltungsrahmen des Produktionsmanagements zu begründen und typische Managementaufgaben darin einzuordnen sowie

➡ die grundlegenden Aufgaben der operativen Produktionsplanung und -steuerung zu nennen und in ihren Zusammenhängen zu erläutern.

6.2 Einführung

Im umgangssprachlichen Sinne bedeutet produzieren: Material wird be- und verarbeitet. **Ergebnisse der Produktion** sind:

- **Endprodukte**, die für den Markt bestimmt sind,
- **Zwischenprodukte**, die weitere Produktionsstufen durchlaufen, sowie
- ungewollte, häufig die Umwelt belastende **Nebenprodukte**.

Kunden erwarten die kurzfristige Erfüllung ihrer veränderlichen differenzierten Bedürfnisse. Es muss demzufolge unter hohem Wettbewerbsdruck qualitäts-, mengen- und zeitgerecht sowie flexibel und kostengünstig produziert werden. Dabei ist mit den natürlichen Ressourcen schonend umzugehen.

Diese wenigen Überlegungen verdeutlichen, dass die Produktion einen komplexen technisch-organisatorischen, ökonomischen, sozialen und umweltbezogenen Problemkreis umfasst.

Hierin sind z. B. die Anwendung neuer Produktionskonzepte, der wirtschaftliche Einsatz von Investitionen in automatisierte Produktionsanlagen, neue Formen der Arbeitsorganisation, Fragen der Entwicklung des Produktionspersonals, die Termin- und Kapazitätsplanung sowie die Kontrolle des Produktionsfortschrittes u. a. m. eingeschlossen.

Produktion bietet also für Ingenieure und Betriebswirtschaftler gleichermaßen ein umfangreiches Betätigungsfeld. Die zielbezogene Gestaltung der Produktion erfordert prozessgerechte unternehmerische Entscheidungen. Der Handlungsrahmen dieser Entscheidungen reicht dabei vom Tagesgeschäft bis hin zu Grundsatzfragen der Entwicklung der Produktion. Das vorliegende Kapitel wird Sie in wesentliche **Grundlagen der Produktion** einführen.

6.3 Grundlagen

6.3.1 Produktionsbegriff

Der Begriff **„Produktion“**, synonym auch als Leistungserstellung, Erzeugung oder Fabrikation bezeichnet, hat in Theorie und Praxis bisher vielfältige Abgrenzungen erfahren. Charakteristisch ist eine **weite** wie auch eine **enge** Begriffsauffassung.

In weitem Sinne ist unter Produktion der zielgerichtete Einsatz von Sachgütern und Dienstleistungen (Input, Produktionsfaktoren) und deren Transformation in andere, meist höherwertige Sachgüter und Dienstleistungen (Output, Prozessergebnisse, Leistungen) zu verstehen. In allgemeiner Begriffsauffassung ist Produktion ein Transformations-(Kombinations-)Prozess von Produktionsfaktoren.

Produktion in engem Sinne, auch als Fertigung bezeichnet, umfasst die vorwiegend industrielle Be- und Verarbeitung sowie die Montage und Demontage von Sachgütern.

Sowohl gegen eine zu weite als auch gegen eine zu enge Fassung dieses Begriffes gibt es **Einwände**:
Einer weiten Fassung des Begriffes „Produktion“ folgend ist jede betriebliche Faktorkombination, wie z. B. auch die Beschaffung (vgl. Kapitel 3, 4 und 5), der Absatz und die Finanzierung von Sachgütern und Dienstleistungen der Leistungserstellung zuzuordnen. Dies widerspricht jedoch der üblichen Arbeitsteilung in Unternehmen, denn Absatz und Finanzierung sind i. d. R. relativ eigenständige Problemkreise außerhalb der Produktion.
Eine zu enge Fassung des Produktionsbegriffes birgt dagegen die Gefahr in sich, die Erörterung wichtiger produktionsvorbereitender Prozesse, wie z. B. die Entwicklung künftiger Tätigkeitsfelder, Forschung und Entwicklung sowie die Auswahl und Planung perspektivischer Produktionsstandorte zu vernachlässigen. Gerade diese Prozesse beeinflussen jedoch die Wettbewerbsfähigkeit der Fertigung entscheidend. Produktionsvorbereitende Prozesse können daher in Hinblick auf eine ganzheitliche prozessorientierte Gestaltung der Produktion nicht ausgeklammert werden.
Für eine Reihe produktionsnaher Problemkreise, wie z. B. Forschung und Entwicklung, Materialwirtschaft und Instandhaltung, ist eine eindeutige Abgrenzung zur Produktion schwierig. In Theorie und Praxis werden diese Probleme teils im Rahmen der Produktion, teils in einem eigenständigen Rahmen diskutiert. Für beide Abgrenzungsformen gibt es berechtigte Argumente und daher keine einheitliche Sichtweise für die Zuordnung dieser Problemfelder.

Anknüpfend an eine relativ weite Begriffsauffassung und die bisherigen Überlegungen zusammenfassend werden zur Kategorie „Produktion" folgende **Abgrenzungen** vorgenommen:

- Produktion ist ein Faktorkombinationsprozess. Sie ist die Phase des betrieblichen Geschehens zwischen Beschaffung und Absatz.
- Als Produktion werden jene Faktorkombinationsprozesse bezeichnet, die der unmittelbaren Vorbereitung und Durchführung der Leistungserstellung dienen.
- Produktion ist ein wertschaffender Prozess.

6.3.2 Produktionssysteme

6.3.2.1 Bestandteile von Produktionssystemen

Aus systemtheoretischer Sicht kann ein **Produktionssystem** vereinfacht als Regelkreis, bestehend aus dem physischen Leistungserstellungssystem und dem Führungssystem, aufgefasst werden (vgl. *Abbildung 6.1*).

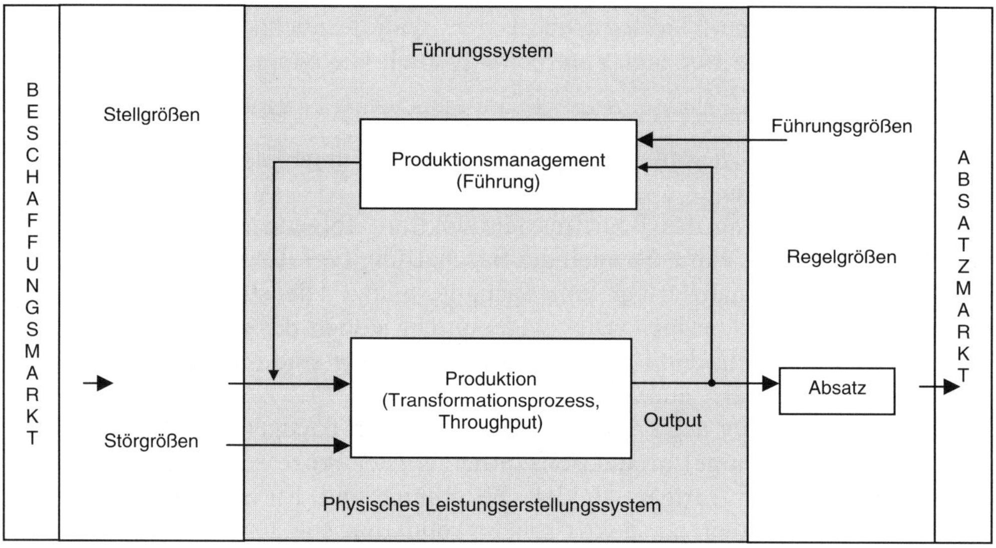

Abbildung 6.1: Grundstruktur des Produktionssystems

Das physische Leistungserstellungssystem und das Führungssystem als Hauptbestandteile von Produktionssystemen sollen im Folgenden weiterführend charakterisiert werden:

- **Physisches Leistungserstellungssystem**

Es umfasst die Bestandteile Output, Input und Throughput.

Der Begriff „Output“ bezeichnet die beabsichtigten und die ungewollten Ergebnisse des Produktionsprozesses.

Beabsichtigte Ergebnisse der Produktion sind die für den Absatzmarkt bestimmten Sachgüter und Dienstleistungen (synonym Produkte, Leistungen, Erzeugnisse, Ausstoß oder Ausbringung). Der so gebildete absatzorientierte Begriff „Output“ ist jedoch bei der Analyse innerbetrieblicher Leistungsprozesse zu erweitern bzw. zu relativieren. So ist das Produktionsergebnis eines definierten Produktionsteilsystems zugleich Input der folgenden Produktionsstufe.
Analoges gilt für die Untersuchung von Zulieferer-Abnehmer-Beziehungen. Das Produktionsergebnis des Lieferanten ist Produktionsfaktor des Abnehmers.
Die Gesamtheit aller Leistungen eines Abnehmers, differenziert nach Qualitäten, Mengen, Terminen und Leistungsarten, stellt das **Produktionsprogramm** dar.
Ungewollte Ergebnisse der Produktion sind verwertbare (z. B. recycelbare Altprodukte, Baugruppen und Material) und nicht verwertbare Rückstände (z. B. Lärm, Staub, nicht nutzbare Gase, Abwässer, Schlämme u. a.).

6

Input des Produktionsprozesses sind die für die Leistungserstellung benötigten Sachgüter und Dienstleistungen. Sie werden als **Produktionsfaktoren** bezeichnet und bestimmen mit ihrem Verbrauch bzw. Gebrauch die mit der Produktion anfallenden Kosten.

In der Betriebswirtschaftslehre sind verschiedene Systematisierungsansätze für Produktionsfaktoren existent. Die meisten Gliederungen basieren jedoch auf dem Gutenberg'schen System, wonach grundhaft **Elementarfaktoren** (ausführende Arbeit, Betriebsmittel und Werkstoffe) und **dispositive Faktoren** (Planung, Organisation und Kontrolle bzw. Betriebs- und Geschäftsführung) unterschieden werden (vgl. *Gutenberg*, 1983, 11 ff.). Ein auf dem Gutenberg'schen Ansatz fußendes, jedoch erweitertes System betriebswirtschaftlicher Produktionsfaktoren zeigt die *Abbildung 6.2*. Aus dieser ist u. a. ersichtlich, dass sowohl Elementarfaktoren als auch Zusatzfaktoren nach **Repetierfaktoren** (Verbrauchsfaktoren) und **Potenzialfaktoren** (Gebrauchsfaktoren) unterschieden werden können.

Repetierfaktoren werden mit ihrem Einsatz in Produktionsvorgängen verbraucht und müssen daher ständig neu beschafft werden. Sie gehen physisch in das Produktionsergebnis ein (outputorientierte Repetierfaktoren) bzw. ermöglichen mit ihrem Einsatz Produktionsvorgänge (prozessorientierte Repetierfaktoren).

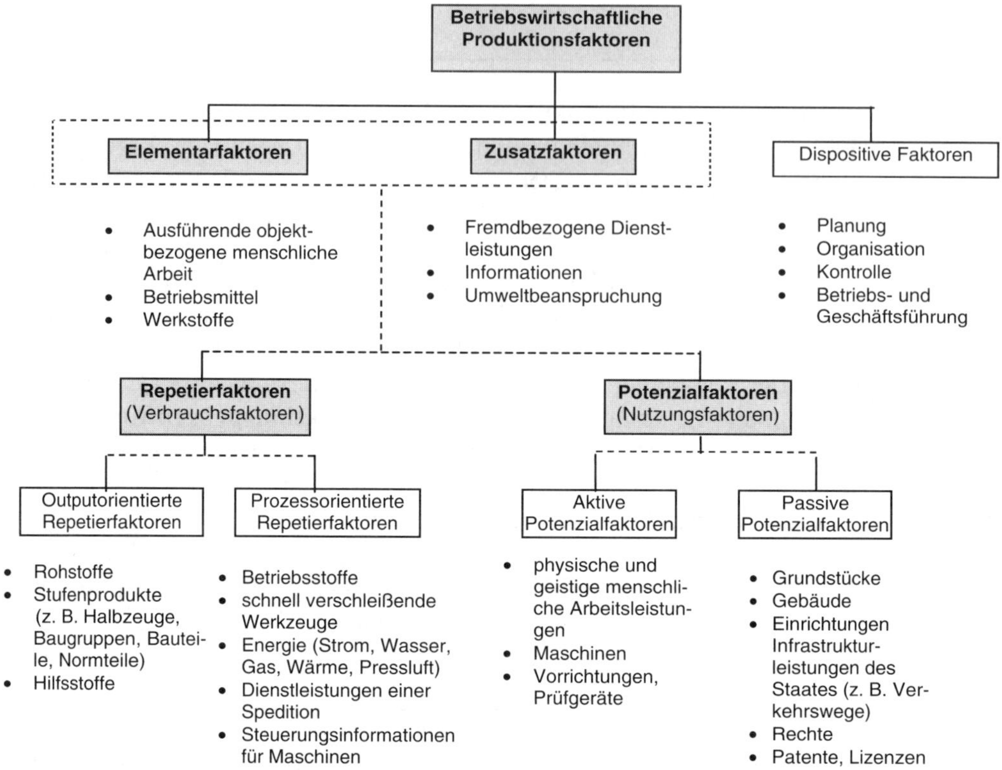

Abbildung 6.2: Erweiterte Systematik betriebswirtschaftlicher Produktionsfaktoren (in Anlehnung an Busse von Colbe/Laßmann, 1983, 77)

Potenzialfaktoren stellen dagegen ihr Nutzungspotenzial längerfristig, meist über mehrere zeitliche Perioden (Jahre) zur Verfügung. Der Einsatz der Potenzialfaktoren erfolgt über die Abgabe von Werkverrichtungen (aktive Potenzialfaktoren) und die Nutzung passiver Faktoren, wie z. B. Gebäude, Grundstücke, Verkehrswege u. a. (vgl. hierzu *Abbildung 6.2*).

In der Systematik der Produktionsfaktoren nehmen die so genannten **Zusatzfaktoren** eine Sonderstellung ein. Diese Sonderstellung ist dadurch charakterisiert, dass für diese Faktoren im Gegensatz zu vielen Elementarfaktoren keine eindeutigen Mengengrößen definiert werden können. Darüber hinaus erfahren eine Reihe von Zusatzfaktoren einen Bedeutungszuwachs. So werden im Ergebnis der Konzentration auf Kerngeschäfte in verstärktem Maße Dienstleistungen fremdbezogen. Der Einsatz des Zusatzfaktors „Informationen" in Planungs- und Steuerungssystemen ersetzt zunehmend Bestände und führt somit zur Senkung von Kapitalbindungs- und Lagerhaltungskosten.
Die Vereinigung der Elementar- und Zusatzfaktoren zu produktiven Kombinationen erfolgt durch die Wirkung der dispositiven Faktoren, d. h. über die plane-

rischen, organisatorischen und kontrollierenden Tätigkeiten des Produktionsmanagements.

Der Begriff „Throughput" bezeichnet den Produktionsprozess (synonym Transformationsprozess, Leistungserstellungsprozess, Erzeugung, Faktorkombinationsprozess) abstrakt als technologisch determinierten Kombinationsprozess von Produktionsfaktoren mit dem Ziel der Erstellung von Sachgütern und Dienstleistungen.

Er wird durch eine definierte Folge von Arbeitsgängen, d. h. eine Folge von Verrichtungen der Potenzialfaktoren an outputorientierten Repetierfaktoren konkretisiert.
Automatisierte Produktion ist in hohem Maße technologisch bestimmt und programmabhängig. In diesen Produktionssystemen nimmt der unmittelbare Einfluss des Menschen auf die Produktion in Form von objektbezogener ausführender Arbeit tendenziell ab. Objektbezogene ausführende Arbeit wird in steigendem Umfang durch informationstechnische Steuerungssysteme ersetzt. Gleichzeitig nimmt hierbei der Umfang geistiger Arbeit (z. B. Programmierung, Überwachung, Entscheidungsvorbereitung) zu.

- **Führungssystem**

Das Produktionsmanagement in Verbindung mit einem wirksamen Produktionscontrolling bilden das Führungssystem des in Abbildung 6.2 dargestellten Produktionssystems.
Bereits mit dem Produktionsbegriff wurde deutlich, dass die physische Leistungserstellung der Zielorientierung bedarf.
Die zielorientierten dispositiven Arbeitsleistungen – Planung, Organisation und Kontrolle – einschließlich hierbei zu treffender Entscheidungen in Bezug auf die Leistungserstellung werden mit dem Begriff **„Produktionsmanagement"** erfasst. Neben diesen gestalterischen Tätigkeiten bezeichnet dieser Begriff zugleich auch den Personenkreis, der Verantwortung für die Führungsaufgaben trägt – die Führungskräfte bzw. das Management.

Mit Blick auf den in Abbildung 6.1 dargestellten Regelkreis sind folgende grundsätzlichen planerischen und steuernden **Aufgaben des Produktionsmanagements** ableitbar (vgl. u. a. *Hoitsch* 1993, 27):

- Festlegung von produktionswirtschaftlichen Zielen aus Unternehmenszielen (Führungsgrößen); Bestimmung von Handlungsalternativen zur Gestaltung der Produktion in Bezug auf Produktionsprogramm, Produktionsfaktoren und Produktionsprozess
- Vereinbarung von detaillierten, operationalen Zielen und Aufgaben zum Vollzug der Produktion mit den Produktionsteams (Stellgrößen)

- Feststellung der Produktionsergebnisse durch entsprechende Rückmeldeinformationen (Regelgrößen); Analyse der durch Störungen (z. B. Maschinenausfall, Lieferverzögerungen, erhöhter Krankenstand u. a.) verursachten Abweichungen der Ist-Daten von den Soll-Daten
- Initiierung von Maßnahmen zur Sicherung der planmäßigen Durchführung der Produktion

Wegen der Komplexität zu lösender Aufgaben bedarf das Produktionsmanagement der umfassenden Informationsversorgung.
Das **Produktionscontrolling** als Subsystem des Führungssystems der Produktion hat die planerischen, steuernden und kontrollierenden Ziele und Aufgaben des Produktionsmanagements auf Basis prozessgerechter Informationen zu koordinieren bzw. aufeinander abzustimmen.
Produktionscontrolling ist somit eine Service-Funktion für das Produktionsmanagement.

6.3.3.2 Grundlegende Eigenschaften von Produktionssystemen

Die zielorientierte Gestaltung der Produktion schließt Entscheidungen darüber ein, welche qualitativen und quantitativen Eigenschaften Produktionssysteme besitzen sollen. Diese Entscheidungen werden von vielen Faktoren, vor allem jedoch vom Markt beeinflusst. Angestrebte Eigenschaften von Produktionssystemen bringen daher Entwicklungserfordernisse im Sinne von Gestaltungszielen zum Ausdruck. Ihre Verwirklichung ist eine wichtige Aufgabe des Produktionsmanagements. Zu den grundlegenden **Eigenschaften von Produktionssystemen** gehören, wie in *Abbildung 6.3* dargestellt:

- **Kapazität**
- **Flexibilität**
- **Stabilität** und
- **Zuverlässigkeit**

Zur qualitativen und quantitativen Erfassung grundlegender Eigenschaften von Produktionssystemen können in Abhängigkeit von zu lösenden Aufgaben und Produktionsbedingungen unterschiedliche **Messpunkte** und **Bezugsbasen** gewählt werden. So ist es z. B. in der Praxis üblich, Kapazität ❶ am Output und am Input eines Produktionssystems zu messen.

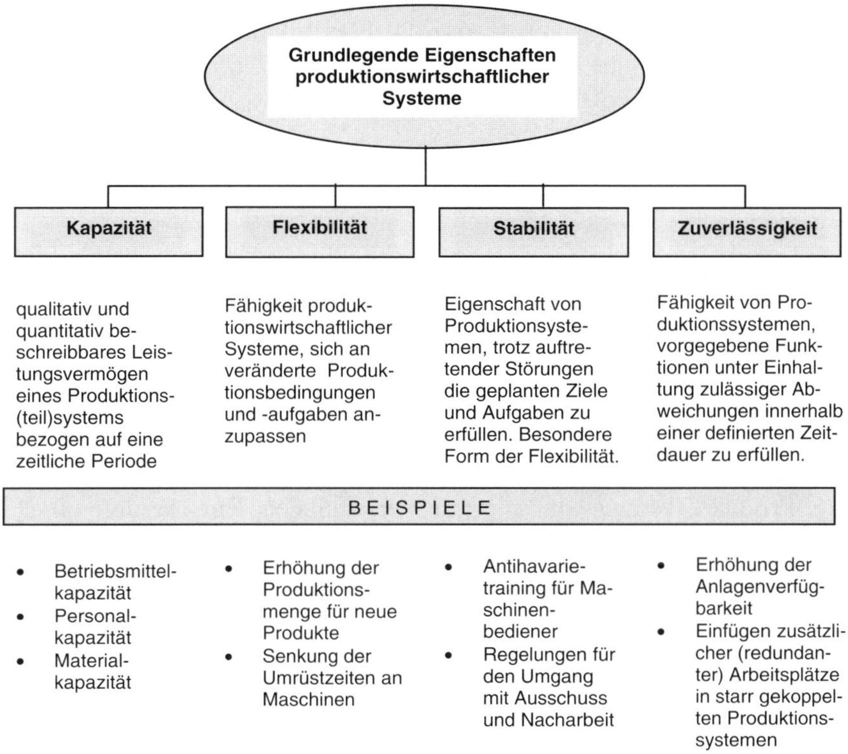

Abbildung 6.3: Grundlegende Eigenschaften von Produktionssystemen

Flexibilität, Stabilität und Zuverlässigkeit sind dagegen input-, throughput- und outputbezogen erfassbar. Das Produktionssystem als **Bezugsbasis** für die Erfassung qualitativer und quantitativer Eigenschaften kann u. a. der **Arbeitsplatz, die Arbeitsplatzgruppe, der Fertigungs- oder der Montagebereich** sein. Zwischen Kapazität, Flexibilität, Stabilität und Zuverlässigkeit bestehen vielfältige, bei Gestaltungsproblemen zu beachtende **Zusammenhänge**. Zum Beispiel erfordert die Erhöhung der Flexibilität, wie die Steigerung der Produktionsmenge entsprechend der Marktnachfrage, den Einsatz von Kapazitätsreserven. Die Rückkehr eines Systems in den Zustand der Stabilität (z. B. die Aufholung durch verspätete Zulieferungen verursachter Produktionsrückstände) erfordert dagegen schnelle, sichere und kostengünstige Anpassungsvorgänge (z. B. Überstundenarbeit, Feiertagsarbeit), also ein definiertes Niveau an Flexibilität.

Schließlich unterstützt eine hohe Zuverlässigkeit von Produktionssystemen, z. B. gemessen an Fehlerfreiheit, Verfügbarkeit oder Funktionsgüte der Betriebsmittel, die Ausprägung von Flexibilität. Geringe Zuverlässigkeit erfordert dagegen zusätzliche Flexibilität von Produktionssystemen zur Erfüllung produktionswirtschaftlicher Ziele.

Da die definierte Ausprägung von Kapazität, Flexibilität, Stabilität und Zuverlässigkeit i. d. R. erhebliche materielle, personelle und finanzielle Ressourcen bindet, müssen sich die entsprechenden gestalterischen Aufgaben an Kosten-Nutzen-Relationen orientieren.

6.3.2.3 Präzisierter Gegenstand der Produktionswirtschaft

Die bisher gewonnenen Erkenntnisse zum Produktionsbegriff und zu Produktionssystemen zusammenfassend, wird der **Gegenstand** (das Erkenntnisobjekt) der Produktionswirtschaft wie folgt abgegrenzt:

Gegenstand der Produktionswirtschaft ist die Gestaltung des Transformations-(Kombinations-)Prozesses von Sachgütern und Dienstleistungen in andere, meist höherwertige Sachgüter und Dienstleistungen (Produktionsfaktoren und absetzbare Produkte) sowie die hiermit verbundenen Entscheidungen (Führungsaspekt) zur Erreichung vorwiegend ökonomischer, technischer, sozialer und umweltbezogener Ziele.

Das heißt, das Erkenntnisobjekt ist das **Wirtschaften im Produktionsbetrieb** bzw. die wirtschaftliche Gestaltung des Produktionsprozesses in Wechselbeziehung zu relevanten betrieblichen Umfeldern sowie vor- und nachgelagerten Prozessen.

Produktionswirtschaftliche Problemstellungen gehören sowohl zum Untersuchungsbereich der Allgemeinen (funktionsorientierten) wie auch der Speziellen (institutionellen) Betriebswirtschaftslehre (vgl. Abschnitt 1.2).
Innerhalb der Allgemeinen Betriebswirtschaftslehre werden strukturgleiche oder ähnliche produktionswirtschaftliche Fragen wirtschaftszweigübergreifend untersucht.
Die Spezielle Betriebswirtschaftslehre behandelt hingegen Probleme aus der Sicht eines Wirtschaftszweiges.
Funktions- und Institutionsbezogene Orientierung der Produktionswirtschaft im Rahmen der BWL ergänzen einander.
Im Folgenden werden produktionswirtschaftliche Fragen vorwiegend aus der Sicht von Industriebetrieben behandelt.

6.3.3 Produktionswirtschaftliche Ziele

Ziele entstehen im Spannungsfeld verschiedener Interessengruppen eines Unternehmens. Zu den wichtigsten zielbildenden Interessengruppen gehören vor allem: **Fremd- und Eigenkapitalgeber, Kunden, Lieferanten, Management, Mitarbeiter/-innen und Staat.**
Betriebliche Ziele reflektieren somit neben Markterfordernissen auch Machteinflüsse der am Zielbildungs- und -durchsetzungsprozess beteiligten Interessen-

gruppen. In der Regel verfolgen Unternehmen nicht ein einzelnes Ziel, sondern ein Bündel miteinander verbundener Ziele. Diese geordnete Gesamtheit von Zielen wird als **Zielsystem** bezeichnet.

Unter der Voraussetzung, dass die **Erhaltung und erfolgreiche Weiterentwicklung eines Unternehmens** den einflussreichsten Interessengruppen nicht widerspricht, kann diese Zielgröße als **Oberziel** aufgefasst werden. Die Erhaltung bzw. Schaffung einer wettbewerbsfähigen Produktion ist dann als zusammengefasster Beitrag zur erfolgreichen Unternehmensentwicklung aus der Sicht der Leistungserstellung zu interpretieren. Dieses produktionswirtschaftliche Gesamtziel bedarf jedoch der Operationalisierung.
Im Ergebnis eines schrittweise durchzuführenden Zielbildungsprozesses entsteht schließlich ein konkretes und detailliertes produktionswirtschaftliches Zielsystem.
In Literatur und Praxis sind verschiedene **Systematiken** produktionswirtschaftlicher Zielsysteme bekannt. Eine Möglichkeit, produktionswirtschaftliche Ziele nach inhaltlichen Kriterien zu differenzieren, zeigt *Abbildung 6.4*.
Das Beispiel zeigt die Unterscheidung von **sach- und leistungsbezogenen, wertbezogenen, flexibilitätsorientierten, sozialen** sowie **umweltbezogenen** Zielgrößen (vgl. hierzu u. a. den Beitrag von Hahn in *Corsten* 1994, 25; *Hoitsch* 1993, 26). Sach- und Leistungsziele sowie Wertziele sind erfahrungsgemäß auf Dauer nur erreichbar, wenn zugleich die Forderungen der Kunden nach hohem Lieferservice, die Interessen der Beschäftigten hinsichtlich Arbeitsplatzsicherheit und Arbeitszufriedenheit, aber auch die gesellschaftlichen Erfordernisse zur Erhaltung der Umwelt Berücksichtigung finden.
Abschließend sei nochmals darauf verwiesen, dass die in Abbildung 6.4 vorgestellte Systematik nur eine Möglichkeit darstellt, produktionswirtschaftliche Ziele zu gliedern. Weitere Ansätze sind denkbar. Wegen der Vielfalt wirtschaftlicher Probleme ist es nicht möglich, ein allgemein gültiges produktionswirtschaftliches Zielsystem zu begründen.

6.3.4 Ausgewählte Produktionstypen

6.3.4.1 Grundsätzliches zur Typenbildung

Die Typenbildung (synonym Typologie, Typisierung) von Produktionssystemen ist eine wissenschaftliche Methode zur zweckorientierten Ordnung dieser Systeme auf der Grundlage produktionswirtschaftlich relevanter Merkmale. **Ziel** der Typenbildung ist es, **produktionswirtschaftlich fundierte Aussagen** über **Produktionssysteme** zu gewinnen.

	Zielkategorie		Beispiele
Produktions-wirtschaftliche Ziele	Sach- und Leistungsziele	Mengenziele	• Verbesserung der Produktivität • Erhöhung der Produktionsmenge für Exporte • Erhöhung des Produktionsvolumens für Ersatzteile
		Qualitätsziele	• Senkung von Reklamationen • Senkung von Ausschuss und Nacharbeit
		Zeitziele	• Senkung der Produktionsdurchlaufzeit • Verkürzung der Produktentwicklungszeit • Verkürzung der Liefertermine
	Wertziele		• Erhöhung der Deckungsbeiträge • Senkung der Produktionskosten • Erweiterung von Investitionsvolumina • Verbesserung der Wirtschaftlichkeit
	Flexibilitätsziele		• Einführung eines flexiblen Arbeitszeitmodells • Verbesserung der Lieferflexibilität • Vergrößerung der Variantenvielfalt an Produkten durch prozessflexible Produktionsanlagen
	Sozialziele		• Qualifizierung des Produktionspersonals durch Fortbildung • Verbesserungen von Sozialeinrichtungen • Anreicherung von Arbeitsinhalten an Arbeitsplätzen
	Umweltziele		• Erhöhung der Einsatzquote wiederaufbereiteter Werkstoffe • Senkung von Lärm- und Schwingungspegeln sowie Staubemissionen

Abbildung 6.4: Beispiel eines produktionswirtschaftlichen Zielsystems

So können aus der Typenbildung weitere produktionswirtschaftliche **Aufgaben** abgeleitet werden, wie z. B.:

- die produktionstypabhängige Formulierung von Aufgaben des Produktionsmanagements,
- die Entwicklung und Anwendung von Modellen der Produktionsprogrammplanung,
- die Konzipierung der Maschinenbelegungsplanung oder
- der Entwurf eines Systems der Materialflusssteuerung.

Ergebnis der Typenbildung ist der **Produktionstyp** ❷ als vereinfachtes Abbild eines Produktionssystems. Bei der Typenbildung werden **elementare** und **kombinierte** Produktionstypen unterschieden.

Elementare Produktionstypen sind an Elementen und Bestandteilen eines Produktionssystems orientiert.

Es können folglich outputorientierte (produkt- und produktionsprogrammorientierte), inputorientierte (produktionsfaktorbezogene) und throughputorientierte (prozessorientierte) Produktionstypen definiert werden. Das Element eines Produktionssystems ist mithin das produktionstypprägende Merkmal.

Reale Produktionssysteme können wegen ihrer hohen Komplexität hinreichend genau nur durch **kombinierte Produktionstypen** beschrieben werden. Das heißt, diese Produktionssysteme werden durch eine Menge relevanter Merkmale bzw. Merkmalskombinationen abgebildet. Die Auswahl der für die Abbildung eines Produktionssystems verwendeten Merkmale ist vom Untersuchungsziel abhängig.

Für industrielle Produktionstypen besitzen neben weiteren Merkmalen vor allem die Merkmale **„Fertigungsart"** und **„Fertigungsprinzip"** großen Einfluss auf die Organisation der Produktion. Die Fertigungsart bezeichnet die Wiederholhäufigkeit der Produktion. Nach diesem Merkmal kann zwischen geringer (Einzel- und Kleinserienfertigung), mittlerer (Serienfertigung) und großer (Großserien- und Massenfertigung) Wiederholungshäufigkeit unterschieden werden.
Das Fertigungsprinzip bezeichnet die räumliche Anordnung der Arbeitsplätze bzw. Betriebsmittel. Hiernach können Arbeitsplätze bzw. Betriebsmittel entweder nach artgleichen Verrichtungen (wie z. B. Drehen, Bohren, Schleifen) oder nach produktabhängigen Prozessfolgen angeordnet werden. Im Fertigungsprinzip wird somit der Einfluss des technologischen Verfahrensablaufes auf das Layout der Produktion sichtbar. Unter Einbeziehung von Fertigungsart und -prinzip und weiterer Merkmale werden im Folgenden ausgewählte praxisrelevante Produktionstypen diskutiert.
Hier ist zu beachten, dass in Unternehmen gleichzeitig verschiedene Produktionstypen angewendet werden können. So kann zum Beispiel die Endmontage von Produkten nach dem Fließprinzip, die Eigenfertigung von Einzelteilen dagegen nach dem Werkstattprinzip organisiert sein.

6

6.3.4.2 Verrichtungsorientierte Produktionstypen

Die Werkstattfertigung ist die wichtigste Erscheinungsform einer verrichtungsorientierten Produktion (vgl. *Abbildung 6.5*).

Bei der **Werkstattfertigung** sind Arbeitsplätze und Betriebsmittel nach artgleichen Verrichtungen bzw. Funktionen räumlich und oft auch administrativ zusammengestellt.

Durch die verrichtungsorientierte Gruppierung von Arbeitsplätzen bzw. Betriebsmitteln entsteht eine Werkstatt, die in der Metallverarbeitung häufig nach dem technologischen Verfahren bezeichnet wird (z. B. Dreherei, Schleiferei,

Fräserei). Eine Werkstatt kann dabei ein Meisterbereich, z. B. der Meisterbereich „Dreherei“, sein.
Wechselnde Produktsortimente durchlaufen zu ihrer Bearbeitung die einzelnen Werkstätten in unterschiedlichen Materialflüssen.
Wesentliche **Vorteile** der Werkstattfertigung bestehen in der großen Flexibilität, sich auf wechselnde Produkte und Produktionsmengen einstellen zu können. Innerhalb der verschiedenen Werkstattbereiche sind Arbeitsaufträge gut steuerbar; zu Arbeitsplätzen und Personal ist eine gute Übersicht gegeben. Kapazitätsreserven an Betriebsmitteln sowie ein hoch qualifiziertes, disponibel einsetzbares Produktionspersonal gewährleisten einen Ausgleich von Auftragsspitzen und erleichtern die Beseitigung von Störungen.

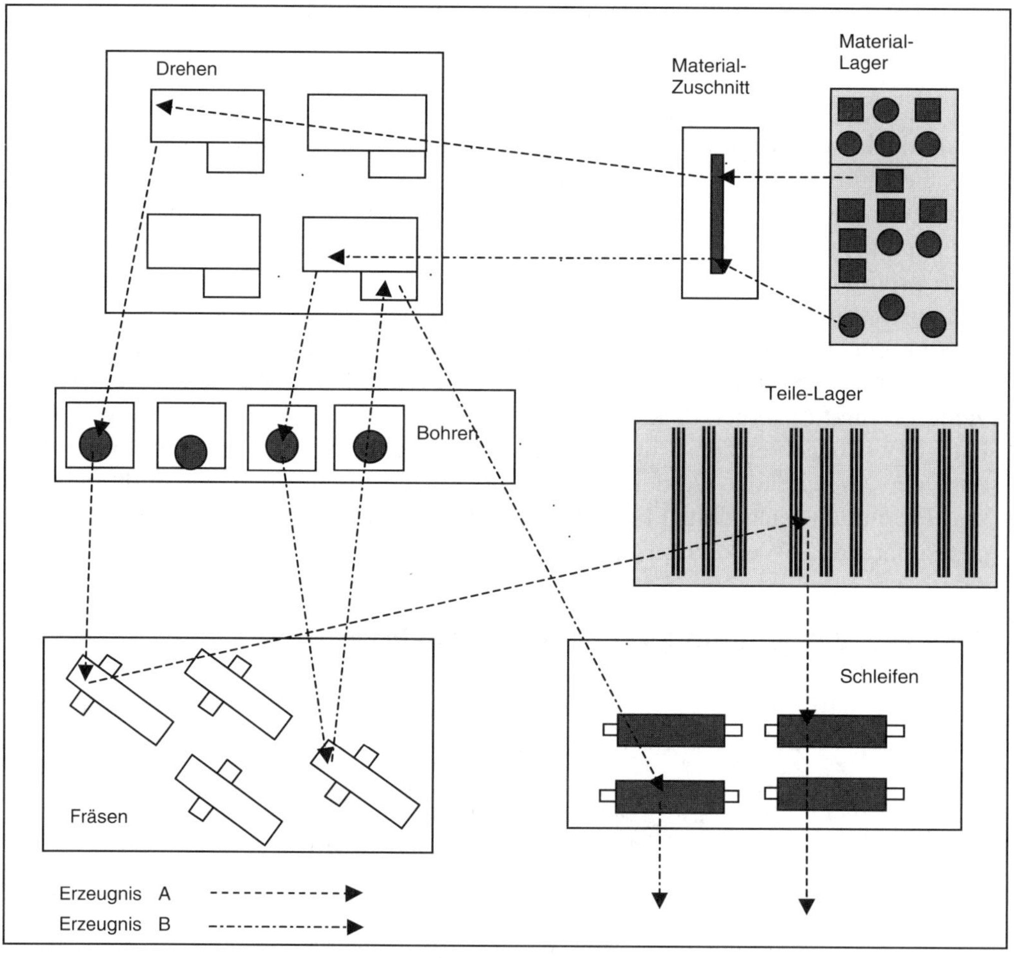

Abbildung 6.5: Layout einer Werkstattfertigung – Beispiel

Hervorzuhebende **Nachteile** der Werkstattfertigung sind vor allem lange Durchlaufzeiten der Produkte durch die Produktion in Verbindung mit hohen Beständen an Umlaufvermögen. Wesentliche Ursache langer Produktionsdurchläufe ist ein hoher Anteil an Transport- sowie Liege- und Wartezeiten der Werkstücke (ca. 80 % – 90 %) an der Durchlaufzeit. Hieraus resultieren als weitere Nachteile eine niedrige Produktivität und hohe Kapitalbindung. Vielfältige, miteinander verflochtene Raum-, Zeit-, Mengen- und Reihenfolgeprobleme kennzeichnen Planungs- und Steuerungsaufgaben, die auch durch den Einsatz moderner Informationstechnik nur schwer beherrschbar sind.

Die Werkstattfertigung ist für die **kundenorientierte Einzel- und Kleinserienfertigung** eine wirtschaftliche Organisationsform der Produktion.

6.3.4.3 Prozessfolgeorientierte Produktionstypen

6

Zu den prozessfolgeorientierten Produktionstypen gehören differenzierte Produktionskonzepte der **Fließfertigung** und der **Gruppenfertigung**. Während bei Fließfertigung i. d. R. nur gleiche Prozessfolgen zugelassen sind, können mit den Produktionskonzepten der Gruppenfertigung in Grenzen variierbare Bearbeitungsfolgen realisiert werden.

Die klassische Fließfertigung umfasst Produktionskonzepte, in denen stark spezialisierte Arbeitsplätze bzw. Betriebmittel in der Reihenfolge der Bearbeitung eines Produkts (z. B. Enderzeugnis, Baugruppe oder Einzelteil) räumlich angeordnet ist.

Das Produkt durchläuft eine lückenlose oder nur durch Pufferlager unterbrochene Folge von Arbeitsgängen. Die Prozessfolgen der Fließfertigung sind dabei räumlich und zeitlich aufeinander abgestimmt (vgl. *Abbildung 6.6*).
Je nach Art der räumlichen und zeitlichen Abstimmung werden Fließfertigungen ohne Zeitzwang von jenen mit Zeitzwang unterschieden (vgl. u. a. *Hansmann* 1994, 121; *Schwarz* 1998, 44; *Vahrenkamp* 1996, 235).
Die Fließfertigung **ohne Zeitzwang** ist durch zeitlich entkoppelte aufeinander folgende Arbeitsplätze bzw. Betriebsmittel gekennzeichnet. Beispiele für (hier nicht näher dargestellte) Fließfertigungen ohne Zeitzwang sind die Reihenfertigung und die Materialflusssteuerung nach dem KANBAN-System.
Bei Fließfertigung **mit Zeitzwang** erfolgt der Materialfluss von Arbeitsplatz zu Arbeitsplatz zeitlich gekoppelt durch selbsttätige Fördereinrichtungen. Die Bewegung dieser Fördereinrichtungen kann dabei kontinuierlich oder im definierten Zeittakt erfolgen. Eine wichtige planerische Aufgabe besteht hier in der Bestimmung der Taktzeit.
Typische Beispiele für Fließfertigungen mit Zeitzwang sind Fließproduktionen in der chemischen Industrie (z. B. Gaserzeugung und -weiterleitung) sowie klassische Fließbänder und Transferstraßen im Fahrzeugbau.

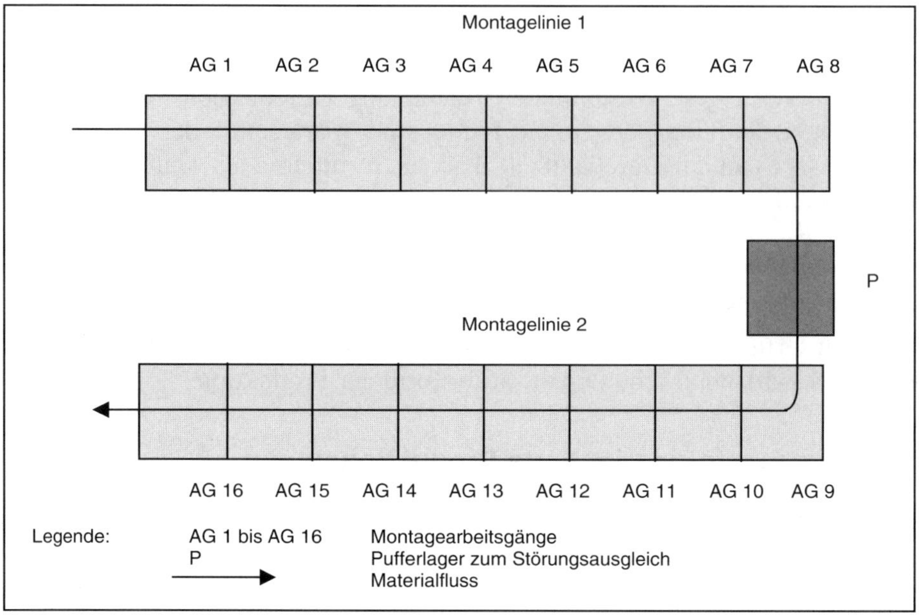

Abbildung 6.6: Layout einer Fließfertigung – Beispiel

Im Vergleich zur Werkstattfertigung ergeben sich durch Fließfertigung insbesondere folgende **Vorteile**:
Der Einsatz spezialisierter Arbeitsplätze und Betriebsmittel führt zu hoher Produktivität und damit zu geringen Produktionsstückkosten. Relativ geringe Transportwege und Wegfall von umfangreichen Zwischenlagern verkürzen stark die Durchlaufzeit und senken die Kapitalbindung an Umlaufvermögen. Schließlich wird durch einen linearisierten Materialfluss eine größere Übersicht über das Produktionsgeschehen bei vereinfachter Planung und Steuerung der Produktion erreicht.
Dem gegenüber stehen u. a. als wesentliche **Nachteile** der Fließfertigung: höhere Kosten der Produktionsvorbereitung für spezialisierte Fertigungseinrichtungen, relativ geringe Flexibilität in Verbindung mit hohen Umstellungskosten bei Produktwechsel, hohe Störanfälligkeit des Produktionssystems bei starr verketteten Arbeitsplätzen, hohe Fixkosten spezialisierter Produktionskapazitäten und Monotonie der Arbeit. Fließfertigung ist für eine stetige Produktion standardisierter Produkte in relativ großen Stückzahlen (Großserien- und Massenfertigung) wirtschaftlich durchführbar.

Hohe Produktvielfalt in Käufermärkten führten und führen tendenziell zu einer Abkehr von reiner Massenproduktion in vielen Branchen der Wirtschaft. Es entstand hieraus das Erfordernis, einerseits flexibel zu produzieren, andererseits auf die Vorteile des Fließprinzips nicht zu verzichten. Darüber hinaus ist die mit wachsender Produktvielfalt einhergehende Komplexität der Produktion als

Quelle von Fehlern zu senken. Unternehmer, Gewerkschaften und Arbeitnehmer fordern schließlich eine humane, schöpferische Arbeitsumwelt.
Neuere Organisationsformen der Produktion, die weitgehend diesen Erfordernissen entsprechen, sind die am **Gruppenfertigungsprinzip** orientierten Produktionskonzepte.
Somit ist die Gruppenfertigung eine Mischform aus Werkstatt- und Fließfertigung, die darauf abzielt, die Produktivitäts- und Kostenvorteile der Fließfertigung mit den Flexibilitätsvorteilen der Werkstattfertigung zu verbinden.
Nach dem Kriterium **„Ähnlichkeit der technologischen Prozessfolgen“** werden die zu fertigenden Produkte (Enderzeugnisse, Baugruppen oder Einzelteile) in Gruppen, auch **Produkt- oder Teilefamilien** genannt, zusammengefasst. Für die so gruppierten Produkte wird eine am Fließprinzip orientierte Produktion, charakterisiert durch in projektierten Grenzen variable Prozessabläufe, durchgeführt. Im Vergleich zur Werkstatt- und Fließfertigung weisen die Produktionskonzepte der Gruppenfertigung vor allem folgende **Vor- und Nachteile** auf (vgl. *Abbildung 6.7*).

Produktionskonzepte der Gruppenfertigung sind wirtschaftlich für mittlere, zwischen Einzel- und Massenfertigung liegende Produktstückzahlen anwendbar.

6

Flexible Fertigungs- und Montagezellen, flexible Fertigungssysteme, flexible Fertigungs- und Montageinseln und Fertigungssegmente sind Beispiele für konkrete, am Prinzip der Gruppenfertigung orientierte Produktionskonzepte. Bei deren **Ausgestaltung** wird angestrebt:

- **Komplettbearbeitung** der Produkte
- **Dezentralisierung** von Planungs-, Steuerungs- und Kontrollaufgaben und deren Zuordnung zu Fertigungsteams
- Gestaltung **ganzheitlicher Arbeitsinhalte** der Fertigungsteams

Auf eine umfassende Erörterung der angeführten Konzepte der Gruppenfertigung wird verzichtet. Es wird auf die produktionswirtschaftliche Fachliteratur verwiesen (vgl. u. a. *Corsten* 1994; *Hoitsch*, 1993, 251; *Wildemann*, 1994).
Abbildung 6.8 zeigt als exemplarisches Beispiel der Gruppenfertigung eine **Montagezelle zur Fertigung von Gleichlaufgelenkwellen** für PKW.

Eine Gruppe von drei Montagekräften fertigt in der abgebildeten Montagezelle ein Sortiment von Gelenkwellen. Der Materialfluss folgt einer U-Form. Die kompakte, griffgünstige Anordnung der Betriebsmittel gewährleistet kurze Wege für Transport- und Handhabungsvorgänge. Auf die einzelnen Betriebsmittel wird entsprechend der variablen Prozessfolgen wahlweise zugegriffen. Es ist Gruppenarbeit in Form von Mehrstellenarbeit organisiert.

Bewertung der Gruppenfertigung

Vorteile

- Kürzere Durchlaufzeiten als bei Werkstattfertigung durch Senkung von Liege- und Transportzeiten zwischen den Arbeitsoperationen
- Höhere Flexibilität als bei „reiner" Fließfertigung durch Realisierung variabler Prozessfolgen der Bearbeitung
- Geringere Bestände an Umlaufvermögen und hierdurch eine geringere Kapitalbindung im Vergleich zur Werkstattfertigung
- Einsetzbarkeit sowohl automatisierter als auch konventioneller Maschinen
- Komplexitätsreduzierung bei der Planung, Steuerung und Kontrolle der Produktion durch Dezentralisierung von Entscheidungen
- Qualitätsverbesserung der Produkte durch Integration von qualitätssichernden Aufgaben in Fertigungsteams
- Realisierung ganzheitlicher, motivierender Arbeitsinhalte

Nachteile

- Relativ hoher Aufwand in fertigungsvorbereitenden Bereichen, insbesondere zur Bildung von Produktfamilien und Fertigungsgruppen
- Erhöhte Personalkosten durch Einsatz von qualifiziertem Produktionspersonal
- Einzel- wie auch Massenfertigung sind nur bedingt realisierbar

Abbildung 6.7: Bewertung der Gruppenfertigung

6.3.4.4 Sonderformen der Produktion

Die Ortsgebundenheit der Produkte und die hieraus resultierende notwendige Mobilität der Produktionsfaktoren führen zu den Sonderformen der Produktion

- **Werkbankfertigung** (synonym Punktfertigung, Einzelplatzfertigung) und
- **Baustellenfertigung**.

Beide Sonderformen der Produktion besitzen für die Industrie nur eingeschränkte, oft branchenbezogene Bedeutung.

Die Werkbankfertigung ist eine Organisationsform der Produktion, die durch Einzelarbeit gekennzeichnet ist.

Einzelarbeit wird vorrangig durch handwerkliche Tätigkeiten oder durch die vollständige Bearbeitung eines Produktes auf einer Maschine (ohne Arbeitsplatzwechsel) geleistet. Das Produkt wird überwiegend einzeln oder in Kleinserien hergestellt.
Werkbankfertigung wird typischerweise u. a. in betrieblichen Instandhaltungsbereichen sowie im Werkzeug- und Vorrichtungsbau durchgeführt.

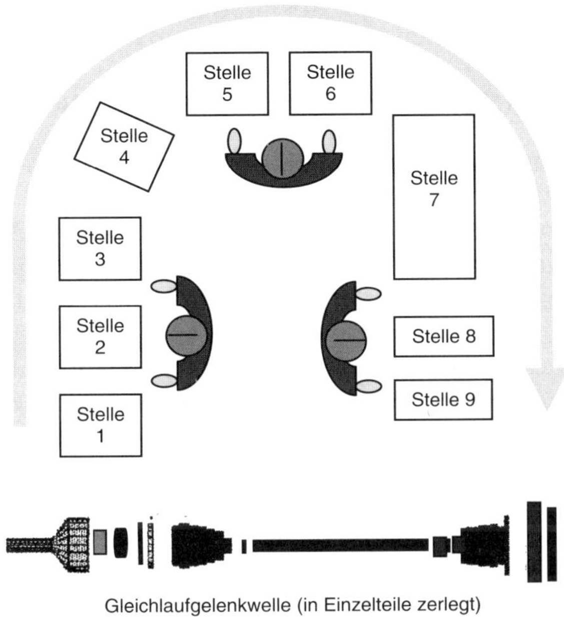

Legende:

Stelle 1	Montage-AG 010 ausführen
Stelle 2	Ring pressen
Stelle 3	Fett dosieren
Stelle 4	Ring spannen
Stelle 5	Montage-AG 020 ausführen
Stelle 6	Bauteile einpressen
Stelle 7	Fett pressen
Stelle 8	Werkstück wiegen
Stelle 9	Werkstück kontrollieren

Abbildung 6.8: Montagezelle für Gleichlaufgelenkwelle

Die Baustellenfertigung kennzeichnet eine Organisationsform der Produktion für sperrige und/oder schwergewichtige Produkte in vorwiegender Einzelfertigung.

Die Produkteigenschaften (z. B. Stahlbauteile, Großbehälter, Gebäude, Großpressen) lassen den Transport des Werkstückes nicht zu bzw. gestalten ihn problematisch, sodass Arbeitskräfte und Betriebsmittel räumlich und zeitlich an das herzustellende Produkt herangeführt werden müssen.
Eine Vorfertigung von Bauteilen erfolgt häufig in Werkstätten, die sich in unmittelbarer Nähe der Baustelle befinden und den Einsatz ortsfester Maschinen und Geräte erfordern. Baustellenfertigung ist häufig durch Materialflüsse mit relativ geringen Fließgeschwindigkeiten (z. B. Rohstoffe, vorgefertigte Bauteile) charakterisiert.

Großbehälterbau, Schiffbau, Industrieanlagenbau, Lokomotivbau und Stahlhochbau sind typische Anwendungsbeispiele für Baustellenfertigung.

6.4 Produktionswirtschaftlicher Handlungsrahmen

6.4.1 Begründung des Handlungsrahmens

Die Schaffung bzw. Erhaltung einer wettbewerbsfähigen Produktion als globales Ziel des Produktionsmanagements kann nur in wechselseitiger Verbindung von langfristig konzeptioneller Führungsarbeit und deren Verwirklichung im Tagesgeschäft erreicht werden. Bereits aus dieser ersten Überlegung wird deutlich, dass erfolgreiches Produktionsmanagement einen relativ weiten, inhaltliche, organisatorische und zeitliche **Abgrenzungsaspekte** einschließenden Handlungsrahmen erfordert.

Inhaltliche Aspekte führen zur Abgrenzung von Managementaufgaben, insbesondere hinsichtlich ihrer Art, Komplexität, Intensität und Detailliertheit.

Organisatorische Aspekte sind hilfreich, Produktionsaufgaben nach Funktion, Hierarchie und Verantwortung zu unterscheiden.

Zeitliche Aspekte erfassen schließlich den Planungshorizont bzw. die Reichweite (Wirkungsdauer) von Aufgaben und Entscheidungen. Hiernach können langfristige, mittelfristige und kurzfristige Managementaufgaben unterschieden werden.

Die ungenügende Berücksichtigung dieser Aspekte in der Führungspraxis kann zu Managementfehlern und zu negativen Einflüssen auf das Erreichen produktionswirtschaftlicher Ziele führen. Beispiele für fehlerhaftes Produktionsmanagement sind mangelnde Problemerkenntnis, Vermischung von Führungsaufgaben und Verantwortlichkeiten unterschiedlicher Managementebenen, überzogene Beschäftigung mit Tagesaufgaben bei Vernachlässigung der konzeptionellen Arbeit, zu stark eingeengte Entscheidungsspielräume unterer Führungskräfte u. a. m.

Inhaltliche, organisatorische und zeitliche Aspekte werden nun bei der Formulierung von Differenzierungskriterien berücksichtigt, die den Handlungsrahmen des Produktionsmanagements begründen (vgl. *Abbildung 6.9*).

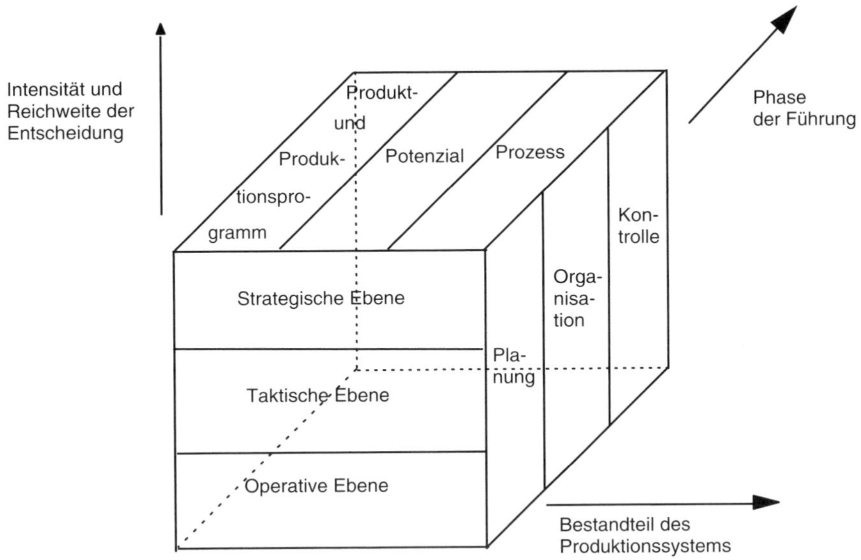

Abbildung 6.9: Handlungsrahmen des Produktionsmanagements

In Theorie und Praxis werden zunehmend die in Abbildung 6.9 dargestellten Kriterien für die differenzierte Darstellung von Aufgaben des Produktionsmanagements akzeptiert (vgl. u. a. *Corsten* 1995, 31; *Hoitsch* 1993, 34; *Kern* 1992; *Zäpfel* 1989, 2):

- **Intensität und Reichweite der Entscheidungen**

  Hiernach werden strategische, taktische und operative Aufgaben und Entscheidungsfelder differenziert.

- **Bestandteil des physischen Produktionssystems**

  Nach diesem Kriterium werden sachlich Aufgaben der Produkt- und Produktionsprogrammgestaltung (Output), der Produktionsfaktorgestaltung (Input) und der Prozessgestaltung (Throughput) unterschieden.

- **Phase der Führung**

  Diese Sichtweise betont einen konkreten Abschnitt der Führungstätigkeit und führt demzufolge zur Unterscheidung von vorwiegend planerischen, organisierenden und kontrollierenden Aufgaben.

Durch kombinatorische Verknüpfung der in der Abbildung 6.9 verwendeten Differenzierungskriterien können typische Aufgaben des Produktionsmanagements dreidimensional grob beschrieben und konkrete Aufgabenkomplexe gedanklich in den Handlungsrahmen eingeordnet werden. So werden in Theorie und Praxis produktionswirtschaftliche Aufgaben häufig in der **ersten** (obersten) **Gliederungsebene** nach dem Kriterium „Intensität und Reichweite der Entscheidungen“, in der **zweiten Ebene** (nachgeordnete) Ebene nach dem Kriterium „Bestandteil des Produktionssystems“ und schließlich in der **dritten Ebene** nach dem Kriterium „Phase der Führung“ unterschieden. Für viele Überlegungen ist jedoch bereits eine zweidimensionale Aufgabendarstellung (erste und zweite Gliederungsebene) ausreichend, da aus dem Inhalt der Managementtätigkeiten i. d. R. hervorgeht, ob es sich um vorwiegend planerische, organisatorische oder kontrollierende Aufgaben handelt.

Beispiele für typische, diesem Gliederungsprinzip entsprechende produktionswirtschaftliche Aufgabenkomplexe sind: die **strategische Produkt- und Programmplanung**, die **taktische Potenzialorganisation** und die **operative Prozesskontrolle**.

Obwohl der vorgestellte Handlungsrahmen eine nützliche Orientierungshilfe ist, existieren wegen der Vielfalt praktischer Fragestellungen dennoch Verständnisprobleme bei der Abgrenzung von Aufgaben des Produktionsmanagement. Diese Probleme resultieren vor allem aus

- in Theorie und Praxis bestehenden, durchaus begründeten differenzierten Sichtweisen und Bündelungen von produktionswirtschaftlichen Aufgaben (vgl. hierzu auch Abschnitt 6.3.1.) und
- der nicht einheitlichen Bemessung des Planungshorizonts.

Zusammenfassend sei angemerkt, dass die nachhaltige Gestaltung einer wettbewerbsfähigen Produktion nur gelingt, wenn vom Management **horizontale und vertikale Zusammenhänge** bei der Erfüllung produktionswirtschaftlicher Aufgaben hinreichend berücksichtigt werden (vgl. *Abbildung 6.10*).

So sind in jeder Managementebene **horizontal** funktionale Beziehungen zwischen Produkt und Produktprogrammgestaltung, Potenzialgestaltung und Prozessgestaltung zu beachten bzw. herzustellen.
In **vertikaler** Richtung sind wechselseitige Kommunikationswege (von „oben“ nach „unten“ und umgekehrt) zur Sicherung des Zusammenhanges verschiedener Planungsebenen sicherzustellen.

Das heißt, Entscheidungen des strategischen Managements grenzen den Handlungsrahmen des taktischen Managements ab. Taktische Entscheidungen wiederum geben dem operativen Management Orientierung.

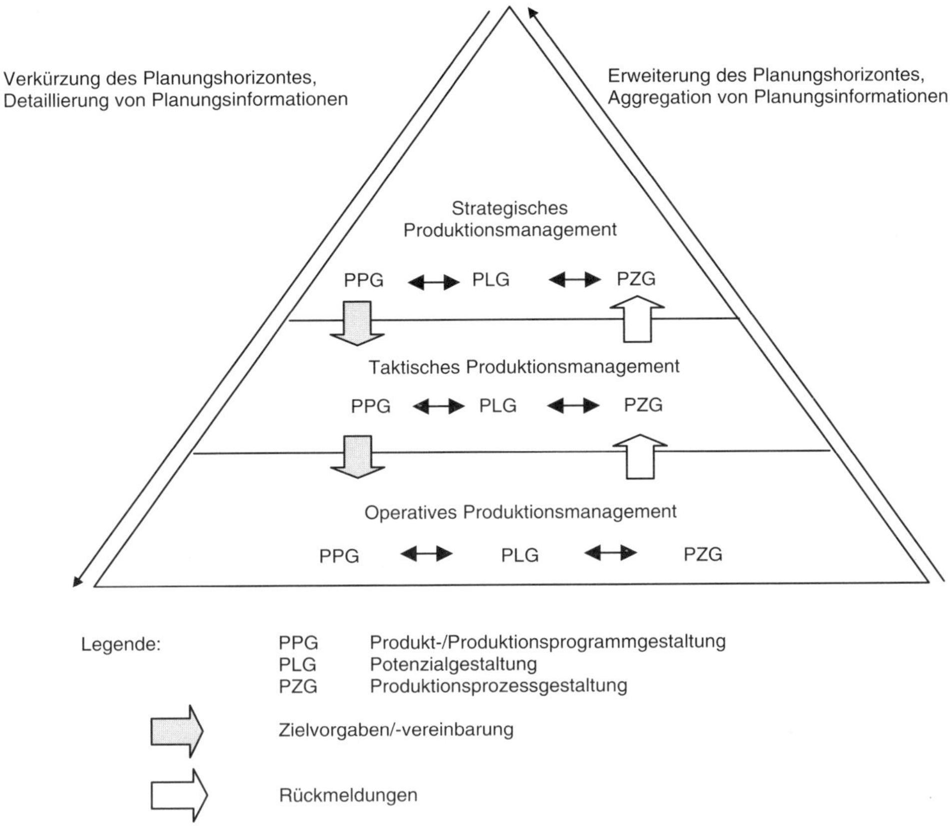

Abbildung 6.10: Zusammenhänge zwischen strategischem, taktischem und operativem Produktionsmanagement

Die Ergebnisse des operativen Produktionsmanagements bemessen schließlich die Spielräume für weiteres qualifiziertes taktisches und strategisches Planen. Gegebenenfalls müssen bei nicht vorhersehbaren Ergebnissen der Produktionsdurchführung längerfristige Planungen korrigiert werden (z. B. bei Einwirkung höherer Gewalt, Streiks oder Havarien).

6.4.2 Strategisches Produktionsmanagement

Strategisches Produktionsmanagement umfasst **Grundsatzplanungen mit langfristiger Wirkung zur Schaffung von Voraussetzungen für die künftige Produktion**. Im Mittelpunkt des strategischen Produktionsmanagements steht daher der Aufbau bzw. die Erhaltung von Erfolgspotenzialen für eine wettbewerbsfähige Produktion.

Erfolg oder Misserfolg strategischen Handelns beeinflusst die Unternehmensentwicklung nachhaltig, da aus getroffenen Entscheidungen i. d. R. eine hohe Kapitalbindung bzw. ein umfangreicher Ressourceneinsatz sowie lange Vorbereitungs- und Realisierungszeiten resultieren. Strategische Entscheidungen sind

demzufolge schwer korrigierbar. Sie erfordern deshalb eine sorgfältige betriebswirtschaftliche Fundierung. Der **Planungshorizont** des strategischen Produktionsmanagements umfasst oft mehr als fünf Jahre.
Beispiele für strategische Aufgaben des Produktionsmanagements sind u. a.:

- die Bestimmung von künftigen Geschäfts- bzw. Produktfeldern unter Beachtung zu erwartender Marktentwicklungen
- Orientierungen und grundsätzliche Vorgehensweisen für die Entwicklung vorhandener und neuer Produktionsstandorte
- langfristige Festlegungen zur Entwicklung des betrieblichen Leistungsvermögens nach Qualität und Quantität
- Entwicklung von Zielen und Vorgehensweisen zum Einsatz neuer Technologien
- Erarbeitung von Konzepten zum langfristigen Rohstoff- und Energieeinsatz

6.4.3 Taktisches Produktionsmanagement

Die **strategieabhängige Konkretisierung langfristiger Produktionspläne** ist Aufgabe des taktischen Produktionsmanagements. Hauptinhalt der taktischen Produktionsplanung ist die konkrete Gestaltung des Produkt- und Produktionssystems durch mittelfristig realisierbare Maßnahmen, Vorhaben bzw. Aktivitäten der Anpassung, Änderung und/oder Neustrukturierung.

Der **Planungshorizont** des taktischen Produktionsmanagements kann einen Zeitraum von **mehr als einem Jahr bis hin zu etwa fünf Jahren** umfassen.

Typische **Aufgaben** des taktischen Produktionsmanagements sind u.a.:

- die Entwicklung und Einführung neuer Produkte in die Produktion
- die Entwicklung und der Einsatz neuer technologischer Verfahren
- die Bestimmung des Produktionsprogrammes nach Breite und Tiefe in Verbindung mit Make-or-buy-Entscheidungen (vgl. 5.5.2.1)
- die Eliminierung veralteter Produkte aus dem Produktionsprogramm die fabrikplanerische Ausgestaltung konkreter Produktionsstandorte
- die Festlegung der Bezugspolitik für Material in Verbindung mit der Auswahl von Lieferanten

6.4.4 Operatives Produktionsmanagement

Die **Hauptaufgabe** des operativen Produktionsmanagements besteht darin, orientiert an detaillierten, in hohem Maße quantifizierten Produktionszielen die planmäßige Durchführung der Produktion durch das wirtschaftliche Zusammenwirken bereitgestellter Produktionsfaktoren zu gewährleisten.

Hierzu bedarf es disponierender, steuernder und kontrollierender Führungsaktivitäten, einschließlich von Maßnahmen zur Beseitigung eingetretener Prozessstörungen.

Vom operativen Produktionsmanagement sind somit vorwiegend Anpassungs- und Vollzugsentscheidungen im Rahmen gegebener Produktionsbedingungen zu treffen.

Ausgehend von Tagesaufgaben reicht der **Planungshorizont** bis etwa zu **einem Jahr**. Die global formulierte Aufgabe des operativen Produktionsmanagements – Planung und Steuerung der Produktion – erfordert die Erfüllung folgender zwei miteinander zusammenhängender **Aufgabenkomplexe**:

1. planerische Erarbeitung detaillierter Vorgaben für die Produktionsdurchführung und
2. Steuerung im Sinne des Veranlassens, Überwachens (Kontrollierens) und Sicherns des Produktionsvollzugs.

6

Die weitere Zerlegung dieser Aufgabenkomplexe in Teilaufgaben führt zur allgemeinen Grundstruktur eines **Produktionsplanungs- und -steuerungssystems** (kurz PPS-System) entsprechend *Abbildung 6.11*. Zur praktischen Lösung der Aufgaben der Planung und Steuerung der Produktion werden eine Vielzahl rechnergestützter Systeme eingesetzt (vgl. *Fandel/Francois/Gubitz*, 1997).
Alle Systemlösungen in der Praxis sind an einem so genannten **„sukzessiven Planungsansatz"** orientiert. Das heißt, ausgehend von einem definierten Primärbedarf werden die (relativ) in sich geschlossenen, vereinfachten Teilaufgaben der Planung und Steuerung der Produktion schrittweise in festgelegter Reihenfolge gelöst. Diese Vorgehensweise dient vor allem der Komplexitätsreduzierung.

Beginnend mit der operativen Produktionsplanung (vgl. Abbildung 6.11, oberer Teil) wird im Folgenden die Aufgabenstruktur des PPS-Systems zusammengefasst erläutert.

Es ist für das Verständnis realer PPS-Systeme hilfreich, wenn sie sich die logische Abfolge der in Abbildung 6.11 gezeigten Teilaufgaben der Planung und Steuerung der Produktion in ihren Zusammenhängen erschließen (vgl. auch *Corsten* 1995, 453).

Im Ergebnis der Primärbedarfsplanung liegt das **Produktionsprogramm** vor.
Das operative Produktionsprogramm gibt an, welche Produkte in welchen Mengen, bezogen auf konkrete Leistungsorte und -termine, in einem kurzfristigen Planungszeitraum (z. B. Monat, Quartal, Jahr) produziert werden sollen.
Der mit dem Produktionsprogramm definierte Primärbedarf kann Endprodukte, verkaufsfähige Baugruppen und Teile, Handelswaren und Ersatzteile enthalten.

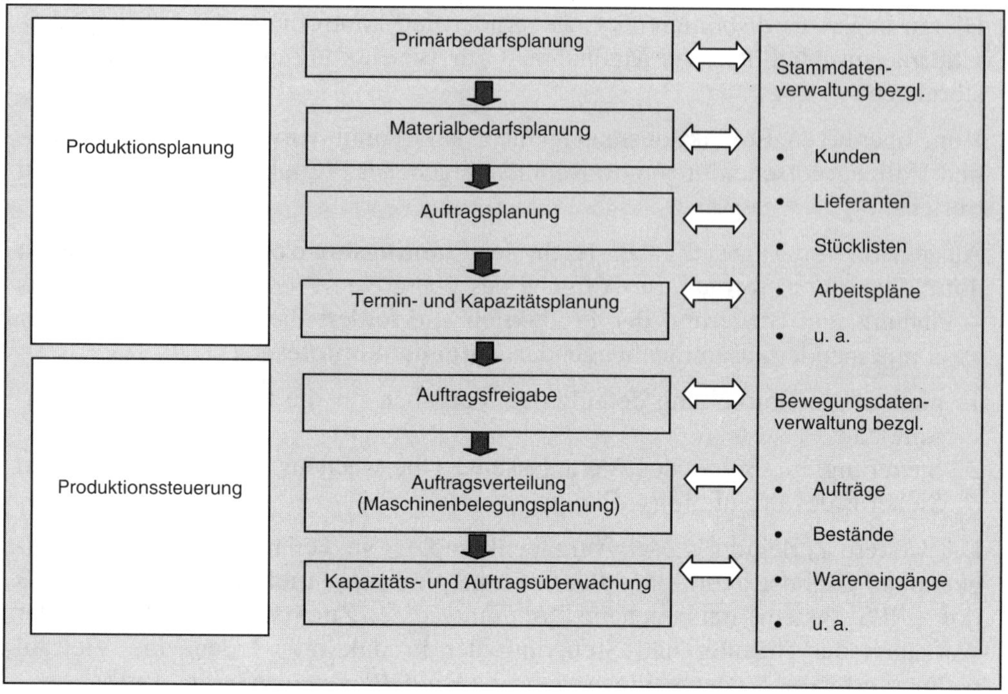

Abbildung 6.11: Grundstruktur eines PPS-Systems

Als Entscheidungshilfen zur Bestimmung des Produktionsprogrammes können Standard-Modelle der linearen Optimierung genutzt werden.

Der Primärbedarf ist Ausgangspunkt der **Materialbedarfsplanung**. Unter Verwendung programmorientierter, verbrauchsorientierter und/oder subjektiv schätzender Bedarfsermittlungsverfahren (vgl. 5.4.2.1) werden die zur Realisierung des Primärbedarfs notwendigen Materialbedarfsgrößen, differenziert nach Sekundär-, Tertiär- und Zusatzbedarfen abgeleitet.
In Unternehmen besitzt i. d. R. die Planung des Sekundärbedarfs wegen der hohen Wertintensität der Materialpositionen, hoher Genauigkeitsanforderungen an das Planungsverfahren und hiermit verbundener hoher Planungskosten besondere Bedeutung. Der Brutto-Sekundärbedarf wird mengen- und terminbezogen ermittelt, indem der Primärbedarf über Stücklisten aufgelöst und um die Materialbereitstellungszeit in Richtung früher Termine zeitlich verschoben wird (Vorlaufverschiebung). Hiervon ausgehend wird unter Berücksichtigung von Lagerbeständen und ggf. ausstehenden Bestellungen der Netto-Sekundärbedarf als Grundlage für die Produktion und die Beschaffung abgeleitet (vgl. 5.4.2.1).
Unter Berücksichtigung von Entscheidungen zu Eigenfertigung und Fremdbezug (auch Make-or-buy genannt – vgl. ebenfalls 5.5.2.1) werden für die Netto-Materialbedarfsgrößen im Rahmen der **Auftragsplanung** Produktionsaufträge und Bestellaufträge gebildet.

Ein **Produktionsauftrag** ist die Menge gleichartiger Produkte (Endprodukte, Baugruppen, Komponenten oder Einzelteile), die ohne Unterbrechung in Eigenfertigung hergestellt wird.
Analog hierzu umfasst ein **Bestellauftrag** die Menge gleichartiger Produkte, die auf einmal beschafft wird.

Für die Auftragsplanung werden an konkrete Praxisbedingungen angepasste Verfahren zur Bestimmung wirtschaftlicher Produktions- bzw. Bestellmengen genutzt (vgl. hierzu die umfangreiche Fachliteratur, so z. B. Günther/Tempelmeier 2000, 177 ff.; *Domschke/Scholl/Voß* 1997, 69 ff.).
Die **Termin- und Kapazitätsplanung** schließt die operativen Planaktivitäten ab. Hier erfolgt die zeitliche Zuordnung der Produktionsaufträge zu den zur Verfügung stehenden Kapazitätseinheiten im Sinne einer Grobplanung (Planungshorizont häufig im Monats- bzw. Quartalsraster, aggregierte Kapazitätseinheiten als Planungsgrundlage). Ergebnis der Termin- und Kapazitätsplanung sind festgelegte Start- und Endtermine der Produktionsaufträge. Die Realisierbarkeit dieser Termine wird kapazitiv überprüft und ggf. herbeigeführt.
Durchlaufterminierung und Kapazitätsterminierung sind konzeptionelle, hier nicht näher dargestellte Teilschritte der Termin- und Kapazitätsplanung. Ihre Anwendung setzt die Kenntnis zeitbezogener technologischer Ablaufstrukturen voraus.
Für die Termin- und Kapazitätsplanung hat in der Praxis die Netzplantechnik als integriertes Verfahren zur Struktur-, Zeit-, Kapazitäts- und Kostenplanung breite Anwendung gefunden.

Nachdem die Produktionsplanung durchgeführt ist, sind die Fertigungsaufträge auszuführen. Hierzu bedarf es vom Produktionsmanagement steuernder Aktivitäten (vgl. Abbildung 6.11, unterer Teil).
Als ersten Arbeitsschritt sind **Entscheidungen über die Freigabe der Produktionsaufträge zur Produktionsdurchführung** zu treffen. Voraussetzung für die Auftragsfreigabe ist die Bereitstellung aller zur Produktion benötigten Produktionsfaktoren, die im Rahmen der **Verfügbarkeitsprüfung** festgestellt wird. Diese Überprüfung betrifft im Einzelnen:

- Material, Teile oder Baugruppen entspr. Stücklisten und Arbeitsplänen,
- die Einsatzfähigkeit der Betriebsmittel,
- die Verfügbarkeit des Produktionspersonals,
- die Vollständigkeit auftragsbegleitender Informationen; z. B. in Form von Zeichnungen, Arbeitsplänen, Arbeitsunterweisungen, NC-Programmen u. a. m.

Sofern die Verfügbarkeitskontrolle mit einem positiven Ergebnis abschließt, werden die Fertigungsaufträge zur Produktionsdurchführung freigegeben. Im

Rahmen der **Auftragsverteilung (Maschinenbelegungsplanung)** erfolgt dann für einen Planungszeitraum bis zu ca. zwei Wochen die schicht- bzw. tagesgenaue Zuordnung der grobterminierten Produktionsaufträge zu den einzelnen Kapazitätseinheiten (Maschinen- oder Handarbeitsplätze). Diese Arbeitsplatzbelegungsplanung umfasst demnach eine Feinterminierung in Verbindung mit einer Reihenfolgeplanung.

Die **Kapazitäts- und Auftragsüberwachung** (synonym Produktionskontrolle) ist schließlich der letzte Aufgabenkomplex der Produktionssteuerung. Hierin sind alle Aufgaben eingeschlossen, die den Produktionsvollzug begleiten bzw. nach Beenden der Fertigung zu realisieren sind. Das betrifft einerseits die Überwachung und Sicherung des geplanten Produktionsfortschritts nach Mengen, Terminen, Qualität und Kosten. Andererseits ist die Verfügbarkeit der Produktionskapazitäten zu überwachen und zu gewährleisten.
Eine wirksame Kapazitäts- und Auftragsüberwachung kann nur auf der Grundlage eines prozessnahen Soll-Ist-Vergleichs von Produktionsdaten erfolgen. Diesem Erfordernis wird durch den zunehmenden Einsatz betrieblicher **automatisierter Betriebsdatenerfassungssysteme (BDE-Systeme)** entsprochen.
Werden im Ergebnis des Einwirkens von Störungen bei der Kapazitäts- und Auftragsüberwachung Abweichungen der Ist-Daten von Plan-Produktionsdaten festgestellt, sind vom Produktionsmanagement geeignete Anpassungsmaßnahmen zur Sicherung des geplanten Produktionsvollzugs durchzusetzen.

6.5 Entwicklungstendenzen

Unter den Rahmenbedingungen von Käufermärkten soll, ohne Anspruch auf Vollständigkeit, auf wesentliche produktionswirtschaftliche Entwicklungstendenzen thesenhaft aufmerksam gemacht werden:

- In einer wachsenden Anzahl von Unternehmen ist festzustellen, dass Strategieelemente aus Kostenführerschaft und Differenzierungsstrategie in produktionswirtschaftlichen Zielen verankert sind. Zielgrößen, die diese Situation reflektieren, sind insbesondere: Produktivitätsziele, Qualitätsziele, Zeitziele, Kosten-, Wirtschaftlichkeits- und Rentabilitätsziele sowie Flexibilitätsziele. Darüber hinaus erhalten durch **verschärfte gesetzliche Regelungen** sowie zunehmende **Sensibilität der Kunden** Umweltziele erhöhte Bedeutung für das Produktionsmanagement.

- Vor den Hintergrund eines verstärkten Wettbewerbsdruckes ist auch künftig eine zunehmende Orientierung der Eigenfertigung auf **Kerngeschäfte,** d. h. auf Produkte und Geschäftsprozesse, aus denen Wettbewerbsvorteile zu erzielen sind, zu erwarten (vgl. u. a. *Wildemann* 1996).

- Zur Senkung von Prozesskomplexität in Verbindung mit flexibilitätserhöhenden Maßnahmen forcieren viele Unternehmen die Einführung von **dezentralen Produktionskonzepten**, d. h. die Implementierung von Fertigungszellen, Fertigungs- und Montageinseln, flexiblen Fertigungssystemen sowie die Fertigungssegmentierung. Die Einführung dieser Konzepte schließt neue Formen der Arbeitsorganisation, insbesondere die **Gruppenarbeit,** ein (vgl. *Corsten* 1994, 333 ff.).

- Moderne Qualitätssicherungssysteme der Produktion sind prozessbezogen, ganzheitlich und unternehmensübergreifend im Sinne des **Total Quality Management** orientiert. In ihnen ist die Einheit von Produkt- und Prozessqualitätssicherung verwirklicht (vgl. u. a. *Corsten* 1994, 965 ff.).

- Zunehmend werden in produzierenden Unternehmen **durchgängige rechnergestützte Arbeitsweisen** zur Produktionsvorbereitung und -durchführung angewendet. Ausdruck hierfür ist u. a. die Kopplung von CAD-, CAP- und PPS-Systemen. Charakteristisch für diese innovativen Informationstechnologien ist vor allem eine **hohe Synchronität von Material- und Informationsfluss.**

- Neuere PPS-Konzepte orientieren sich an Ressourcen und Beständen. In Verbindung hiermit ist die verstärkte Anwendung von Materialflusssteuerungen nach dem **Just-in-time-Konzept** und dem **KANBAN-Prinzip** zu erwarten (*Vahrenkamp* 1996, 185; *Wildemann* 1988).

6

6.6 Kontrollfragen, Übungsaufgaben und Literaturhinweise

Kontrollfragen

1. Welche Gefahr birgt eine zu enge Fassung des Begriffes „Produktion" in sich? ➨ Abschn. 6.3.1
2. Erläutern Sie bitte stichpunktartig die Bestandteile des physischen Leistungserstellungssystems! ➨ Abschn. 6.3.2
3. Worin bestehen wesentliche Unterschiede zwischen Repetier- und Potenzialfaktoren? Nennen Sie bitte für beide Kategorien von Produktionsfaktoren Beispiele! ➨ Abschn. 6.3.2
4. Skizzieren Sie bitte die Rolle menschlicher Arbeit bei automatisierter Produktion! ➨ Abschn. 6.3.2
5. Erläutern Sie bitte die zweifache inhaltliche Belegung des Begriffes „Produktionsmanagement"! ➨ Abschn. 6.3.2

6. Nennen Sie bitte Produktionsfaktoren, auf die sich üblicherweise die inputbezogene Kapazitätsmessung bezieht! ➠ Abschn. 6.3.2
7. Erläutern Sie bitte stichpunktartig Zusammenhänge zwischen Kapazität und Flexibilität! ➠ Abschn. 6.3.2
8. Welche Teilziele umfasst das Produktionsprogramm als zusammengefasstes Sach- und Leistungsziel? ➠ Abschn. 6.3.3
9. Nennen Sie bitte konkrete Beispiele für produktionswirtschaftliche Ziele, an denen Arbeitnehmerinteressen sichtbar werden! ➠ Abschn. 6.3.3
10. Nennen Sie bitte Beispiele für inputorientierte (elementare) Produktionstypen! ➠ Abschn. 6.3.4
11. Welche wesentlichen Voraussetzungen bestehen für die wirtschaftliche Anwendung des Produktionstyps „Werkstattfertigung"? ➠ Abschn. 6.3.4
12. Worin bestehen wesentliche Vorteile der Fließfertigung im Vergleich zur Werkstattfertigung? ➠ Abschn. 6.3.4
13. Nach welchen Kriterien werden im Rahmen der Gruppenfertigung „Teile- bzw. Produktfamilien" gebildet? ➠ Abschn. 6.3.4
14. Nennen Sie bitte Beispiele für konkrete, am Gruppenprinzip orientierte Produktionskonzepte! ➠ Abschn. 6.3.4
15. Welche Gestaltungsziele werden mit den Konzepten der Gruppenfertigung angestrebt? ➠ Abschn. 6.3.4
16. Welche Kriterien bestimmen den Handlungsrahmen des Produktionsmanagements? ➠ Abschn. 6.4.1
17. Was wird mit der wechselseitigen Kommunikation – von „oben" nach „unten" und von „unten" nach „oben" – im Produktionsmanagement bezweckt? ➠ Abschn. 6.4.1
18. Worin bestehen wesentliche Unterschiede zwischen strategischem und taktischem Produktionsmanagement? ➠ Abschn. 6.4.2
19. Nennen Sie bitte planerische und steuernde Aufgaben in PPS-Systemen! ➠ Abschn. 6.4.4
20. Worauf bezieht sich im Wesentlichen die Verfügbarkeitskontrolle in PPS-Systemen? ➠ Abschn. 6.4.4

Übungsaufgaben

❶ Grundlegende Eigenschaften von Produktionssystemen Kapazität

1. Ausgangsdaten

Nachstehende Abbildung zeigt das Kapazitätsbelastungs-Diagramm eines Fertigungsbereiches für 13 Kalenderwochen (KW).

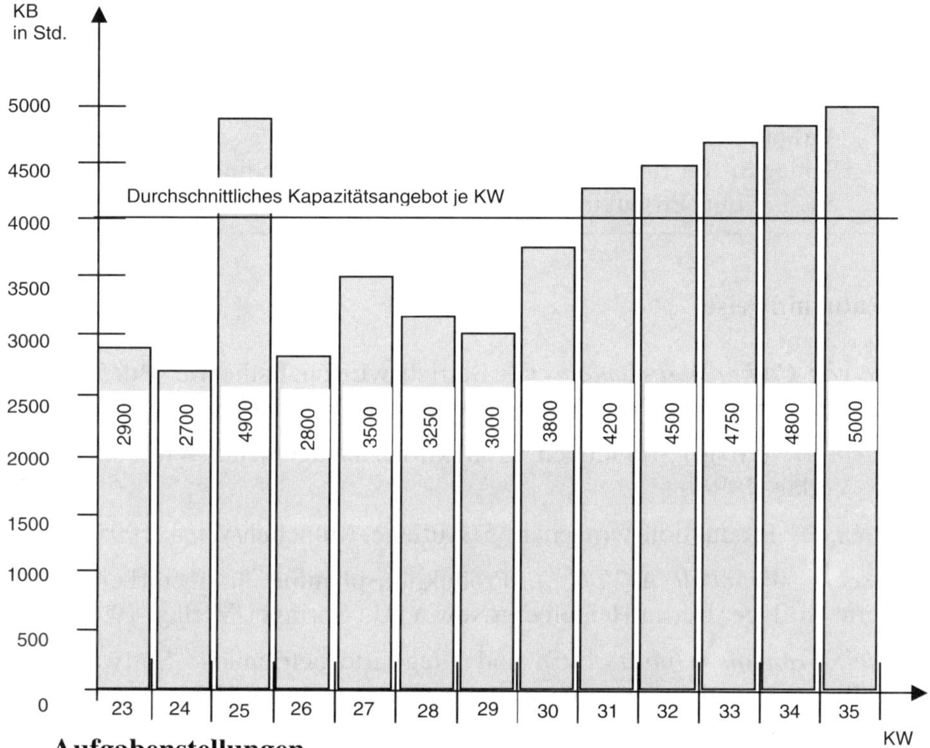

2. Aufgabenstellungen

2.1 Berechnen Sie den prozentualen Kapazitätsauslastungsgrad als Quotient aus Kapazitätsbedarf und Kapazitätsangebot für KW 25 und für den gesamten Planungszeitraum!

2.2 Schlagen Sie kurzfristig realisierbare Maßnahmen zur Beseitigung der Kapazitätsspitze in KW 25 vor!

2.3 Erarbeiten Sie Entscheidungsvorschläge für den Fall, dass sich die ab KW 32 entwickelnde Kapazitätsbelastung auch für einen Planungshorizont von drei Jahren abzeichnet!

6

❷ **Produktionstypen**

1. **Ausgangssituation**
Ein mittelständisches Unternehmen ist auf die Produktion von Getriebewellen für Erntemaschinen spezialisiert. Das Produktionsprogramm umfasst ca. 500 verschiedene Wellen, die gemeinsame geometrische Formelemente ausweisen und einen ähnlichen technologischen Ablauf der spanenden Formgebung besitzen.
Die für diese Produktion typischen spanenden Fertigungsverfahren wie Ablängen, Drehen, Fräsen, Stoßen und Rundschleifen sollen in Eigenfertigung durchgeführt werden. Es werden zwischen Kleinserien- und Großserienfertigung liegende Stückzahlen erreicht.
2. **Aufgabenstellung**
Schlagen Sie für die skizzierten Produktionsbedingungen ein Produktions-Layout (Produktionstyp) vor und begründen Sie Ihre Entscheidung.

Literaturhinweise

Busse von Colbe, W./Laßmann, G.: Betriebswirtschaftstheorie. Bd. 1, 2. Auflage, Berlin, Heidelberg, New York: Heidelberger Taschenbücher, 1983

Corsten, H. (Hrsg.): Handbuch Produktionsmanagement. Wiesbaden: Oldenbourg Verlag, 1994

Corsten, H.: Produktionswirtschaft. 5. Auflage, München/Wien, 1995

Domschke, W./Scholl, A./Voß, St.: Produktionsplanung. 2., überarbeitete und erweiterte Auflage, Berlin/Heidelberg/New York: Springer-Verlag, 1997

Fandel, Francois, Gubitz: PPS- und integrierte betriebliche Softwaresysteme. 2., völlig neu bearbeitete und erweiterte Auflage, Berlin/Heidelberg/New York, 1997

Günther, H.-O./Tempelmeier, H.: Produktion und Logistik. 4., überarbeitete und erweiterte Auflage, Berlin/Heidelberg/New York: Springer Verlag, 2000

Gutenberg, E.: Grundlagen der Betriebswirtschaftslehre. Bd. 1: Die Produktion, 24. Auflage, Berlin/Heidelberg/New York, 1983

Hansmann, K.-W.: Industrielles Management. 4., durchgesehene Auflage, München, Wien: Oldenbourg-Verlag, 1994

Heinen, E.: Industriebetriebslehre. 8., durchgesehene und verbesserte Auflage, Wiesbaden: Gabler-Verlag, 1990

Hoitsch, H.-J.: Produktionswirtschaft. 2., völlig überarbeitete und erweiterte Auflage, Wiesbaden: Franz Vahlen, 1993

Kahle, E.: Produktion. 3., völlig neu bearbeitete Auflage, München/Wien: Oldenbourg-Verlag, 1991

Kern, S.: Industrielle Produktionswirtschaft. 5. Auflage, Stuttgart: Poeschel, 1992

Schwarz, M.: Studienbriefreihe der Fern-FH Hamburg, Allgemeine BWL II, Produktionswirtschaft. Studienbriefe 3 und 4, Hamburg, 1998

Steinbuch, A./Olfert, K.: Kompendium der praktischen Wirtschaft: Fertigungswirtschaft. aktualisierte 6. Auflage, Ludwigshafen: Kiehl Verlag, 1995

Tysiak, W.: Einführung in die Fertigungswirtschaft. München, Wien, 2000

Vahrenkamp, R.: Produktions- und Logistikmanagement. 2., verbesserte Auflage, München: Oldenbourg-Verlag, 1996

Wildemann, H.: Produktionssynchrone Beschaffung. München: TCW Transfer-Centrum Verlag, 1988

Wildemann, H.: Die modulare Fabrik: Kundennahe Produktion durch Fertigungssegmentierung. 4., neu bearbeitete Auflage, München: TCW Transfer-Centrum Verlag, 1994

Wildemann, H.: Make or Buy & Insourcing. 4. Auflage, München: TCW Transfer-Centrum Verlag, 1996

Wildemann, H.: Fertigungsstrategien: Reorganisationskonzepte für eine schlanke Produktion und Zulieferung. 3., überarbeitete Auflage, München: TCW Transfer-Centrum Verlag, 1997

Zäpfel, G.: Operatives Produktionsmanagement. Berlin/New York: de Gruyter, 1982

Zäpfel, G.: Taktisches Produktionsmanagement. Berlin/New York: de Gruyter, 1989a

Zäpfel, G.: Strategisches Produktionsmanagement. Berlin/New York: de Gruyter, 1989b

7 Marketing

7.1 Studienziele

Dieses Kapitel soll dem Leser ermöglichen

- ➠ sich ein komprimiertes, praxisbezogenes Grundlagenwissen auf dem Gebiet des Marketing anzueignen,
- ➠ das existenzielle Erfordernis einer marktorientierten Unternehmensführung zu erkennen,
- ➠ die Marketingziele, deren Einordnung in den Marketingprozess und das betriebliche Zielsystem zu erläutern,
- ➠ die verschiedenen Anwendungsbereiche/Einsatzbereiche des Marketing und deren Besonderheiten zu beschreiben,
- ➠ mögliche Marktbearbeitungsstrategien zu beurteilen,
- ➠ sich fundamentale Kenntnisse zur Marktforschung, Datenerhebung und Basiswissen zu den vier Marketinginstrumenten Produkt- und Programmpolitik, Kommunikationspolitik, Kontrahierungspolitik, Distributionspolitik anzueignen und
- ➠ auf wichtige Trends im Marketing hinweisen.

7.2 Einführung

Mit dem Übergang vom Verkäufermarkt (Nachfrageüberhang, Angebotsdefizit) zum Käufermarkt (Angebotsüberhang, Nachfragedefizit) kam es in den Unternehmen zu einer Umorientierung in der Unternehmensführung verbunden mit einer drastischen Einstellungsänderung gegenüber den Nachfragern. Ihre Wünsche und Bedürfnisse stehen im Mittelpunkt der Unternehmenstätigkeit, bestimmen, welche Produkte zu produzieren sind. Die Nachfrager sind die Größe, an denen sich die Unternehmenstätigkeit zu orientieren hat. Dabei sind die Aktivitäten aller Unternehmensbereiche, stellvertretend seien der Einkauf, die Produktion und der Verkauf genannt, auf den Kunden auszurichten und zu koordinieren, denn der Kunde entscheidet mit seiner Wahl, ob er ein Produkt kauft oder nicht kauft, über den wirtschaftlichen Erfolg oder Misserfolg eines Unternehmens. Er vergleicht die angebotenen Produkte und kauft die Produkte, die ihm den größten Nutzen bringen. Der Kunde mit seinen Bedürfnissen steht daher im Zentrum der Unternehmensführung, bildet die Existenzgrundlage des Unternehmens und seines Erfolgs.

Ziel sind zufriedene Kunden. Mittels **Kundenzufriedenheit** und **Kundenbindung** sollen Unternehmens- und Marketingziele erfüllt werden.

Der Grundgedanke des Marketing besteht in der **Kundenorientierung** als wesentliches Element der Unternehmensführung. Marktorientiert und kundenorientiert zu denken und ein Unternehmen marktorientiert zu führen ist zu einer Grundaufgabe der Unternehmensführung geworden.

Das erfordert die Koordinierung der Aktivitäten der unterschiedlichen Unternehmensbereiche nach den Markterfordernissen. Das ist insofern schwierig, da es zu Interessenskonflikten zwischen den einzelnen Bereichen bzw. Abteilungen im Unternehmen kommen kann, die aber im Interesse des Unternehmens überwunden werden müssen.
Marketing wird in der Theorie als auch in der Praxis unterschiedlich definiert. Es existiert kein einheitliches Vorstellungsbild. Ursachen für diese unterschiedlichen Betrachtungsweisen des Marketing liegen im Wandel der Märkte und in sich ständig ändernden Rahmenbedingungen für das Marketing. So hat sich das Marketing künftig noch stärker an gesellschaftlichen, ökologischen und rechtlichen Anforderungen zu orientieren. Marketing hat nicht nur individuelle Kundenbedürfnisse, sondern auch Interessen weiterer Anspruchsgruppen wie von Kapitalgebern, Absatzmittlern und der allgemeinen Öffentlichkeit zu berücksichtigen.
Marketing kommt aus dem angelsächsischen Sprachgebrauch (vgl. *Diller* 1992, 648). Eine etwas veraltete und inhaltlich begrenzte Begriffsauffassung vom Marketing ist, Marketing mit Absatz bzw. Verkauf/Vertrieb der hergestellten Güter eines Unternehmens gleichzusetzen.
Marketing beinhaltet sicherlich die unmittelbare Verkaufstätigkeit, umfasst aber mehr Aktivitäten als nur das direkte Verkaufen. Modernes Marketing geht über die klassische Absatzpolitik hinaus, die sich nur mit dem Einsatz absatzpolitischer Instrumente beschäftigt.
Marketing hat sich zu einer **unternehmerischen Grundaufgabe**, zu einer **unternehmerischen Denkhaltung** entwickelt, die die Art der Unternehmensführung, ihre strikte Orientierung an Markterfordernissen, an Kundenbedürfnissen beinhaltet. Es ist also nach einer umfassenderen Definition des Marketingbegriffs zu suchen.
Meffert umschreibt beispielsweise Marketing wie folgt: „Marketing ist die bewusst marktorientierte Führung des gesamten Unternehmens oder marktorientiertes Entscheidungsverhalten in der Unternehmung“ (*Meffert* 1998, 7).
Für Nieschlag/Dichtl/Hörschgen ist Marketing eine Grundhaltung der für ein Unternehmen Verantwortlichen und der in ihm Tätigen, die durch konsequente Ausrichtung aller unmittelbar und mittelbar den Markt berührenden Entscheidungen an dessen Erfordernissen (Marketing als Maxime) gekennzeichnet ist. Dies soll durch Schaffung von Präferenzen mittels gezielter Maßnahmen (Marketing als Mittel) sowie durch eine systematische, moderne Analysentechniken nutzende Entscheidungsfindung (Marketing als Methode) erreicht werden (*Nieschlag/Dichtl/Hörschgen* 1997, 13).
Die umfassendste und modernste **Definition** ist von *Kotler/Bliemel.*

„**Marketing** ist ein Prozess im Wirtschafts- und Sozialgefüge, durch den Einzelpersonen und Gruppen ihre Bedürfnisse und Wünsche befriedigen, indem sie Produkte und andere Dinge von Wert erzeugen, anbieten und miteinander austauschen" (*Kotler* u. a. 1999, 27).

7

Erkenntnisse:
Marketing als unternehmerische Grundaufgabe stellt ein existenzielles Erfordernis für die Unternehmen dar. Sämtliche Aktivitäten der unterschiedlichen Unternehmensbereiche sind koordiniert, gezielt auf die Interessen des Kunden abzustimmen und einzusetzen. Unter Marketing wird einerseits ein betrieblicher Funktionsbereich verstanden, andererseits berührt Marketing die Gesamtheit der Unternehmensbereiche, ist Aufgabe für alle Funktionsbereiche und hat sich zu einer unternehmensbezogenen Denkhaltung entwickelt. Insofern ist Marketing durch einen gewissen Doppelcharakter geprägt.

7.3 Marketingziele und der Marketingprozess

7.3.1 Definition und Planung der Marketingziele

Marketingziele determinieren anzustrebende künftige Sollzustände (marktspezifische Zielpositionen), die mit dem Verfolgen von Marketingstrategien und dem Einsatz der Marketinginstrumente realisiert werden sollen (vgl. Becker 1998, 61).

Die Planung von Marketingzielen erfolgt unter Beachtung künftiger Marktbedingungen und vorhandener Ressourcen eines Unternehmens. *Abbildung 7.1* verdeutlicht die Vorgehensweise bei der **Zielplanung** und die systematische Vorgehensweise im **Marketingprozess**.
Eine detaillierte unternehmensinterne und -externe Analyse stellt den Ausgangspunkt für die Planung von Marketingzielen dar. In der Darstellung wird auf mögliche Analysegebiete verwiesen. Zur Erreichung der Marketingziele werden Marketingstrategien entwickelt, die den Rahmen für den Einsatz der Marketinginstrumente bilden. Die der Realisierungsphase nachgeordnete Kontrollphase (Marketingcontrolling) dient der Überprüfung der eingesetzten Maßnahmen auf ihre Wirkung hin. Sie hat auch die Aufgabe, veränderte Marktbedingungen zu erfassen und eine Anpassung der Marketingziele und Marketingmaßnahmen an diese geänderten Bedingungen zu sichern.

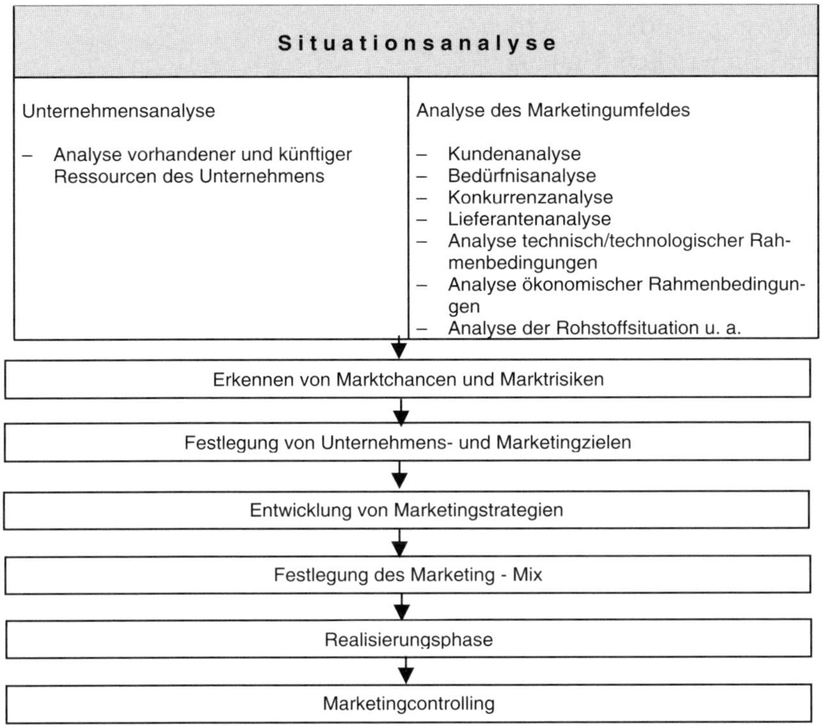

Abbildung 7.1: Der Marketingprozess

Marketingziele können in **quantitative** (marktökonomische) und **qualitative** (marktpsychologische) Ziele gegliedert werden (*Abbildung 7.2*).

Marketingziele	
Quantitative Ziele	**Qualitative Ziele**
• Absatzsteigerung • Umsatzsteigerung • Marktanteilserhöhung • Gewinnung neuer Kunden • Senkung der Marketingkosten • Erhöhung des Distributionsgrads	• Erhöhung der Kundenzufriedenheit • Erhöhung der Produktbekanntheit • Produktinformation • Änderung der Einstellung zu Produkten • Produktimage • Firmenimage

Abbildung 7.2: Die Marketingziele

Damit Marketingziele ihre Funktion erfüllen, müssen sie konkretisiert (operationalisiert) werden.

Das bedeutet, Ziele sind nach vier **Dimensionen** zu spezifizieren:

- Zielinhalt (was soll erreicht werden?)
- Zielausmaß (in welchem Umfang?)
- Zielperiode (in welcher Zeit ist das Ziel zu erfüllen?) und
- Zielsegment (in welchem Marktsegment/Teilmarkt ist das Ziel zu erreichen?)

Beispiele für konkretisierte, operational formulierte Marketingziele für einen Maschinenhersteller:

- Erhöhung des Umsatzes bei Drehmaschinen um 3,5 % gegenüber dem Vorjahr innerhalb der nächsten 12 Monate im Inland.
- Senkung der Marketingkosten um 1 % bei Beibehaltung des Vorjahresumsatzes bei Fräsmaschinen in den nächsten 12 Monaten im Inland.

In der Unternehmenspraxis ist die operationale Formulierung von Marketingzielen mit Problemen verbunden.

7.3.2 Einordnung der Marketingziele in das betriebliche Zielsystem

Marketingziele sind trotz ihrer zentralen Funktion in marktorientierten Unternehmen keine autonomen Ziele, sondern werden aus den übergeordneten **Unternehmenszielen** (vgl. auch Abschnitt 2.4.1) abgeleitet und sind den Bereichszielen zuzuordnen.
Unternehmensziele stehen über den Marketingzielen, die zu deren Erfüllen beitragen.

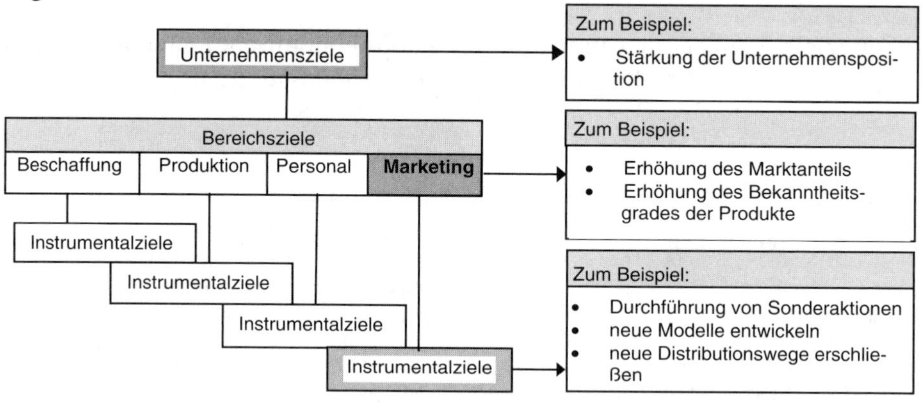

Abbildung 7.3: Einordnung der Marketingziele in das betriebliche Zielsystem (vereinfachte Darstellung)

Aus der *Abbildung 7.3* ist ersichtlich, dass Marketingziele in das betriebliche Zielsystem einzuordnen und Zielbeziehungen (z. B. Unabhängigkeit, Übereinstimmung, Widerspruch) zu beachten sind.

Anzumerken ist, dass sich Marketingziele mit Unternehmenszielen teilweise inhaltlich überschneiden und identisch sein können.

Erkenntnisse:
Marketingziele sind keine unabhängigen Ziele, sie werden aus Unternehmenszielen abgeleitet und durch den gezielten Einsatz von Marketinginstrumenten realisiert. Man unterscheidet zwischen quantitativen und qualitativen Marketingzielen.

7.4 Das Marketinginstrumentarium im Überblick

7.4.1 Definition Marketinginstrumente

Marketinginstrumente sind im Wesentlichen Werkzeuge, marktbeeinflussende Instrumente bzw. Maßnahmebündel, die Unternehmen einsetzen, um Märkte zu bearbeiten und zu gestalten.

Es werden Informations- und Aktionsinstrumente unterschieden.

7.4.2 Informationsinstrumente

Die **Marktforschung** bietet mit ihren verschiedenen Methoden die Informationsinstrumente. Die Anwendung von Marktforschungsmethoden ist für ein erfolgreiches Marketing von fundamentaler Bedeutung. Erst der Einsatz derartiger Methoden, einschließlich der Auswertung und Interpretation der erhobenen Informationen, gestatten eine marktorientierte Unternehmensführung. Sie ermöglichen das Erforschen der Bedürfnisse und das Erkennen von Trends.

7.4.3 Aktionsinstrumente

Die Aktionsinstrumente beinhalten Maßnahmebündel. Diese wirken auf die Märkte und beeinflussen die Marktpartner. Bei den Aktionsinstrumenten werden vier Bereiche unterschieden:
Die Produkt- und Programmpolitik (**Produkt-Mix**) beschäftigt sich mit der Gestaltung der Produkte, die Kommunikationspolitik (**Kommunikations-Mix**) beinhaltet die bewusste Gestaltung der Informationsbeziehungen zwischen Unternehmen und Markt, die Kontrahierungspolitik (**Kontrahierungs-Mix**) hat die Gestaltung der Transaktionsbedingungen zum Gegenstand und die Distributionspolitik (**Distributions-Mix**) beinhaltet Maßnahmen zum Vertrieb der Produkte.
Da diese Instrumente von den Unternehmen immer kombiniert eingesetzt werden, wird vom **Marketing-Mix** gesprochen.

Marketing-Mix ist die qualitative, quantitative und zeitliche Kombination der Aktionsinstrumente. Das Marketing-Mix eines Unternehmens ist produkt- und branchenabhängig.
So hat die Werbung bei einem Konsumgüterhersteller eine größere Bedeutung als bei einem Investitionsgüterhersteller, der dem persönlichen Verkauf und produktbegleitenden Maßnahmen (Kundendienst und Garantieleistungen) mehr Aufmerksamkeit widmet. *Abbildung 7.4* verdeutlicht den Einsatz der Marketinginstrumente.

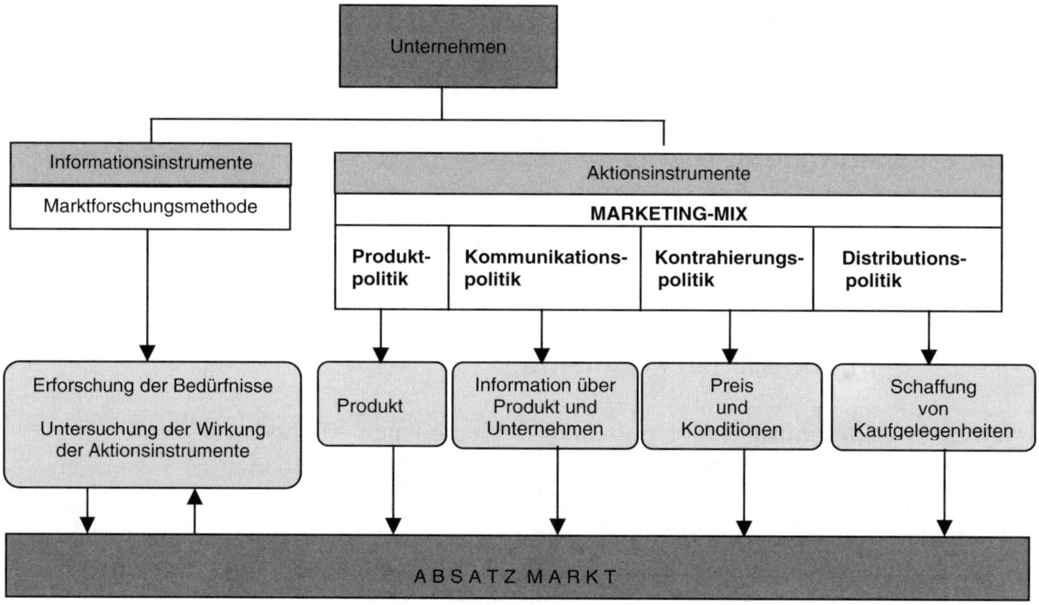

Abbildung 7.4: Das Marketinginstrumentarium

Neben diesen Informations- und Aktionsinstrumenten werden zur Sicherung einer marktorientierten Unternehmensführung **Managementinstrumente** eingesetzt. Dazu zählen die Marketingplanung, die Marketingorganisation und das Marketingcontrolling, einschließlich der zielorientierten Führung der Mitarbeiter (internes Marketing).

Erkenntnisse:
Unternehmen bearbeiten und gestalten die Märkte durch den Einsatz von Marketinginstrumenten. Zum Einsatz kommen Informations-, Aktions- und Managementinstrumente.

7.5 Einsatzbereiche des Marketing

7.5.1 Konsumgütermarketing

Das **Konsumgütermarketing** richtet sich an private Endverbraucher. Sie kaufen Güter und Dienstleistungen für ihren persönlichen Konsum.
Gekauft werden Sachgüter (Verbrauchsgüter, Gebrauchsgüter) und konsumtive Dienstleistungen (Friseur, Kosmetik).
Den anbietenden Unternehmen steht eine große Anzahl von Kunden gegenüber. Die angebotenen Produkte werden meist über den **Handel** (Großhandel, Einzelhandel) verkauft. Die herstellenden Unternehmen haben keinen direkten Kontakt zum Endverbraucher, sie haben einen **anonymen Markt** vor sich. Großen Stellenwert haben händlerorientierte Maßnahmen seitens der Hersteller. Es dominiert Massenumwerbung (TV-Werbung), **Massenmarketing.**
Da der Konsumgütermarkt ein anonymer und zugleich großer Markt ist, der sich aus vielen Nachfragern zusammensetzt, sind im Rahmen der Marktforschung große Datenmengen zu erheben und auszuwerten. Es werden dafür Marktforschungsinstitute (z. B. Gfk Nürnberg, A. C. Nielsen, TNS EMNID) oder andere Dienstleister mit Marktforschungsaufgaben von Herstellern beauftragt (**Auftragsmarktforschung**).
Durch zunehmenden Wettbewerb sind Preiskämpfe in diesem Bereich typisch. Die Kaufentscheidungen der Konsumenten sind vorwiegend spontan, es handelt sich im Gegensatz zum Investitionsgütermarketing vorrangig um Individualentscheidungen.

7

7.5.2 Investitionsgütermarketing

Anstelle von Investitionsgütermarketing sind auch die Begriffe Industriegütermarketing und Business-to-business-Marketing gebräuchlich.
Das **Investitionsgütermarketing** richtet sich an Organisationen, an Unternehmen und öffentliche Verwaltungen. Diese kaufen Sachgüter und investive Dienstleistungen um Güter und Dienstleistungen zu erbringen. Das Spektrum der zu kaufenden Produkte ist sehr umfangreich und vielseitig. Es umfasst Betriebs- und Rohstoffe, Halbfabrikate, Einzelaggregate, Systeme (Büro- und Kommunikationssysteme), komplette Anlagen (Wasseraufbereitungsanlage, Stahlwerk) einschließlich Beratungsleistungen, z. B. von Unternehmensberatungen.
Der Verkauf der Produkte und Dienstleistungen erfolgt vorwiegend direkt an die Abnehmer (**Direktabsatz**). Der Handel hat daher im Investitionsgüterbereich im Vergleich zum Konsumgütermarkt eine geringere Bedeutung. Es bestehen enge Kontakte zum Kunden. Die Anzahl der Abnehmer in diesem Markt ist geringer als im Konsumgütermarkt. Daraus resultiert eine größere **Markttransparenz.** Die notwendige Marktforschung wird unter Beachtung der geringeren Anzahl

von Nachfragern meist selbst durch die Investitionsgüteranbieter realisiert (**Eigenmarktforschung**).
Große Bedeutung kommen dem persönlichen Verkauf und dem Kundendienst zu, da es sich bei Investitionsgütern oft um komplizierte, erklärungsbedürftige und wertintensive Produkte handelt. Den Abnehmern werden individuelle Lösungen für ihre Probleme angeboten. Es dominieren Einzel- und Auftragsfertigung. Im Vergleich zum Massenmarketing im Konsumgüterbereich herrscht **Individualmarketing.** Die Produktentwicklung wird in vielen Fällen in Zusammenarbeit mit dem Abnehmer durchgeführt.
Die Kaufentscheidungsprozesse dauern länger, sind risikoreich und mit zum Teil lang andauernden Verhandlungen zwischen Anbieter und Nachfrager verbunden (individuelle Preis- und Rabattgestaltung). Die Beziehungen zwischen den Marktpartnern sind üblicherweise langfristig und relativ stabil. Die Kaufentscheidungen werden von mehreren Personen, von Einkaufsgremien (buying-center = Gruppe von Entscheidungsträgern) gefällt. Es liegt eine **Gruppenentscheidung** vor. Den an der Kaufentscheidung beteiligten Personen werden seitens der Unternehmen einzuhaltende Kriterien vorgegeben. So ist ein bestimmter Preis nicht zu überschreiten, Lieferanten sind nach bestimmten Kriterien auszuwählen und es sind beispielsweise mehrere Angebote einzuholen. Es handelt sich um formalisierte Kaufprozesse.

7.5.3 Dienstleistungsmarketing

Besonderheiten des **Dienstleistungsmarketing** ergeben sich aus dem Charakter von Dienstleistungen. Dienstleistungen tragen immateriellen Charakter, sind nicht lager- und transportfähig. Dienstleistungen können nicht auf Vorrat produziert werden und erfordern in vielen Fällen eine Beteiligung des Nachfragers bei der Erstellung der Dienstleistung. In Verbindung mit der fehlenden Lager- und Transportfähigkeit ergeben sich bei Nachfrageschwankungen Anpassungsprobleme für den Dienstleistungsanbieter. Dienstleistungen erfordern einen hohen personellen Einsatz und stellen hohe Anforderungen an die Qualifikation und Motivation der Mitarbeiter. Die Bandbreite der Dienstleister ist groß (z. B. Banken, Versicherungen, Hotels, Transportunternehmen, Reisebüros, Unternehmensberatungen, Handwerksbetriebe). Dienstleistungen sind auf Grund ihres immateriellen Charakters für den Kunden nicht „greifbar“. Da die Qualität von Dienstleistungen für den Kunden schwer einschätzbar ist, spielt das Image des Dienstleisters eine große Rolle. Im Einzelnen interessiert Seriosität, Vertrauen und Glaubwürdigkeit des Dienstleisters. Unter Beachtung der Besonderheiten von Dienstleistungen stehen Marketinginstrumente, die vertrauensbildend wirken und die Kompetenz des Dienstleisters dokumentieren, im Zentrum der Marketingtätigkeit. Hierzu zählen die Öffentlichkeitsarbeit, die Werbung und der persönliche Verkauf. Dazu kommen im Dienstleistungsmarketing weitere Marketinginstrumente wie die Personalpolitik, die Ausstattungspolitik und die Prozesspolitik (vgl. *Meffert* 1998, 1079).

Anmerkung:
Bei der vorgenommenen Gliederung der Anwendungsbereiche des Marketing ist darauf hinzuweisen, dass diese Systematisierung nicht ganz überschneidungsfrei ist. Es fällt auf, dass natürlich auch im Konsumgütermarketing und Investitionsgütermarketing Dienstleistungen angeboten werden und viele Beratungsleistungen erst einen erfolgreichen Einsatz der Produkte beim Kunden ermöglichen und sichern. Dem Dienstleistungsmarketing werden Dienstleistungsbetriebe mit selbstständigem, dominierendem Dienstleistungsangebot zugeordnet, bei denen die Erbringung von Dienstleistungen die wesentliche Unternehmensaufgabe ist. Unter diesem Aspekt ist die gewählte Systematisierung zu sehen.

Auf einen weiteren Anwendungsbereich des Marketing soll nur begrenzt hingewiesen werden, und zwar der **Non-Profit-Bereich.**
Dieser Anwendungsbereich des Marketing ist relativ neu. Seitdem sich Organisationen auch in diesem Bereich im Wettbewerb untereinander befinden und zur Verfügung stehende Mittel für diese Organisationen immer knapper werden, gewinnt der Einsatz von marktbeeinflussenden Instrumenten auch in diesem Bereich an Bedeutung. Mittels Marketing sollen erfolgreicher die Ideen und Wertvorstellungen dieser Organisationen verwirklicht werden. Zu diesem neuen Anwendungsbereich des Marketing zählen öffentliche Institutionen wie der Bund, Länder und Kommunen, Schulen, Museen, Theater, Parteien, Verbände und Krankenhäuser.

Erkenntnisse:
Die Untergliederung in die verschiedenen Einsatz- bzw. Anwendungsbereiche des Marketing ist empfehlenswert, da sich jeweils andere Schwerpunkte für das Marketing in den Sektoren ergeben.

7.6 Marketingstrategien

7.6.1 Begriff Marketingstrategie

Marketingstrategien stellen bestimmte zeitlich festgelegte Verhaltensweisen auf dem Markt dar, mit denen Unternehmen erfolgreich sein wollen (vgl. *Weis* 1997, 58). Eine Marketingstrategie ist im Wesentlichen ein langfristiger Verhaltensplan, in dessen Zentrum das Bemühen steht, im Markt das Richtige zu tun (vgl. *Diller* 1992, 697). Strategien bilden den Rahmen für den Einsatz der Instrumente des Marketing, um Marketingziele schrittweise zu erreichen.

Je nachdem, welche strategischen Ziele ein Unternehmen verfolgt und wie sich das Unternehmen im Markt verhalten will, sind unterschiedliche Strategien möglich (vgl. *Weis* 1997, 60).

Einen besonderen Stellenwert haben **Marktbearbeitungsstrategien.** Je nachdem, ob der Gesamtmarkt oder nur Marktsegmente eines Marktes von Unternehmen bearbeitet werden, unterscheidet man

- die undifferenzierte Marktbearbeitung/Marketingstrategie,
- die differenzierte Marktbearbeitung/Marketingstrategie und
- die konzentrierte Marktbearbeitung/Marketingstrategie.

7.6.2 Die undifferenzierte Marktbearbeitung

Charakteristisch für eine undifferenzierte Marktbearbeitung ist, dass der Gesamtmarkt mittels einer Strategie bearbeitet wird. Es wird ein Produkt und ein Marketingprogramm entwickelt, dass möglichst viele Kunden anspricht. Das Unternehmen ignoriert bewusst Unterschiede im Markt. Das Unternehmen konzentriert sich nicht auf Unterschiede, sondern auf das Gemeinsame der Kundenbedürfnisse. Eine derartige Strategie wird meist aus ökonomischen Gründen heraus verfolgt.
Abbildung 7.5 charakterisiert das Prinzip der undifferenzierten Marktbearbeitung.

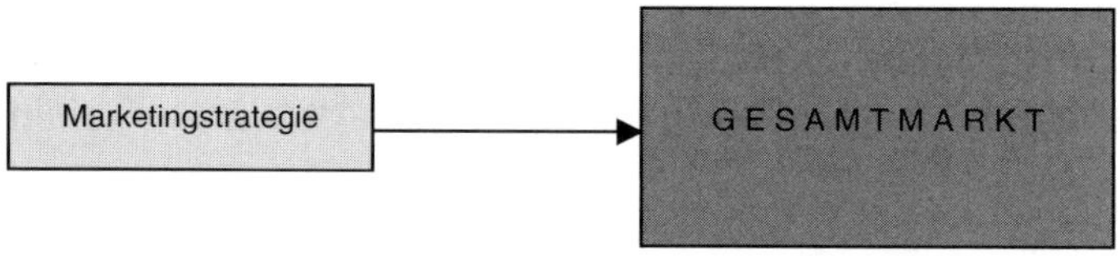

Abbildung 7.7: Prinzipdarstellung der undifferenzierten Marktbearbeitung

Die **Vorteile** dieser Strategie liegen in einem begrenzten Ressourcenaufwand bedingt durch die enge Produktpalette und es sind keine differenzierten Werbemaßnahmen notwendig.

Beispiele:

- Automobilbranche: T-Modell von Ford, Käfer von VW
- Körperpflegebereich: Niveacreme

7.6.3 Die differenzierte Marktbearbeitung

Bei dieser Strategie wird der Gesamtmarkt in Segmente geteilt. Für die Segmente (unterschiedliche Kundengruppen) werden unterschiedliche Produkte entwikkelt und diese Segmente werden mit unterschiedlichen marketingpolitischen Programmen angesprochen. Das Unternehmen kann sämtliche Segmente eines Marktes oder nur eine bestimmte Anzahl von Segmenten des Marktes bearbeiten.
Durch das Einstellen des Unternehmens auf die Bedürfnisse der verschiedenen Segmente eines Marktes und die gezielte Ansprache der Segmente wird unter-

stellt, dass die Wahrscheinlichkeit des Kaufes der Produkte so am größten ist. Das Unternehmen hofft bei dieser Strategie auf einen möglichst hohen Umsatz durch das Anbieten verschiedener Produkte im Markt. *Abbildung 7.6* soll das Prinzip der differenzierten Marktbearbeitung verdeutlichen.
Diese Strategie ist mit hohem Ressourceneinsatz verbunden. Die Entwicklung, Herstellung unterschiedlicher Produkte und die zielgruppengerechte Ansprache der Segmente mit unterschiedlichen Marketingprogrammen sind mit enormen Kosten verbunden, abgesehen von den Marktforschungsaufwendungen für die einzelnen Segmente. Eine derartige aufwendige Marktbearbeitung kommt daher nur für große Unternehmen in Frage.

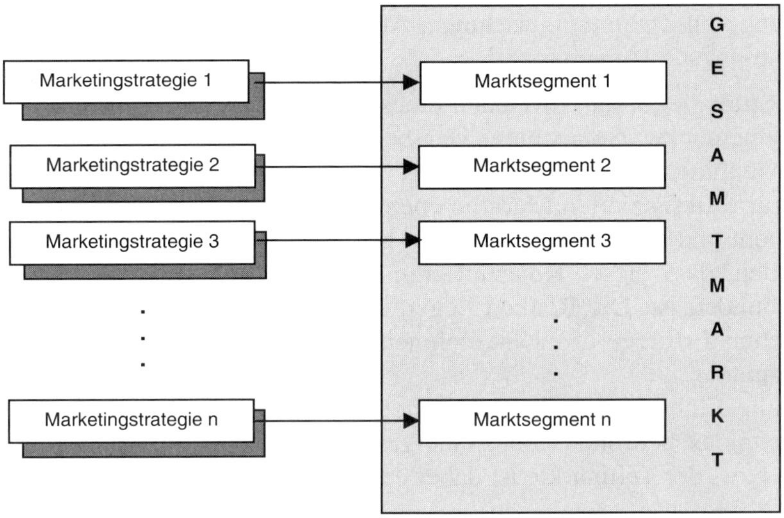

Abbildung 7.6: Prinzipdarstellung der differenzierten Marktbearbeitung

Beispiel:
Die Automobilindustrie mit einer Vielzahl verschiedener Pkw-Klassen (Kleinwagen, Mittelklasse, Oberklasse u. a.) für unterschiedliche Zielgruppen und differenzierter werblicher Ansprache der Segmente

7.6.4 Die konzentrierte Marktbearbeitung

Bei der konzentrierten Marktbearbeitung (Nischenmarketing) wird bewusst auf wenige Segmente (z. B. ein, zwei Segmente) orientiert. Das Unternehmen bearbeitet also nicht den Gesamtmarkt, sondern nur einen oder einige wenige Teilmärkte. Die konzentrierte Marktbearbeitung stellt insofern einen Sonderfall der differenzierten Marktbearbeitung dar. Das ausgewählte Segment bzw. die Segmente werden mit einer auf das Segment bzw. die Segmente abgestimmten

Strategie bearbeitet. *Abbildung 7.7* verdeutlicht das Prinzip der konzentrierten Marktbearbeitung.

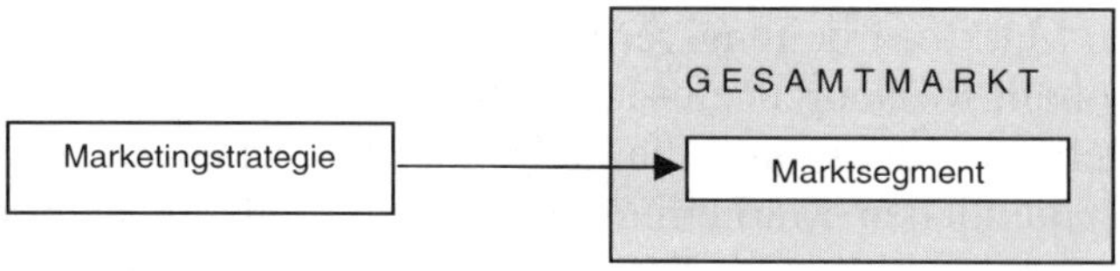

Abbildung 7.7: Prinzipdarstellung der konzentrierten Marktbearbeitung

Beispiel:
Spezialmaschinenbau

- Herstellung von Zigarettenmaschinen, Abfüllmaschinen für Getränke, PC für die Industrie (raue Umgebung)

Ziel dieser Strategie ist das Erreichen eines hohen Marktanteils in dem ausgewählten Segment bzw. Segmenten. Der benötigte Ressourcenaufwand bei der Produktentwicklung und Vermarktung der Produkte ist bei dieser Strategie im Verhältnis zur differenzierten Marktbearbeitung geringer. Diese Strategie ist daher für kleinere und mittlere Unternehmen geeignet. Es muss aber darauf hingewiesen werden, dass dieses Konzentrieren auf ein oder wenige Segmente mit Risiken verbunden ist. Die Risiken liegen in einer extremen Abhängigkeit des wirtschaftlichen Erfolges des Unternehmens von der Entwicklung eines oder weniger Segmente.
Konjunkturelle Einbrüche in den bearbeiteten Segmenten können die Existenz des Unternehmens bedrohen. Ein ständiges Beobachten und Analysieren des Teilmarktes bzw. der Teilmärkte ist daher erforderlich.

Die differenzierte und konzentrierte Marktbearbeitung erfordern die Aufteilung des Marktes in Segmente, in verschiedene Käufergruppen, und die zielgruppenspezifische Bearbeitung dieser Segmente. Diese Segmente/Zielgruppen sind intern (innerhalb eines Segmentes) homogen, extern (im Vergleich mit anderen Segmenten) heterogen.
Überlegungen zur Marktsegmentierung sind deshalb die Grundlage für eine erfolgreiche Bearbeitung der Märkte.

Unter **Marktsegmentierung** wird
- die Aufteilung heterogener Gesamtmärkte in homogene Teilmärkte (Segmente, Käufergruppen, Käuferklassen, Käufertypen) mittels bestimmter Merkmale der Käufer verstanden und
- die gezielte Bearbeitung eines oder mehrere Segmente mit Hilfe segmentspezifischer Marketingprogramme verstanden (vgl. *Diller* 1992, 733).

Durch die vorgenommene Aufteilung des Marktes in homogene Teilmärkte wird unterstellt, dass sich diese Teilmärkte, Käufergruppen besser erfassen und bearbeiten lassen.

Die Segmentbildung erfolgt unter Anwendung von **Abgrenzungskriterien** (Segmentierungskriterien). Generell ist zwischen der Segmentierung von Konsumenten und von Unternehmen zu unterscheiden. *Abbildung 7.8* verdeutlicht eine Zielgruppensegmentierung am Beispiel Wohnmobile.

	Zielgruppe I „Die Ökos“	Zielgruppe II „Die Funnies“	Zielgruppe III „Die jungen Alten“
Charakteristik	Junge Familien/junge Paare Akademische Ausbildung Ökologische Einstellung Individualisten	junge Singles/Paare Sportler genussorientiert	Paare über 50 Sportlich und kulturell interessiert Individualisten
Zweck des Wohnmobils	Ungebunden, freier Urlaub → Jahresurlaub Flexibilität	kurzfristig flexibel Urlaub machen können → Kurzurlaub	Jugendtraum Erfüllung/ Verknüpfung mit Hobby Flexibler Komfort Zeit haben
Anforderungen an ein Wohnmobil	Funktionalität Material Preisstabilität Sicherheit Kinderfreundlichkeit	Design/Mode vielseitig praktisch	Multipler Nutzen i. d. Fam. „4 Schlafplätze“ Qualität/Komfort Zeitloses/edles Design Sicherheit
Typische Kauforte	Keine Präferenz, aber Gezielte Vorbereitung	Fachhandel Fachmarkt	Kfz-Handel Fachhandel (Fachmarkt)
Lifestyle Ausrichtung	Liberal-intellektuell	aufstiegsorientiert	Konservativ-technokratisch
Größe der Zielgruppe	3,78 Mio. Personen 1,66 Mio. Männer 2,12 Mio. Frauen	11,11 Mio. Personen 6,54 Mio. Männer 4,57 Mio. Frauen	2,84 Mio. Personen 1,17 Mio. Männer 1,67 Mio. Frauen

Abbildung 7.8: Zielgruppensegmentierung am Beispiel Wohnmobile (Automobilindustrie April 1998, 43. Jahrgang, 20)

Erkenntnisse:

Unter Marketingstrategien werden langfristige Verhaltensweisen von Unternehmen verstanden. Durch den Einsatz von Marketingstrategien soll abgesichert werden, dass das Unternehmen zielgerichtet im Markt agiert. Es existieren unterschiedliche Marketingstrategien. Je nachdem ob der Gesamtmarkt als Ganzes oder Teilmärkte bearbeitet werden, unterscheidet man die undifferenzierte, die differenzierte und die konzentrierte Marktbearbeitung. Der Ressourcenaufwand und das Risiko ist bei den Strategien unterschiedlich. Die Wahl der Strategie hängt von der Kapitalkraft, der Größe des Unternehmens, vom Verhalten der

Wettbewerber und der Möglichkeit der Segmentierung eines Gesamtmarktes ab. Grundvoraussetzung für die Erfassung von Marktsegmenten ist, dass die Käufer ein unterschiedliches Kaufverhalten aufweisen und unterschiedlich auf den Einsatz von Marketinginstrumenten reagieren. Ist diese Voraussetzung nicht gegeben, so ist eine Marktsegmentierung nicht sinnvoll.

7.7 Marktforschung

7.7.1 Grundlagen Marktforschung

Unter **Marktforschung** wird die systematische Erhebung, Analyse und Interpretation von Informationen über Gegebenheiten und Entwicklungen auf Märkten verstanden, um relevante Informationen für Marketingentscheidungen bereitzustellen (vgl. *Weis/Steinmetz* 1998, 16).

Hauptaufgabe der Marktforschung ist die Beschaffung und Bereitstellung von Informationen.
Marktforschung dient im Wesentlichen

- der Identifizierung von Chancen und Risiken für das Unternehmen,
- der Planung von Marketingmaßnahmen und
- der Überprüfung ihrer Wirkungen,
- der Vorbereitung von Marketingentscheidungen

und Marktforschung soll das Risiko von Marketingentscheidungen reduzieren.

Der **Prozess der Marktforschung** kann in verschiedene Arbeitsetappen (vgl. 5.5.2.1) untergliedert werden. Bevor mit unmittelbaren Marktforschungsuntersuchungen begonnen werden kann, sind in der Regel planerische Vorüberlegungen zur Durchführung der Informationsgewinnung notwendig. In einer nicht unmittelbar zum Marktforschungsprozess gehörenden Etappe werden Marketingentscheidungen vorbereitet und getroffen. *Abbildung 7.9* zeigt einen idealtypischen Ablauf des Marktforschungsprozesses. Die Vorgehensweise ist in der Marketingpraxis von der konkreten Problem- bzw. Aufgabenstellung abhängig.

7.7.2 Erhebungsarten

7.7.2.1 Sekundärerhebung

Unter **Erhebungsart** wird die prinzipielle Vorgehensweise bei der Erhebung von Informationen verstanden.

Es wird zwischen der Sekundärerhebung bzw. Sekundärforschung (deskresearch) und der Primärerhebung bzw. Primärforschung (fieldresearch) unterschieden.

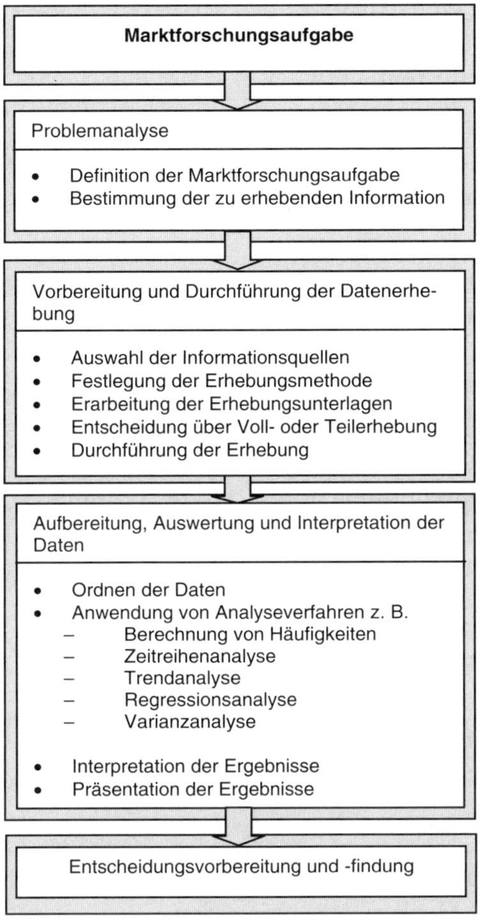

Abbildung 7.9: Idealtypischer Ablauf des Marktforschungsprozesses

Unter **Sekundärerhebung** wird die Gewinnung von Informationen aus bereits vorhandenem Datenmaterial verstanden.

Das vorhandene Datenmaterial kann auch für ursprünglich andere Zwecke erhoben worden sein, beispielsweise für amtliche Statistiken. Es kann sich aber auch um Informationen aus früheren Primärerhebungen handeln. Im Rahmen der Sekundärerhebung können betriebsexterne und betriebsinterne **Quellen** genutzt werden.

Typische betriebsexterne Quellen:

- amtliche Statistiken des Bundes, der Länder, der Gemeinden und Städte
- Veröffentlichungen von Industrie- und Handelskammern und Verbänden (z. B. Industrie-, Branchen- und Verbraucherverbände)
- Veröffentlichungen wirtschaftswissenschaftlicher Institute und von Marktforschungsinstituten

- Fachbücher und -zeitschriften
- Unternehmensveröffentlichungen (z. B. Preislisten, Kataloge, Prospekte) und andere Firmenveröffentlichungen
- Datenbanken
- Internet

Typische betriebsinterne Quellen:

- Kostenrechnung
- betriebliche Statistiken (z. B. Umsatzstatistik, Vertriebsstatistik, Kundenstatistik, Anfragen- und Angebotsstatistik, Reklamationsstatistik, Außendienststatistiken)
- frühere Primärerhebungen, beispielsweise Marktforschungsstudien (Kundenzufriedenheitsanalysen, Imageanalysen)

Wertung der Sekundärerhebung:
Die Sekundärerhebung nimmt in der Praxis aufgrund spezifischer Vorteile eine exponierte Stellung ein. Sie zählt als zeitsparender und kostengünstiger als die Primärerhebung, da im Wesentlichen auf vorhandenes bzw. leicht beschaffbares Datenmaterial zurückgegriffen werden kann.

7.7.2.2 Primärerhebung

Unter **Primärerhebung** wird die direkte, ursprüngliche Gewinnung von Informationen verstanden. Es werden neue, bisher noch nicht existierende Daten erhoben.

Als Informationsquellen können, analog zur Sekundärerhebung, betriebsinterne und betriebsexterne Quellen genutzt werden.

Betriebsinterne Quellen: Mitarbeiter, Außendienst.
Betriebsexterne Quellen: Zielgruppen, Kunden, Absatzmittler (Großhandel, Einzelhandel), Konkurrenz, Experten.

Die zu erhebenden Informationen können durch **Befragung** und **Beobachtung** (= Erhebungsmethoden) gewonnen werden.

Wertung der Primärerhebung:
Die Primärerhebung ist im Vergleich zur Sekundärerhebung in der Regel kosten- und zeitaufwendiger. Durch die problembezogene Erhebung der Daten sind diese im Vergleich zu Sekundärinformationen aktueller, anwendungsbezogener und zeichnen sich durch Exklusivität aus.

7.7.3 Erhebungsmethoden

7.7.3.1 Die Befragung

Die **Befragung**, auch als Umfrage bezeichnet, ist die am häufigsten angewendete Erhebungsmethode.

Unter einer **Befragung** versteht man eine Erhebungsmethode, bei der man durch Antworten (verbal, schriftlich usw.) Informationen von Personen über den Befragungsgegenstand erhalten will (vgl. *Weis/Steinmetz* 1998, 70).

Nach der Kommunikationsform unterscheidet man folgende vier **Grundformen**:

- die schriftliche Befragung
- die mündliche Befragung (face-to-face-interview)
- die telefonische Befragung (voice-to-voice-interview)
- die computergestützte Befragung

7

Unternehmen nutzen Umfragen, um sich bei ihren Zielgruppen über deren Produktkenntnisse, Bedürfnisse, Präferenzen, Einstellungen und Zufriedenheit zu informieren.

Merkmale der schriftlichen Befragung

- am häufigsten angewendet
- kein Interviewer notwendig, Fragebogen ersetzt den Interviewer
- kostengünstig
- geringe Rücklaufquote (20–30 %)
- relativ lange Zeitdauer

Merkmale der mündlichen Befragung

- Interviewereinsatz
- Fragen können erklärt werden
- relativ hohe Antwortquote
- Gefahr des Interviewereinflusses
- teuer

Merkmale der telefonischen Befragung

- schnell
- Dauer höchstens 20 Minuten
- meist computergestützt
- Problem: eindeutige Legitimation des Interviewers

Merkmale der computergestützten Befragung

- vielfältige Gestaltungsmöglichkeiten (CATI, CAPI, CSAQ)

- Zeit - und Kostenersparnis bei der Datenerfassung
- sichere Datenerfassung
- Gerätekosten und Programmieraufwand

CATI – computer assisted telephone interviewing
CAPI – computer assisted personal interviewing
CSAQ – computer self administered questionaires

In einigen Veröffentlichungen (z. B. *Pepels* 1995, 210) wird die mediengestützte Befragung als eine weitere Grundform der Befragung genannt.

7.7.3.2 Die Beobachtung

Die **Beobachtung** ist eine Erhebungsmethode zur planmäßigen Erfassung (Registrierung) wahrnehmbarer Sachverhalte oder Vorgänge im Augenblick ihres Auftretens durch Personen oder/und Geräte (vgl. *Diller* 1992, 96).

Im Unterschied zur Befragung ist die **Beobachtung** unabhängig von der Auskunftsbereitschaft einer Person.
Die in der Praxis eingesetzten Beobachtungsverfahren sind sehr vielfältig. In der Marketingpraxis kommen beispielsweise folgende **Beobachtungsverfahren** zum Einsatz (vgl. *Berekoven/Eckert/Ellenrieder* 1996, 149):

- einfache Zählverfahren (besonders in der Handelsforschung zur Bestimmung von Standorten von Einkaufsstätten; Erfassung der Anzahl von Besuchern an Messeständen)
- Kundenlaufstudien
- Einkaufsverhaltensbeobachtung
- Handhabungsbeobachtungen
- Fernsehforschung

Beide Erhebungsmethoden, die Befragung und die Beobachtung, sind unter Berücksichtigung des Untersuchungsgegenstandes auszuwählen. Die Beobachtung ist empfehlenswert, wenn man das konkrete Verhalten von Konsumenten untersuchen will. Sind Ursachen und Motive von Verhaltensweisen zu untersuchen, ist die Befragung die geeignetere Erhebungsmethode.

Großen Stellenwert in der Marketingpraxis nehmen Panelerhebungen ein. Sie werden der Tracking-Forschung zugeordnet (vgl. *Berekoven/Eckert/Ellenrieder* 1996, 123). Es handelt sich um eine Sonderform der Erhebung. Unter **Panelerhebungen** werden Untersuchungen verstanden, die bei einem bestimmten gleich bleibenden Kreis von Auskunftsquellen (z. B. Personen, Einkaufsstätten, Unternehmen) in regelmäßigen zeitlichen Abständen wiederholt zum gleichen Untersuchungsgegenstand durchgeführt werden. Damit können Bewegungen bzw. Veränderungen im Zeitablauf bei gleichen Auskunftsquellen erfasst werden. Nach dem Erhebungskreis unterscheidet man beispielsweise Handels- und Haushaltpanel.

Erkenntnisse:
Die Marktforschung bietet mit ihren Methoden die für das Marketing notwendigen Informationsinstrumente. Hauptaufgabe der Marktforschung ist die Beschaffung und Bereitstellung von Informationen.

7.8 Die Produkt- und Programmpolitik

7.8.1 Grundlagen der Produkt- und Programmpolitik

Aufgabe der Produkt- und Programmpolitik ist die Schaffung und Sicherung eines aktuellen **kundengerechten Produktprogrammes**. Das erfordert die

- kontinuierliche Überwachung des Produktprogrammes eines Unternehmens (unter Anwendung von Produkt- und Programmanalysen, Kunden- und Händlerbefragungen und Konkurrenzbeobachtungen erfolgt eine ständige Analyse des Angebotes),
- Entwicklung und Einführung neuer Produkte (**Produktinnovationen**),
- Überarbeitung bestehender Produkte (**Produktvariation**),
- Herausnahme veralteter Produkte aus dem Produktprogramm eines Unternehmens (**Produktelimination**) und
- Planung und Realisierung produktbegleitender Maßnahmen wie den **Kundendienst und Garantieleistungen**.

Die Zunahme des Qualitätswettbewerbes in der Wirtschaft verstärkt insgesamt die Bedeutung dieses Marketinginstrumentes. Es dient besonders der Sicherung des langfristigen Erfolgspotenzials eines Unternehmens (vgl. *Meffert* 1998, 317).

Wichtige **produktpolitische Ziele** sind:
Steigerung von Gewinn und Umsatz, Marktanteilssteigerungen, Kosteneinsparungen, Kapazitätsauslastung, Qualitätsverbesserungen, Verbesserung des Images u. a.
Im Zentrum der Produktpolitik steht die **Produktgestaltung.** Diese umfasst drei Ebenen:

- die Gestaltung der Produktqualität (z. B. konstruktive, ästhetische Gestaltung),
- die Packungsgestaltung und
- die Markierung der Produkte.

Ein **Produkt** ist alles, was einem Markt zwecks Erlangung von Aufmerksamkeit, zum Erwerb, Gebrauch oder Verbrauch angeboten werden kann und geeignet ist, Wünsche oder Bedürfnisse zu befriedigen. Dazu zählen materielle Objekte, Dienstleistungen, Personen, Orte, Organisationen und Ideen (vgl. *Kotler/Armstrong* 1988, 36).

Damit wird deutlich, dass der Produktbegriff umfassend und weit zu sehen ist.

7.8.2 Produktinnovation

Der Prozess der Produktinnovation beinhaltet die Entwicklung und Einführung neuer Produkte.
Produktinnovationen bieten den Unternehmen enorme Wachstumschancen, bergen andererseits Risiken für das Unternehmen und benötigen für ihre erfolgreiche Planung und Realisierung hohe Ressourcen. In der Praxis sind in diesem Zusammenhang folgende **Feststellungen** zu treffen:

- viele neue Produktideen erweisen sich als Flops,
- meist handelt es sich bei den Produktinnovationen nicht um „wirklich neue Produkte", sondern um Nachahmungen von bereits am Markt befindlichen Produkten,
- das Vermarkten der neuen Produkte stößt besonders in mittelständischen Unternehmen auf Grenzen. Sie besitzen oft nicht das nötige Knowhow zur erfolgreichen Vermarktung neuer Produkte.

Unter einer **Innovation** wird eine fortschrittliche Problemlösung durch ein neues Produkt, das auch eine Dienstleistung sein kann, verstanden. Produktinnovationen sind durch unterschiedliche Innovationsstärken gekennzeichnet (vgl. *Witt* 1996a, 4).

Man unterscheidet:

- originäre Innovationen (Erstinnovationen, echte Innovationen)
- abgeleitete Innovationen (Produktmodifikationen, unechte Innovationen) und
- Imitationen

Die Entwicklung und Einführung neuer Produkte vollzieht sich in einem mehrphasigen Prozess. In *Abbildung 7.10* ist ein allgemeiner, idealtypischer Ablauf des Produktinnovationsprozesses dargestellt. Dieser allgemeine Ablauf gilt sowohl für originäre und abgeleitete Innovationen als auch für Imitationen. Die Prozesse werden sich jedoch hinsichtlich Dauer und Risiko der zu treffenden Entscheidungen unterscheiden. ❶

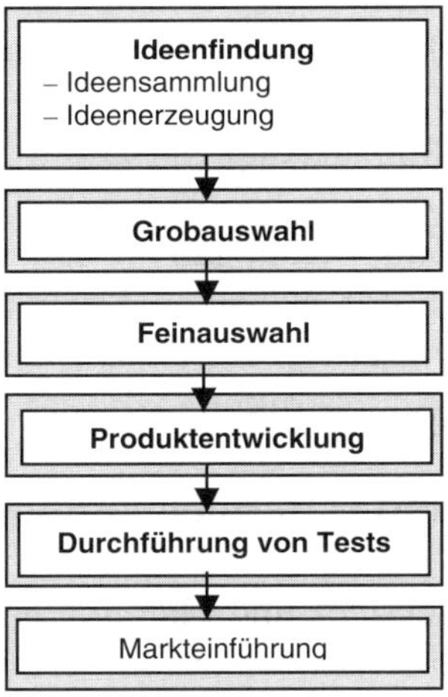

Abbildung 7.10: Der Produktinnovationsprozess

7

7.8.3 Produktvariation

Unter **Produktvariation** wird die Veränderung bestimmter Eigenschaften bereits auf dem Markt eingeführter Produkte verstanden (vgl. *Weis* 1997, 239).

Das veränderte Produkt ersetzt das ursprüngliche Produkt.

Ziele der Produktvariation sind (vgl. *Meffert* 1998, 424):
Absicherung der Marktposition, Umsatz- und Gewinnwachstum, Spezialisierung auf bestimmte Zielgruppen zur Durchsetzung höherer Preise, Anpassung an geänderte Verbraucherbedürfnisse, bessere Kapazitätsauslastung und Rationalisierung der Fertigung u. a.

Beispiel:
Die Produktvariation wird in Form der Modellpflege im Automobilbau erfolgreich praktiziert. Variiert werden beispielsweise funktionelle, physische Eigenschaften (Motoren) und ästhetische Eigenschaften (Lackierung, Karosserie).

7.8.4 Produktelimination

Unter **Produktelimination** wird die Streichung/Herausnahme von Produkten aus dem Programm eines Unternehmens verstanden (häufig wird auch der Begriff „Programmbereinigung" verwendet).

Bei der Eliminierung einzelner Produkte sind die Auswirkungen auf das Produktprogramm zu berücksichtigen. Die Gründe für eine Produkteliminierung

können unterschiedlich sein. Zum Beispiel: sinkender Umsatz, sinkender Dekkungsbeitrag, Änderung der Kundenwünsche, Änderung gesetzlicher Rahmenbedingungen, negativer Einfluss des Produktes auf das Image des Unternehmens, Störungen im Produktionsablauf, neue strategische Ausrichtung des Unternehmens.
Um fundierte Eliminierungsentscheidungen treffen zu können, sind Analysen einzelner Produkte, aber auch des gesamten Produktprogrammes eines Unternehmens erforderlich (z. B. Umsatzstrukturanalysen, Deckungsbeitragsanalysen, Kundenstrukturanalysen und Altersstrukturanalysen).

7.8.5 Kundendienst und Garantieleistungen

Kundendienst (oder Kundenservice) und Garantieleistungen haben als Wettbewerbsinstrumente an Bedeutung gewonnen. Sie ermöglichen eine **Differenzierung** und **Individualisierung** ansonsten identischer Produkte. In vielen Branchen haben sich diese produktbegleitenden Leistungen (Produktnebenleistungen) zu einem zentralen Kaufentscheidungskriterium entwickelt, z. B. im Investitionsgüterbereich, aber auch zunehmend bei Konsumgütern.

Unter **Kundendienst** werden sämtliche Maßnahmen verstanden, die die Inanspruchnahme und Nutzung von Unternehmensleistungen erleichtern (vgl. *Bruhn* 1990, 154).

Der Kundendienst ist in den einzelnen Branchen unterschiedlich ausgeprägt. Dazu zählen je nach Branche Installations-, Reparatur-, Beratungsleistungen und die Ersatzteilversorgung.

Wichtige Kundendienstziele sind:

- Schaffung von Präferenzen beim Kunden
- Kundenbindung
- Imageverbesserung
- Erreichen von Wettbewerbsvorteilen gegenüber der Konkurrenz
- Erhöhung der Kundenzufriedenheit (vgl. *Bruhn* 1990, 155)

Garantieleistungen sind gesetzlich oder vertraglich fixierte Verpflichtungen eines Anbieters, Eigenschaften eines Produktes wie Haltbarkeit und Funktionstüchtigkeit zu gewährleisten.

Erkenntnisse:
Das Produkt-Mix nimmt eine zentrale Stellung im Marketing-Mix eines Unternehmens ein. Besonders die Produktinnovation und produktbegleitende Maßnahmen bieten den Unternehmen neue Chancen.

7.9 Die Kommunikationspolitik

7.9.1 Grundlagen der Kommunikationspolitik

Die **Kommunikationspolitik** umfasst die planmäßige Gestaltung und Übermittlung aller auf den Markt gerichteten Informationen zum Zweck der Beeinflussung von Meinungen, Einstellungen, Erwartungen und Verhaltensweisen im Sinne des Unternehmens (vgl. *Diller* 1992, 546).

Im Zentrum der Marktkommunikation (= Kommunikationspolitik, die auf den Absatzmarkt gerichtet ist) steht die **Beeinflussung**. Durch Nutzung von Medien sollen Botschaften an tatsächliche, potenzielle Kunden und andere Marktteilnehmer übermittelt werden mit dem Ziel der Beeinflussung. Ziel dieser Kommunikation ist der Versuch, Meinungen, Einstellungen, Erwartungen und Verhaltensweisen zu beeinflussen und zu steuern, um Unternehmens- und Marketingziele, speziell kommunikationspolitische Ziele, durchzusetzen.
Zur Erfüllung kommunikationspolitischer Ziele stehen den Unternehmen mehrere Kommunikationsinstrumente (oft wird auch von Erscheinungsformen der Kommunikationspolitik gesprochen) zur Verfügung (vgl. *Abbildung 7.11*). Neben den Basisinstrumenten Werbung, Verkaufsförderung und Öffentlichkeitsarbeit haben sich eine Reihe neuer Instrumente in der Marketingpraxis bewährt, die hier nur genannt werden können.

7

Anmerkung:
Der persönliche Verkauf wird der Distributionspolitik zugeordnet.

Kommunikationsinstrumente	
Traditionelle Instrumente	**Moderne Instrumente**
• Klassische Werbung	• Sponsoring
• Verkaufsförderung	• Event-Marketing
• Öffentlichkeitsarbeit	• Product-Placement
	• Direktkommunikation
	• Multimediakommunikation

Abbildung 7.11: Die Kommunikationsinstrumente

Kommunikationsziele (vgl. 2.4.1) werden aus den übergeordneten Unternehmens- und Marketingzielen abgeleitet. Man unterscheidet psychografische und ökonomische Ziele (vgl. *Abbildung 7.12*).

Kommunikationsziele	
Psychografische Kommunikationsziele	**Ökonomische Kommunikationsziele**
• Aktivierung von Bedürfnissen • Nachfrage wecken • Information über das Produkt und das Unternehmen • Bekanntheitsgrad des Unternehmens und/oder von Produktion erhöhen und • Imageaufbau u. a.	• Umsatzsteigerung • Umsatzerhaltung und • Marktanteilssteigerung u. a.

Abbildung 7.12: Kommunikationsziele

Der Kommunikationsprozess und seine wichtigen Elemente können mit der bekannten **Kommunikationsformel** von Lasswell beschrieben werden:

- WER (Sender: z. B. Unternehmen, Werbeagentur)
- SAGT WAS (Botschaft)
- ÜBER WELCHEN KANAL (Medien)
- ZU WEM (Empfänger, Zielgruppe)
- MIT WELCHER WIRKUNG? (Reaktion der Empfänger auf die Botschaft).

Damit erfordern Kommunikationsprozesse einen **Sender**, erfordern **Medien**, die die **Botschaft** an die bestimmten **Empfänger** übermitteln. Die Aufgabe des Senders ist erfüllt, wenn der Empfänger auf die Botschaft wie gewünscht reagiert, zum Beispiel seine Meinung über das Produkt ändert oder ein bestimmtes Produkt eines Unternehmens kauft.

7.9.2 Die Werbung

Behrens versteht unter **Werbung** eine absichtliche und zwangfreie Form der Beeinflussung, welche die Menschen zur Erfüllung der Werbeziele veranlassen soll (zitiert aus *Weis* 1997, 365).

Es werden unterschiedliche Arten der Werbung unterschieden (vgl. *Weis* 1997, 370 f.). Im Investitionsgütermarketing dominiert die Direktwerbung. Bei dieser Art der Werbung ist die Werbebotschaft (z. B. Werbebrief, mailing) „direkt" an ausgewählte Zielpersonen gerichtet und individuell gestaltet.
Die bereits angeführte Kommunikationsformel von Laswell lässt erkennen, welche Entscheidungen bei der Planung von Werbemaßnahmen erforderlich sind. Plant ein Unternehmen eine Werbekampagne, so muss das Unternehmen in deren Vorbereitung einige Probleme lösen und entsprechende Festlegungen treffen (*Abbildung 7.13*), die in ihrer Gesamtheit zu sehen sind und daher nicht einzeln, unabhängig voneinander abzuarbeiten sind.

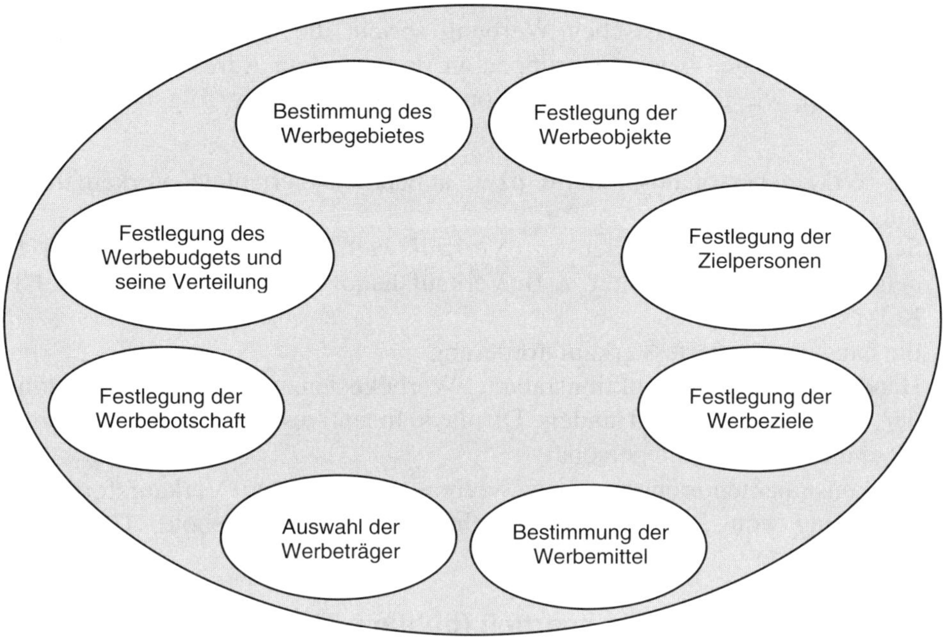

Abbildung 7.13: Festlegungen im Prozess der Werbeplanung

7.9.3 Die Verkaufsförderung (sales promotion)

Die Verkaufsförderung wird in der Literatur nicht einheitlich definiert. Im Wesentlichen handelt es sich um einen Sammelbegriff für „Aktionen", für absatzstimulierende Maßnahmen.

Bei der **Verkaufsförderung** handelt es sich primär um kommunikative Maßnahmen, die der Unterstützung und Erhöhung der Effizienz

- der eigenen Absatzorgane (verkaufspersonalorientierte Verkaufsförderung),
- der Marketingaktivitäten der Absatzmittler (handelsorientierte Verkaufsförderung) und
- der Beeinflussung der Verwender bei der Beschaffung und Benutzung der Produkte (konsumentenorientierte Verkaufsförderung)

dienen (vgl. *Meffert* 1998, 701).

Mit Verkaufsförderung soll **kurzfristig** und **unmittelbar** der Umsatz von Produkten stimuliert werden.
Der Stellenwert der Verkaufsförderung ist in den letzten Jahren gestiegen (vgl. *Kloss* 1998, 257). Das zeigt sich darin, dass das Verkaufsförderungsbudget in den Unternehmen zu Lasten des Werbeetats ausgedehnt wurde (vgl. *Meffert* 1998, 701).

Im Unterschied zur klassischen Werbung spricht die Verkaufsförderung drei verschiedene Ebenen bzw. Zielgruppen an. Je nach dem Adressatenkreis unterscheidet man, wie in der o. a. Definition bereits angedeutet, folgende **Aktionsfelder**:

- die verkaufspersonalorientierte bzw. außendienstgerichtete Verkaufsförderung:
  Schulungen des Außendienstes, Verkaufswettbewerbe, Verkaufshilfen für den Außendienstmitarbeiter, z. B. Verkaufshandbücher, Muster, Videos, CD-ROM
- die handelsorientierte Verkaufsförderung:
  Händlerschulungen, Funktionsrabatte, Werbekostenzuschüsse, Ausgestaltung der Verkaufsräume des Handels, Displays, Incentives (Geschenke für Händler und deren Verkaufspersonal)
- die konsumentenorientierte bzw. verbrauchergerichtete Verkaufsförderung:
  Verteilung von Proben, Preisausschreiben, Sonderangebote, Gutscheine, Verkostungen

7.9.4 Die Öffentlichkeitsarbeit (public relations)

Die **Öffentlichkeitsarbeit** umfasst sämtliche Maßnahmen eines Unternehmens, bei ausgewählten internen und externen Zielgruppen um Verständnis und Vertrauen zu werben.

Im Unterschied zur Werbung und Verkaufsförderung zielt die PR nicht unmittelbar auf die Beeinflussung solcher relevanter Größen wie Umsatz und Marktanteil. In erster Linie besteht die Aufgabe der PR darin, bei ausgewählten Zielgruppen Verständnis, Vertrauen und Akzeptanz für das Unternehmen zu gewinnen, zu erhalten und zu verbessern. Aus dieser Aufgabe lassen sich folgende inhaltlichen Schwerpunkte für die Öffentlichkeitsarbeit ableiten:

- Information über Unternehmensaktivitäten und Krisen (Krisen-PR)
- Kontaktpflege mit ausgewählten Zielgruppen
- Dokumentation gesellschaftlicher Verantwortung
- Stellungnahme zu öffentlichen Streitpunkten

Zu den **betriebsinternen Zielgruppen** der PR zählen z. B. Mitarbeiter des Unternehmens, Eigentümer, Gesellschafter, Betriebsrat. Zu den **betriebsexternen Zielgruppen** zählen z. B. aktuelle und potenzielle Kunden, Lieferanten, Handel, Medien, Meinungsführer, Vereine, Verbände, Gewerkschaften, Bürgerinitiativen, Banken, Aktionäre und Wettbewerber. Die im Rahmen der PR einzusetzenden Maßnahmen richten sich nach der anzusprechenden Zielgruppe.
Ausgewählte **interne PR-Maßnahmen**: Betriebsversammlungen, Mitarbeitergespräche, Hauszeitschriften, Informationstafeln u. a.

Auf dem Gebiet der **externen PR** kommen beispielsweise folgende **Maßnahmen** zum Einsatz: Pressearbeit, Durchführung von Informationsveranstaltungen u. a.

Erkenntnisse:
Erfolgreiches Marketing erfordert Kommunikation mit den verschiedenen Marktpartnern. Unternehmen können in den Kommunikationsprozess professionelle Dienstleister (Werbeagenturen) einbeziehen. Dem Unternehmen steht eine Vielzahl von Kommunikationsinstrumenten zur Verfügung. Sie unterscheiden sich hinsichtlich ihrer speziellen Zielstellungen und der angesprochenen Zielgruppen.

7.10 Die Kontrahierungspolitik

7.10.1 Grundlagen der Kontrahierungspolitik

Die **Kontrahierungspolitik** beinhaltet alle Entscheidungen über das Entgelt des Leistungsangebotes, über mögliche Rabatte und über Lieferungs-, Zahlungs- und Kreditbedingungen.

Die Kontrahierungspolitik ist damit der Teil der Marketingpolitik, der die Gestaltung der Bedingungen, die Teil des Kaufvertrages werden, beinhaltet. Der bedeutendste Teilbereich der Kontrahierungspolitik ist die **Preispolitik.**

Abbildung 7.14: Aufgabenbereiche der Kontrahierungspolitik

Ursachen für den Bedeutungszuwachs der Kontrahierungspolitik liegen

- im gestiegenen Preisbewusstsein sowohl bei privaten Konsumenten als auch bei Organisationen,
- in Überkapazitäten, die zu einem verstärkten Preisdruck führen, und
- in der aggressiven Preispolitik ausländischer Anbieter.

7.10.2 Preispolitik

Weis (1997, 255) versteht unter **Preispolitik** alle Entscheidungen des Unternehmens, Einfluss auf die Preise zu nehmen und diese durchzusetzen.

Die Festlegung der Höhe des Entgeltes und die Durchsetzung dieses Preises am Markt ist Aufgabe der Preispolitik.

Der **Preis** eines Produktes ist die monetäre Gegenleistung (Entgelt) des Käufers für eine bestimmte Menge des Gutes.

Wichtige **Entscheidungen**, die im Rahmen der Preispolitik eines Unternehmens zu fällen sind, betreffen u. a. (vgl. Weis 1997, 255)

- die Preislage (obere, untere, mittlere), in der ein Unternehmen agieren und seine Produkte anbieten will,
- die Preise von neu einzuführenden Produkten,
- die Preisänderungen von Produkten und Produktgruppen des bestehenden Leistungsprogrammes,
- die Differenzierung der Preise eines Produktes (es werden unterschiedliche Preise für gleiche Produkte in den verschiedenen Marktsegmenten verlangt) sowie
- die Preise für die Produkte/Leistungen in den einzelnen Stufen (Hersteller, Großhandel, Einzelhandel, Verbraucher) des Distributionsprozesses.

Preispolitische Ziele sind beispielsweise:

- Gewinnung von Marktanteilen
- Ausschalten von Mitbewerbern, Abschrecken von Mitbewerbern
- Verbesserung der Gewinnsituation
- Verbesserung der Umsatzsituation
- Erreichung eines bestimmten Images für das/die Produkt/e
- Erschließung neuer Märkte

Bei der Festlegung des Entgeltes geht es nicht um die Festlegung objektiv gerechter Preise, sondern um Preise, die den preispolitischen Zielstellungen des Unternehmens entsprechen und zur Erfüllung dieser Ziele beitragen. Neben den preispolitischen Zielstellungen des Unternehmens sind weitere preisbestimmende Faktoren zu beachten.
In *Abbildung 7.15* sind die **Determinanten** der Preispolitik zusammengefasst.

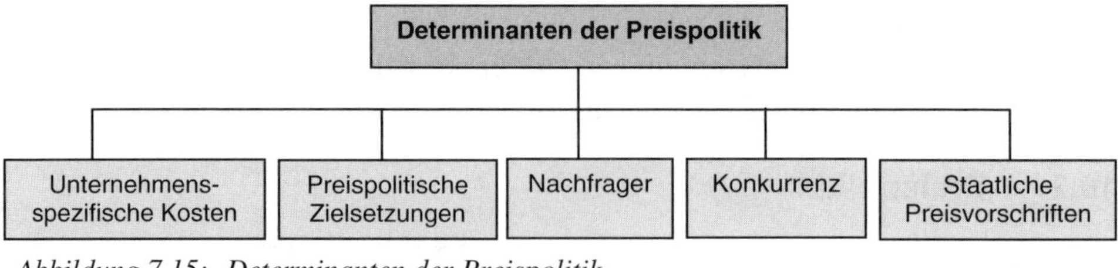

Abbildung 7.15: Determinanten der Preispolitik (vgl. Weis 1997, 263)

In der Praxis werden unterschiedliche **Preisbildungsverfahren** angewendet. Im Rahmen der **kostenorientierten Preisbildung** (vgl. Abschnitt 10.4.5.4) wird der Preis ermittelt, den ein Unternehmen auf Grund seiner betriebsindividuellen Kostensituation erreichen muss (*Weis* 1997, 263).
Auf der Grundlage der Selbstkosten wird der Verkaufspreis ermittelt, indem zu den ermittelten Selbstkosten ein Gewinnaufschlag addiert wird:

Selbstkosten
\+ Gewinn
= Barverkaufspreis
\+ Kundenskonto
= Zielverkaufspreis
\+ Kundenrabatt
= Netto-Verkaufspreis
\+ Mehrwertsteuer
= Brutto-Verkaufspreis

Diese Art der Preisbildung wird auch als progressive Preisermittlung bezeichnet. Zu beachten ist, dass ein so ermittelter Preis nicht dem Marktpreis entsprechen muss.

Bei der **marktorientierten Preisbildung** ist nicht die betriebsindividuelle Kostensituation der Ausgangspunkt, sondern ein Marktpreis, der auf seine „Auskömmlichkeit" hin für das Unternehmen überprüft wird. Im Prinzip wird bei dieser Preisbildung kein Preis ermittelt, sondern es wird von einem Preis (z. B. Konkurrenzpreis; Preis, der sich aus der Preisbereitschaft der Nachfrager ergibt) ausgegangen. Bei diesem Preis wird nach Abzug der Kosten der verbliebene Gewinn mit den Gewinnvorstellungen des Unternehmens verglichen. Da es sich im Prinzip um eine „Rückrechnung" handelt, wird diese Preisbildung auch als **retrograde Preisbildung** bezeichnet.

7.10.3 Die Konditionenpolitik

Zur Konditionenpolitik zählen die Rabattpolitik, die Lieferungs- und Zahlungsbedingungen und die Kreditpolitik (vgl. *Abbildung 7.14*).
Rabatte und die Lieferungs- und Zahlungsbedingungen führen zu **Preismodifizierungen**. Mit der Kreditpolitik beeinflusst ein Unternehmen das Nachfrageverhalten der Abnehmer. Die Kreditpolitik dient besonders der Erhöhung der Kaufkraft der Nachfrager. Kreditpolitische Mittel nehmen im Marketing von Investitionsgüteranbietern, bedingt durch das hohe Auftragsvolumen und die z. T. lange Zeitdauer der Realisierung der Aufträge, eine zentrale Stellung ein.

Erkenntnisse:
Die Kontrahierungspolitik mit dem Schwerpunkt Preispolitik ist ein weiterer Bestandteil des Marketing-Mix eines Unternehmens. Hauptaufgabe der Preispolitik ist die Bestimmung eines Preises gemäß den preispolitischen Zielsetzungen des Unternehmens und die Durchsetzung des Preises / der Preise am Markt. Preise können kosten- und marktorientiert ermittelt werden.

7.11 Die Distributionspolitik

7.11.1 Grundlagen der Distributionspolitik

Mit dem Begriff Distribution wird der Vertrieb der Produkte eines Unternehmens bezeichnet.

Die **Distributionspolitik** beschäftigt sich mit allen Entscheidungen, die im Zusammenhang mit dem Weg eines Produktes oder einer Leistung vom Produzenten zum Endverbraucher oder -verwender gefällt werden müssen (vgl. *Weis* 1997, 305).

Wesentliche **Ziele** der Distributionspolitik sind:

- Erreichung eines bestimmten Distributionsgrades
  (Mit dem Distributionsgrad wird das Niveau bzw. der Umfang, in welchem das Produkt für die Endverbraucher erhältlich ist, beschrieben. Hoher Distributionsgrad heißt, das Produkt muss in vielen Verkaufsstellen in ausreichender Menge angeboten werden.)
- Erhöhung des Umsatzes
- Sicherung eines bestimmten Niveaus der Lieferbereitschaft (beispielsweise Lieferung in 24 h)
- Steigerung des Marktanteils
- Senkung der Vertriebskosten u. a.

Unter Beachtung der zu erfüllenden Aufgaben werden zwei **Aufgabenbereiche** der Distributionspolitik unterschieden:

1. Die **Absatzwegepolitik**
   Diese umfasst Entscheidungen zur Wahl der Absatzwege, zur Gestaltung der eigenen Verkaufsorgane eines Unternehmens und der zu integrierenden fremden Distributionsorgane in den Absatzweg unter Berücksichtigung, ob werkseigener, werksgebundener oder ausgegliederter Vertrieb realisiert werden soll.

2. Die **physische Distribution** (Distributionslogistik)
   Diese umfasst im Wesentlichen Entscheidungen zur Lagerhaltung, zum Transport, zur Transportverpackung und zur Gestaltung informeller Prozesse (Auftragsabwicklung).

7.11.2 Absatzwege

Absatzwege (Vertriebswege, Absatzkanäle) beschreiben den Weg eines Produktes vom Hersteller bis zum Verbraucher/Verwender.

Distributionsorgane sind Bestandteile bzw. Komponenten von Absatzwegen. Sie sind die Leistungsträger der Distribution. Bei den Distributionsorganen unterscheidet man unternehmenseigene und unternehmensfremde Organe.

Unternehmenseigene Leistungsträger u. a.:

- Geschäftsführung/Mitglieder der Geschäftsführung
- Verkaufs-/Vertriebsabteilung
- Niederlassungen
- Reisende (Außendienstmitarbeiter, Vertriebsingenieure)

Bei den unternehmensfremden Leistungsträgern handelt es sich um wirtschaftlich und rechtlich selbstständige Organe, z. B. den Handelsvertreter und die Handelsbetriebe (Groß- und Einzelhandel).

Prinzipiell unterscheidet man direkte und indirekte **Absatzwege** (*Abbildung 7.16*).

Direkter Absatzweg:
Der Absatz erfolgt durch unternehmenseigene Distributionsorgane. Es werden keine fremden Distributionsorgane in den Absatzweg integriert. Es besteht unmittelbarer Kontakt zwischen Hersteller und Verbraucher/Verwender. Der Hersteller muss sämtliche Absatzfunktionen realisieren (kostenaufwendig!). Durch Anwendung des Electronic Commerce (Einsatz elektronischer Medien, z. B. Internet, Online-Dienste) ergeben sich neue Perspektiven für den Direktvertrieb und den After-Sales-Service.

Indirekter Absatzweg:
Der Absatz erfolgt unter Einschaltung unternehmensfremder Distributionsorgane (vgl. 5.5.2.1) . Diese übernehmen beim Absatz bestimmte Funktionen und entlasten dadurch den Hersteller von Absatzfunktionen und Kosten.

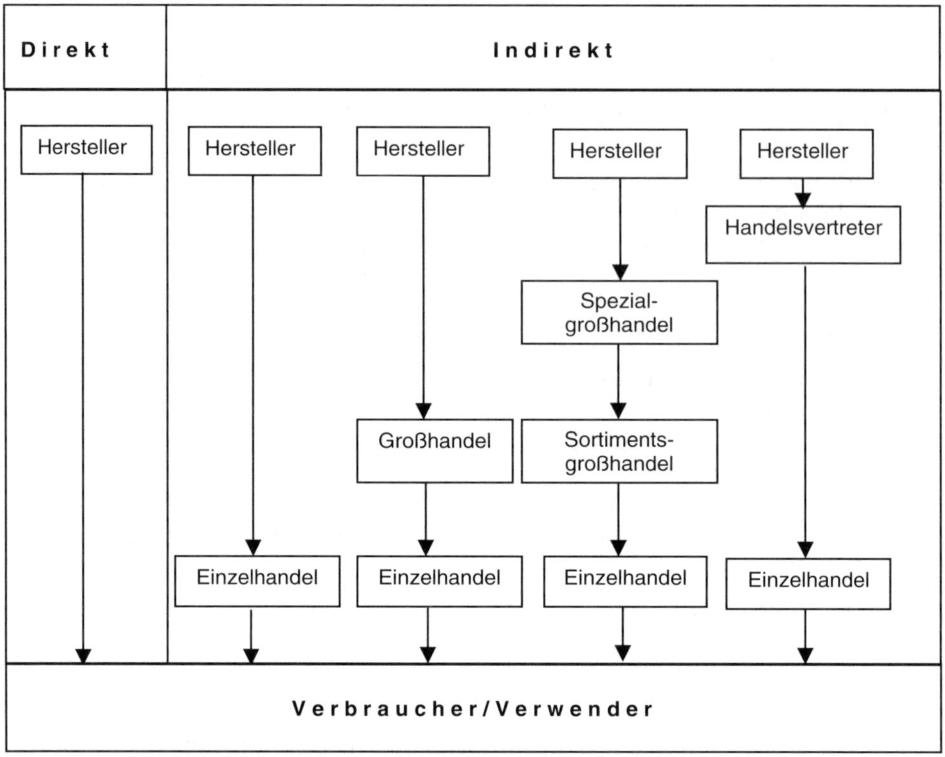

Abbildung 7.16: Absatzwege

Bei der Auswahl von Absatzwegen sind besonders produktbezogene, unternehmensbezogene und marktbezogene Faktoren zu beachten.

So sprechen folgende Faktoren für direkten Absatz (vgl. *Weis* 1997, 309):

- eine begrenzte Anzahl von Abnehmern
- starke räumliche Konzentration der Abnehmer
- hohe Erklärungsbedürftigkeit der Produkte beim Kauf
- technisch komplizierte Produkte
- starke Kundendienstbedürftigkeit
- konstante Nachfrage

Direktabsatz wird daher vorwiegend bei Investitionsgütern angewendet. Der indirekte Absatz wird auf Grund der großen Anzahl von Nachfragern/Abnehmern bei Konsumgütern dominieren.
Ziel ist immer die Schaffung eines **effizienten Absatzweges**. Das erfordert entsprechende Wirtschaftlichkeitsbetrachtungen.

7.11.3 Physische Distribution (Marketinglogistik)

Unter physischer Distribution wird der körperliche Transfer von Produkten vom Hersteller zum Verwender, Verbraucher verstanden.
Aufgabe der Distributionslogistik ist

- das richtige Produkt
- in der richtigen Menge
- am richtigen Ort
- zur rechten Zeit
- im rechten Zustand

zu minimalen Kosten (Logistikkosten) dem Kunden zur Verfügung zu stellen.
Die physische Distribution umfasst damit alle Aktivitäten (z. B. Lagerhaltung, Transport und Auftragsabwicklung), die notwendig sind, um die Produkte vom Punkt der Fertigstellung im Unternehmen bis zum letzten Glied im Absatzweg zu bringen.
Distributionslogistische Leistungen der Unternehmen, die sich im Niveau des Lieferservice der Unternehmen dokumentieren, haben sich zu einem wichtigen Wettbewerbsinstrument entwickelt. Schnelle Warenlieferungen verschaffen Unternehmen in Käufermärkten zusätzliche Wettbewerbsvorteile, aber mit der Konsequenz steigender Logistikkosten.
Auch die mit der Globalisierung der Märkte verbundene Vergrößerung der Absatzgebiete der Unternehmen, die mit erhöhten Transportleistungen verbunden sind, führen insgesamt zu einer Zunahme der Logistikkosten.

7

7.11.4 Der persönliche Verkauf (personal selling)

Im Wesentlichen besteht die Hauptaufgabe des persönlichen Verkaufs in der Durchführung von Verkaufsgesprächen mit dem Ziel eines Kaufabschlusses. Der persönliche Verkauf ist das kommunikative Element der Distributionspolitik. Er tritt in vielen Erscheinungsformen auf:

- Verkaufsbesuche bei Kunden (Außendienstbesuche)
- Verkauf/Präsentation auf Messen
- Beratung von Vertragshändlern
- Bearbeitung von Kundenanfragen
- Telefonverkauf u. a.

Neben der Erzielung von Kaufabschlüssen hat der persönliche Verkauf weitere Aufgaben zu erfüllen (vgl. *Witt* 1996b, 20):

- **Informationsgewinnung/Markterkundungsaufgabe**
  Im Rahmen von Kundengesprächen sind Informationen über den Bedarf der tatsächlichen, potenziellen Kunden und Informationen zu Produktverbesserungen zu gewinnen u. a.

- **Verkaufsberatende Aufgabe**
  Beratung des Kunden zum Einsatz der Produkte u. a.
- **Imagebildung**
  Die Außendienstmitarbeiter sind oftmals die einzigen Personen eines Unternehmens, die unmittelbaren Kontakt mit den Kunden haben. Sie tragen mit ihrem Auftreten in Verkaufsverhandlungen zur Imagebildung des Unternehmens bei.
- **Kundenpflege**
- **Neukundengewinnung**

Unter Beachtung dieser Aufgaben stellt der persönliche Verkauf das „Aushängeschild" des Unternehmens dar und zählt zu den **kostenintensivsten Marketingmitteln**. So kalkulieren Unternehmen mit durchschnittlich zwischen 150 und 250 € pro Kundenbesuch eines Außendienstmitarbeiters, einige sogar mit 500 € (vgl. *Bräutigam* 1995, 100).
Das Verkaufsmanagement umfasst die Planung, Steuerung und Kontrolle des persönlichen Verkaufs (vgl. *Goehrmann* 1984, 18).
Wichtige Maßnahmen des Verkaufsmanagements sind u. a. die Schaffung effizienter Organisationsstrukturen im Verkauf, die Verkaufsbezirksaufteilung, die Planung des Verkaufsbudgets und die Routenplanung.

Erkenntnisse:
Absatzwege beschreiben den Weg eines Produktes vom Hersteller zum Verwender bzw. Verbraucher. Neben den Entscheidungen zur Gestaltung der Absatzwege sind auch Entscheidungen im Logistikbereich zu treffen.

7.12 Trends

Folgende allgemeine Entwicklungen sind im Marketingumfeld festzustellen und im Marketing der Unternehmen entsprechend zu berücksichtigen:

- Konsumenten werden zunehmend kritischer, konsumerfahrener und können sich auf Grund der vielfältigen Informationsmöglichkeiten (z. B. Internet) besser über das Angebot informieren. Der Konsument kann gezielt seine Informationsquellen aussuchen.
- Die Nachfrager (private Konsumenten und Organisationen) werden preisbewusster.
- Es werden höhere Anforderungen an Zuverlässigkeit, Qualität, Umweltfreundlichkeit, Design und technologischen Fortschritt der Produkte gestellt (bei Konsum- und Investitionsgütern). Produktbegleitende Maßnahmen (z. B. Kundendienst) und Lieferservice werden als Wettbewerbsinstrument weiterhin an Bedeutung gewinnen.

- Die Zielgruppe der Konsumenten über 60 Jahre erfährt einen Bedeutungszuwachs (relativ hohes frei verfügbares Einkommen und zahlenmäßige Zunahme dieses Segmentes).
- Globalisierung der Märkte, Überkapazitäten und steigende Angebotsvielfalt schaffen erheblichen Konkurrenzdruck und stellen neue Herausforderungen für das Marketing dar.
- Die Informationstechnologie wird das Marketing der Unternehmen nachhaltig beeinflussen, bedingt durch den verstärkten Einsatz neuer Medien.

7.13 Kontrollfragen, Übungsaufgabe und Literaturhinweise

Kontrollfragen

1.	Charakterisieren Sie die Marketingdenkweise!	➠ Abschn.7.2
2.	Was sind Marketingziele?	➠ Abschn.7.3.1
3.	Charakterisieren Sie den Marketingprozess!	➠ Abschn.7.3.1
4.	Charakterisieren Sie den Sektor Investitionsgütermarketing!	➠ Abschn.7.5.2
5.	Was wird unter Marketingstrategie verstanden?	➠ Abschn.7.6.1
6.	Charakterisieren Sie die differenzierte Marktbearbeitung!	➠ Abschn.7.6.3
7.	Was ist ein Segment?	➠ Abschn.7.6.3
8.	In welchen Etappen läuft der Marktforschungsprozess ab?	➠ Abschn.7.7.1
9.	Werten Sie die Sekundärerhebung !	➠ Abschn.7.7.2.
10.	Welche Erhebungsmethoden kommen im Rahmen der Primärerhebung zum Einsatz?	➠ Abschn.7.7.2.
11.	Was ist ein Produkt?	➠ Abschn.7.8.1
12.	Begründen Sie den exponierten Stellenwert von Produktinnovationen!	➠ Abschn.7.8.2
13.	Was wird unter Produktvariation verstanden?	➠ Abschn.7.8.3
14.	Worin besteht das Hauptziel der Kommunikationspolitik eines Unternehmens?	➠ Abschn.7.9.1
15.	Was wird unter direkten Absatzweg verstanden und unter welchen Bedingungen ist dieser sinnvoll?	➠ Abschn.7.11.2
16.	Welche Aufgaben hat der persönliche Verkauf zu erfüllen?	➠ Abschn.7.11.4

Übungsaufgabe

❶ Produktinnovation

1. Sachverhalt

Der Produktinnovationsprozess stellt einen mehrphasigen Prozess dar. Im Wesentlichen umfasst dieser (vgl. dazu Abbildung 7.10):

- die Gewinnung von Produktideen,
- deren Bewertung und Auswahl,
- die Entwicklung der ausgewählten Produkte und
- die Einführung des neuen Produktes am Markt.

In der Phase Feinauswahl sind jene Produktideen herauszufinden, die für das Unternehmen am erfolgversprechendsten sind. Dies erfordert die Anwendung von Wirtschaftlichkeitsanalysen. Ein mögliches einfaches Verfahren zur Beurteilung der Wirtschaftlichkeit einer Neuproduktkonzeption stellt die Break-even-Analyse dar.

Anmerkung: Die Break-even-Menge ist diejenige Absatzmenge, die zur Dekkung aller Kosten, die mit der Entwicklung des Produktes und dessen Absatzes anfallen, notwendig ist.

2. Ausgangsdaten

Für eine Neuproduktplanung sind folgende Planungswerte bekannt:

Fixkosten:	150 000 €
Variable Kosten:	14 €/Stück
Marktpreis:	30 €/Stück
Erwartete Absatzmenge:	15 000 Stück

3. Aufgabenstellung

Kann das Projekt weiter verfolgt werden?
Wenden Sie für die Entscheidungsfindung die Break-even-Analyse an!

Literaturhinweise

Backhaus, Klaus: Industriegütermarketing. 5. Auflage, Verlag Vahlen München, 1997

Backhaus, Klaus / Erichson, Bernd / Plinke, Wulff / Weiber, Rolf: Multivariate Analysemethoden. Springer-Verlag, Berlin/Heidelberg/New York/Tokyo, 1994

Becker, Jochen: Marketing-Konzeption. 6., vollständig überarbeitete und erweiterte Auflage, Verlag Franz Vahlen München, 1998

Berekoven, Ludwig / Eckert, Werner / Ellenrieder, Peter : Marktforschung. 7., vollst. überarb. und erw. Auflage, Gabler Wiesbaden, 1996

Bräutigam, Stephan: Zeit ist Geld. In: Absatzwirtschaft, Zeitschrift für Marketing, Herausgeber: Absatzwirtschaftliche Gesellschaft e.V. und Deutscher Marketing-Verband e.V., Düsseldorf, 38. Jahrgang, Heft 12/95

Bruhn, Manfred: Marketing. Grundlagen, Fallstudien, Problemlösungen. Gabler Wiesbaden, 1990

Diller, Herrmann: Vahlens Großes Marketinglexikon. Verlag Beck München, Verlag Vahlen München, 1992

Godefroid, Peter: Investitionsgütermarketing. Kiehl Verlag, Ludwigshafen, 1995

Goehrmann, Klaus: Verkaufsmanagement. (Kohlhammer-Edition Marketing), Kohlhammer GmbH Stuttgart/Berlin/Köln, 1984

Kamenz, Uwe: Marktforschung. Schäffer-Poeschel Verlag Stuttgart, 1997

Kloss, Ingomar: Werbung, R. Oldenbourg Verlag, München, 1998

Kotler, Philip et. al.: Grundlagen des Marketing. 2., überarbeitete Auflage, Prentice Hall, 1999

Kotler, Philip / Armstrong, Gary: Marketing – Eine Einführung. Service-Fachverlag an der Wirtschaftsuniversität Wien, 1988

Meffert, Heribert: Marketing, Grundlagen marktorientierter Unternehmensführung, Konzepte – Instrumente – Praxisbeispiele, Gabler, Wiesbaden, 1998

Nieschlag, Robert / Dichtl, Erwin / Hörschgen, Hans: Marketing. Duncker & Humblot, 1997

Pepels, Werner: Käuferverhalten und Marktforschung, Schäffer-Poeschel Verlag Stuttgart, 1995

Weis, Christian: Marketing. Kiehl Verlag Ludwigshafen, 1997

Weis, Christian / Steinmetz, Peter: Marktforschung. Kiehl Verlag Ludwigshafen, 1998

Witt, Jürgen : Produktinnovation. Verlag Vahlen München, 1996a

Witt, Jürgen: Prozessorientiertes Verkaufsmanagement. Gabler Wiesbaden, 1996b

Automobil-Industrie: April 1998, 43. Jahrgang, Vogel Verlag Würzburg,

8 Finanzwirtschaft

8.1 Studienziele

Dieses Kapitel soll dem Leser ermöglichen

- ➨ die betriebliche Finanzwirtschaft als integralen Bestandteil der Betriebswirtschaft zu verstehen;
- ➨ die unterschiedlichen Finanzierungsarten zu unterscheiden und zu charakterisieren;
- ➨ die klassischen Finanzierungsregeln kennen zu lernen und einzuschätzen;
- ➨ den Zusammenhang von Cashflow und Jahresüberschuss herzustellen;
- ➨ die differenzierten Möglichkeiten der Einlagen- und Beteiligungsfinanzierung für unterschiedliche Unternehmensformen zu erkennen;
- ➨ die Potenzen emissionsfähiger Unternehmen für die Eigenkapitalstärkung aufzuzeigen;
- ➨ Alternativen der langfristigen und kurzfristigen Fremdfinanzierung von Unternehmen zu erkennen und nach Wirtschaftlichkeitskriterien zu vergleichen;
- ➨ grundlegende Aufgaben der finanziellen Führung zu verstehen.

8.2 Einführung in die Finanzwirtschaft

8.2.1 Zusammenhang von Investition und Finanzierung

Sie haben in den vorangegangenen Kapiteln vielfältige betriebliche Aufgaben kennen gelernt, die finanzielle Voraussetzungen oder finanzielle Auswirkungen haben. Als zwei Seiten eines einheitlichen Prozesses sind zusammenzuführen

- die Beschaffung der finanziellen Mittel (Kapitalbeschaffung) und
- die Verwendung der finanziellen Mittel (Kapitalverwendung).

Die Beschaffung bzw. Aufbringung finanzieller Mittel kennzeichnet die **Finanzierung,** die Verwendung finanzieller Mittel die **Investition**.

Investition und Finanzierung stehen in einem engen Zusammenhang. Investitionen sind nur dann realisierbar, wenn eine Finanzierung „darstellbar" ist. Andererseits erfordern freie finanzielle Mittel eine ertragsbringende, investive Verwendung.

Finanzierung und Investition sind den zwei Seiten der Handelsbilanz zuordenbar (vgl. Abschnitt 10.3.4). Während die Bestandsgrößen der Finanzierung auf der Passivseite der Bilanz dargestellt werden, enthält die Aktivseite die Ergebnisse der Investitionen als Bestandsgrößen.
Den Investitionsprozess haben Sie im Kapitel 4 kennen gelernt. Der Finanzierung wendet sich das aktuelle Kapitel zu.

8.2.2 Finanzwirtschaftliche Ziele

Finanzwirtschaftliche Ziele sind Bezug nehmend auf die allgemeinen Unternehmensziele (vgl. Abschnitt 2.4.1)

- die Maximierung des Ergebnisses oder der Rentabilität,
- die Sicherung der Liquidität,
- die nachhaltige Sicherheit, ggf. auch Unabhängigkeit des Unternehmens.

Dabei gelten folgende **Zusammenhänge**:

- Als Ergebnis finden Gewinngrößen und/oder Cashflow-Größen (vgl. Abschnitt 8.4) Anwendung. Dabei ergibt sich der Gewinn als Differenz der Erlöse und Kosten bzw. der Erträge und Aufwendungen, der Cashflow als Differenz der Einzahlungen und Auszahlungen.
- Die Rentabilität stellt den Quotienten einer Ergebnisgröße (Gewinn und/oder Cashflow) und einer Bezugsgröße, wie Kapitaleinsatz und Umsatz, dar.
- Die Sicherung der Liquidität beinhaltet das existenzielle Postulat der ständigen Zahlungsfähigkeit.

Betriebliche Zielkonzeptionen mit einem dominierenden Oberziel, z. B. der Kapitalrentabilität, kennzeichnen **monistische Zielkonzeptionen**. Bestehen mehrere Oberziele nebeneinander, spricht man von **pluralistischen Zielkonzeptionen**.

8.2.3 Finanzierungsarten

Finanzierungsarten entstehen durch Strukturierung der Finanzierung nach praktisch relevanten Kriterien.

Für die Systematisierung sind folgende Kriterien bedeutend:

- Herkunft des Kapitals (Außenfinanzierung und Innenfinanzierung)
- Rechtsstellung der Kapitalgeber (Eigenfinanzierung und Fremdfinanzierung)
- Dauer der Finanzierung (unbefristet, langfristig, mittelfristig, kurzfristig)
- Häufigkeit der Finanzierung (laufend, einmalig, gelegentlich)
- Anlass der Finanzierung (Unternehmensgründung, Unternehmenserweiterung, Fusion, Umwandlung, Sanierung)

Die *Abbildung 8.1* zeigt das Ergebnis der Strukturierung nach der Herkunft des Kapitals, die auch der weiteren Gliederung im Buch zu Grunde liegt.

Bei der **Außenfinanzierung** handelt es sich um die Finanzierung aus außerbetrieblichen Quellen.

Von außen kommen Einlagen und Beteiligungen sowie Kredite.

- Einlagen und Beteiligungen stellen dabei das Gründungs- oder Erweiterungskapital dar, dass betriebliche Eigentümer im Allgemeinen unbefristet bereitstellen.
- Kreditfinanzierung führt hingegen zu Gläubigerkapital. Es wird zeitlich befristet gegen Zahlung von Zinsen genutzt.

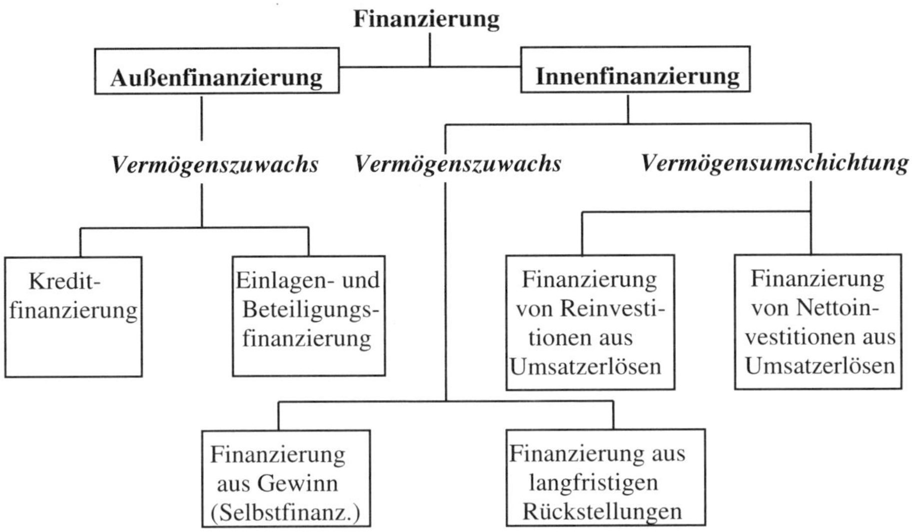

Abbildung 8.1: Gliederung der Finanzierung nach der Herkunft des Kapitals

Bei der **Innenfinanzierung** handelt es sich um eine Finanzierung aus innerbetrieblichen Quellen, vorwiegend aus dem Umsatzprozess.

Anzumerken ist, dass die erwirtschafteten Mittel dennoch von außen kommen, die Quellen dafür aber innerhalb des Unternehmens liegen.

Beispiel:

Ein Unternehmen weist folgende Struktur der Erträge und Aufwendungen auf:

Umsatzerlöse	1.000.000 €
Abschreibungen	100.000 €
Personalaufwand	250.000 €
Materialaufwand	500.000 €
Pensionsaufwand	50.000 €

Als Differenz der Umsatzerträge und der Aufwendungen entsteht ein Gewinn von 100.000 €. Das erklärt die Finanzierung aus Gewinn, die sog. **Selbstfinanzierung**. Mit ihr ist ein Vermögenszuwachs verbunden.

Die Material- und die Lohnaufwendungen müssen zur Fortführung des Leistungsprozesses durch die Umsatzerlöse ersetzt werden. In diesem Maße erfolgt die **Finanzierung von Reinvestition aus Umsatzerlösen**. Sie führt ausschließlich zu einer Vermögensumschichtung.

Die Abschreibungen haben eine Sonderstellung. Sie sind Aufwand, der nicht zu Auszahlungen in der gleichen Periode führt. Der über die Umsatzerlöse zurückfließende Betrag kann zwischenzeitlich investiv eingesetzt werden. Das charakterisiert die **Finanzierung von Nettoinvestitionen aus Umsatzerlösen** – begrifflich auch Finanzierung aus Abschreibungen genannt. Sie führt vorwiegend zu einer Vermögensumschichtung.

Unternehmen können im Interesse der Altersversorgung Pensionsaufwendungen – bei steuerlicher Anerkennung – planen. Der Rückfluss dieser Mittel über die Umsatzerlöse führt zu keinen Auszahlungen in der gleichen Periode. Über die Einstellung in die Rückstellungen werden die vereinbarten Ansprüche künftiger Zeiträume gesichert. Bis dahin können die Mittel als Finanzierungsart genutzt werden. Das erklärt an diesem Beispiel die Finanzierung aus langfristigen Rückstellungen. Sie führt zu einem Vermögenszuwachs.

Aus der Rechtsstellung der Kapitalgeber resultiert die Trennung von **Eigenkapital und Fremdkapital**.

- Eigenkapital entsteht durch die Einlagen- und Beteiligungsfinanzierung und durch die Selbstfinanzierung.
- Fremdkapital entsteht durch die Kreditfinanzierung und durch die Finanzierung aus Rückstellungen.

Finanzierungen aus Vermögensumschichtungen sind hierbei nicht eindeutig zuordenbar.

8.2.4 Liquidität

Liquidität erklärt die Fähigkeit eines Unternehmens, die fälligen Verbindlichkeiten unter der Voraussetzung des reibungslosen Ablaufs des Betriebsprozesses zu begleichen, d. h. alle Zahlungsverpflichtungen

- betragsgenau und
- zeitgenau (fristgerecht) zu erfüllen.

Die Liquidität ist eine **Existenzbedingung** des Unternehmens und gehört deshalb zu den finanzwirtschaftlichen Oberzielen. Allgemein gilt, dass unter Einbeziehung des Anfangsbestandes an Zahlungsmitteln (AB an ZM) die Einzahlungen und ggf. eine freie Kreditlinie (Kr-Linie) ausreichend sein müssen, um die fälligen Auszahlungen jederzeit tätigen zu können.

AB an ZM + Einzahlungen – Auszahlungen + freie Kreditlinie ≥ 0

Der oben definierte Liquiditätsbegriff wird begrifflich auch als **relative Liquidität** bezeichnet.

Der Liquiditätsbegriff wird aber noch in einem anderen Sinne verwendet, und zwar als **absolute Liquidität** oder als güterwirtschaftliche Liquidität.

Die **absolute Liquidität** kennzeichnet die Liquidierbarkeit der Wirtschaftsgüter (*Drukarczyk* 1996, 27).

Jedes betriebliche Vermögensgut hat einen bestimmten zeitlichen Abstand zum Geldzustand. Fertige oder halbfertige Erzeugnisse sind z. B. schneller liquidierbar als Materialvorräte oder gar Betriebsmittel. Praktische Bedeutung hat dieser Zusammenhang für

- das Schaffen einer **Liquiditätsreserve** (dafür sind nur schnell liquidierbare Vermögensgüter geeignet) und
- das Beibringen von **Kreditsicherheiten** (dafür kommen nur Vermögensgüter in Frage, die durch die Kreditgeber verwertbar, also liquidierbar sind).

Dem betrieblichen Nachweis der Zahlungsfähigkeit dienen verschiedene Kennziffern und Kennziffernrelationen. Unter Bezugnahme auf die Positionen der Handelsbilanz werden **Liquiditätsgrade** berechnet.

$$\text{Liquidität 1. Grades (Barliquidität)} = \frac{\text{ZM}}{\text{kurzfristige Verbindlichkeiten}} \cdot 100\ (\%)$$

$$\text{Liquidität 2. Grades (Quick Ratio)} = \frac{\text{ZM+ kurzfr. Forderungen}}{\text{kurzfristige Verbindlichkeiten}} \cdot 100\ (\%)$$

$$\text{Liquidität 3. Grades (Bankers Rule)} = \frac{\text{ZM+ kurzfr. Forderungen+Vorräte}}{\text{kurzfristige Verbindlichkeiten}} \cdot 100\ (\%)$$

Während im Nenner stets die Verbindlichkeiten erfasst werden, die in einer definierten Zeit, z. B. innerhalb von 3 Monaten, zu Auszahlungen führen (z. B. Verbindlichkeiten aus Lieferungen und Leistungen, kurzfristige Bankverbindlichkeiten, aber auch kurzfristige Rückstellungen), werden in den Zähler die Zahlungsmittel (ZM) und die liquidierbaren Mittel des Umlaufvermögens (mit abnehmender Liquidierbarkeit) eingestellt.

Als **Orientierungen** gelten:

- Die Liquidität 2. Grades sollte möglichst 100 % betragen.

- Die Liquidität 3. Grades als favorisierte Kennzahl von Banken sollte wesentlich höher als 100 % sein; in der Literatur und in der Praxis finden sich Richtwerte von 130 bis 200 %.

Demonstrationsbeispiel:

Eine Kapitalgesellschaft weist folgende Strukturbilanz auf (Angaben in 1000 €):

Aktiva			Passiva		
	$t = 1$	$t = 0$		$t = 1$	$t = 0$
Anlagevermögen	1.000	800	gezeichnetes Kapital	200	200
			Rücklagen	300	300
			Jahresüberschuss	50	0
Umlaufvermögen			Rückstellungen (kurzfristige)	150	200
Vorräte	250	300			
Forderungen	250	300	Verbindlichkeiten		
Zahlungsmittel	250	100	kurzfristige	300	200
			langfristige	750	600
Bilanzsumme	1.750	1.500		1.750	1.500

Die Liquiditätsgrade können für das Berichtsjahr (t = 1) und das Vorjahr (t = 0) ermittelt werden, wodurch Entwicklungstendenzen erkennbar werden.

	$t = 1$	$t = 0$
Liquidität 1. Grades	$\frac{250}{300+150} \cdot 100 = 55{,}56\ \%$	$\frac{100}{200+200} \cdot 100 = 25{,}00\%$
Liquidität 2. Grades	$\frac{250+250}{300+150} \cdot 100 = 111{,}11\ \%$	$\frac{100+100}{200+200} \cdot 100 = 100{,}00\%$
Liquidität 3. Grades	$\frac{250+250+250}{300+150} \cdot 100 = 166{,}67\ \%$	$\frac{100+300+300}{200+200} \cdot 100 = 175{,}00\%$

Die **Aussagekraft dieser bilanzbezogenen Kennziffern** ist dadurch begrenzt, dass

- aus Vergangenheitsdaten Wertungen für Gegenwart und Zukunft abgeleitet werden,
- keine Kenntnisse über die genaue Fälligkeit der Forderungen und Verbindlichkeiten vorliegen und
- verschiedene bilanzielle Wahlrechte (vgl. Abschnitt 10.3.4) Einfluss haben können.

Genaue Ergebnisse sind zu erzielen, wenn auf der Grundlage der Stromgrößen Einzahlungen und Auszahlungen betrags- und zeitgenau eine **Liquiditätsplanung** vorgenommen wird. Damit wird der betriebliche **Cashflow** ermittelt.

> Der **Cashflow** bezeichnet den Überschuss der Einzahlungen über die Auszahlungen für eine definierte Periode.

In der Praxis ist die Kenntnis des **Zusammenhanges von Jahresüberschuss** (JÜ) und **Cashflow** (CF) erforderlich. ❶ Wesentlich ist zu erkennen, dass der Jahresüberschuss

- einerseits durch Aufwendungen reduziert wird, die nicht zu Auszahlungen führen (z. B. Abschreibungen, Rückstellungsaufwendungen),
- andererseits durch Erträge gebildet wird, denen in der Periode keine Einzahlungen gegenüberstehen (z. B. Zielverkäufe, Bestandserhöhungen)

Der Praktiker rechnet vereinfacht:
CF = JÜ + Abschreibungen ± Veränderung der Rückstellungen

8.2.5 Finanzierungsregeln

> **Finanzierungsregeln** sind Grundregeln zur Gestaltung der Kapitalstruktur und deren Beziehungen zur Vermögensstruktur als Bedingungen des finanziellen Gleichgewichts.

Unter Bezugnahme auf die Bilanz werden folgende Regeln unterschieden ❷:

- die horizontalen Finanzierungsregeln und
- die vertikale Kapitalstrukturregel.

> Die **horizontalen Finanzierungsregeln** (auch „goldene Finanzierungsregel", „goldene Bilanzregel" genannt) besagen, dass die Fristigkeit des Kapitals der Umschlagsdauer des damit finanzierten Vermögens entsprechen soll.

Erkenntnis:
Langfristig gebundene Vermögensgüter (wie das Anlagevermögen und Mindestvorräte) sind langfristig (durch Eigenkapital und langfristiges Fremdkapital) zu finanzieren.

$$\text{Goldene Bilanzregel} = \frac{\text{Langfristiges Vermögen}}{\text{Langfristiges Kapital}} \cdot 100 \leq 100$$

Die **vertikale Kapitalstrukturregel** bezieht sich auf die Zusammensetzung des Kapitals. Maßgröße ist der **Verschuldungsgrad (V).**

$$V = \frac{\text{Fremdkapital}}{\text{Eigenkapital}}$$

> Die klassische 1:1-Regel sagt aus, dass nur so viel Fremdkapital aufgenommen werden sollte, wie Eigenmittel eingesetzt werden; später erfolgte eine Reduzierung dieser Forderung auf 2:1.

Erkenntnis:
Eine angemessene Beteiligung mit Eigenkapital ist für die Stabilität von Unternehmen und für die Begleitung durch Fremdkapitalgeber bedeutend.

Der Verschuldungsgrad verdient noch weiter gehende Überlegungen. Eine interessante Beziehung bietet der sog. **Leverageeffekt**, der den Zusammenhang von Eigenkapitalrentabilität (r_{EK}), Gesamtkapitalrentabilität vor Abzug von Fremdkapitalzinsen ($\mathbf{r}_{GK}$), Fremdkapitalzinssatz (i) und Verschuldungsgrad (V) aufzeigt.

$$r_{EK} = r_{GK} + \underbrace{(r_{GK} - i) \cdot \frac{FK}{EK}}_{\text{Leverageeffekt}}$$

Folgender Zusammenhang gilt: Wenn die Gesamtkapitalrentabilität (vor Abzug der Fremdkapitalzinsen) höher ist als der Fremdkapitalzins, steigt mit zunehmender Verschuldung die Eigenkapitalrentabilität. Vergleichen Sie empirische Berechnungen dazu in der Literatur (*Wöhe/Bilstein* 1998, 350 f.).

Demonstrationsbeispiel:
Ein Unternehmen plant eine Investition von 500.000 € mit einem Bruttogewinn (vor Abzug der Fremdkapitalzinsen) von 60.000 €. Mit folgender Finanzierung der Investition wird gerechnet:

200.000 € Eigenkapital

300.000 € Fremdkapital mit 8 % Zinssatz p.a.

Unter Anwendung der genannten Formel ergibt sich der folgende Berechnungsweg:

$$r_{EK} = \frac{60.000}{500.000} + \left(\frac{60.000}{500.000} - 0{,}08\right) \cdot \frac{300.000}{200.000}$$

$$r_{EK} = 0{,}12 + (0{,}12 - 0{,}08) \cdot 1{,}5$$

$$r_{EK} = 0{,}12 + 0{,}06$$

$$r_{EK} = 0{,}18$$

Die Eigenkapitalrentabilität von 18 % setzt sich zusammen aus 12 % Gesamtkapitalrentabilität und 6 % Leverageeffekt.
Für den Fall, dass eine höhere Verschuldung eingegangen wird, erhöht sich unter den gegebenen Bedingungen die Eigenkapitalrentabilität. Wenn z .B. eine Finanzierungsstruktur von 100.000 € Eigenkapital und 400.000 € Fremdkapital gewählt wird, erhöht sich der Leverageeffekt auf 16 %, die Eigenkapitalrentabilität auf 28 %.

$$r_{EK} = \frac{60.000}{500.000} + \left(\frac{60.000}{500.000} - 0{,}08\right) \cdot \frac{400.000}{100.000}$$

$r_{EK} = 0{,}12 + 0{,}16$

$r_{EK} = 0{,}28$

Bei positiver Differenz von Gesamtkapitalrentabilität (vor Abzug der Fremdkapitalzinsen) und Zinssatz für das Fremdkapital erhöht sich demnach mit steigender Verzinsung die Eigenkapitalrentabilität. Ist die Differenz negativ, wirkt der Hebeleffekt in die entgegengesetzte Richtung.

8.3 Außenfinanzierung

8.3.1 Einlagen- und Beteiligungsfinanzierung

8.3.1.1 Wesen und Einteilung

Einlagen- und Beteiligungsfinanzierung bedeuten Zuführung von Eigenkapital aus außerbetrieblichen Quellen.

Einlagen und Beteiligungen können in Form von Geld, Sachen (materielle Gegenstände) oder Rechten (Lizenzen, Patente) vorgenommen werden. Besonders in der Startphase von Unternehmen ist diese Finanzierungsart für das Aufkommen von Eigenkapital dominierend.

8

Die Potenzen der **Einlagen- und Beteiligungsfinanzierung** werden maßgeblich von der Rechtsform der Unternehmen bestimmt. Sie haben sich im Kapitel 2 einen Überblick zu den unterschiedlichen Rechtsformen verschafft, der im Weiteren themenbezogen untersetzt wird.

8.3.1.2 Einlagen- und Beteiligungsfinanzierung bei Personenunternehmen

a) Einzelunternehmen

Die Möglichkeiten des Einzelunternehmers, Einlagen vorzunehmen, hängt maßgeblich von seinem persönlichen Vermögen ab. Sie sind mithin begrenzter als die anderer Rechtsformen. Eigenkapitalähnliche **Erweiterungen** sind möglich durch

- die Aufnahme stiller Gesellschafter und/oder
- die Nutzung von Eigenkapitalhilfen (Förderkredite der Deutschen Ausgleichsbank).

Diese Möglichkeiten zur Erweiterung des Eigenkapitals ergeben sich auch bei den nachfolgenden Unternehmensformen.

b) Offene Handelsgesellschaft (OHG)

Durch die Zusammenführung mehrerer unbeschränkt haftender Gesellschafter ergeben sich für die OHG bessere Potenzen der Einlagen- und Beteiligungsfinanzierung als beim Einzelkaufmann. Infolge der Befugnisse aller Gesellschafter zur Geschäftsführung sind aber der Erweiterung des Gesellschafterkreises enge Grenzen gesetzt.

c) Kommanditgesellschaft (KG)
Die KG hat hinsichtlich der Einlagenfinanzierung der **Komplementäre** ähnliche Potenzen wie die OHG. Durch die mögliche Einbeziehung eines größeren Kreises von **Kommanditisten** heben sich die finanziellen Gesamtmöglichkeiten der KG deutlich von den anderen Personenunternehmen ab.

d) Stille Gesellschaft
Die stille Gesellschaft ist keine Handelsgesellschaft, sondern eine reine Innengesellschaft. Sie dient der kapitalseitigen Stärkung der Einlagenfinanzierung anderer Unternehmensformen. Die Potenzen hängen wesentlich von der Vertragsgestaltung ab, wie

- der Vertragslaufzeit,
- den Vereinbarungen der Gewinnbeteiligung,
- dem möglichen Verlustausschluss und
- der möglichen Beteiligungen am entstehenden Unternehmenswert (so genannte atypische stille Beteiligungen).

8.3.1.3 Beteiligungsfinanzierung bei Kapitalgesellschaften

Kapitalgesellschaften sind Gesellschaften, bei denen die Haftung der Gesellschafter auf den Nominalwert der Beteiligung beschränkt ist. Aus der beschränkten Haftung der Gesellschafter resultiert die Fixierung eines zu zeichnenden Kapitals als Mindesthaftungssummen.

a) Gesellschaft mit beschränkter Haftung (GmbH)

Für die GmbH gelten folgende Regelungen (§ 5 und § 7 *GmbHG*):

- Der Mindestbetrag des gezeichneten Kapitals (Stammkapital) beträgt 25.000 €.
- Der Mindestbetrag der Stammeinlage jedes Gesellschafters beträgt 100 €.
- Kein Gesellschafter darf bei Gründung mehrere Stammeinlagen übernehmen.
- Der Betrag der Stammeinlage kann für die einzelnen Gesellschafter unterschiedlich sein. Er muss aber durch 50 € teilbar sein.
- Zum Zeitpunkt der Handelsregistereintragung muss jeder Gesellschafter wenigstens ein Viertel seiner Stammeinlage eingezahlt haben, zusammen muss die Hälfte des Mindeststammkapitels, also 12.500 €, eingezahlt sein.
- Sollen Sacheinlagen geleistet werden, so müssen der Gegenstand der Sacheinlage und der Betrag der Stammeinlage, auf den sich die Sachanlage bezieht, im Gesellschaftsvertrag verdeutlicht werden.

Aus der Möglichkeit nach **anteiliger Einzahlung auf die Stammeinlage** ergeben sich Pflichten für die Gesellschafter zum Ausgleich der ausstehenden Beträge. Im Falle nicht fristgerechter Einzahlungen auf die eingeforderten Beträge besteht ein umfangreicher Katalog rechtlicher und wirtschaftlicher Konsequenzen (vgl. §§ 20–25 *GmbHG*).

Nach dem *GmbHG* besteht die Möglichkeit, eine **Nachschusspflicht** im Gesellschaftervertrag zu vereinbaren, die

- auf einen bestimmten Betrag beschränkt ist (beschränkte Nachschusspflicht) oder
- betraglich nicht begrenzt wird (unbeschränkte Nachschusspflicht).

Für den Fall von Versäumnissen bei den Einzahlungen für geforderte Nachschüsse sind wie oben rechtliche und wirtschaftliche Konsequenzen zu beachten (§ 27 und § 28 *GmbHG*).

Von der Rechtskonstruktion her gesehen hat die GmbH als Kapitalgesellschaft **keine hervorgehobene Stellung bei der Beteiligungsfinanzierung**. Da es auch GmbHs mit nur einem Gesellschafter gibt und das Stammkapital oft nur 25.000 € beträgt, ergeben sich praktisch wiederholt eigenkapitalseitige Bedingungen, die hinter denen eines Einzelkaufmannes zurückstehen.

8

b) Aktiengesellschaften (AG)

Die AG stellt die Rechtsform mit den besten Potenzen der Beteiligungsfinanzierung dar. Voraussetzung dafür sind

- die Zerlegung des gezeichneten Kapitals (Grundkapitals) in Anteilspapiere (Aktien) und
- die Zuführung der Aktien zu einem organisierten Handel (der Börse).

Anzumerken ist, dass die Mehrzahl der deutschen Aktiengesellschaften nicht am organisierten Börsenhandel teilnehmen und damit die Möglichkeiten einer verstärkten Beteiligungsfinanzierung (noch) nicht nutzen.

Für die AG gelten folgende Regelungen (§§ 6–12 *AktG*):

- Der **Mindestnennbetrag** des Grundkapitals beträgt 50.000 €.
- Die Aktien können entweder als Nennbetragsaktien oder als Stückaktien begründet werden.
- **Nennbetragsaktien** müssen auf mindestens 1 € lauten; höhere Aktienbeträge auf volle €.
- **Stückaktien** lauten auf keinen Nennbetrag, sondern bringen einen Anteil am Grundkapital zum Ausdruck.
- Aktien sind z. T. mit unterschiedlichen Rechten ausgestattet. Aktien gleicher Rechte bilden eine **Aktiengattung.**

Der Normaltyp der Aktie ist die **Stammaktie.** Stammaktionäre besitzen die grundlegenden Vermögens- und Gesellschaftsrechte, wie Stimmrecht in der Hauptversammlung, Gewinnanteilsrecht und Bezugsrecht auf junge Aktien. Der Umfang der Rechte richtet sich nach dem Anteil am Grundkapital.

Vorzugsaktien zeichnen sich durch zusätzliche Rechte aus, wobei praktisch der höhere Dividendenanspruch dominiert. Vorzugsaktien können als Aktien ohne Stimmrecht ausgegeben werden (§ 12 *AktG*).

Namensaktien lauten auf den Namen des Aktionärs. Sie setzen das Bestehen eines Aktienbuches voraus, in dem die Eigentümer adressiert nachgewiesen werden. Jeder Aktienverkauf geht mit dem Umtragen im Aktienbuch einher. Das war der Grund, weshalb Namensaktien lange Zeit für den Aktienhandel als ungeeignet angesehen wurden. Mit der Führung eines elektronischen Aktienbuches hat sich das grundlegend verändert. Die Mehrzahl der im DAX vereinigten großen deutschen AGs haben auf Namensaktien umgestellt.

Inhaberaktien lauten nur auf den Namen der Gesellschaft. Ihre Übertragung erfolgt ausschließlich nach den Regeln des Kapitalmarktes.

Der **Zugang zum organisierten Kapitalmarkt** verlangt von den AGs die Ausrichtung der Unternehmenspolitik auf die Interessen potenzieller Kapitalanleger. Das Engagement hängt maßgeblich davon ab, welche Erwartungen potenzielle Kapitalgeber an

- die Dividendenentwicklung und
- die Entwicklung des Unternehmenswertes

haben. Die Erwartungen werden über Kennziffern zum inneren Wert einer Aktie zum Ausdruck gebracht, z. B. durch den Bilanzkurs und das Kurs-Gewinn-Verhältnis (KGV) :

$$\text{Bilanzkurs} = \frac{\text{bilanzielles Eigenkapital}}{\text{Grundkapital}} \cdot 100 \ (\%)$$

$$\text{KGV} = \frac{\text{Börsenkurs}}{\text{Gewinn je Aktie}} \cdot 100 \ (\%)$$

An der **Börse** treffen die Marktteilnehmer aufeinander. Die *Abbildung 8.2* gibt einen Überblick über die Börsensegmente in Deutschland.

Der organisierte Markt (dazu zählen der Amtliche Handel und der Geregelte Markt) wird für Stammaktien und Vorzugsaktien durch den Börsenvorstand und/oder durch staatlich vereidigte Kursmakler abgewickelt. Für die Zulassung zum organisierten Markt ist ein Börsenzulassungsprospekt erforderlich, das vom Emittenten und einem Wertpapierhaus (mit Zulassung zum Handel an der betreffenden Börse) gemeinsam vorzulegen ist. Für die einzelnen Börsensegmente bestehen unterschiedlich restriktive Anforderungen an den Emittenten und die Börsenmakler.

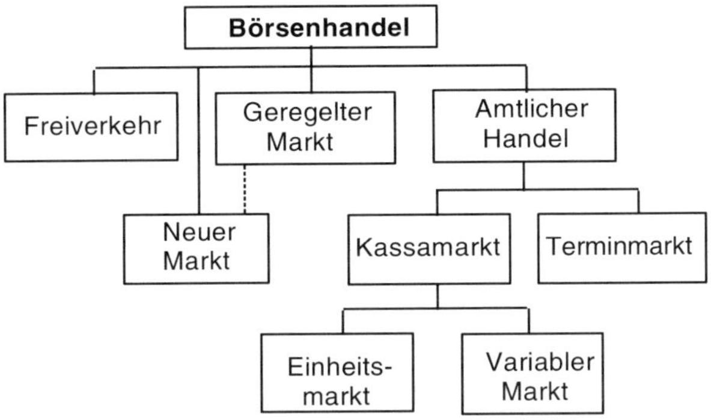

Abbildung 8.2: Struktur des Börsenhandels in Deutschland

Eine Sonderstellung hat der **Neue Markt,** der 1997 für Wachstumswerte eingerichtet wurde. Hier ist ausschließlich ein Handel mit Stammaktien möglich. Privatrechtlicher Träger ist die Deutsche Börse AG. Durch parallele Zulassung der AGs zum Geregelten Markt wird die Zuordnung zum organisierten Markt erreicht. Die sonstigen Zulassungsbedingungen orientieren sich an internationalen Standards.

Die **Börsenkurse** werden für größere Aufträge laufend (**variabler Markt**) und für kleine Aufträge täglich einmal (**Einheitsmarkt**) ermittelt. Beide Segmente sind Bestandteile des **Kassamarktes**. Hier erfolgt die Abwicklung des Börsengeschäftes umgehend . Dagegen wird beim **Terminmarkt** die Erfüllung der Geschäfte für einen späteren Zeitpunkt (z. B. nach 1, 3 oder 6 Monaten) vereinbart.

8.3.2 Kreditfinanzierung

8.3.2.1 Wesen und Einteilung

Kreditfinanzierung bedeutet Zuführung von Gläubigerkapital. Dabei entsteht ein schuldrechtliches Verhältnis des Kreditnehmers zum Kreditgeber.

Für die mittelständische Wirtschaft in Deutschland ist die Kreditfinanzierung die dominierende Säule der Unternehmensfinanzierung. Der durchschnittliche Verschuldungsgrad von 4 belegt das.

Die *Abbildung 8.3* nimmt eine Systematisierung der potenziellen Kreditgeber und ihrer hauptsächlichen Produkte vor.

8

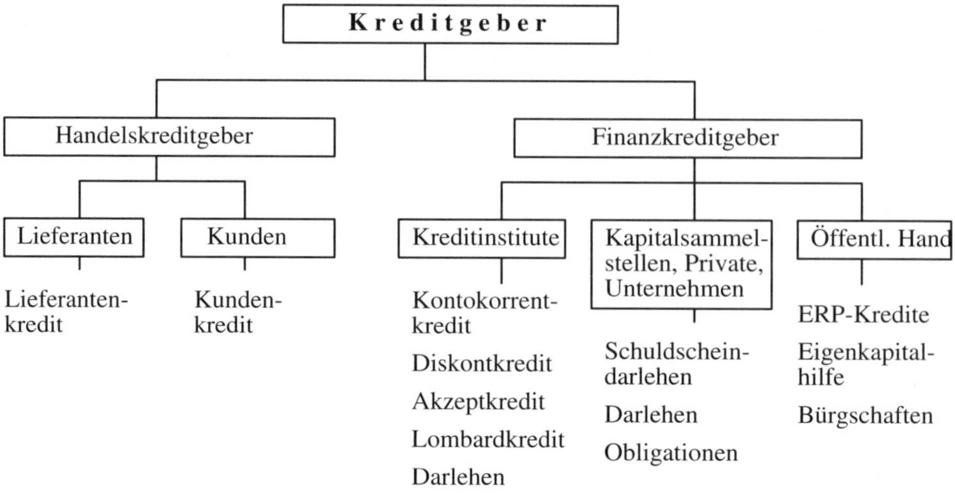

Abbildung 8.3: Träger und Produkte der Kreditfinanzierung

Die Abbildung macht deutlich, dass neben den traditionellen Kreditinstituten auch Kapitalsammelstellen, Private und Unternehmen sowie die öffentliche Hand als Kreditgeber fungieren. Auch treten Unternehmen in bedeutendem Umfange als Handelskreditgeber auf.

8.3.2.2 Kreditbesicherung

Jeder Kreditgeber ist daran interessiert, das Ausfallrisiko für den gewährten Kredit zu minimieren. Dem dienen

- die Kreditwürdigkeitsprüfungen und
- das Beibringen von Kreditsicherheiten.

Kreditwürdigkeitsprüfungen sollen den Nachweis erbringen, dass der Kapitalnehmer aus persönlicher und aus wirtschaftlicher Sicht die Gewähr für einen stabilen Kapitaldienst bietet.

Bei der **persönlichen Kreditwürdigkeit** des Antragstellers werden geprüft

- die rechtlichen Verhältnisse (Geschäftsfähigkeit, Vertretungsbefugnis, Güterstand) und
- die unternehmerische Kompetenz (Sachkompetenz, Sozialkompetenz).

Die **wirtschaftliche Kreditwürdigkeit** bezieht sich auf die konkreten wirtschaftliche Verhältnisse, dokumentiert durch Finanzanalysen und -pläne, Auftragsübersichten usw.

Kreditsicherheiten sollen den Kapitalgeber für den Fall nachhaltiger Zahlungsprobleme in die Lage versetzen, Befriedigung aus der Verwertung der Sicherheit zu erhalten.

Die nutzbaren Sicherheiten lassen sich unterscheiden in

- **Personalsicherheiten**, wie die Bürgschaft, die Garantie, der Schuldbeitritt und der Kreditauftrag, und
- **Realsicherheiten** (Sachsicherheiten), wie der Eigentumsvorbehalt, die Sicherungsübereignung, die Forderungsabtretung sowie die beweglichen und unbeweglichen Pfandrechte.

Verschaffen Sie sich im Selbststudium einen Überblick zu den einzelnen Sicherheiten (vgl. *Busse* 1993, 95 ff.)

8.3.2.3 Langfristige Kreditfinanzierung

Bezug nehmend auf die Positionen der Abbildung 8.3 sind die Darlehen, die Schuldscheindarlehen und die Obligationen Elemente der langfristigen Kreditfinanzierung. Für mittelständische Unternehmen stehen die langfristigen Bankdarlehen im Mittelpunkt des Interesses.

8

a) Langfristige Bankdarlehen

Das **langfristige Bankdarlehen** entsteht durch die Bereitstellung von Gläubigerkapital auf der Grundlage eines Kreditvertrages.

Der **Kreditvertrag** enthält vielfältige gesetzlich fixierte (nach Verbraucherkreditgesetz und Preisangabenverordnung) und kaufmännische Bestandteile. Dazu gehören Angaben

- zum Darlehensnehmer,
- zur Darlehensform,
- zum Verwendungszweck des Darlehens,
- zum Auszahlungsbetrag,
- zur Laufzeit,
- zur Art und Weise der Rückzahlung,
- zum Nominalzins und Effektivzins,
- zum Gesamtbetrag der Zahlungen bezogen auf die gesamte Darlehenslaufzeit,
- zu den Kreditsicherheiten und
- zur Vertragsbeendigung sowie Kündigung.

Beispiel:

Ein Kreditnehmer nimmt folgendes Darlehen in Anspruch:

Darlehensnennbetrag	300.000 €

Laufzeit	4 Jahre mit nachschüssigem, jährlichem Kapitaldienst
Zinssatz	8% p.a.
Damnum/Disagio	4%
Bearbeitungsgebühren	2%

Für dieses Beispiel sollen nachfolgend die Unterschiede zwischen Nennbetrag und Auszahlungsbetrag, die verschiedenen Darlehensformen und der Zusammenhang von Nominalzins und Effektivzins erklärt werden.

Als erstes ist zu erkennen, dass es im Beispiel einen **Unterschied zwischen Darlehensnennbetrag und Auszahlungsbetrag** gibt:

- Darlehensnennbetrag 300.000 €
- Auszahlungsbetrag 282.000 €

Dabei wird der Auszahlungsbetrag im Maße des Damnums (4 %) und der Bearbeitungsgebühren (2 %) reduziert.

Das Darlehen kann unterschiedliche Ansätze für den Kapitaldienst haben. Das führt zu **Darlehensformen**. Die wichtigsten Darlehensformen sind

- Blockdarlehen (Festdarlehen),
- Ratendarlehen (Abzahlungsdarlehen) und
- Annuitätendarlehen,

wobei tilgungsfreie Jahre zu einer weiteren Differenzierung führen können.

Nachfolgend wird der Kapitaldienst für die einzelnen Darlehensformen gemäß dem praktischen Vorgehensweg so ermittelt, dass

- sich die Nominalverzinsung stets auf den Darlehensnennbetrag am Periodenanfang (PA) bezieht,
- die Tilgungen die Bemessungsgrundlage der Zinsen reduzieren und
- der Kapitaldienst (Annuität) die Summe aus Zinsen und Tilgung darstellt.

Tabelle 8.1: Kapitaldienstentwicklung beim Festdarlehen

J	Restschuld PA	Zinsen	Tilgung	Annuität	Restschuld PE
1	300.000,00	24.000,00	0	24.000,00	300.000,00
2	300.000,00	24.000,00	0	24.000,00	300.000,00
3	300.000,00	24.000,00	0	24.000,00	300.000,00
4	300.000,00	24.000,00	300.000,00	324.000,00	300.000,00
Σ		96.000,00	300.000,00	396.000,00	

Charakteristisch für das **Festdarlehen** sind gleich hohe Zinsen während der Darlehenslaufzeit. Aus der endfälligen Tilgung resultiert eine Auszahlungsspitze. Praktisch kann man Festdarlehen bei Finanzierungen mit Versicherungstilgung finden.

Tabelle 8.2: Kapitaldienstentwicklung beim Ratendarlehen

J	Restschuld PA	Zinsen	Tilgung	Annuität	Restschuld PE
1	300.000,00	24.000,00	75.000,00	99.000,00	225.000,00
2	225.000,00	18.000,00	75.000,00	93.000,00	150.000,00
3	150.000,00	12.000,00	75.000,00	87.000,00	75.000,00
4	75.000,00	6.000,00	75.000,00	81.000,00	0
Σ		60.000,00	300.000,00	360.000,00	

Ratendarlehen haben einen gleich bleibenden jährlichen Tilgungsbetrag, Da sich die Zinsen jeweils auf die Restschuld beziehen, reduzieren sich während der Laufzeit die Zinsen und die Annuität.

Tabelle 8.3: Kapitaldienstentwicklung beim Annuitätendarlehen

J	Restschuld PA	Zinsen	Tilgung	Annuität	Restschuld PE
1	300.000,00	24.000,00	66.576,00	90.576,00	233.424,00
2	233.424,00	18.673,92	71.902,08	90.576,00	161.521,92
3	161.521,92	12.921,75	77.654,25	90.576,00	83.867,67
4	83.867,67	6.709,41	83.866,59	90.576,00	1,08
Σ		62.305,08	299.998,92	362.304,00	

Annuitätendarlehen haben während der Laufzeit einen gleich hohen Kapitaldienst. Im Maße der Reduzierung der Zinsen erhöht sich die Tilgung. Die Annuität wird mit dem Annuitätenfaktor (Wiedergewinnungsfaktor) wie folgt ermittelt:

$$\text{Annuität} = \text{Rückzahlungsbetrag} \cdot \frac{(1+i)^t \cdot i}{(1+i)^t - 1}$$

$$\text{Annuität} = 300.000\ € \cdot \frac{(1+0{,}08)^4 \cdot 0{,}08}{(1+0{,}08)^4 - 1} = 90.576{,}24\ €$$

Praktisch wird beim Annuitätendarlehen (wie im Beispiel) der Kapitaldienstbetrag gerundet, wodurch sich eine veränderte Anfangs- oder Schlusszahlung ergibt.

Beachtenswert sind die betriebswirtschaftlichen Auswirkungen unterschiedlicher Darlehensformen, bedingt durch die Höhe und die Struktur des Kapitaldienstes. Die Auswirkungen beziehen sich auf die Entwicklung

- des Gewinnes (Zinsen reduzieren den Gewinn und die Bemessungsgrundlage der Ertragsteuern) und
- die Liquidität.

Der **Zinssatz** kann fest oder variabel vereinbart werden. Variabel verzinsliche Darlehen sollten sich an einem Referenzzinssatz orientieren, wie EURIBOR

(European Interbank Offered Rate) oder LIBOR (London Interbank Offered Rate). Die Vereinbarung variabler Zinsen erleichtert die Kündigung von Darlehen (vgl. § 609a *BGB*).

Für den Vergleich unterschiedlicher Darlehensangebote ist die Ermittlung des Effektivzinses erforderlich. Der Ausweis des effektiven Jahreszinses ist für Konsumentenkredite gesetzlich vorgeschrieben (PAngV). In den **Effektivzins** gehen vor allem ein

- der Nominalzins,
- das Damnum/Disagio,
- die Bearbeitungsgebühren und
- Provisionen.

Einfluss haben auch die Darlehensformen, der Rhythmus der Zins- und Tilgungszahlungen und mögliche tilgungsfreie Jahre.

Der Effektivzins entspricht dem internen Zinsfuß der Zahlungsreihe. ❸ Vergleichen Sie zur Ermittlung des internen Zinsfußes den Abschnitt 4.5.5.2. Darüber hinaus finden praktisch Näherungsverfahren Anwendung, die

- laufende Aufwendungen (k_l) der Darlehensnutzung zum Nominalzins (i_{nom}) addieren und
- einmalige Aufwendungen (k_e), wie Damnum und Bearbeitungsgebühren, auf die mittlere Laufzeit verteilen.

Die **mittlere Laufzeit** (t_m) bringt (als Fiktion) die Laufzeit der vollen Darlehenssumme zum Ausdruck. Sie entspricht beim Festdarlehen der gesamten Laufzeit (t); beim Ratendarlehen ergibt sich die mittlere Laufzeit mit

$$t_m = \frac{t+1}{2}$$

Als statisches Näherungsverfahren kann folgender Ansatz genutzt werden (nach *Wöhe/Bilstein* 1998, 165):

$$i_{eff} = \frac{i_{nom} + k_l + \frac{k_e}{t_m}}{100 - k_e}$$

Für den Fall eines Ratendarlehens gilt im obigen Beispiel z. B. eine mittlere Laufzeit von 2,5 Jahren und ein Effektivzins von 11,06 %.

$$i_{eff} = \frac{8 + \frac{6}{2,5}}{100 - 6} = 0,1106$$

Genauere Ergebnisse lassen sich überschlägig dadurch erzielen, dass die einmaligen Aufwendungen finanzmathematisch über den Restwertverteilungsfaktor (*RVF*) verteilt werden (vgl. *Däumler* 1997, 167 ff.).

$$i_{eff} = \frac{i_{nom} + k_l + k_e \cdot RVF}{100 - k_e}$$

Der Restwertverteilungsfaktor ergibt sich mit

$$RVF = \frac{i}{(1+i)^t - 1}$$

Für das obige Beispiel ergibt sich bei einer mittleren Laufzeit von 2,5 Jahren der Restwertverteilungsfaktor mit gerundet 0,377077 und der Effektivzins mit 10,92 %.

$$RVF = \frac{0,08}{(1+0,08)^{2,5} - 1} = 0,377077$$

$$i_{eff} = \frac{8 + 6 \cdot 0,377077}{100 - 6} = 0,1092$$

b) Schuldscheindarlehen

8

Ein **Schuldscheindarlehen** ist ein langfristiges Großdarlehen, das auf der Basis eines Schuldscheines oder eines Schuldscheindarlehensvertrages ohne Zwischenschaltung des Kapitalmarktes aufgenommen wird.

Kapitalgeber sind vor allem Kapitalsammelstellen, wie Versicherungen, Pensionskassen und Bausparkassen, die für „erste Adressen“ (Gebietskörperschaften, Kreditinstitute, große Unternehmen) die ihnen anvertrauten Mittel renditeorientiert einsetzen. Bei Versicherungen wird das Bundesaufsichtsamt für das Versicherungswesen wirksam. Die Abwicklung des Darlehens erfolgt analog zum Bankdarlehen (vgl. *Wöhe/Bilstein* 1998, 165 ff.).

c) Obligationen

Eine **Obligation** (Schuldverschreibung, Anleihe) ist ein langfristiges Großdarlehen, das durch emissionsfähige Unternehmen über den Kapitalmarkt aufgenommen wird.

In der Praxis werden Schuldverschreibungen in Höhe von mehreren 100 Millionen € zu handelbaren Nennwerten (Teilschuldverschreibungen) emittiert, um einen breiten Kapitalgeberkreis zu erreichen.

Beispiel:
Die Deutsche Telekom International Finance B.V. hat eine 5¼-Anleihe von DM 2.000.000.000 unter der unbedingten und unwiderruflichen Garantie der Deutschen Telekom AG von 1998 bis zum Jahre 2008 begeben.

Die Emissionsbedingungen entsprechen denen der Aktienemission. In Vorbereitung der Emission ist über ein Wertpapierverkaufsprospekt eine hinreichende Information zu den Ausstattungsmerkmalen der Obligation und zum emittierenden Unternehmen zu geben. **Ausstattungsmerkmale** beziehen sich u. a. auf

- den Emissionsbetrag,
- die Stückelung,
- die Verzinsung,
- den Ausgabekurs
- den Rückzahlungskurs,
- die Laufzeit,
- die Kündigung durch den Emittenten,
- die Tilgung und
- die Sicherheiten des Emittenten.

Besonders in Zeiten niedriger Kapitalmarktzinsen finden sich vielgestaltige Ansätze für die Verzinsung, z. B.

- Anleihen mit einer Schwankungsbreite der Verzinsung (Collared Floater) und
- Anleihen mit einer stufenweisen, ansteigenden Verzinsung (Step-Up-Anleihen).

Auch bestehen **Sonderformen**, bei denen die Gläubigerpapiere mit einem Erwerbsrecht von Aktien ausgestattet werden. Derartige Obligationen sind bekannt als

- Wandelschuldverschreibungen und
- Optionsschuldverschreibungen.

Wandelschuldverschreibungen enthalten neben dem Anspruch auf Zinsen und Tilgung das verbriefte Recht, *anstelle* der Rückzahlung zu einem festgelegten Wandlungspreis Aktien zu erwerben. Durch die Wandlung wird das ursprüngliche Gläubigerverhältnis zu einem Eigentümerverhältnis. Das Sonderrecht dient dazu, den Zinssatz etwas zu reduzieren und/oder eine vorgesehene Erhöhung des Eigenkapitals vorzubereiten.

Beispiel:
Bei der Begebung einer 4 %-Wandelschuldverschreibung von 1.000 € wird für die Wandlung ein Wandlungspreis von 50 € genannt. Zum Zeitpunkt der Wandlung hat die Aktie einen Kurswert von 55 €. Bei vollständiger Wandlung hat der Obligationär neben der bisherigen Verzinsung einen Kursgewinn von 100 €.

Optionsschuldverschreibungen erhalten ebenfalls das verbriefte Recht auf Aktienbezug, allerdings hier als *zusätzliches Recht*. Die Schuldverschreibung kommt also planmäßig zur Rückzahlung. Der Obligationär hat parallel dazu das Recht auf Aktienbezug zu einem vorher festgelegten Erwerbspreis. Optionsschuldverschreibungen bestehen demnach aus zwei Teilen,

- der Schuldverschreibung und
- dem Optionsschein (Warrant).

8.3.2.4 Kurzfristige Kreditfinanzierung

Bezug nehmend auf die Abbildung 8.3 sind Handelskredite und verschiedene kurzfristige Bankkredite für die Abdeckung eines Kapitalbedarfs innerhalb eines Zeitraumes von 12 Monaten nutzbar.

a) Lieferantenkredit

Der **Lieferantenkredit** entsteht durch die Gewährung von Zahlungszielen an die Abnehmer von Produkten und Leistungen.

Er wird durch Angabe der jeweiligen Zahlungsziele in der Rechnung vereinbart. Der Abnehmer kann mit der bezogenen Ware arbeiten, ohne sofort die Zahlung vornehmen zu müssen.

Beispiel:
Ein Textilunternehmen gewährt seinen Kunden ein Zahlungsziel von 60 Tagen. Bei Zahlung innerhalb von 10 Tagen kann 4 % Skonto in Anspruch genommen werden.

Für den Lieferantenkredit wird kein Zins vereinbart. Dennoch ist der Abnehmer in der Lage, unter Einbeziehung des Zahlungszieles (*Z*), der Skontofrist (*s*) und des Skontosatzes (*S*) die Kosten des Lieferantenkredites in Form eines Zinssatzes (*p*) auszurechnen. Der Zinssatz resultiert aus der Nichtinanspruchnahme des Skontos bei Nutzung des Zahlungszieles. Es gilt folgende Praktikerformel:

$$p = \frac{S}{Z - s} \cdot 360$$

Der Zusammenhang von Skontosatz, Skontofrist und Zinssatz wird in der *Tabelle 8.4* deutlich.

Für das Beispiel gilt:

$$p = \frac{4}{60 - 10} \cdot 360 = 28{,}80\ \%$$

Die Inanspruchnahme des Lieferantenkredites führt demnach zu einem Jahreszins von 28,8 %. Es ist ein Gebot wirtschaftlicher Vernunft, in einem derartigen Falle andere Finanzierungsquellen, z. B. den Kontokorrentkredit, in Anspruch zu nehmen, um den Skontovorteil zu nutzen. ❹

Tabelle 8.4: Kosten des Lieferantenkredites (aus Sicht des Kunden)

Skontosatz (%)	Skontobezugsspanne (in Tagen)							
	10	20	30	40	50	60	70	80
1,0	36,0	18,0	12,0	9,0	7,2	6,0	5,1	4,5
1,5	54,0	27,0	18,0	13,5	10,8	9,0	7,7	6,8
2,0	72,0	36,0	24,0	18,0	14,4	12,0	10,3	9,0
2,5	90,0	45,0	30,0	22,5	18,0	15,0	12,9	11,3
3,0	108,0	54,0	36,0	27,0	21,6	18,0	15,4	13,5
3,5	126,0	63,0	42,0	31,5	25,2	21,0	18,0	15,8
4,0	144,0	72,0	48,0	36,0	28,8	24,0	20,6	18,0
4,5	162,0	81,0	54,0	40,5	32,4	27,0	23,1	20,3
5,0	180,0	90,0	60,0	45,0	36,0	30,0	25,7	22,5

b) Kundenkredit

Der **Kundenkredit** (Kundenanzahlung, Beschaffungskredit) entsteht durch Vorauszahlung des Kaufpreise oder durch Anzahlungen.

Kundenkredite sind üblich in Branchen mit

- langen Produktionszeiten und
- hoher Kapitalbindung.

Beispiele finden sich im Sondermaschinenbau, im Schiffbau, im Anlagenbau und in der Bauwirtschaft.

Beispiel:

Für den Bau einer Sondermaschine von 300.000 € werden folgende Zahlungen vereinbart:
25 % Anzahlung,
25 % Teilzahlung nach 3 Monaten,
25 % Teilzahlung nach Auslieferung und
25 % Abschlusszahlung nach Erprobung. Für die Anzahlungen sind Bankavale als Sicherheit beizubringen.

Für den Lieferanten sind die Kundenbindung und die Verbesserung der Liquiditätsbedingungen wichtige Motive zur Vereinbarung eines Kundenkredites. Der Abnehmer wird bemüht sein, sich die Anzahlung/Zwischenzahlungen bankseitig abzusichern (vgl. Avale) und seine Finanzierungskosten in der Preisverhandlung geltend zu machen.

c) **Kontokorrentkredit**

Der **Kontokorrentkredit** (Betriebskredit, Betriebsmittelkredit) ist ein Kredit auf laufende Rechnung, der dem Kreditnehmer bei Kreditinstituten im Rahmen einer vereinbarten Kreditlinie zur Verfügung steht.

Er dient dem täglichen Ausgleich der betrieblichen Einzahlungen und Auszahlungen und ist deshalb ein hervorragendes Mittel für die Finanzdisposition, auch zur Nutzung von Skonto in Verbindung mit Lieferantenkrediten. Der Kontokorrentkredit ist ein Buchkredit, der

- befristet auf 6 Monate / 12 Monate mit laufender Prolongation oder
- für unbestimmte Zeit

auf laufende Rechnung (Kontokorrent) geführt wird. Bei normaler Geschäftslage fallen für den Kontokorrentkredit ausschließlich Zinsen und ggf. Bereitstellungsprovisionen/Gebühren an. Eine Tilgung wird erst bei Kündigung des Kreditvertrages fällig.

Beispiel:

Bei einer vereinbarten Kreditlinie von 300.000 € weist ein Unternehmen folgende Sollstände der Kreditinanspruchnahme auf:

vom 01. 04. bis 20. 04.	200.000 €
vom 21. 04. bis 05. 05.	280.000 €
vom 06. 05. bis 28. 05.	220.000 €
vom 29. 05. bis 15. 06.	150.000 €
vom 16.06. bis 30.06.	240.000 €

Es wird mit einem Zinssatz von 10 % gerechnet.

Praktisch erfolgt die Zinsberechnung zumeist quartalsweise. Im Beispiel sind demnach die **Sollzinsen** unter Zugrundelegen des Zinssatzes (*p*) für die Zeit (*t*) der Kreditinanspruchnahme (*K*) zu berechnen. Die allgemeine Zinsformel wird dazu in

- Zinszahlen und einen
- Zinsdivisor

zerlegt:

$$\text{Zinszahl} = \frac{K \cdot t}{100}$$

$$\text{Zinsdivisor} = \frac{365}{p}$$

Die Höhe der Kontokorrentzinsen ergibt sich als Quotient der Zinszahl (195.600) und des Zinsdivisors (36,5) mit 5.358,90 €.

8

Tabelle 8.5: Ermittlung der Zinszahlen

Zeiten	***K***	***t***	***K · t/100***
01. 04. – 20. 04.	200.000	20	40.000
21. 04. – 05. 05.	280.000	15	42.000
06. 05. – 28. 05.	220.000	23	50.600
29. 05. – 15. 06.	150.000	18	27.000
16. 06. – 30. 06.	240.000	15	36.000
Summe		91	195.600.000

Für den Fall der Überziehung der Kreditlinie kommen Überziehungszinsen zur Anwendung. Meist sind das 4 bis 5 %.

d) Wechselkredit

Der **Wechselkredit** entsteht durch Verbriefung einer kurzfristigen Forderung auf Wechselbasis.

Grundlage ist im Allgemeinen ein Lieferantenkredit, der entweder buchmäßig (vgl. Punkt a) oder auf Wechselbasis entstehen kann. Wechselkredite treten in folgenden Formen auf: als

- **einfacher Wechselkredit**, der nur durch die verbriefte Forderung bestimmt ist,
- **Wechseldiskontkredit,** der dadurch entsteht, dass Geschäftsbanken laufende Wechsel finanziell bevorschussen, und
- **Akzeptkredit**, der dadurch entsteht, dass ein Kunde auf seine Geschäftsbank einen Wechsel zieht und die Bank diesen Wechsel akzeptiert.

Rechtliche Grundlage für Wechselkredite ist das **Wechselgesetz**. Schaffen Sie sich einen Überblick über die rechtlichen und kaufmännischen Bestandteile eines Wechsels (*Wechselgesetz*, vgl. auch *Wöhe/Bilstein* 1998, 251 ff.).

Entscheidend für die weite Verbreitung des Wechselgeschäftes sind

- die Loslösung der Wechselforderung vom zu Grunde liegenden Grundgeschäft,
- die Möglichkeit der Übertragung des Wechsels durch Indossament und
- die gesamtschuldnerische Haftung aller am Wechselgeschäft Beteiligten.

Die *Abbildung 8.4* zeigt die Grundstruktur des Wechselgeschäftes und die mögliche Weiterverwendung des Wechsels als Wechseldiskontkredit.

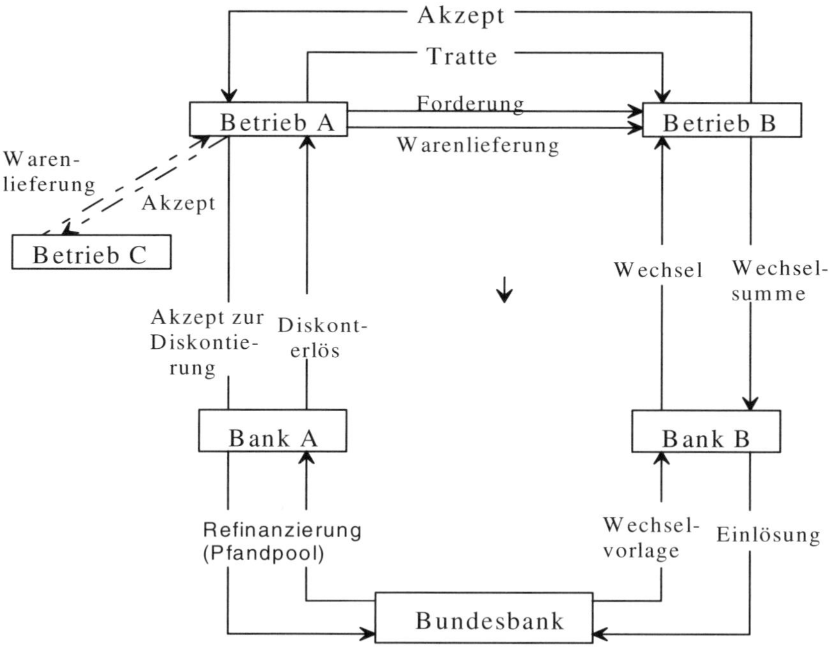

Abbildung 8.4: Grundstruktur des Wechselgeschäftes

Nachfolgende **Zusammenhänge** sind zu beachten:

- Die Betriebe A (Lieferant) und B (Abnehmer) vereinbaren das Wechselgeschäft.
- Der Betrieb A (Aussteller) zieht daraufhin auf B (Bezogener) einen Wechsel, der in dieser Form als Tratte bezeichnet wird.
- Die Tratte wird vom Bezogenen akzeptiert und wird damit zum Akzept.
- Das Akzept kann von A innerhalb der Laufzeit alternativ zur Begleichung eigener Zahlungsverpflichtungen dienen oder zur Diskontierung bei seiner Geschäftsbank eingereicht werden.
- Die Geschäftsbank kann die Diskontierung vornehmen. Voraussetzung dafür ist, dass der Wechsel refinanzierbar ist, d. h. durch die Geschäftsbank als Pfand bei der Deutschen Bundesbank eingereicht werden kann.

Für den Wechseldiskontkredit können nur **gute Handelswechsel** eingesetzt werden, die wenigstens zwei gute Unterschriften tragen und eine Restlaufzeit von 30 bis 180 Tagen haben.

Die **Kosten des Wechseldiskontkredites** hängen maßgeblich vom Refinanzierungssatz der Geschäftsbanken ab. Zum Refinanzierungssatz werden durch die Geschäftsbank 1,5 bis 4 % zugeschlagen. Zumeist kommen zusätzlich Diskontspesen pro Wechsel in Ansatz.

Ein praktisch häufig genutztes Verfahren ist das **Scheck-Wechsel-Verfahren** (Umkehrwechsel), das in der *Abbildung 8.5* dargestellt ist.

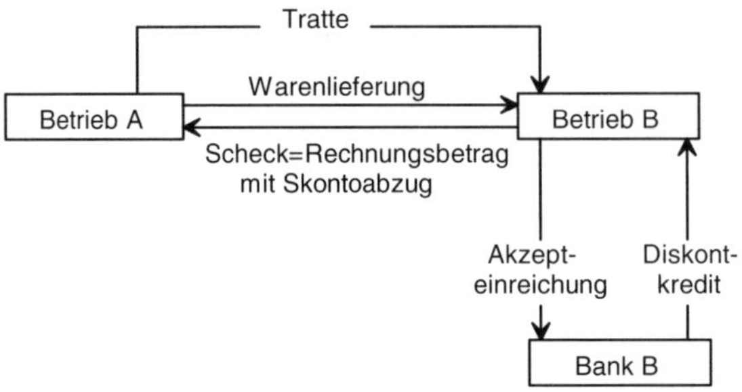

Abbildung 8.5: Scheck-Wechsel-Verfahren

Im Unterschied zum Ablauf der Abbildung 8.4 nutzt hier der Abnehmerbetrieb B seine Marktstärke inklusive seiner Möglichkeit zur Nutzung des Diskontkredites dazu, eine umgehende Zahlung mit Skontoabzug vorzunehmen.

e) Avalkredit

Ein **Avalkredit** entsteht durch das bedingte Zahlungsversprechen eines Kreditinstitutes zu Gunsten eines Dritten, dass der Kunde eine gegenüber dem Dritten eingegangene Verpflichtung erfüllt.

Das Kreditinstitut verbürgt sich für den Kunden und wird im Falle der Nichterfüllung der verbürgten Verpflichtungen in Anspruch genommen. Praktische Anwendungsfälle sind z. B.:

- das **Anzahlungsaval** (vgl. Punkt b); es enthält die Verpflichtung, eine Anzahlung zurückzuerstatten, falls die Leistung nicht erbracht wird,
- das **Bietungsaval** im Bauwesen; das Kreditinstitut verbürgt sich in Höhe von 1 bis 5 % des Angebotswertes, dass ein Bietungsangebot auch zur Realisierung kommt, und
- das **Gewährleistungsaval** im Bauwesen für eine erbrachte Leistung in Höhe von 5 bis 10 % des Objektwertes.

Die Avalprovision beträgt 0,5 bis 2 % p. a. Bezug nehmend auf den verbürgten Betrag und für die verbürgte Zeit.

8.3.3 Sonderformen

8.3.3.1 Leasing

Leasing ist die vertragliche Vermietung oder Verpachtung von Wirtschaftsgütern gegen Entgelt.

Vertragspartner sind der Leasinggeber (Vermieter) und der Leasingnehmer (Mieter). Die wesentlichen Systematisierungsansätze von Leasing enthält die *Abbildung 8.6.*

Gliederungskriterien	Leasingformen	Charakteristik
Wirtschaftliche Stellung des Leasinggebers	• direktes Leasing • indirektes Leasing	• Herstellerleasing • Leasing durch Dritte
Kündigungsvereinbarung	• Operate-Leasing • Finance-Leasing	• kurzfristig kündbar • keine Kündigungsmöglichkeit in Grundmietzeit
Art des Leasinggegenstandes	• Konsumgüterleasing • Investitionsgüterleasing • Spezialleasing	• vielfache Nutzbarkeit – Mobilienleasing – Immobilienleasing • einseitige Nutzbarkeit
Anzahl bisheriger Nutzer	• First-Hand-Leasing • Second-Hand-Leasing	• L. neuer Gegenstände • L. gebrauchter Gegenstände
Umfang der Objekte	• Equipment-Leasing • Plant Leasing	• L. einzelner Ausrüstung. • L. ganzer Anlagen
Geschäftssitz der Leasingpartner	• Cross-Boarder-Leasing	• L-Geber und L-Nehmer befinden sich in unterschiedlichen Ländern

Abbildung 8.6: Gliederung von Leasing (vgl. Busse 1993, 364 f.)

Von besonderer Bedeutung ist die Systematisierung nach den Kündigungsmöglichkeiten der Leasingverträge. Sie führt zu

- **Operate-Leasing**, bei dem die Möglichkeit zur kurzfristigen Kündigung besteht, und
- **Finance-Leasing**, bei dem eine unkündbare Grundmietzeit vereinbart wird.

Durch Leasingerlasse besteht in Deutschland ein umfangreiches Regelwerk zur steuerlichen Behandlung der Leasingverträge. Es geht dabei um die Frage, ob die Leasinggüter beim Leasinggeber oder beim Leasingnehmer zu aktivieren sind, verbunden mit der Pflicht auf Abschreibungen. **Leasingverträge** werden zumeist so gestaltet, dass

- beim Leasinggeber die Aktivierung des Gutes erfolgt und
- der Leasingnehmer nur die Leasingraten als Betriebsausgaben ansetzt.

Verschaffen Sie sich im Selbststudium einen Überblick (vgl. *Wöhe/Bilstein* 1998, 217 ff.).

8.3.3.2 Factoring

Factoring ist der Verkauf von kurzfristigen Forderungen aus Lieferungen und Leistungen auf vertraglicher Grundlage an ein Finanzierungsinstitut (Factor).

8

Ziele sind

- die Bereitstellung von Liquidität vor Fälligkeit der Forderungen (**Finanzierungsfunktion**),
- der Schutz vor Forderungsausfällen (**Delkrederefunktion**) und
- Einsparungen bei der Debitorenbuchhaltung, im Mahnwesen usw. (**Dienstleistungs- und Servicefunktion**).

Die Grundstruktur des offenen Factorings ist in der *Abbildung 8.7* aufgezeigt.

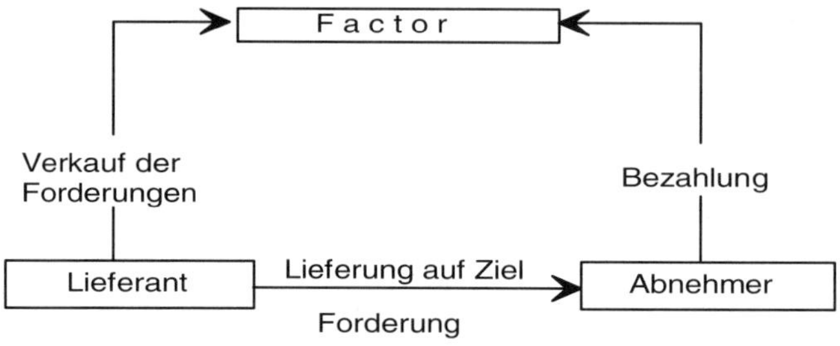

Abbildung 8.7: Grundstruktur des offenen Factorings

Je nach Ausgestaltung der Verträge sind verschiedene Formen des Factorings bekannt:

- das **echte Factoring** bei Vereinbarung der Finanzierungsfunktion und der Delkrederefunktion,
- das **unechte Factoring**, wenn das Ausfallrisiko beim Kunden verbleibt,
- das **offene Factoring**, bei dem der Schuldner Kenntnis vom Verkauf der Forderungen erhält und schuldbefreiend an den Factor zahlt, und
- das **stille Factoring**, bei dem der Schuldner keine Information über den Verkauf der Forderungen erhält.

Beispiel:
Ein Factor unterbreitet für ein mittelständisches Unternehmen mit einem stabilen Abnehmerkreis und einem Jahresumsatz von 5 Mio. € mit durchschnittlichen Rechnungsbeträgen von 300 bis 1.000 € folgendes Angebot (bezogen auf den Factorumsatz):

Factoringgebühr	1 %
Servicegebühr	0,8 %
Einbehalt	20 %

Kosten für Schuldnerprüfung: 20 € je Kunde
Führung des Kontos als Kontokorrentkonto zum marktüblichen Zinssatz.

Das Beispiel verdeutlicht, dass der Factor bevorzugt Betriebe mit einem stabilen Abnehmerkreis begleitet. Der Einbehalt wird auf einem Sperrkonto eingestellt. Er dient ausschließlich dazu, Mängel im Grundgeschäft auszugleichen (z. B.

Zahlung mit Skontoabzug). Mit dem Eingang der Zahlungen wird der Sperrbetrag dem Kontokorrentkonto des Kunden gutgeschrieben.

8.3.3.3 Forfaitierung

Forfaitierung ist der Verkauf von mittel- und langfristigen Exportforderungen aus Lieferungen und Leistungen an ein Finanzierungsinstitut (Forfaiteur)

Wie beim Factoring stehen die Finanzierungsfunktion und die Delkrederefunktion im Mittelpunkt des Lieferanteninteresses. Im Unterschied zum Factoring werden einzelne Forderungen mit einer Laufzeit von zumeist 3 bis 5 Jahren ohne Einbehalt verkauft. Dafür werden die zu forfaitierenden Forderungen durch geeignete Instrumente, z. B. durch Bürgschaften und durch Wechsel, abgesichert.

8.4 Innenfinanzierung

8.4.1 Wesen

Die **Innenfinanzierung** kennzeichnet den Mittelzufluss aus betrieblichen Erträgen sowie aus sonstigen Kapitalfreisetzungen.

Die Innenfinanzierung ist nach der Startphase eines Unternehmens maßgebend für die Finanzierungskraft, auch für die Bedienung der Kapitalgeber. Im Cashflow haben Sie im Abschnitt 8.2.4 die entscheidende Maßgröße für die Innenfinanzierungskraft kennen gelernt.

Die Innenfinanzierung hat gegenüber der Außenfinanzierung verschiedene **Vorteile**:

- Die Innenfinanzierung erfordert keinen Kapitaldienst und erhöht damit die Stabilität.
- Die Innenfinanzierung stärkt die Eigenkapitalbasis und damit die Kreditwürdigkeit.
- Das Unternehmen kann über die Mittel frei entscheiden, da keine Zweckbindung vorliegt.
- Durch die Innenfinanzierung bleiben die Herrschaftsverhältnisse im Unternehmen unverändert.

Nachteile können sich infolge der Abkopplung vom Kapitalmarkt ergeben, wenn durch diese Finanzierung weniger renditestarke Investitionen realisiert werden.

8.4.2 Selbstfinanzierung

Selbstfinanzierung entsteht durch Einbehaltung (Thesaurierung) erwirtschafteter Gewinne.

Das **Ausmaß der Selbstfinanzierung** hängt ab von

- der Realisierung der Gewinne am Markt,
- bilanz- und steuerpolitischen Maßnahmen und
- den Gewinnverwendungsbeschlüssen der Unternehmen.

Die Selbstfinanzierung kann offen oder verdeckt (still) erfolgen. Entsprechend wird die offene Selbstfinanzierung von der verdeckten (stillen) Selbstfinanzierung unterschieden.

a) Offene Selbstfinanzierung

Von einer **offenen Selbstfinanzierung** wird gesprochen, wenn die offen ausgewiesenen Gewinne nach Abzug der Ertragsteuern einbehalten (thesauriert) werden.

In Abhängigkeit von der Rechtsform ergeben sich unterschiedliche Möglichkeiten.

- Unbeschränkt haftende Unternehmer können durch Nichtentnahme von erwirtschafteten Gewinnen eine offene Selbstfinanzierung vornehmen; für Kommanditisten und stille Gesellschafter sind derartige Möglichkeiten nicht gegeben.
- Für Kapitalgesellschaften bestehen z. T. gesetzliche oder statuarische Zwänge für die Gewinnthesaurierung. Die Thesaurierung führt zu Rücklagen.

Beispiel:

Eine GmbH weist einen Gewinn vor Steuer von 800.000 € aus. Welcher Thesaurierungsbetrag ergibt sich für das Unternehmen, wenn folgende Angaben für die Besteuerung bekannt sind?:

Gewerbesteuermesszahl (M)	5 %
Hebesatz (H)	400 %
Körperschaftsteuersatz	25 %

Für die Berechnung der Ertragsteuern einer Kapitalgesellschaft sind verschiedene Zusammenhänge von Bedeutung, besonders

- die Bestimmung des Steuersatzes der Gewerbesteuer durch Multiplikation der gesetzlichen Messzahl mit dem Hebesatz,
- die Abzugsfähigkeit der Gewerbesteuer von der eigenen Bemessungsgrundlage und von der Bemessungsgrundlage der Körperschaftsteuer.

Der Gewerbesteuersatz kann vereinfacht wie folgt ermittelt werden:

$$\text{Gewerbesteuer} = \frac{M \cdot H}{1 + M \cdot H}$$

$$\text{Gewerbesteuer} = \frac{0{,}05 \cdot 4}{1 + 0{,}05 \cdot 4} = 0{,}1667 \ (= 16{,}67\ \%)$$

Der Thesaurierungsbetrag ergibt sich wie folgt:

Gewinn vor Steuer	800.000 €
– Gewerbesteuer	133.360 €
= Körperschaftsteuerpfl. Gewinn	666.640 €
– Körperschaftsteuer	166.660 €
= Thesaurierungsbetrag	499.980 €

Der Thesaurierungsbetrag wird in die **Gewinnrücklagen** des Unternehmens eingestellt.

b) Stille Selbstfinanzierung

Eine **stille Selbstfinanzierung** entsteht durch Unterbewertung von Vermögen und/oder Überwertung von Verbindlichkeiten. Sie führt zur Minderung des bilanziellen Gewinnausweises.

8

Beispiele dafür sind in Deutschland

- die Bewertung von Vermögenspositionen höchstens zu Anschaffungs- oder Herstellungskosten, was bei steigenden Verkehrswerten im Zeitverlauf zum Abweichen der Verkehrswerte von den Anschaffungskosten führen kann,
- die Nutzung degressiver Abschreibungen oder Sonderabschreibungen,
- die Nichtaktivierung von Vermögensgegenständen, z. B. selbst erstellter Forschungs- und Entwicklungsergebnisse,, und
- der überhöhte Ansatz von Rückstellungen.

Im Ergebnis entstehen stille Reserven, die den offen ausgewiesenen Gewinn und damit die Steuerlast reduzieren. Eine echte Selbstfinanzierungswirkung tritt erst ein, wenn die stillen Reserven aufgelöst werden. Im Regelfall sind dann aber Steuerzahlungen vorzunehmen.

8.4.3 Finanzierung aus Abschreibungen

Abschreibungen sind Aufwendungen, die nicht zeitgleich zu Auszahlungen führen. Das erklärt ihre mögliche Finanzierungswirkung.

Die Finanzierung aus Abschreibungen ist an folgende **Bedingungen** gebunden (vgl. *Vormbaum* 1995, 443):

- Im Maße des Wertverzehrs der eingesetzten Betriebsmittel werden Abschreibungen in die Kosten verrechnet und als Aufwand in die GuV eingestellt.
- Über den Absatzmarkt werden Preise erzielt, die zur vollen Deckung der angesetzten Abschreibungen führen.
- Die Umsatzerlöse fließen in liquider Form zu.

Die Finanzierungswirkung aus Abschreibungen führt zu **Effekten** als

- Kapitalfreisetzungseffekt und/oder
- Kapazitätserweiterungseffekt (Lohmann-Ruchti-Effekt).

Beispiel:
Ein Metall verarbeitender Betrieb investiert aus Eigenkapital im Jahresabstand über 4 Jahre je 1 Maschine zum Preis von 50.000 €. Die Nutzungszeit der Maschinen beträgt 5 Jahre. Es wird unterstellt, dass die Abschreibungen über die Umsatzerlöse realisiert werden.

Die nachfolgende Tabelle zeigt den Zusammenhang.

Tabelle 8.6: Entwicklung der Abschreibungen

	1	2	3	4	5	6
Abschr. 1. Masch.	10.000	10.000	10.000	10.000	10.000	(10.000)
Abschr. 2. Masch.		10.000	10.000	10.000	10.000	10.000
Abschr. 3. Masch.			10.000	10.000	10.000	10.000
Abschr. 4. Masch.				10.000	10.000	10.000
Σ Abschreibungen jährlich	10.000	20.000	30.000	40.000	40.000	40.000
Σ Abschreibungen kumulativ	10.000	30.000	60.000	100.000	140.000	130.000

Die kumulativen Abschreibungen verdeutlichen die mögliche Kapitalfreisetzung. Bis zum Ende des 5. Jahres stehen den Abschreibungen keine Auszahlungen für den Ersatz der investierten Maschinen gegenüber. Kumulativ entsteht eine Kapitalfreisetzung von bis zu 140.000 € am Ende des 5. Jahres. Danach ist die erste Ersatzinvestition vorzunehmen.
Nach 3 Jahren besteht die Möglichkeit, aus Abschreibungen eine zusätzliche Maschine anzuschaffen, ggf. 1 Jahr später eine weitere Maschine. Das charakterisiert den Kapazitätserweiterungseffekt (auch Lohmann-Ruchti-Effekt genannt).

8.4.4 Finanzierung aus sonstigen Kapitalfreisetzungen

Finanzierungswirkungen sind auch dadurch zu erzielen, dass

- Rationalisierungsmaßnahmen zur Freisetzung von gebundenem Kapital führen bzw.

- durch Liquidation von Vermögenswerten eine Umschichtung von Sachwerten in liquide Mittel erreicht wird.

Rationalisierungsmaßnahmen sind oft darauf gerichtet, betriebliche Verbräuche und damit im Zusammenhang auch betriebliche Bestände an Material, halbfertigen Erzeugnissen und Fertigerzeugnissen zu reduzieren. Es wird angestrebt, mit dem gegebenen Kapitaleinsatz einen höheren Umsatz oder den gegebenen Umsatz mit weniger Kapital zu erreichen. Beides führt über eine höhere Umschlagszahl zu einer stärkeren Selbstfinanzierung. Zu beachten ist allerdings, dass Rationalisierungsmaßnahmen im Regelfall investive Maßnahmen erfordern, also ein Kapitalvorschuss notwendig wird.

Die **Liquidation von Vermögenswerten** mit dem Ziel der Kapitalfreisetzung ist dahingehend problembehaftet, dass infolge der Liquidation von Sachwerten, z. B. durch den Verkauf derzeitig nicht genutzter Produktionsmittel, Störungen im Betriebsgeschehen eintreten können.

8.5 Grundlagen der finanziellen Führung

8.5.1 Aspekte einer integrierten Finanzwirtschaft

In den Unternehmen kommt es darauf an, eine sowohl erfolgs- als auch liquiditätsorientierte betriebliche Finanzwirtschaft zu gestalten. Notwendig dazu sind komplexes Denken und Handeln unter Berücksichtigung aller relevanten **Zusammenhänge**. Das schließt ein:

- die Zusammenhänge zum allgemeinen Managementzyklus (vgl. Kapitel 11),
- die Zusammenhänge zu den internen und externen Determinanten der Finanzwirtschaft,
- die Zusammenhänge zu anderen Teilen des komplexen Betriebsplanes,
- die Zusammenhänge zwischen den unterschiedlichen Zeithorizonten und
- die Zusammenhänge zwischen dem Kapitalbedarf und den Deckungsmöglichkeiten des Kapitalbedarfs.

Die Berücksichtigung und Gestaltung dieser Zusammenhänge wird durch den Begriff **integrierte betriebliche Finanzwirtschaft** zum Ausdruck gebracht.
Die *Abbildung 8.8* verdeutlicht wesentliche zu berücksichtigende Interdependenzen.

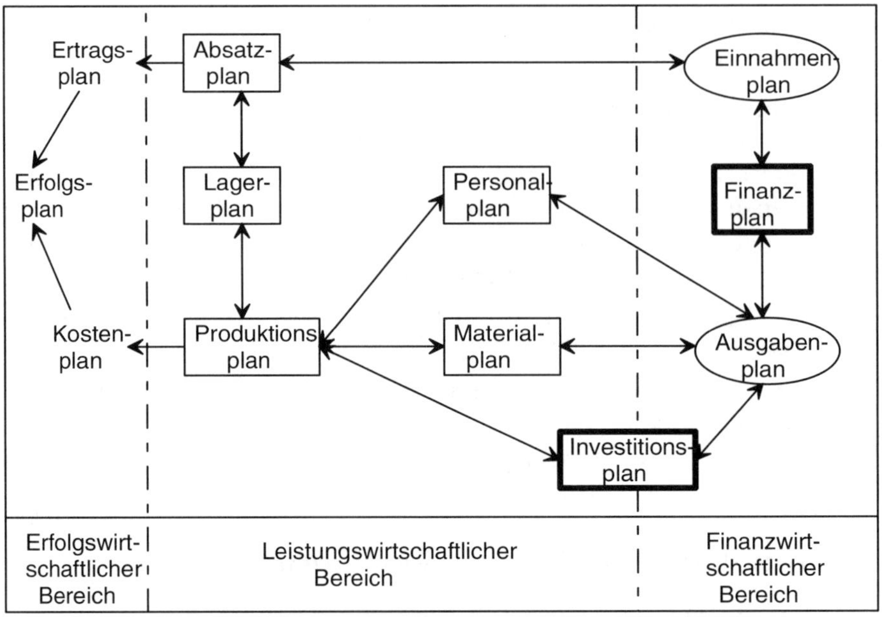

Abbildung 8.8: Interdependenzen des Finanzplanes (nach Olfert 1997, 106)

Erkenntnisse:

- Der Finanzplan ist Kulminationspunkt des komplexen Betriebsplanes.
- Er enthält als Kern den Plan der Einnahmen und Ausgaben und wird besonders stark durch den Investitionsplan beeinflusst.
- Alle leistungswirtschaftlichen Pläne haben finanzielle Voraussetzungen und Wirkungen.
- Die inhaltliche Kopplung zwischen den Planteilen ist durch eine Programmplanung oder eine iterative Planung zu erreichen (vgl. Kapitel 11).

Eine integrierte betriebliche Finanzwirtschaft zeichnet sich besonders dadurch aus, dass die Finanzplanung mit der Bilanzplanung und der Erfolgsplanung verbunden werden. *Abbildung 8.9* zeigt den Zusammenhang.

Finanzplanung		**Bilanzplanung**		**Erfolgsplanung**	
Einzahlungen	Auszahlungen	Vermögen	Kapital	Aufwendungen	Erträge
	Liquiditätssaldo		Erfolgssaldo		

Abbildung 8.9: Verbindung von Finanzplanung, Bilanzplanung und Erfolgsplanung

Der Integrationsgedanke bezieht sich auch auf die Verbindung unterschiedlicher **Zeithorizonte**. Ein erfolgreiches Finanzmanagement verbindet

- Analysen zur vergangenen Entwicklung mit

- Auswertungen zur gegenwärtigen Entwicklung und mit
- Entwicklungsplänen unterschiedlicher Zeithorizonte.

Wichtige Kenntnisse für Finanzanalysen haben Sie bereits im Abschnitt 8.2.5 kennen gelernt. Die angeführten Kennziffern und Kennziffernrelationen sind auch für Planungszwecke geeignet. Auswertungen zur gegenwärtigen Entwicklung sollten als **SOLL-IST-Vergleich** gestaltet werden.

Als **Instrumente der Finanzplanung** finden Anwendung

- der tägliche Finanzstatus (1 bis 5 Tage Vorausschau),
- der kurzfristige Finanzplan (1 bis 6 Monate Vorausschau),
- der mittelfristige Finanzplan (1 bis 4 Jahre Vorausschau) und
- der langfristige Finanzplan (4 bis 10 Jahre Vorausschau).

In der *Abbildung 8.10* wird der Aufbau eines langfristigen Finanzplanes einer Kapitalgesellschaft gezeigt, wie er häufig in der Wirtschaft Anwendung findet.

	1. Jahr	**2. Jahr**	**3. Jahr**	**4. Jahr**	**5. Jahr**
Umsatzerlöse - Materialkosten					
Rohertrag					
- Personalkosten - Betriebskosten - Abschreibungen - Zinsen - Nebenkosten für Darlehen - sonstige Kosten					
Gewinn vor Steuern					
- Gewerbesteuer - Körperschaftsteuer					
Gewinn nach Steuern					
+ Investitionszulage + Abschreibungen					
Brutto-Cashflow					
- Tilgung					
Netto-Cashflow **Jährlich** **Kumulativ**					

Abbildung 8.10: Ansatz einer langfristigen Finanzplanung

8

Kennzeichnendes Merkmal ist die Verbindung des erfolgsbezogenen Grundansatzes mit dem Ausweis der Cashflow-Entwicklung. Entsprechend werden

- zuerst die Umsatzerlöse erfasst,
- davon die Aufwendungen abgezogen, die für die Bemessungsgrundlage der Ertragsteuern relevant sind,
- der Gewinn vor Steuern und nach Steuern explizit ausgewiesen und
- durch Einbeziehung der nicht zahlungswirksamen Aufwendungen und Erträge sowie der erfolgsunabhängigen Einzahlungen und Auszahlungen der Cash-Flow ermittelt.

8.5.2 Finanzorganisation

Die Wirksamkeit der Finanzwirtschaft hängt entscheidend von der Aufbau- und Ablauforganisation der Unternehmensführung ab. Aus dem **Liquiditätspostulat** als Ganzheitsanspruch an die Zahlungsfähigkeit des Unternehmens resultiert die Notwendigkeit nach **Zentralisierung des Finanzmanagements**. Verbunden damit ist die arbeitsteilige Wahrnehmung der damit verbundenen Aufgaben.

In großen Kapitalgesellschaften bestehen unterhalb des Finanzvorstandes häufig ein Treasurer- und ein Controllerbereich. Die *Abbildung 8.11* zeigt die mögliche Strukturierung der zugeordneten Aufgaben. In Abhängigkeit von der Unternehmensgröße, den anstehenden finanzwirtschaftlichen Aufgaben und den personellen Bedingungen ergeben sich praktisch unterschiedliche Strukturierungen der Instanzen und der zugeordneten finanzwirtschaftlichen Aufgaben.

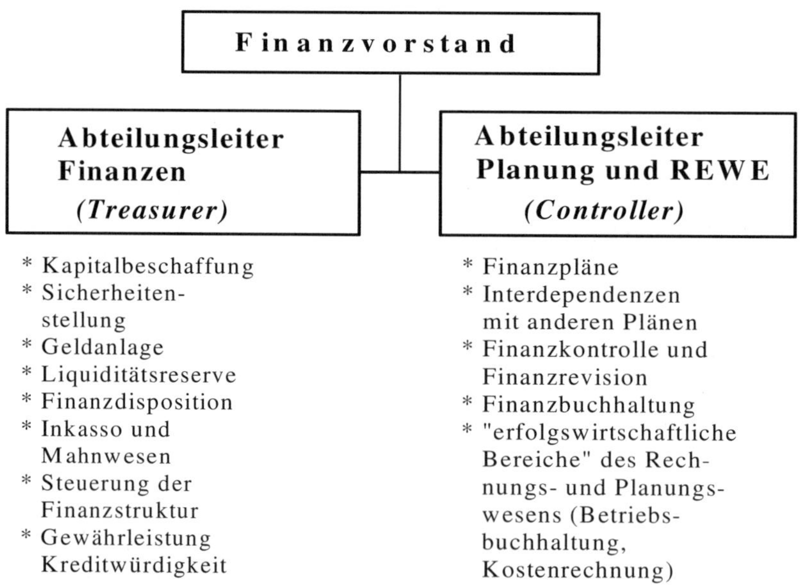

Abbildung 8.11: Finanzorganisation großer Unternehmen (nach Jahrmann 1996, 409 f.)

8.6 Kontrollfragen, Übungsaufgaben und Literaturhinweise

Kontrollfragen

1. Erläutern Sie den Zusammenhang der finanzwirtschaftlichen Ziele Liquidität und Rentabilität. ➡ Abschn. 8.2.2
2. Erläutern Sie die Gemeinsamkeiten und Unterschiede von Außenfinanzierung und Eigenfinanzierung. ➡ Abschn. 8.2.3
3. Worin besteht der Unterschied zwischen absoluter und relativer Liquidität? ➡ Abschn. 8.2.4
4. Welche Liquiditätsgrade kommen praktisch zur Anwendung? ➡ Abschn. 8.2.4
5. Was beinhalten die klassischen Finanzierungsregeln? ➡ Abschn. 8.2.5
6. Erläutern Sie die Wirkung des Leverageeffektes. ➡ Abschn. 8.2.5
7. Vergleichen Sie die Potenzen der Einlagen- und Beteiligungsfinanzierung einer OHG, KG und GmbH. ➡ Abschn. 8.3
8. Wodurch unterscheiden sich Namensaktien, Inhaberaktien, Stammaktien und Vorzugsaktien? ➡ Abschn. 8.3.1
9. Wodurch unterscheiden sich Festdarlehen, Ratendarlehen und Annuitätendarlehen? ➡ Abschn. 8.3.2
10. Wie ermittelt sich der Zinssatz für einen Lieferantenkredit? ➡ Abschn. 8.3.2
11. Welche Funktion hat der Kontokorrentkredit? ➡ Abschn. 8.3.2
12. Erläutern Sie das Scheck-Wechsel-Verfahren. ➡ Abschn. 8.3.2
13. Was sind Kennzeichen von Finance-Leasing? ➡ Abschn. 8.3.3
14. Erläutern Sie die Funktionen von Factoring. ➡ Abschn. 8.3.3
15. Welcher Zusammenhang besteht zwischen offener und stiller Selbstfinanzierung? ➡ Abschn. 8.4.2
16. Erläutern Sie die Finanzierungswirkung aus Abschreibungen. ➡ Abschn. 8.4.3
17. Was zeichnet eine integrierte Finanzwirtschaft aus? ➡ Abschn. 8.5.1
18. Was sind Aufgaben eines Treasurers und eines Controllers? ➡ Abschn. 8.5.2

Übungsaufgaben

❶ Liquidität

1. Ausgangsdaten

Jahresüberschuss	150.000 €
Abschreibungen	200.000 €
Rückstellungsaufwendungen	30.000 €
Zielverkäufe (noch keine Einzahlungen)	120.000 €
Einzahlungen aus Zielverkäufen der Vorperiode	100.000 €

2. Aufgabenstellung

Berechnen Sie den Cashflow.

❷ Finanzierungsregeln

1. Ausgangsdaten

Daten des Beispiels im Abschnitt 8.2.4
Von den Vorräten sollen 20 % Mindestvorräte sein.

2. Aufgabenstellung

Ermitteln Sie die Kapitalstrukturregel und die horizontale Finanzierungsregel; schätzen Sie das Ergebnis ein.

❸ Langfristige Kreditfinanzierung

1. Ausgangsdaten

Darlehensnennbetrag	200.000 €
Ratendarlehen mit Laufzeit von	5 Jahren
Nominalzins (jährlich nachschüssig zahlbar)	6 % p .a.
Damnum	4 %
Bearbeitungskosten	1,5 %

2. Aufgabenstellung

Ermitteln Sie nach der Methode des internen Zinsfußes den Effektivzins.

❹ Kurzfristige Fremdfinanzierung

1. Ausgangsdaten

Zahlungsziel	90 Tage
Skonto	3 %
Skontofrist	10 Tage

2.	**Aufgabenstellung** Welcher Jahreszins ergibt sich für den Lieferantenkredit? Wie sollte sich ein Unternehmer entscheiden, wenn er eine freie Kontokorrentlinie zu 10 % Zinsen nutzen kann?

Literaturhinweise

Amann, Klaus: Finanzwirtschaft. W., Stuttgart, Berlin, Köln: Kohlhammer Verlag 1993.

Aktiengesetz: 31., überarbeitete Aufl., München: Deutscher Taschenbuch Verlag, 1999.

BGB: 41., überarbeitete Aufl., München: Deutscher Taschenbuch Verlag, 1997.

Busse, Franz-Joseph: Grundlagen der betrieblichen Finanzwirtschaft. 3. Aufl., München, Wien: R. Oldenbourg Verlag, 1993.

Däumler, Klaus-Dieter: Betriebliche Finanzwirtschaft., Herne, Berlin: Verlag Neue Wirtschafts-Briefe, 1997.

Drukarczyk, Jochen: Finanzierung. 7. Aufl., Stuttgart, New-York: Gustav Fischer Verlag, 1996.

GmbHG: 31., überarbeitete Aufl., München: Deutscher Taschenbuch Verlag, 1999.

Gräfer, Horst; Scheld, Guido: Finanzierung. Hamburg: S+W Steuer- und Wirtschaftsverlag, 1992.

HGB: 34., überarbeitete Aufl., München: Deutscher Taschenbuch Verlag, 1999.

Jahrmann, Fritz-Ulrich: Finanzierung. 3. Aufl., Herne, Berlin: Verlag Neue Wirtschafts-Briefe, 1996.

Olfert, Klaus: Finanzierung. 9. Aufl., Ludwigshafen: Friedrich Kiehl Verlag, 1997.

Vormbaum, Herbert: Finanzierung der Betriebe. 9., aktualisierte Aufl., Wiesbaden: Gabler Verlag, 1995.

Wöhe, Günter; Bilstein, Jürgen: Grundzüge der Unternehmensfinanzierung. 8. Aufl., München: Verlag Franz Vahlen, 1998.

Wöhe, Günter: Einführung in die Allgemeine Betriebswirtschaftslehre. 19. Aufl., München: Verlag Franz Vahlen, 1996.

Wechselgesetz: 34., überarbeitete Aufl., München: Deutscher Taschenbuch Verlag, 1999.

9 Steuern und andere Abgaben

9.1 Studienziele

Dieses Kapitel soll dem Leser ermöglichen

- ➠ das deutsche Steuersystem zu überblicken,
- ➠ die wichtigsten unternehmensrelevanten Steuerarten hinsichtlich ihrer Anknüpfungstatbestände und Berechnungsmethoden vom Grundsatz her zu kennen,
- ➠ die steuerliche Belastung des Unternehmens einzuschätzen und
- ➠ die betriebswirtschaftliche Wirkung der verschiedenen Steuerarten zu kennen.

9.2 Das deutsche Steuersystem

9.2.1 Begriffe „Steuern“ und „Abgaben“

Steuern sind Abgaben ohne direkte Gegenleistung. § 3 Abs. 1 der Abgabenordnung (AO) drückt dies unmissverständlich aus:
„Steuern sind Geldleistungen, die nicht eine Gegenleistung für eine besondere Leistung darstellen und von einem öffentlich-rechtlichen Gemeinwesen zur Erzielung von Einnahmen allen auferlegt werden, bei denen der Tatbestand zutrifft, an den das Gesetz die Leistungspflicht knüpft ...“

Steuern sind damit nur ein Teil der Abgaben; der andere Teil sind besondere Entgelte, die **für eine konkrete Gegenleistung** erhoben werden (z. B. Anschlussbeiträge und Benutzungsgebühren öffentlicher Einrichtungen wie Wasserversorgung, Abwasserentsorgung usw.).

9.2.2 Verteilung der Steuereinnahmen

Das Steuer- und Finanzsystem ist im Grundgesetz (Art. 104a–108) verankert. Demnach gibt es Steuern, die dem Bund, solche, die Bund und Ländern gemeinsam, und solche, die auch oder ausschließlich den Kommunen zufließen. Steuern dienen der Finanzierung der durch das Grundgesetz zugewiesenen Aufgaben (wer Aufgaben hat, muss Ausgaben tätigen, wozu Einnahmen benötigt werden). Modifikationen werden durch das (Bundes-)Finanzausgleichsgesetz (FAG), das derzeit im politischen Raum diskutiert wird, das Gemeindefinanzreformgesetz (GFRG) sowie durch die Länder-Finanzausgleichsgesetze (LFAGe) bewirkt. Das Gesamtsystem lässt sich aus Sicht der Einnahmen und ihrer Verteilung wie folgt darstellen:

Tabelle 9.1: Steuerverteilung

	Bund	Länder	Kommunen
Umsatzsteuer (USt)	X	X	
Körperschaftsteuer (KSt)	X	X	
Einkommensteuer (ESt)	X	X	X
Solidaritätszuschlag	X		
Mineralölsteuer	X		
Stromsteuer	X		
Gewerbesteuer (GewSt)	X	X	X
Grundsteuer (GrSt)			X
Grunderwerbsteuer (GrESt)		X	
Kraftfahrzeugsteuer (KraftSt)		X	
Versicherungssteuer (VersSt)	X		

Früher flossen Gewerbe- und Grundsteuer ausschließlich den Kommunen zu; bei der Grundsteuer ist das heute noch der Fall; die Gewerbesteuereinnahmen der Kommunen werden durch die Gewerbesteuerumlage, die Bund und Ländern zufließt, beschnitten. Diese beiden Steuern bezeichnet man auch als „Real- oder Gemeindesteuern".

9.2.3 Steueraufkommen

Um die unterschiedliche Bedeutung der Steuern für die öffentlichen Haushalte darzustellen, werden die Steuereinnahmen der wichtigsten Steuern des Jahres 1999 (Gesamt: 886,1 Mrd. DM), nach Höhe des Aufkommens sortiert, wiedergegeben:

Tabelle 9.2: Aufkommen der wichtigsten Steuerarten

Umsatzsteuer	268.253 Mio. DM	(ca. 30,3 %)
Lohnsteuer	261.708 Mio. DM	
Mineralölsteuer	71.278 Mio. DM	(ca. 8,0 %)
Gewerbesteuer	52.924 Mio. DM	(ca. 6,0 %)
Körperschaftsteuer	43.731 Mio. DM	(ca. 4,9 %)
Kapitalertragsteuer	22.117 Mio. DM	
Solidaritätszuschlag	22.045 Mio. DM	
Veranlagte Einkommensteuer	21.293 Mio. DM	
Grundsteuer	16.890 Mio. DM	
Versicherungssteuer	13.917 Mio. DM	
Kfz-Steuer	13.767 Mio. DM	
Grunderwerbsteuer	11.847 Mio. DM	
Zinsabschlagsteuer	11.823 Mio. DM	
Einkommensteuer gesamt:	316.941 Mio. DM	(ca. 35,8 %)
(= Lohn-, Kapitalertrag-, veranlagte Einkommen- und Zinsabschlagsteuer)		
Zölle	6.231 Mio. DM	
Stromsteuer	3.551 Mio. DM	
Alle weiteren Steuern werden wegen mangelnder Bedeutung für Unternehmen vernachlässigt.		
(Quelle: Bundesfinanzministerium, Statistisches Bundesamt, veröffentlicht von GLOBUS Infografik GmbH Tb-6331 v. 22. 05. 2000)		

Wie unschwer zu erkennen ist, stellen Umsatz- und Einkommensteuer die weitaus ergiebigsten Einnahmequellen dar. Die so genannten Bagatellsteuern (darunter: Vergnügungssteuer, Getränkesteuer, Rennwettsteuer) fallen betragsmäßig nur wenig ins Gewicht.

9.2.4 Zur Problematik des deutschen Steuerrechts

Steuern wurden und werden als wirtschaftspolitisches Vehikel gebraucht und missbraucht. Steuererleichterungen wurden in der Vergangenheit oft als Konjunkturantriebsmittel eingesetzt. Zudem unterliegt das Steuerrecht einer außerordentlichen Dynamik: Mehrmals jährlich ergehen Ergänzungslieferungen zu den Rechtssammlungen „Steuergesetze" und „Steuerrichtlinien" (Letztere seit Anfang 2000 aufgeteilt in „Steuerrichtlinien" und „Steuererlasse"), weil der Gesetzgeber bzw. die Finanzverwaltung ständig Änderungen, Ergänzungen, Streichungen vornimmt. Dadurch ist das deutsche Steuerrecht sehr unübersichtlich und kasuistisch, oft auch unsozial geworden. Beispiel: Eigenheimförderung. Wer eine Eigentumswohnung erwirbt oder ein Einfamilienhaus baut, erhält eine Eigenheimzulage (bzw. durfte früher erhebliche Beträge von der Steuerbemessungsgrundlage abziehen). Dies trifft aber nur für Bürgerinnen und Bürger zu, die sich Wohnungseigentum überhaupt leisten können (die sog. „Besserverdienenden"). Ärmere Leute mit geringem Einkommen kommen wohl niemals in den Genuss dieser Förderung. Finanzexperten haben bereits in den 60er-Jahren festgestellt, dass bei Wegfall aller erleichternden Regelungen und gleichzeitiger Halbierung der Steuersätze (insbesondere bei der Einkommensteuer) die Steuereinnahmen der öffentlichen Hände nicht im Geringsten zurückgehen würden. Gleichwohl blieb das komplexe System auch von mehreren sog. „Steuerreformen" im Kern unberührt.

Ein weiterer Punkt ist die Problematik der so genannten Bagatellsteuern. Viele dieser Steuerarten sind in der Vergangenheit schon weggefallen, weil der Verwaltungsaufwand, sie zu erheben, im Verhältnis zu ihrer Ergiebigkeit zu hoch war. Es bleibt zu hoffen, dass der Gesetzgeber nicht nur das Steuerrecht vor allem im Bereich der Unternehmensbesteuerung weiter vereinfacht, sondern auch die Vielfalt der Bagatellsteuern weiter reduziert.

9.2.5 Gesetzessystematik

Das Steuerrecht untergliedert sich in das formelle und das materielle Steuerrecht. Das formelle Steuerrecht (Recht des Besteuerungsverfahrens) wird in diesem Abschnitt im Wesentlichen vernachlässigt. Nur wo es unumgänglich ist, wird auf formelles Steuerrecht hingewiesen. Es umfasst die bereits genannte AO und die Finanzgerichtsordnung (FGO).

Das materielle Steuerrecht umfasst die Einzelsteuergesetze (Einkommensteuergesetz = EStG, Umsatzsteuergesetz = UStG usw.). Dazu kommen die Doppelbesteuerungsabkommen (Außensteuerrecht), die Durchführungsverordnungen, die Steuerrichtlinien und die Steuererlasse des Bundesfinanzministers.
Die sonstigen Abgaben (wie z. B. Anschlussbeiträge und Benutzungsgebühren) sind überwiegend kommunaler Art und sind in anderen Gesetzen, wie z. B. in den Kommunalabgabengesetzen (KAGen) der Länder geregelt.

9.2.6 Steuersystematik aus Sicht der Unternehmung

Aus Sicht der Unternehmen bzw. Unternehmer teilt man die Steuern nach ihren Anknüpfungstatbeständen ein. Üblich ist die folgende Untergliederung (*Abbildung 9.1*):

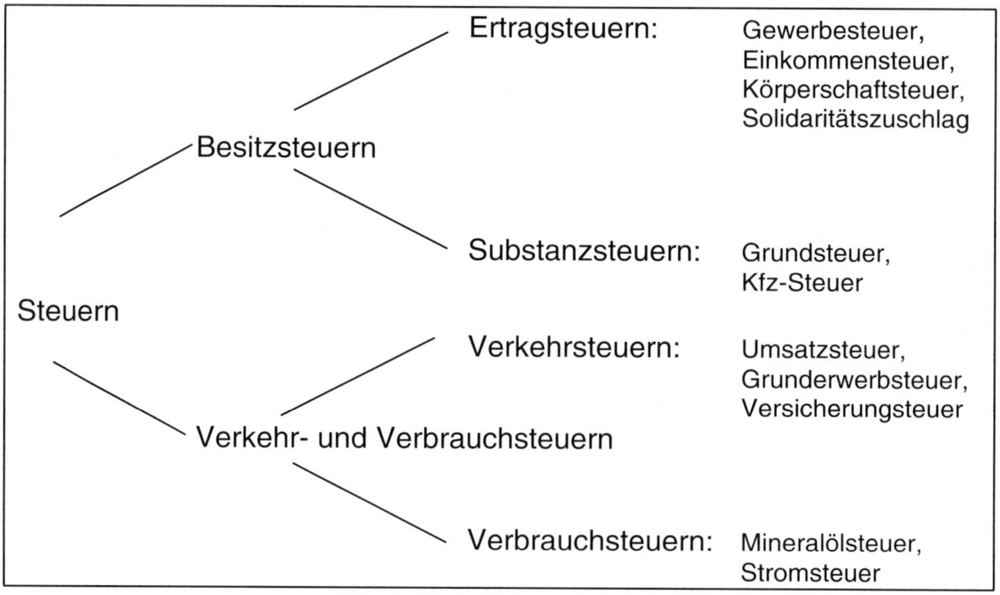

Abbildung 9.1: Steuersystematik aus Sicht des Unternehmens

9.2.7 Einschränkung des Stoffes

Fast alle Zahlenangaben in den Gesetzen sind derzeit noch in „DM" gehalten. Die folgende Darstellung beruht auf dem Stand des Steuerrechts von Anfang 2001. Diese Einschränkung muss aus einleuchtenden Gründen gemacht werden: Die Einbeziehung früherer Vorschriften würde den Rahmen dieses Beitrags sprengen, und auf Grund der soeben beklagten Dynamik des Steuerrechts ist ein anderer Weg, das System darzustellen, nicht möglich.
Auf so knappem Raum lässt sich das gesamte Steuerrecht nicht erschöpfend darstellen. Es werden zwangsläufig folgende Einschränkungen gemacht:

- Es wird nur das rein inländische Unternehmen betreffende Recht dargestellt (das Außensteuerrecht würde den Rahmen erheblich sprengen),
- es werden steuerliche Fragen der persönlichen Sphäre weitestgehend ausgeklammert, also nur unmittelbar das Unternehmen betreffende Steuerwirkungen behandelt,
- auch die unternehmensrelevanten Steuern werden nur „holzschnittartig" dargestellt werden können; auf die zahlreichen rechtlichen Feinheiten muss verzichtet werden.

9.3 Die Ertragsteuern

9.3.1 Übersicht

„Ertragsteuern" bedeutet, dass der Ertrag des Unternehmens bzw. des Unternehmers besteuert wird. „Ertrag" bedeutet hier im Wesentlichen „Gewinn", also Überschuss der Erträge über die Aufwendungen. Die Gewerbesteuer unterscheidet sich von den anderen Ertragsteuern dadurch, dass sie von deren Bemessungsgrundlage (und zusätzlich von der eigenen) abziehbar ist. Gewerbesteuer vermindert also Einkommen- und Körperschaftsteuer.
Der Solidaritätszuschlag wird in festen Prozentsätzen von der Einkommen- bzw. Körperschaftsteuer berechnet; die Kirchensteuer von der Einkommensteuer. Ihre Bemessungsgrundlage ist damit die Höhe einer zu zahlenden oder gezahlten anderen Steuer.
Die Ertragsteuern und ihre Relevanz lassen sich grob als Schaubild (*Abbildung 9.2*) darstellen.

Alle gewerblichen Unternehmen
unterliegen der ***Gewerbesteuer***

Einzelunternehmer und Gesellschafter personenbezogener Unternehmen
unterliegen der ***Einkommensteuer,***
dem ***Solidaritätszuschlag*** und
ggf. der ***Kirchensteuer***

Kapitalgesellschaften
unterliegen der ***Körperschaftsteuer***
und dem ***Solidaritätszuschlag***

Abbildung 9.2: Relevanz der Ertragsteuern

9.3.2 Die Gewerbesteuer

9.3.2.1 Aktueller Umfang der Gewerbesteuer

Seit Wegfall der Lohnsummensteuer und der Gewerbekapitalsteuer ist nur noch die Gewerbeertragsteuer übrig geblieben, womit eine sprachliche Differenzierung zwischen Gewerbesteuer und Gewerbeertragsteuer nicht mehr erforderlich ist. Die Regelungen zu dieser Steuer finden sich im Gewerbesteuergesetz

(GewStG), in der Gewerbesteuer-Durchführungsverordnung (GewStDV) und den Gewerbesteuerrichtlinien (GewStR).

9.3.2.2 Steuerpflicht und Steuerschuldner

Gewerbesteuerpflichtig ist jeder inländische stehende Gewerbebetrieb. Gewerbebetriebe sind gewerbliche Unternehmen im Sinne des EStG (das sind alle Offenen Handelsgesellschaften, Kommanditgesellschaften und alle selbstständigen, nachhaltigen Betätigungen mit Gewinnerzielungsabsicht; § 15 EStG) und alle Kapitalgesellschaften (§ 2 Abs. 1 und 2 GewStG).
Zahlreiche Unternehmen sind von der Gewerbesteuer befreit, wie z. B. die Deutsche Post AG, die Deutsche Telekom AG, die Deutsche Bundesbank, Erwerbs- und Wirtschaftsgenossenschaften, Krankenhäuser, Beteiligungsgesellschaften usw. (vgl. § 3 GewStG).
Steuerschuldner ist „der Unternehmer" (= Einzelunternehmer, Personengesellschaft, Kapitalgesellschaft); vgl. § 5 GewStG.
Nicht berücksichtigt bzw. behandelt werden in diesem Buchabschnitt Reisegewerbetreibende (§ 35a), Hausgewerbetreibende (§ 11 Abs. 3 GewStG) und der Sonderfall des Zweiten Deutschen Fernsehens (§ 11 Abs. 4 GewStG).

9.3.2.3 Besteuerungsgrundlage

Besteuerungsgrundlage ist der Gewerbeertrag. Dieser wird nach Maßgabe der §§ 7–10a GewStG ermittelt. Gewerbeertrag ist der nach den Vorschriften des Einkommensteuergesetzes oder des Körperschaftsteuergesetzes ermittelte Gewinn aus dem Gewerbebetrieb, vermehrt um die Hinzurechnungen gemäß § 8 und vermindert um die Kürzungen gemäß § 9, den Gewerbeverlust gemäß § 10a und ggf. dem Freibetrag gemäß § 11 Abs. 1 Satz 3 GewStG.
Da, wie oben bereits gesagt, die Gewerbesteuer bei Einkommen- bzw. Körperschaftsteuer abziehbar ist, muss zuerst der Gewinn (vor Gewerbesteuer), dann der Gewerbeertrag und die Gewerbesteuerbelastung, und danach erst der Gewinn vor Einkommen- bzw. Körperschaftsteuer berechnet werden. Da der Gewinn aber um die Gewerbesteuer zu kürzen ist (die Gewerbesteuer ist auch bei sich selbst abziehbar), ergibt sich in der Praxis hierfür eine Rechenaufgabe, die weiter unten dargestellt werden wird. Wegen der Abziehbarkeit der Gewerbesteuer (die deshalb zu den sog. „Aufwandssteuern" gezählt wird) wird diese hier als erste Ertragsteuer behandelt.
Die Ermittlung des Gewerbeertrages lässt sich als Schema darstellen:

Ausgangsgröße: **Gewerblicher Gewinn**

\+ **Hinzurechnungen**
  (1) 50 % der Dauerschuldzinsen
  (2) Renten und dauernde Lasten, die mit der Gründung oder dem Erwerb des Betriebes zusammenhängen
  (3) Gewinnanteile stiller Gesellschafter

(4) Gewinnanteile persönlich haftender Gesellschafter auf ihre nicht auf das Grundkapital gemachten Einlagen oder Geschäftsführergehälter von Kommanditgesellschaften auf Aktien
(5) 50 % bestimmter Miet- und Pachtzinsen
(6) Verlustanteile aus anderen Gesellschaften, bei denen die Gesellschafter als Mitunternehmer anzusehen sind
(7) Spenden im Sinne des § 9 Abs. 1 Nr. 2 KStG
(8) Ausschüttungsbedingte Teilwertabschreibungen
(9) Ausländische Steuern, die nach § 34c EStG abziehbar sind

– **Kürzungen**
(1) 1,2 % des Einheitswertes vom Grundbesitz
(2) Gewinnanteile aus anderen Gesellschaften, bei denen die Gesellschafter als Mitunternehmer anzusehen sind
(3) Gewinnanteile an Kapitalgesellschaften, wenn sie mindestens 10 % des Stamm- oder Grundkapitals betragen
(4) Gewinnanteile einer Kommanditgesellschaft auf Aktien (analog Nr. (4) der Hinzurechnungen, wenn sie bei der Gewinnermittlung angesetzt wurden)
(5) Anteile von nicht inländischen Betriebsstätten
(6) Miet- und Pachtzinsen (analog Nr. (5) der Hinzurechnungen)
(7) Spenden (analog Nr. (7) der Hinzurechnungen)
(8) Zinsen auf kapitalertragsteuerpflichtige Wertpapiere
(9) Gewinne aus Anteilen an ausländischen Kapitalgesellschaften, wenn die Anteile mindestens 10 % des Nennkapitals betragen
(10) Fremdkapitalvergütungen gemäß § 8a KStG

– **Gewerbeverlust aus Vorjahren**
– **Abrundung auf volle 100 DM**
– **ggf. Freibetrag**
= **Gewerbeertrag**

9

Der Freibetrag beträgt für natürliche Personen und Personengesellschaften DM 48.000,–, für einige andere (hier im Einzelnen nicht aufgezählten Betriebe) DM 7.500,– (vgl. § 11 Abs. 1 GewStG). Der Freibetrag darf nicht höher sein als der Gewerbeertrag vor Freibetragsabzug. Kapitalgesellschaften kommen nicht in den Genuss eines Freibetrags.

9.3.2.4 Steuermesszahl, Steuermessbetrag und Steuermessbescheid

Unter Steuermesszahl ist ein Prozentsatz zu verstehen; der Steuermessbetrag ist das Ergebnis der Anwendung der Steuermesszahl auf den Gewerbeertrag. Die Steuermesszahlen betragen

a) für Kapitalgesellschaften: 5 %
b) für natürliche Personen und Personengesellschaften (abzügl. Freibetrag)

für die ersten 24.000 DM	1 %
für die weiteren 24.000 DM	2 %
für die weiteren 24.000 DM	3 %
für die weiteren 24.000 DM	4 %
für alle weiteren Beträge	5 %

Wie unschwer zu erkennen ist, steigt die Belastung zunächst steil an, um sich dann asymptotisch der 5 %-Linie zu nähern (*Abbildung 9.3*).

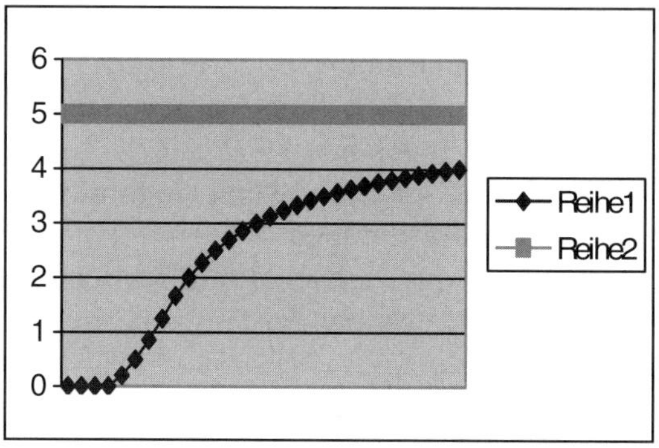

Abbildung 9.3: Gewerbesteuerbelastung (= Steuermesszahl in % des Gewerbeertrages) für personenbezogene Unternehmen (Reihe 1) und für Kapitalgesellschaften (Reihe 2)

Beispiel I:
Eine GmbH habe für das vergangene Wirtschaftsjahr einen Gewerbeertrag von DM 350.000 ermittelt. Der Steuermessbetrag beläuft sich auf 5 % des Gewerbeertrags = 17.500.

Beispiel II:
Eine OHG habe für das vergangene Wirtschaftsjahr einen Gewerbeertrag vor Abzug des Freibetrags i. H. v. DM 350.000 ermittelt. Der Steuermessbetrag wird nun wie folgt berechnet:
350.000 abzüglich Freibetrag (48.000) = 302.000

davon 1 % der ersten 24.000	= 240
(Rest: 278.000)	
davon 2 % der zweiten 24.000	= 480
(Rest: 254.000)	
davon 3 % der dritten 24.000	= 720
(Rest: 230.000)	
davon 4 % der vierten 24.000	= 960
(Rest: 206.000)	
und 5 % des Restes	= 10.300
zusammen = Steuermessbetrag	= 12.700

Der Steuerschuldner hat eine Gewerbesteuererklärung abzugeben. Da die Gewerbesteuer eine Realsteuer, d. h. eine primär den Kommunen zustehende Steuer ist, ein Gewerbebetrieb aber in mehreren Kommunen Betriebsstätten haben kann, muss in diesen Fällen zusätzlich eine Zerlegungserklärung abgegeben werden (Aufteilung des Gewerbeertrags auf die in den einzelnen Kommunen angefallenen Anteile). Zerlegungsmaßstab ist das Verhältnis der in den einzelnen Betriebsstätten gezahlten Arbeitslöhne.
Von der Gemeinde ergeht dann an den steuerpflichtigen Gewerbebetrieb der so genannte Gewerbesteuermessbescheid.

9.3.2.5 Berechnung des Gewerbesteueraufwandes

Die Ausgangsgröße „Gewerblicher Gewinn", von dem – wie bereits bemerkt – die Gewerbesteuer selbst abziehbar ist, sei mit „G" bezeichnet.
Der Saldo der Hinzurechnungen und Kürzungen sowie etwaigen Verlustabzugs und eines Freibetrags sei mit „D" bezeichnet. $G + D$ ist dann der Gewerbeertrag vor Abzug der Gewerbesteuer. Der Hebesatz (vgl. Abschnitt 9.3.2.7) sei mit „H" bezeichnet. Nun soll für eine GmbH (Steuermesszahl = 5 %) der tatsächliche Gewerbesteueraufwand „A" berechnet werden.
Es gilt die folgende Gleichung:

$$A = (5/100) \cdot (H/100) \cdot (G + D - A)$$

Nach A aufgelöst ergibt sich nach einigen Umformungen die Gleichung

$$A = H/(2000 + H) \cdot (G + D)$$

> Beispiel (anknüpfend an das Beispiel I des vorigen Abschnittes):
>
> $G = 320.000,–;\ D = 30.000,–;\ H = 450\ (\%)$.
>
> Dann berechnet sich der Gewerbesteueraufwand A wie folgt:
>
> $A = (450/2450) \cdot 350.000 = 64.285,71$

Bei Einzelunternehmern und Personengesellschaften ist dies etwas schwieriger zu berechnen, weil die Steuermeßzahlen gestaffelt sind. ❶ Die Gleichung ist mit einem quasi-Freibetrag in Höhe von 48.000 zu modifizieren,

$$\begin{aligned} A = &(H/100) \cdot (1/100) \cdot 24.000 \\ &+ (H/100) \cdot (2/100) \cdot 24.000 \\ &+ (H/100) \cdot (3/100) \cdot 24.000 \\ &+ (H/100) \cdot (4/100) \cdot 24.000 \\ &+ (H/100) \cdot (5/100) \cdot (G + D - 96.000 - A) \end{aligned}$$

Die ersten vier Summanden lassen sich zu 24 · H verkürzen; damit lässt sich mit Hilfe einiger Umformungen die Formel vereinfachen zu

$$A = [H \cdot 48.000 + H \cdot (G + D - 96.000)]/(2000 + H)$$

oder noch weiter verkürzt:

$$A = [H \cdot (G + D - 48.000)]/(2000 + H)$$

Beispiel (anknüpfend an das Beispiel II des vorigen Abschnittes):

$G = 320.000,–$; $D = -18.000,–$; $H = 450$ (%)

Dann berechnet sich der Gewerbesteueraufwand A wie folgt:

$A = [450*(302.000 - 48.000)]/2450 = 46.653,06$

9.3.2.6 Verlustabzug

§ 10a GewStG erlaubt den Vortrag von Verlusten in die folgenden Jahre. Ein Rücktrag wie im Einkommensteuerrecht ist hier nicht erlaubt.

Beispiel:
Ein Unternehmer habe in den genannten Jahren folgende Gewerbeerträge vor Verlustabzug:

Tabelle 9.3: Verlustabzug

	Jahr 1	Jahr 2	Jahr 3	Jahr 4	Jahr 5	Jahr 6
Gewerbeerträge vor Verlustabzug:	+20.000,–	-80.000,–	+30.000,–	+40.000,–	-20.000,–	+50.000,–
			-30.000,–	-40.000,–	-10.000,–	-20.000,–
Gewerbeerträge nach Verlustabzug:	+20.000,–	0,–	0,–	0,–	0,–	+20.000,–

Der Gewerbeverlust darf nur von dem auf einen gewerblichen Betrieb entfallenden Gewerbeertrag abgezogen werden. Hat ein Unternehmer zwei gewerbliche Betriebe, wobei bei dem einen ein positiver, bei dem anderen ein negativer Gewerbeertrag entsteht, darf der Verlust nur vom folgenden positiven Gewerbeertrag des betreffenden Betriebs abgezogen werden.

9.3.2.7 Festsetzung und Zahlungsweise

Die Kommunen sind berechtigt, Hebesätze für die Realsteuern festzulegen. Die Hebesätze schwanken zwischen 200 % und 800 %. Der mittlere Hebesatz liegt etwa bei 400 %. Kommunen können also mit den Hebesätzen Gewerbebetriebe „anlocken" und damit in Konkurrenz zu anderen Kommunen treten. Sind allerdings bereits zahlreiche Gewerbebetriebe auf dem Gemeindegebiet ansässig, kann die Kommune die „Steuerschraube" ansetzen und die Hebesätze erhöhen (Gemeinderatsbeschluss). Aus diesem Grund versuchen viele Unternehmen, auf die kommunale Finanzpolitik Einfluss zu nehmen.

Fortsetzung von Beispiel I (GmbH):
Der Hebesatz der Kommune betrage 300 %. Damit beträgt die Gewerbesteuer gemäß der im vorigen Abschnitt hergeleiteten Formel 45.652,17. Als Belastungsprozentsatz vom Gewerbeertrag ausgedrückt sind dies 13,04 %.

Fortsetzung von Beispiel II (OHG):
Der Hebesatz der Kommune betrage 600 %. Damit beträgt die Gewerbesteuer gemäß der im vorigen Abschnitt hergeleiteten Formel 58.615,39. Als Belastungsprozentsatz vom Gewerbeertrag vor Freibetragsabzug (350.000) ausgedrückt sind dies 16,75 %.

Damit ist gezeigt, dass die Gewerbesteuerbelastung – abgesehen von Gewinnhöhe, Hinzurechnungen und Kürzungen – von zweierlei abhängt: Von der Rechtsform (Freibetrag, Staffelung der Steuermesszahlen) und vom Hebesatz der Kommune.
Vom Finanzamt ergeht an den Steuerpflichtigen der Gewerbesteuerbescheid.
Der Steuerschuldner hat am 15. 02., 15. 05., 15. 08. und 15. 11. jeden Jahres ein Viertel der Vorjahressteuer als Vorauszahlung zu leisten. Eine Anpassung an sich ändernde und absehbare Verhältnisse ist möglich. Die Vorauszahlungen werden auf die tatsächliche Gewerbesteuerschuld angerechnet; ist die Gewerbesteuerschuld kleiner als die Summe der Vorauszahlungen, muss der Steuerschuldner eine Abschlusszahlung leisten, andernfalls erfolgt eine Zurückzahlung.

9.3.3 Die Einkommensteuer

9.3.3.1 Steuerpflicht

Einkommensteuerpflichtig sind natürliche Personen, die im Inland wohnen (Deutsche und Ausländer), sowie Deutsche, die nicht im Inland wohnen, aber ihren Arbeitslohn von einer inländischen öffentlichen Kasse beziehen (z. B. Botschaftsangehörige); vgl. § 1 EStG. Wichtig ist, dass natürliche Personen betrof-

9

fen sind (im Gegensatz zur KSt: im Wesentlichen juristische Personen, und im Gegensatz zur GewSt: nur Gewerbebetriebe).
Da sich das Einkommensteuerrecht auf die persönlichen Verhältnisse der Steuerpflichtigen bezieht, sind dort zahlreiche Bestimmungen enthalten, welche über die Unternehmensebene weit hinaus gehen; diese werden in diesem Abschnitt nur erwähnt, ohne näher auf sie einzugehen. Völlig weggelassen werden die beschränkte Steuerpflicht (§ 1 Abs. 4, § 49 EStG), die Rentenbesteuerung (§ 22 Nr. 1 Satz 3 EStG) und das Kindergeld (§§ 62–78 EStG).

9.3.3.2 Steuergegenstand

Besteuert wird – wie der Name bereits sagt – das Einkommen. Das EStG unterscheidet sieben Einkunftsarten (§ 2 Abs. 1 EStG):

- Einkünfte aus Land und Forstwirtschaft (§§ 13–14a EStG)
- Einkünfte aus Gewerbebetrieb (§§ 15–17 EStG)
- Einkünfte aus selbstständiger Arbeit (§ 18 EStG)
- Einkünfte aus nicht selbstständiger Arbeit (§§ 19–19a EStG)
- Einkünfte aus Kapitalvermögen (§ 20 EStG)
- Einkünfte aus Vermietung und Verpachtung (§§ 21–21a EStG)
- Sonstige Einkünfte (§§ 22–23 EStG)

Im Wesentlichen selbsterklärend sind dabei die Einkünfte aus Land- und Forstwirtschaft, nicht selbstständiger Arbeit (Beamte, Angestellte, Arbeiter) und Vermietung und Verpachtung. Was zu den einzelnen Einkunftsarten zählt, ist in den in Klammern beigefügten Vorschriften definiert. So umfassen Einkünfte aus Gewerbebetrieb Einkünfte aus gewerblichen Unternehmen, Gewinnanteile der Gesellschafter an einer Personengesellschaft („Mitunternehmer"), Gewinnanteile des Komplementärs einer KGaA. Zu den Beziehern von Einkünften aus selbstständiger Arbeit gehören vor allem die Freiberufler (Ärzte, Rechtsanwälte, Wirtschaftsprüfer, Architekten, Berater usw.). Einkünfte aus Kapitalvermögen sind vor allem Dividenden und Zinsen; „sonstige Einkünfte" sind im Wesentlichen Leibrenten (teilweise) und Einkünfte aus privaten Veräußerungsgeschäften (insbesondere von Immobilien und Wertpapieren).

§ 2 Abs. 2 EStG besagt, dass die Einkünfte aus Land- und Forstwirtschaft, Gewerbebetrieb und selbstständiger Arbeit aus dem Gewinn, die anderen Einkünfte aus dem Überschuss der Einnahmen über die Werbungskosten bestehen (Gewinneinkunftsarten – Überschusseinkunftsarten).
Die Summe der Einkünfte aller Einkunftsarten bilden den Gesamtbetrag der Einkünfte einer natürlichen Person (innerhalb eines Jahres). Dieser Gesamtbetrag wird um die so genannte Sonderausgaben und die außergewöhnlichen Belastungen vermindert. Das so berechnete Einkommen unterliegt – abzüglich verschiedener Freibeträge – dem ESt-Tarif.

§ 3 EStG zählt eine Reihe von steuerfreien Einnahmen auf, die nicht zu den Einkünften zählen (z. B. Krankenversicherungsleistungen, Arbeitslosengeld, Stipendien, Erziehungsgeld usw.; diese Vorschrift umfasst 62 einzelne steuerfreie Einnahmearten).

Im Folgenden werden Einkünfte aus Land- und Forstwirtschaft wegen mangelnder unternehmerischer Relevanz außer Acht gelassen. Die unternehmerische Relevanz der Einkünfte aus Gewerbebetrieb und selbstständiger Arbeit sind unmittelbar einleuchtend; wer Gesellschafter und zugleich Geschäftsführer einer GmbH ist und für diese Geschäftsführertätigkeit ein Gehalt bezieht, hat Einkünfte aus nicht selbstständiger Arbeit. Einkünfte aus Kapitalvermögen und Vermietung und Verpachtung sind insofern bedeutsam, als sie aus Investitionsalternativen zur betrieblichen Betätigung erwachsen können.

9.3.3.3 Gewinnermittlung

Die Gewinnermittlung (Einkünfte aus Gewerbebetrieb und selbstständiger Arbeit) ist Gegenstand von Buchführung und Jahresabschluss (siehe Kapitel 10). § 4 Abs. 1 Satz 1 EStG definiert: „Gewinn ist der Unterschiedsbetrag zwischen dem Betriebsvermögen am Schluss des Wirtschaftsjahres und dem Betriebsvermögen am Schluss des vorangegangenen Wirtschaftsjahres, vermehrt um den Wert der Entnahmen und vermindert um den Wert der Einlagen“. Im Kapitel 10 dieses Buches wird Gewinn als Eigenkapitalmehrung bzw. Differenz zwischen Erträgen und Aufwendungen definiert werden; das ist kein Widerspruch zu dieser Definition. Das steuerliche „Betriebsvermögen“ ist die Differenz aus Vermögen (im betriebswirtschaftlichen Sinne) und Fremdkapital, mithin also nichts anderes als das Eigenkapital.

Nicht bilanzierungspflichtige Steuerpflichtige (hier kommen nur Freiberufler in Betracht, denn Gewerbetreibende sind auf Grund der HGB-Vorschriften im Allgemeinen buchführungs- und bilanzierungspflichtig) können als Gewinn den Überschuss der Betriebseinnahmen über die Betriebsausgaben ansetzen (§ 3 Abs. 3 EstG). Betriebsausgaben sind dabei als „Aufwendungen, die durch den Betrieb veranlasst sind“ definiert.

Die Höhe des Betriebsvermögens und die Höhe der Betriebsausgaben und damit der Gewinn sind innerhalb gewisser Grenzen manipulierbar; das so genannte Bilanzsteuerrecht (kurzer Abriss in Abschnitt 10) ist in den §§ 5–7k EStG enthalten.

9.3.3.4 Überschussermittlung

Die Überschussermittlung (Einkünfte aus nicht selbstständiger Arbeit, Kapitalvermögen, Vermietung und Verpachtung, sonstige Einkünfte; § 8 EStG) erfolgt mit Hilfe der einfachen Buchführung und ähnelt der Gewinnermittlung in Gestalt des Überschusses der Betriebseinnahmen über die Betriebsausgaben (§ 4 Abs. 3 EStG). Werbungskosten sind definiert als Aufwendungen zur Erwerbung, Sicherung und Erhaltung der Einnahmen (vgl. § 9 EStG). Werbungskosten können auch pauschaliert werden (§ 9a EStG).

9.3.3.5 Zwei besondere Erhebungsarten: Lohnsteuer und Kapitalertragsteuer

Die Lohnsteuer (§§ 38–42f EStG) betrifft nur Einkünfte aus nicht selbstständiger Arbeit; sie wird vom Arbeitgeber einbehalten und an die Finanzbehörden abgeführt. Hierzu existieren eigens eine Lohnsteuer-Durchführungsverordnung (LohnStDV) und Lohnsteuerrichtlinien (LohnStR). Die Lohnsteuer ist damit nur eine spezielle Erhebungsform der Einkommensteuer. Ab einer gewissen Einkommenshöhe muss eine Einkommensteuerveranlagung durchgeführt werden. Ansonsten kann der Lohnsteuerpflichtige eine so genannte Antragsveranlagung verlangen. Unternehmen behalten die Lohnsteuer ihrer Mitarbeiter ein und führen diese monatlich an das Finanzamt ab. Aus betrieblicher Sicht ist die Lohnsteuer also ein „durchlaufender Posten".

Die Kapitalertragsteuer (§§ 43–45d EStG) kommt in zwei Formen vor:

a) Die 25%ige Kapitalertragsteuer wird angewandt auf Dividenden ohne die anzurechnende Körperschaftsteuer (siehe dort).
b) Die 30%ige Kapitalertragsteuer (auch „Zinsabschlagsteuer" genannt) wird von den Banken bei Zinserträgen einbehalten.

Die Kapitalertragsteuer ist als Vorauszahlung zu sehen und auf die Einkommensteuer anzurechnen.

9.3.3.6 Berechnung des zu versteuernden Einkommens

Die Einkommensberechnung lässt sich übersichtlich als Schema darstellen:

Einkünfte aus den sieben Einkunftsarten
= Summe der Einkünfte
– Altersentlastungbetrag gemäß § 24a EstG
= Gesamtbetrag der Einkünfte
– Sonderausgaben gemäß § 10 EstG (z. B. Unterhaltsleistungen, Versicherungen, gezahlte Kirchensteuer, Steuerberatungskosten, Weiterbildungskosten,
– Ausgaben für steuerbegünstigte Zwecke gemäß § 10b EstG (z. B. Spenden für mildtätige, kirchliche, wissenschaftliche Zwecke)

- Steuervergünstigungen nach §§ 10f (als Eigenheim genutzte Baudenkmale oder Gebäude in Sanierungsgebieten), 10g (Ausgaben für schutzwürdige Kulturgüter) und 10h (unentgeltlich zu Wohnzwecken überlassene Wohnung im eigenen Haus) EStG
- Verlustabzug gemäß § 10d EstG
- außergewöhnliche Belastungen gemäß § 33 und 33a EStG

= Einkommen

- ggf. Kinderfreibetrag gemäß § 32 Abs. 6 EStG
- ggf. Haushaltsfreibetrag gemäß § 32 Abs. 7 EStG

= zu versteuerndes Einkommen

9.3.3.7 Steuersatz

Bei der Betrachtung des ESt-Satzes (des „Tarifs“) muss man mehrere Differenzierungen treffen:

a) Unterschied zwischen tariflicher („Normaltarif“; § 32a EStG) und festzusetzender ESt. Unterschiede können sich aus Ermäßigungen nach §§ 32b, 32c, 34c, 34f und 34g ergeben.
b) Unterschied zwischen dem einfachen und dem Splitting-Verfahren. Letzteres gilt nur für Verheiratete.

Zunächst sei der „Normaltarif“ dargestellt:

Zu versteuerndes Einkommen:	Tarif (in Prozent/Formel):
DM 0,– bis DM 14.093, (Grundfreibetrag)	– 0 %
DM 14.094,– bis DM 18.089,–	$(387{,}89y + 1990)y$
DM 18.090,– bis DM 107.567,–	$(142{,}49z + 2300)z + 857$
Von DM 107.568,– a	$0{,}485x - 19.299$

Hierbei sind:

y = ein Zehntausendstel des DM 14.040,–,
z = ein Zehntausendstel des DM 18.036,– übersteigenden Teils des abgerundeten Einkommens;
x = das abgerundete zu versteuernde Einkommen.

Abgerundet wird das Einkommen auf den nächsten durch 54 ohne Rest teilbaren Betrag, und, wenn es nicht schon durch 54 ohne Rest teilbar ist, um 27 DM erhöht. ❷ Bei den Rechenschritten sind nur 3 Nachkommastellen zu berücksichtigen, folgende Nachkommastellen sind wegzulassen. Der sich ergebende Steuerbetrag ist auf den nächsten vollen DM-Betrag abzurunden.

Beispiele:

(a) Das zu versteuernde Einkommen beträgt DM 16.000,–. Die ESt beträgt **DM 407,–** (= **2,54** %)

(b) Das zu versteuernde Einkommen beträgt DM 60.000,–. Die ESt beträgt **DM 13.025,–** (= **22,71** %)

(c) Das zu versteuernde Einkommen beträgt DM 120.000,–. Die ESt beträgt **DM 38.908,–** (= **32,42** %) ❷

Nun ist zwischen dem sog. Spitzensteuersatz (= Grenzsteuersatz) und dem Durchschnittsteuersatz zu unterscheiden. Die in den dargestellten vier Beispielen errechneten Prozentsätze sind Durchschnittsteuersätze. Die Spitzensteuersätze ergeben sich aus den Formeln; sie sind der Vorbemerkung zu den amtlichen Tabellen zu entnehmen:

Zu versteuerndes Einkommen:	Prozentsätze:	Zone:
0 bis 14.093	0	Null-Zone
14.094 bis 18.089	19,9 – 25,0	Progressionszone I
18.090 bis 107.567	25,0 – 48,5	Progressionszone II
ab 107.568	48,5	Proportionalzone

Der höchste Spitzensteuersatz (48,5 %) wird wegen des Abzugs von DM 19.299,– jedoch niemals erreicht.

Statt der Berechnung mit den Formeln bieten die ESt-Tabellen eine einfachere und in der Praxis wohl üblicherweise angewandte Alternative.

Spitzen- und Durchschnittsteuersatz sind in *Abbildung 9.4* grafisch dargestellt.

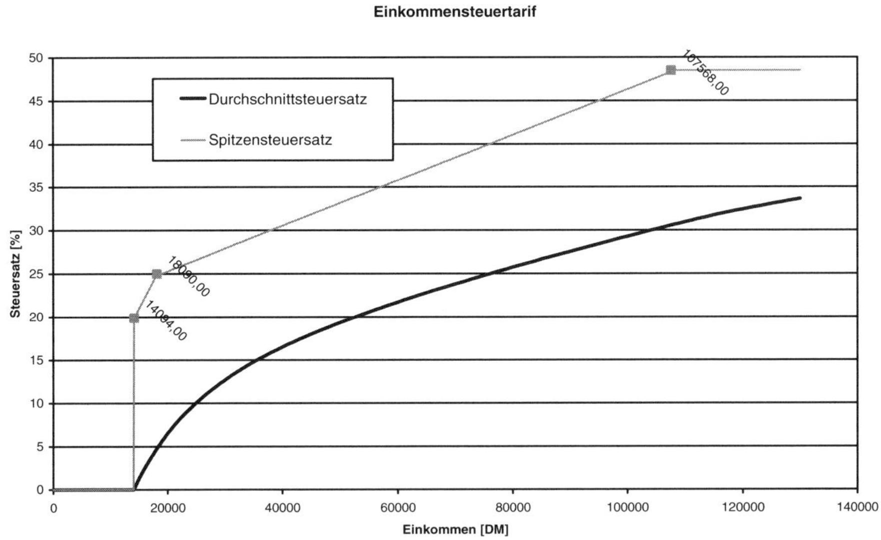

Abbildung 9.4: Einkommensteuertarif

Bei Anwendung des Splittingverfahrens wird das gemeinsame zu versteuernde Einkommen der Ehegatten halbiert, aus der Hälfte die Steuer berechnet und diese dann verdoppelt. Dies sei anhand des modifizierten Beispiels (d) gezeigt: Gemeinsames zu versteuerndes Einkommen: DM 120.000,–. Die Hälfte davon ist DM 60.000,–; der Steuerbetrag beläuft sich auf das Doppelte des Steuerbetrags, der auf das halbe Einkommen entfällt (DM 26.050). Das entspricht einem Steuersatz von 21,71 % gegenüber 32,42 % bei Ledigen.

Für Bezieher von Einkünften aus Gewerbebetrieb gibt es eine Steuerermäßigung in Höhe des 1,8fachen Gewerbesteuermessbetrages (§ 35 EstG; vgl. auch Abschnitt 9.3.2.4). Das ist eine deutliche Steuererleichterung für alle Gewerbetreibenden.

Eine weitere Tarifmodifikation (Steuerermäßigung) gibt es in Gestalt des Progressionsvorbehalts (bei Beziehern von Arbeitslosengeld, Krankengeld, ausländischen Einkünften, die nicht der deutschen ESt unterliegen usw.; § 32b EStG), für ausländische Einkünfte (§ 34c EStG), für Steuerpflichtige mit Kindern bei Steuerbegünstigung der eigenen Wohnung (§ 34f EStG), bei Mitgliedsbeiträgen und Spenden an politische Parteien (§ 34g EStG).

9.3.3.8 Verlustausgleich und Verlustabzug

Verlustausgleich heißt, dass negative Einkünfte (genauer: Einkunftsarten mit negativen Einkünften) mit positiven verrechnet werden. § 2 Abs. 3 EStG spricht ja von der „Summe der Einkünfte“; Summen können auch negative Beträge beinhalten. Die seit 1999 gültige Version dieser Vorschrift (Sätze 2 bis 5; der Verlustausgleich bei Ehegatten bleibt außer Betracht) sieht einen Verlustausgleich nur bis zur Hälfte der 100.000,– übersteigenden positiven Einkünfte vor.

Beispiel:
Summe der positiven Einkünfte: 150.000,–
Summe der negativen Einkünfte: – 40.000,–
Zunächst ist die Summe der positiven Einkünfte nur zu mindern, soweit sie DM 100.000,– übersteigt, und zwar nur zur Hälfte; das sind hier DM 50.000,– : 2 = DM 25.000,–. Das bedeutet, dass für negative Einkünfte *ausgleichsfähig* nur DM 25.000 + DM 100.000 = DM 125.000 sind; würde die Summe der negativen Einkünfte größer sein, könnten sie nur bis zu diesem Betrag ausgeglichen werden (vgl. auch H 3 EStR). ❷

Vom Verlustausgleich ausgenommen sind:

Verluste aus bestimmten Auslandsgeschäften (§ 2a Abs. 1 EStG),
Verluste aus steuerfreien Einnahmequellen (§ 3c EStG),
Verluste bei beschränkter Haftung (§ 15a Abs. 1 EStG),
Verluste als „Einkünfte aus sonstigen Leistungen“ (§ 22 Nr. 3 Satz 3 EStG),
Verluste aus Spekulationsgeschäften (§ 23 Abs. 3 Satz 8 EStG).

Verlustabzug (§ 10d EStG) ist dagegen eine zeitliche Verschiebung von Verlusten, die innerhalb eines Jahres (Veranlagungszeitraumes) durch positive Einkünfte nicht ausgeglichen werden. Dabei gibt es zwei zeitliche Verschiebungsrichtungen: In die Vergangenheit (Verlustrücktrag) und in die Zukunft (Verlustvortrag). Diese Verlustabzüge sind keine „Kann“-Vorschriften, sondern zwingend anzuwenden. Für den Verlustausgleich gibt es eine betragsmäßige Obergrenze in Höhe von DM 1.000.000,– (dies gilt nur für den Verlustrücktrag), eine einkunftsartbezogene Grenze (zuerst erfolgt der Abzug bei der Einkunftsart, bei der ein Verlust entstanden ist, dann erst bei positiven anderen Einkünfte bis zu einer gewissen betragsmäßigen Grenze) und eine zeitliche Grenze (der unmittelbar vorangegangene Veranlagungszeitraum). Verluste, die nicht durch Rücktrag abgezogen worden sind, sind durch Verlustvortrag abzuziehen. Mit anderen Worten: Erst hat ein Verlustrücktrag (so weit wie möglich) zu erfolgen, dann ein Verlustvortrag.

Beispiel:
Ein Unternehmer habe in den genannten Jahren folgende Einkünfte:

Tabelle 9.4: *Verlustabzug*

	Jahr 1	Jahr 2	Jahr 3	Jahr 4	Jahr 5	Jahr 6
Einkünfte vor Verlustabzug:	+20.000,–	−80.000,–	+30.000,–	+40.000,–	−20.000,–	+50.000,–
	−20.000,– (Rücktrag)		−30.000,– (Vortrag)	−30.000,– (Vortrag) −10.000,– (Rücktrag)		−10.000,– (Vortrag)
Einkünfte nach Verlustabzug:	0,–	0,–	0,–	0,–	0,–	+40.000,–

Der Verlustabzug in diesem Beispiel bewirkt, dass 5 Jahre lang keine Steuer anfällt. Durch Verlustrückträge werden sogar unanfechtbar gewordene Steuerbescheide nachträglich geändert und es erfolgt eine nachträgliche Steuererstattung.

9.3.3.9 Festsetzung und Zahlungsweise

Die Einkommensteuer wird nach Prüfung der Einkommensteuererklärung (regelmäßig stattfindende steuerliche Betriebsprüfung = Buchprüfung durch Finanzbeamte) in einem Einkommensteuerbescheid festgesetzt. Angerechnet werden die im Laufe des Jahres geleisteten Vorauszahlungen. § 37 Abs. 1 EStG bestimmt, dass am 10. 03., 10. 06., 10. 09. und 10. 12. Vorauszahlungen zu entrichten sind, wobei diese an der ESt des Vorjahres gemessen werden.

9.3.3.10 Entwicklungstendenzen

Die 2000 beschlossene Steuerreform sieht eine stufenweise Senkung der Steuersätze bis 2005 vor. Der hier dargestellte Tarif ist also zeitlich begrenzt. Inwieweit diese Maßnahme tatsächlich Gesetz wird, bleibt abzuwarten.

9.3.4 Die Kirchensteuer

Die Kirchensteuer ist landesrechtlich geregelt (jedes Bundesland hat ein eigenes Kirchensteuergesetz). Erhebungsberechtigt sind nur Religionsgemeinschaften, die zugleich Körperschaften des öffentlichen Rechts sind. Steuerpflichtig sind alle Angehörigen der besagten Religionsgemeinschaften. Bemessungsgrundlage ist die Einkommensteuer. Die Kirchensteuer der Einkommensteuerpflichtigen wird durch die staatlichen Finanzbehörden erhoben („Kircheneinkommensteuer"). Die Kirchensteuer in Bayern beispielsweise betrug bisher stets 8 % der Einkommensteuer. Wer z. B. jährlich DM 20.000 ESt/LohnSt zu entrichten hatte, musste davon 8 % = 1.600,– KiSt abführen. Der persönliche Steuersatz erhöhte sich damit auf das 1,08fache.

9.3.5 Die Körperschaftsteuer

9.3.5.1 Steuerpflicht

Unbeschränkt steuerpflichtig gem. §§ 1 und 2 KStG sind alle Kapitalgesellschaften (AG, KGaA, GmbH), Erwerbs- und Wirtschaftsgenossenschaften, Versicherungsvereine auf Gegenseitigkeit und weitere privatrechtliche Institutionen (z. B. Stiftungen) sowie Betriebe gewerblicher Art von juristischen Personen des öffentlichen Rechts (im Wesentlichen die so genannten „Stadtwerke". Ausgenommen sind Abwasser- und Hausrestmüllentsorgungsbetriebe; diese stellen so genannte „Hoheitsbetriebe" dar).

Beschränkt steuerpflichtig sind Körperschaften mit Sitz im Ausland mit ihren inländischen Einkünften.
Steuerbefreiungen sind in § 5 KStG geregelt; so fallen darunter z. B. das Bundeseisenbahnvermögen, Monopolverwaltungen des Bundes, die Deutsche Bundesbank und zahlreiche weitere hier nicht aufgeführte Einrichtungen.

9.3.5.2 Steuergegenstand

Besteuert wird das körperschaftsteuerpflichtige Einkommen (§§ 7, 8 KStG).
Dieses lässt sich schematisch wie folgt darstellen:

Steuerbilanzergebnis (gem. Vorschriften des EStG)

+ verdeckte Gewinnausschüttungen (vgl. § 8a KStG für den Fall der Gesellschafter-Fremdfinanzierung)
– Verlustabzug (vgl. § 8 Abs. 4 KStG); entspricht § 10d EStG
+ bestimmte Gewinnanteile (vgl. § 8b KStG i. V. m. § 20 Abs. 1 EStG)
– abziehbare Aufwendungen (vgl. § 9 KStG); hierunter fallen Gewinnanteile persönlich haftender gesellschafter einer Kommanditgesellschaft auf Aktien sowie Ausgaben für mildtätige und gemeinnützige Zwecke.
+ nicht abziehbare Aufwendungen (vgl. § 10 KStG); hierunter fallen bestimmte Steuern, Geldstrafen und die Hälfte der an Aufsichtsratsmitglieder usw. gezahlten Vergütungen
– Freibeträge gem. §§ 24 (DM 7.500 für nahezu alle unbeschränkt steuerpflichtigen Körperschaften) und 25 KStG (Genossenschaften und Vereine aus dem bereich der Land- und Forstwirtschaft)
= **Einkommen im Sinne des § 8 Abs. 1 KStG**

Das „Einkommen" im Sinne des KStG unterscheidet sich also von dem des EStG; zum einen hinsichtlich seiner Zusammensetzung, zum anderen hinsichtlich seiner Definition als „Einkunftsart": Das KStG kennt nur Einkünfte aus Gewerbebetrieb. Da eine Kapitalgesellschaft eine juristische Person (des priva-

ten Rechts) ist, die keine Privatsphäre hat, entfallen auch Sonderausgaben. Dennoch gelten die Vorschriften über Gewinnermittlung und Bewertung des EStG auch für die von der Körperschaftsteuer betroffenen Unternehmen, was sich darin niederschlägt, dass Ausgangspunkt der Einkommensermittlung das nach einkommensteuerlichen Vorschriften berechnete Steuerbilanzergebnis ist.
Die einzelnen Modifikationen sind im KStG aufgezählt; der Begriff der „verdeckten Gewinnausschüttung“ sei etwas genauer erläutert. Ihm liegt ein Rechtsgeschäft zwischen Gesellschaft (juristische Person) und Gesellschafter zu Grunde. Wenn die Gesellschaft dem Gesellschafter eine unverhältnismäßig hohe Gegenleistung gewährt, ist der Teil, der das Marktübliche übersteigt, kein Aufwand, sondern eben verdeckte Gewinnausschüttung. § 8a KStG präzisiert darüber hinaus den Fall, dass das Darlehen, das ein Gesellschafter der Gesellschaft gewährt hat, höher ist als dessen Eigenkapitalanteil; dieser Teil des Fremdkapitals wird dann zum Eigenkapital umdeklariert und die Zinsen dafür werden als Gewinnausschüttungen interpretiert.

9.3.5.3 Steuersatz

Der Steuersatz (Tarif) der Körperschaftsteuer (Tarif) beträgt 25 % (§ 23 Abs. 1 KStG). Diese Regelung ist die bedeutsamste gegenüber dem alten Recht, das einen für Einbehaltung und Ausschüttung von Gewinnen gespaltenen Tarif beinhaltet hat.

9.3.5.4 Das steuerliche Einlagenkonto

Im früheren Körperschaftsteuerrecht wurden die Steuersätze einige Male geändert. Das heißt, einbehaltene Gewinne (Eigenkapitalbestandteile) wurden mit unterschiedlichen Steuersätzen belastet. Wurden nun Gewinne ausgeschüttet, musste diese unterschiedliche Belastung im Anrechnungsverfahren der Körperschaftsteuer auf die Einkommensteuer berücksichtigt werden. Nach früherem Recht wurde das so genannte „verwendbare Eigenkapital“ also nach den unterschiedlichen Steuersätzen untergliedert. „Verwendbar“ heißt dabei „für Ausschüttungen verwendbar“. Nicht für Ausschüttungen verwendbar ist das so genannte „gezeichnete“ Kapital (Stammkapital bei der GmbH, Grundkapital bei der AG).
Das in § 27 KStG nun geregelte „steuerliche Einlagekonto“ löst das frühere Verfahren dergestalt ab, dass in den nicht zum gezeichneten Kapital gehörenden Eigenkapitalbestandteilen enthaltene Körperschaftsteuerguthaben oder -erhöhungen (§§ 37, 38 KStG) als solche gekennzeichnet werden und damit nicht verloren gehen.

9.3.5.5 Halbeinkünfteverfahren

Das „Halbeinkünfteverfahren" löst das eben genannte frühere Anrechnungsverfahren ab. Früher durfte die vom Unternehmen bezahlte Körperschaftsteuer auf die Einkommensteuer der Ausschüttungsempfänger (soweit diese der Einkommensteuerpflicht unterliegende natürliche Personen sind) angerechnet werden. Nunmehr wird (in dem wesentlich einfacheren) Halbeinkünfteverfahren die Hälfte der Ausschüttungen, welche eine natürliche Person empfängt, der Einkommensteuer unterworfen. Die steuerliche Gesamtbelastung wird damit kaum verändert; schließlich waren die früheren KSt-Tarife höher als der neue einheitliche 25%-Tarif. § 36 KStG regelt den Übergang vom Anrechungs- zum Halbeinkünfteverfahren.

9.3.5.6 Festsetzung und Bezahlung

Die Körperschaftsteuererklärung geht dem Steuerbescheid voraus; steuerliche Betriebsprüfungen werden regelmäßig durchgeführt. § 31 KStG bestimmt, dass für die Körperschaftsteuer dieselben Zahlungsmodalitäten gelten wie für die Einkommensteuer (monatliche Vorauszahlungen, Nachzahlung bzw. Erstattung nach erfolgter Steuererklärung und Steuerbescheid).

9.3.5.7 Körperschaftsteuerliche Organschaft

Ist ein rechtlich selbstständiges Tochterunternehmen de facto wirtschaftlich unselbständig (Beherrschungs- und Gewinnabführungsvertrag; organisatorische Eingliederung; § 14 KStG), so wird dessen Einkommen dem beherrschenden Unternehmen (Konzernmutter) zugerechnet. Das Konzerngebilde gilt damit als *ein* körperschaftsteuerpflichtiges Unternehmen. Interessant ist eine derartige Konstruktion dann, wenn Verluste der einen Konzerntochter mit Gewinnen einer anderen oder der Konzernmutter ausgeglichen werden sollen.

9.3.6 Der Solidaritätszuschlag

Der im Volksmund „Soli" genannte Solidaritätszuschlag zur Einkommen- und Körperschaftsteuer (geregelt im Solidaritätszuschlagsgesetz von 1995) dient der Sanierung der neuen Bundesländer. Bemessungsgrundlage ist die berechnete Einkommensteuer bzw. die festgesetzte Körperschaftsteuer. Er beträgt derzeit 5,5 % dieser Bemessungsgrundlage, wobei einkommensteuerpflichtige Personen nur ab einer Einkommensteuerbelastung in Höhe von DM 3.672 (Verheiratete und zusammen Veranlagte) bzw. DM 1.836 (Ledige) steuerpflichtig sind (Freigrenzen). Er darf auch nicht mehr als 20 % der Differenz zwischen der Bemessungsgrundlage und der Freigrenze betragen.

Beispiele:

a) Einkommensteuer eines Ledigen: DM 6.000,–. Es besteht Steuerpflicht, weil die Freigrenze von DM 1.836 überschritten ist. 5,5 % von DM 6.000,– sind 330,–. Die Differenz zwischen DM 6.000 und DM 1.836 beträgt DM 4.164. Der Solidaritätszuschlag (DM 330) beträgt 7,9 % der Differenz und wird damit in dieser Höhe erhoben.

b) Einkommensteuer eines Ledigen: DM 2.200,–. Es besteht wie im Fall a) Steuerpflicht. 5,5 % von DM 2.200,– sind DM 121,–. Die Differenz zwischen DM 2.200 und DM 1.836 beträgt DM 364. Der Solidaritätszuschlag (DM 121) würde 33,2 % der Differenz betragen; da dieser Prozentsatz aber 20 % übersteigt, darf er nur 20 % der Differenz betragen, also 72,80.

c) Einkommensteuer eines Ledigen: DM 1.500,–. Es besteht keine Steuerpflicht, weil die Bemessungsgrundlage die Freigrenze übersteigt.

9.3.7 Betriebswirtschaftliche Wirkung der Ertragsteuern

Alle Ertragsteuern mindern den verfügbaren Gewinn. „Verfügbar" ist Gewinn im Sinne der Alternative Einbehaltung (Eigenkapitalaufstockung, Thesaurierung) oder Ausschüttung bzw. Entnahme. Dabei ist festzuhalten, dass die Gewerbesteuer von der Bemessungsgrundlage der Einkommen- bzw. Körperschaftsteuer abziehbar ist. Sie ist damit eine so genannte „Kostensteuer". Einkommen- und Körperschaftsteuer sind, ebenso wie Solidaritätszuschlag und Kirchensteuer, aus dem Gewinn zu bezahlen, gewissermaßen eine Gewinnabführung an das Finanzamt. Unterstellt man eine Ertragsteuerbelastung von 50 % (d. h., Gewerbe-, Körperschaftsteuer und Solidaritätszuschlag betragen zusammen 50 % des erwirtschafteten Gewinnes), unterstellt man weiterhin eine Umsatzrentabilität (Gewinn : Umsatz) von 2 % (Durchschnittswert der bundesdeutschen Industrie in den 90er-Jahren), so bedeutet das, dass von jeder eingenommenen Geldeinheit 2 % Gewinn bleiben, die Besteuerung aber die Hälfte davon wegnimmt, also nur 1 % Nettogewinn vom Umsatz bleibt. Dieser Gewinn steht dann für Investitionen oder für Ausschüttung an die Anteilseigner zur Verfügung.

9.4 Die Substanzsteuern

9.4.1 Übersicht

Die Substanzsteuern sind in den letzten Jahren stark reduziert worden. Die Gewerbekapitalsteuer wurde ganz abgeschafft, die Vermögensteuer wurde wegen Verfassungswidrigkeit ausgesetzt (das Vermögensteuergesetz ist dennoch in Kraft geblieben, wird aber derzeit nicht angewandt). Der Gesetzgeber unterlässt es derzeit, die verfassungswidrigen Teile des VStG zu ersetzen, womit die Vermögensteuer de facto ebenfalls abgeschafft sein dürfte.
Im Bereich der Substanzsteuern ist man in der Systematik nicht ganz konsequent. Zwar wird durch die Erbschaft- und Schenkungsteuer die Vermögenssub-

stanz besteuert, sie knüpft aber an einem Eigentumsübergang an und könnte daher mit einiger Berechtigung zu den Verkehrsteuern gezählt werden.
Die traditionell zu den Verkehrsteuern gezählte Kfz-Steuer ist aber eigentlich eine Substanzsteuer, denn besteuert wird Vermögen (allerdings ist das Vermögen nicht Bemessungsgrundlage), das in Gestalt von Kraftfahrzeugen vorliegt, und kein Verkehrsvorgang im wirtschaftlichen Sinne (Verkauf, Eigentumsübergang). Straßen-„Verkehr" ist etwas völlig anderes als wirtschaftlicher Verkehr (= Einkauf, Verkauf)! Deshalb wird die Kfz-Steuer hier konsequenterweise unter die Substanzsteuern gezählt. Die Erbschaftsteuer hat privaten Charakter und wird daher nicht behandelt.

9.4.2 Vorschriften des Bewertungsgesetzes (BewG)

9.4.2.1 Anwendungsbereich

Das Bewertungsgesetz umfasst „Allgemeine Bewertungsvorschriften" (§§ 1–16 BewG), die für alle öffentlich-rechtlichen Abgaben gelten, soweit andere Steuergesetze nicht besondere Bewertungsvorschriften enthalten, sowie „Besondere Bewertungsvorschriften" (§§ 17–150 BewG), die im Wesentlichen Gültigkeit für die (ausgesetzte) Vermögensteuer, die Grundsteuer und die Erbschaft- und Schenkungsteuer haben. Da die Vermögensteuer ausgesetzt ist und die Erbschaft- und Schenkungsteuer keine eigentliche Unternehmenssteuer ist, werden hier nur die für die Grundsteuer relevanten Teile angesprochen; das sind die §§ 18–32 und 68–94, 122, 129–132 BewG.

9.4.2.2 Bewertungsgegenstände

Betroffen sind – da die Grundsteuer A, die ja nur für die hier ausgeschlossenen land- und forstwirtschaftliche Betriebe gilt – Grundstücke, Gebäude, Erbbaurechte und Eigentumswohnungen (§ 68 BewG). Deren so genannte „Einheitswerte" sind Bemessungsgrundlage für die Grundsteuer B.
Da die Privatsphäre ebenfalls ausgeklammert bleibt, beschränken sich die folgenden Ausführungen nur auf Betriebsgrundstücke.

9.4.2.3 Einheitswertermittlung

Die Einheitswerte werden im Sechsjahresabstand ermittelt (§ 21 Abs. 1 BewG).

a) Unbebaute Grundstücke sind gem. § 9 Abs. 1 BewG mit dem „gemeinen Wert" zu bewerten; dieser „wird durch den Preis bestimmt, der im gewöhnlichen Geschäftsverkehr ... zu erzielen wäre" (§ 9 Abs. 2 BewG).
b) Bebaute vermietete Grundstücke sind mit dem Einheitswert, und zwar gem. § 76 Abs. 1 und 78–82 BewG nach dem Ertragswertverfahren, zu bewerten. §§ 78 ff. BewG bestimmen, dass der Grundstückswert nach diesem Verfahren das Produkt aus Jahresrohmiete und einem Vervielfältiger, modifiziert um etwaige Korrekturen, ist. Dabei ist die Jahresrohmiete das gesamte jährliche

Mietentgelt einschl. der Umlagen, das ein Mieter bezahlt. Der Vervielfältiger hängt ab von der Art des Grundstückes (Mietwohngrundstücke, Geschäftsgrundstücke usw.), vom Alter der Gebäude und von der Größe der Gemeinde (Anlagen 3 – 8 zum BewG). Korrekturen können sich durch außergewöhnliche Grundsteuerbelastungen (§ 81 BewG) oder wertmindernde (z. B. Lärmimmissionen) bzw. werterhöhende (z. B. sehr große nicht bebaute Flächen) ergeben.

c) Bebaute eigengenutzte Grundstücke sind nach dem Sachwertverfahren (§ 76 Abs. 2 und §§ 83–90 BewG) zu bewerten. Dabei wird der Grundstückswert zerlegt in den Bodenwert, den Gebäudewert und den Wert der Außenanlagen.

Diese drei Bestandteile sind getrennt zu bewerten. Für den Bodenwert ist – wie bei unbebauten Grundstücken – der gemeine Wert maßgebend (§ 84 BewG). Der Gebäudewert bemisst sich zunächst nach den durchschnittlichen Herstellungskosten des Jahres 1958, der um Zuschläge auf den Hauptfeststellungszeitpunkt 01. 01. 1964 umgerechnet wird (Anl. 13–15 der Richtlinien für die Bewertung des Grundvermögens „BewRGr“), woraus sich der so genannte „Gebäudenormalherstellungswert“ ergibt. Davon werden Absetzungen für Wertminderung (Gebäudeabschreibungen) vom Jahr der Herstellung bis 1964 sowie etwaige Abschläge wegen baulicher Mängel und ähnlicher wertmindernder Umstände vorgenommen (§§ 86–88 BewG). Der Wert der Außenanlagen wird mit der selben Methode festgestellt; zusammen mit dem Boden- und dem Gebäudewert ergibt sich damit der Einheitswert des Grundstückes.

9.4.3 Die Grundsteuer

Die Grundsteuer ist im Grundsteuergesetz (GrStG) geregelt und ist eine Real- oder Gemeindesteuer, das heißt, sie fließt den Gemeinden unmittelbar zu. Sie existiert in zwei Formen: Grundsteuer A und Grundsteuer B. Grundsteuer A betrifft nur landwirtschaftliche Betriebe und wird hier ausgeklammert.
Steuergegenstand der Grundsteuer B sind Grundstücke und Betriebsgrundstükke. Steuerbefreit sind z. B. die Deutsche Post AG, Religionsgesellschaften, gemeinnützig und mildtätig genutzte Grundstücke (§ 3 GrStG).
Die Grundsteuer beträgt 3,5 vom Tausend des Einheitswertes (gem. Vorschriften des Bewertungsgesetzes), multipliziert mit dem von der hebeberechtigten Gemeinde festgelegten Hebesatz.
Die Grundsteuer ist jeweils am 15. Februar, 15. Mai, 15. August und 15. November mit einem Viertel fällig.

9.4.4 Die Kfz-Steuer

Steuergegenstand ist das Halten von Fahrzeugen (§ 1 KraftStG) und Anhängern. Bemessungsgrundlage ist der Hubraum, bei PKW zusätzlich Schadstoff- und

Kohlenstoffdioxidemission bzw. bei Anhängern das zulässige Gesamtgewicht. Bei der Besteuerung von Fahrzeugen wird zwischen den Antriebsarten „durch Fremdzündungsmotoren“ und „durch Selbstzündungsmotoren“ (Otto- und Dieselmotoren) unterschieden. Zudem sind die Steuersätze (§ 9 KraftStG) zeitlich gestaffelt; ab dem 01. 01. 2001, 01. 01. 2004 und 01. 01. 2005 gelten jeweils höhere Steuersätze. Die einzelnen Steuersätze darzustellen würde den Rahmen dieses Buchabschnittes sprengen.

9.4.5 Betriebswirtschaftliche Wirkung der Substanzsteuern

Wie jede Steuer beeinträchtigen auch die Substanzsteuern die Liquiditätssituation eines Unternehmens. Allerdings sind die hier behandelten beiden Steuerarten von der Bemessungsgrundlage aller Ertragsteuern abziehbar („Kostensteuern“). Insoweit mildern sie die Ertragsteuerbelastung.
Die absolute Belastung durch die Substanzsteuern hängt von der Vermögensstruktur des Unternehmens ab. Unternehmen mit umfangreichem Immobilienvermögen sind von der Grundsteuer stark betroffen, für Unternehmen, die sich auf angemietete Räume beschränken, ist die Grundsteuer irrelevant. Unternehmen mit umfangreichem Fuhrpark zahlen entsprechend mehr Kraftfahrzeugsteuer als solche ohne oder mit nur kleinem Fahrzeugbestand. Speditionsunternehmen, deren Anlagevermögen überwiegend aus Fahrzeugen besteht, sind natürlich am stärksten betroffen.

9.5 Die Verkehrsteuern

9.5.1 Übersicht

Unter „Verkehr“ versteht man den wirtschaftlichen Verkehr, d. h., den Austausch von Leistungen zwischen Wirtschaftssubjekten (Produzenten, Händlern, Konsumenten). Dominierende Verkehrsteuer ist die Umsatzsteuer. Von der Umsatzsteuer befreit sind Umsätze im Immobilienbereich, in dem die Grunderwerbsteuer gleichermaßen an die Stelle der Umsatzsteuer tritt. Die Kapitalverkehrsteuer (Börsenumsatzsteuer und Kapitalverkehrsteuer) ist seit längerem abgeschafft worden.

9.5.2 Die Umsatzsteuer

9.5.2.1 Steuerpflicht, Steuergegenstand und Befreiungen

Die Umsatzsteuer (im Volksmund „Mehrwertsteuer“) ist im Umsatzsteuergesetz (UStG), in der Umsatzsteuer-Durchführungsverordnung (UStDV) und in den Umsatzsteuerrichtlinien (UStR) geregelt. Sie betrifft alle Lieferungen und Leistungen von Unternehmern (§§ 1, 2 und 3 UStG). Unternehmer ist eine (natürliche oder juristische) Person, die am wirtschaftlichen Wettbewerb teilnimmt. Steuerpflichtig sind damit alle Unternehmungen. Dazu zählen jedoch nicht die sog. Hoheitsbetriebe, die über Monopole verfügen (z. B. kommunale Abwasser-

und Hausrestmüllentsorgung). Lieferungen und Leistungen (Steuergegenstand) sind sowohl Warenlieferungen (Gegenstände) als auch Dienstleistungen. Der Umsatzsteuer unterliegt auch der Eigenverbrauch, weil dadurch Gegenstände des Unternehmens in die Privatsphäre des Unternehmers überführt werden (§ 3 Abs. 1b Nr. 1). Bemessungsgrundlage ist der Verkaufspreis.

Es gibt zahlreiche Steuerbefreiungen (§ 4 UStG), wie z. B. Ausfuhren, Kreditgewährung und -vermittlung, Immobiliengeschäfte, Versicherungsleistungen, Mieten und Pachten (Ausnahmen: § 4 Nr. 12 Satz 2 UStG), Leistungen im Bereich der Heilberufe und Krankenhäuser, Leistungen der Wohlfahrtspflege, Leistungen kultureller Einrichtungen in öffentlicher Trägerschaft, Leistungen im Bildungsbereich, um nur die wichtigsten Fälle zu nennen.

9.5.2.2 Ermittlung der Zahllast in der Buchhaltung

Erhaltene (= von Kunden bezahlte) Umsatzsteuer muss vom Unternehmen an das Finanzamt abgeführt, geleistete (= an Lieferanten bezahlte) Umsatzsteuer (= „Vorsteuer") darf davon abgezogen werden (Vorsteuerabzugsberechtigung); das Ergebnis dieser Saldierung heißt „Zahllast". Die Umsatzsteuer ist als Zahlungsverpflichtung, die Vorsteuer eine aufrechenbare Forderung gegenüber dem Finanzamt aufzufassen. Diese Tatsache schlägt sich im Buchführungssystem nieder: Zur Verbuchung der Umsatzsteuer gibt es folglich zwei Konten: Vorsteuer und Umsatzsteuer. Das Vorsteuerkonto ist ein aktives Bestandskonto (Forderungscharakter!), das Umsatzsteuerkonto ist ein passives Bestandskonto (Verbindlichkeit). ❸

Beispiel:
Ein Erzeuger produziert 1 t Konsumgüter. Dabei sei unterstellt, dass er keine Rohstoffe einkauft, sondern alles selbst herstellt. Er verkauft diese Güter an einen Großhändler; dieser verkauft sie an einen Einzelhändler, dieser verkauft sie an Konsumenten. Es ergibt sich folgendes Bild:

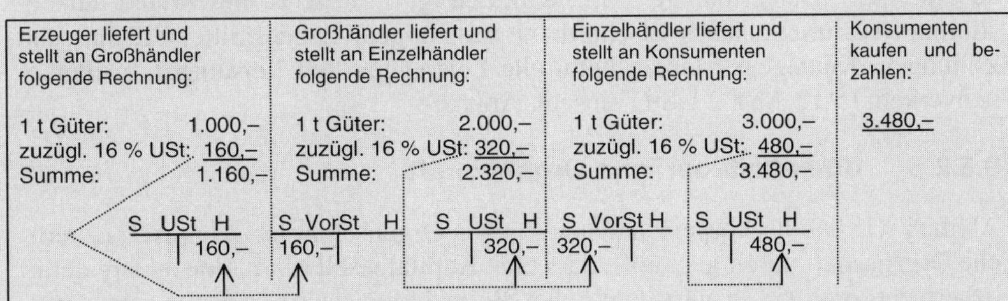

Abbildung 9.5: Funktionsweise der Umsatzbesteuerung

Es ist unschwer zu erkennen, dass der Erzeuger DM 160,– als Umsatzsteuer, der Großhändler de selben Betrag als Vorsteuer bucht usw.

An das Finanzamt haben abzuführen:

Der Erzeuger:		DM 160,– ;
der Großhändler:	DM 320,– abzügl. DM 160,– =	DM 160,– ;
der Einzelhändler:	DM 480,– abzügl. DM 320,– =	DM 160,– ;
Das Finanzamt erhält also insgesamt:		DM 480,– .

Es ist klar ersichtlich, dass die Umsatzsteuer für die drei beteiligten Unternehmer in diesem Beispiel nur ein „durchlaufender“ Posten (erhaltene Steuer ist abzüglich gezahlter Steuer abzuführen) und allein von den Konsumenten zu tragen ist.
(Andererseits sind alle Unternehmer hinsichtlich ihres privaten Konsums natürlich auch Konsumenten in diesem Sinne!)

9.5.2.3 Erhebungsverfahren

Die Umsatzsteuer ist – je nach Unternehmensgröße – monatlich oder vierteljährlich in Gestalt von Voranmeldungen anhand der ermittelten Zahllast zu erklären und zu entrichten (§ 18 UStG). Überwiegt der Vorsteuerabzug, erhält der Steuerschuldner eine Erstattung. Das ist besonders im Jahr der Unternehmensgründung der Fall, wenn große Investitionen, aber kaum noch Verkäufe getätigt werden. Die jährliche Umsatzsteuererklärung enthält ggf. Korrekturen, welche zu einer zusätzlichen Zahlung oder Erstattung führen.

9.5.2.4 Steuersätze

Der Regelsteuersatz beträgt derzeit 16 % der Bemessungsgrundlage (des Verkaufspreises). Der ermäßigte Steuersatz beträgt 7 %; er ist beschränkt auf bestimmte Ausfuhren, landwirtschaftliche Leistungen, Lebensmittel, Bücher und Zeitungen, Kunstgegenstände, kulturelle Leistungen und Leistungen im Personenverkehr (§ 12 Abs. 2 UStG einschl. Anlage).

9.5.2.5 Umsatzsteuerliche Organschaft

Ähnlich wie bei der körperschaftsteuerlichen Organschaft ist die umsatzsteuerliche Organschaft daran geknüpft, dass eine Kapitalgesellschaft eine andere derart beherrscht, dass sie in wirtschaftlicher Betrachtungsweise de facto kein eigenständiges Unternehmen, sondern nur ein wirtschaftlich unselbstständiges „Organ“ der beherrschenden Gesellschaft darstellt. Sind diese Voraussetzungen gegeben, ist das „Organ“ kein „Unternehmer“ im Sinne des Umsatzsteuerrechts, damit entfällt auch die Umsatzsteuerpflicht. Das heißt, der wirtschaftliche Verkehr zwischen beiden Gesellschaften unterliegt nicht der Umsatzsteuer (vgl. Abschn. 21 UStR).

9.5.2.6 Betriebswirtschaftliche Wirkung der Umsatzsteuer

Die Umsatzsteuer ist ein so genannter „durchlaufender Posten“. So wie sie eingenommen wird, ist sie – abzüglich der Vorsteuer – abzuführen. Da es aber feste Umsatzsteuertermine gibt (jeweils am 10. des Monats für den vorangegangenen Monat), hat die im Unternehmen verbleibende Differenz zwischen Umsatz- und Vorsteuer eine positive Liquiditätswirkung; das heißt, diese Differenz steht bis zum 10. des folgenden Monats dem Unternehmen für andere Zwecke zur Verfügung.

9.5.3 Die Grunderwerbsteuer

9.5.3.1 Gegenstand und Befreiungen

Bei (inländischen) Immobiliengeschäften tritt an die Stelle der Umsatzsteuer die Grunderwerbsteuer. Sie ist im Grunderwerbsteuergesetz (GrEStG) geregelt. Der Grunderwerbsteuer unterliegen alle Rechtsvorgänge im Bereich von Immobilien (Grundstücke, bebaute Grundstücke, Erbbaurechte).
Steuerbefreit sind Erwerbsvorgänge mit Werten unter DM 5.000,–, Erbfälle und Schenkungen, Erwerb durch Ehegatten und nahe Verwandte.

9.5.3.2 Bemessungsgrundlage, Steuersatz und Fälligkeit

Bemessungsgrundlage ist der Wert der Gegenleistung, mit anderen Worten: im Regelfall der Kaufpreis. Der Steuersatz beträgt 3,5 % der Bemessungsgrundlage. Die Steuer ist auf volle DM abzurunden.
Die mit Immobiliengeschäften befassten Personen (z. B. Notare) sind gegenüber den Finanzbehörden anzeigepflichtig. Das Finanzamt erlässt dann einen Grunderwerbsteuerbescheid, auf Grund dessen die Zahlungspflicht des Erwerbers eintritt.

9.5.3.3 Betriebswirtschaftliche Wirkung der Grunderwerbsteuer

Die Grunderwerbsteuer ist Bestandteil der Anschaffungskosten und mindert daher den Gewinn nicht. Entfällt sie auf abnutzbare Teile (Gebäude), bezieht sich deren jährlicher Abschreibungsbetrag natürlich auch auf die in den Anschaffungskosten enthaltene Grunderwerbsteuer. Insofern mindert sie während der Abschreibungsdauer den Gewinn und damit die Ertragsteuerbelastung. Grunderwerbsteuer auf Grundstücke ist eine einmalige Zahlung ohne weitere Folgen. Da Grundstücke im Regelfall nicht abgeschrieben werden, bleibt auch eine weitere steuerliche Wirkung aus.

9.5.4 Die Versicherungsteuer

Besteuert werden nach dem Versicherungsteuergesetz (VersStG) die Zahlungen von Versicherungsentgelten, die auf Grund eines Versicherungsvertrages geleistet werden. § 4 VersStG nennt eine Reihe von im Allgemeinen für Unternehmen irrelevanten Ausnahmen.

Der Steuersatz beträgt 15 % des Versicherungsentgeltes; Ausnahmen davon sind:
Feuerversicherung (10 %), Gebäudeversicherung (13,75 %), Hausratversicherung (14 %), Hagelversicherung (20 Pfennige je 1000 DM Versicherungssumme), Seeschiffskaskoversicherung (2 %), Unfallversicherung mit Prämienrückgewähr (3 %).

Die Versicherungsteuer wird dem Versicherten vom Versicherungsunternehmen in Rechnung gestellt und wird monatlich abgeführt. Das heißt, das Unternehmen, das Versicherungsentgelte bezahlt, bezahlt gleichzeitig damit auch die Versicherungssteuer.
Die Versicherungsteuer ist Bestandteil der Versicherungsentgelte und erscheint als solche gesondert nicht in der Buchhaltung. Sie ist, weil Versicherungsentgelte Aufwendungen darstellen, eine sog. Kostensteuer. Der Gewinn und damit die Ertragsteuerbelastung wird durch sie vermindert.

9.6 Die Verbrauchsteuern

9.6.1 Übersicht

Es gibt zahlreiche Verbrauchsteuern, deren Erhebung den Konsumenten in aller Regel gar nicht bekannt oder bewusst sind (z. B. Sportwettsteuer, Rennwettsteuer, Kinosteuer, Getränkesteuer). Es gibt aber einige „große" Verbrauchsteuern, die wegen politischer Brisanz nicht nur im Bewusstsein der Öffentlichkeit verankert sind, sondern die auch die Kosten eines Unternehmens negativ beeinflussen. Auf diese – es handelt sich dabei um die Mineralöl- und die Stromsteuer – sollen sich die nachfolgenden Ausführen beschränken. Für die Erhebung der Verbrauchsteuern sind übrigens nicht die Finanzämter, sondern die Hauptzollämter zuständig.

9.6.2 Die Mineralölsteuer

Die Mineralölsteuer (geregelt im Mineralölsteuergesetz – MinöStG – und der Mineralölsteuer-Durchführungsverordnung – MinöStDV) wird auf Mineralöle und Erdgas erhoben. Die 1999 erhobene sog. „Ökosteuer" ist nichts anderes als eine Erhöhung der Mineralölsteuer und zusätzlich die Einführung der Stromsteuer. Die Mineralölsteuer ist Bestandteil des Verkaufspreises (sie wird vom Lieferanten aufgeschlagen) und ist Teil der Bemessungsgrundlage der Umsatzsteuer. Das heißt: Auf jeden Pfennig Mineralölsteuer muss der Verbraucher 0,16 Pfennige Umsatzsteuer bezahlen. Ein Mineralöl- oder Erdgaslieferant kalkuliert demnach zunächst seinen Nettoverkaufspreis, schlägt die Mineralölsteuer zu und erhöht dieses Summe um 16 %, womit der Verkaufspreis berechnet ist.

Die Steuersätze der Mineralölsteuer hängen ab vom Besteuerungsobjekt (Benzin, Öle, Gasöle, Erdgas, Flüssiggase), teilweise vom Schwefelgehalt und von einer zeitlichen Staffelung. Sie sind bezogen auf 1000 Liter (Benzin, Öle, Gasöle), auf die Megawattstunde (Erdgas) bzw. auf 1000 kg (Flüssiggase). Es gibt mehrere Steuerermäßigungen, so z. B. für Flüssiggase und Erdgas, wenn diese als Treibstoff für Verbrennungsmotoren in Fahrzeugen verwendet werden; Steuerbefreiungen (Verwendung von Mineralölen als Luftfahrtbetriebsstoff und Schiffsbetriebsstoff) und Erlasse (Verwendung von Erdgas in Kraft-Wärme-Kopplungsanlagen ab einem bestimmten Nutzungsgrad).

9.6.3 Die Stromsteuer

Die Stromsteuer ist eine seit 1999 eingeführte Steuer. Die neueste Fassung des Stromsteuergesetzes (StromStG) existiert seit 11. 11. 1999. Diese Steuer wird auf den Stromverbrauch, gemessen in Kilowattstunden, erhoben. Sie ist, wie bereits bemerkt, Teil der sog. „Ökosteuer“.

Der Tarif ist zeitlich gestaffelt (§ 3 StromStG):

01. 01. 2000 – 31. 12. 2000:	25,– DM pro Megawattstunde (= 2,5 Pf. pro Kilowattstunde)
01. 01. 2001 – 31. 12. 2001:	30,– DM pro Megawattstunde
01. 01. 2002 – 31. 12. 2002:	17,90 € pro Megawattstunde
ab 01 .01. 2003:	20,50 € pro Megawattstunde

Es gibt folgende Steuerermäßigungen:

a) Strom aus erneuerbaren Energieträgern und Eigenverbrauch der Stromerzeuger ist von der Steuer befreit (§ 9 Abs. 1 StromStG).

b) Strom für Nachtspeicherheizungen und elektrisch betriebenen öffentlichen Verkehrsmitteln wird mit 12,50 DM/15,– DM/9,– €/10,20 € **weniger** besteuert (zeitliche Staffelung wie oben; § 9 Abs. 2 StromStG).

c) Strom, der von Unternehmen des produzierenden Gewerbes und Unternehmen der Land- und Forstwirtschaft verbraucht wird, wird mit 5,– DM/6,– DM/3,60 €/4,10 € **weniger** besteuert (zeitliche Staffelung wie oben; § 9 Abs. 3 StromStG).

Für die Unternehmen von Fall c) und für die öffentlichen Verkehrsmittel gelten jedoch für den Stromverbrauch bestimmte Höchstmengen (40 MWh/ 33,3 MWh/28,6 MWh/25 MWh); zeitliche Staffelung wie oben (§ 9 Abs. 5 StromStG).

Steuerschuldner ist das Stromversorgungsunternehmen, das dem Abnehmer die Steuer mit dem Preis in Rechnung stellt. Das Versorgungsunternehmen kann monatlich oder jährlich die erhaltene Stromsteuer an die Finanzbehörden abführen.

9.7 Steuerliche Fördergesetze

Bei den steuerlichen Fördergesetzen hat in den letzten Jahren ein „Kahlschlag" stattgefunden bzw. sie sind zeitlich ausgelaufen. Einige Fördergesetze sind noch bedeutsam:
Das „Investitionszulagengesetz 1999" betrifft die neuen Bundesländer. Begünstigt werden Investitionen in Gestalt abnutzbarer beweglicher Anlagen mit Ausnahme geringwertiger Wirtschaftsgüter, Luftfahrzeuge und Personenkraftwagen, sowie Modernisierungsmaßnahmen im Mietwohnungsbau. Es handelt sich um positive Zahlungen (Negativsteuer).

Das „Gesetz über Sonderabschreibungen und Abzugsbeträge im Fördergebiet" betrifft ebenfalls die neuen Bundesländer und umfasst ähnliche Fälle wie das Investitionszulagengesetz. Hierbei handelt es sich um Möglichkeiten der Gewinnverkürzung und damit der Ertragsteuerersparnis.

9.8 Kommunale Abgaben

9.8.1 Übersicht

Es sind an wesentlichen Abgaben zwei Gruppen zu nennen:

a) Beiträge:
- Straßenbaubeiträge („Erschließungsbeiträge" gemäß Baugesetzbuch)
- Anschlussbeiträge gemäß Kommunalabgabengesetz
  - für Wasseranschluss
  - für Kanalanschluss

b) Benutzungsgebühren:
- Wassergebühr
- Abwassergebühr
- Abfallbeseitigungsgebühr
- Straßenreinigungsgebühr

9.8.2 Straßenbaubeiträge

Wird ein Gewerbe- oder Wohngebiet „erschlossen" (d. h. dem privaten Straßenverkehr zugänglich gemacht), fallen für die Kommune Bauinvestitionen an. Laut §§ 127–135 des Baugesetzbuches werden Erschließungsbeiträge erhoben. Diese sind Bestandteil der Anschaffungs-/Herstellungskosten von Grundstücken (auch nachträgliche Anschaffungs-/Herstellungskosten).

Die Erhebung von Erschließungsbeiträgen ist Pflicht. Der Beitragspflicht unterliegen Grundstücke, für die eine bauliche oder gewerbliche Nutzung festgesetzt ist.

9.8.3 Anschlussbeiträge

Die Erhebung von Anschlussbeiträgen beruhen auf einer Kann-Vorschrift. Das heißt, Kommunen können für den Anschluss von Grundstücken an die öffentliche Wasserversorgung und an das öffentliche Abwasserkanalnetz Beiträge zu den Herstellungskosten der betreffenden Ver- und Entsorgungssysteme erheben. Hierzu ist eine von der Rechtsaufsichtsbehörde (Bezirksregierung/Regierungspräsidium) genehmigte öffentlich-rechtliche Beitragssatzung erforderlich. (Ähnlichkeit dazu besteht zu den Baukostenzuschüssen und Hausanschlusskosten bei Strom-, Gas-, Fernwärme-, Telefon- und Kabelanschluss, wobei diese jedoch auf privatrechtlicher Grundlage erhoben werden [Allgemeine Versorgungsbedingungen Strom, Gas, Fernwärme usw.])
Die kommunalabgabenrechtlichen Vorschriften der Länder unterscheiden sich teilweise erheblich hinsichtlich der sog. beitragsfähigen Investitionen. In den meisten Bundesländern werden nur bestimmte Teile der Investitionen als beitragsfähig deklariert, in Sachsen z. B. kann eine Kommune Beiträge in Höhe des sog. „Betriebskapitals" erheben, dessen Obergrenze die Summe der Wiederbeschaffungszeitwerte der Anlageobjekte (z. B. Kläranlage, Entwässerungskanäle usw.) ist.
Auch Anschlussbeiträge sind Bestandteil der Anschaffungs-/Herstellungskosten eines Grundstückes.

9.8.4 Benutzungsgebühren

Benutzungsgebühren werden für die laufende Benutzung einer öffentlichen Einrichtung (Wasserversorgung, Abwasserbeseitigung, Abfallentsorgung, Straßenreinigung) erhoben. In den Kommunalabgabengesetzen der Länder ist übereinstimmend geregelt, dass die Gebühren die nach betriebswirtschaftlichen Grundsätzen ansatzfähigen Kosten decken sollen (nicht müssen!). Allerdings unterscheiden sich die Vorschriften hinsichtlich der Bemessung der kalkulatorischen Kosten (Zinsen und Abschreibungen). Einige Länder erlauben die Abschreibung von Wiederbeschaffungszeitwerten (z. B. Sachsen), andere schreiben die Anschaffungswertbasis zwingend vor (z. B. Bayern). Auch die Berücksichtigung von erhobenen Beiträgen und staatlichen Zuwendungen (Fördermitteln) ist nicht einheitlich geregelt. Daraus erklären sich – von örtlichen Gegebenheiten abgesehen – auch die teilweise erheblich unterschiedlichen Höhen der Abgabenbelastung von Bundesland zu Bundesland und von Kommune zu Kommune. Fest steht, dass erhobene Beiträge wegen deren Abzugspflicht von der Bemessungsgrundlage der Zinsen (und teilweise auch der Abschreibungen) das Gebührenniveau senken. Beitragserhebungen sind – im Gegensatz zu den alten Bundesländern – in den neuen Bundesländern eher die Ausnahme. Daraus (und aus anderen Gründen) erklärt sich das teilweise höhere Gebührenniveau in den neuen Bundesländern.

9.8.5 Betriebswirtschaftliche Wirkung der kommunalen Abgaben

Erschließungs- und Anschlussbeiträge sind, wie bereits ausgeführt, Bestandteile der Anschaffungs-/Herstellungskosten von Grundstücken. Sie belasten somit die Liquidität. Da Grundstücke nicht abgeschrieben werden können, ist auch keine zeitliche Verteilung der Beiträge auf eine begrenzte Nutzungsdauer möglich.
Die Benutzungsgebühren sind gewöhnlicher Aufwand, wodurch die Ertragsteuerbelastung reduziert wird.

9.9 Weitere Abgaben

Über Steuern, Zölle (die hier unbehandelt bleiben) und kommunale Abgaben hinaus gibt es noch eine Reihe anderer Zwangsabgaben, von denen hier nur zwei erwähnt werden sollen:

a) Die Abwasserabgabe. Leitet ein Unternehmen Abwässer in ein Oberflächengewässer ein (z. B. die chemische Industrie in einen Fluss), so muss in Abhängigkeit vom Verschmutzungsgrad (der wasserwirtschaftlich überwacht wird) eine Abwasserabgabe bezahlt werden. Die Alternative dazu ist der Bau eigener leistungsfähiger Kläranlagen, soweit diese nicht ohnehin vorgeschrieben sind, oder der Anschluss an die kommunale Abwasserbeseitigung.
b) Die Schwerbehindertenabgabe. Ein Unternehmen soll einen bestimmten Prozentsatz seiner Arbeitsplätze mit Schwerbehinderten besetzen. Wir dieser Prozentsatz unterschritten, muss das Unternehmen diese Abgabe entrichten.

9.10 Kontrollfragen, Übungsaufgaben und Literaturhinweise

Kontrollfragen

1.	Was sind Steuern?	➠ Abschn. 9.2.1
2.	Was ist die spezielle Problematik des deutschen Steuerrechts?	➠ Abschn. 9.2.4
3.	Welche Ertragsteuern gibt es und wer unterliegt ihnen?	➠ Abschn. 9.3.1
4.	Wie wird die Gewerbesteuerbelasung ermittelt?	➠ Abschn. 9.3.2
5.	Was ist die Bemessungsgrundlage der Einkommensteuer?	➠ Abschn. 9.3.3
6.	Wie ist der Einkommensteuertarif gestaltet?	➠ Abschn. 9.3.3

7. Was ist der Unterschied zwischen Verlustausgleich und Verlustabzug?
   ➨ Abschn. 9.3.3
8. Worin unterscheidet sich die Bemessungsgrundlage der Körperschaftsteuer von der Bemessungsgrundlage der Einkommensteuer?
   ➨ Abschn. 9.3.5
9. Was versteht man unter (körperschaftsteuerlicher) Organschaft?
   ➨ Abschn. 9.3.5
10. Was ist die Bemessungsgrundlage des Solidaritätszuschlages?
    ➨ Abschn. 9.3.6
11. Welche Substanzsteuern belasten eine Unternehmung?
    ➨ Abschn. 9.4.3
    ➨ Abschn. 9.4.4
12. Wie wird die Umsatzsteuerschuld berechnet? ➨ Abschn. 9.5.2
13. Welche weiteren Verkehrsteuern gibt es außer der Umsatzsteuer?
    ➨ Abschn. 9.5.3
    ➨ Abschn.9.5.4.
14. Welche Verbrauchsteuern gibt es? ➨ Abschn. 9.6
15. Wofür können von Kommunen Beiträge erhoben werden?
    ➨ Abschn. 9.8.1
16. Was versteht man unter „Benutzungsgebühren"? ➨ Abschn. 9.8.4

Übungsaufgaben

9

❶ Gewerbesteueraufwand einer OHG

1. Ausgangsdaten

Eine OHG berechnet einen Gewerbeertrag vor Steuern in Höhe von DM 125.000,– einschl. Hinzurechnungen, abzügl. Kürzungen

2. Aufgabenstellung

Wie hoch ist der tatsächliche Gewerbesteueraufwand bei einem Hebesatz von 500 %?

❷ Einkommensteuerbelastung eines Einzelunternehmers

1. Ausgangsdaten

Ein lediger Einzelunternehmer ermittelt den Jahresgewinn in Höhe von DM 200.000,– (= Einkünfte aus Gewerbebetrieb). Er hat zudem negative Einkünfte aus Vermietung und Verpachtung in Höhe von DM 45.000,–. Die persönliche Sphäre sei durch Sonderausgaben in Höhe von DM 8.000,– berücksichtigt.

2. Aufgabenstellung
Wie hoch ist die in diesem Jahr zu bezahlende Einkommensteuer einschl. Solidaritätszuschlag?

❸ Umsatzsteuer: Ermittlung der Zahllast

1. Ausgangsdaten
Ein Unternehmen ermittelt die monatliche Umsatzsteuer-Zahllast. Die Konten für Umsatzsteuer und Vorsteuer weisen folgende Soll- und Haben-Summen auf:
Umsatzsteuer: Soll = 12.400,–, Haben = 160.640,–
Vorsteuer: Soll = 87.540,–, Haben = 7.050,–

2. Aufgabenstellung
Welcher Betrag ist für diesen Monat im Zuge der Umsatzsteuervoranmeldung fällig?

Literaturhinweise

Vorbemerkung:

Viele Bücher erscheinen wegen der Dynamik des Steuerrechts regelmäßig in Gestalt neuer Auflagen. In vielen Fällen wird daher sinnvollerweise keine Auflage angegeben.

Heigl, A: Unternehmensbesteuerung. 2. Aufl., München/Wien, 1996.

Kußmaul, H: Betriebswirtschaftliche Steuerlehre. Arbeitsbuch. München, 1998.

Rose, G.: Betrieb und Steuer.
1. Buch: Die Ertragsteuern
2. Buch: Die Verkehrsteuern
3. Buch: Die Substanzsteuern
Wiesbaden, jeweils neueste Auflage.

Schneeloch, D.: Besteuerung und betriebliche Steuerpolitik.
Band 1: Besteuerung
Band 2: Betriebliche Steuerpolitik
Jeweils neueste Auflage

Schneider; D.: Grundzüge der Unternehmensbesteuerung. Wiesbaden, neueste Auflage

Wöhe, G.: Betriebswirtschaftliche Steuerlehre.

Band I/1: Die Steuern des Unternehmens. Das Besteuerungsverfahren
Band I/2: Der Einfluss der Besteuerung auf das Rechnungswesen des Betriebes
Band II/1: Der Einfluss der Besteuerung auf die Wahl und den Wechsel der Rechtsform des Betriebes
Band II/2: Der Einfluss der Besteuerung auf Unternehmenszusammenschlüsse und Standortwahl im nationalen und internationalen Bereich
München, jeweils neueste Auflage.

Vorschriftensammlungen:
Beck´sche Textausgaben: Steuergesetze I
Steuerrichtlinien
Steuererlasse
München, jeweils neuester Stand.

9

10 Rechnungswesen

10.1 Studienziele

Dieses Kapitel soll dem Leser ermöglichen

➡ Ziele (Sinn, Zweck) und Aufgaben der einzelnen Bereiche des periodischen Rechnungswesens zu nennen;

➡ die prinzipielle Funktionsweise dieser Bereiche zu kennen, sodass der Zusammenhang zwischen den betriebswirtschaftlichen Elementarfunktionen (Gestaltungs- und Verrichtungsfunktionen) und dem Rechnungswesen und seiner Abbildungsfunktion deutlich wird;

➡ die Bedeutung zentraler Begriffe und Instrumente wie Bilanz, Gewinn- und Verlustrechnung sowie Betriebsabrechnungsbogen, Kalkulationsmethoden und Kostenrechnungssysteme zu erfassen.

10.2 Begriff und Umfang des periodischen Rechnungswesens

Rechnungswesen ist die zahlenmäßige Abbildung allen betrieblichen Seins und Geschehens in Vergangenheit, Gegenwart und Zukunft.

Diese Definition – die in den folgenden Abschnitten teilweise relativiert werden muss – beinhaltet Eigenschaften und Gliederungsmerkmale des Rechnungswesens:

- Es handelt sich offenbar um umfangreiche Zahlenwerke
- mit unterschiedlichen Zeitbezügen
- sowie statischen („Sein“) und dynamischen („Geschehen“) Komponenten.

Allgemeine Ziele des Rechnungswesens sind:

- Dokumentation (nachvollziehbare Aufzeichnung) als Vorstufe von
- Rechenschaftslegung und Kontrolle;
- Information unternehmensexterner Personen und Institutionen,
- Lieferung von Zahlen für unternehmensinterne Entscheidungen.

Das Rechnungswesen lässt sich in periodische (stets wiederkehrende) und fallweise Teile untergliedern. Während zu Letzteren Prognoserechnungen, statistische Untersuchungen und Investitionsrechnungen gehören, umfasst das periodische Rechnungswesen zwei Bereiche:

➡ Die Erfolgs- und Bestandsrechnung = Buchführung und Jahresabschluss = „Externes Rechnungswesen“ (Vergangenheitsbezug, Nachschaurechnung)

➡ Die Kosten- und Leistungsrechnung = „Internes Rechnungswesen“ (überwiegender Gegenwarts- und Zukunftsbezug, Vorschaurechnung)

10.3 Externes Rechnungswesen

10.3.1 Begriff

„Extern“ heißt dieser Teil deshalb, weil die Adressaten in erster Linie unternehmensexterne Personen bzw. Institutionen sind. „Erfolgs- und Bestandsrechnung“ (meist nur kurz „Erfolgsrechnung“) wird sie deshalb genannt, weil mit ihr Gewinn/Verlust („Erfolg“) eines Jahres (Zeitraum; dynamische Komponente) und Vermögen/Kapital („Bestände“) zu einem Stichtag (statische Komponente) ausgewiesen werden.

10.3.2 Ziele

10.3.2.1 Ein Demonstrationsbeispiel

Angenommen, eine Person, die über 4 Mio. € Eigenmittel verfügt, gründet ein Unternehmen, das folgende Geldbewegungen nach sich zieht (*Tabelle 10.1*).

Tabelle 10.1: Zahlungen und Geldbestand eines Unternehmens

	Geldbestand		Zahlungen		
	Jahresanfang	Jahresende	Einzahlungen	Auszahlungen	Zahlungsanlass
Jahr 1:	4.000.000,–			2.500.000,–	Kauf von Grund und Gebäude
				1.500.000,–	Kauf von Maschinen usw.
			2.000.000,–		Kreditaufnahme
				1.000.000,–	Kauf von Rohstoffen
				800.000,–	Lohnzahlung
			800.000,–		Verkaufserlöse
				120.000,–	Kreditzinsen
				300.000,–	Energie
				500.000,–	Kauf von Wertpapieren
		80.000,–			
Jahr 2:	80.000,–		3.500.000,–		Verkaufserlöse
			30.000,–		Zinsgutschrift
				1.000.000,–	Kauf von Rohstoffen
				850.000,–	Lohnzahlung
				120.000,–	Kreditzinsen
				320.000,–	Energie
				1.200.000,–	Kauf von Wertpapieren
		120.000,–			
Jahr 3:	120.000,–		3.600.000,–		Verkaufserlöse
			102.000,–		Zinsgutschrift
				1.100.000,–	Kauf von Rohstoffen
				900.000,–	Lohnzahlung
				120.000,–	Kreditzinsen
				300.000,–	Energie
				1.300.000,–	Kauf von Wertpapieren
		102.000,–			
Jahr 4:	102.000,–		2.350.000,–		Verkauf von Grund und Gebäude
			1.200.000,–		Verkauf von Maschinen
			180.000,–		Zinsgutschrift
			3.000.000,–		Verkauf der Wertpapiere
				2.000.000,–	Kredittilgung
		4.832.000,–			

Bei diesem Beispiel sei unterstellt, dass alle Rohstoffe im Jahr der Anschaffung restlos verbraucht werden. Steuern werden vernachlässigt. Die Liquidation (Auflösung, Verkauf) des Unternehmens erfolgt am Anfang des 4. Jahres. Zieht man vom Geldendbestand (4.832.000,–) den Geldanfangsbestand (4.000.000,–) ab, erhält man den Totalgewinn – über die gesamte Lebensdauer des Unternehmens (4 Jahre) berechnet – in Höhe von 832.000,–. Würde man nun annehmen, dass diese Art der Berechnung auch für den Jahresgewinn zutreffend sei, wäre im Jahr 1 ein Verlust von 3.920.000,– zu verzeichnen. Dies kann aber nicht stimmen, weil ja Grund und Gebäude sowie Maschinen noch vorhanden sind, sodass von einem Verlust nicht gesprochen werden kann. Also bedarf es einer anderen Berechnungsmethode.

Bei der Betrachtung der eben genannten Objekte ist festzustellen, dass sie über die Lebensdauer des Unternehmens an Wert verloren haben: Grund/Gebäude haben 150.000,– (2.350.000,– gegenüber 2.500.000,–), Maschinen haben 300.000,– an Wert verloren (1.200.000,– gegenüber 1.500.000,–). Verteilt man diesen Wertverlust gleichmäßig auf die drei Geschäftsjahre, addiert ihn zu den (laufenden) Auszahlungen und stellt diese Summe den (laufenden) Einzahlungen gegenüber, erhält man den Jahresgewinn durch Saldierung: ❶

Aufwendungen	Gewinn-/Verlustkonto (1)		Erträge
Wertverlust Grund/Geb.	50.000,–	Verkaufserlöse	800.000,–
Wertverlust Maschinen	100.000,–	**Verlust (Saldo)**	**1.570.000,–**
Rohstoffe	1.000.000,–		
Löhne	800.000,–		
Zinsen	120.000,–		
Energie	300.000,–		
Summe:	2.370.000,–	Summe:	2.370.000,–

Kreditaufnahme ist kein Wertzuwachs, ebenso wenig ist der Kauf von Wertpapieren ein Wertverzehr; beides bleibt ja erhalten.

Aufwendungen	Gewinn-/Verlustkonto (2)		Erträge
Wertverlust Grund/Geb.	50.000,–	Verkaufserlöse	3.500.000,–
Wertverlust Maschinen	100.000,–	Zinsgutschrift	30.000,–
Rohstoffe	1.000.000,–		
Löhne	850.000,–		
Zinsen	120.000,–		
Energie	320.000,–		
Gewinn (Saldo)	**1.090.000,–**		
Summe:	3.530.000,–	Summe:	3.530.000,–

Aufwendungen	Gewinn-/Verlustkonto (3)		Erträge
Wertverlust Grund/Geb.	50.000,–	Verkaufserlöse	3.600.000,–
Wertverlust Maschinen	100.000,–	Zinsgutschrift	120.000,–
Rohstoffe	1.100.000,–		
Löhne	900.000,–		
Zinsen	120.000,–		
Energie	300.000,–		
Gewinn (Saldo)	**1.132.000,–**		
Summe:	3.702.000,–	Summe:	3.702.000,–

Aufwendungen	Gewinn-/Verlustkonto (4)		Erträge
Gewinn (Saldo)	**180.000,–**	**Zinsgutschrift**	**180.000,–**

Die Verkaufs- und Tilgungsvorgänge im 4. Jahr stellen wiederum weder Wertverzehr noch Wertzuwachs dar; es sind einfache Tauschaktionen (Tilgung: Schuldenwegfall gegen Geld; Verkauf: Tausch von Sachgütern gegen Geld). Addiert man nun die Jahresgewinne, erhält man:

Jahr 1:	– 1.570.000,–
Jahr 2:	+1.090.000,–
Jahr 3:	+1.132.000,–
Jahr 4:	+ 180.000,–
Summe:	+ 832.000,–

Dass diese Methode (Saldierung von Erträgen und Aufwendungen) korrekt ist, zeigt das mit der Totalgewinnermittlung (Tab. 1) übereinstimmende Ergebnis.

Aufwendungen sind Wertverzehr/Wertverlust, **Erträge** sind Wertzuwachs.

Bedenkt man, dass Unternehmen gemeinhin auf unbestimmte Zeit gegründet werden, wird die Notwendigkeit einer derartigen periodischen Erfolgsermittlung offensichtlich. Allerdings gibt es dabei ein Problem: Man weiß in aller Regel nicht, wie hoch der jährliche Wertverlust an Anlageobjekten sein wird. In der Praxis treten an die Stelle der hier unterstellten Informationen Fiktionen: angenommene Nutzungsdauer und daraus folgender Abschreibungssatz.

Abschreibung ist der betriebswirtschaftliche Fachausdruck für die buchhalterische Erfassung von Wertverlusten durch Abnutzung oder Wertverfall.

10

Ob diese Beträge eine exakte Abbildung der Realität sind, muss allerdings dahingestellt bleiben; in dieser Hinsicht ist die oben getroffene Definition von „Rechnungswesen“ erstmals zu relativieren.

Vermögen sind Sachen und Rechte; **Kapital** bezeichnet die Mittelherkunft (Eigenmittel und Schulden).

Stellt man nun Jahr für Jahr Vermögen (Aktiva) und Kapital (Passiva) gegenüber, lässt sich dies in Gestalt von Bilanzen bewerkstelligen: ❷

Aktiva	Eröffnungsbilanz zum 01. 01. (1)		Passiva
Geldbestand	4.000.000,–	Eigenkapital	4.000.000,–

Aktiva	Schlussbilanz zum 31. 12. (1)		Passiva
Grund und Gebäude	2.450.000,–	Fremdkapital (Kredit)	2.000.000,–
Maschinen	1.400.000,–	Eigenkapital am	
Wertpapiere	500.000,–	(01. 01.): 4.000.000,–	
Geldbestand	80.000,–	– Verlust (1):	
		1.570.000,–	2.430.000,–
Summe	4.430.000,–	Summe	4.430.000,–

Aktiva	Schlussbilanz zum 31. 12. (2)		Passiva
Grund und Gebäude	2.400.000,–	Kredit	2.000.000,–
Maschinen	1.300.000,–	Eigenkapital am	
Wertpapiere	1.700.000,–	(01. 01.): 2.430.000,–	
Geldbestand	120.000,–	+ Gewinn (2):	
		1.090.000,–	3.520.000,–
Summe	5.520.000,–	Summe	5.520.000,–

Aktiva	Schlussbilanz zum 31. 12. (3)		Passiva
Grund und Gebäude	2.350.000,–	Kredit	2.000.000,–
Maschinen	1.200.000,–	Eigenkapital am	
Wertpapiere	3.000.000,–	(01.01.): 3.520.000,–	
Geldbestand	102.000,–	+ Gewinn (3):	
		1.132.000,–	4.652.000,–
Summe	6.652.000,–	Summe	6.652.000,–

Aktiva	Schlussbilanz zum 31. 12. (4)		Passiva
Geldbestand	4.832.000,–	Eigenkapital am	
		(01.01.): 4.652.000,–	
		+ Gewinn (4):	
		180.000,–	4.832.000,–
Summe	4.832.000,–	Summe	4.832.000,–

Da die Eröffnungsbilanz mit der Schlussbilanz des Vorjahres identisch sein muss, wurden die Eröffnungsbilanzen der Jahre 2 bis 4 weggelassen. An diesem einfachen Beispiel lassen sich die Grundprinzipien des externen Rechnungswesens demonstrieren. Elementare Begriffe wie Vermögen und Kapital, Aufwand und Ertrag, Gewinn und Verlust sind in ihrem Wesensgehalt aufgezeigt. Dabei wird deutlich, dass Gewinn/Verlust eine Doppelnatur hat:

Gewinn/Verlust ist die Differenz zwischen Erträgen und Aufwendungen und gleichzeitig Eigenkapitalzuwachs/-abnahme.

Und ganz nebenbei ist das Wesen eines kaufmännischen Kontos ersichtlich: Es hat zwei Seiten, und es wird mit einem Saldo (Unterschiedsbetrag zwischen den beiden Seiten) abgeschlossen (Doppelstrich).

10.3.2.2 Rechenschaftslegung, Informationsempfänger, Vorschriften

Das externe Rechnungswesen ist in erster Linie eine Rechenschaftslegung der Unternehmensleitung gegenüber den Eigentümern (Gesellschaftern, Aktionären). Der Gewinnfeststellung folgt in aller Regel der Gewinnverwendungsbe-

schluss (Einbehaltung oder Ausschüttung) durch die Eigentümer (Gesellschafter, Aktionäre). Zudem ist es Informationsquelle für Geschäftspartner, wenn der Jahresabschluss publiziert werden muss bzw. dessen Offenlegung als „vertrauensbildende Maßnahme“ vertraglich vereinbart wurde bzw. freiwillig erfolgt. Hierbei spricht man vom handelsrechtlichen Jahresabschluss (verkürzt: „Handelsbilanz“). Vorschriften darüber findet man im Handelsgesetzbuch (HGB), im Publizitätsgesetz (PublG) und (vereinzelt) im Aktiengesetz (AktG).
Zudem stellt das externe Rechnungswesen Informationen für die Finanzverwaltung in Gestalt der Besteuerungsgrundlagen (Gewerbeertrag und Gewinn) bereit. Hierbei spricht man vom steuerrechtlichen Jahresabschluss (oder verkürzt: „Steuerbilanz“). Relevante Vorschriften:

- Einkommensteuer-Gesetz, -Durchführungsverordnung und -Richtlinien;
- Körperschaftsteuer-Gesetz, -Durchführungsverordnung und -Richtlinien;
- Gewerbesteuer-Gesetz, -Durchführungsverordnung und -Richtlinien (EStG, EStDV, EStR; KStG, KStDV, KStR; GewStG, GewStDV, GewStR).

10.3.3 Doppelte kaufmännische Buchführung „Doppik“

10.3.3.1 Kontensystematik, Kontenrahmen

Es gibt neben Eröffnungs- und Schlussbilanzkonto sowie Gewinn- und Verlust-Konto die Konten für Buchungen des laufenden Geschäftsjahres. Diese lassen sich unterteilen in

a) Bestandskonten
a1. Aktive Bestandskonten (Inhalt: Vermögenspositionen)
a2. Passive Bestandskonten (Inhalt: Kapitalpositionen)

b) Erfolgskonten
b1. Ertragskonten (Inhalt: Erträge)
b2. Aufwandskonten (Inhalt: Aufwendungen)

Die Buchungen, die man als Buchungsregeln auffassen kann, auf diesen vier Kontenarten sind unterschiedlich, aber ähnlich bzw. spiegelbildlich:

Soll	Aktives Bestandskonto Haben
Anfangsbestand lt. Eröffnungsbilanz	Abgänge des lfd. Jahres
Zugänge des lfd. Jahres	Saldo = Endbestand ➨ Schlussbilanz
Summe Soll	= Summe Haben

Soll	Passives Bestandskonto Haben
Abgänge des lfd. Jahres	Anfangsbestand lt. Eröffnungsbilanz
Saldo = Endbestand ➨ Schlussbilanz	Zugänge des lfd. Jahres
Summe Soll	= Summe Haben

Soll	Aufwandskonto Haben
Aufwendungen des lfd. Jahres	Aufwands-minderungen
	Saldo ➨ G/V-Konto
Summe Soll	= Summe Haben

Soll	Ertragskonto Haben
Ertrags-Minderungen	Erträge des lfd. Jahres
Saldo ➨ G/V-Konto	
Summe Soll	= Summe Haben

Wie unschwer zu erkennen ist, sind sowohl aktive und passive Bestandskonten als auch Aufwands- und Ertragskonten spiegelbildlich angelegt. Das muss so sein, weil die am Jahresende ermittelten Salden der aktiven Bestandskonten auf der Aktivseite (links), die Salden der passiven Bestandskonten auf der Passivseite der Schlussbilanz (rechts) erscheinen; die Salden der Aufwandskonten auf der linken Seite („Aufwendungen"), die Salden der Ertragskonten auf der rechten Seite („Erträge") des Gewinn- und Verlust-Kontos erscheinen. Diese „Buchungen" müssen – wie alle Buchungen – so gestaltet sein, dass die gleichen Beträge sowohl „links" (Soll) als auch „rechts" (Haben) gebucht werden (Buchung – Gegenbuchung). Diese zweifache Buchung gibt dem Rechnungssystem auch den Namen. Im Laufe der Zeit haben sich für alle Branchen der Wirtschaft sog. „Kontenrahmen" als Konventionen entwickelt; hier sei stellvertretend der Industriekontenrahmen IKR genannt. Er unterscheidet 10 Kontenklassen (KKl):

KKl 0, 1, 2: Aktive Bestandskonten
(Sach- und Finanzanlagevermögen: Grundstücke, Gebäude, Maschinen, Geräte, Einrichtung, Fahrzeuge, Wertpapiere;
Umlaufvermögen: Roh-, Hilfs- und Betriebsstoffe, Fertig- und Halbfertigerzeugnisse, Zahlungsmittel, Forderungen, Vorsteuer; Aktive Rechnungsabgrenzungsposten)

KKl 3, 4: Passive Bestandskonten
(Eigenkapital, Fremdkapital, Umsatzsteuer, Rückstellungen, passive Rechnungsabgrenzungsposten)

KKl 5: Ertragskonten
(Umsatzerlöse, andere Erträge)

KKl 6, 7: Aufwandskonten
(Zins-, Sach-, Personalaufwand)

KKl 8: Eröffnungs- und Abschlusskonten

KKl 9: Betriebsbuchhaltung (diese gehört zum Bereich „Kosten- und Leistungsrechnung")

10.3.3.2 Definition und Systematik der Geschäftsvorfälle

„Geschäftsvorfall" ist ein Vorgang, durch den Höhe und/oder Zusammensetzung von Vermögen und/oder Kapital verändert werden. Es gibt erfolgsneutrale und erfolgswirksame Geschäftsvorfälle.
Hierunter befinden sich vier Typen **erfolgsneutraler** Geschäftsvorfälle:

a) **Bilanzverlängerung** = Aktiv-Passiv-Mehrung:
Es gehen Vermögens- und Kapitalbeträge in gleicher Höhe zu. Beispiel: Einkauf von Waren auf Ziel (es wird noch nicht gleich bezahlt): Vermögenswerte nehmen zu, Schulden nehmen zu.

b) **Bilanzverkürzung** = Aktiv-Passiv-Minderung:
Es gehen Vermögens- und Kapitalbeträge in gleicher Höhe ab. Beispiel: Wir begleichen eine Lieferantenrechnung (Schulden gehen ab, Geld geht ab).

c) **Aktiv-Tausch**:
Ein Aktivposten wird gegen einen anderen eingetauscht. Beispiel: Bareinkauf von Waren. Waren gehen zu, Geld geht ab.

d) **Passiv-Tausch**:
Ein Passivposten wird gegen einen anderen eingetauscht. Beispiel: Umschuldung.

Es gibt nur zwei Arten **erfolgswirksamer** Vorfälle:

e) **Ertrag**(sentstehung) mit gleichzeitiger Vermögensmehrung oder Kapitalabnahme

f) **Aufwand**(sentstehung) mit gleichzeitiger Vermögensminderung oder Kapitalzunahme

Zur näheren Erläuterung diene das folgende Beispiel. Ausgehend von der Eröffnungsbilanz soll von jeder Art von Geschäftsvorfällen je einer gebucht und anschließend ein (unvollständiger) Jahresabschluss (ohne Abschreibungen) erstellt werden.

Aktiva	Eröffnungsbilanz		Passiva
Grundstücke	500.000,–	Eigenkapital	1.600.000,–
Gebäude	3.600.000,–	Langfristige	
Maschinen	2.900.000,–	Verbindlichkeiten	5.000.000,–
Rohstoffe	100.000,–	Verbindlichkeiten	
Forderungen	400.000,–	aus Lief. und Leist.	1.000.000,–
Flüssige Mittel	100.000,–		
Summe	7.600.000,–	Summe	7.600.000,–

Zunächst erfolgt die Auflösung der Eröffnungsbilanz in Bestandskonten („AB" = Anfangsbestand), dann die Geschäftsvorfälle (a) bis (e), wobei die Buchungsregeln des Abschnitts 10.3.3.1 angewandt werden:

Soll	Grundstücke		Haben
AB:	500.000,–	(x4)	500.000,–

Soll	Gebäude		Haben
AB:	3.600.000,–	(x5)	3.600.000,–

Soll	Maschinen		Haben
AB:	2.900.000,–	(x6)	2.930.000,–
(a)	30.000,–		
Summe	2.930.000,–	Summe	2.930.000,–

Soll	Rohstoffe		Haben
AB:	100.000,–	(f)	10.000,–
(c)	100,–	(x7)	90.100,–
Summe	100.100,–	Summe	100.100,–

Soll	Eigenkapital		Haben
(x3)	3.000,–	AB:	1.600.000,–
(x11)	1.597.000,–		
Summe	1.600.000,–	Summe	1.600.000,–

Soll	Langfr. Verbindlichkeiten		Haben
(x12)	5.100.000,–	AB:	5.000.000,–
		(d)	100.000,–
Summe	5.100.000,–	Summe	5.100.000,–

Soll	Verbindlichkeiten a. L. u. L.		Haben
(b)	50.000,–	AB:	1.000.000,–
(d)	100.000,–	(a)	34.800,–
(x13)	884.800,–		
Summe	1.034.800,–	Summe	1.034.800,–

Soll	Zinserträge		Haben
(x2)	7.200,–	(e)	7.000,–

Soll	Forderungen		Haben
AB:	400.000,–	(x8)	400.000,–

Soll	Rohstoffaufwand		Haben
(f)	10.000,–	(x1)	10.000,–

Soll	Flüssige Mittel		Haben
AB:	100.000,–	(b)	50.000,–
(e)	7.000,–	(c)	116,–
		(x9)	56.884,–
Summe	107.000,–	Summe	107.000,–

Soll	Vorsteuer		Haben
(a)	4.800,–	(x10)	4.816,–
(c)	16,–		
Summe	4.816,–	Summe	4.816,–

Geschäftsvorfall (a): Aktiv-Passiv-Mehrung. Wir kaufen eine Maschine (30.000,– zuzügl. 16 % Vorsteuer) auf Ziel (wir bezahlen später).
Geschäftsvorfall (b): Aktiv-Passiv-Minderung. Wir begleichen eine Lieferantenverbindlichkeit in Höhe von 50.000,–.
Geschäftsvorfall (c): Aktivtausch. Bareinkauf von Rohstoffen (100,– zuzügl. 16 % USt).
Geschäftsvorfall (d): Passivtausch. Eine kurzfristige Verbindlichkeit wird in eine langfristige umgeschuldet (100.000,–).
Geschäftsvorfall (e): Ertrag. Wir erhalten eine Zinsgutschrift (DM 7.000,–)
Geschäftsvorfall (f): Aufwand. Wir verbrauchen Rohstoffe (Lagerentnahme; Wert: 10.000,–).
Sodann werden die benötigten Erfolgskonten über das Gewinn- und Verlust-Konto, dieses über das Eigenkapitalkonto und die bereits bestehenden Bestandskonten über das Schlussbilanzkonto abgeschlossen (die Abschlussbuchungen sind mit „x1 ...“ gekennzeichnet).

Aufwendungen	Gewinn und Verlust				Erträge
(x1)	Rohstoffaufw.	10.000,–	(x2)	Zinserträge	7.000,–
			(x3)	Verlust	3.000,–
Summe		10.000,–	Summe		10.000,–

Aktiva		Schlussbilanz			Passiva
(x4)	Grundstücke	500.000,–	(x11)	Eigenkapital	1.597.000,–
(x5)	Gebäude	3.600.000,–	(x12)	Langfristige Verbindlichkeiten	5.100.000,–
(x6)	Maschinen	2.930.000,–			
(x7)	Rohstoffe	90.100,–	(x13)	Verbindlichkeiten aus Lief. und Leist.	884.800,–
(x8)	Forderungen	400.000,–			
(x9)	Flüssige Mittel	56.884,–			
(x10)	Vorsteuer	4.816,–			
Summe		7.581.800,–	Summe		7.581.800,–

Es kann nicht Aufgabe eines knapp gefassten Lehrbuches sein, die doppelte kaufmännische Buchführung vollständig darzustellen. Dies möge bei Bedarf einer persönlichen Weiterbildung vorbehalten bleiben.

10.3.3.3 Organisation der Doppik

Es dürfte wohl kaum mehr ein Unternehmen geben, in dem „mit Hand" gebucht wird; dafür gibt es zahlreiche Buchhaltungsprogramme. Was früher ein „Buch" war, ist heute eine „Datei". Insofern ist die Organisation der Doppik gleich geblieben.
Im **Journal** („Journal" = Tagebuch, Zeitbuch) bzw. in der Journaldatei werden alle Buchungen in chronologischer Reihenfolge vorgenommen. Das Journal ist ein sog. „Neben- oder Hilfsbuch".
Von dort wird der Buchungsstoff systematisch in die Hauptbuchkonten übertragen. Diese sind in Form von Kontoauszügen, Saldenlisten usw. auswertbar.
Weitere Nebenbücher sind:
Anlagenbuch (bei manueller Buchführung meist in Karteiform). Für jeden Anlagegegenstand existiert eine Karteikarte (ein Datensatz), in dem Anschaffungsdatum, Anschaffungskosten, Nutzungsdauer, Abschreibungsmethode, aktueller Abschreibungsbetrag und Restbuchwert verzeichnet sind.
Debitoren- und Kreditorenkonten. Für alle Schuldner (Debitoren) und Gläubiger (Kreditoren) gibt es je ein Konto, um Forderungen und Verbindlichkeiten personenbezogen verwalten zu können. Es handelt sich dabei um Unterkonten von „Forderungen" und „Verbindlichkeiten".
Lagerbuchführung. Pro Lagerartikel existiert ein Konto, auf dem alle physischen und wertmäßigen Bewegungen (Zu- und Abgänge) erfasst werden. Es handelt sich um Unterkonten der Roh-, Hilfs- und Betriebsstoff-Konten.
Kassen- und Bankbuch. Im Prinzip handelt es sich nur um das Kassen- und Bankguthabenkonto, auf denen alle Zahlungsvorgänge registriert werden. Täglich werden Kassenbestand und Kassenbuchsaldo verglichen, um etwaige Unregelmäßigkeiten sofort erkennen zu können. Das Bankbuch ist oftmals nur ein Ordner mit den Bankauszügen, die mit dem Journal abgeglichen werden.

10.3.3.4 Exkurs: Einfache Buchführung

Kleine Unternehmen und Selbstständige brauchen nicht zu bilanzieren; es genügt für sie die sog. „Einnahmenüberschussrechnung". Diese lässt sich in Form der einfachen Buchführung bewerkstelligen. „Einfach" heißt: Es erfolgen keine Gegenbuchungen. Die einfache Buchführung wird in Listenform mit folgenden Spalten geführt:

Nr.
Datum
Buchungstext
Ausgaben ohne Investitionen einschl. Vorsteuer (brutto)
Investitionen einschl. Vorsteuer
Vorsteuer
Einnahmen einschl. Umsatzsteuer (brutto)
Umsatzsteuer

Von den Ausgaben werden die Investitionen gesondert abgesetzt, weil sie nicht in die Überschussrechnung eingehen; für sie wird jährlich ein sog. Abschreibungsbogen erstellt. Abschreibungen werden von den Nettobeträgen berechnet. Die Summe der Abschreibungen lt. Abschreibungsbogen stellt alljährlich die letzte Buchung dar; sie zählen zu den Ausgaben. Ausgaben und Einnahmen werden brutto verbucht. Die Spalten „Vorsteuer" und „Umsatzsteuer" benötigt man für die periodischen Umsatzsteuervoranmeldungen (vgl. Kapitel 9).

10.3.4 Der Jahresabschluss nach Handels- und Steuerrecht (Grundzüge)

10.3.4.1 Vorschriften, Bestandteile

Die handelsrechtlichen Bewertungsvorschriften finden sich in den §§ 238–289 (für die Konzernrechnungslegung, die hier vernachlässigt wird, gelten zusätzlich die §§ 290–315) HGB. Die steuerrechtlichen Bewertungsvorschriften finden sich in den §§ 4–7k Einkommensteuergesetz sowie in mehreren Abschnitten der Einkommensteuerrichtlinien. Der Jahresabschluss besteht aus Schlussbilanz (§§ 242–256, 266–274, 279–283 HGB), Gewinn- und Verlustrechnung (§§ 275–278 HGB) und Anhang (§ 284–288 HGB); der Lagebericht (§ 289 HGB) ist kein Bestandteil des Jahresabschlusses und ist nur für bestimmte Unternehmen Pflicht. Wesentlich für Buchführung und Jahresabschluss sind die sog. Grundsätze ordnungsmäßiger Buchführung und Bilanzierung (§ 238 Abs. 1 Satz 1 HGB). Auf diese soll hier nicht näher eingegangen werden, mit einer Ausnahme: Das Imparitätsprinzip (Ungleichbehandlungsprinzip). Es besagt: Drohende Verluste und zukünftige Aufwendungen *müssen* bei ihrem Bekanntwerden gebucht werden (Vorsichtsprinzip); Erträge *dürfen erst dann* gebucht werden, wenn sie in Gestalt des Zugangs eines Vermögensgegenstandes realisiert worden sind (Realisationsprinzip). Daraus folgt, dass der Kaufmann seine Lage immer schlechter darstellen muss, als sie eigentlich ist.

10.3.4.2 Inventur, Inventar, Bilanz

Inventur ist die Bestandsaufnahme aller Vermögensgegenstände und Schulden (§ 241 HGB). Das Ergebnis dieses Vorgangs ist das **Inventar** (Def.: § 240 Abs. 1 HGB: „Jeder Kaufmann hat ... seine Grundstücke, seine Forderungen und Schulden, den Betrag seines baren Geldes sowie seine sonstigen Vermögensgegenstände genau zu verzeichnen und dabei den Wert der einzelnen Vermögensgegenstände und Schulden anzugeben").

Das Inventar enthält also Menge und Wert der einzelnen Posten. Aus dem Inventar heraus ist die Bilanz zu entwickeln.

Bilanz-Definition: § 242 Abs. 1 HGB: „Der Kaufmann hat ... einen das Verhältnis seines Vermögens und seiner Schulden darstellenden Abschluss ... aufzustellen“

Die Bilanz enthält nur Wertangaben und darüber hinaus weitere Positionen (Eigenkapital, Rechnungsabgrenzung, Rückstellungen usw.).

10.3.4.3 Das Maßgeblichkeitsprinzip der Handelsbilanz für die Steuerbilanz

Da es nun zwei rechtliche Maßgaben für den Jahresabschluss gibt (Handels- und Steuerrecht), stellt sich die Frage nach dem Verhältnis zwischen Handels- und Steuerbilanz. § 5 Abs. 1 Satz 1 EStG besagt, dass das Betriebsvermögen anzusetzen ist, das nach den handelsrechtlichen Grundsätzen ordnungsmäßiger Buchführung auszuweisen ist. Das ist das sog. „Maßgeblichkeitsprinzip“. Dieses Prinzip wird häufig durchbrochen oder gar umgekehrt (§ 5 Abs. 1 Satz 2 EstG): „Steuerrechtliche Wahlrechte ... sind in Übereinstimmung mit der handelsrechtlichen Jahresbilanz auszuüben“. § 254 HGB (Zulässigkeit höherer steuerlicher Abschreibungen in der Handelsbilanz) ergänzt diese Vorschrift. Mit anderen Worten: Abweichungen der beiden Jahresabschlüsse sind möglich und in großen Unternehmen üblich. Bei kleineren Unternehmen wird im Allgemeinen nur ein beiden rechtlichen Maßgaben genügender Jahresabschluss angefertigt.

10.3.4.4 Das Wesen der Bewertung

Kern des Jahresabschlusses ist die Bewertung der Vermögensgegenstände und Schulden zum Bilanzstichtag. Da es nun sowohl handels- als auch steuerrechtlich zahlreiche Wahlrechte (Bewertungswahlrechte) gibt, ist jeweils zu entscheiden, wie zu bewerten ist.

10

Beispiel I:
Vermögensgegenstände mit Anschaffungs- oder Herstellkosten bis zu DM 800,– dürfen (müssen nicht!) am Jahresende auf einmal (also zu 100 %) abgeschrieben werden (sog. „Sofortabschreibung“ – dies ist eine weitere Modifikation der Definition des Begriffes „Rechnungswesen“, da bei Wahrnehmung dieses Wahlrechts ja unterstellt wird, dass der Gegenstand im Jahr der Anschaffung verbraucht worden ist, was aber in den seltensten Fällen zutrifft). Würde man z. B. eine Nutzungsdauer von 5 Jahren annehmen, besteht im Jahr der Anschaffung das folgende Wahlrecht:
– Abschreibungsaufwand = Anschaffungskosten, aktiver Bestand = null;
oder:
– Abschreibungsaufwand = 1/5, aktiver Bestand = 4/5 der Anschaffungskosten.
Mit anderen Worten: Der fragliche Gegenstand wird entweder mit null oder mit 4/5 der Anschaffungskosten „bewertet“. Die Differenz zwischen seinem „Wert“ und seinen ursprüngliche Anschaffungskosten wird damit zu Aufwand.

Beispiel II:
Öffentliche Fördermittel sind entweder als Passivposten zu buchen und innerhalb 20 Jahre ertragswirksam aufzulösen oder sofort als Ertrag zu buchen. Es besteht also im Jahr des Zugangs das Wahlrecht:
– Ertrag = Gesamtbetrag der Fördermittel, passiver Bestand = null;
oder:
– Ertrag = 1/20, passiver Bestand = 19/20 der Fördermittel.
Damit ist gezeigt: Bewertung heißt Entscheidung zwischen Aufwand und aktivem Bestand bzw. zwischen Ertrag und passivem Bestand.

10.3.4.5 Das Phänomen der „stillen Reserven"

Stille Reserven (stille Rücklagen) sind Eigenkapitalbestandteile, die in der Bilanz nicht ausgewiesen werden.

Sie entstehen durch erlaubte Unterbewertung. Angenommen, ein Vermögensgegenstand wird, weil seine Anschaffungskosten die Grenze von DM 800,– nicht überschreiten, sofort abgeschrieben; sein Buchwert beträgt daher null, sein tatsächlicher Wert ist aber eindeutig größer als null. Die in ihm enthaltene stille Reserve wird aufgedeckt, wenn z. B. der (gebrauchte) Gegenstand verkauft und für ihn ein Preis größer als null erzielt wird. Dann nämlich ist erst bekannt, wie hoch die in ihm enthaltene stille Reserve war. Deutlicher wird das Phänomen der stillen Reserven an einem anderen Beispiel: Ein Unternehmen erwarb 1949 ein Grundstück für 80.000,– DM. Heute (im Jahre 2000) hat dieses Grundstück einen Verkehrswert von 2.000.000,– € (derartige Wertsteigerungen über so viele Jahre sind nicht selten). Dieser Wert ist tatsächlich vorhanden. Wegen des Realisationsprinzips durfte der Wertzuwachs aber nicht zugeschrieben (als Ertrag verbucht) werden. Das heißt, in diesem Grundstück sind stille Reserven in Millionenhöhe enthalten. Wird das Grundstück verkauft, entsteht ein Gewinn in Höhe der Differenz zwischen Verkaufspreis und Buchwert (= Anschaffungswert); man sagt, die in diesem Grundstück enthaltenen stillen Reserven wurden aufgedeckt. Dieser Gewinn muss im Jahr der Entstehung auch versteuert werden.

10.3.4.6 Bewertung der Aktiva

a) Wertansätze beim Erwerb bzw. bei der Herstellung

Das HGB nennt zwei originäre Bewertungsmaßstäbe:
a1. Anschaffungskosten „AK" (§ 255 Abs. 1 HGB, übereinstimmend: H32a EStR)
Dazu gehören

- Anschaffungspreis
- plus Anschaffungsnebenkosten
- minus Anschaffungspreisminderungen (Rabatt, Skonto).

a2. Herstellkosten „HK" (§ 255 Abs. 2 und 3 HGB). Die Herstellkosten nach Steuerrecht (Abschnitt R33 EStR) unterscheiden sich davon teilweise. (Die Zusammensetzung der Herstellkosten im kostenrechnerischen Sinne ist im Unterabschnitt 10.4.5.4 dargestellt; dort sind auch die nachfolgend benutzten Begriffe erläutert.)

b) Fortgeführte Wertansätze (Bewertung am Abschlussstichtag)

b1. Markt- und Börsenwert

b2. Am Abschlussstichtag beizulegender Wert (§ 253 Abs. 3 Satz 2 HGB):
Ist nur relevant, wenn kein Börsen- oder Marktpreis festzustellen ist, der Vermögensgegenstand aber an Wert gegenüber den Anschaffungs-/Herstellkosten verloren hat.

b3. Teilwert:
Der Teilwert ist eine steuerrechtliche Fiktion; Teilwert ist der Wert, den ein Käufer des Unternehmens als Teil des Gesamtkaufpreises bezahlen würde.

b4. Durch Abschreibungen fortgeführter Restbuchwert:
Hierunter versteht man das Ergebnis einer von Jahr zu Jahr vorgenommenen Bewertung von längerlebigen Vermögensgegenständen.

Anwendungsfälle (Vermögensgruppen; vgl. Abschnitte 4.3.3, 5.3.2):

1. Nicht abnutzbare Vermögensgegenstände des Anlagevermögens (Grundstükke, Wertpapiere)
Bei sinkenden Grundstückspreisen oder sinkenden Wertpapierkursen ist eine Abwertung vorzunehmen (Markt-/Börsenpreis, am Abschlussstichtag beizulegender Wert). Eine Zuschreibung ist handels- und steuerrechtlich bei Wertpapieren des Anlagenvermögens bis zu den Anschaffungskosten möglich.

2. Abnutzbare Vermögensgegenstände des Anlagevermögens
Gegenstände dieser Vermögensgruppe (Gebäude, Maschinen, Fahrzeuge usw.) sind von Jahr zu Jahr abzuschreiben, wobei mehrere Abschreibungsmethoden zulässig sind. Das Steuerrecht schreibt dabei Mindestnutzungsdauern vor (sog. AfA-Tabellen; „AfA" = Absetzung für Abnutzung). An Methoden sind zulässig:

- linear. Der jährliche Abschreibungsbetrag ist der Quotient aus Anschaffungs-/Herstellkosten und Nutzungsdauer
- degressiv. Es wird ein gleich bleibender Prozentsatz (max. 30 %) vom Restbuchwert des Vorjahres abgeschrieben.
- Nach Leistung. Wenn die Gesamtleistung eines Gegenstandes bekannt ist, kann anhand der erbrachten Jahresleistung eine Abschreibung vorgenommen werden. Beispiel: Ein Fahrzeug leistet maximal 300.000 km. Im vergangenen Jahr fuhr das Fahrzeug 24.000 km, das sind 24/300 oder 0,08 der Gesamtleistung. Folglich werden 8/100 der AK/HK abgeschrieben.
- Darüber hinaus sind zusätzliche Abschreibungen durch außergewöhnliche Wertminderungen möglich.

3. Vorratsvermögen
Beim Vorratsvermögen (Roh-, Hilfs-, Betriebsstoffe; halbfertige und fertige Erzeugnisse) sind mehrere Methoden erlaubt:

- Durchschnittsmethode. Der Endbestand wird mit dem gewogenen arithmetischen Mittel von Anfangsbestand und Zugängen bewertet.
- LIFO = last in first out: Es wird unterstellt, dass die zuletzt zugegangenen Gegenstände zuerst entnommen (verbraucht) wurden.
- FIFO = first in first out: Es wird unterstellt, dass die zuerst zugegangenen Gegenstände zuerst entnommen (verbraucht) wurden.
- Dennoch gilt hier das strenge Niederstwertprinzip: Es ist mit dem Markt-/Börsenpreis zu bewerten, wenn dieser niedriger ist als das Ergebnis von Durchschnitts- oder LIFO-Methode.

4. Forderungen

Forderungen sind zunächst einzeln zu bewerten. Eine Abwertung hat dann zu erfolgen, wenn sie zweifelhaft oder gar uneinbringlich sind. Darüber hinaus ist eine „Pauschalwertberichtigung" anhand des wahrscheinlichen künftigen Forderungsausfalls (%-Satz) für den gesamten nicht einzeln bewerteten Forderungsbestand möglich.

5. Wertpapiere des Umlaufvermögens

Stets strenges Niederstwertprinzip. Steuerlich ist eine Zuschreibung bei gestiegenen Kursen möglich.

6. Zahlungsmittel

Das Problem ergibt sich nur bei Fremdwährungen; hier ist mit dem Stichtagskurs zu bewerten.

10.3.4.7 Bildung und Bewertung von Passiva

a) Bewertung der Passiva

Grundsätzlich sind Schulden mit dem Rückzahlungsbetrag zu bewerten. Bei Auslandsschulden ist der Fremdwährungskurs am Bilanzstichtag zu berücksichtigen. Rentenverpflichtungen sind mit dem (finanzmathematischen) Barwert anzusetzen.

b) Anwendungsfälle

1. Rückstellungen

Rückstellungen sind erfolgswirksam gebildete Passivposten (deren Bildung führt zu Aufwand und damit zur Gewinn- und Steuerverkürzung) mit dem Zweck, Aufwendungen, deren Existenz und/oder Höhe am Bilanzstichtag noch nicht sicher sind und die erst später zu einer Auszahlung führen, dem Geschäftsjahr der Verursachung zuzurechnen.

Es sind erlaubt: Rückstellungen
- für ungewisse Verbindlichkeiten,
- für drohende Verluste,
- für unterlassene Instandhaltung und Abraumbeseitigung,
- für Gewährleistungen,
- für entstandenen Aufwand.

2. Sonderposten mit Rücklageanteil

Die bedeutendsten Fälle sind die §6b-EStG- und die Abschn. 35-EStR-Rücklage. Bei § 6b EStG geht es um die Übertragung aufgedeckter stiller Reserven, bei Abschn. 35 EStR um die Übertragung stiller Reserven bei Ersatzbeschaffungen.

10.3.4.8 Rechnungsabgrenzung

Der häufigste Fall einer Rechnungsabgrenzung ist das zeitliche Auseinanderfallen von Zahlung und Leistung. Beispiele:

a) **Aktive Rechnungsabgrenzung**: Wir zahlen Miete für sechs Monate (Oktober bis März) im Voraus; Bilanzstichtag ist der 31. Dezember. Die vorausbezahlte Miete für Januar bis März des folgenden Jahres ist noch kein Aufwand für das laufende Geschäftsjahr, sondern als aktiver Rechnungsabgrenzungsposten zu buchen. (Ähnlichkeit mit Forderungen: Wir haben gezahlt, aber noch keine Gegenleistung erhalten.)
b) **Passive Rechnungsabgrenzung**: Wir erhalten Miete für sechs Monate (wie oben). Die erhaltene Miete für Januar bis März ist noch kein Ertrag, sondern eine Art „Schuld" dem Mieter gegenüber. Hierfür ist ein passiver Rechnungsabgrenzungsposten zu bilden.

Rechnungsabgrenzung ist also eine zeitliche Abgrenzung. Rechnungsabgrenzungsposten dürfen auch für Damnum/Disagio bei Kreditaufnahmen gebildet werden. Dieser Posten ist dann entsprechend der Kreditlaufzeit nach und nach aufzulösen.

10.3.4.9 Jahresabschlussbuchungen

Die sog. „vorbereitenden Jahresabschlussbuchungen" betreffen alle Bewertungsmaßnahmen und Abgrenzungen (Abschreibungen, Rückstellungen, Abgrenzungsposten). Sie werden anhand sog. interner oder „künstlicher" Belege (Buchungsanweisungen) vorgenommen. Die Jahresabschlussbuchungen selbst umfassen den Abschluss der Unterkonten über die Hauptkonten und den Abschluss der Hauptkonten über Gewinn- und Verlustkonto bzw. Schlussbilanz.

10.3.4.10 Anhang und Lagebericht

Der Anhang des Jahresabschlusses enthält Angaben über das Zustandekommen einzelner Positionen. Der Anhang umfasst

- allgemeine Angaben zu Bilanzierungs- und Bewertungsmethoden,
- Erläuterung von Bilanz und Gewinn- und Verlustrechnung,
- sonstige Angaben.

Der Lagebericht ist kein Bestandteil des Jahresabschlusses; er muss nur von Kapitalgesellschaften und publizitätspflichtigen Großunternehmen anderer Rechtsformen aufgestellt werden. Er wird gleichzeitig mit dem Jahresabschluss erstellt und enthält folgende Angaben:

- Darstellung von Geschäftsverlauf und Lage,
- besondere Angaben (Soll-Vorschrift), wie z. B. die voraussichtliche Entwicklung, besondere Ereignisse und Entwicklungen, welche die Lage des Unternehmens beeinflussen.

10.4 Internes Rechnungswesen

10.4.1 Wesen und Ziele

Die Kosten- und Leistungsrechnung (KLR) ist ein freiwillig, aber notwendigerweise praktiziertes, kurzfristig und periodisch wiederkehrendes Rechnungssystem. Sie ist eine spezielle Art der Erfolgsrechnung, allerdings mit anderen Zielen und anderen Rechnungsgrößen als das externe Rechnungswesen. Die KLR hat mehrere Ziele: Das älteste und elementarste Ziel ist die Kalkulation eines Angebotspreises, mit dem sich das Unternehmen am Absatzmarkt mit seinen Konkurrenten messen muss. Dieses Ziel lässt sich als Information und Lieferung von Zahlen für Dispositionen umschreiben (vgl. Abschn. 10.2.). Dieses ursprüngliche Ziel ist in den Hintergrund getreten. Heute dominiert das Ziel der Kostenüberwachung (Kostencontrolling), also ein Kontrollziel. Die Kostenrechnung liefert darüber hinaus noch viele Informationen, die für Dispositionen erforderlich sind (Produktions- und Absatzentscheidungen, Make-or-buy-Entscheidungen usw.). Dazu kommt die Bewertung von Halb- und Fertigerzeugnissen und selbst erstellten Anlagen mit den Herstellkosten (vgl. Abschn. 10.3.4.6.). Ein weiteres Ziel ist die Substanzerhaltung. Hierin zeigt sich ein wesentlicher Unterschied zwischen dem externen und dem internen Rechnungswesen: Beim externen herrscht kraft gesetzlicher Vorschriften das Nominalkapitalerhaltungsprinzip; d. h., es darf nur von Nominalwerten („Anschaffungs- oder Herstellkosten“ gem. § 255 HGB) abgeschrieben werden. Im internen Rechnungswesen wird von Wiederbeschaffungs(zeit)werten abgeschrieben, um im Gegenwert der (gegenüber den nominellen Abschreibungen) höheren kalkulatorischen Abschreibungen die Möglichkeit einer Ersatzfinanzierung bei gestiegenen Preisen „aus eigener Kraft“ zu haben.

10.4.2 Begriffe und Abgrenzungen

Jeder Teil des Rechnungswesens definiert sich seine Begriffe nach Zweckmäßigkeitsgesichtspunkten.

Kosten sind (in Geld) bewerteter, periodisierter (= auf einen Zeitraum bezogener) Verzehr an Produktionsfaktoren, der zur Erstellung der betriebstypischen Leistung und zur Aufrechterhaltung der Betriebsbereitschaft dient.

Diese Definition geht auf den „wertmäßigen Kostenbegriff“ zurück, bei dem die Bewertung der Kosten so erfolgt, dass die Produktionsfaktoren hinsichtlich ihrer optimalen Verwendung gelenkt werden. Das führt dazu, dass auch sog. „Opportunitätskosten" („Was-wäre-wenn-Kosten") Eingang finden. Ein dazu konkurrierender Kostenbegriff ist der „pagatorische Kostenbegriff", welcher besagt, dass alle Kosten zu irgendeinem Zeitpunkt Zahlungen waren, sind oder sein werden. Diesem Kostenbegriff sind Opportunitätskosten unbekannt. Diese beiden Kostenbegriffe sind die wesentlichen (es gibt noch einige Spielarten davon); der wertmäßige Kostenbegriff ist in der BWL allerdings „herrschende Meinung". Informationsquellen für die Herleitung der Kosten sind:

a) Die Finanzbuchhaltung; dort werden Aufwendungen gebucht. Soweit es sich um Kosten handelt, werden diese in die Betriebsbuchhaltung übernommen.
b) Die Anlagenbuchhaltung, aus deren Daten vor allem die kalkulatorischen Abschreibungen und Zinsen in einer gesonderten Rechnung ermittelt werden.

Da die bilanziellen Abschreibungen und Zinsen (Fremdkapitalzinsen) ebenfalls Aufwand darstellen, sind die Kosten sinnvollerweise vom Aufwand abzugrenzen (*Abbildung 10.1*):

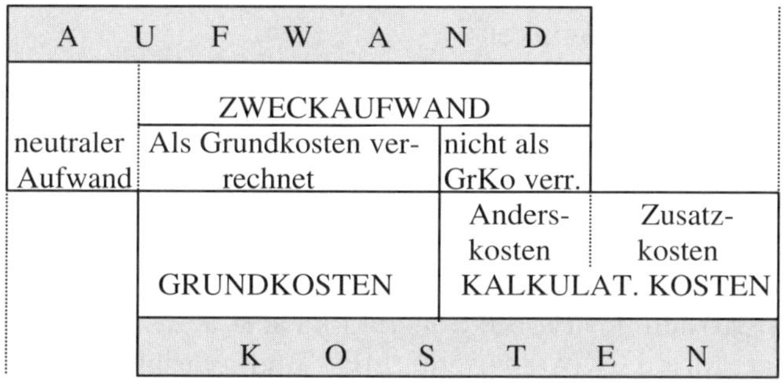

Abbildung 10.1: Abgrenzung der Kosten vom Aufwand

Vom Zweckaufwand sind die sog. „neutralen Aufwendungen" abzugrenzen. Diese untergliedern sich in:

– betriebsfremde Aufwendungen (z. B. Spenden),
– periodenfremden Aufwand (Nachzahlungen),
– außerordentliche Aufwendungen (nicht versicherte Katastrophenschäden, Verluste aus dem Abgang von Vermögensgegenständen). Diesen und den betriebsfremden Aufwendungen stehen niemals Leistungen gegenüber.

Die sog. „Anderskosten" sind im Wesentlichen kalkulatorische Abschreibungen und Zinsen, denen handels- bzw. steuerrechtlich erlaubte (sog. „bilanzielle") Abschreibungen und die tatsächlich gezahlten Fremdkapitalzinsen gegenüberstehen, und zwar in anderer Höhe (daher „Anderskosten").
Die sog. „Zusatzkosten" setzen sich zusammen aus kalkulatorischen Kostenarten, denen keine Aufwandsposition gegenübersteht, wie kalkulatorische Mieten, kalkulatorischer Unternehmerlohn, kalkulatorische Risiken.
Der Begriff „Leistung" (= betriebstypische Leistung, „Betriebsertrag") ist Bestandteil der Erträge. Letztere enthalten – wie der Aufwand – auch neutrale Erträge (z. B. Zinsen für Wertpapieranlagen), die mit den „ordentlichen" Erträgen

aus dem Verkauf von Leistungen nichts zu tun haben und von denen sie abzugrenzen sind.

10.4.3 Kostenkategorien

Kosten lassen sich nach mehreren Kriterien einteilen; jede Einteilung hat einen anderen Sinn:

a) Bezugsgröße:
– **Zeitraumkosten** (Kosten pro Abrechnungsperiode)
– **Stückkosten** (Kosten pro Leistungseinheit)
– **Grenzkosten** (Kosten pro zusätzlicher Leistungseinheit)
b) Zurechenbarkeit:
– **Einzelkosten** (einem Kostenträger oder einer Kostenstelle direkt zurechenbar)
– **Gemeinkosten** (allen Kostenträgern oder mehreren Kostenstellen gemeinsam zuzuordnen und über Schlüssel zurechenbar)
c) Leistungsmengenabhängigkeit:
– **Fixe Kosten** (leistungsmengenunabhängig)
– **Variable Kosten** (leistungsmengenabhängig)
d) Ermittlungsmethode:
– **Grundkosten** (aus dem Aufwand der Buchhaltung abgeleitet)
– **Kalkulatorische Kosten** (Anders- oder Zusatzkosten)
e) Produktionsfaktoren:
Kostenarten: Kosten des Produktionsfaktors a, b, c, ...
Die Kostenkategorien „Kostenarten“, „fix“ und „variabel“ sowie „Zeitraumkosten“ und „Stückkosten“ sollen anhand des Beispiels eines Kraftfahrzeugs erläutert werden. Die Kostenarten ein Kfz zeigt *Tabelle 10.3*.
Die Leistung eines Kfz ist die Fahrleistung, gemessen in Kilometern. Die Kosten für TÜV und AU sowie für Kfz-Steuer und Zinsen sind fix (km-unabhängig); die Kosten für Kraftstoff, Reinigung, Wartung und Verschleißreparaturen variabel (km-abhängig). [Ausgaben für Unfallreparaturen sind keine Kosten, weil ihnen der Leistungsbezug fehlt. Diese fallen unter die neutralen Aufwendungen!] Die Kosten der Haftpflichtversicherung sind teils fix, teils variabel, wenn man an die „Wenigfahrerrabatte“ denkt; der Wertverlust (= Abschreibungen) hat eine km-abhängige und eine zeitabhängige Komponente (Wertverlust wegen Veralterung). Die Eigenschaften „fix“ und „variabel“ gehen zuweilen quer durch manche Kostenarten. Unterstellt man nun, dass ein Kfz jährliche Fixkosten in Höhe von 5.000,– €, variable Kosten in Höhe von 0,50 € pro km (konstant) verursacht, lässt sich – unter der Voraussetzung proportionalen Kostenverlaufs – *Tabelle 10.2* aufstellen.
Dabei gelten folgende Gleichungen: f + v = g (gleichgültig, ob der Index an „K“ oder an „k“ angefügt ist) und $K = k \cdot m$ (gleichgültig, ob als Index „f“, „v“ oder „g“ angehängt ist). Die Kosten pro Kilometer („Stückkosten“) sind bei einer Leistungsmenge von null nicht definiert (man müsste K durch null dividieren, um zu k zu gelangen).

Tabelle 10.2: Kostentabelle eines Kfz

Leistungs-Menge pro Jahr „m“	Kosten pro Jahr fix „K_f“	Variabel „K_v“	Gesamt „K_g“	Kosten pro Kilometer fix „K_f“	Variabel „K_v“	gesamt „K_g“
0	5.000	0	5.000	–	–	–
5000	5.000	2.500	7.500	1,–	0,50	1,50
10000	5.000	5.000	10.000	0,50	0,50	1,–
15000	5.000	7.500	12.500	0,33	0,50	0,83
20000	5.000	10.000	15.000	0,25	0,50	0,75
25000	5.000	12.500	17.500	0,20	0,50	0,70
30000	5.000	15.000	20.000	0,17	0,50	0,67

Tabelle 10.3: Kostenarten eines Kraftfahrzeugs

Kostenart	fix	variabel
Kraftstoff		X
TÜV, AU	X	
Versicherung	X	X
Steuer	X	
Reinigung		X
Verschleiß-Reparaturen		X
Wartung	X	
Wertverlust	X	X
Zinsen	X	

Grafisch lassen sich diese Verhältnisse wie folgt darstellen (*Abb. 2a und 2b*):

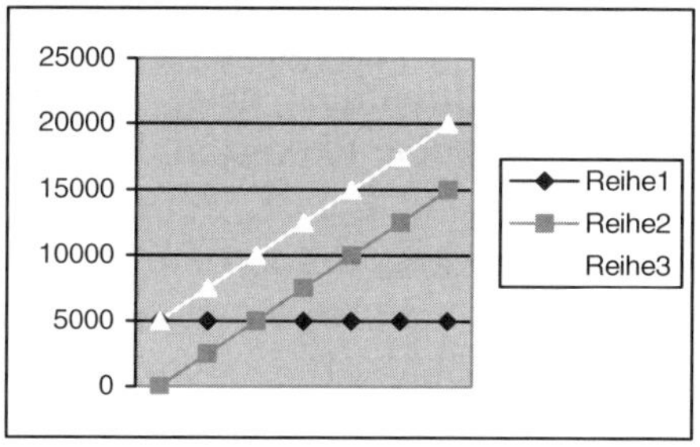

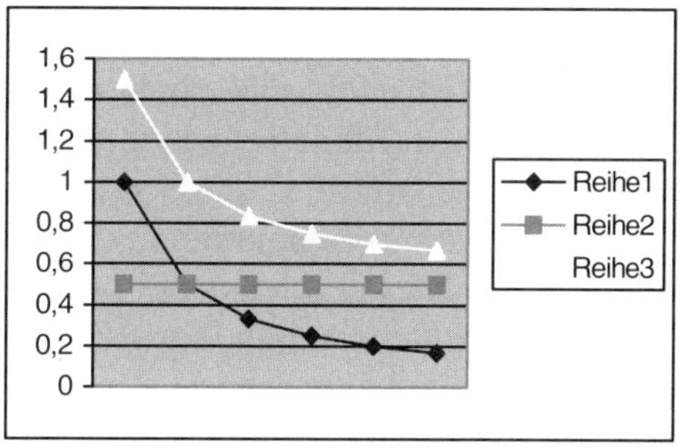

Abbildung 10.2a: Verlauf der Kosten pro Jahr *Abbildung 10.2b: Stückkostenverlauf*
Reihe 1: Fixkosten
Reihe 2: Variable Kosten
Reihe 3: Gesamtkosten

Die Proportionalität des Kostenverlaufs (man spricht auch von linearem Kostenverlauf) ist an der Konstanz der variablen Stückkosten (0,50 € pro km) zu erkennen. Das heißt, hier sind auch die Grenzkosten konstant. (Selbstverständlich gibt es auch andere Kostenverläufe, die Funktionen höheren Grades gehorchen: Unter- und überproportionale Kostenverläufe.) Beim hier vorliegenden Kostenverlauf lässt sich eine einfache lineare **Kostenfunktion** (Geradengleichung) aufstellen:

$$K_g = K_f + k_v \cdot m$$

wobei K_f der Achsenabschnitt auf der Kostenachse und k_v der Anstieg (delta Kosten/delta Leistungsmenge) ist.
Man erkennt auch, dass der Fixkostenanteil an den Stückkosten mit zunehmender Leistungsmenge abnimmt, schließlich wird dieser „Block“ durch eine immer größer werdende Zahl dividiert (sog. „Fixkostendegression“). Das heißt, mit steigender Leistung wird die Leistungseinheit „billiger“. Auf dieses Phänomen wird im letzten Abschnitt dieses Kapitels eingegangen. Das heißt: Fixkosten sind nur bei den zeitraumbezogenen Kosten fix; bei den Stückkosten verlaufen sie fallend; dagegen sind hier die variablen Kosten konstant.

Wollte man diese Betrachtung auf einen ganzen Betrieb ausweiten, stößt man auf erhebliche Schwierigkeiten. In einem Unternehmen kennt man niemals den gesamten Kostenverlauf, weil man auf dieser Ebene mangels empirischer Kostenermittlung keine umfassenden Kosteninformationen zur Verfügung hat. Mit anderen Worten: Mit einem Unternehmen lässt sich nicht experimentieren! Bekannt ist im Grunde nur ein kleiner Ausschnitt aus der Gesamtkostenfunktion, nämlich im Bereich der aktuellen Kapazitätsauslastung. Empirische Untersuchungen früherer Jahre haben gezeigt, dass in der Industrie lineare Kostenverläufe vorherrschen. Kostenfunktionen höheren Grades aufzustellen ist meistens nur eine theoretische Spielerei, von der hier abgesehen werden soll. Überproportional verlaufende Kosten (steigende Grenzkosten) sind aber real wahrnehmbar z. B. im Bereich erhöhter Überstundenvergütungen, im Bereich verstärkter Wartungsmaßnahmen bei Überstrapazierung von Anlagen; kurz: bei Auslastung des Betriebs an der gewöhnlichen Kapazitätsgrenze oder darüber hinaus.
Anzumerken ist noch, dass, je länger der betrachtete Zeitraum ist, desto geringer die Fixkosten werden. Sehr langfristig gesehen gibt es keine Fixkosten. Bedenkt man, dass vor allem Kapitalkosten (Abschreibungen und Zinsen wegen mangelnden Leistungsmengenbezugs) und Arbeitskosten (wegen kurzfristiger Unkündbarkeit des Personals) bei ausreichend kurzfristiger Betrachtung eindeutig Fixkostencharakter haben, so verlieren sie diesen bei langfristiger Betrachtung, wenn Kapazitätsanpassungen (Ausmusterung von Anlagen, Verkauf von Grundstücken und Gebäuden oder Kapazitätsausweitungen) sowie Entlassungen oder Neueinstellungen stattfinden. Die langfristig variablen Kosten müssen allerdings nicht stetig verlaufen wie in dem hier dargestellten Beispiel; es gibt auch sog. stufen- oder intervallfixe Kosten als Variante variabler Kosten (treppenförmiger Verlauf).
Wichtig ist die Betrachtung der Kostenkategorien deshalb, weil bei der Vollkostenrechnung die K_g und k_g, für die Teilkostenrechnung die K_f und k_v relevant sind. Auf diesen Begriffen baut die KLR mit all ihren methodischen Details schließlich auf.

10.4.4 Prinzipien der KLR

Wie im externen Rechnungswesen gelten auch im internen Rechnungswesen sog. Prinzipien:

a) Das Prinzip der Vollständigkeit (selbsterklärend).
b) Das Prinzip der Einheitlichkeit (Überschneidungsfreiheit).
c) Das Prinzip der Reinheit: Kosten sind unvermischt (artenrein) zu definieren.
d) **Das Verursachungsprinzip**. Es besagt, dass die Kosten verursachungsgerecht zuzuordnen sind, sei es einer Kostenstelle, sei es einem Kostenträger. Das Verursachungsprinzip hat seine Wurzel zunächst im Kausalitätsprinzip, welches besagt, dass zwischen Kosten und Leistung ein kausaler Zusammenhang besteht; kurz: Ohne Leistungserstellung entstehen keine Kosten; und dort, wo Kosten entstehen, entsteht auch eine Leistung (wechselseitige Be-

trachtung). Eine zweite Wurzel ist das Finalitätsprinzip, nach dem Kosten nur Mittel zum Zweck der Leistungserstellung sind (einseitige Betrachtung). Das Kausalitätsprinzip bezieht sich auf die sog. Einzelkosten und variablen Kosten, das Finalitätsprinzip auch auf die Gemeinkosten und die fixen Kosten.

e) **Das Durchschnittsprinzip**. Wenn das Verursachungsprinzip nicht sinnvoll oder nicht realisierbar ist (mangels Informationen oder weil eine exakte Kostenerfassung unwirtschaftlich wäre), greift man zum Durchschnittsprinzip. Hier wird (das hier nicht explizit angeführte) Wirtschaftlichkeitsprinzip deutlich.

f) **Das Kostentragfähigkeitsprinzip** findet Anwendung bei der Kuppelkalkulation. Man verteilt die Kosten dabei im Verhältnis der erzielten Marktpreise.

Die Prinzipien a) bis c) sind vor allem für die Kostenartenrechnung, d) bis f) vor allem für die Kostenstellen- und Kostenträgerrechnung relevant.

10.4.5 Die „klassische“ dreistufige KLR

10.4.5.1 Aufbau

Die drei Stufen der KLR sind:

Kostenartenrechnung (lückenlose und systematische Erfassung aller Kosten nach Arten)

Kostenstellenrechnung

- Verteilung der Kostenarten auf alle Kostenstellen (Primärkostenverteilung)
- Verteilung der Kosten der Vorkostenstellen auf die Endkostenstellen (Sekundärkostenverrechnung)

Kostenträgerrechnung (Zurechnung der Kosten der Kostenstellen auf Kostenträger = Leistungseinheiten)

Diese zunächst grobe Darstellung wird weiter unten verfeinert werden.

10.4.5.2 Kostenartenrechnung

Jeder Produktionsfaktor verursacht bei seinem Einsatz (Faktorkombinationsprozess) Kosten. Die Gliederung der Kostenarten folgt der Einteilung der Produktionsfaktoren. Die Kostenartenrechnung erfasst daher die Kosten entsprechend den Arten verbrauchter oder in Anspruch genommener Produktionsfaktoren. Darüber hinaus werden die Kostenarten in zwei grobe Kategorien zusammengefasst:

Die **Grundkostenarten** (häufig auch als „Betriebskosten“ oder „laufende Kosten“ bezeichnet) lassen sich nahezu beliebig fein untergliedern. Typische Grundkostenarten sind (die folgende Aufzählung erhebt nicht den Anspruch auf Vollständigkeit):

- Personalkosten
- Personalnebenkosten
- Materialkosten
- Energiekosten

- Wartungskosten
- Reparaturkosten
- Unterhaltungskosten
- Reinigungskosten
- Kommunikationskosten (Post, Telefon usw.)
- sog. Kostensteuern (Grundsteuer, Gewerbesteuer, Kfz-Steuer, Verbrauchsteuern)

Die **Kalkulatorischen Kostenarten** umfassen:

a) Kalkulatorische Abschreibungen

Die kalkulatorischen Abschreibungen berechnet man aus Gründen der Substanzerhaltung so, dass sie dem Ansparen von Geld für eine Ersatzbeschaffung dienen. Dies geschieht, grob gesprochen, durch Abschreibung von den Wiederbeschaffungswerten. Da diese im Allgemeinen nicht bekannt sind, bedient man sich häufig der Wiederbeschaffungszeitwerte (Tagesneuwerte).

b) Kalkulatorische Zinsen

Kalkulatorische Zinsen werden traditionell für das gesamte im betriebsnotwendigen Vermögen gebundene Kapital berechnet, gleichgültig, ob es sich um eigen- oder fremdfinanzierte Vermögensteile handelt. Man begründet die Verzinsung auch eigenfinanzierter Vermögensteile mit dem Opportunitätskostengedanken: Extern angelegtes Eigenkapital brächte externe Erträge; diese entgehen bei interner Investition. Genau genommen dürfte man nur dann eigenfinanzierte Vermögensteile kalkulatorisch verzinsen, wenn die externe Rendite höher ist als die interne, und dann auch nur mit der Differenz zwischen externer und interner Rendite. Damit werden aber – streng genommen – „Was-wäre-wenn-Gewinne“ in Kosten umdefiniert.

c) Annuitätischer Kapitalkostenansatz

Dieser Ansatz ist eine Alternative zu a) und b). „Annuität“ heißt auf finanzmathematischer Basis ermittelter jährlich gleich bleibender Betrag. Kapitalkosten sind kalkulatorische Abschreibungen und Zinsen. Der annuitätische Ansatz besagt, dass die Kapitalkosten als einheitliche Kostenart so zu bemessen sind, dass mit ihrem Zufluss (als Teil der Erlöse bei mindestens voller Kostendeckung) unter Berücksichtigung ihrer internen Verzinsung (automatische Wiederanlage von Zahlungsüberschüssen und Verzinsung auch der damit erzielten Zinsen; Zinseszinsrechnung) die Finanzierung einer Ersatzbeschaffung gesichert ist.

d) Kalkulatorische Wagnisse

Unternehmerisches Handeln unterliegt zahlreichen Risiken. Risiken können durch Versicherungen abgedeckt werden. Werden sie das nicht, setzt man kalkulatorische Wagnisse (die ihrem Wesensgehalt nach Versicherungsbeiträgen entsprechen) an und erreicht damit eine Eigenversicherung.

e) Kalkulatorische Mieten

Nutzt ein Unternehmer private Räume für betriebliche Zwecke, setzt er dafür als Ersatz für entgangene Mieteinnahmen kalkulatorische Miete an. Der Gedanke ist dabei im Grunde derselbe wie bei der kalkulatorischen Verzinsung eigenfinanzierter Vermögensteile.

f) Kalkulatorischer Unternehmerlohn
Einzelunternehmer und Gesellschafter von Personengesellschaften setzen für die eigene Geschäftsführertätigkeit kalkulatorischen Unternehmerlohn an. Diese Unternehmertypen beziehen ja lediglich Gewinn; kostenrechnerisch wird ihnen ein gedachtes Geschäftsführergehalt zugerechnet.

Die Kostenartenrechnung hat im Wesentlichen zwei Aufgaben:
a) Notwendige Vorstufe zur Kostenstellenrechnung
b) Durch Zeitvergleich lassen sich unterschiedliche Kostenentwicklungen feststellen; dadurch sind Informationen gewonnen, die aufzeigen, wo eine Kostenuntersuchung (Kontrollfunktion der KLR) anzusetzen hat.

10.4.5.3 Kostenstellenrechnung

Eine **Kostenstelle** ist eine organisatorische Einheit mit einheitlicher Leistung.

Ein Unternehmen lässt sich (gleichermaßen hierarchisch) untergliedern in

- **Unternehmensbereiche** (Beschaffung, Produktion, Absatz, Finanzen, Rechnungswesen);
- diese lassen sich weiter in **Kostenstellen** untergliedern (z. B. Gießerei, Schleiferei, Stanzerei, Montage)
- und diese wiederum in **Kostenplätze** (z. B. einzelne Werkbänke).

Auf Kostenplätze wird in diesem Beitrag jedoch nicht weiter eingegangen.
Ein Unternehmen, das nur ein einziges Produkt herstellt und vertreibt, bräuchte zum Zwecke der Angebotspreiskalkulation keine Kostenstellenrechnung. Es würde genügen, alle Kosten zusammenzuzählen und durch die Anzahl der erzeugten bzw. verkauften Produkte zu teilen, um so die Stückkosten zu errechnen. Das ist aber bei den wenigsten Unternehmen der Fall. Zudem würde hier eine Kontrollmöglichkeit verloren gehen, denn Kostenentwicklungen lassen sich ja nicht nur auf der Ebene der Kostenarten (vertikal), sondern auch auf organisatorischer Ebene (horizontal) verfolgen und kontrollieren. Daher kommt wohl kein Unternehmen ohne Kostenstellenrechnung aus.
Die Leistungen einer Kostenstelle müssen in „Einheiten“ (Stunden, Liter, Quadratmeter usw.) gemessen werden können. Diese Einheitlichkeit hat den (schlichten mathematischen) Zweck, die Kosten einer Kostenstelle durch die Anzahl Leistungseinheiten (Kostenträger) dividieren zu können, um Stückkosten (Kosten pro Leistungseinheit) ermitteln zu können.

Kostenträger ist die Leistungseinheit einer Kostenstelle. Kosten „tragen“ heißt Kosten erstatten; dies geschieht entweder durch Erlöse beim Verkauf oder durch interne Verrechnung im Betriebsabrechnungsbogen (siehe unten).

Jedes Unternehmen hat – in Analogie zu den Kontenplänen – einen Kostenstellenplan, der vernünftigerweise nach Unternehmensbereichen gegliedert ist.
Es gibt im Prinzip zwei Arten von Kostenstellen:

Vorkostenstellen erbringen Leistungen, die nur *betriebsintern* von anderen Kostenstellen (Vor- und Endkostenstellen) genutzt werden,
Endkostenstellen erbringen (überwiegend) Leistungen, die *betriebsextern* (am Absatzmarkt) verkauft werden.
Die **Vorkostenstellen** unterscheidet man traditionell in **allgemeine Kostenstellen** (z. B. Unternehmensleitung, Gebäude) und **Hilfskostenstellen** (Reparaturwerkstätten, Fuhrpark, Betriebstankstellen usw.).
Die **Endkostenstellen** unterscheidet man in **Haupt- und Nebenkostenstellen;** letztere umfassen in aller Regel die Bereiche Verwaltung und Vertrieb). ❸
Nun müssen zwei weitere, oben bereits genannte Kostenkategorien, die einstweilen ausgespart worden sind, betrachtet werden: Einzel- und Gemeinkosten. Es gibt zwei Arten von Einzelkosten:

- Kosten***träger***einzelkosten. Diese sind einem Kostenträger (= Leistungseinheit) direkt zurechenbar
- Kosten***stellen***einzelkosten. Diese sind einer Endkostenstelle direkt zurechenbar.
- Gemeinkosten. Diese sind nur den Vorkostenstellen zurechenbar und werden auf die Endkostenstellen weiter verrechnet.

Die Kostenzurechnung erfolgt traditionell in Gestalt des sog. „Betriebsabrechnungsbogens“ BAB. Das Betriebsabrechnungsverfahren sei in *Abbildung 10.3* schematisch dargestellt:

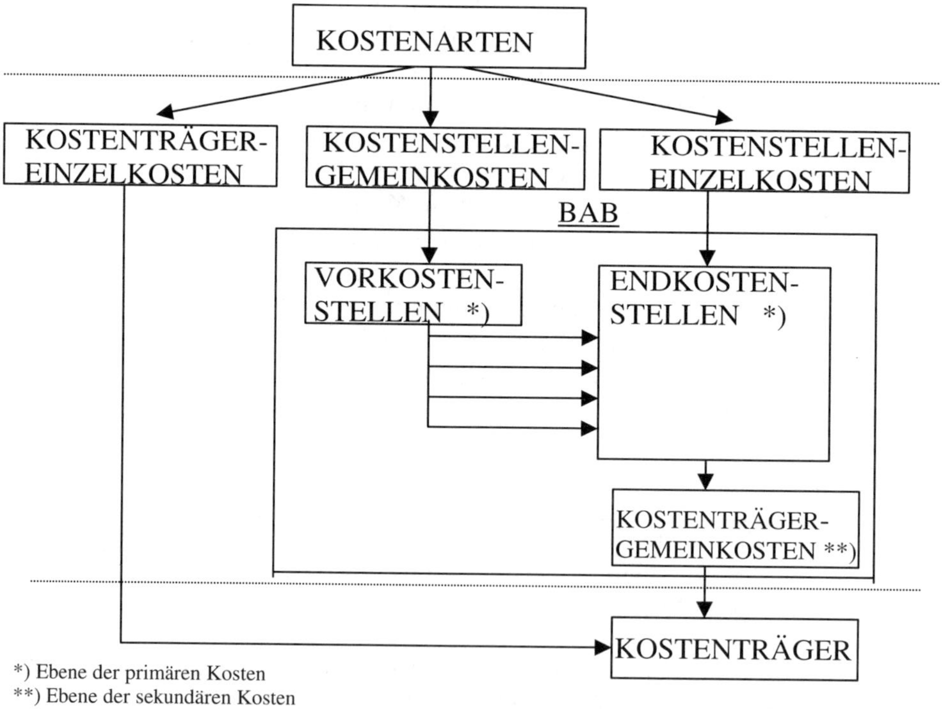

*) Ebene der primären Kosten
**) Ebene der sekundären Kosten

Abbildung 10.3: Schema des Betriebsabrechnungsverfahrens

Der Bereich zwischen den waagerechten gestrichelten Linien umfasst die Kostenstellenrechnung.
Es gibt Unternehmen, bei denen es keine Kostenträgereinzelkosten gibt. Das sind Unternehmen, die Massenprodukte herstellen; dort entfällt also der linke Zweig dieser Darstellung. Kostenträgereinzelkosten gibt es im Allgemeinen nur bei Unternehmen mit Einzelfertigung.
Um nun die Verfahren der Betriebsabrechnung darzustellen, wird ein Betriebsabrechnungsbogen (*Tabelle 10.4*) in einfacher Form zu Grunde gelegt. Kostenträgereinzelkosten werden dabei zunächst außer Acht gelassen. V1 bis V3 sind dabei Vorkostenstellen, E1 bis E3 sind Endkostenstellen. Die Summen aller Kostenarten pro Kostenstelle werden als „primäre Kosten" bezeichnet.

Tabelle 10.4: Betriebsabrechnungsbogen (Teil 1)

Kostenart:	V1: Leitung	V2: Fuhrpark	V3: Lager	E1: Regalbau	E2: Möbelbau	E3: Vertrieb	Summen
Personal	9.995.000,00	1.180.000,00	1.554.000,00	8.271.000,00	16.941.000,00	13.060.000,00	51.001.000,00
Material	2.000,00	8.000,00	1.000,00	1.088.000,00	2.105.000,00	92.500,00	3.296.500,00
Energie	1.000,00	92.000,00	45.000,00	117.000,00	323.000,00	103.000,00	681.000,00
Kapitalk.	2.000,00	220.000,00	400.000,00	524.000,00	631.000,00	1.744.500,00	3.521.500,00
Prim.Ko.	10.000.000,00	1.500.000,00	2.000.000,00	10.000.000,00	20.000.000,00	15.000.000,00	58.500.000,00

Die Kosten vor Verrechnung der Vor- auf die Endkostenstellen nennt man „primäre Kosten"; nach Verrechnung („Umlage") der Kosten aus den Vorkostenstellen spricht man von „sekundären Kosten"; diese beschränken sich somit auf die Endkostenstellen. Die Kostenverrechnung erfolgt hierbei in aller Regel anhand von Leistungsgrößen (Mengen), wobei die zu Grunde gelegten Leistungseinheiten teilweise etwas gewaltsam definiert werden, wie z. B. „Reparaturstunde", „Quadratmeter" usw. Hier liegt eines der schwierigsten Probleme der Kostenrechnung: Definition möglichst verursachungsgerechter Umlageschlüssel. Für die Verteilung der Gemeinkosten existieren zwei Verrechnungsverfahren:
Im **Stufenverfahren** werden die Kosten der am weitesten links stehenden Vorkostenstelle auf die rechts von ihr angeordneten Kostenstellen verteilt; dann werden die Kosten der zweiten Vorkostenstelle nach rechts verteilt usw. Das Stufenverfahren führt dann zu Verrechnungsfehlern, wenn zwischen Vorkostenstellen ein gegenseitiger Leistungsaustausch stattfindet, weil die „nach links" abgegebenen Leistungen vernachlässigt werden. Es sei von folgenden Leistungsaustauschgrößen ausgegangen (*Tabelle 10.5*):

Tabelle 10.5: Leistungsaustausch zwischen den Kostenstellen (Mengen)

	V1	V2	V3	E1	E2	E3	Summen
V1 gibt ab an	0	20	50	200	230	300	800
V2 gibt ab an	*50*	0	40	410	750	750	1.950
V3 gibt ab an	*30*	*100*	0	170	300	400	870

10

Die kursiv gedruckten Leistungseinheiten bleiben beim Stufenverfahren (und bei der Summenbildung) außer Betracht; dies ist die Ursache für die Entstehung von Verrechnungsfehlern. Nun werden im BAB die Kosten der Vorkostenstellen auf die Endkostenstellen nacheinander (stufenförmig) nach Maßgabe der Leistungsgrößen verteilt. Dazu seien zunächst die Leistungsgrößen als relative Zahlen (ohne die vernachlässigten Größen) dargestellt (*Tabelle 10.6*):

Tabelle 10.6: Leistungsabgabe als Relativzahlen

	V1	V2	V3	E1	E2	E3	Summen
V1 gibt ab an	0,0000	0,0250	0,0625	0,2500	0,2875	0,3750	1,0000
V2 gibt ab an		0,0000	0,0205	0,2103	0,3846	0,3846	1,0000
V3 gibt ab an			0,0000	0,1954	0,3448	0,4598	1,0000

Nun seien die primären Kosten zuzüglich der durch die Umlage entstehenden sekundären Kosten der Vorkostenstellen auf die nachgelagerten (rechts angeordneten) Kostenstellen umgelegt (Vervollständigung des BAB von Tabelle 10.4; *Tabelle 10.7*):

Tabelle 10.7: Betriebsabrechnungsbogen, Teil 2

Kostenart	V1: Leitung	V2: Fuhrpark	V3: Lager	E1: Regalbau	E2: Möbelbau	E3: Vertrieb	Summen
Prim.Ko.	10.000.000,00	1.500.000,00	2.000.000,00	10.000.000,00	20.000.000,00	15.000.000,00	58.500.000,00
Uml. V1:	– 10.000.000,00	250.000,00	625.000,00	2.500.000,00	2.875.000,00	3.750.000,00	0,00
Uml. V2:		– 1.750.000,00	35.897,44	367.948,72	673.076,92	673.076,92	0,00
Uml. V3:			– 2.660.897,44	519.945,48	917.550,84	1.223.401,12	0,00
Sek.Ko.	0,00	0,00	0,00	13.387.894,19	24.465.627,76	20.646.478,04	58.500.000,00

Das **Gleichungsverfahren** ist dagegen mathematisch exakt. Es lassen sich in diesem Falle drei Gleichungen mit drei Unbekannten aufstellen, wobei die Unbekannten a, b und c die Kosten pro Leistungseinheit der Vorkostenstellen V1, V2 und V3 seien. Beispiel: V1 erzeugt insgesamt 800 Leistungseinheiten. Multipliziert mit den Kosten pro Leistungseinheit (hier: a) ergeben sich die gesamten Kosten, die diese Vorkostenstelle primär verursacht. Doch da V1 auch Leistungen von V2 und V3 beansprucht, müssen die dort entstandenen Kosten hinzugezählt werden. Das sind wiederum die Produkte aus Anzahl Leistungseinheiten mal Kosten pro Leistungseinheit (b und c). Die gesamten von V1 verursachten Kosten werden also durch Gleichung (I) dargestellt. ❹

(I) $800a = 10000000 + 50b + 30c$

(II) $2000b = 1500000 + 20a + 100c$

(III) $1000c = 2000000 + 50a + 40b$

Ergebnisse:

a: 12663,40393

b: 1010,31318

c: 2673,58272

Auf die Darstellung der Lösung wird verzichtet. Die Umlage der Vorkostenstellen auf die Endkostenstellen erfolgt anhand der Produkte Kosten mal Leistungsmengen (Beispiel: V1 gibt an E1 200 Leistungseinheiten ab; 200 mal 12.663,40393 ergibt 2.532.680,79). Dieses Ergebnis ist exakt und weicht von dem des Stufenverfahrens ab (*Tabelle 10.8*).

Tabelle 10.8: *BAB (Teil 2) mit exakter Leistungsverrechnung*

	E1	E2	E3	Summen
Prim. Kosten:	10.000.000,00	20.000.000,00	15.000.000,00	45.000.000,00
Umlage V1:	2.532.680,79	2.912.582,90	3.799.021,18	9.244.284,87
Umlage V2:	414.228,40	757.734,88	757.734,88	1.929.698,17
Umlage V3:	454.509,06	802.074,82	1.069.433,09	2.326.016,97
Sek. Kosten:	13.401.418,25	24.472.392,60	20.626.189,15	58.500.000,00

Die meisten Kostenrechnungsprogramme arbeiten iterativ (schrittweise), wobei jeder Rechenschritt dem Durchlauf einer Programmschleife entspricht. Dabei werden wie beim Stufenverfahren die Kosten der Vorkostenstellen nacheinander verteilt, jedoch auch nach links. Wird dieser Vorgang für den gesamten BAB ausreichend oft wiederholt (Endekriterium ist ein zu verteilender Wert, der kleiner ist als ein halber Pfennig), erhält man dasselbe Ergebnis wie beim Gleichungsverfahren.

Über das im BAB vollzogene Verrechnungsverfahren hinaus gibt es Fälle, in denen Endkostenstellen untereinander Leistungen austauschen. Es kommt vor, dass nicht nur am Absatzmarkt zu verkaufende Produkte hergestellt werden, sondern selbst erstellte, intern genutzte Anlagen. Daran können mehrere Endkostenstellen beteiligt sein, wobei die eine Endkostenstelle an eine andere Leistungen abgibt. Hierfür gibt es drei Verfahren:

a) Das Kostenartenverfahren: Zwischen den betroffenen Endkostenstellen werden nur Kosten einer bestimmten Kostenart (meistens Lohnkosten) verschoben (Entlastung der einen, Belastung der anderen Kostenstelle).
b) Das Kostenstellenausgleichsverfahren: Zwischen den betroffenen Endkostenstellen werden auch anteilige Gemeinkosten verschoben.
c) Das Kostenträgerverfahren: Wenn mehrere Endkostenstellen bei der Erstellung einer komplexen Leistung („Projekt") beteiligt sind, wird diese Leistung wie ein abzusetzender Kostenträger behandelt und kalkuliert. Das Kostenträgerverfahren ist im Grunde nur eine komplexe Variante des Kostenstellenausgleichsverfahrens.

Das *Verursachungsprinzip* hat in der Kostenstellenrechnung zentrale Bedeutung. Sowohl die Verteilung der Kosten auf die Vor- und Endkostenstellen (primäre Kosten) als auch die Umlage der Kosten der Vor- auf die Endkostenstellen (Gewinnung der sekundären Kosten) hat (möglichst) verursachungsgerecht zu erfolgen.

Dies ist aber nicht immer zweckmäßig. Unterschiedlich hohe Gehälter und Löhne können auf unterschiedliches Lebensalter und unterschiedlichen familiären Status zurückgehen (ein Verheirateter mit vier Kindern verdient im Allgemeinen mehr als ein junger Lediger). Diese Unterschiede sind nicht leistungsbezogen. Daher ist es zweckmäßig, Durchschnittssätze für Vergütungen innerhalb der einzelnen Vergütungsgruppen anzusetzen.
Das Verursachungsprinzip ist oftmals unwirtschaftlich, d. h., nur mit enorm hohem Aufwand zu verwirklichen. Beispiel: Subventionierte Betriebskantine mit Einheitspreisen. Körperlich schwer Arbeitende essen mehr als z. B. Sekretärinnen. Man müsste pro Mitarbeiter(in) und Tag exakt das „gefasste“ Essen erfassen, um die Kosten exakt ermitteln zu können. Das wäre aber viel zu teuer. Der Subventionsbetrag ist daher für alle Mitarbeiterinnen und Mitarbeiter gleich, allenfalls nach Fertigungs- und Verwaltungsbereich unterschieden. Auch in solchen Fällen setzt man an die Stelle des Verursachungsprinzips zweckmäßiger Weise das Durchschnittsprinzip.

10.4.5.4 Kostenträgerrechnung

In der Kostenträgerrechnung vollzieht man den Schritt von den periodischen Kosten zu den Stückkosten. Kostenträger ist, wie bereits angemerkt, eine Leistungseinheit, und es gibt interne Kostenträger (Leistungseinheiten der Vorkostenstellen), deren Inanspruchnahme im BAB intern verrechnet wird, und externe Kostenträger, die extern verkauft werden. Statt Kostenträgerrechnung verwendet man häufig den Begriff „Kalkulation“.
Es gibt im Prinzip drei Kalkulationsverfahren:

- ➨ Divisionskalkulation mit ihren Varianten (einfache, einstufige, mehrstufige Divisionskalkulation und Äquivalenzziffernkalkulation)
- ➨ Zuschlagskalkulation (summarische und differenzierte Zuschlagskalkulation)
- ➨ Kuppelkalkulation (Restwert- oder Tragfähigkeitsrechnung)

Bei der **einfachen Divisionskalkulation** werden die Gesamtkosten pro Abrechnungsperiode durch die Anzahl der in der Abrechnungsperiode erzeugten Leistungseinheiten dividiert. Dieses Verfahren findet in Einprodukt-Unternehmen mit einstufiger Produktion Anwendung.

Die **einstufige Divisionskalkulation** wird bei einstufiger Produktion in Mehrprodukt-Unternehmen angewandt (Division der Kosten einer Endkostenstelle durch die Leistungsmenge); den verschiedenen Produkten gemeinsame Gemeinkosten müssen nach Schlüsseln verteilt werden.

Die **mehrstufige Divisionskalkulation** wird bei mehrstufiger Produktion mit Zwischenlagern angewandt. Existieren Zwischenlager, kann es sein, dass die verschiedenen Produktionsstufen unterschiedliche Mengen verarbeitet haben (die Folgen sind dann Lageraufbau bzw. Lagerabbau).

Beispiel:
An der Herstellung eines Produktes seien drei Endkostenstellen beteiligt:

Kostenstelle	Kosten/Abrechnungsperiode	Leistungsmengen
Materialvorbereitung	60.000,–	1.200
Montage	90.000,–	1.500
Lackiererei	35.000,–	1.400

Die Stückkosten lassen sich wie folgt errechnen:

60.000 : 1.200 = 50 €/Stück

90.000 : 1.500 = 60 €/Stück

35.000 : 1.400 = 25 €/Stück

Gesamte Stückkosten : 135 €/Stück

Die **Äquivalenzziffernkalkulation** findet Anwendung bei Sortenfertigung (Fertigung ähnlicher Produkte). Die einzelnen Produktsorten verursachen dabei Stückkosten in einem längerfristig konstanten Verhältnis, das durch die so genannte „Äquivalenzziffern" wiedergegeben wird.

Beispiel:
Die jährlichen Gesamtkosten einer Brauerei betragen 129.000,– €. Die Stückkosten der vier Biersorten („Einheitssorte": Exportbier) werden mit Hilfe der Äquivalenzziffernkalkulation (*Tabelle 10.9*) ermittelt.

Tabelle 10.9: *Äquivalenzziffernkalkulation*

Sorten	Äqu-Ziff. ×	Mengen (hl) =	fiktive Mengen	Stückkosten	Sortenkosten (= Mengen × Stückkosten)
Exportbier	*1,0*	500	500	*100,–*	50.000,–
Pils	1,2	300	360	120,–	36.000,–
Dunkles	1,3	100	130	130,–	13.000,–
Weizenbier	1,5	200	300	150,–	30.000,–
Summen			1290		129.000,–

Die „fiktiven Mengen" (*Tabelle 10.9*) erhält man durch Multiplikation der Mengen mit den Äquivalenzziffern. „Fiktive Menge" besagt z. B., dass 300 hl Pils dieselben Kosten verursachen wie 360 hl Exportbier.
Die Stückkosten der „Einheitssorte" Exportbier (Äqu.-Ziff. = 1,0) werden durch Division (einfache Divisionskalkulation!) der jährlichen Gesamtkosten durch die Summe der fiktiven Mengen ermittelt: 129.000 : 1.290 hl = 100,– €/hl. Die

Stückkosten der anderen Sorten werden durch Multiplikation der Stückkosten der Einheitssorte mit den Äquivalenzziffern berechnet. ❺
Eine Variante der Äquivalenzziffernkalkulation ist die Differenzierung der Kosten nach Herstellkosten und Vertriebskosten, für die unterschiedliche Äquivalenzziffern zu Grunde gelegt werden. Man könnte hierbei von zweistufiger Äquivalenzziffernkalkulation sprechen.

Die **Zuschlagskalkulation** wird bei Auftragsfertigung angewandt; d. h., es gibt keine einheitlichen Produkte, sondern jeder Auftrag unterscheidet sich vom anderen (z. B. Reparaturbetrieb; Einzelfertigung). Bei derartigen Unternehmen liegen *Kostenträgereinzelkosten* vor, auf welche die übrigen, zu *Kostenträgergemeinkosten* konzentrierten Kosten bezogen werden.

Bei der **summarischen Zuschlagskalkulation** werden die gesamten Gemeinkosten als *ein* Prozentsatz den Kostenträgereinzelkosten zugeschlagen. Den Prozentsatz ermittelt man anhand des Verhältnisses Gemeinkosten/Jahr : Einzelkosten/Jahr und unterstellt dabei, dass das Gemeinkosten-Einzelkosten-Verhältnis für alle Aufträge dasselbe ist wie bei jährlicher Betrachtung. Diese Unterstellung ist gewiss eine Vereinfachung; aber das Gemeinkosten-Einzelkosten-Verhältnis pro Auftrag zu ermitteln wäre sehr kostspielig und liefe wohl in den meisten Fällen dem Wirtschaftlichkeitsprinzip zuwider.

Die **differenzierte Zuschlagskalkulation** ist weitaus komplexer. Bei ihr werden verschiedene Gemeinkostenzuschläge auf verschiedene Einzelkostenarten zugeschlagen. Die Gemeinkostenzuschläge werden mit Hilfe des BAB ermittelt.
Zunächst sind zwei Begriffe zu klären:
„Einzelkosten" sind einem Auftrag bzw. Kostenträger direkt („einzeln") zurechenbare Kosten, wie Materialeinzelkosten (tatsächlich verbrauchtes Material) und Lohneinzelkosten (benötigte Arbeitsstunden mal Stundensatz). Dazu kommen häufig sog. „Sondereinzelkosten der Fertigung" wie z. B. Entwicklungskosten. „Gemeinkosten" sind Materialgemeinkosten (Lagerkosten), Fertigungsgemeinkosten (z. B. Reparaturkosten, Kosten eigener Energieerzeugungs-anlagen), Verwaltungsgemeinkosten (Kosten der Personalverwaltung, der Buchhaltung, des Rechenzentrums usw.) und Vertriebsgemeinkosten (Kosten der Marktforschung und des Marketing).

Beispiel:
Die Endkostenstelle E1 Regalbau verzeichnet folgende Kostenstelleneinzelkosten:

Personalkosten	8.271.000,–	(➔ Fertigungsgemeinkosten)
Materialkosten	1.088.000,–	(➔ Materialgemeinkosten)
Energiekosten	117.000,–	(➔ Fertigungsgemeinkosten)
Kapitalkosten	524.000,–	(je zur Hälfte Material- und Fertigungsgemeinkosten)
Summe bisher:	10.000.000,–	

Dazu kommen an Kostenstellengemeinkosten (aus dem BAB mit den Ergebnissen des Gleichungsverfahrens):
Leitung 2.532.680,79 (je zur Hälfte Fertigungsgemein- und Verwaltungsgemeinkosten)
Fuhrpark 414.228,40 (➔ Fertigungsgemeinkosten)
Lager 454.509,06 (➔ Materialgemeinkosten)
Summe bisher: 13.401.418,25

An Kostenträgereinzelkosten (die im BAB ja nicht enthalten sind) seien angenommen:
Materialeinzelkosten (MEK): 40.000.000,–
Lohneinzelkosten (LEK): 95.000.000,–
Es seien nun die Gemeinkosten zusammengefasst:
Materialgemeinkosten (MGK): 1.804.509,06
Fertigungsgemeinkosten (FGK): 10.330.568,40
Verwaltungsgemeinkosten (VwGK): 1.266,340,39 (Summe: 13.301.417,85)
Vertriebsgemeinkosten (VtrGK): 6.875.396,38 (= 1/3 von 20.626.189,15 für Regalbau)
Anhand dieser aus dem BAB stammenden Kostengrößen lassen sich nun die sog. Zuschlagssätze ermitteln:
Materialgemeinkostenzuschlag = (MGK/MEK)·100 (%)
Materialkosten (MK) = MEK + MGK
Fertigungsgemeinkostenzuschlag = (FGK/LEK)·100 (%)
Fertigungskosten (FK) = LEK + FGK (+ ggf. Sondereinzelkosten der Fertigung)
Herstellkosten (HK) = MK + FK
Verwaltungsgemeinkostenzuschlag = (VwGK/HK)·100 (%)
Vertriebsgemeinkostenzuschlag = (VtrGK/HK)·100 (%)
Selbstkosten (SK) = HK + VwGK + VtrGK (+ ggf. Sondereinzelkosten des Vertriebs)
Anhand der eben aufgelisteten Zahlen ergeben sich folgende Zuschlagssätze:
MGK-Zuschlag = 1.804.509,06 / 40.000.000,– = **4,51 %**
MK = 1.804.509,06 + 40.000.000,– = 41.804.509,06
FGK-Zuschlag = 10.330.568,80 / 95.000.000,– = **10,87 %**
FK = 10.330.568,80 + 95.000.000,– = 105.330.568,80
HK = 41.804.509,06 + 105.330.568,80 = 147.135.077,86
VwGK-Zuschlag = 1.266.340,39 / 147.135.077,86 = **0,86 %**
VtrGK-Zuschlag = 6.875.396,38 / 147.135.077,86 = **4,67 %**
Die so aus dem BAB und damit aus den Jahreskosten ermittelten Zuschläge (Zuschlagssätze) werden nun bei jedem Auftrag angewandt. Beispiel einer Auftragskostenabrechnung:

10

Materialeinzelkosten lt. Entnahmescheine	5.500,–		
+ Materialgemeinkostenzuschlag (4,51 %)	248,05		
= Materialkosten			5.748,05
Lohneinzelkosten lt. Arbeitsbuch	9.750,–		
+ Fertigungsgemeinkostenzuschlag (10,87 %)	1.059,83		
= Fertigungskosten			10.809,83
Herstellkosten		16.557,88	
+ Verwaltungsgemeinkostenzuschlag (0,86 %)	142,40		
+ Vertriebsgemeinkostenzuschlag (4,67 %)	773,25		
= Selbstkosten			17.473,53

Diese Kostenberechnung kann nun um Gewinnaufschlag und Umsatzsteuer erweitert werden, womit man zur Forderung (Rechnungsendbetrag) gelangt:

+ 15 % Gewinn	2.621,03	
= Nettopreis		20.094,56
+ 16 % Umsatzsteuer	3.215,13	
= Forderung		23.309,69

Die **Kuppelkalkulation** ist bei Produktionsprozessen anzuwenden, die simultan mehrere Produkte hervorbringen. Das ist häufig in der chemischen Industrie der Fall, aber auch z. B. bei der Energieerzeugung mit Kraft-Wärme-Kopplung. Die Kuppelkalkulation ist ein auf vereinfachenden Annahmen beruhendes Verfahren, von dem es zwei Varianten gibt:
Die **Restwertrechnung** ist anzuwenden, wenn in einem Produktionsprozess ein Haupt- und mehrere Nebenprodukte anfallen. Dieser unbeabsichtigt erzeugten Nebenprodukte möchte man sich „entledigen"; die dafür erzielten Erlöse werden von den Kosten des gesamten Produktionsprozesses abgezogen und die damit ermittelten Restkosten dem Hauptprodukt zugerechnet. Dieses Verfahren ist ein Hilfsverfahren; an die Stelle der unbekannten Kosten für das Nebenprodukt treten Erlöse für dieses Nebenprodukt.

Die **Marktwertrechnung** ist anzuwenden, wenn ein Produktionsprozess mehrere Hauptprodukte hervorbringt. Man teilt die Kosten im Verhältnis der erzielbaren Marktpreise auf die Hauptprodukte auf. Die Unterstellung, dass sich die Kosten wie die Marktpreise verhalten, ist natürlich fragwürdig; aber auf ökonomischer Basis gibt es kein anderes Verfahren, um dieses Problems Herr zu werden. Möglicherweise gelingt in dem einen oder anderen Fall, dass Ingenieure und Kaufleute gemeinsam eine Lösung auf technischer *und* ökonomischer Basis finden. Einer solchen Lösung wäre dann natürlich der Vorzug zu geben. Solange es eine solche aber nicht gibt, bleiben nur die hier dargestellten (zwangsläufig fehlerhaften) Hilfsverfahren. ❻

10.4.6 Die Gegenüberstellung Kosten – Leistungen

Stellt man – sei es summarisch, sei es produktbezogen etwa in einem BAB – die Kosten den Leistungen (den erzielten Erlösen) gegenüber, ist es möglich, Aussagen über die Wirtschaftlichkeitssituation des Unternehmens zu treffen. Die Differenz zwischen Erlösen und Kosten wird als „Betriebsergebnis" bezeichnet. (In der Erfolgsrechnung heißt die Differenz zwischen Erträgen und Aufwendungen „Gewinn".) Daher ist die KLR ein (kurzfristiges) Instrument der Erfolgsermittlung und Erfolgsplanung. Die folgenden Abschnitte, insbesondere Abschnitt 10.4.7.3, zeigen diese Möglichkeiten der kostenrechnerischen Erfolgsermittlung auf.

10.4.7 Kostenrechnungssysteme

Die nachstehend genannten dreimal drei Systeme stehen nicht beziehungslos nebeneinander, sondern alle Merkmale der drei Systemkategorien sind untereinander kombinierbar.

10.4.7.1 Vor-, Zwischen-, Nachkalkulation

Vorkalkulation ist in die Zukunft gerichtet; die Kosten, mit denen gerechnet wird, sind Prognosedaten. Man spricht von „Normalkosten" oder „Sollkosten". Eine Zwischenkalkulation ist dann erforderlich, wenn es sich um langwierige Produktionsprozesse handelt (wie z. B. im Baugewerbe). Zwischenkalkulationen dienen der regelmäßigen Überprüfung der Vorkalkulation.

Nachkalkulation ist in die Vergangenheit gerichtet und dient zum einen der nachträglichen Kontrolle der Vor- und Zwischenkalkulationen, zum anderen einer Endabrechnung (ggf. auch der Preisfindung, wenn keine verbindlichen Angebotspreise vereinbart wurden).

10.4.7.2 Ist-, Normal-, Plan-Kostenrechnung

Es versteht sich von selbst, dass eine Ist-Kosten-Rechnung nur eine Nachschaurechnung (Nachkalkulation) sein kann. Normal-Kosten sind durchschnittliche Ist-Kosten früherer Abrechnungsperioden. Normal-Kosten-Rechnung kann daher nur Vorkalkulation sein. Plan-Kosten sind Vorgaben, die anhand von Verbrauchsstudien, technischen Berechnungen und Prognosen ermittelt werden. Es gibt verfeinerte Plan-Kosten-Rechnungssysteme mit Abweichungsanalysen (Ist-Plan-Abweichungen mit ursachenbezogenen Diagnosemöglichkeiten); es ist wichtig zu wissen, ob Abweichungen z. B. auf Faktorkostenänderungen oder Mengenänderungen bzw. Änderungen des Auslastungsgrades zurückgehen. Die sog. „flexible Grenzplankostenrechnung" (Trennung in fixe und variable Kosten, Anpassung an den Auslastungsgrad) ist ein hoch entwickeltes Instrument der Unternehmensführung.

10.4.7.3 Voll-, Teil-, Prozesskostenrechnung

Da die Fixkosten zumindest kurzfristig nicht beeinflussbar sind, werden sie als entscheidungsirrelevant bezeichnet. Die **Vollkostenrechnung** (Kostenrechnung, die ungeachtet der Leistungsmengenabhängigkeit *alle* Kosten einbezieht) ist daher für bestimmte Aufgaben ungeeignet. Die Differenzierung zwischen durch Entscheidungen beeinflussbaren (= variablen) und nicht beeinflussbaren (= fixen) Kosten führte zur **Teilkostenrechnung**. Ein Beispiel soll dies verdeutlichen.

Beispiel:
Ein Autohaus habe auch eine Reparaturwerkstatt. Ein Unternehmen fragt an, ob es eine Großreparatur durchführen wolle. Ersatzteile würden durch den Auftraggeber zur Verfügung gestellt werden; dem Autohaus entstünden keine Materialkosten. Geboten werden 80,– € pro Reparaturstunde. Es wären zur Auftragserledigung 1000 Reparaturstunden erforderlich. Die Kostenstruktur im Reparaturwerkstattbereich sei folgende:

Lohneinzelkosten pro Stunde (variabel):	60,–
Fertigungsgemeinkostenzuschlag:	25 %

Verwaltungsgemeinkostenzuschlag: 10 %
Vertriebsgemeinkostenzuschlag: 5 %
(Alle Gemeinkosten seien als fix angenommen.)
Der Inhaber des Autohauses rechnet:

Lohneinzelkosten:	60,–
Fertigungsgemeinkosten:	15,–
Herstellkosten:	75,–
Verwaltungsgemeinkosten:	7,50
Vertriebsgemeinkosten:	3,75
Selbstkosten:	86,25

Er würde also wegen mangelnder Kostendeckung (80,– < 86,25!) das Angebot ablehnen. Die Teilkostenrechnung führt anhand zweier Überlegungen jedoch zu einem anderen Ergebnis:

a) Die Differenz zwischen dem Erlös (80,–) und den variablen Kosten pro Stunde (60,–) beträgt 20,– €. Damit liegt ein positiver „Deckungsbeitrag" vor. Es ist zu bedenken, dass sich durch die Annahme des Auftrags die Fixkosten auf mehr Stunden verteilen als bisher, also der Fixkostenanteil an den Stückkosten abnimmt (Fixkostendegression; vgl. *Abbildung 10.2b*). Damit ist gezeigt, dass die Gemeinkostenzuschlagssätze (und Gemeinkosten sind ja zum größten Teil Fixkosten) nur für einen ganz bestimmten Auslastungsgrad gelten; sie verändern sich ständig mit dem Auslastungsgrad. Das heißt, die oben angestellte Überlegung auf Vollkostenbasis ist schlichtweg falsch. Man müsste also auf der Basis eines höheren Auslastungsgrades die Gemeinkostenzuschläge neu berechnen. Das ist aber sehr umständlich. Werden durch erzielte Preise Fixkosten gedeckt, ist das immer ein positiver Effekt für das Unternehmen.

b) Wie beeinflusst die Annahme dieses Auftrags den Gewinn? Diese Frage sei durch eine kleine Berechnung beantwortet:

1. Erlöse und Kosten des Jahres *ohne* Annahme des Auftrags:

Erlöse:		25.000.000,–	
Fixkosten:	15.000.000,–		
Var.Kosten:	5.000.000,–		
Vollkosten:		20.000.000,–	
Betriebsergebnis:		5.000.000,–	

2. Erlöse und Kosten des Jahres *mit* Annahme des Auftrags:

Erlöse:		25.080.000,–	(zusätzl. 1000 Stunden × 80,–)
Fixkosten:	15.000.000,–		
Var. Kosten:	5.060.000,–		(zusätzl. 1000 Stunden × 60,–)
Vollkosten:		20.060.000,–	
Betriebsergebnis:		5.020.000,–	

In der Tat würde das Betriebsergebnis um das Produkt Menge × Deckungsbeitrag steigen!

Diese kleine Demonstration zeigt, dass die Vollkostenrechnung als Entscheidungsinstrument untauglich ist; die Teilkostenrechnung in ihrer einfachsten Form der Deckungsbeitragsrechnung, die hier demonstriert wurde, stellt dagegen eine klare Entscheidungshilfe dar: Sobald der Deckungsbeitrag eines zusätzlichen Auftrags positiv ist, ist es erfolgsverbessernd, ihn anzunehmen.

Die Nichtberücksichtigung von Gemein- oder Fixkosten in der Teilkostenrechnung und ihre mehr oder weniger gewaltsame Schlüsselung in der Vollkostenrechnung wurde als unbefriedigend empfunden. Gewünscht war ein Kostenrechnungssystem, das sowohl alle Kosten einbezieht als auch als Entscheidungsinstrument zu dienen vermag. Dies führte zur Prozesskostenrechnung, dem modernsten System im Bereich der Kostenrechnung. Kurz gesprochen geht es darum, Leistungen (bisher als „Kostenträger“ bezeichnet) als „Prozesse“ (im Sinne der Ablauforganisation) aufzufassen, an denen mehrere Kostenstellen beteiligt sind. Wenn man nun anhand sehr genauer organisatorischer Untersuchungen misst, welche Zeit zur Erledigung eines Einzelauftrags auf einer Prozessstufe benötigt wird, kann man diese Zeiten mit der Anzahl der Fälle multiplizieren und erhält damit zum einen den Nenner (Mengenkomponente) für eine Stückkostenberechnung (der Zähler sind die Kosten der betreffenden Kostenstelle), zum anderen einen klaren Indikator für den Auslastungsgrad und damit etwaige freie Kapazitäten einer Kostenstelle. Der Gedanke ist, dass Kosten für unausgelastete Kapazitäten eigentlich keine Kosten sind (etwa neutraler Aufwand) bzw. sein dürfen. Die Prozesskostenrechnung ist damit sowohl eine Methode zur besseren Planung, Steuerung und verursachungsgerechteren Ermittlung von Gemeinkosten als auch ein Instrument zur Aufdeckung und (letztendlich) Beseitigung unausgelasteter Kapazitäten.

10.5 Kontrollfragen, Übungsaufgaben und Literaturhinweise

Kontrollfragen

1. Wie ist „Rechnungswesen" zu definieren? ➠ Abschn. 10.2.
2. Welche beiden Bereiche umfasst das (periodische) Rechnungswesen? ➠ Abschn. 10.2.
3. Wer sind die Adressaten des externen Rechnungswesens? ➠ Abschn. 10.3.1 ➠ Abschn. 10.3.2
4. Warum muss das externe Rechnungswesen periodisch (jährlich) sein? ➠ Abschn. 10.3.2.
5. Was sind „Aufwendungen", was „Erträge"? ➠ Abschn. 10.3.2
6. Was sind „Abschreibungen"? ➠ Abschn. 10.3.2.
7. Was bedeuten die Begriffe „Vermögen" und „Kapital"? ➠ Abschn. 10.3.2
8. Was besagt das „Imparitätsprinzip"? ➠ Abschn. 10.3.4
9. Was bedeuten die Begriffe „Inventur" und „Inventar"? ➠ Abschn. 10.3.4
10. Was heißt letztlich „Bewertung"? ➠ Abschn. 10.3.4
11. Was versteht man unter „stillen Reserven"? ➠ Abschn. 10.3.4
12. Welche Ziele verfolgt das interne Rechnungswesen? ➠ Abschn. 10.4.1
13. Was sind „Kosten"? ➠ Abschn. 10.4.2
14. Wie ist die „klassische" Kosten- und Leistungsrechnung aufgebaut? ➠ Abschn. 10.4.5
15. Was ist eine „Kostenstelle", was ist ein „Kostenträger"? ➠ Abschn. 10.4.5
16. Was versteht man unter „Deckungsbeitrag"? ➠ Abschn. 10.4.7
17. Warum ist die Vollkostenrechnung für Entscheidungen über die Annahme von Aufträgen ungeeignet? ➠ Abschn. 10.4.7

Übungsaufgaben

❶ Gewinnermittlung

1. Ausgangsdaten

Folgende Aufwendungen und Erträge des eben zu Ende gegangenen Geschäftsjahres liegen vor:

Personalaufwand	2,5 Mio.
Sachaufwand	1,5 Mio.
Sonst. Aufwand	0,1 Mio.
Umsatzerlöse	6,8 Mio.
Sonst. Erträge	0,2 Mio.

2. Aufgabenstellung

Wie gestaltet sich auch unter Zugrundelegung der Daten aus Aufgabe ❷ die Gewinn- und Verlustrechnung?

❷ Bilanzierung

1. Ausgangsdaten

Ein Unternehmen verfügt über folgende Vermögensgegenstände:

Objekte:	Anschaffungskosten	Nutzungsdauer	Abschreibung
Grundstücke	1,2 Mio.	–	–
Gebäude	4,8 Mio.	50 Jahre; 12. Jahr	linear
Maschinen	2,5 Mio.	20 Jahre; 5. Jahr	linear
Möbel usw.	0,2 Mio.	5 Jahre; 2. Jahr	linear
Vorräte	0,1 Mio.		
Forderungen	1,5 Mio.		
Zahlungsmittel	0,05 Mio.		
Schulden, langfr.	3,0 Mio.		
Schulden, kurzfr.	0,3 Mio.		

2. Aufgabenstellung

Erstellen Sie die Bilanz zum Geschäftsjahresende, wenn die angegebenen Nutzungsjahre (12., 5., 2. Jahr bei Gebäuden, Maschinen, Möbeln) das eben zu Ende gegangene Geschäftsjahr darstellen!

10

❸ **Kostenstellensystematik**

1. **Ausgangsdaten**
Ein Unternehmen der Kfz-Industrie verfügt über folgende Kostenstellen: Motorbau, Chassisbau, Karosseriebau, Endmontage, Lackiererei, Endkontrolle, Rechenzentrum, Lager, Gebäude, Abstellplätze, Verwaltung, Vertrieb, Reparaturwerkstatt, Tankstelle.

2. **Aufgabenstellung**
Teilen Sie diese Kostenstellen in Vor- und Endkostenstellen ein!

❹ **Betriebsabrechnung**

1. **Ausgangsdaten**
Ein Unternehmen habe zwei Vor- und zwei Endkostenstellen mit folgenden primären Kosten:

V1: 500 T€

V2: 1.000 T€

E1: 20.000 T€

E2: 30.000 T€

Der Leistungsaustausch (in Leistungseinheiten) ist in der betrachteten Zeitperiode durch folgende Zahlen gekennzeichnet:

	V1	V2	E1	E2	Summe
V1	0	50	1000	950	2000
V2	100	0	3900	1000	5000

2. **Aufgabenstellung**
Berechnen Sie die exakten Verrechnungssätze für die Leistungen der Vorkostenstellen und erstellen Sie den BAB!

❺ **Äquivalenzziffernkalkulation**

1. **Ausgangsdaten**
Ein Textilunternehmen fertigt

Badetücher ohne Muster:	50.000	ÄZ = 1,8
Badetücher mit Muster:	100.000	ÄZ = 2,1
Handtücher ohne Muster:	300.000	ÄZ = 1,0
Handtücher mit Muster:	500.000	ÄZ = 0,8

Die Gesamtkosten der betrachteten Zeitperiode betragen 7.800.000,–.

2. **Aufgabenstellung**
Berechnen Sie die Stückkosten der einzelnen Produktsorten!

❻ **Kostentragfähigkeit**

1. **Ausgangsdaten**
Ein Unternehmen der chemischen Industrie erhält aus einem Produktionsprozess pro Zeitperiode vier Produkte in folgenden Mengen und mit folgenden erzielbaren Marktpreisen:

A: 2,5 t; 1800,–€/t

B: 3,5 t; 4500,–€/t

C: 2,5 t; 2000,–€/t

D: 6,0 t; 500,–€/t

2. **Aufgabenstellung**
Wie hoch sind die Stückkosten für A, B, C, D anzusetzen, wenn die Gesamtkosten des Prozesses 22.600.000,– € betragen?

Literaturhinweise

Bossert, R./Manz, U. L.: Externe Unternehmensrechnung. Grundlagen der Einzelrechnungslegung, Konzernrechnungslegung und internationalen Rechnungslegung. Heidelberg, 1997.

Braun, S.: Die Prozesskostenrechnung. 2. Aufl., Sternenfels – Berlin, 1996.

Coenenberg, A. G: Kostenrechnung und Kostenanalyse. Landsberg am Lech, 1992.

Döring, U./Buchholz, R.: Buchhaltung und Jahresabschluss. 5. Aufl., Hamburg, 1995.

Haberstock, L.: Kostenrechnung I. 10. Aufl., Berlin, 1998.

Heno, R.: Jahresabschluss nach Handels- und Steuerrecht. 2. Aufl., Heidelberg, 1998

Hummel, S./Männel, W.: Kostenrechnung I: Grundlagen, Aufbau und Anwendung. 4. Aufl., Wiesbaden, 1986.

Hummel, S./Männel, W: Kostenrechnung II: Moderne Verfahren und Systeme. 3. Aufl., Wiesbaden, 1983.

Kilger, W.: Grenzplankosten- und Deckungsbeitragsrechnung. 10. Aufl., 1993.

Riebel, P.: Einzelkosten- und Deckungsbeitragsrechnung. 6. Aufl., Opladen, 1990.

Schmolke, S./Deitermann, M.: Industrielles Rechnungswesen IKR. 26. Aufl., Darmstadt, 1998.

Schneider, D.: Betriebswirtschaftslehre, Band 2. 2. Aufl., München/Wien, 1997.

11 Unternehmensführung

11.1 Studienziele

Dieses Kapitel soll dem Leser ermöglichen

➠ Aufgaben und Probleme der Unternehmensführung kennen zu lernen;
➠ Zusammenhänge und Interdependenzen der im Unternehmen wahrzunehmenden Tätigkeiten zu erkennen;
➠ einen Einblick in aktuelle Konzepte und Methoden der Unternehmensführung zu bekommen;
➠ Anforderungen, die Aktivitäten auf internationalen Märkten stellen, kennen zu lernen;
➠ für Erscheinungsformen der Globalisierung vor dem Hintergrund der Chancen für Unternehmen sensibilisiert zu werden;
➠ künftige Tendenzen im Bereich der Unternehmensführung zu erkennen.

11.2 Unternehmensführung als zentrales Element der Wirtschaft

Unternehmensführung zielt darauf ab, Abläufe, Wirkungen und Probleme der Aktivitäten und Transaktionen in allen Bereichen und auf allen Ebenen von Organisationen positiv zu beeinflussen.

Dabei soll die Aufgabenerfüllung bei der Leitung von Organisationen, d. h. alle auf die Erreichung der Organisationsziele ausgerichteten Handlungen der jeweiligen Verantwortlichen, im Vordergrund stehen. Die zu erreichenden Organisationsziele resultieren vorrangig aus den Intentionen des Eigentümers.
Unternehmensführung ist durchaus im weitesten Sinn des Wortes zu verstehen und umfasst private Unternehmen ebenso wie öffentliche Unternehmen, Genossenschaften, öffentliche Verwaltungen oder Verbände. Trotz der jeweiligen Besonderheiten der verschiedenen Organisationsformen weisen sie hinsichtlich ihrer Führung grundsätzlich ähnliche Bedingungen auf.

11.2.1 „Wirtschaften" als Zweck moderner Organisationen

Es kann davon ausgegangen werden, dass alle Typen von Organisationen prinzipiell in den Prozess der Wirtschaft, wenngleich in unterschiedlichem Ausmaß, involviert sind. Der Begriff Organisation wird dabei als Sammelbezeichnung für sämtliche auf Ziele ausgerichtete soziale Systeme verstanden. Die Organisation bildet dabei den Rahmen, in dem die Unternehmensführung (Unternehmensführung als Institution) ihre Aufgaben (Unternehmensführung als Funktion) erfüllt.
„Wirtschaften", und zwar in erfolgreicher, die zur Verfügung stehenden Mittel optimierender Weise einzusetzen, steht dabei als wichtigster Zweck im Vordergrund (vgl. Abschnitt 1.5.1).

11.2.2 Ziele, Umfeld und normativer Rahmen von Organisationen

Zur Klassifizierung unterschiedlicher Organisationsformen können folgende **Kriterien** herangezogen werden.

- **Ziele**: Aus der Vielfalt möglicher Ziele von Organisationen wird am besten die Art der Deckung des Bedarfs gewählt. Erfolgt die Deckung des Bedarfs etwa ausschließlich zum Zweck der Erzielung von Profiten, ist sie primär nur Mittel zur Erreichung dieses Zwecks. Im Fall einer profitorientierten Tätigkeit ist der eigentliche Zweck somit nicht die Deckung von Bedarf, sondern die Erzielung von Gewinnen. Als Gegensatz dazu können die Ziele von Organisationen primär auch auf die Deckung von Bedarf ausgerichtet sein. Ziel dabei ist es, vorhandene Bedürfnisse zu decken. So orientiert sich etwa die Tätigkeit öffentlicher Verwaltungen hauptsächlich an Versorgungsüberlegungen.
- **Umfeld**: Das Umfeld von Organisationen ist ein sehr komplexes Phänomen. Im marktwirtschaftlichen System determiniert der „Markt" die gesamte Umwelt von Organisationen wesentlich. Dadurch entsteht für Organisationen die Notwendigkeit, den Kräften des Marktes, insbesondere Angebot und Nachfrage, Aufmerksamkeit zu widmen. Auf Grund der unterschiedlichen Notwendigkeiten, die Gegebenheiten des Marktes zu beachten, bietet sich als konkrete Unterscheidung in diesem Zusammenhang „marktnah" und „marktfern" an. Ist eine Organisation – wie klassischerweise ein privates Unternehmen – nun beispielsweise gezwungen, ihre Leistungen in Konkurrenz zu anderen Organisationen anzubieten, und somit Angebot und Nachfrage ausgesetzt, würde dies typisch marktnahes Verhalten erfordern. Demgegenüber sind etwa öffentliche Verwaltungen ausschließlich an der Erfüllung öffentlicher Aufgaben orientiert, weitgehend konkurrenzlos und damit marktfern.
- **Normativer Rahmen**: In diesem Zusammenhang sind hauptsächlich die Eigentumsverhältnisse wesentlich. Versucht man, nach dem Eigentümer von Organisationen zu polarisieren, bietet sich die Möglichkeit der Unterscheidung in private und öffentliche Eigentümer an. Im Falle öffentlichen Eigentums hält der Staat mindestens 51 % der Anteile an einer Organisation, wobei es diesbezüglich zahlreiche Mischvarianten gibt.

11.3 Aufgaben der Unternehmensführung

Die Aufgaben der Unternehmensführung beinhalten sowohl personenbezogene als auch sachbezogene **Aspekte**.

- Die **personenbezogene Dimension** umfasst die Führung von Mitarbeitern und die Gestaltung zwischenmenschlicher Beziehungen. Sie zielt folglich unmittelbar auf die Beeinflussung menschlichen Verhaltens.

- Die **sachbezogene Dimension** beinhaltet die Initiierung und Lenkung von Entscheidungsprozessen.

Eine derartige Trennung in eine personen- und eine sachbezogene Dimension ist real jedoch nicht möglich, da Führungsfunktionen sowohl personen- als auch sachbezogene Aspekte beinhalten. Ebenso weisen Sachfunktionen personenbezogene Aspekte auf.

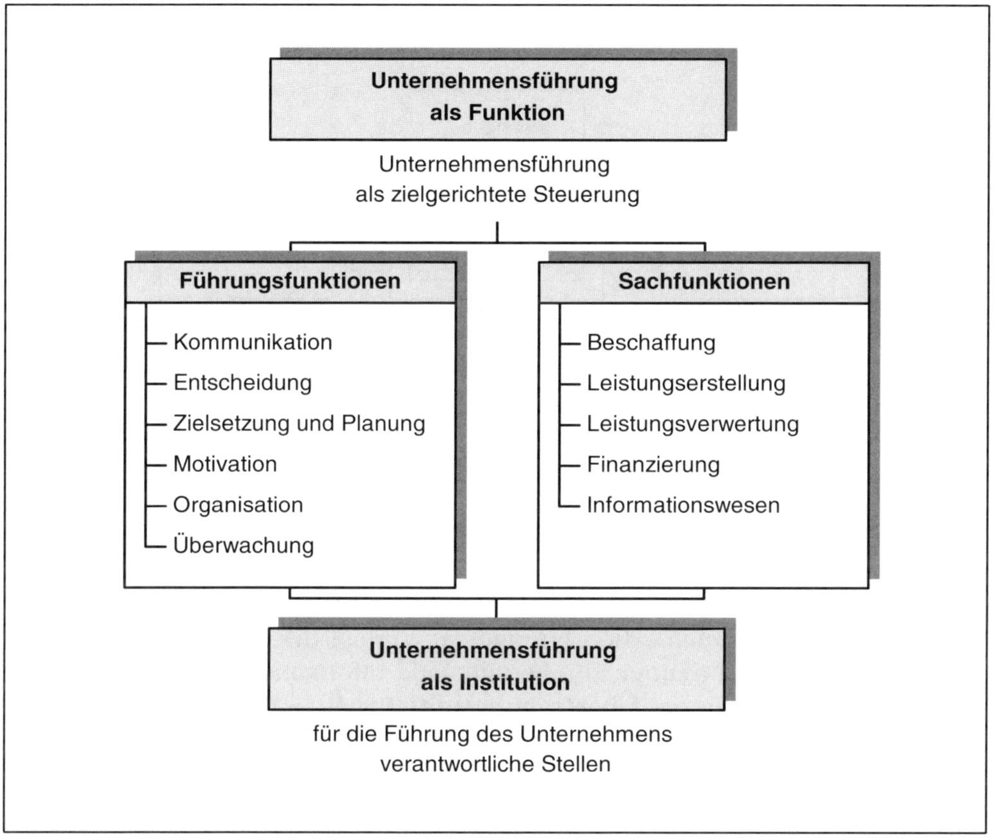

Abbildung 11.1: Dimensionen der Unternehmensführung

Die Führungsfunktionen und Sachfunktionen werden mit Hilfe bestimmter Techniken des Managements wahrgenommen. Damit sind bestimmte Hilfsmittel bzw. Arbeitstechniken zur Erfüllung der Aufgaben gemeint. Ein prominentes Beispiel dafür wäre etwa „Management by Objectives" (MbO) – Führung mit Hilfe von Zielvereinbarungen, wobei dem Mitarbeiter konkrete Vorgaben gesetzt werden, die allerdings tatsächlich auch vereinbart werden.

Nachfolgend soll überblicksartig auf die einzelnen Aufgaben der Unternehmensführung eingegangen werden.

11.3.1 Führungsaufgaben

11.3.1.1 Kommunikation

Kommunikation stellt ein Instrument zur Beschaffung und Weitergabe von Informationen dar. Sie kann als zentrales Instrument der Unternehmensführung aufgefasst werden und ist durch starke Wechselbeziehungen zu den anderen Funktionen gekennzeichnet.

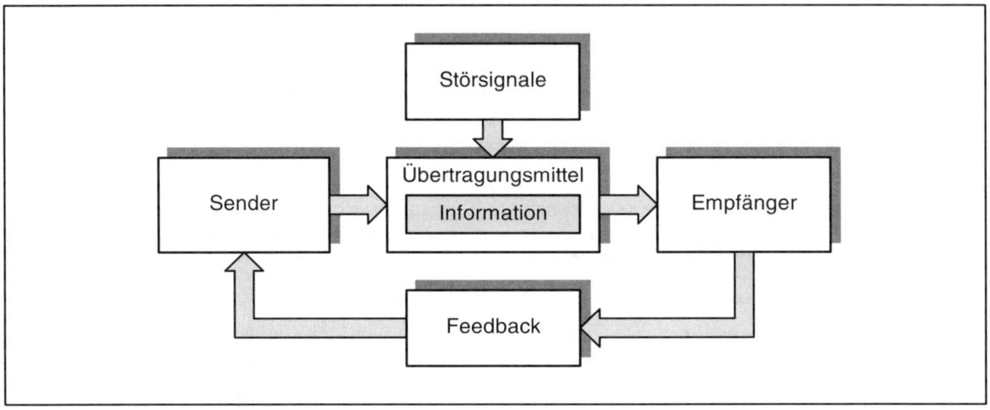

Abbildung 11.2: Kommunikationsprozess

Die Kommunikationspartner, Sender und Empfänger, sind die an der Kommunikation als Handlung beteiligten Personen. Deren meist soziale Beziehung ist von verschiedenen Faktoren abhängig. Derartige Faktoren können die Persönlichkeit der Partner, der Kommunikationstyp und der Verlauf des Kommunikationsprozesses sein. Die vom **Sender** zu übermittelnde Information wird zunächst codiert, um sie in eine für das **Übertragungsmittel** übertragbare Form zu verwandeln. Der **Empfänger** nimmt die verschlüsselte Information auf und decodiert sie. Gelangen Teile der Reaktion des Empfängers zum Sender zurück, bezeichnet man das als **Feedback**. Durch diese Rückkopplung kann der Sender feststellen, ob seine Nachricht vom Empfänger richtig verstanden wurde und wie er darauf reagierte. Die Übertragung von Informationen kann zu jeder Zeit von vielfältigen **Störsignalen** beeinflusst werden, was die Kommunikation an sich problematisch macht.

Demonstrationsbeispiel zur Kommunikation: Die Gehaltserhöhung

Sachverhalt

Die Abteilung Rechnungswesen und Controlling eines größeren Betriebes bemühte sich schon seit längerer Zeit, geeignete Nachwuchskräfte zu rekrutieren, bislang jedoch ohne erkennbaren Erfolg. Dies mag auch darin begründet sein, dass die branchenüblichen Gehälter etwas über den vom Unternehmen gezahlten Gehältern liegen. Auch unternehmensinterne Fördermaßnahmen konnten zur Beseitigung des bestehenden Personalmangels nur wenig beitragen.

Höhere Positionen wurden bislang nur in seltenen Fällen aus den eigenen Reihen besetzt. Aufstiegs- und Weiterbildungschancen boten sich den Mitarbeitern nur dann, wenn sich ihr Vorgesetzter besonders intensiv für sie einsetzte.
In der Abteilung Rechnungswesen und Controlling waren bislang der Abteilungsleiter Müller und fünf Mitarbeiter tätig. Bedingt durch eine Ausweitung der Produktion und die Neueinstellung zahlreicher Produktionsmitarbeiter waren die Mitarbeiter der Abteilung Rechnungswesen und Controlling der Aufgabenflut nicht mehr gewachsen.
Besonders erfreulich war daher, dass sich die 27-jährige Melanie Schneider, die ausgezeichnete Referenzen vorweisen konnte, um eine Stelle in dieser Abteilung bewarb. Melanie hatte nach dem Abitur eine Ausbildung zur Bankkauffrau absolviert und war danach fünf Jahre lang in ungekündigter Stellung in der Controlling-Abteilung einer Bank tätig gewesen. Den angestrebten Arbeitsplatzwechsel begründete sie mit dem Wunsch, ein breiteres Aufgabenspektrum kennen zu lernen und damit ihren Wissenshorizont zu erweitern. Zudem würden sich in der Bank, in der sie bislang tätig war, auf Grund der dort praktizierten Beförderungspolitik demnächst keine Aufstiegschancen bieten.
Um Melanie für die Abteilung Rechnungswesen und Controlling zu gewinnen, versicherte Abteilungsleiter Müller, dass Melanies Ziele in diesem Unternehmen durchaus zu realisieren seien, und erläuterte die vielfältigen Möglichkeiten der Personalweiterbildung und -entwicklung, die das Unternehmen bieten könnte. Zudem sprach er vom ständig vorhandenen Bedarf an (jungen) Führungskräften.
Nachdem Melanie noch einiges über Produktpalette, Aufbau und Struktur des Unternehmens erfahren hatte, willigte sie angesichts der sich ihr bietenden Möglichkeiten schließlich ein, ihre Arbeit nach Ablauf der Kündigungsfrist in dieser Abteilung aufzunehmen – zu einem Gehalt, das lediglich 70,- € über ihrem bisherigen lag.
Melanie arbeitete sich schnell in ihre neuen Aufgaben ein und ging hoch motiviert und mit Freude ans Werk. Sie überzeugte durch Flexibilität, Selbstständigkeit und Initiative und wurde von ihren Kollegen sehr sympathisch empfunden. Auch der Abteilungsleiter nahm Notiz von dieser Entwicklung, und er wollte Melanie mehrfach mitteilen, wie zufrieden er mit ihrer Arbeit sei. Durch die Hektik des Tagesgeschäfts vergaß er dies aber immer wieder. Abgesehen von sachlichen Informationen haben Müller und Melanie nie ausführlich miteinander gesprochen.
Nach Ablauf der Probezeit bemühte sich Müller, in der Personalabteilung eine Gehaltserhöhung für Melanie zu bewirken, wurde jedoch auf Grund der derzeit geführten, anstrengenden Tarifverhandlungen abgewiesen. Diese führten etwa zwei Monate später zu einer überdurchschnittlichen Gehaltserhöhung für die Belegschaft, womit Müller die Angelegenheit als erledigt betrachtete.
Umso erstaunter war er, als Melanies Motivation und Einsatzbereitschaft sichtbar nachließen, sie Termine nicht mehr einhielt oder gar ganz der Arbeit fern blieb. Auch die Kollegen der Abteilung hatten sich schon mehrmals Melanies Missmut ausgeliefert gefühlt. Müller war völlig unklar, wie es zu dieser Wandlung kommen konnte, nahm aber an, dass es sich nur um ein vorübergehendes Problem handelte.
Wenige Wochen später kam Melanie recht aufgebracht in Müllers Büro und erklärte, sie werde kündigen, falls ihr nicht sofort und verbindlich die bei Abschluss der Arbeitsvertrages zugesicherte Gehaltserhöhung, auf die sie schon seit einem Jahr vergeblich wartet, zugesagt werde.

Aufgabenstellung
Wie konnte es zu dieser Situation kommen, wie kann das Problem gelöst werden? Beantworten Sie dazu folgende Fragen!
1. Was sind Melanies Ziele?

2. Beschreiben Sie Melanies und Müllers Verhalten!
3. Wie schätzen Sie den Kommunikationsprozess ein?
4. Wie kann Müller zur Lösung des Konfliktes beitragen?

Lösung

1. Melanie versprach sich vom neuen Arbeitsverhältnis die Möglichkeit der Selbstverwirklichung, Anerkennung und ein angenehmes Betriebsklima. Weniger wichtig waren zunächst die Arbeitsplatzsicherheit und das Arbeitsentgelt. Sie rechnete aber fest damit, dass ihre Leistungen im Laufe der Zeit entsprechend honoriert werden.
2. Melanie ist frustriert, weil sie momentan keine Perspektiven sieht. Ihre Leistungen lassen sichtbar nach, sie wird unpünktlich, unzuverlässig und versucht auf diese Weise die Aufmerksamkeit des Abteilungsleiters auf sich zu ziehen. Müller hat, um Melanie für die Abteilung zu gewinnen, wahrscheinlich zu viel versprochen, hat aber die angekündigte Gehaltserhöhung nicht durchgesetzt. Er lobt nicht und gibt kein Feedback. Zudem hat er Melanies „Signale" nicht erkannt.
3. Miteinander gesprochen haben Müller und Melanie nur, wenn es um sachliche Dinge ging. Müller hat kein einziges Mal nachgefragt, wie Melanie mit ihren neuen Aufgaben zurechtkommt, ob die Arbeit ihren Vorstellungen entspricht. Aber auch Melanie hat sich Müller gegenüber nie direkt zu ihren Erwartungen geäußert. Lediglich indirekt, d. h. über fehlende Motivation, nachlassende Leistungen, lässt sie erkennen, dass nicht alles so verläuft, wie sie es sich vorgestellt hätte. Sowohl Müller als auch Melanie hätten viel früher das Gespräch suchen müssen.
4. Lösen kann Müller den Konflikt nur durch ein schon lange notwendiges, ausführliches Gespräch. Er sollte sich zunächst Melanies Probleme anhören, eigene Fehler eingestehen und sich auch entschuldigen. Die angekündigte Gehaltserhöhung sollte jetzt endlich verwirklicht werden. Um Melanie halten zu können, sollte Müller Perspektiven aufzeigen, Weiterbildungsmaßnahmen und interessante Projekte anbieten – dabei muss stets deren Verwirklichung sichergestellt sein.

(in Anlehnung an: *Domsch/Regnet/v. Rosenstiel* 1993, 75 ff.)

11.3.1.2 Entscheidung

Entscheidung dient der Strukturierung von Problemen des Managements. Einerseits umfasst die Funktion Entscheidung die Strukturierung von individuellen Entscheidungen und andererseits die Steuerung von Entscheidungen innerhalb eines hierarchischen Systems von Entscheidungsträgern.

Ein Grundproblem des Entscheidens besteht darin, verschiedene Möglichkeiten des Handelns mit **ungewissen Konsequenzen** abzuwägen und auf Grund dessen Entscheidungen zu treffen. Entscheidungen sind dabei zu verstehen als Auswahl optimaler **Alternativen des Handelns** aus einer bestimmten Anzahl von Möglichkeiten. Zur Lösung des Entscheidungsproblems wird in der Regel eine Alternative möglichen Handelns gewählt.

Der **Prozess der Entscheidung** besteht in der Regel aus folgenden Schritten: Formulierung des Problems, Präzisierung der Ziele, Erforschung der Alternativen des Handelns, Ermittlung der Restriktionen für mögliche Alternativen, Prognose der Ergebnisse und Auswahl einer Alternative. Wertvolle Instrumente

im Rahmen des Prozesses der Entscheidung sind insbesondere die Auswahl einer Strategie zur Suche nach Alternativen und die Heranziehung eines Konzepts zur Bewertung von Informationen.
Im Gegensatz zu individuellen Entscheidungen besteht die Steuerung von Entscheidungen in Hierarchien in der Lenkung von Entscheidungsprozessen, in die zahlreiche Personen involviert sind. Dabei werden komplexe Aufgaben in Teilprobleme zerlegt und gemäß der Hierarchie delegiert. In einem derart hierarchisch gegliederten System von Entscheidungsträgern tragen alle getroffenen Entscheidungen zur Erreichung des gesamten Zieles bei. Auf Grund der einzelnen Ziele werden die Entscheidungsprozesse der nachgeordneten Mitarbeiter vom jeweils vorgesetzten Mitarbeiter gesteuert, überwacht und aufeinander abgestimmt.

Beispiel: Das Entscheidungsmodell von Vroom und Yetton
Ausgehend von der Annahme, dass es einen „Allround-Führungsstil", der sich in jeder Situation erfolgreich einsetzen lässt, nicht gibt, entwickelten Vroom und Yetton ein Entscheidungsmodell, aus dem für jede Entscheidungssituation ein angemessener Führungsstil abgeleitet werden kann. Dabei wird von fünf grundsätzlich möglichen Entscheidungsstrategien ausgegangen:

- ***AI – Autoritäre Entscheidung***

Die Führungskraft löst das Problem allein und trifft die Entscheidung auf Grundlage der im Moment verfügbaren Informationen.

- ***AII – Autoritäre Entscheidung nach Einholung von Informationen bei Mitarbeitern***

Die Führungskraft verschafft sich die für die Entscheidung notwendigen Informationen und entscheidet dann selbst über die Lösung des Problems. Aufgabe der Mitarbeiter ist dabei lediglich die Informationsbeschaffung.

- ***BI – Konsultative Entscheidung, alleinige Entscheidung nach individueller Beratung durch Mitarbeiter***

Die Führungskraft bespricht das Problem mit einzelnen Mitarbeitern, jedoch nicht in der Gruppe. Sie informiert sich über Ideen und Vorschläge und trifft danach selbst die Entscheidung. Dabei kann die Entscheidung Ideen der Mitarbeiter enthalten, muss aber nicht.

- ***BII – Konsultative Entscheidung, alleinige Entscheidung nach Beratung mit der Gruppe***

Die Führungskraft diskutiert das Problem mit den Mitarbeitern im Rahmen einer Gruppenbesprechung und trifft danach selbst die Entscheidung, die auch Ideen der Mitarbeiter enthalten kann, aber nicht muss.

- ***GII – Gruppenentscheidung***

Die Führungskraft diskutiert das Problem zusammen mit den Mitarbeitern in einer Gruppendiskussion. Die Beteiligten entwickeln gemeinsam Lösungsmöglichkeiten und versuchen zu einer Übereinstimmung zu kommen. Die Führungskraft nimmt dabei die Rolle eines Moderators ein. Sie ist zur Annahme und Verantwortung jeder Entscheidung bereit, die von der Mitarbeitergruppe gewünscht und unterstützt wird.

Den Kern des Entscheidungsmodells von Vroom und Yetton stellt der „Entscheidungsbaum" (vgl. *Kasper/Mayrhofer* 1996, 215) dar. Durch Beantwortung verschiedener Fragen gelangt man mit Hilfe des Entscheidungsbaums zu(r) für die jeweilige Situation geeigneten Entscheidungsstrategie(n).

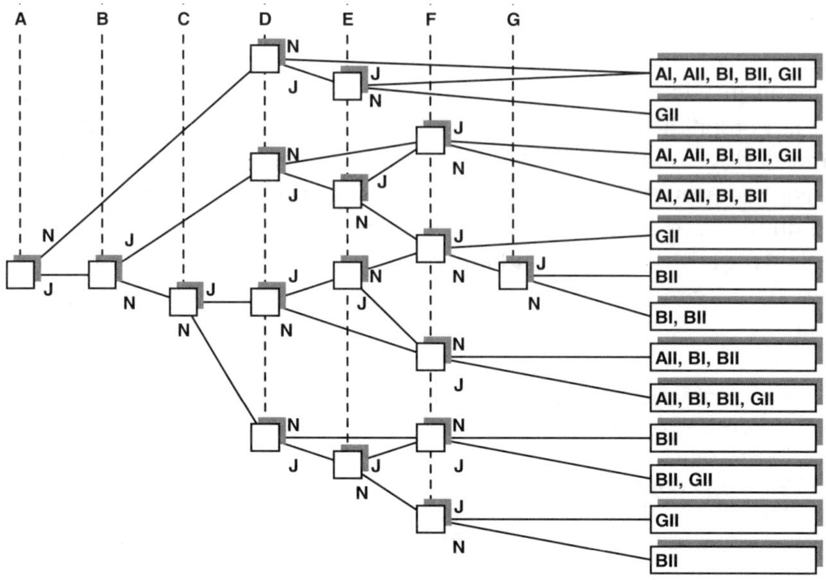

Fragen zur Strukturierung des Entscheidungsproblems

A Gibt es ein Qualitätserfordernis: Ist vermutlich eine Lösung rationaler als eine andere (spielen juristische, technische oder wirtschaftliche Sachverhalte eine Rolle)?

B Habe ich genügend Informationen, um eine qualitativ hochwertige Entscheidung zu treffen (sind die benötigten Informationen beschaffbar)?

C Ist das Problem strukturiert (weiß ich, wie ich vorgehen muß)?

D Ist die Akzeptierung der Entscheidung durch die Mitarbeiter für die effektive Ausführung und deren Folgen wichtig?

E Wenn ich die Entscheidung selbst treffen würde, würde sie dann von Mitarbeitern akzeptiert werden?

F Teilen die Mitarbeiter die Organisationsziele, die durch die Lösung des Problems erreicht werden sollen?

G Werden die bevorzugten Lösungen vermutlich zu Konflikten unter den Mitarbeitern führen?

Demonstrationsbeispiel zur Entscheidung: Das Büro

Sachverhalt

Peter Stiegler ist vor wenigen Tagen zum Marketingleiter eines Konsumgüterherstellers befördert worden. Demnächst steht der Umzug der Administration des Unternehmens in ein neues Bürogebäude bevor, das gerade am Stadtrand errichtet wird.
Peters Marketing-Team besteht aus sieben Mitarbeitern, die sehr engagiert und motiviert arbeiten und sich jetzt im Besonderen den Problemen und Fragen widmen, die mit dem baldigen Umzug in Zusammenhang stehen.
Heute Vormittag hat Peter zum ersten Mal einen Blick auf die Baupläne werfen können, wobei ihm aufgefallen ist, dass dem Marketing-Team nur fünf Büros zugedacht sind, zwei mit Blick auf „Wald und Wiese", drei mit Blick auf einen Lichthof. Da jeder

der Marketing-Mitarbeiter durch Beförderung ins Team gekommen ist, erwartet jeder ein eigenes Büro. Zudem waren Büros ohne „inspirierenden Ausblick" schon im alten Bürogebäude äußerst unbeliebt.
Peters Aufgabe ist es nun, eine Entscheidung zu treffen, die die (bisher gute) Zusammenarbeit im Team nicht gefährdet.

Lösung
Dieses Beispiel ist ein typischer Fall für eine Gruppenentscheidung. Wird die Entscheidung von Peter allein getroffen, ist die Chance, dass sie von allen akzeptiert wird, eher gering.

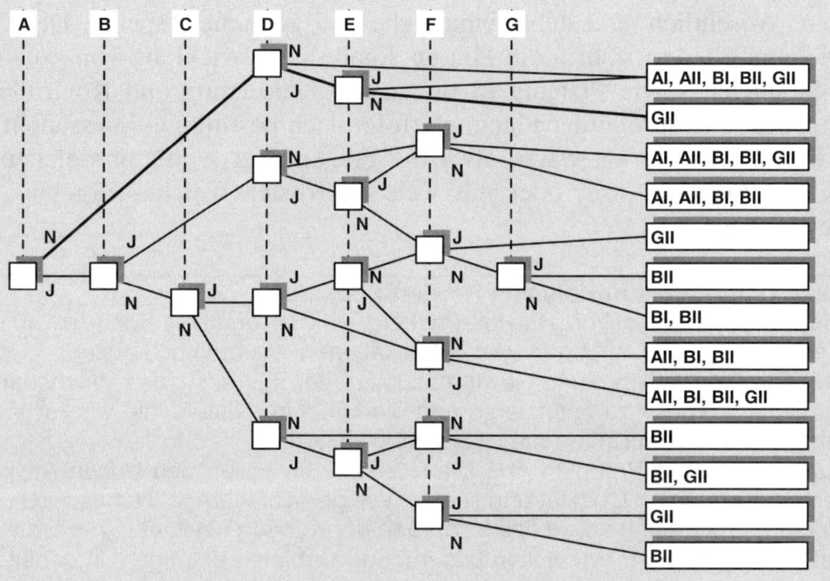

11.3.1.3 Zielsetzung und Planung

Die Funktionen **Zielsetzung** und **Planung** gehören zu den gestalterischen Aufgaben im Rahmen einer Organisation und dienen der Erstellung klarer Grundlinien für die Tätigkeit des Unternehmens.

Die Gestaltung der Organisation erfolgt auf der Grundlage eines Leitbildes bzw. einer gewählten Philosophie. Folgende Aufgaben werden im Allgemeinen als wesentlich im Hinblick auf eine bewusste und systematische Gestaltung des Systems Organisation aufgefasst: nachhaltige Absicherung des Erfolgs, rechtzeitiges Erkennen von Risiken, Erhöhung der Flexibilität, Reduktion der Komplexität sowie die Ausnützung von Synergiepotenzialen.
Planung erfolgt auf der Grundlage gewählter oder vorgegebener Ziele. Sie sollte strategische, organisatorische und operative Aspekte enthalten. Ebenso ist die

Fristigkeit der Planung zu berücksichtigen. Dabei wird langfristige, mittelfristige und kurzfristige Planung unterschieden. Mit „**strategischer Planung**“ werden grundsätzliche Tatbestände auf Basis der gewählten Ziele und bestimmter Größen zur Orientierung vorausschauend festgelegt. Demgegenüber besteht die „**operative Planung**“, abgeleitet aus der strategischen Planung, in deren Umsetzung in Pläne einzelner Funktionsbereiche. Als Teilbereiche der operativen Planung werden – jeweils bezogen auf die einzelnen Funktionen – Zielplanung, Ressourcenplanung und Maßnahmenplanung unterschieden.

Als **Prozess der Planung** wird die Summe der einzelnen Schritte der Planung, die zur vollständigen Lösung eines Planungsproblems zu vollziehen sind, verstanden. Wesentlich sind dabei inhaltliche und zeitliche Aspekte. Der Prozess der Planung gliedert sich in die Phasen Analyse, Entwicklung von grundsätzlichen Strategien sowie Planung in Bezug auf Umsetzung und Kontrolle. Eine entsprechende Kontrolle der Planung erfolgt nach bestimmten messbaren Kriterien. Derartige Kriterien wären etwa die Fragen, wer wofür in welchem Zeitraum verantwortlich war, oder mit welchen Kosten welches Ergebnis erzielt werden konnte.

Beispiel: Unternehmensziele von Hewlett-Packard

Die Unternehmensziele von Hewlett-Packard wurden erstmals vor rund 40 Jahren veröffentlicht und sind – mit geringen Modifikationen – heute noch gültig.

- „**Gewinn:** Wir wollen einen Gewinn erzielen, der ausreicht, das Wachstum unseres Unternehmens zu finanzieren und die Mittel bereitstellt, die wir zur Verwirklichung der anderen Unternehmensziele benötigen.
- **Kunden:** Unsere Produkte und Dienstleistungen sollen den hohen Ansprüchen unserer Kunden an Qualität und Nutzen voll gerecht werden. Nur dadurch können wir die Anerkennung sowie das Vertrauen der Kunden gewinnen und erhalten.
- **Betätigungsgebiet:** Wir wollen uns auf den Gebieten betätigen, in denen wir auf unseren Technologien und Kompetenzen und auf den Interessen unserer Kunden aufbauen, die uns Möglichkeiten für ein kontinuierliches Wachstum bieten, und auf denen wir einen gewünschten und Gewinn bringenden Beitrag leisten können.
- **Wachstum:** Unser Wachstum soll nur durch unseren Gewinn und durch unsere Fähigkeit begrenzt sein, innovative Produkte zu entwickeln und herzustellen, die den tatsächlichen Bedürfnissen der Kunden entsprechen.
- **Mitarbeiter:** Alle HP-Mitarbeiter sollen am Unternehmenserfolg, den sie mit erwirtschaften, Teil haben. Ihre Beschäftigung soll ihnen auf Grund ihrer Leistungen sicher sein. Gemeinsam mit ihnen soll eine sichere, angenehme und umfassende Arbeitsumgebung geschaffen werden, die die Vielfalt der Mitarbeiter würdigt und ihre individuellen Leistungen anerkennt. Darüber hinaus wollen wir die Voraussetzungen schaffen, die die persönliche Zufriedenheit mit den Arbeitsinhalten und Arbeitsergebnissen fördert.
- **Führungsstil:** Wir wollen die Initiative und die Kreativität unserer Mitarbeiter fördern, indem wir dem Einzelnen einen weiten Handlungsspielraum beim Erreichen klar definierter Ziele lassen.
- **Gesellschaftliche Verantwortung:** Wir wollen unsere Verpflichtung gegenüber der Gesellschaft in jedem Land und jedem Gemeinwesen, in welchem wir tätig sind, erfüllen, indem wir wirtschaftliche, kulturelle und soziale Beiträge leisten.“

(Hewlett-Packard unter: www.hp.com)

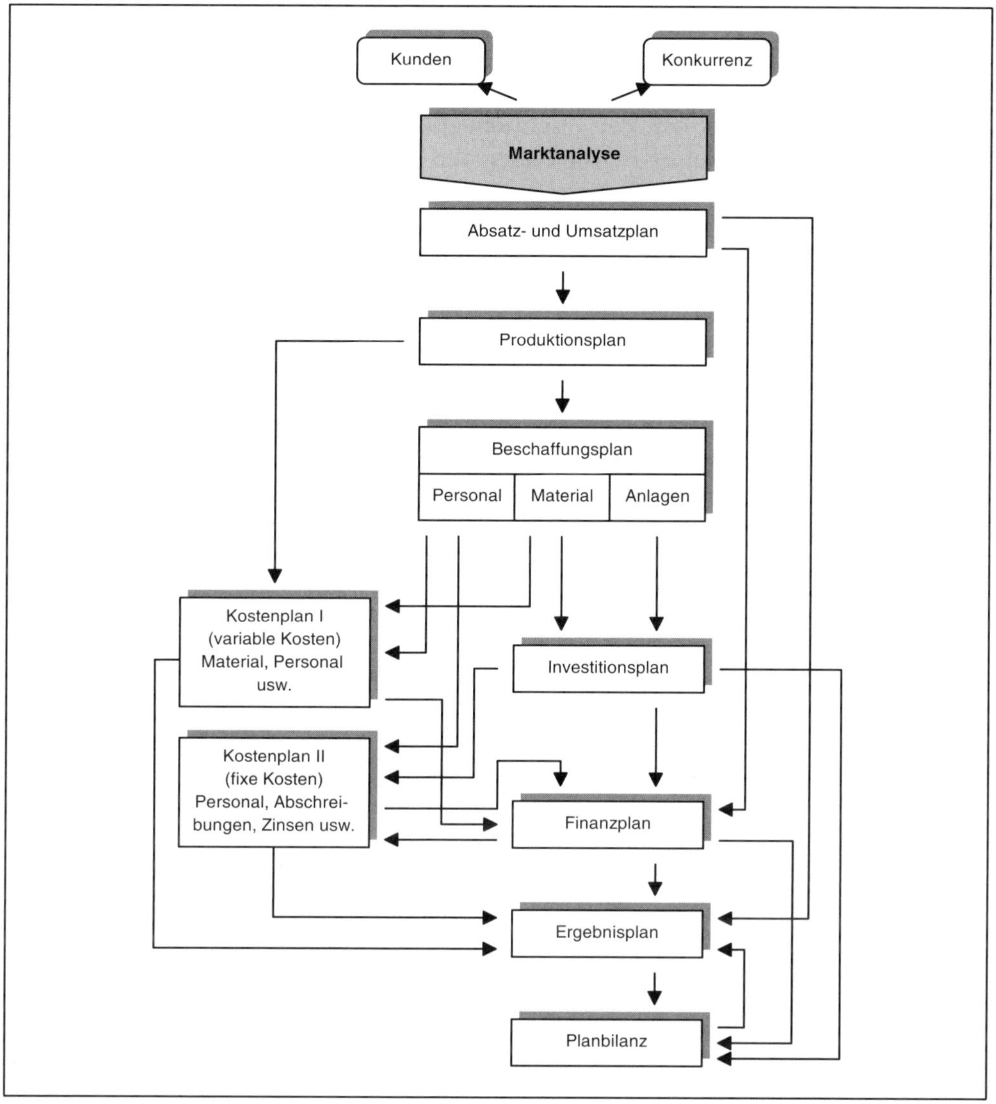

Abbildung 11.3: Elemente der Unternehmensplanung

11

11.3.1.4 Motivation

Motivation kann als Grund für ein bestimmtes menschliches Verhalten verstanden werden. Eine Person wird in einer bestimmten Art und Intensität sowie in einer bestimmten Situation auf ein Ziel hin aktiviert. Diese Aktivierung erfolgt unter den Bedingungen menschlichen Verhaltens.

Als Bedingungen menschlichen Verhaltens werden **situative Ermöglichung** (äußere Gegebenheiten), **soziales Dürfen** (vgl. soziale Normen), **individuelles Können** (Fähigkeiten und Kompetenzen) sowie **persönliches Wollen** verstan-

den. Motivation kann letztlich als Resultat der ständigen Interaktion von Person und Situation gesehen werden. Motiviertes Handeln verfolgt einen zielorientierten Abschluss.
Letztlich bilden bereits die **Personalauswahl** sowie die **Aus- und Weiterbildung** des Personals wichtige Grundlagen für gelingende Motivation. In diesem Zusammenhang ist auch die Gestaltung menschlicher Arbeitsbedingungen in Organisationen von wesentlicher Bedeutung. Im Zentrum des Interesses steht dabei die Formulierung der **Anreize** und Leistungserfordernisse in Bezug auf die Mitarbeiter. Damit verbunden sind vor allem auch Fragen menschlicher Arbeitsbedingungen im engeren Sinn (z. B. Aufbau- und Ablauforganisation, Kommunikation zwischen hierarchischen Ebenen).
Der Bereich Motivation ist insofern besonders komplex, da die Motivation von der erfolgreichen Ausübung der übrigen Aufgaben der Unternehmensführung besonders abhängt. Der häufigste Grund für mangelnde Motivation scheint auf Grund starrer Strukturen und zu komplizierte Prozesse innerhalb der Organisationen gegeben.

Demonstrationsbeispiel: Der Einsteiger

Sachverhalt

Die Verkaufsabteilung eines größeren Unternehmens ist seit Monaten durch Personalmangel gekennzeichnet. Die Aufgabenflut war nur noch durch Überstunden zu bewältigen. Trotz der ständigen Bemühungen des Abteilungsleiters Willert und der Personalabteilung war es bis jetzt nicht gelungen, einen fähigen und erfahrenen Mitarbeiter zu rekrutieren.
Für Willert erschien es daher wie ein Wunder, als sich Stefan Weber, der einen sehr guten Eindruck machte und zudem hervorragende Zeugnisse und Referenzen vorlegen konnte, an einer Stelle im Verkaufsteam interessiert zeigte. Willert wollte Herrn Weber unbedingt halten, allerdings erschienen ihm Webers Gehaltsforderungen unverhältnismäßig hoch. Auch die Personalabteilung lehnte derartige Gehaltsforderungen ab. Mit geschickter Argumentation, in der er beispielsweise auf das an sich unterdurchschnittliche Gehaltsniveau des Unternehmens hinwies, gelang es Willert schließlich, zusammen mit der Personalabteilung einen Kompromiss auszuhandeln. Dabei wurde zwar nicht völlig auf Webers Forderungen eingegangen, sein zukünftiges Gehalt lag aber doch wesentlich über dem seiner Kollegen. Angesichts der Aussicht, die Notwendigkeit von Überstunden durch die Neueinstellung wesentlich zu verringern, stimmte schließlich auch der Betriebsrat zu, wenngleich mit Bedenken. Weber wurde gebeten, hinsichtlich seines Gehalts Stillschweigen zu bewahren.
Stefan Weber arbeitete sich gut in die Abteilung ein. Jedoch konnte Willert nach einiger Zeit Unstimmigkeiten und Lustlosigkeit unter den Mitarbeitern ausmachen, wofür er keine Erklärung hatte – schließlich gingen doch seit der Neueinstellung Webers die Überstunden gegen null.
Des Rätsels Lösung bekam Willert durch ein Gespräch mit einem älteren, als sehr ehrlich und vertrauenswürdig bekannten Mitarbeiter Meier. Dieser erzählte ihm, er und seine Kollegen hätten über einen befreundeten Kollegen der Lohnbuchhaltung Webers Gehalt erfahren und verstünden nun nicht, dass er als Neueinsteiger ein Gehalt bekommt, für das andere jahrelang hart arbeiten müssten. Willert entgegnete, dass man sich nicht über derartige Gerüchte aufregen sollte. Es stimmte wohl, dass

ein sehr hohes Einstiegsgehalt gefordert wurde. Jedoch entspricht das nun tatsächlich gezahlte Gehalt dem Durchschnitt. Meier möchte dies doch bitte seinen Kollegen mitteilen. Für Meier reichte diese Antwort aber nicht aus. Er wollte nun genaue Angaben zu Webers Gehalt. Mit der Begründung, er würde auch über Meiers Gehalt nicht mit Dritten sprechen, beendete Willert das Gespräch.
Im Nachhinein konnte sich Willert jedoch des Gedankens nicht erwehren, durch dieses Gespräch die Situation nicht entspannt, sondern eher verschärft zu haben.

Aufgabenstellung
1. Wie würden Sie die Gehaltspolitik des Unternehmens beschreiben?
2. Wie hätte Abteilungsleiter Willert das Gespräch führen sollen?
3. Wie soll nun weiter vorgegangen werden?

Lösung
1. Die Arbeitszufriedenheit hängt auch mit der Gehaltshöhe zusammen. Dabei ist nicht nur das Gehalt an sich entscheidend, sondern auch das Gehalt in Relation zu den anderen in der Abteilung und im Unternehmen bzw. in der Branche gezahlten Gehältern. Stefan Weber, der lediglich gute Zeugnisse, aber noch keinerlei Erfahrung im Unternehmen aufweist, stellt überhöhte Gehaltsansprüche. Darauf hätten Willert und die Personalabteilung nicht eingehen dürfen. Sinnvoll wäre beispielsweise gewesen, dem Neueinsteiger zunächst ein niedrigeres Anfangsgehalt zu gewähren, das aber entsprechend seiner Leistungen sukzessive angehoben wird. Gleichzeitig hätten auch die Leistungen der erfahrenen Mitarbeiter anerkannt und entsprechend honoriert werden müssen.
2. Willert ist unklug im Gespräch mit Meier vorgegangen. Irgendwann werden Gehaltshöhen in der Abteilung bekannt. Zudem hat Willert erfahrene Mitarbeiter ausgespielt, indem er um Stillschweigen über seinen Lohn gebeten hat. Dies erzeugt früher oder später Missstimmung und Konkurrenzverhalten innerhalb der Abteilung. Da Willert die Höhe von Webers Anfangsgehalt nicht entsprechend begründet, wirkt dies, als sei er unsicher und habe hinsichtlich der Gehaltshöhe einen Fehler begangen. Willert sollte seinen Mitarbeitern erklären, dass er sie mit der Neueinstellung entlasten und nicht demotivieren wollte.
3. Im vorliegenden Fall wird wahrscheinlich erst dann wieder Ruhe unter den Mitarbeitern einziehen, wenn die krassen Lohnunterschiede ausgeglichen, d. h. der Lohn aller Mitarbeiter auf das Durchschnittsniveau angehoben wurde. Zukünftig sollte die Entlohnung leistungsgerecht gestaltet sein. Willert muss nun das Vertrauen seiner Mitarbeiter neu gewinnen. Zudem sollte er seinen Fehler eingestehen und sich bei seinen Mitarbeitern entschuldigen. Darüber hinaus sollte die Lohnbuchhaltung zu mehr Diskretion angehalten werden, da Lohn- und Gehaltsangelegenheiten vertraulich zu behandeln sind.

(in Anlehnung an: *Domsch/Regnet/v. Rosenstiel* 1993, 81 ff.)

11.3.1.5 Organisation

Organisation als Tätigkeit kann als Summe aller auf bestimmte Zwecke ausgerichteten Regelungen verstanden werden, die sich auf die Gestaltung der Strukturen und Prozesse in Organisationen (als Institutionen) beziehen. Dabei steht die Analyse und Zuordnung von Aufgaben innerhalb einzelner Stellen, deren Zusammenfassung zu einer hierarchisch mehrstufigen Struktur sowie die Gestaltung der Beziehungen zwischen verschiedenen Stellen und Ebenen im Zentrum des Interesses.

Die **Aufbauorganisation** legt die institutionellen Beziehungen innerhalb einer Organisation fest. Die **Ablauforganisation** bildet den Rahmen für die Gestaltung der Prozesse in Organisationen. Dabei geht es insbesondere um die Festlegung der Abfolge der Tätigkeiten, die zur Erfüllung spezifischer Aufgaben notwendig sind.
Im Zusammenhang mit der Funktion Organisation ist gegenwärtig insbesondere die intensive Auseinandersetzung mit neuartigen Strukturen und Prozessen in Organisationen wesentlich. Diese sollen dabei die hohen Anforderungen an Koordination und Kooperation in komplexen Organisationen besonders berücksichtigen (siehe auch das Demonstrationsbeispiel zur Organisationsstruktur der Wasser & Gas GmbH, Abschnitt 11.4.3.1).

11.3.1.6 Überwachung

Überwachung umfasst alle Maßnahmen zur Beurteilung tatsächlichen Verhaltens und der erreichten Ergebnisse im Unternehmen. Dieses Verhalten wird mit den entsprechenden Erwartungen verglichen. Letztlich werden die Vorstellungen über angestrebte Zustände (**Soll**) den realisierten Zuständen (**Ist**) gegenübergestellt. Dabei werden Abweichungen untersucht und entsprechende Verantwortlichkeiten festgelegt.

Überwachung dient der Gewährleistung ordnungsgemäßen Handelns (Funktion der Gewährleistung). Im Rahmen der Überwachung sollen eventuelle Verstöße gegen die gesetzte Ordnung entdeckt werden. Ebenso ist es Ziel der Überwachung, **Abweichungen** vorzubeugen.
Der Prozess der Überwachung ist nicht als in sich abgeschlossen zu betrachten. Vielmehr ist Überwachung als **„Feedback"-Funktion** zu betrachten. Sie hat die Aufgabe, rückgekoppelt zu allen anderen Aufgaben systemstabilisierend zu wirken.
Versucht man Faktoren eines Überwachungssystems zu definieren, stellen sich folgende Fragen:

- Wer überwacht? (z. B. interne und externe Überwachung)
- Was wird überwacht? (z. B. organisatorische Einheiten)
- Inwieweit ist die Überwachung in den Prozess innerhalb der Organisation eingebunden?
- Nach welchen Prinzipien wird überwacht? (z. B. Ordnungsmäßigkeit, Wirtschaftlichkeit)
- Wer veranlasst Überwachung? (interne oder externe Veranlassung)
- Wann wird überwacht? (vorausschauende Überwachung, nachträgliche Überwachung, begleitende Überwachung)
- Wie intensiv wird überwacht? (lückenlos, nach Stichproben)
- Wie oft wird überwacht? (regelmäßig, fallweise)

- Wie wirkungsvoll wird überwacht? (geschlossene und offene Systeme der Überwachung).

Beispiel: Umsatzentwicklung – Abweichungsanalyse

Nachfolgende Tabelle gibt die Umsatzplanung und die tatsächliche Entwicklung des Umsatzes eines Geschäftsjahres wieder. Aus den Soll- und den Ist-Werten wurden

- die Abweichungen der Ist-Werte des laufendes Geschäftsjahres zu den Planungswerten (Soll-Ist-Vergleich) sowie
- die Abweichungen der Ist-Werte des laufenden Geschäftsjahres zu den Ist-Werten des Vorjahres (Ist-Ist-Vergleich) ermittelt.

Umsatz	Soll	Ist	Abweichung	Soll/Ist-Abw. %	Vorjahr	Ist/Ist-Abw. %
Januar	12.000	10.517	-1.483	-12,4	11.050	4,8
Februar	12.000	11.025	-975	-8,1	11.921	7,5
März	15.000	13.909	-1.091	-7,3	12.833	-8,4
April	15.000	14.220	-780	-5,2	14.003	-1,5
Mai	17.000	17.031	31	0,2	16.908	-0,7
Juni	17.000	17.935	935	5,5	17.202	-4,3
Juli	17.000	18.011	1.011	5,9	17.530	-2,7
August	17.000	17.203	203	1,2	17.005	-1,2
September	15.000	15.937	937	6,2	16.432	3,0
Oktober	15.000	14.550	-450	-3,0	15.799	7,9
November	12.000	12.022	22	0,2	13.010	7,6
Dezember	12.000	11.973	-27	-0,2	11.838	-1,1
Gesamt	176.000	174.333	-1.667	-0,9	175.531	0,7

Die Abweichungsanalyse zeigt einerseits eine relativ genaue Planung für das laufende Geschäftsjahr, ebenso wie eine konstante Geschäftsentwicklung gegenüber dem Vorjahr. Tiefergreifende Steuerungsmaßnahmen sind aufgrund dieser Werte nicht notwendig.

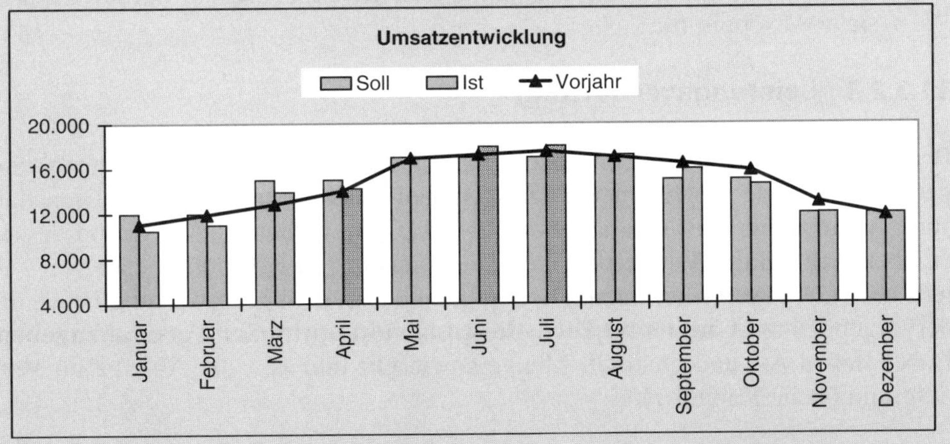

Derartige ebenso wie weiterführende Analysen können für alle betrieblichen Kennzahlen durchgeführt werden bzw. bis zu einem kompletten Management-Informationssystem (MIS) ausgebaut werden (vgl. Abschn. 11.3.2.5).

11

11.3.2 Sachaufgaben

Die nachfolgenden Sachfunktionen werden nur in aller Kürze genannt, wobei für ausführlichere Betrachtungen auf die anderen Kapitel des Buches verwiesen sei.

11.3.2.1 Beschaffung

Aufgabe der Beschaffung ist die **optimale Bereitstellung** der zur Herstellung von Waren bzw. Erbringung von Dienstleistungen notwendigen Güter. Im Vordergrund stehen dabei die Qualität der Güter, deren Menge sowie Ort und Zeit der Bereitstellung dieser Güter (vgl. Abschnitt 5.2.2). Im Zusammenhang damit sind vor allem Entscheidungen in Bezug auf die Optimierung der Bestellmenge sowie Entscheidungen in bezug auf die Alternativen eigene Herstellung oder Fremdbezug wesentlich (vgl. Abschnitt 5.4.2/5.5.2.1).

11.3.2.2 Leistungserstellung

Unter Leistungserstellung versteht man die **Hervorbringung** (Gewinnung oder Erzeugung) **von Gütern und Dienstleistungen** sowie den Handel mit Gütern. Die Leistungserstellung im Dienstleistungsbereich ist durch die Hervorbringung von Leistungen bestimmter Art gekennzeichnet. Diese Dienstleistungen können auch monetären Charakter haben. Als Beispiele dafür wären etwa die Gewährung von Sozialleistungen und Subventionen – etwa seitens des Staates – zu nennen. Die Leistungserstellung in Unternehmen erfolgt auf technischem und bürokratischem Weg, im Dienstleistungsbereich weitgehend auf bürokratischem Weg (siehe Abschnitt 6).

11.3.2.3 Leistungsverwertung

Betrachtet man die Leistungsverwertung von Gütern und Dienstleistungen, zeigen sich gewisse Unterschiede. Diese liegen darin begründet, dass Dienstleistungen aufgrund ihres Charakters mehr Erklärung bedürfen. Auf Grund dessen ergeben sich bei der Verwertung von Dienstleistungen gegenüber jener von Gütern besondere Anforderungen. Die Aufgabe der Leistungsverwertung ist es, die hervorgebrachten **Güter und Dienstleistungen in optimaler Form abzugeben**. Dabei stehen Art und Qualität, Menge sowie Ort und Zeit der Abgabe im Vordergrund (siehe Kapitel 7).

11.3.2.4 Finanzierung

Die Finanzierung umfasst alle Instrumente, die der **Bereitstellung des** für betriebliche Zwecke **nötigen Kapitals** dienen (vgl. Abschnitt 8.2.1). Versucht man, einen Überblick über die Finanzierung von Unternehmen zu geben, bietet sich dies zunächst anhand der Zahlungsströme an. Darüber hinaus ist es sinnvoll, „Finanzierung“ und „Investition“ zu trennen und gleichzeitig deren Zusammenhänge aufzuzeigen. **Investition** umfasst alle Instrumente zur Optimierung der betrieblichen Ressourcen, insbesondere im Zusammenhang mit dem Anlagevermögen (vgl. Abschnitt 4.5 und Abschnitt 8.2.1)

11.3.2.5 Informationswesen

Das **Rechnungswesen** umfasst Verfahren zur systematischen Erfassung und Auswertung aller quantifizierbaren Beziehungen und Vorgänge in Organisationen zum Zweck der Gewinnung von Information. Intern dient das Rechnungswesen Zwecken der **Dokumentation und Kontrolle**. Extern besteht die Notwendigkeit zur Rechenschaftslegung und unter bestimmten Bedingungen zur Information der Öffentlichkeit.
Controlling umfasst – im Gegensatz zum traditionellen Rechnungswesen – insbesondere die **Planung und Steuerung** des Geschehens in Organisationen sowie die diesbezügliche Berichterstattung. Planung im Rahmen von Controlling beinhaltet die Erstellung und Koordinierung von Plänen in Bezug auf Gewinn, Kosten, Produktion, Absatz, Beschaffung und Investition sowie die Unterstützung bei der Durchführung dieser Pläne. Ein wesentlicher Schwerpunkt dabei ist die Integration der einzelnen Teilpläne.
Kontrollergebnisse beruhen oft auf Vergangenheitswerten, z. B. der Buchhaltung und des Rechnungswesens. Bevor korrigierend eingegriffen werden kann, ist bereits wertvolle Zeit vergangen. Damit kommt der Anwendung eines der Unternehmensgröße angemessenen Controllings als Führungsinstrument eine besondere Bedeutung zu. Als Ziel steht hierbei im Weiteren, sich abzeichnende Abweichungen vom Sollverlauf ehestmöglich zu erfassen und Korrekturmaßnahmen kurzfristig einzuleiten (siehe Kapitel 10).

11.4 Steuerungsebenen im Unternehmen

11.4.1 Das Individuum

11.4.1.1 Werte, Einstellungen und Arbeitszufriedenheit

Ob im Privatleben oder bei der Arbeit – Meinungen und Einstellungen werden ständig geäußert. Es bedarf also nicht erst komplizierter Untersuchungen, um Meinungen von Menschen zu ermitteln: „Das Management kümmert sich zu wenig um die Belange der Arbeiter.“ „Diese Tätigkeit wird nicht entsprechend ihren Anforderungen bezahlt.“ Wichtig ist, dass die einzelnen Meinungen Beachtung finden und nicht als bedeutungslos betrachtet werden. Häufig lässt sich eine bestimmte Verhaltensweise von einer Meinung ableiten und erklären.

Werte sind Grundüberzeugungen und beinhalten, was ein Individuum als gut und richtig oder falsch und abzulehnend empfindet. Werte haben eine Zufriedenheits- und eine Intensitätskomponente. Erstere drückt aus, was wichtig ist, Letztere, wie wichtig etwas für das Individuum ist.

Ordnet man die Werte eines Individuums nach Intensitäten, so erhält man eine Wertehierarchie. Die Wertehierarchien aller Individuen zusammengenommen ergeben das Wertesystem einer Gesellschaft, das ausdrückt, welche Bedeutung Werten wie etwa Freiheit, Gleichheit, Ehrlichkeit, Selbstachtung oder Freizeit und Vergnügen zukommt.

Werte beeinflussen die Wahrnehmung des Menschen, tragen zur Bildung von Einstellungen bei und beeinflussen die Motivation. Wenn ein Individuum in eine Organisation eintritt, hat es bereits Ideen und Vorstellungen über diese Organisation und darüber, welche Handlungen erwünscht und welche unerwünscht sind. Unabhängig davon, ob diese Vorstellungen der Realität entsprechen, werden sie sich auf das Verhalten des Individuums auswirken.

Grundlegende Werte werden bereits in der Kindheit, vor allem durch Eltern, Lehrer und Freunde, vermittelt. Deshalb stimmen diese Werte zunächst größtenteils mit denen der Eltern überein. Beim Heranwachsen wird der Mensch mit anderen Wertesystemen konfrontiert und muss sich damit auseinander setzen. Jedoch sind Werte im Allgemeinen relativ beständig. Werden die eigenen Werte von anderen Personen angezweifelt, muss dies nicht unbedingt zu einem Umdenken und zu einer Veränderung führen. Viel häufiger werden dadurch die eigenen Werte noch bekräftigt.

Einstellungen sind (positive oder negative) Einschätzungen von Personen, Objekten oder Ereignissen, die ausdrücken, wie sich eine Person bezogen auf etwas fühlt. Einstellungen setzen sich aus einer kognitiven, einer affektiven und einer verhaltensbezogenen Komponente zusammen.

Die **kognitive** Komponente stellt einen Wert dar, z. B., dass Männer und Frauen gleichberechtigte Chancen bei der Arbeitsplatzsuche haben sollten. Dies bildet die Grundlage für die **affektive** Komponente, den emotionalen und dominierenden Bestandteil der Einstellung, z. B., dass man einen bestimmten Menschen nicht mag, da er gegen diese Gleichberechtigung ist. Eine Konsequenz daraus wäre, diesen Menschen auf Grund seiner anderen Einstellung zu meiden. Dies stellt die **verhaltensbezogene** Komponente der Einstellung dar.

Einstellungen weisen jedoch eine geringere Stabilität als Werte auf. Der Grund dafür ist, dass Menschen nach Übereinstimmung zwischen ihren Einstellungen und ihrem Verhalten suchen. Sollten sich Widersprüche zwischen Verhalten und Einstellungen ergeben, wird der Mensch bemüht sein, einen ausgeglichenen Zustand wiederherzustellen. Dies kann entweder durch Verhaltensänderung oder durch Einstellungsänderung geschehen, oder auch dadurch, dass man lernt, mit den Widersprüchen umzugehen.

Für das organisationale Verhalten haben Einstellungen deshalb eine große Bedeutung, weil sie das Arbeitsverhalten beeinflussen. Durch Kenntnis der Einstellungen, z. B. zu Vorgesetzten, Arbeitskollegen oder der Arbeit an sich, können spezifische Verhaltensweisen erklärt werden.

11.4.1.2 Probleme der Führung

Im Prozess der Unternehmensführung kommt es üblicherweise auch zum Auftreten von – teilweise oft sogar erheblichen – Problemen, so genannter „Syndrome“. Diese meist menschlichen Probleme können sich jedenfalls negativ auf die Zielerreichung auswirken. Derartige **Syndrome**, sowohl im positiven als auch im negativen Sinn, können etwa sein:

- Rationalität und Irrationalität,
- Kreativität,
- Konflikt,
- Stress,
- Krise,
- Geschlechtsspezifika,
- Kulturspezifika usw.

Die genannten Syndrome sind natürlich nur Beispiele, viele weitere Erscheinungen sind denkbar. In der Bewältigung solcher Probleme liegt letztlich der Schlüssel zur erfolgreichen Managementtätigkeit.

11.4.2 Die Gruppe

11.4.2.1 Verhalten von Arbeitsgruppen

Nicht alle Arbeitsgruppen arbeiten gleichermaßen effektiv und erfolgreich. Die Ursachen für diesbezügliche Unterschiede können bei den Mitgliedern, in der Gruppenstruktur, dem internen Druck und Konfliktniveau, aber auch in den von außen einwirkenden Einflüssen gesucht werden. Schließlich wirkt sich die Art der zu bewältigenden Arbeitsaufgabe in nicht unbedeutendem Maße auf die Leistung und Zufriedenheit innerhalb der Gruppe aus.

Da jede Arbeitsgruppe gleichzeitig einen Teil einer Organisation darstellt, sollten derartige Gruppen stets im Zusammenhang mit ihrer Arbeitsumwelt betrachtet werden. Diesbezügliche **Einflussfaktoren** stellen sich wie folgt dar:

- **Unternehmensstrategie**: Mit der Strategie werden die Ziele des Unternehmens sowie die Wege, auf denen diese Ziele realisiert werden sollen, festgelegt. Je nach aktueller strategischer Ausrichtung werden Angst und Konfliktbereitschaft unter den Gruppenmitgliedern steigen und die beeinflussende Macht der Arbeitsgruppen abnehmen, da üblicherweise niemand etwas riskieren will.
- **Hierarchische Strukturen**: In jeder Organisation gibt es Strukturen, die festlegen, wer wem zur Rechenschaft verpflichtet ist und wer welche Entscheidungen treffen darf. Diese als Autoritätsstrukturen bezeichneten Regelungen legen fest, welche Position eine Arbeitsgruppe innerhalb der Organisation einnimmt, in welcher Beziehung sie zu anderen Gruppen in der

Organisation steht und wer die Gruppe formell – oder aber auch informell – führt.

- **Formelle Regeln**: Organisationen stellen im Allgemeinen zahlreiche Regeln und Vorschriften auf, durch die sie das Verhalten ihrer Mitglieder lenken und beeinflussen wollen. Je stärker die Arbeitsabläufe von formellen Regulierungen bestimmt werden, umso geringer sind die individuelle Verfügungs- und Entscheidungsfreiheit der Mitglieder.
- **Organisationale Ressourcen**: Nicht jede Organisation ist mit den gleichen Ressourcen ausgestattet. Der Ausstattungsgrad einer Organisation wirkt sich jedenfalls auf die Arbeitsgruppen aus, denn die Leistungsfähigkeit einer Arbeitsgruppe wird wesentlich durch die bereitgestellten Ressourcen wie Kapital, Rohmaterial oder technische Anlagen bestimmt.
- **Personalauswahlprozess**: Die Kriterien, die eine Organisation ihrem Personalauswahlprozess zu Grunde legt, und die Auswahlverfahren, die ein erfolgreicher Kandidat zu durchlaufen hat, bestimmen folglich, welche Individuen in die Organisation und damit in die jeweiligen Arbeitsgruppen aufgenommen werden.
- **Leistungsbewertungs- und Entlohnungssystem**: Das Verhalten der Gruppenmitglieder wird darüber hinaus durch das Leistungsbewertungs- und Entlohnungssystem der Organisation beeinflusst werden. In Abhängigkeit davon, ob die Organisation die individuelle oder die gemeinschaftliche Erfüllung von Zielen fördert und belohnt, werden die Mitglieder ihre Bereitschaft zur Gruppenarbeit verändern.
- **Organisationskultur**: In jeder Organisation gelten eine Reihe ungeschriebener Gesetze (die Organisationskultur), welche akzeptables und inakzeptables Verhalten festlegen. Im Laufe ihrer Zugehörigkeit machen sich alle Mitglieder mit dieser Kultur vertraut und beachten sie (mehr oder weniger). Sie wissen, welches Verhalten von ihnen erwartet wird, welche Fehltritte sie sich ohne größere Konsequenzen leisten können und wann sie mit härteren Strafen rechnen müssen.
- **Physische Arbeitsumwelt**: Auch die physische Arbeitsumwelt, d. h. die architektonische Gestaltung des Arbeitsplatzes, die Anordnung der Maschinen und Anlagen, Lichtverhältnisse, Lärmpegel und die Nähe zu anderen Mitarbeitern, kann das Gruppenverhalten nachhaltig beeinflussen.

11.4.2.2 Interaktion und Konflikte in Gruppen

Die Existenz von Konflikten ist an deren Wahrnehmung durch die betroffenen Parteien gebunden. Wenn Gründe für einen Konflikt zwischen zwei Parteien gegeben sind, aber keiner der beiden Parteien bewusst sind, wird der Konflikt – zumindest zu diesem Zeitpunkt – nicht ausbrechen, jedoch bereits latent bestehen. Auslöser eines Konfliktes ist die Wahrnehmung einer Partei, dass etwas, das für sie von Bedeutung ist, negativ durch eine andere Partei beeinflusst wurde bzw. wird. Diese sehr allgemein angelegte Definition umfasst jegliche Art von Konflikten, angefangen bei Meinungsverschiedenheiten bis hin zu offenen Angriffen, die auf unterschiedlichen Erwartungen, Fehlinterpretationen oder auch auf der Unvereinbarkeit von Zielen basieren können.

Konflikte können nicht generell als gut oder schlecht bezeichnet werden. Es hängt vielmehr von der Art und Intensität des Konfliktes sowie von der Situation und vom Zeitpunkt seines Auftretens ab, ob er sich destruktiv und funktionsstörend oder konstruktiv und leistungsfördernd auswirkt.

Zu den zahlreichen Gründen für die **Entstehung von Konflikten** zählen beispielsweise sprachliche Missverständnisse, unterschiedliche Interessen und Ziele, eine unklare Definition der Arbeitsaufgaben, unklare Kompetenzbereiche, als unangemessen empfundene Entlohnungs- und Aufstiegssysteme, Abhängigkeit oder auch persönliche Merkmale, wie das persönliche Wertesystem.

Wesentlich für die Konfliktbewältigung sind die Absichten der Konfliktparteien, die nicht immer aus deren Verhalten deutlich werden. Es können fünf grundlegende Absichten der Konfliktbewältigung unterschieden werden: Konkurrenz (zielt auf Erfüllung der eigenen Interessen), Zusammenarbeit (Lösung zu Gunsten beider Parteien), Vermeidung (Unterdrückung des Konflikts), Anpassung (Zurückstellen eigener Interessen), Kompromiss (ein Teil der Ziele wird zugunsten der Interessen des Gegners geopfert).

Durch die **Austragung von Konflikten** werden häufig Probleme zur Sprache gebracht, deren Lösung zu Spannungsabbau innerhalb der Gruppe und zur Schaffung einer Änderung gegenüber offenen Umgebung führt. Zu den destruktiven Auswirkungen von Konflikten gehören eine wachsende Unzufriedenheit, die zu einer Zerstörung des allgemeinen Zusammenhalts beiträgt, eine erschwerte Kommunikation und die Vernachlässigung der Gruppenziele auf Grund der Priorität der Meinungsverschiedenheiten zwischen den einzelnen Mitgliedern. Besonders schwer wiegende Konflikte können schließlich zu einer nachhaltigen Beeinträchtigung des Funktionsablaufs in der Gruppe führen und damit die Existenz der Gruppe in Frage stellen.

11.4.2.3 Macht und Politik

Unter **Macht** versteht man die Fähigkeit eines Individuums A, ein anderes Individuum B so zu beeinflussen, dass B etwas tut, was es freiwillig nicht getan hätte.

Voraussetzungen für die Ausübung von Macht sind

- ein **Machtpotenzial,**
- eine **Abhängigkeitsbeziehung** zwischen A und B, die besonders hoch ist, wenn die kontrollierten Ressourcen wichtig, knapp und nicht ersetzbar sind, sowie
- eine gewisse **Verfügungsfreiheit** von Seiten Bs, über das eigene Verhalten zu entscheiden.

Die **Grundlagen der Macht** beschreiben, was der Machtinhaber kontrollieren und womit er folglich andere beeinflussen kann. Hierbei werden vier Formen unterschieden:

- **Zwangsmacht** beruht auf Angst. Aus Angst vor negativen Folgen reagieren Individuen auf diese Art von Macht.
- Von **Belohnungsmacht** hingegen spricht man, wenn ein Individuum in der Lage ist, von anderen begehrte Belohnungen (z. B. Lohnerhöhungen, Beförderungen) zu verteilen.
- **Überzeugungsmacht** resultiert aus der Möglichkeit, symbolische Werte, wie z. B. Statuswerte oder Gruppennormen, manipulieren und verteilen zu können.
- **Wissensmacht** basiert auf besonderen Erfahrungen, Kenntnissen oder Informationen, die für eine Organisation besonders wertvoll sind. Kann ein Individuum diese Informationen kontrollieren, kann es eine wissensbezogene Macht ausüben.

Quellen der Macht beziehen sich darauf, wodurch einem Individuum Macht verschafft wird. Sie erklären, wie jemand die Kontrolle über Machtgrundlagen erlangt.

- **Positionsmacht** entsteht, wenn ein Individuum durch seine Stellung die Möglichkeit erhält, wichtige Ressourcen oder Informationen zu kontrollieren.
- **Persönlichkeitsmacht** beruht auf Persönlichkeitsmerkmalen eines Individuums. Ein dominantes, autoritäres, selbstsicheres Individuum kann andere Personen leichter manipulieren als ein eher schüchternes Individuum.
- **Expertenmacht** basiert auf der Möglichkeit, eigene Erfahrungen und Kenntnisse zur Manipulation anderer Individuen zu benutzen.
- **Gelegenheitsmacht** entsteht, wenn ein Individuum „zur richtigen Zeit am richtigen Ort“ ist. Dann kann auch ein Individuum ohne eine einflussreiche Position oder spezifisches Wissen Macht ausüben.

11.4.3 Die gesamte Organisation

11.4.3.1 Organisationsstrukturen

Die **Organisationsstruktur** bestimmt, wie Arbeitsaufgaben und Tätigkeiten formal getrennt, gruppiert und koordiniert werden.

Nachfolgend werden die verbreitetsten Organisationsstrukturen vorgestellt (*Abbildung 11.4*).

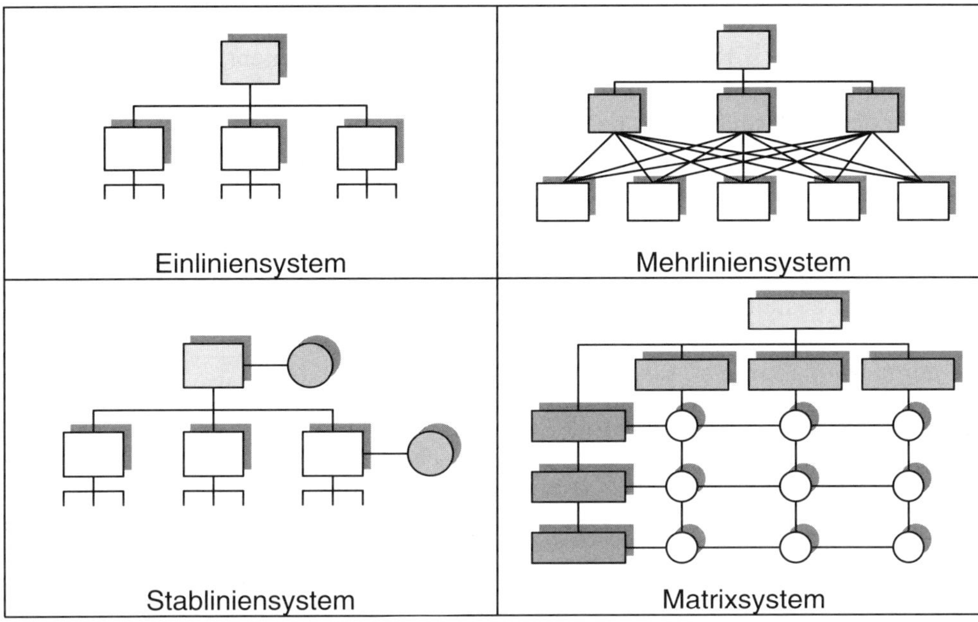

Abbildung 11.4: Organisationsstrukturen

Das **Einliniensystem** ermöglicht eine klare, übersichtliche Struktur und gewährleistet eine relativ reibungslose Erledigung fest umschriebener und spezialisierter Aufgaben. Jeder Mitarbeiter hat nur einen Vorgesetzten, dieser wiederum im Idealfall 5–7 Mitarbeiter (= „Kontrollspanne“). Nachteilig wirken sich eine gewisse Starrheit des Systems sowie relativ lange Kommunikationswege aus.

Das **Mehrliniensystem** bietet demgegenüber eine flexiblere Struktur, die es ermöglicht, insbesondere auf das Know-how und auch die Kapazität auch anderer Stellen zuzugreifen. Nachteilig wirkt sich eine möglicherweise auftretende Unübersichtlichkeit aus.

Das **Stabliniensystem** ist als ein durch Stabsstellen ergänztes Einliniensystem. Aufgabe der Stäbe ist es, die Linie zu entlasten und bei Aufgaben zu unterstützen, die nicht unmittelbar in den Kompetenzbereich der Linie fallen. Beispiele für Stabsstellen sind etwa Sekretariat, Rechtsabteilung, Controlling etc. Stabsstellen haben üblicherweise keine Entscheidungskompetenz, sondern bereiten ihre Aufgaben für die Entscheidung in der Linie vor. Das Stabliniensystem ist relativ weit verbreitet.

11

Das einigermaßen aufwendige **Matrixsystem** wird immer dann angewendet, wenn verschiedenartige Aufgaben gleichzeitig wahrzunehmen sind. Die traditionelle, nach Funktionen (z. B. Beschaffung, Produktion, Absatz) gegliederte Organisationsstruktur (vertikale Linien) wird hier von einer produkt- oder projektorientierten Struktur (horizontale Linien) überlagert. Auf diese Weise entstehen Stellen, die sich etwa mit der Beschaffung der Komponenten für ein bestimmtes Produkt befassen und diesbezüglich auch über entsprechendes

Spezialwissen verfügen. Häufig – aber nicht nur – wird die Matrixorganisation von internationalen Konzernen (z. B. Markenartikelunternehmen) angewendet, die ihre Produkte weltweit vertreiben, dabei jedoch gleichzeitig überall recht spezifische Ländermärkte zu bearbeiten haben und dafür in den einzelnen Ländern entsprechende Produktspezialisten brauchen, die auch in der Lage sind, die einheitlichen Konzepte umzusetzen.

Die genannten Modelle lassen sich nach Bedarf jeweils auch stärker produktorientiert, kundenorientiert, geografisch orientiert, prozessorientiert oder funktionsorientiert gestalten bzw. ausformen. ❶

Demonstrationsbeispiel: Wasser & Gas GmbH

Sachverhalt

Die Wasser & Gas GmbH ist ein mittelständisches Unternehmen der Branche Sanitär-, Heizungs- und Klimatechnik, in dem derzeit rund 70 Mitarbeiter beschäftigt sind. Zum Tätigkeitsbereich des Unternehmens gehören die Ausführung von Wasser- und Gasinstallationen, der Handel mit Sanitärprodukten und seit knapp zwei Jahren auch die Installation von Klimaanlagen. Bislang ein Betrieb der Wohnungsbaugenossenschaft, wurde die Wasser & Gas GmbH im Zuge der Verwaltungsmodernisierung aus deren Bereich ausgegliedert. Die Firma ist nunmehr zunehmend gezwungen, ihre Aufträge auf dem freien Markt zu akquirieren.

Die – längst nicht mehr optimale – Organisation des Unternehmens gestaltet sich derzeit wie folgt:

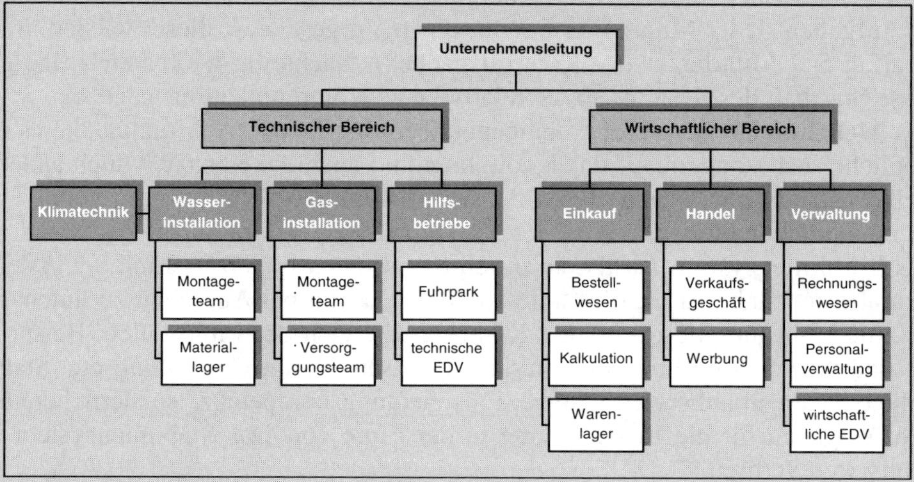

Aufgabenstellung

1. Welche Probleme sind aus der gegebenen Struktur erkennbar?
2. Wie könnte eine funktionsfähige, moderne Organisationsstruktur aussehen?

Lösung

1. Die vorliegende Struktur weist unklare Kompetenz- und Entscheidungsstrukturen auf. In Verbindung mit Bereichsdenken, Abteilungsblindheit und nicht ausreichender Kommunikation ist dadurch eine adäquate Marktbearbeitung nicht möglich. Der kürzlich neu hinzu gekommene Klimatechnik-Bereich wurde in die bestehende Struktur nicht integriert. Zudem ist keine Controlling-Funktion vorhanden; Marketing-Aufgaben werden nicht wirklich wahrgenommen.
2. Eine moderne Organisation könnte folgende Merkmale aufweisen:

- Matrix-Projektorganisation im technischen Bereich, die projektbezogen zum Einsatz kommt, Profit-Center-Prinzip
- Einrichtung von Marketing als zentrale Stabsstelle
- Implementierung eines Controllers, der auch die Verwaltung leitet

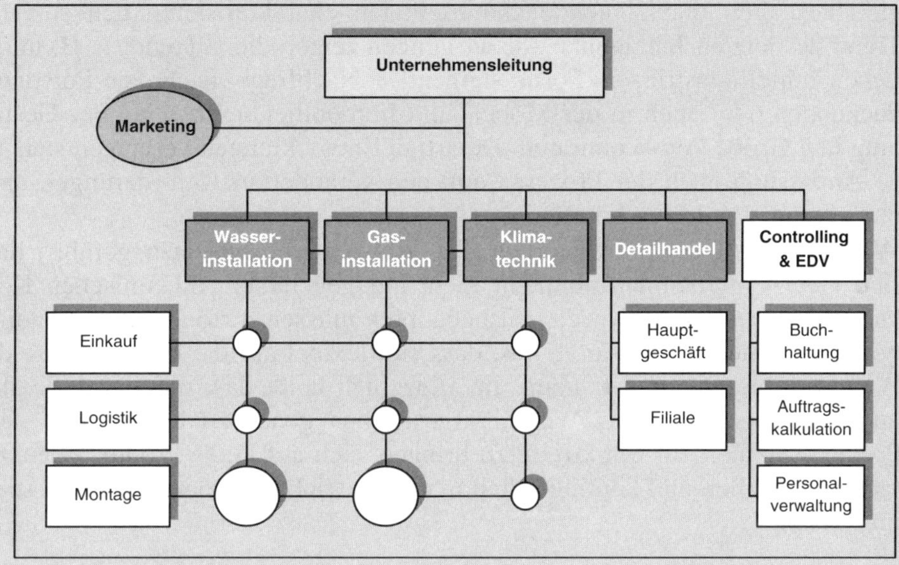

11.4.3.2 Organisationsprozesse

Organisationsprozesse legen fest, wie sich die Zusammenarbeit der einzelnen Mitarbeiter bei der Wahrnehmung ihrer Aufgaben gestaltet. Grundlage dafür ist die Organisationsstruktur.

Die meisten Unternehmen sehen sich zum Teil stark ändernden Umweltbedingungen ausgesetzt, an die sie sich – wenn sie überleben wollen – bei der Gestaltung ihrer Strukturen, insbesondere aber auch ihrer Prozesse bzw. Abläufe anpassen müssen. In diesem Zusammenhang wichtige **Faktoren** sind:

- **Humanressourcen**: Die zunehmende Zahl ausländischer Arbeitskräfte (z. B. durch den EU-Binnenmarkt) führt dazu, dass sich immer mehr Unternehmen mit anderen Kulturen auseinander setzen müssen. Ferner ist im gegenwärtigen Arbeitsmarkt ein steigender Ausbildungsgrad und eine entsprechende Nachfrage nach Spezialisten zu verzeichnen.

- **Technologie**: Die technologische Weiterentwicklung führt zu einer Veränderung der Arbeitsbedingungen und der Arbeitsumwelt. Der verstärkte Einsatz von Computern, Robotern, Telekommunikationssystemen usw. wirkt sich stark auf die Unternehmen aus, in der solche Technologien genutzt werden. Die Arbeit mit modernster Technologie erfordert spezielle Kenntnisse und Fertigkeiten bei den Mitarbeitern, sodass Unternehmen verstärkt in Training und Weiterbildung investieren müssen. Der Einsatz computergestützter Überwachungssysteme ermöglicht eine Ausdehnung der Kontrollspanne und eine Reduzierung der Hierarchieebenen. Des Weiteren erhöhen moderne Technologien tendenziell auch die Flexibilität einer Organisation.
- **Soziale Trends**: Steigende Studentenzahlen, die zunehmende Zahl von Single-Haushalten und sinkende Geburtenraten charakterisieren den sozialen Trend des letzten Jahrzehnts. Auswirkungen zeigen diese Trends z. B. in der Lebensmittelindustrie in Form steigender Nachfrage nach Ein-Personen-Packungen oder auch in der Möbel- und Immobilienbranche bei der Gestaltung und Größe von Wohnraum. Derartige Entwicklungen verlangen stets eine Anpassung auch der Prozesse, um den veränderten Anforderungen optimal gerecht werden zu können.
- **Wettbewerb**: Die Globalisierung des Wettbewerbs hat dazu geführt, dass sich viele Unternehmen nunmehr nicht nur gegenüber einheimischen Konkurrenten, sondern auch weltweit behaupten müssen. Erfolgreiche Organisationen zeichnen sich dadurch aus, dass sie flexibel auf die Erfordernisse des Wettbewerbs reagieren können. Im Einzelnen heißt das, möglichst flexibel und reaktionsschnell das Weltmarktgeschehen genau zu beobachten, neue Produkte schnell zur Marktreife zu bringen, sich auf kurze Produktlebenszyklen einzustellen und kontinuierlich in die Entwicklung neuer Erzeugnisse zu investieren.

11.4.3.3 Entwicklung von Organisationen

Was kann innerhalb einer Organisation verändert werden?

- **Strukturen und Prozesse**: Im Zuge struktureller Veränderungen können einzelne Elemente oder auch die gesamte Struktur modifiziert werden. Oft werden z. B. Abteilungen zusammengelegt, Hierarchieebenen „beseitigt" oder Kontrollspannen erweitert. Die Einführung neuer Regeln trägt zu einer Verstärkung der Standardisierung, die Aufteilung der Entscheidungskompetenzen zur Beschleunigung der Entscheidungsprozesse bei.
- **Technologie**: Die Notwendigkeit technologischer Veränderungen ergibt sich aus einer Vielzahl von Innovationen auf diesem Gebiet und verschärftem Wettbewerb. Technologische Veränderungen schließen meist häufig eine Automatisierung der Produktionsprozesse ein. Die offensichtlichsten technologischen Veränderungen fanden zuletzt durch den verstärkten Einsatz von Computernetzwerken und Informationssystemen statt.

- **Arbeitsplatz**: Motivations- und Leistungssteigerung können auch durch eine ansprechende Gestaltung des Arbeitsumfeldes (vgl. Ergonomie) erzielt werden. Das Arbeitsplatzlayout und die Raumeinteilung tragen wesentlich zur Befriedigung physischer und sozialer Bedürfnisse der Mitarbeiter bei. Die Kommunikation und die Herstellung von Kontakten zu anderen Mitarbeitern werden erleichtert, wenn sich keine störende Wände zwischen den Arbeitsplätzen befinden. Durch eine angemessene Beleuchtung und Temperatur, einen niedrigen Lärmpegel, ein ansprechendes Design der Büromöbel und moderne Ausrüstungsgegenstände können die Arbeitsbedingungen attraktiv gestaltet werden. Oft stellen sich gerade diese Aspekte als einigermaßen suboptimal dar.
- **Mitarbeiter**: Zur Verbesserung der Zusammenarbeit kann schließlich versucht werden, die Einstellungen, Fähigkeiten, Erwartungen, Wahrnehmungen und das Verhalten der Organisationsmitglieder zu verändern. Dies kann geschehen durch eine Modifizierung der Kommunikationsprozesse, eine Einbeziehung in die Problemlösung und Entscheidungsfindung oder die Übertragung von Verantwortung. Diesbezüglich nachhaltige Veränderungen zu erreichen ist – das muss hier angemerkt werden – im Gegensatz zu den zuerst genannten Faktoren stets nur längerfristig möglich.

Mit welchen Widerständen ist häufig zu rechnen?
Im Zuge von Veränderungsprozessen kommt es meist zu Widerständen verschiedenster Art. Das Management kann Widerstand gegen Veränderungen am besten entgegnen, wenn dieser direkt und unmittelbar deutlich wird, d. h., wenn sich die Mitarbeiter unmittelbar nach der Bekanntgabe einer geplanten Veränderung beschweren, mit Streik drohen usw. Schleichendem und indirekt geäußertem Widerstand – z. B. in Form von mit der Zeit nachlassender Loyalität oder sinkender Motivation – ist weitaus schwieriger zu begegnen.

- **Individueller Widerstand:** Individueller Widerstand erwächst aus der persönlichen Wahrnehmung, den Charaktermerkmalen und persönlichen Bedürfnissen der Betroffenen.
- **Organisationaler Widerstand:** Organisationen sind im Allgemeinen konservativ, mit viel Beharrungsvermögen behaftet und zeigen sich wenig aufgeschlossen gegenüber Veränderungen.

Am besten kann Widerstand durch Kommunikation, Partizipation, Unterstützung der Betroffenen und Verhandlungen begegnet werden.

11.5 Aktuelle Konzepte und Methoden der Unternehmensführung

11.5.1 Anpassung an neue Anforderungen

Erkannte Probleme führen vielfach zu neuen Lösungen. Die Notwendigkeit zur Steigerung der Wettbewerbsfähigkeit eines Landes oder auch von Unternehmen führen zu gesamt- oder auch einzelwirtschaftlichen Überlegungen, was wie und durch wen besser zu machen ist. Wettbewerbsvorteile erzielt bekanntlich nur der Schnellere und Bessere. Aufholen genügt vielfach nicht, entscheidende Verbesserungen („Sprünge") sind notwendig, um zur Spitze vorzudringen bzw. sie selbst einzunehmen.

Damit gewinnen Konzepte und Methoden an Bedeutung, die in ihrer Anwendung Erfolg erwarten lassen. Aber hierfür gibt es keinen „Stein des Weisen". Methoden können somit immer nur zu partiellen Lösungen beitragen. Zum Teil besinnt man sich auf früher bereits erfolgreich angewandte, jedoch in Vergessenheit geratene Vorgehensweisen. Diese werden dann fallweise mit neuem Namen versehen, gegebenenfalls modifiziert und weiterentwickelt, wieder ins Blickfeld gerückt. Derartiges erinnert oft an den berühmten „alten Wein in neuen Schläuchen".

In der folgenden Übersicht werden **Managementmöglichkeiten und -methoden** zusammengefasst, die derzeit in der Wirtschaft von besonderer Aktualität sind bzw. von denen dies erwartet werden darf. Diese beeinflussen nachhaltig auch die Unternehmensorganisation. Auf ausgewählte Konzepte wird in den folgenden Abschnitten dann näher eingegangen.

Aktuelle Konzepte und Methoden der Unternehmensführung		Ziel	Anforderungen an das Management
Benchmarking	• Gezielter Unternehmensvergleich mit den Marktführern (national und möglichst international) • Methode, um Bester unter den Besten zu sein	• Erschließen von Wettbewerbsvorteilen • Erreichen außergewöhnlicher Ergebnisse • Permanente Optimierung von Leistungen, Produkten, Verfahren und Prozessen • Lernen von Fehlern anderer	• Positive Haltung von Führungskräften gegenüber Veränderungen • Begeisterungsfähigkeit zur Durchführung von Benchmarking • Anerkennung herausragender Leistungen durch angemessene ideelle/materielle Stimulierung • Offenheit und Ehrlichkeit zu aufgeworfenen Fragen

Business Reengineering	• Fundamentales Überdenken und radikales Umgestalten von Unternehmen bzw. wesentlicher Unternehmensprozesse	• Neugestalten von Geschäftsabläufen • Abkehr von konventionellen Vorstellungen (Erfahrungen, Wissen) • Prozessorientierte Veränderungen hoher Bedeutsamkeit • Konsequente Bedürfnisbefriedigung der Kunden • Erreichen langfristig gesicherter Wettbewerbsfähigkeit	• Bereitschaft zu Verhaltensänderung • Induktive Denkweise • direkte und persönliche Mitwirkung der Führungskräfte, insbesondere der 1. Leitungsebene am Veränderungsprozess • hohe Ansprüche an Führungs- und strategische Kompetenz
Fraktales Unternehmen	• Integrierter Ansatz mit den Unternehmenspotentialen Mitarbeiterqualifikation/Motivation, Technik und Organisation • Fraktale als relativ autonome operative Einheiten	• Entwicklung des Mitarbeiters zum „Unternehmer“, der stark an Verbesserungen seiner Leistung interessiert ist	• Optimierung der Prozessergebnisse durch ständigen Anpassungsprozess (Zielfindungsprozess) • Optimierung der internen Abläufe durch Navigation und Steuerung (Prozessstabilisierung)
Global Sourcing	• Systematisches Einkaufsmarketing und Beschaffungsmanagement auf internationalen Märkten	• Erhöhung der Wettbewerbsfähigkeit durch Einbinden des weltweiten Fortschritts und Know-how der Lieferanten • Nutzung der Kostenvorteile auf internationalen Beschaffungsmärkten • Ausgleich fehlender Ressourcen	• Organisatorische Trennung von Einkauf und Beschaffung • Schaffung der technisch-organisatorischen Voraussetzungen für internationale Zusammenarbeit • Befähigung der Mitarbeiter (z. B. Sprachkenntnisse, kommunikative Fähigkeiten, Verständnis für Kulturkreise)
Kaizen	• Ständige Verbesserung von Produkten, Verfahren und Prozessen • Kunden- und mitarbeiterorientierte Verbesserungsstrategie	• Veränderung in kleinen Schritten • Kontinuierliche Verbesserung um der Verbesserung willen • Beseitigung von Verschwendung • Maximale Kundenzufriedenheit	• prozessorientiertes Denken • ganzheitliche und vorurteilsfreie Sichtweise • Einbeziehen geeigneter Mitarbeiter in die Problemlösungs- und Entscheidungsprozesse auf Grundlage von Zielvereinbarungen • Entwicklung eines betrieblichen Klimas gegenseitigen Vertrauens und Verständnisses • Konsequentes und sofortiges Umsetzen erkannter Verbesserungen

Lean Management	• Pragmatisches, einheitliches integratives Konzept der Unternehmensführung, das sich auf humanistischen Ansätzen stützt	• Erschließen neuer Produktivitätsquellen • strikte Ausrichtung auf Kundenzufriedenheit, Marktnähe und Zeiterfordernisse • Gewinnsicherung über Optimierung von Sachkriterien, u. a. Produktivität, Kosten • Existenzsicherung über wirtschaftliche Gestaltung ablaufender Prozesse • Entwicklung umfassender Flexibilität im Unternehmen • hohe Innovationsgeschwindigkeit	• systemorientiertes Denken und Handeln • hohe Ansprüche an soziale Kompetenz • Entwicklung von Teamgeist und –fähigkeit • Kommunikations- und Konflikthandhabungsfähigkeit • Kenntnisse in der Steuerung gruppendynamischer Prozesse • Flexibilität und Kreativität • fachübergreifende Methodenkompetenz • Konzentration auf Wertschöpfungsprozess
Out- bzw. Insourcing	• Konzentration auf das Kerngeschäft • Vergabe von Dienstleistungen ohne strategische Bedeutung nach außen	• Erhöhung von Effektivität und Effizienz • Anpassung von Personalkapazität	• Definition der Kernkompetenzen
Quality Function Deployment	• Zusammenführen der Qualitätsforderungen im Unternehmen	• Umsetzung der Kundenforderungen in technische Forderungen an das Produkt unter Beachtung ökonomischer und ökologischer Aspekte	• Entwicklung von Teamarbeit und interdisziplinärer Zusammenarbeit, intern und extern
Simultaneous Engineering	• Parallelisieren, Standardisieren und Integrieren von Prozessen in der Produktentstehung	• Verkürzung von Produktentwicklungs- und Lieferzeiten • Kostensenkung • Qualitätsverbesserung	• Wahrnehmung erhöhter Entscheidungskomplexität • Entwicklung von Teamarbeit und interdisziplinärer Zusammenarbeit • Sicherung innovativer, individueller Produkte bei zunehmender Variantenvielfalt • Förderung des Einsatzes rechnergestützter Methoden zur schnellen Modellierung und Simulation von Prozessen
Total Quality Management (TQM)	• Wahrnehmung einer umfassenden Qualitätsverantwortung Produktqualität Prozessqualität Qualität der Arbeit Qualität des Unternehmens	• Entwicklung qualitätsbewusster Verhaltensweisen und positiver Einstellung der Mitarbeiter zur Qualität • Umfassende Ausrichtung von Geschäftsprozessen an Kundenbedürfnissen	• Wahrnehmung der Qualitätsverantwortung • ganzheitliche Denkweise • Auswahl der richtigen Methoden für das Unternehmen und deren Anpassung an spezifische Bedingungen • Erläuterung der Gründe und Zusammenhänge für Methodenauswahl gegenüber Mitarbeitern • Belohnung und Anerkennung qualitätsverbessernder Aktivitäten

Virtuelles Unternehmen	• Logische aber nicht physikalisch vorhandenes Gebilde • Nutzen und Zweck sind bestimmende Merkmale • Optimal organisierter Problemlösungsprozess von Kundenproblemen	• Initiierung logistischer Strukturen zur optimalen Lösung von Kundenproblemen • Überwindung räumlicher und zeitlicher Begrenzungen	• Effiziente Koordinierung komplexer Geschäftsprozesse und flexibler organisatorischer Modelle

Abbildung 11.5: Aktuelle Managementkonzepte und Methoden in der Wirtschaft

11.5.2 Unternehmensvergleich – Benchmarking

Benchmarking orientiert auf
- das Erkennen von Schwachstellen im Unternehmen mittels Wettbewerbs-, funktionalem und Overhead-Benchmarking,
- das Herausbilden von Verbesserungspotenzialen,
- das Entwickeln klar definierter Abläufe (Aktionspläne) zur Veränderung.

Im Rahmen des **Wettbewerbs-Benchmarking** sind die Schwachstellen in der Kosten- und Leistungsstruktur der Produkte und bei Dienstleistungen zu ermitteln. Aufgabe des **funktionalen Benchmarkings** ist es, Schwachstellen in der Kostenstruktur einzelner Funktionen, aber auch der Arbeitsabläufe zu identifizieren. Die Bewertung der Gemeinkostenstruktur des Unternehmens ist Sache des **Overhead-Benchmarkings**.
Benchmarking wird genutzt für:

- den innerbetrieblichen Leistungsvergleich („internes Benchmarking"), vor allem in Konzernen und großen Unternehmen. So vergleicht z. B. die Volkswagen AG regelmäßig Ergebnisse ihrer Werke im In- und Ausland und damit der Marken Audi, Seat, Škoda, Volkswagen mit dem Ziel der Effizienzverbesserung;
- den Vergleich mit anderen Unternehmen der Branche („wettbewerbs- bzw. branchenorientiertes Benchmarking");
- den Vergleich mit den Besten in einer bestimmten Hinsicht („funktionales Benchmarking mit Dritten"). Das kann sich z. B. beziehen auf die Konstruktion, den Einkauf, die Fertigung, die Logistik oder die Präsenz im Internet.

Mit Benchmarking soll die Philosophie des kontinuierlichen Verbesserungsprozesses (Kaizen) durch Vergleich der eigenen Leistung mit den Besten ins Unternehmen getragen werden. Dabei ist der Unternehmensvergleich weltweit zu führen. Das gelingt Großunternehmen auf Grund ihrer Potenziale im Allgemeinen besser als KMUs.

11.5.3 Gestaltung schlanker Prozesse – Lean Management

Lean Management/Lean Production ist keine technische Produktionsmethode, sondern eine Unternehmensphilosophie, deren Ziel im Erschließen neuer Produktivitätsquellen liegt.

Als ökonomisches Ziel steht die Verringerung des Einsatzes aller Produktionsfaktoren im Vergleich zur Massenproduktion. Das bezieht sich auf die Anzahl der Beschäftigten, die Größe der Produktions- und Lagerflächen, den Lagerbestand, den Umfang der Ausrüstungen und die Entwicklungszeiten für neue Produkte und Verfahren. Zusätzlich stehen die Ziele einer Null-Fehler-Produktion in Verbindung mit Qualitätszirkeln und einer kundenorientierten Produktvielfalt.

Lean Management beruht auf dem Prinzip gegenseitiger Verantwortung und gegenseitigen Vertrauens. **Schlank gestaltete Unternehmen** benötigen eine Atmosphäre des Teamgeistes und der Kooperationsbereitschaft, in der die Führungskräfte, Mitarbeiter, Kunden, Lieferanten u. a. Behörden zum Erreichen gemeinsamer Ziele, z. B. Umweltschutz, zusammenarbeiten. Die Einsicht, gemeinsam am Unternehmenserfolg zu wirken, motiviert zu aktiver Beteiligung und permanenter Verbesserung der ablaufenden Prozesse (Kaizen). Der Humanressource Mensch wird hierbei, speziell im Sinne der Eigenverantwortung, besondere Bedeutung beigemessen.

Wesentliche Elemente dieser in **Japan** entstandenen Methode lassen sich auch in Europa erfolgreich umsetzen, wie eine Reihe von Firmen bisher nachgewiesen haben. Zu beachten ist jedoch: Nicht alles, was in Japan funktioniert, ist in europäischen Unternehmen unbesehen nutzbar. Schon auf Grund der unterschiedlichen Kulturkreise ist es empfehlenswert, eine Symbiose zwischen bewährten europäischen und fernöstlichen Management- und Fertigungsmethoden zu finden. Jedes Unternehmen muss seinen spezifischen, eigenen Weg gestalten. Das erfordert jedoch zwingend und ohne Vorbehalte bewährte Methoden anderer sachlich und nüchtern auf ihre Eignung und Anwendungsmöglichkeit zu prüfen. Erfahrungsaustausch ist nach wie vor die preiswerteste Investition. Es gilt somit auch immer wieder, die eigene Leistung mit den Besten zu vergleichen (vgl. Benchmarking). Das trifft für den Einzelnen genauso wie für ein Unternehmen in seiner Gesamtheit zu und kann im letzteren Fall alle Geschäftsprozesse betreffen.

11.5.4 Ständige Verbesserung von Produkten – Kaizen

Der Schlüssel des japanischen wirtschaftlichen Erfolges liegt mit im System der ständigen Verbesserung unter Einbeziehung aller Mitarbeiter des Unternehmens. Mit der Entwicklung der als **Kaizen** bezeichneten Methode wurde schon vor längerer Zeit begonnen. Sie ist neben **Just-in-time** und **Kanban** eines der erfolgreichsten japanischen Konzepte der Unternehmensführung. Sie zeichnet sich durch eine prozessorientierte Art des Denkens gegenüber einem in Europa bisher vordergründigen innovations- und ergebnisorientierten Denken aus.

Kaizen kann nicht gegen Innovation gestellt werden. Beide sind für das Festigen der Position eines Unternehmens notwendig. Unter Kaizen wird eine Veränderung in kleinen Schritten und unter Innovation eine gravierende Veränderung verstanden. Das ständige Verbessern geht von der Erkenntnis aus, dass in jedem

Unternehmen Probleme auftreten, deren Lösung der Zusammenarbeit über Struktur- und Funktionsgrenzen hinweg bedürfen. Als typisches Beispiel sei der Prozess der Produktentwicklung benannt.

Kaizen als permanente, **kundenorientierte Verbesserungsstrategie** zielt auf erhöhte Kundenzufriedenheit durch immer bessere Produkte und Dienstleistungen zu niedrigeren Preisen ab. Durch diese Methode sind alle Führungskräfte und weiteren Mitarbeiter gefordert, ständig nach Möglichkeiten zur Verbesserung von Systemen und Abläufen zu suchen und neue Erkenntnisse kurzfristig praxisreif umzusetzen.

Die Anwendung dieser Methode setzt Unterstützung und Anerkennung der prozessorientierten Bemühungen der Mitarbeiter durch die Unternehmensleitung voraus. Honorierung darf damit nicht nur streng nach den Ergebnissen, sondern sollte auch nach deren Bemühen vorgenommen werden.

Unter **Just-in-time-System** wird eine bestandsminimale Fertigung bzw. Zulieferung von Teilen, z. B. für Montageprozesse, verstanden.

Hiermit lässt sich insbesondere die Kapitalbindung reduzieren. Dieses verbrauchsorientierte Fertigungssteuerungssystem basiert auf spezifischen Gestaltungsformen der Werkstatt- und Materialflussstrukturen. Es wurde bei **Toyota** entwickelt und schrittweise unter dem Begriff Kanban umgesetzt.

11.5.5 Neue Denkweisen im Einkauf – Global Sourcing

Der Zwang zu Kostensenkung und hoher Qualität führte auf zwei Wege der Sicherung des Materials und der Zulieferteile:

- Nutzung der Möglichkeiten eines weltweiten Einkaufs – **Global Sourcing**
- Einbeziehung von Lieferanten in die Produktentwicklung und den Wertschöpfungsprozess bei Ausrichtung auf einen bzw. wenige leistungsfähige Partner – **Single Sourcing**

Die Unternehmen müssen immer stärker versuchen, durch eine Mischung aus in- und ausländischer Fertigung betriebswirtschaftlich vernünftige Erlöse zu erwirtschaften. Vor allem der zweite Weg, aber auch die Verknüpfung beider Wege eröffnet neue Möglichkeiten zur Spezialisierung und Konzentration, Innovationskooperation oder fallweise auch zum Aufbau gemeinsamer Vertriebswege. Es hat sich vor allem in der Automobilindustrie gezeigt, dass die Auslagerung (**Outsourcing**) eines erheblichen Anteils der Komponentenentwicklung und -fertigung in vergleichsweise wenige Zulieferbetriebe ein entscheidender Faktor der Produktivitätssteigerung beim Endhersteller ist. Hieraus folgte eine **Neustrukturierung der Zulieferkette** in „Lieferanten der ersten Reihe", „Lieferanten der zweiten Reihe" und weitere „Unterlieferanten für die zweite Reihe". Grundlegendes Ziel ist und bleibt dabei immer, noch bessere Lieferanten in Qualität, Preis und Service zu finden.

Nicht zu übersehen ist der Tatbestand, dass einerseits der Druck auf die Zulieferer und andererseits die Abhängigkeit des Endherstellers vom Zulieferer zunimmt. Prinzipiell ist eine neue Qualität in den Beziehungen notwendig, die auf konstruktiver und fairer Art beruht und ein enges Zusammenwirken bei Entwicklungen, auf dem Gebiet TQM und der Gestaltung von Just-in-time einschließt.
Zur Vereinfachung der logistischen Kette praktizieren größere Unternehmen teilweise die Eingliederung von Lieferanten im eigenen Betriebsgelände (strategisches **Insourcing**) und verbinden damit die Vorteile von Kostenreduzierungen und gegenseitiger Unterstützung bis zum Personaltransfer.

Ohne auf die einzelnen Einkaufsstrategien näher einzugehen, gibt die *Abbildung 11.6* die Sachverhalte Make-or-Buy und Out-/Insourcing wieder. Der Begriff des Sourcing ist in diesem Zusammenhang nicht nur als Beschaffungsstruktur (Single oder Global Sourcing) zu interpretieren, sondern auch als Gestaltungsmöglichkeit des betrieblichen Leistungsumfanges.

11.5.6 Vorrang für die Qualität – TQM

Der heutzutage immer stärker werdende Wettbewerb und die ständig steigenden Kundenanforderungen erfordern ein Qualitätsmanagement, dass alle Unternehmensbereiche mit einbezieht. Die Qualität hat sich in den letzten Jahren zu einem bedeutenden strategischen Wirtschafts- und Wettbewerbsfaktor entwickelt.

Total Quality Management (TQM) ist ein japanisches Managementkonzept, welches die auf dem Markt erforderlichen Qualitätsanforderungen in Bezug auf Produkte, Herstellungsprozesse, Arbeitsleistungen und das Unternehmen an sich gewährleisten soll.

Ziel ist die **Entwicklung qualitätsbewusster Verhaltensweisen**, einer positiven Einstellung der Mitarbeiter zur Qualität sowie die umfassende **Ausrichtung aller Geschäftsprozesse an den Kundenbedürfnissen**. Hauptbereiche dieses Managementkonzepts sind z. B. die Erfüllung der Kundenwünsche, die Einhaltung von Zusagen in Bezug auf Lieferkonditionen und Preise, das Anbieten verschiedenster Serviceleistungen sowie die schnelle, reibungslose Abwicklung von Bestellungen, Rückfragen und Reklamationen.
Die Vorteile des TQM liegen u. a. in der verstärkten Einbeziehung und Nutzung des Mitarbeiterpotenzials und in der Steigerung von Motivation und Leistungsfähigkeit der Mitarbeiter, was letztlich zu einer stärkeren Kundenorientierung und gleichzeitig Bindung der Mitarbeiter an das Unternehmen führt. Als Nachteil ist die nur langfristige Realisierung der angestrebten Qualitätsziele anzuführen. So genannte „schnelle Erfolge“ sind bei diesem Managementkonzept demzufolge nicht zu erreichen.

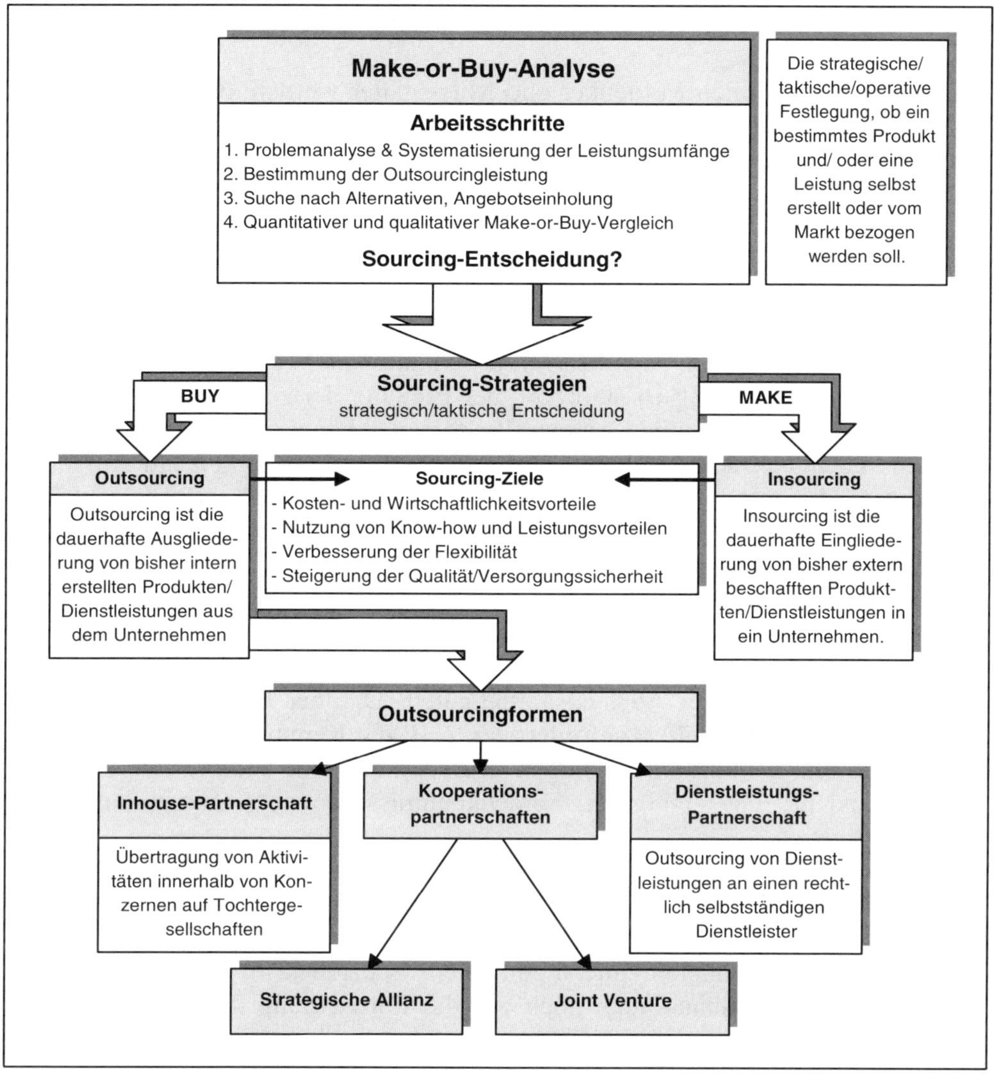

Abbildung 11.6: Gestaltungsmöglichkeit des betrieblichen Leistungsumfanges (vgl. Härdler 2000)

TQM erfordert vom Management zum einen eine ganzheitliche Denkweise, die Auswahl der geeigneten Maßnahmen und Methoden zur Realisierung der aufgestellten Qualitätsziele und deren Anpassung an die spezifischen Gegebenheiten des Unternehmens. Zum anderen ist es erforderlich, die ausgewählten Maßnahmen, deren Gründe und Zusammenhänge gegenüber den Mitarbeitern wiederholt zu erläutern sowie qualitätsverbessernde Aktivitäten ihrerseits anzuerkennen und gegebenenfalls entsprechend zu belohnen.

11.5.7 Der Mitarbeiter als größtes Kapital – soziale Kompetenz

Aus Mitarbeitern sollen Mitdenker und Mitgestalter werden, die kontinuierlich an der Verbesserung ablaufender Prozesse mitwirken. Es kann davon ausgegangen werden, dass der Mensch durch seine Qualifikation, Motivation und Kooperationsfähigkeit für den Unternehmenserfolg um ein Mehrfaches wichtiger ist als die im Unternehmen vorhandenen physischen Voraussetzungen (Technologien, Ausrüstungen, Materialien). Führungskräfte haben somit die Aufgabe, derartige Fähigkeiten zu fördern.
In besonderer Weise gilt dies, wenn es um das häufige und mitunter heikle Problem der Entsendung von Angehörigen des Stammhauses ins Ausland geht. Diese wichtige Entscheidung ist stark von der Eignung der zur Diskussion stehenden Personen und bestimmten **Auswahlkriterien** abhängig.
Über die Fachqualifikation hinaus ist die internationale Tätigkeit mit Aufgaben verbunden, die eine besonders hohe „soziale Kompetenz" erfordern. Diese schließt zunächst eine Auseinandersetzung mit fremden Kulturen und Menschen und letztlich eine entsprechende Anpassung des Verhaltens mit ein. Daraus resultieren hohe Anforderungen an die **persönlichen Eigenschaften** wie etwa physische und psychische Belastbarkeit, Geduld, Improvisationsgabe, Vorurteilsfreiheit bzw. Toleranz und schließlich allgemein Mobilität, d. h. auch die Bereitschaft zu längeren Auslandsaufenthalten. Darüber hinaus sind spezielle **interkulturelle Fähigkeiten** gefordert, so. z. B. die Kenntnis fremder Kulturen, Sensibilität und Einfühlungsvermögen in Bezug auf eine andersartige Umwelt, Anpassungswille und -fähigkeit, Sprachkenntnisse sowie Kommunikationsfähigkeit.
Angesichts der hohen Anforderungen kommt der **Personalentwicklung** insgesamt ein bedeutender Stellenwert zu. Wichtigster Ansatzpunkt ist hier die permanente Förderung der Fähigkeit zur Anpassung des Verhaltens an fremde bzw. ungewohnte Gegebenheiten im Allgemeinen. Spezielles interkulturelles **Training** zielt darüber hinaus auch noch auf die Entwicklung der Sensibilität für fremde Mentalitäten und deren Kenntnis sowie eine bessere Integrationsfähigkeit international tätiger Mitarbeiter ab. Eine wirkungsvolle, praktikable und auch häufig angewendete Maßnahme ist in diesem Zusammenhang **Jobrotation**. Dabei ist vorgesehen, dass eine (künftige) Führungskraft innerhalb des Unternehmens verschiedene Funktionen, Bereiche und Länder kennen lernt.

11.5.8 „Subtile" Steuerungsinstrumente – Unternehmenskultur

Jede Organisation weist eine bestimmte Organisationskultur auf, die in Abhängigkeit von ihrer Art und Ausprägung einen entscheidenden Einfluss auf das Verhalten und die Einstellungen der Organisationsmitglieder haben kann.

Organisationskultur kann definiert werden als ein System von Wertvorstellungen, Verhaltensnormen, Denk- und Handlungsweisen, die von den Organisationsmitgliedern erlernt und akzeptiert wurden.

Sie bewirkt, dass sich eine Gruppe von Individuen von einer anderen unterscheidet. Organisationskultur kann gezielt als Steuerungs- und Führungsinstrument gestaltet und eingesetzt werden. Jede Organisationskultur ist von konkreten Schlüsselmerkmalen bestimmt:

- **Innovations- und Risikofreudigkeit**: Ausmaß, zu dem Individuen zu Innovationen bzw. zum Eingehen von Risiken angeregt werden und auch bereit dazu sind;
- **Bedeutung von Details**: Ausmaß, zu dem von Individuen Präzision und Korrektheit erwartet wird;
- **Ergebnisorientierung**: Ausmaß, zu dem das Management die Erzielung von Ergebnissen über die Mittel und Wege, wie diese Ergebnisse erreicht werden, stellt;
- **Menschenorientierung**: Ausmaß, zu dem das Management die Auswirkungen seiner Entscheidungen auf die Individuen der Organisation berücksichtigt;
- **Teamorientierung**: Ausmaß, zu dem Tätigkeiten und Aufgaben in Teams organisiert werden;
- **Aggressivität**: Ausmaß, zu dem Individuen aggressiv sind und miteinander konkurrieren;
- **Stabilität**: Ausmaß, zu dem organisationale Aktivitäten die Beibehaltung gegenwärtiger Bedingungen Wachstum und Veränderung vorziehen.

Innerhalb einer Organisation erfüllt eine Kultur verschiedene **Aufgaben**:

- Sie grenzt eine Organisation gegen eine andere ab;
- sie ermöglicht den Mitgliedern die Identifikation mit der Organisation;
- sie verstärkt die Bindung an die Organisation und die Verpflichtung ihr gegenüber;
- sie stabilisiert die Organisation als soziales System;
- sie reduziert die Unsicherheit unter den Organisationsmitgliedern, indem sie allgemeine Standards, wie bestimmte Dinge zu tun sind, vorgibt;
- sie formt und lenkt die Einstellungen und das Verhalten der Mitglieder.

Eine bestimmte Organisationskultur kann den Mitarbeitern durch verschiedene **Praktiken und Verhaltensweisen** vermittelt werden:

- **Geschichten, Anekdoten** (von ungewöhnlichen Ereignissen, Erlebnissen mit Gründern oder Vorgesetzten, Reaktionen auf Regelbrüche usw.),
- **Sprache** (eigener Sprachjargon, anhand dessen die Zugehörigkeit eines Individuums zu einer Gruppe bestimmt werden kann),

- **Rituale** (z. B. Auszeichnungsveranstaltungen, die Würdigung besonderer Leistungen durch Prämien und Geschenke bzw. auch bestimmte Auswahlverfahren, die alle Bewerber zu durchlaufen haben),
- **Zeremonien** (z. B. Betriebsausflüge, Weihnachts- oder Faschingsfeiern),
- **Materielle Symbole** (große, helle, luxuriös eingerichtete Büros, Dienstwagen, eigene Parkplätze usw.).

Beispiel: Unternehmenskultur bei Hewlett-Packard, „The HP Way“

Beständige Werte im Wandel der Zeit
Die Entwicklung des „HP Way“ begann in den Gründerjahren des Unternehmens HP. Bill Hewlett und Dave Packard, zwei an der Stanford-Universität ausgebildete Ingenieure, verbanden ihre Produktideen mit einem kooperativen Führungsstil und einer arbeitsteiligen Partnerschaft.
Nach einer Vielfalt erfolgreicher Produkte und in einem schnell wachsenden Unternehmen formulierten die beiden Firmengründer gemeinsam mit ihren Führungskräften im Jahre 1957 die Unternehmensziele. Diese Ziele, mit den ihnen zu Grunde liegenden Werten, bilden die Grundlage für den HP Way.

Dauerhafte Werte – die Grundlage der Unternehmenskultur von Hewlett-Packard
Unsere Grundwerte und Unternehmensziele haben ein enormes Firmenwachstum und einen außergewöhnlichen weltweiten Wandel getragen. Sie haben sich als eine Kraft erwiesen, die über alle Ländergrenzen hinweg verbindet, und bilden eine Leitlinie, die geholfen hat, HP zu einem der erfolgreichsten Unternehmen der Welt zu machen. Aus den drei Elementen:

- Grundwerte
- Unternehmensziele
- Strategien und Praktiken

besteht der HP Way. Kernelement sind dabei die Grundwerte – in guten und schlechten Zeiten.

Die HP-Grundwerte

- Wir haben Vertrauen in unsere Mitarbeiter sowie Achtung und Respekt vor ihrer Persönlichkeit.
- Wir legen besonderen Wert auf das hohe Niveau unserer Leistungen und Beiträge.
- Wir legen unserem Tun kompromisslose Integrität zu Grunde.
- Wir erreichen unsere Unternehmensziele im Team.
- Wir fordern und fördern Flexibilität und Innovation.

Die Umsetzung des HP Way's
Offene Kommunikation

- Effiziente Teamarbeit
- Hohes Niveau der Leistungen
- Stabile Kundenbeziehungen
- Meinungsvielfalt

Führung durch Zielvereinbarung

- Innovation

- Risikobereitschaft
- Flexibilität
- Engagement

Persönliche Verantwortung und Eigeninitiative
- Schnelle Entscheidungen
- Freude an der Arbeit
- Permanente Weiterentwicklung
- Hohe Wettbewerbsfähigkeit

Respekt und Vertrauen
- Keine Stechuhren
- Übertragung von Verantwortung
- Möglichkeiten zur Selbstverwirklichung
- Fehler machen dürfen

Teamgeist
- Verzicht auf Statussymbole
- Großraumbüro („open door policy")
- Anrede mit Vornamen
- Breites Netz an Informationsmedien
- Informeller Umgang und offene Kommunikation
- Gegenseitiges Helfen
- Management by „wandering around"

Flexibilität und Innovation
- Breites Angebot an Weiterbildungsmaßnahmen
- Führen durch Zielvereinbarung
- Übersichtliche Bereiche durch Dezentralisierung
- Flexibles Arbeitszeitmodell

Hohes Niveau der Leistungen
- Beteiligung der Mitarbeiter am Unternehmenserfolg
- Qualitätsphilosophie TQC

Kompromisslose Integrität
- Allgemein verbindliche Geschäftsgrundsätze
- Wachstumsfinanzierung aus Eigenmitteln

(Hewlett-Packard: www.hp.com)

Das Bewusstsein über die Bedeutung einer im Sinne des Unternehmens effektiv gestalteten Organisationskultur als Instrument der Unternehmensführung hat sich in jüngster Zeit allerorts erheblich geschärft.

11.5.9 Flexible Organisationsformen – virtuelle Unternehmen, fraktale Fabriken

Grundsätzlich stellt sich die Frage, ob mit den bisherigen Ansätzen zur Strukturierung und Arbeitsweise in den Unternehmen die Aufgaben und Anforderungen der Zukunft bewältigt werden können. Dies ist offensichtlich nicht der Fall. Seit Anfang der 90er-Jahre finden wir im Zusammenhang mit Fragen der Unternehmensführung neue Begriffe wie „vitales Unternehmen", „fraktale Fabrik", „atmendes Unternehmen", „selbstlernendes Unternehmen", „flexible Fertigung"

u. a. Alle Überlegungen zu diesen Begriffen gehen von der Erkenntnis aus, dass mit starren Unternehmensstrukturen, die nur langsam auf Veränderungen reagieren, den dynamischen Veränderungen am Markt nicht begegnet werden kann. Benötigt werden Vorgehensweisen, die kurzfristig und flexibel auf Veränderungen der Kundennachfragen, der Leistung, der Qualität, der Menge, der Kosten und der Termine reagieren können.

Vom **virtuellen Unternehmen** wird gesprochen, wenn es nur vorübergehend eine feste Struktur und Organisation aufweist. Die Organisation wird bedarfsorientiert mit variablen, zielgerichteten Produktionsstrukturen gestaltet. Damit ändert sich ihre Struktur fortwährend und in kürzesten Zeiten.

Hieraus verspricht man sich, den Bedarf an Ressourcen kurzfristig veränderbar gestalten zu können und die fixen Kosten entscheidend zu senken.
Ein virtuelles Unternehmen zeichnet sich durch die hohe Eigenständigkeit seiner einzelnen Elemente und deren Einbindung in die Abwicklung einzelner Aufträge aus. Auftragsabhängig forcieren sich teamorientierte Arbeitsgruppen immer wieder neu.
Mit der Prägung des Begriffes **fraktale Organisation** bzw. **fraktales Unternehmen** zielt man darauf ab, bestimmte Erscheinungen und Überlegungen in Wissenschaft und Wirtschaft auf einen gemeinsamen Nenner zu bringen. Ein fraktales Unternehmen ist durch selbstständig handelnde Unternehmenseinheiten (Fraktale; lat. „fractus“, das Gebrochene) gekennzeichnet, die in ihrer Gesamtheit ein dynamisches System bilden.

11.5.10 Revolution der Informationsflüsse – Internet und E-Commerce

Die Nutzung des Internets ist heute ein fester Bestandteil im Unternehmen – und längst nicht mehr nur dort – geworden. Unternehmen nutzen seit einiger Zeit die Vorteile, die ihnen das elektronische Netz bietet, für vielfältigste Zwecke. Es hilft z. B. den weltweit preiswertesten Lieferanten zu finden und gibt Einblicke in die betrieblichen Abläufe von Partnern und Konkurrenten. Durch die **weltweite Vernetzung** haben Unternehmen zudem die Möglichkeit, in kurzer Zeit Informationen auszutauschen, Produkte anzubieten, Leistungen einzukaufen und Finanzgeschäfte abzuwickeln. Es bedarf nicht mehr allzu vieler Phantasie, sich das Internet im Zusammenhang mit jeglichen betrieblichen Aufgaben vorzustellen.
Wollen Unternehmen heutzutage im sich ständig verschärfenden, internationalen Wettbewerb bestehen, sind sie – zumindest mittelfristig – gezwungen, ins Internet zu gehen. Dadurch bieten sich ihnen primär vielfältige Möglichkeiten und Chancen. Unternehmen, die es verstehen, ihre Stärken gezielt auch im Internet einzusetzen, verschaffen sich in kürzester Zeit einen großen **Wettbewerbsvorteil**.

Durch die immer stärker werdende Nutzung der globalen Datennetze entstehen laufend auch neue Geschäftsmodelle, wie derzeit z. B. Online-Marktplätze und elektronische Mehrwertdienste.

Online-Marktplätze eröffnen Anbietern und Interessenten aller Wirtschaftszweige innerhalb kürzester Zeit die Möglichkeit, miteinander in Kontakt zu treten. Für diese Form der Kommunikation ist nur eine einzige Transaktion notwendig. Es müssen nicht mehr Tage damit verbracht werden, um den geeignetsten Lieferanten zu finden; ständig eröffnen neue Branchenmärkte. Durch diese Art des Einkaufs können beachtliche Effektivitätssteigerungen in allen Unternehmensbereichen erzielt werden. Auch stellt die Nutzung von Online-Marktplätzen eine Chance dar, auf die ständig steigenden Herausforderungen insbesondere im Beschaffungsbereich zu reagieren.

Elektronische Mehrwertdienste zeigen Anbietern vielfältige Möglichkeiten, sich gegenüber ihren Konkurrenten hervorzuheben. Man ist damit in der Lage, einen ganz auf die individuellen Wünsche der Kunden abgestimmten Service anzubieten. Der Verkauf von Produkten per Internet ermöglicht, Bestellungen vielfältigster Art erheblich schneller und problemloser zu bearbeiten.

11.6 Unternehmensführung im globalen Kontext

11.6.1 Globalisierung der Märkte und des unternehmerischen Handelns

11.6.1.1 Vorbemerkungen

Globalisierung ist nichts Neues, aber die heutige Ära unterscheidet sich deutlich von früheren. Sie lässt Zeit und Raum schrumpfen und Grenzen wegfallen, daher werden Verbindungen zwischen den Menschen enger, intensiver und direkter als je zuvor:

- Die Globalisierung eröffnet den Menschen den Zugang zur Kultur mit all ihrer Kreativität und zu einem Austausch von Ideen und Wissen.
- Globale technische Durchbrüche bieten die Möglichkeit, menschlichen Fortschritt zu beschleunigen und möglicherweise auch langfristig Armut zu überwinden.
- Neue Informations- und Kommunikationstechniken treiben die Globalisierung voran und werden auch entsprechend genützt.

Globalisierung bietet tatsächlich enorme **Chancen** für menschlichen Fortschritt, aber nicht nur. Globalisierung schafft auch neue **Bedrohungen** für:

- wirtschaftliche, insbesondere finanzielle Stabilität,
- Arbeit und Einkommen,
- den kulturellen Bereich,
- den Umweltbereich,
- Politik und Soziales.

Chancen und Bedrohungen verlangen gleichermaßen nach **Schutzmaßnahmen** bzw. nach Instrumenten, mit deren Hilfe künftig sinnvoll mit den Erscheinungsformen der Globalisierung umgegangen werden kann.

11.6.1.2 Umgang mit Globalisierungstendenzen

Globalisierung muss – so der Stand derzeitiger Erkenntnis – geprägt sein durch:

- **Moral**: weniger Verletzung von Menschenrechten, nicht mehr.
- **Gerechtigkeit**: weniger Disparitäten innerhalb und zwischen Staaten, nicht mehr.
- **Einbeziehung**: weniger Marginalisierung von Menschen und Ländern, nicht mehr.
- **Menschliche Sicherheit**: weniger Instabilität in Gesellschaften und weniger Verletzbarkeit der Menschen, nicht mehr.
- **Entwicklung**: weniger Armut und Entbehrungen, nicht mehr.

11.6.1.3 Chancen für Unternehmen

Die Beweggründe für eine globale Tätigkeit von Unternehmen ergeben sich – über die oben genannten allgemeinen Vorteile der Globalisierung hinaus – konkret in Form von **Gewinnchancen** und den **Ausweichmöglichkeiten**, die sich durch eine **Tätigkeit auf fremden Märkten** stets bieten. Entscheidet sich ein Unternehmen, eine internationale Tätigkeit aufzunehmen, ist zunächst jedenfalls eine detaillierte Betrachtung der unternehmensexternen Umwelt und des unternehmensinternen Kontexts vorzunehmen.
Dabei umfasst die **unternehmensexterne Umwelt** die politischen, rechtlichen, technologischen, soziokulturellen und ökonomischen Gegebenheiten im In- und relevanten Ausland.
Der **unternehmerische Kontext** umfasst Faktoren wie Unternehmensziele, Ressourcen, Wettbewerbsvorteile, Produkt/Markt-Kombinationen, Unternehmensgröße, Produktlebenszyklen und Organisationsstruktur. Darüber hinaus gehören dazu so genannte Entscheidervariablen wie Werte und Einstellungen, psychische Distanz zu Auslandsmärkten, strategische Grundhaltungen usw.

11.6.2 Strategien zur Nutzung weltweiter Potenziale

11.6.2.1 Auswahl und Bearbeitung von Märkten

Als Kriterien für die Auswahl und erfolgreiche Bearbeitung globaler Märkte sind neben verschiedenen unternehmensbezogenen Merkmalen (z. B. Leistungsprogramm, Kostenstruktur) und konkurrenzbezogenen Merkmalen vor allem die Länder- und Abnehmermerkmale von Bedeutung. Ländermerkmale umfassen insbesondere politisch-rechtliche, sozioökonomische, geografische, soziokulturelle sowie wirtschaftliche Gegebenheiten. Darüber hinaus sind Fragen der Infrastruktur und die spezifischen Länderrisiken von Bedeutung. Die Abnehmer-

merkmale geben Auskunft über industrielle Abnehmer (z. B. Unternehmensgröße, Leistungsprogramm, Nachfrageverhalten) und Konsumenten.
Für die Marktsegmentierung in ähnlicher Weise bedeutsam sind die üblicherweise zur Anwendung kommenden **Auswahlfaktoren für Märkte**:

- Waren- und firmenspezifisches Marktpotenzial
- Räumliche und kulturelle Distanz des Marktes zum Zielland unter besonderer Berücksichtigung der Transportverhältnisse und der Zugänglichkeit zu Informationen
- Politische Risiken
- Gesetzliche Reglementierungen des Zielmarktes
- Verfügbarkeit von Institutionen außerhalb des Landes zur Realisierung einer akzeptablen Marktpolitik (Transport, Werbung, Marktforschung)
- Zur Verfügung stehende Absatzwege und Partner vor Ort (direkter Export, indirekter Export – z. B. über Händler, Lizenzvergabe, Joint Venture, Niederlassung oder Tochtergesellschaft im Ausland)

Zusammengefasst sind folgende **Kriterien** wesentlich, um geeignete Märkte auszuwählen:

- Beachtung der allgemeinen Rahmenbedingungen
- Absatzbedingungen
- Spezifische Produktanforderungen
- Kosten-Nutzen-Optimierung

11.6.2.2 Hindernisse und Risiken

Bei der Umsetzung von Internationalisierungsstrategien sind Unternehmen häufig mit diversen **Barrieren und Hindernissen** konfrontiert:
Institutionelle Markteintrittsbarrieren

- Tarifäre Handelshemmnisse (insbesondere Zölle)
- Nichttarifäre Barrieren (z. B. Importbehinderung, Behinderung von Lizenzierungen und Direktinvestitionen)

Verhaltensbedingte Markteintrittsbarrieren

- Marktseitige Barrieren (ergeben sich aus dem faktischen Verhalten von Geschäftsleuten oder Verbrauchern am Markt)
- Unternehmensseitige Barrieren (z. B. unzulängliche Marktinformationen, psychische Barrieren)

In der Praxis des internationalen Geschäfts haben sich zur Überwindung der verschiedenen Barrieren und Hindernisse im Laufe der Zeit diverse Strategien und Techniken, wenngleich mit unterschiedlichem Wirkungsgrad, herausgebildet.
Die oft guten Chancen von Unternehmen im globalen Geschäft sind regelmäßig auch von zahlreichen wie unterschiedlichen **Risiken** begleitet. Die wesentlichen Risiken stellen sich wie folgt dar:

Ökonomische Risiken	Politische Risiken
• Marktrisiko (ungeeignetes Sortiment) • Preisrisiko (Preisänderungen bei Absatz- und Beschaffungsgütern) • Kreditrisiko (Zahlungsunfähigkeit des Importeurs) • Lieferungs- und Abnahmerisiko (Importeur erteilt Mängelrüge) • Kursrisiko (Veränderung der Austauschrelationen zwischen Währungen) • Transportrisiko (Beschädigung oder Verlust der Ware beim Transport)	• Politisches Risiko im engeren Sinn (Krieg, Blockade, Boykott, Streik) • Zahlungsverbots- und Moratoriumsrisiko (Zahlung wird von staatlicher Seite verboten oder verzögert) • Transfer- und Konvertierungsrisiko (Zahlungsbilanz- und Devisenprobleme)

Darüber hinaus können **spezifische Risiken des Auslandsgeschäfts**, jeweils in den verschiedenen Phasen, auftreten:

1. **Angebotsphase** (Risiken in dieser Phase ist relativ schwer zu begegnen, allenfalls durch den Abschluss eines „letter of intent“);
2. **Vertragsabschluss** (vgl. ausländisches Recht, Produkthaftung, individuelles Schuldnerrisiko, Länderrisiko, Währungsrisiko, Preis- und Kostenrisiken);
3. **Auftragsabwicklung** (vgl. Transportrisiko, administrative und handelspolitische Risiken, Montagerisiko, Steuer- und Abgabenrisiko, Verzugsrisiko, Gewährleistungsrisiko).

Die **Kosten der Absicherung** der verschiedenen Risiken stellen einen wichtigen Kostenfaktor im Exportgeschäft dar und schränken zusammen mit den häufig nicht unerheblichen Unkosten der Anbahnung von Geschäften sowie den Kosten der Distribution, Kommunikation und Verwaltung den preispolitischen Spielraum erheblich ein. Diese Faktoren stellen sich somit auch als wesentliche Determinanten der Preispolitik dar.

11.6.3 Erfolgreiche Gestaltung von Geschäftsmöglichkeiten

11.6.3.1 Marktattraktivität

Die Attraktivität eines Marktes wird durch die Wettbewerbssituation, Risikosituation und Wachstumsdynamik bestimmt. Um sich für einen Erfolg versprechenden Zielmarkt entscheiden zu können, sollte ein Unternehmen über möglichst detaillierte Informationen zu folgenden **Kriterien** verfügen:

- Marktgröße, Marktwachstum,
- Marktqualität (Rentabilität, Stellung im Markt, Möglichkeiten der Preispolitik, Know-how-Schutz, Verhalten der etablierten Unternehmen, Anzahl und

- Struktur bestehender und potenzieller Abnehmer, Eintrittsbarrieren, Wettbewerbsklima),
- Ertragspotential,
- Verfügbarkeit von Ressourcen (natürliche, personelle, finanzielle oder technologische Ressourcen),
- Konkurrenzsituation (Verhalten der Branche) und
- Umweltsituation (Konjunkturabhängigkeit, Gesetzgebung, Risiko staatlicher Eingriffe, staatliche Investitionsanreize wie Bereitstellung von Fördermitteln, Steuervergünstigungen, Hilfe bei der Anbahnung von Geschäftskontakten, Hilfe bei der Abwicklung, Finanzierung und Absicherung von Exportgeschäften).

Soll ein neuer internationaler (Teil-)Markt erschlossen werden bzw. beabsichtigt ein Unternehmen, sich auf eine Marktnische zu spezialisieren, muss zuallererst untersucht werden, ob der betreffende Markt überhaupt ein ausreichend großes Absatzpotenzial und Gewinnchancen bietet.

11.6.3.2 Wettbewerbsvorteile

Um sich am Markt behaupten zu können, muss ein Unternehmen einen gewissen Vorsprung gegenüber seinen Konkurrenten aufweisen. Ein Unternehmen sollte vor allem in jenen Bereichen Stärken aufweisen, die dem Kunden von Bedeutung sind. Liegen die Stärken des Unternehmens gemessen am Branchenniveau deutlich höher, dann hat des Unternehmen definitiv Wettbewerbsvorteile, die aus folgenden **Quellen** resultieren können:

- **Marktposition** (Marktanteil, Rentabilität, Risiko, Marketingpotenzial, Quellen der Wettbewerbsvorteile, z. B. Differenzierung, Kostenführerschaft),
- **Produktionspotenzial** (Wirtschaftlichkeit und Potenzial der Produktionsprozesse, Zugang zu Rohstoffen und Energieträgern),
- **Forschungs- und Entwicklungspotenzial** (Stand der Forschung, Innovationspotenzial und Innovationskontinuität),
- **Qualifikation** der Führungskräfte und Mitarbeiter (Professionalität, Innovationsklima, Führungssysteme).

Um Wettbewerbsvorteile feststellen, schaffen und ausnutzen zu können, sollte ein Unternehmen seine Stärken und Schwächen definieren, wobei alle Geschäftseinheiten berücksichtigt werden müssen.

11.7 Entwicklungstendenzen

Gerade die Veränderungsdynamik des letzten Jahrzehnts hat uns gelehrt, heute noch konsequent vom Prinzip der Unberechenbarkeit künftiger Entwicklungen auszugehen. Dies schafft die paradoxe Situation, sich verstärkt mit Zukunftsfragen beschäftigen zu müssen und gleichzeitig die Gewissheit zu haben, daraus keine wirklich sicherheitsspendenden Orientierungen im Sinne eines „Genau so wird es kommen" zu haben. In diesem Zusammenhang stellt sich eine wesentliche Frage: Welche permanenten Herausforderungen sind durch Führung zu gestalten, um die Überlebensfähigkeit einer Organisation dauerhaft zu sichern? (*Nagel* 1999, 23 ff.)

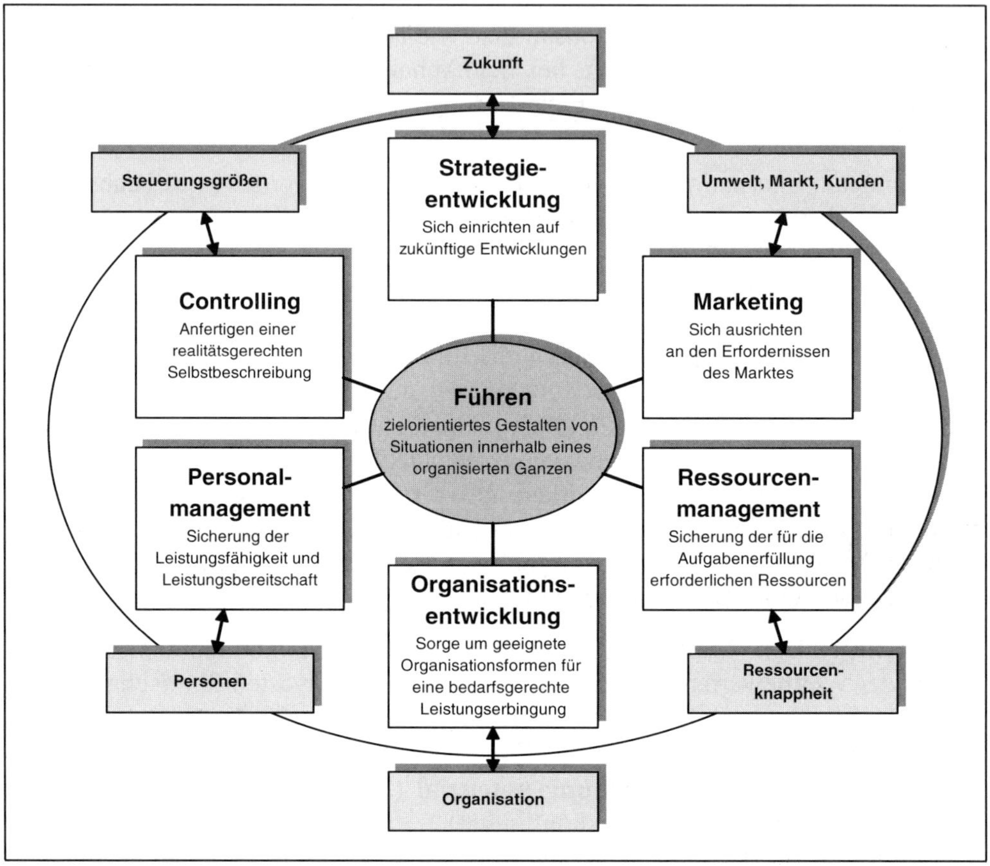

Abbildung 11.7: Künftige Aufgabenfelder von Führung

Die **Wahrnehmung von Führungsaufgaben** scheint künftig insbesondere von folgenden Eckpunkten bestimmt zu werden:

- Agieren in einem drastisch veränderten organisatorischen Führungsumfeld
- Erhöhte Eigenverantwortung der teilautonomen Systeme und zunehmende Flexibilisierung
- Prozessoptimierung als bleibende Herausforderung
- Transformation von der Industrie- zu einer Wissensgesellschaft
- Bewältigung von Widersprüchen

Insgesamt gilt es, bewährte Methoden der Unternehmensführung, unabhängig davon, wo sie entwickelt wurden, vorurteilsfrei auf ihre Nutzung zu prüfen. Vielfach ist eine Symbiose zwischen eigenen Erfahrungen und denen anderer ein Weg nach vorn. Als Ziel steht jedenfalls, dass man künftig permanent mit hoher Konsequenz auch weiterhin versucht, das technische, organisatorische und wirtschaftliche Optimum zu erreichen. Unternehmen müssen sich dabei als lernende Organisationen erweisen und unter Nutzung aller Mitarbeiterpotenziale, auch mit einem professionellen Wissensmanagement, zu ständiger Strukturanpassung fähig sein. Dafür tragen die Unternehmensleitungen die Verantwortung.

11.8 Kontrollfragen, Übungsaufgabe und Literaturhinweise

Kontrollfragen

1. Welche grundsätzlichen Rahmenbedingungen stellen sich bei der Führung eines Unternehmens? ➨ Abschn. 11.2
2. Was versteht man unter „Management als Institution" und „Management als Funktion"? ➨ Abschn. 11.3
3. Nennen und beschreiben Sie die einzelnen Führungsfunktionen! ➨ Abschn. 11.3.1
4. Nennen und beschreiben Sie die einzelnen Sachfunktionen! ➨ Abschn. 11.3.2
5. Welche Probleme ergeben sich im Unternehmen im Zusammenhang mit den Führungs- und Sachaufgaben? ➨ Abschn. 11.3.1/2
6. Beschreiben Sie die Steuerungsebenen im Unternehmen? ➨ Abschn. 11.4
7. Welche Stichwörter können Sie zum Thema aktuelle Konzepte und Methoden der Unternehmensführung nennen? ➨ Abschn. 11.5.1
8. Erklären Sie den Begriff „Benchmarking" ausführlich! ➨ Abschn. 11.5.2
9. Erklären Sie die Begriffe „Lean Management/Lean Production" ausführlich! ➨ Abschn. 11.5.3
10. Erklären Sie den Begriff „Kaizen" ausführlich. Gehen Sie dabei auch auf „Just-in-time" und „Kanban" ein! ➨ Abschn. 11.5.4
11. Welche Vorteile bringt „Global Sourcing" für ein Unternehmen? ➨ Abschn. 11.5.5
12. Welche Bedeutung hat das Konzept des „Total Quality Managements"? ➨ Abschn. 11.5.6
13. Warum ist „soziale Kompetenz" heute so wichtig? ➨ Abschn. 11.5.7
14. Erklären Sie die Möglichkeiten und Grenzen, Unternehmenskultur als Steuerungs- und Führungsinstrument einzusetzen! ➨ Abschn. 11.5.8
15. Welche flexiblen Organisationsformen kennen Sie? ➨ Abschn. 11.5.9
16. Welche Möglichkeiten bieten Internet und E-Commerce für Unternehmen? ➨ Abschn. 11.5.10
17. Welche Chancen und Risiken bringt die Globalisierung mit sich? ➨ Abschn. 11.6.1

18. Wie soll man künftig mit Globalisierungstendenzen umgehen? ➠ Abschn. 11.6.1
19. Nennen und erklären Sie Hindernisse, Barrieren und Risiken, die sich Unternehmen bei ihrer Tätigkeit auf internationalen Märkten entgegenstellen können! ➠ Abschn. 11.6.2
20. Wie stellen Sie sich Unternehmensführung künftig vor? ➠ Abschn. 11.7

Übungsaufgabe

❶ Ausgangsdaten: Die Prima-Lock GmbH

Ende der 1970er-Jahre wurde die Prima-Lock GmbH als Familienunternehmen durch Martin Pritz, der zugleich Firmeninhaber und Geschäftsführer ist, gegründet. Die Geschäftstätigkeit beschränkte sich zunächst auf die Herstellung und den Vertrieb von Sicherheitsschlössern und Türbeschlägen. Im Laufe der Zeit kamen Fenstersicherungssysteme und Feuerschutztüren dazu, sodass Prima-Lock heute Komplettlösungen für den Bereich der Sicherheitsschließsysteme anbieten kann.

Nachdem anfangs neben Pritz und seiner Frau nur fünf Mitarbeiter beschäftigt waren, ist die Beschäftigtenzahl mittlerweile auf 32 Mitarbeiter angestiegen. Pritz erwartet von seinen Mitarbeitern Einsatzbereitschaft und Selbstständigkeit. Großer Wert wird auch auf die Fähigkeit, im Team arbeiten zu können, gelegt. Da Pritz ein sehr direkter und offener Mensch ist, pflegt er auch im Umgang mit seinen Mitarbeitern ein solches Verhältnis. Hierarchiestufen sind so gut wie gar nicht ausgeprägt. Die Bürotüren aller Mitarbeiter stehen jederzeit für jedermann offen, auch die Tür des Geschäftsführers. Wichtige Entscheidungen werden von allen Betroffenen gemeinsam besprochen, wobei das letzte Wort nach wie vor beim Geschäftsführer liegt. Obwohl Pritz grundsätzlich Vertrauen zu all seinen Mitarbeitern hat, ist das Vertrauen in letzter Konsequenz doch nicht so groß, dass er einen Stellvertreter ernannt hätte. So bleiben, wenn Pritz abwesend oder auf irgendeine andere Art verhindert ist, wichtige Entscheidungen liegen.

Ein dokumentiertes Organigramm des Unternehmens existiert nicht. Ebenso wenig gibt es Ablauf- oder Stellenbeschreibungen. Leitende Funktionen im Unternehmen werden derzeit von folgenden Personen ausgeübt, die dem Geschäftsführer Martin Pritz direkt unterstellt sind:

- Gundula Pritz – Verwaltung/Sekretariat
- Sabine Heller – Rechnungswesen/EDV
- Elke Michel – Werbung/PR
- Tobias Markardt – Verkauf
- Gabriele Gebauer – Einkauf
- Eberhard Müller – Konstruktion
- Alfred Sommer – Produktgruppe Sicherheitsschlösser und Türbeschläge
- Dirk Schulze – Produktgruppe Fenstersicherungssysteme
- Wolfgang Bachmann – Produktgruppe Feuerschutztüren

- Sommer, Schulze, Bachmann – Qualitätssicherung

Martin Pritz, Maschinenbau-Ingenieur, interessiert sich auch heute noch mehr für Technik als für die anfallenden Verwaltungsarbeiten. So kommt es vor, dass er sich tagelang begeistert mit einem neuen Schließmechanismus beschäftigt, während sich auf seinem Schreibtisch unerledigte Akten türmen.

Seit rund fünf Jahren ist Prima-Lock auch in Polen und Tschechien aktiv. Nach der erfolgreichen Einrichtung zweier Verkaufsniederlassungen ist nun die Errichtung einer Produktionsstätte in Polen geplant. Zunächst soll dort – wie auch in Deutschland – mit der Herstellung von Sicherheitsschlössern und Türbeschlägen begonnen werden. Eine Ausweitung der Produktion auf anderen Bereiche ist mittelfristig ins Auge gefasst. Alfred Sommer, der schon seit der Unternehmensgründung bei Prima-Lock tätig ist, war zunächst als Leiter der polnischen Produktionsniederlassung vorgesehen, lehnte aber aus Altersgründen ab. Er vertritt die Meinung, daß ein jüngerer Mitarbeiter diese Chance zur persönlichen Weiterentwicklung bekommen sollte. Auch die beiden anderen Produktionsleiter zeigten sich bislang an einer Versetzung nach Polen wenig interessiert. Sie äußerten sich zwar nicht offen dazu, machten aber deutlich, dass sie einer Entsendung nach Polen nur bei Gewährung entsprechender Anreize zustimmen würden.

Aufgabenstellung

1. Welche innerbetrieblichen Probleme können Sie bei Prima-Lock identifizieren?
2. Welche Organisationsstruktur wäre Ihrer Meinung nach für dieses Unternehmen sinnvoll? Erstellen Sie ein Organigramm, das den aktuellen Anforderungen gerecht wird!
3. Welche Probleme können in Zusammenhang mit dem Aufbau der polnischen Produktionsniederlassung auftreten?

Literaturhinweise

11

Domsch, M.; Regnet, E.; v. Rosenstiel, L. (Hrsg.): Führung von Mitarbeitern: Fallstudien zum Personalmanagement. Stuttgart: Schäffer-Poeschel, 1993.

Härdler, J.: Studienmaterial Materialwirtschaft. Zwickau, 2000.

Hering, E. (Hrsg.): Taschenbuch für Wirtschaftsingenieure. Leipzig: Fachbuchverlag/Hanser, 1999.

Hinterhuber, H. H.: Strategische Unternehmungsführung. Bd. 1: Strategisches Denken, Bd. 2: Strategisches Handeln. Berlin: De Gruyter, 1992.

Hopfenbeck, W.; Allgemeine Betriebswirtschafts- und Managementlehre. Landesberg/Lech: Moderne Industrie, 1998.

Hopfenbeck, W.; Übungsbuch zur Allgemeinen Betriebswirtschafts- und Managementlehre. Landesberg/Lech: Moderne Industrie, 1999.

Kailer, N.; Heimerl, P; Kalcher-Formayer, W.: Unternehmer unternehmen. Wien: Manz, 1990.

Kasper, H.; Mayrhofer, W. (Hrsg.): Personalmanagement, Führung, Organisation. Wien: Ueberreuter, 1996.

Nagel, R.: Führung in einer instabilen Welt. In: Hernsteiner, Fachzeitschrift für Management-Entwicklung, 12. Jg. 1999.

Robbins, S. P.: Managing Today. 2nd ed., Upper Saddle River, N. J.: Prentice-Hall, 2000.

v. Rosenstiel, L.; Regnet, E.; Domsch, M. (Hrsg.): Führung von Mitarbeitern. 2. Aufl., Stuttgart: Schäffer-Poeschel, 1993.

Schwab, A. J.: Managementwissen für Ingenieure. Berlin u. a.: Springer, 1999.

Staehle, W. H.: Funktionen des Managements. Bern/Stuttgart: Haupt, 1989.

Strunz, H.: Verwaltung. München: Oldenbourg, 1993.

Strunz, H.; Dorsch, M.: Studienmaterial Management. Zwickau, 2000.

Vahs, D.; Burmester, R.: Innovationsmanagement. Stuttgart: Schäffer-Poeschel, 1999.

12 Computergestützte Arbeit in ausgewählten Funktionsbereichen von Unternehmen

12.1 Studienziele

Dieses Kapitel soll dem Leser ermöglichen

- einen Gesamteinblick in die computergestützte Arbeit in Unternehmen zu bekommen;
- am Beispiel ausgewählter betrieblicher Funktionsbereiche spezielle Probleme der computergestützten Arbeit zu erkennen;
- den unbedingt erforderlichen Integrationsansatz theoretisch zu verstehen und seine praktische Realisierung zu verfolgen;
- neue Lösungsansätze, die oft in englischer Terminologie verbreitet werden, einordnen und beurteilen zu können.

12.2 Einführung

Wie schon aus einer Vielzahl von Ansätzen in den vorangegangenen Kapiteln hervorgeht, ist die betriebswirtschaftliche Tätigkeit in einem Unternehmen heute ohne eine computergestützte Arbeitsweise nicht mehr denkbar. Ob sich das in der Rolle der **Information als neuer Produktionsfaktor**, im Begriff der „Informationsgesellschaft" oder in der aktuellen Diskussion um die Veränderungen der Geschäftstätigkeit durch das Internet ausdrückt, ist dabei nicht vordergründig interessant. Praktisch ist die computergestützte Arbeit in jedem Funktionsbereich bzw. jeder Organisationseinheit intern erforderlich und darüber hinaus muss eine weitgehende Verbindung dieser bereichsbezogenen Anwendungen zu einem integrierten System vorgenommen werden. In diesem Sinne sind die in diesem Kapitel aufgezeigten Lösungsansätze zu verstehen. Umfangreichere Ansätze bzw. Lösungen sind der angegebenen Literatur zur Wirtschaftsinformatik als dem Wissenschaftsbereich, der Informatik und Wirtschaft integriert, zu entnehmen oder an der vielfältig vorhandenen betriebswirtschaftlichen Software zu studieren.
Im Zusammenhang mit der immer stärker angewachsenen Anwendung der Informationstechnologie/Computertechnik in den Unternehmen der Wirtschaft gibt es eine Vielzahl von terminologischen Problemen, die auf inhaltliche Differenzierungen, fremdsprachliche Einflüsse und auch „Großzügigkeiten" in der Anwendung zurückzuführen sind. Sie sollen hier in Teilbereichen angesprochen werden.

Die computergestützte Arbeit in Unternehmen und ihren Funktionsbereichen bzw. Organisationseinheiten kann auf **zwei Kernbegriffen** aufgebaut werden:

- Informationsmanagement,
- Informations- und Kommunikationssystem im Sinne eines Enterprise Resource Planning Systems (ERP-Systems).

Informationsmanagement ist die Führung, Planung und Organisation der Gesamtheit aller Tätigkeiten eines Unternehmens, die auf die rationelle Informationsversorgung aller Bedarfsträger gerichtet sind.

Das Informationsmanagement dient somit der Planung und Realisierung der Informationsfunktion, es umfasst alle Aufgaben, die die Informationsversorgung aller menschlichen und maschinellen Stellen betreffen, an denen ein Informationsbedarf abzudecken ist.
Das Informationsmanagement als Konstrukt aus Information, Kommunikation und Management meint das Leitungshandeln in einem Unternehmen mit Bezug auf den Produktionsfaktor Information.
Die Realisierung der Aufgaben des Informationsmanagements erfordert u. a. den Aufbau und die Nutzung von Systemen, die im Unternehmen die vielfältigen, komplexen und komplizierten Informationsprobleme ganzheitlich bewältigen können. Diese Systeme werden als Informations- und Kommunikationssysteme oder auch Enterprise-Resource-Planning-Systeme (ERP-Systeme) bezeichnet.

Informations- und Kommunikationssysteme sind Mensch-Maschine-Systeme, mit denen im Sinne von Enterprise Resource Planning Systemen (ERP-Systemen) die Einzelaufgaben von Funktionsbereichen und Organisationseinheiten in ihrer Einordnung in Geschäftsprozesse des Unternehmens integriert gelöst werden.

12.3 Ausgewählte Funktionsbereiche

12.3.1 Überblick

Zu jedem der hier zu untersuchenden Funktionsbereiche sollen folgende Punkte kurz betrachtet werden:

- **Objekte und Daten**

Welche Merkmale (Attribute) von Objekten der Betriebswirtschaft werden als Daten in einer Datei der Datenbank eines ERP-Systems gespeichert?
In solchen integrierten Systemen wird davon ausgegangen, diese Daten nur an einer zentralen Stelle in der Datenbank zu speichern und von dort aus allen Nutzern zugänglich zu machen (Vermeiden von Datenredundanz, das heißt von Mehrfachspeicherungen der Daten). Daher müssen in dieser Datei die Belange aller potenziellen Nutzer berücksichtigt werden, um im Sinne der angestrebten Informationsversorgung auf die unterschiedlichen Informationsbedürfnisse reagieren zu können.
Damit in Zusammenhang ist zu regeln, wer Zugang zu den gespeicherten Daten hat. Der Zugriff auf die Daten muss durch firmeninterne Regelungen eingeschränkt werden. Limitierter Zugang verhindert, dass nicht zuständige Personen

Daten einsehen oder gar ändern können. Wenige Benutzer erhalten die Berechtigung, Daten zu modifizieren. Das heißt, sie sind befugt, bestimmte Daten in den Dateien anzulegen bzw. zu ändern.

- **Computergestützte Funktionen**

Ein generelles Problem der Computerstützung betrieblicher Funktionen ist, dass diese Funktionen vielfach über Jahrzehnte „historisch gewachsen" entstanden sind. Entsprechend den damaligen Möglichkeiten und Erfordernissen enthalten sie wenig Wechselwirkungen zwischen den Funktionen, nur partielle Veränderungen in Geschäftsprozessen, monokausale Wirkungsketten und nur geringe Berücksichtigung von Managementfunktionen. Die extrem hierarchische, an einer funktionalen Arbeitsteilung orientierte Organisation führt dazu, dass die natürlich vorhandenen Abläufe betriebswirtschaftlicher Geschäftsprozesse, z. B. von einer Kundenanfrage über Angebot, Bestellung und Fertigungsauftrag bis zu Lieferung und Rechnung sowie Buchung und Bezahlung, zerstückelt, damit mehrfach unterbrochen, von verschiedenen Mitarbeitern ohne Kenntnis des Gesamtzusammenhanges und aller Informationen partiell bearbeitet werden.
Unter den Begriffen „Geschäftsprozessoptimierung" bzw. „Business Process Reengineering" (BPR) wird angestrebt, eine möglichst ganzheitliche Sicht auf Unternehmen einschließlich der Unternehmensziele, multikausaler Wirkungsketten, starker Wechselwirkungen zwischen den Funktionen, weitgehender Berücksichtigung von Managementfunktionen und Einbeziehung sozialer Faktoren zu praktizieren. Diese prozessorientierte Herangehensweise führt dazu, dass die Abläufe betriebswirtschaftlicher Geschäftsprozesse in ihrem natürlichen Ablauf weitgehend ungebrochen im Zusammenhang computergestützt ablaufen können. Damit werden die angesprochenen negativen Erscheinungen erheblich reduziert und die modernen Möglichkeiten und Erfordernisse (Wandel vom Verkäufer- zum Käufermarkt, Internationalisierung, Marktdynamik, Entwicklungen der Informationstechnologie) berücksichtigt.

- **Integrationsbeziehungen**

Die bei den Funktionen angesprochene ganzheitliche Arbeitsweise wird über vielfältige Integrationsbeziehungen realisiert.
Integration ist dabei zu verstehen als die Herstellung einer im Ganzen wirksamen Organisation, als Zusammenführen verschiedener Elemente zu einem einheitlichen Ganzen.
Die Notwendigkeit einer derartigen Integration ergibt sich daraus, dass beim „historischen Wachsen" von informationellen Aufgaben in Unternehmen im Allgemeinen eine Desintegration, also eine Zersplitterung zu verzeichnen ist.
Mit wachsendem Umfang der Produktion, zunehmender Arbeitsteilung sowie komplexeren und komplizierteren Beschaffungs-, Absatz- und Produktionspro-

zessen kam es zu der bereits genannten Aufsplitterung einzelner Tätigkeiten auf verschiedene Arbeitsplätze und auch zur Herauslösung informationeller Teilaufgaben und ihrer Zuordnung zu speziellen Arbeitsplätzen.
Unter Beachtung und Berücksichtigung einer modernen Produktion und Unternehmensführung soll durch die Integration der gesamten Informationsverarbeitung im Unternehmen die Zersplitterung mit ihren negativen Auswirkungen wieder rückgängig gemacht werden. Diese Integration wird als Arbeitsprinzip in der *Abbildung 12.1* der Hauptinformationsflüsse eines Unternehmens verdeutlicht.
Diese Hauptinformationsflüsse verlaufen quasi auf zwei Ebenen:

- zwischen den entsprechenden Fachabteilungen im Unternehmen
- zwischen den entsprechenden Teilsystemen des Informations- und Kommunikationssystems.

12.3.2 Materialwirtschaft

Bereits im Kapitel 5 „Materialwirtschaft" wurden zur Realisierung der materialwirtschaftlichen Zielstellungen neue Managementkonzepte aufgeführt (ERP, E-Commerce, Supply Chain Management, Data-Warehouse-Technologie), die zwangsläufig den Computereinsatz zur Voraussetzung haben.

• Objekte und Daten der Materialwirtschaft

Wichtige Objekte der Materialwirtschaft, über die Daten benötigt werden, sind die Materialien selbst und ihre Lieferanten. Daher sollen hier betrachtet werden:

- Materialdaten
- Lieferantendaten
- Daten zu Beziehungen zwischen Materialien und Lieferanten

Materialdaten
Materialdaten werden oft auch als Teile-Daten, Sach-Daten oder Artikel-Daten bezeichnet. Die mengen- und strukturmäßigen Zusammensetzungen dieser Materialien werden in Stücklisten bzw. Rezepturen dargestellt, die, da speziell für die Belange der Produktion wichtig, Gegenstand der Produktionswirtschaft sind.

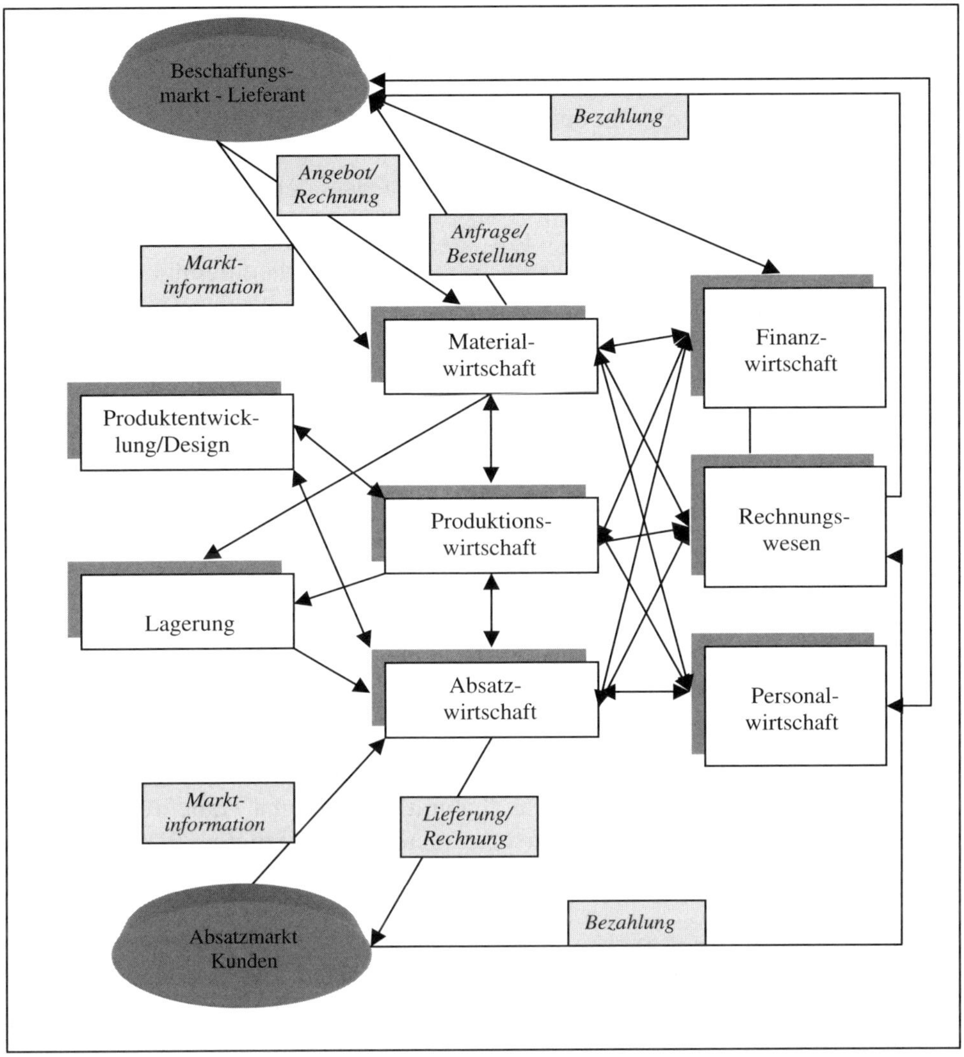

Abbildung 12.1: Hauptinformationsflüsse im Unternehmen

12

In solchen integrierten Systemen wird davon ausgegangen, die Daten nur an einer zentralen Stelle in der Datenbank zu speichern.
Um in dieser Datei den Belangen aller potenziellen Nutzer zu entsprechen, muss ihr Inhalt die Anforderungen der sehr unterschiedlichen Sichten aller betrieblichen Funktionsbereiche und Organisationseinheiten berücksichtigen.

Daraus resultiert, dass die Anzahl der Einzeldaten, die als Felder in der Dateistruktur auftreten, in sehr komplexen ERP-Systemen in der Größenordnung von mehreren Hundert liegt. Das heißt, ein Satz der Materialdatei mit den Merkmalen eines Materials enthält mehrere Hundert Felder.

Um diese sehr große Zahl der Felder praktisch handhabbar zu halten, werden sie, entsprechend den einzelnen betriebswirtschaftlichen Verwendungen im Unternehmen, nach unterschiedlichen Sichten gegliedert. Die Felder dieser logisch-inhaltlichen Sichten werden in entsprechenden Bildschirmmasken zusammengestellt und so dem Nutzer angeboten.
Solche betriebswirtschaftlichen Sichten auf Materialdaten können sein:

- **allgemeine** Sicht – identifizierende Materialnummer, Materialbezeichnung, Mengeneinheiten, Größe, Gewicht, Volumen, Lagerbedingungen (Temperaturbereich, explosives oder verderbliches Material etc.)
- Sicht der **Konstruktion** mit technischen Angaben zur Konstruktion eines Materials – CAD-Zeichnungen, Abmessungen, konstruktive Daten;
- Sicht des **Absatzes** – Informationen zur Preisfindung, zu Bestellmengen, zu Vertriebsabteilungen, Verkäufergruppen, Verkaufsmengeneinheit, Versandbedingungen, Auslieferungswerk usw.;
- Sicht der **Buchhaltung** – bewertungs- und kalkulationsspezifische Informationen, Bestandsmengen usw.;
- Sicht des **Einkaufs;**
- Sicht der **Disposition;**
- Sicht der **Arbeitsvorbereitung;**
- Sicht des **Qualitätsmanagements;**
- Sicht der **Lagerung/Lagerverwaltung.**

Als Tabelle einer relationalen Datenbank ist die Materialdatei in *Abbildung 12.2* angedeutet, wobei die praktische Handhabung mit einigen Hundert Merkmalen und Tausenden von Materialien insbesondere auch bezüglich der permanent notwendigen Aktualisierung aufwendig ist.

	Merkmal 1	Merkmal 2	Merkmal 3	Merkmal 4	Merkmal 5	•	•
	Mat.-Nr.	Bezeichnung	Standardpreis	Lagerort	Lagermenge	•	•
Material 1	004711	Schraube 007	0,54	001-033	550		
Material 2	004717	Schraube 916	0,22	001-033	1150		
Material 3	004719	Schraube 771	1,94	001-033	55		
Material 4							
Material 5							
Material 6							
•							
•							
•							

Abbildung 12.2: Prinzipstruktur einer Materialdatei

Weitere Probleme dieser Materialdaten bestehen darin, dass sie für verschiedene Organisationsebenen des Unternehmens organisiert werden müssen, wie z. B. Gesamtunternehmen, Einkaufsorganisation, Werk und Lagerort:

Ebene des Gesamtunternehmens
Diese Ebene enthält die allgemeinen Daten, die für jeden Bereich, jedes Werk und jedes Lager innerhalb eines Unternehmens in gleichem Maße gelten (siehe „allgemeine Sicht" auf Materialdaten).
Ebene des Werkes
Diese Ebene enthält die Daten, die für die einzelnen Werke innerhalb eines Unternehmens relevant sind. So gehören die für den Einkauf wichtigen Daten, wie die Höchst- und Mindestbestellmenge und der Meldebestand, dieser Ebene an (siehe auch Kapitel 5).
Ebene des Lagerortes
Diese Ebene enthält die speziell für einen Lagerort geltenden Daten, wie z. B. die Lagerbestände.

Diese **Strukturierung der Daten** erleichtert die Organisation von materialbezogenen Informationen im gesamten Unternehmen. Sie verhindert die redundante Speicherung von Materialdaten, wenn das gleiche Material in mehr als einem Werk verwendet oder an mehr als einem Lagerort gelagert wird.
Wenn sich also z. B. gleiche Zylinder an mehreren verschiedenen Lagerorten in unterschiedlichen Werken befinden, sind die Konstruktions- und Einkaufsdaten für dieses Material überall gleich, die Einkaufsdaten der Werke können regional unterschiedlich sein und die Bestände der Lagerorte sind völlig unabhängig voneinander.

Lieferantendaten
Neben den Materialdaten sind Lieferantendaten wichtig für die Materialwirtschaft, weil sie Informationen über die Lieferanten eines Unternehmens liefern. Diese Daten sind analog zu den Materialdaten in einzelnen Lieferantensätzen einer Lieferantendatei abgelegt.
Neben Name und Anschrift des Lieferanten umfasst ein Lieferantensatz Angaben über

- die in Verbindung mit dem Lieferanten geltende Währung
- Zahlungsbedingungen (Skonto, Rabatte etc.)
- Namen wichtiger Kontaktpersonen (Verkäufer)
- Abstimmkonto der Hauptbuchhaltung.

Eine besondere Informationsquelle kann eine **Lieferantenbeurteilung** sein, die mit folgenden Stammdaten des Einkaufs arbeitet (siehe auch Kapitel 5):

- Lieferantenstammsatz
- Materialstammsatz
- Einkaufsinfosatz

Daten zu Beziehungen zwischen Materialien und Lieferanten
Für Einkäufer besteht die Notwendigkeit, jederzeit folgende Beziehungen zwischen Materialien und Lieferanten feststellen zu können:

- Welche Materialien hat ein bestimmter Lieferant bisher angeboten oder geliefert?
- Welche Lieferanten haben ein bestimmtes Material angeboten oder geliefert?

Computergestützt werden diese Beziehungen in so genannten Einkaufsinformationssätzen abgespeichert. Der Einkaufsinfosatz (auch als Infosatz bezeichnet) dient als Informationsquelle für den Einkauf.
Der Einkaufsinfosatz enthält z. B.

- die aktuellen Preise und Konditionen
- die Nummer der letzten Bestellung
- die Toleranzgrenzen für Über- bzw. Unterlieferungen
- die Planlieferzeit des Lieferanten für das Material.

Daneben enthält der Infosatz Angebots- und Bestelldaten.

• Computergestützte Funktionen der Materialwirtschaft

Zielstellung der computergestützten Funktionen der Materialwirtschaft sind bestmögliche Entscheidungen in allen materialwirtschaftlichen Teilfunktionen, wobei die beschriebenen Daten als Voraussetzung für die aktuelle und schnelle Bereitstellung aller jeweils entscheidungsrelevanten Informationen für anstehende Entscheidungen dienen.
Der Einsatz erfolgt in allen Kerntätigkeiten, die infolge der großen Datenmengen nicht mehr mit herkömmlichen Mitteln bewältigt werden können (siehe auch Kapitel 5.):

- ABC-Analyse
- XYZ-Analyse
- Materialbedarfsrechnung
- Materialbestandsrechnung
- Materialbestellrechnung
- Lieferantenbewertung und -auswahl
- Lagerverwaltung
- Neue Managementkonzepte der Materialwirtschaft
- SWOT- oder Portfolioanalyse
- Angebots-, Lebenszyklus- oder Erfahrungskurvenanalyse
- Target Costing
- Advanced Purchasing
- Supply Chain Management (SCM)

Das heißt, zeitaufwendige Routineaufgaben eignen sich besonders für die computergestützte Arbeit, z. B. die schnelle Abarbeitung der Kette

Bedarfsanforderung ➠ Anfrage ➠ Angebot ➠ Bestellung ➠ Wareneingang ➠ Qualitätskontrolle ➠ Einlagerung ➠ Rechnungsprüfung ➠ Bezahlung.

Insbesondere die extremen Anforderungen an die schnelle und präzise Informationsverarbeitung im Zusammenhang mit dem Just-in-Time-Prinzip der lagerlosen Materialversorgung sind offensichtlich. Die Bereitstellung von Teilen und Baugruppen innerhalb weniger Stunden am Ort der Montage durch z. B. Zulieferer für die Automobilherstellung ist ohne rechnergestützte Bedarfsermittlung und Informationsübertragung über Rechnernetze sowie rechnergestützte Fertigung beim Zulieferer nicht realisierbar.

Die Integrationsbeziehungen werden als Arbeitsprinzip im nachfolgenden Bild der Hauptinformationsflüsse eines Unternehmens verdeutlicht (siehe *Abbildung 12.3*).

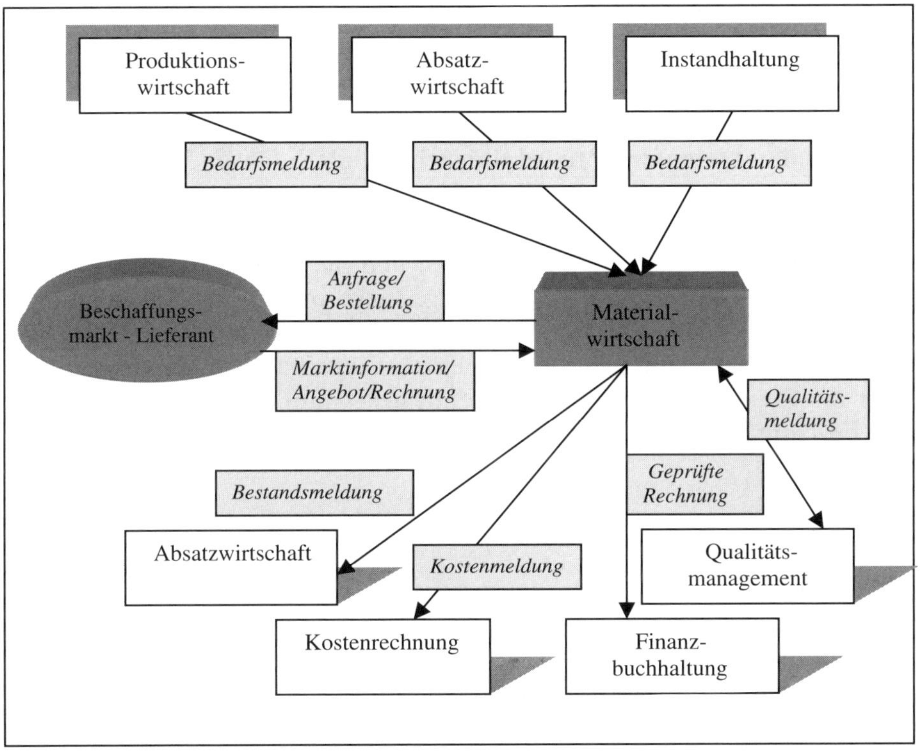

Abbildung 12.3: Integrationsbeziehungen der Materialwirtschaft

Supply Chain Management

Die neuen Möglichkeiten der Lieferantenbeziehungen beim Supply Chain Management (SCM) werden im Abschnitt 12.4 betrachtet.

12

12.3.3 Produktionswirtschaft

Bereits im Kapitel 6 „Produktionswirtschaft" wurde eine exakte Einordnung der computergestützten Arbeit vorgenommen:

- Information als Zusatzfaktor im System der Produktionsfaktoren
- Produktionscontrolling auf Basis prozessgerechter Informationen
- Nutzung von Produktionsplanungs- und -steuerungssystemen (PPS-Systeme)
- automatisierte Betriebsdatenerfassungssysteme (BDE-Systeme) zur Echtzeiterfassung von Stückzahlen, Verbräuchen, Stillstandszeiten, Einsatzzeiten, Fertigungszeiten usw.
- CA-Techniken (Computer Aided ...)
- CAP (CA Planning) = computergestützte Planung
- CAQ (CA Quality) = computergestützte Qualitätssicherung
- CAM (CA Manufacturing) = computergestützte Fertigung
- CAE (CA Engineering) = computergestützte Ingenieurstätigkeit
- CAD (CA Design) = computergestützte Konstruktion

• Objekte und Daten der Produktionswirtschaft

Wichtige Objekte der Produktionswirtschaft, über die Daten benötigt werden, sind die Materialien, die Produktstrukturen und die Arbeitsplätze mit den dort auszuführenden Tätigkeiten der Fertigung. Insbesondere die Speicherung der wechselseitigen Abhängigkeiten zwischen diesen Objekten, weil z. B. bestimmte Arbeitsgänge an bestimmten Arbeitsplätzen ausgeführt werden müssen, ist ein Fall für die Computerstützung, weil sie mit herkömmlichen Mitteln nicht rationell zu bewältigen ist. Daher sind hier zu betrachten:

- Materialdaten
- Produktstrukturdaten
- Arbeitsplatzdaten
- Arbeitsplandaten

Materialdaten
sind im Abschnitt 12.3.2 ausführlich dargestellt.

Produktstrukturdaten (siehe auch Kapitel 6)
Die mengen- und strukturmäßige Zusammensetzung der herzustellenden Produkte wird in Stücklisten bzw. Rezepturen dargestellt.

Arbeitsplätze
Ort der Arbeitsdurchführung

Arbeitsplanverwaltung
Beschreibung der Fertigungsschritte (Arbeitsgänge) einschließlich der benötigten Ressourcen.

• Computergestützte Funktionen der Produktionswirtschaft

- Produktionscontrolling
- Produktionsplanungs- und -steuerungssysteme (PPS-Systeme)
- automatisierte Betriebsdatenerfassungssysteme (BDE-Systeme)
- CA-Systemteile (CAD, CAP, CAM, ...)

Die Integrationsbeziehungen der Produktionswirtschaft eines Unternehmens werden als Arbeitsprinzip im nachfolgenden Bild dargestellt (*Abbildung 12.4*)

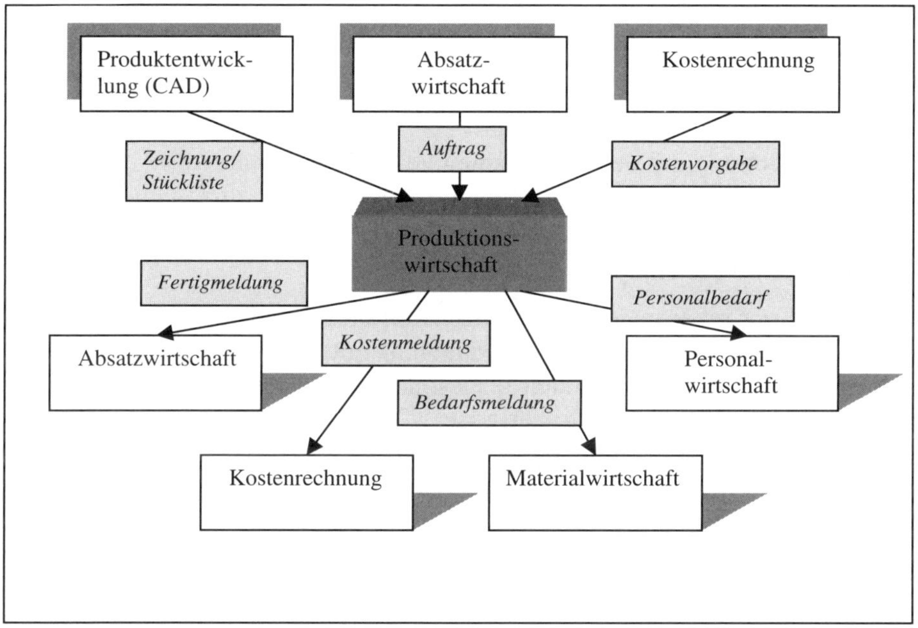

Abbildung 12.4: Integrationsbeziehungen der Produktionswirtschaft

12.3.4 Absatzwirtschaft / Marketing

• Objekte und Daten der Absatzwirtschaft

Im Rahmen der Absatzwirtschaft verkaufen und versenden die Unternehmen die Produkte an ihre Geschäftspartner oder erbringen Dienstleistungen für sie.
Daher sind die Daten zu den Produkten und Dienstleistungen sowie zu den Geschäftspartnern Grundlage der Absatzwirtschaft. Außer dem Vertrieb greifen

12

jedoch auch andere Unternehmensbereiche, wie Buchhaltung, Produktions- und Materialwirtschaft, auf diese Daten zu. Hier sollen betrachtet werden:

- Produktdaten
- Kundendaten
- Daten zu Beziehungen zwischen Produkten und Kunden

Produktdaten
sind im Abschnitt 12.3.2 ausführlich dargestellt.

Kundendaten
werden in computergestützten System auf Grund der gemeinsamen Nutzung mit dem Rechnungswesen (Vermeiden von Datenredundanz!) oft auch als Debitorendaten bezeichnet. Geschäftsvorgänge mit Einmalkunden (CPD-Kunden) können mit Hilfe eines reduzierten Satzes für alle Einmalkunden abgebildet werden.
Diese Kundendaten sind analog zu den Lieferantendaten in den einzelnen Sätzen einer Kundendatei abgelegt.
Neben Name und Anschrift des Kunden umfasst ein Kundensatz Angaben über

- die in Verbindung mit dem Lieferanten geltende Währung
- Zahlungsbedingungen (Skonto, Rabatte etc.)
- Namen wichtiger Kontaktpersonen (Einkäufer)
- Abstimmkonto der Hauptbuchhaltung.

Als Tabelle einer relationalen Datenbank ist die Kundendatei in *Abbildung 12.5* angedeutet, wobei die praktische Handhabung mit weit über einhundert Merkmalen und Tausenden von Kunden insbesondere auch bezüglich der permanent notwendigen Aktualisierung schwierig ist.

	Merkmal 1	Merkmal 2	Merkmal 3	Merkmal 4	Merkmal 5	•	•
	Kunden-Nr.	Name	Ort	Telefon	Vertriebsweg	•	•
Kunde 1	0011	Meier KG	Zwickau	881033	GH		
Kunde 2	0012	Lehmann	Leipzig	200177	EH		
Kunde 3	0013	Schraube AG	Berlin	651033	GH		
Kunde 4							
Kunde 5							
Kunde 6							
•							
•							
•							

Abbildung 12.5: Prinzipstruktur einer Kundendatei

Struktur des Debitorensatzes
Man unterscheidet im Debitorensatz allgemeine Daten, unternehmens- und absatzspezifische Daten.

Die **allgemeinen Daten** sind unabhängig von Unternehmensstruktur und Absatzspezifik. Sie gelten für einen Kunden in allen Unternehmensteilen und Vertriebsbereichen.
Für jeden Kunden werden allgemeine Daten gepflegt, wie Anschrift, Kommunikation etc. Diese Daten werden ausschließlich über die Kundennummer identifiziert. Die Pflege der Daten ist sowohl aus Buchhaltungssicht als auch aus dem Blickwinkel des Absatzes möglich.
Die **unternehmensteilspezifischen Daten** sind abhängig von der Unternehmensorganisation. Sie werden für die einzelnen Unternehmensteile getrennt definiert und sind lediglich für die Buchhaltung von Relevanz. Hierzu gehören z. B. Informationen über die Warenkreditversicherung oder die Kontoführung. Diese Daten gelten jeweils für ein Unternehmensteil.
Die **absatzspezifischen Daten** sind analog dazu von der Organisation in einem Vertriebsbereich abhängig. Sie werden für die einzelnen Vertriebsbereiche getrennt definiert und sind lediglich für den Vertrieb von Belang. Es handelt sich z. B. um Daten für die Preisfindung oder für die Belieferung. Die Daten gelten jeweils für einen Vertriebsbereich und hängen damit von der Vertriebsstruktur (Verkaufsorganisation, Vertriebsweg, Sparte) ab.

Daten zu Beziehungen zwischen Produkten und Kunden

Für Verkäufer besteht die Notwendigkeit, jederzeit folgende Beziehungen zwischen Produkten und Kunden feststellen zu können:

- Welche Produkte hat ein bestimmter Kunde bisher nachgefragt oder gekauft?
- Welche Kunden haben ein bestimmtes Produkt nachgefragt oder gekauft?

Computergestützt werden diese Beziehungen in so genannten Kunden-Produkt-Informationssätzen abgespeichert. Im Kunden-Produkt-Informationssatz wird eine Verbindung zwischen einem Debitorensatz und verschiedenen Materialsätzen hergestellt. Dort liegen die Daten, die kundenindividuell für einen Artikel definiert werden sollen. Im Wesentlichen sind dies:

- die Nummer, unter der der Artikel beim Kunden geführt wird
- die Artikelbezeichnung des Kunden
- kundenindividuelle Umrechnungsfaktoren für Mengeneinheiten
- kundenindividuelle Daten für die Lieferung und Liefertoleranzen

In einem Kunden-Produkt-Informationssatz können die Daten für verschiedene Vertriebsgegebenheiten durchaus unterschiedlich sein, z. B. können verschiedene Artikelbezeichnungen des Kunden geführt werden.

• Computergestützte Funktionen der Absatzwirtschaft

Neue Möglichkeiten der Verbindung mit den Absatzmärkten eröffnen sich durch die in computergestützte Systeme einbezogene Kommunikationstechnik.
Die damit mögliche Anbindung an öffentliche Kommunikationssysteme über Call-Center, Mailverbindungen, Provider usw. stellt auch eine Grundlage für die folgenden neuen Formen der Geschäftstätigkeit dar.

Damit verbunden ist auch die Ablösung der in der Vergangenheit in der Computerarbeit üblichen Massenverarbeitung im Batch-Modus (Stapelverarbeitung) durch die **Online-Verarbeitung im Dialogmodus** (Echtzeitverarbeitung). Damit kann logischerweise eine wesentliche Beschleunigung der Absatzprozesse bewirkt und eine bessere Reaktion auf die Dynamik des Absatzmarktes ermöglicht werden.
Ein **Marketing-Informationssystem** ist eine Entwicklungsrichtung, welche mit der Kombination von Datenbank und diversen Auswertungsprogrammen ein relativ geschlossenes Teilsystem innerhalb des gesamten Informations- und Kommunikationssystems darstellt. Durch die Integration zu anderen Teilsystemen (siehe Integrationsbeziehungen der Absatzwirtschaft) wird ein Synergieeffekt erreicht, der die Wirkung des Marketing entscheidend verstärken kann.
Generell ist der Marketingbereich mit einer Vielzahl von statistischen Methoden und Verfahren des Operation Research ein sehr lohnendes Feld des Computereinsatzes, weil diese Verfahren und Methoden nur auf diese Weise rationell zu brauchbaren Ergebnissen führen können.
Auch Entscheidungen z. B. über die präzise Wirkung unterschiedlicher Marketinginstrumente im Rahmen des Marketingmixes sind mittels computergestützter Simulationsmodelle, Prognoseverfahren, Vergleichsrechnungen usw. qualitativ besser vorzubereiten.

Spezielle neue Möglichkeiten im Bereich des Marketing ergeben sich aus der computergestützten Auswertung der in den Datenbanken gespeicherten großen Datenmengen über Produkte, Käufer, Märkte usw. Mit speziellen Auswertungsmethoden des „**Data Mining**“ können über diesen Datenmengen computergestützte Analysen vorgenommen werden. Hieraus lassen sich dann neue, bisher unerkannte Zusammenhänge, Verhaltensweisen und Gesetzmäßigkeiten bezüglich dieser Objekte erkennen, die dann in Marketingmaßnahmen genutzt werden.

In der ersten Phase der Absatzwirtschaft, der Auftragsakquisition, sind die neuen Möglichkeiten der Computertechnik besonders wirksam. Außendienstmitarbeiter, Vertreter u. Ä. sind in ihrer Wirksamkeit durch auf Laptops mitgebrachte Informationen, multimediale Präsentationsmöglichkeiten, programmierte Angebotsberechnungen erheblich erweitert.
Durch Kopplung der Laptops mit dem Informations- und Kommunikationssystem des Unternehmens mittels moderner Kommunikationstechnik sowie Extranet-/Internet-Technologien können

- einerseits zusätzliche Informationen (z. B. Lieferbereitschaft, freie Kapazitäten) online beschafft und in die Verhandlungen eingebracht werden,
- andererseits erhaltene Aufträge ebenfalls online zur Zentrale übertragen und schnell in die Fertigung eingesteuert werden.

In der letzten Phase der Absatzwirtschaft, dem Versand, sind dann Fragen der Standortplanung, der Effektivität von Absatzkanälen und Transportmitteln, der Tourenoptimierung u. Ä. Gegenstand der computergestützten Arbeit.

Die neuen Möglichkeiten der Kundenbindung durch **Customer Relationship Management (CRM)** werden im Abschnitt 12.5 betrachtet.

Die Integrationsbeziehungen der Absatzwirtschaft eines Unternehmens werden in *Abbildung 12.6* als Arbeitsprinzip dargestellt.

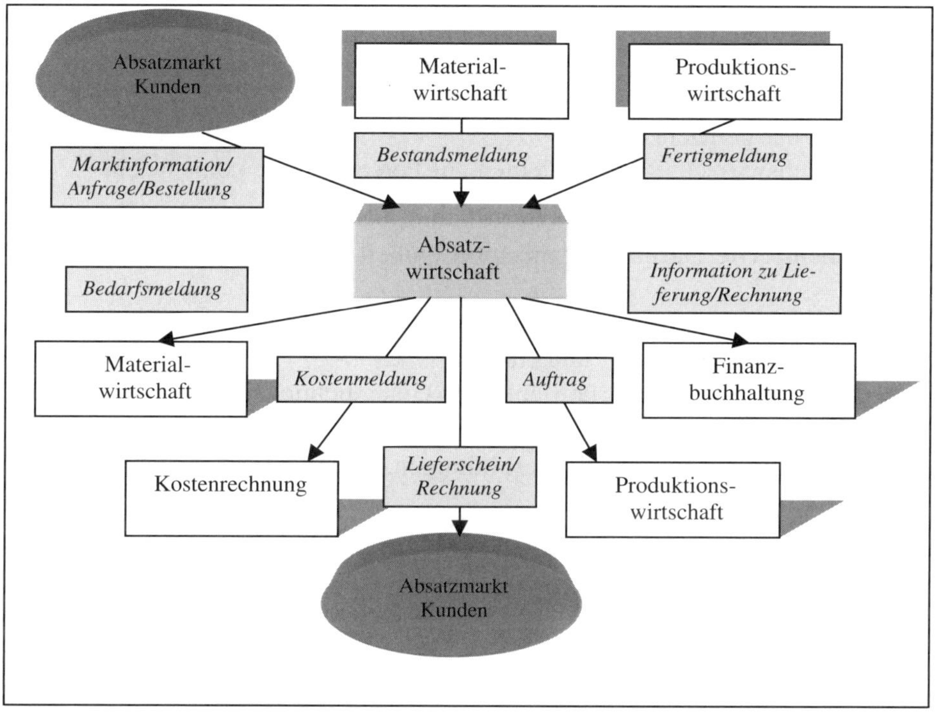

Abbildung 12.6: Integrationsbeziehungen der Absatzwirtschaft

12.3.5 Personalwirtschaft

Im Kapitel 3 „Personalwirtschaft“ wurde schon auf die „Computerbasierung im Personalbereich“ hingewiesen. Neben PC-Insellösungen gibt es dazu auch integrierte Gesamtlösungen als Standardsoftware.

• Objekte und Daten der Personalwirtschaft

Personalstammsatz

Mitarbeiter des eigenen Unternehmens, wie z. B. Werker, Vertriebsmitarbeiter oder Sachbearbeiter, werden in einem Personalstammsatz verwaltet. Als Schlüsselfeld der Mitarbeiterdaten dient die Personalnummer.

Wichtigstes Ziel der Stammdatenverwaltung in einem Personalwirtschaftssystem ist die Erfassung von mitarbeiterbezogenen Daten zur Verwaltung, Zeiterfassung und Abrechnung.

Auch hier werden, um die große Zahl der Einzeldaten pro Mitarbeiter praktisch handhabbar zu halten, unterschiedliche Sichten gebildet und die Felder dieser logisch-inhaltlichen Sichten zusammengefasst über entsprechende Bildschirmmasken nutzbar gemacht.

Solche betriebswirtschaftlichen Sichten auf Personaldaten können sein:

- **persönliche Daten** (Name, Geburtsdatum, Familienstand, ...),
- **betriebsinterne Daten** (Organisationseinheit, Mitarbeitergruppe, Planstelle, ...),
- **Abrechnungsdaten** (Abrechnungsstatus, Bankverbindung, Basiseingruppierung, wiederkehrende Be- und Abzüge, ...),
- **medizinische Daten** (aus betrieblichen Untersuchungen),
- **Familienmitglieder** (Ehepartner, Kinder, Bezugspersonen, ...),
- **Qualifikation** (Aus- und Weiterbildungen, Berufserfahrungen, spezielle Fähigkeiten).

Aus Gründen der Übersicht wird teilweise eine weitere Untergliederung dieser Sichten in Subsichten vorgenommen. Dies macht sich z. B. erforderlich, weil der Zeitaspekt bei Personaldaten eine besondere Rolle spielt, wie bei Wohnort, Familienstand, Planstelle usw.

• Computergestützte Funktionen der Personalwirtschaft

Neben der seit langem computergestützten Funktion **Lohn- und Gehaltsrechnung** arbeitet auch die Funktion **Personaladministration** mit den im voranstehenden Punkt in Ansätzen beschriebenen Daten. Hier sind erhebliche Massendatenverarbeitungen durchzuführen, die einerseits aus dem Umfang des Personals und seiner Daten resultieren, andererseits aber auch durch die Masse der Gesetze und Vorschriften sowie die erforderlichen statistischen Aufbereitungen und Meldungen verursacht werden.

Eine computergestützte Funktion ganz anderer Art ist der Computereinsatz in der Aus- und Weiterbildung auch im Zusammenhang mit der **Personalentwicklung**. Wie im allgemeinen Schul- und Ausbildungsprozess wird auch hier der Computer mit multimedialen Lehr- und Lernprogrammen genutzt, um Wissensvermittlung bzw. -erwerb auch durch Nutzung moderner Technologien zu verbessern. Als Terminus hierfür wird auch „Computer based Training“ benutzt. Das heißt, ein Beschäftigter kann am PC mittels entsprechender Programme ein Selbststudium betreiben, wo das bisherige Lesen von Texten durch interaktive Tätigkeiten, Dialoge, Bilder, Videos erweitert und damit effektiver gemacht worden ist.

Eine spezielle Funktion innerhalb der Personalwirtschaft betrifft die **organisatorischen Objekte** des Personals im Unternehmen als Voraussetzung für einen rationellen und effektiven Einsatz aller Mitarbeiter. Hierzu gehören solche Begriffe wie

- **Arbeitsaufgaben**, die im Detail die Einzeltätigkeiten beschreiben, die zur Realisierung aller betrieblichen Geschäftsprozesse erforderlich sind (z. B. Prüfen einer Kreditorenrechnung, Disponieren bestimmter Materialien, Verwalten von Konstruktionszeichnungen).
- **Stellen**, die allgemeine Zusammenfassungen von Arbeitsaufgaben darstellen und die dann einen Arbeitsumfang ergeben, der einem Beschäftigten zuordenbar ist (z. B. Sekretärin, Abteilungsleiter). Eine Stelle kann also im Unternehmen mehrfach vorkommen.
- **Planstellen**, die konkret ausgewiesene Positionen im Unternehmen sind, an denen die Arbeit einer Person vorgesehen ist und die dann von jeweils einem Beschäftigten allein oder geteilt von mehreren Beschäftigten besetzt werden müssen (z. B. Sekretärin in der Abteilung A, Abteilungsleiter der Abteilung B). Den Planstellen ist eine Stelle zugeordnet, die die allgemeinen Aufgaben dieser Planstelle beschreibt. Zusätzlich können an der Planstelle noch spezielle Arbeitsaufgaben verankert werden.
- **Organisationseinheiten**, die zur Ausführung ganzer betrieblicher Geschäftsprozesse oder großer Teile von ihnen vorgesehen sind (z. B. Produktionsabteilung A, Konstruktion, Materiallager). Den Organisationseinheiten wird dazu eine entsprechende Anzahl von Planstellen zugeordnet.
- **Arbeitsplätze**, an denen die Inhaber von Planstellen ihre Arbeitsaufgaben ausführen (z. B. eine Maschine, ein Computer, ein Schreibtisch). Mehrere Planstellen können sich in einen Arbeitsplatz teilen, z. B. bei Schichtarbeit. Bei Außendienstmitarbeitern, Dienstleistern, Instandhaltern u. Ä. ist diese Arbeitsplatzsicht modifiziert zu sehen. Moderne Formen der Arbeitsorganisation, z. B. Telearbeit, bei der am Computer zu Hause gearbeitet wird, tragen ebenfalls zur Modifikation des Charakters von Arbeitsplätzen bei.

Die Verflechtung dieser organisatorischen Objekte der Personalwirtschaft zeigt die *Abbildung 12.7.*

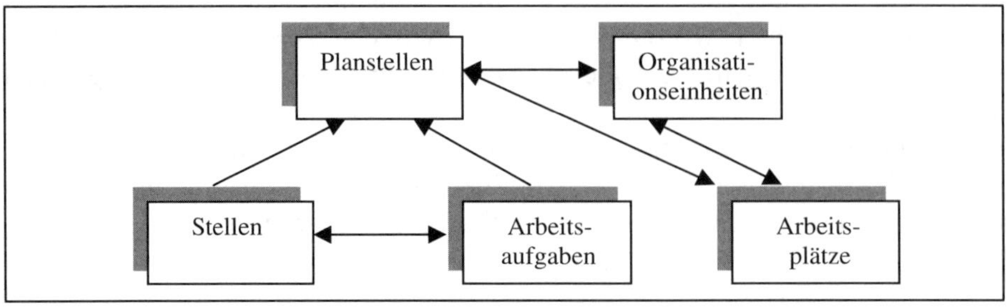

Abbildung 12.7: Organisatorische Objekte der Personalwirtschaft und ihre Beziehungen

Da diese organisatorischen Objekte wie dargestellt untereinander vielfältig verflochten sind, ergeben sich eine Vielzahl von Verbindungen, die zu organisieren bzw. zu beherrschen sind, was zwangsläufig zur computergestützten Arbeit führt. Zu organisieren, abzuspeichern und handhabbar zu machen sind also:

- Welche Arbeitsaufgaben sind in welchen Stellen enthalten?
- Welche Arbeitsaufgaben sind in welchen Planstellen zu lösen?
- Welche Arbeitsaufgaben sind von welchen Organisationseinheiten zu erfüllen?
- Welche Planstellen basieren auf welchen Stellen?
- Welche Planstellen gehören zu welchen Organisationseinheiten?
- Welche Arbeitsplätze gehören zu welchen Organisationseinheiten?
- Welche Planstellen gehören zu welchen Arbeitsplätzen?

Die Beherrschung dieser Zuordnungen ist die Voraussetzung, um die Erfüllung der betrieblichen Arbeitsaufgaben zu organisieren. Nur dann kann rationell und eindeutig reagiert werden, wenn Veränderungen in Arbeitsaufgaben auftreten, neue Arbeitsaufgaben zuzuordnen sind, Fehlerquellen im Arbeitsablauf gesucht werden, Einsparungspotenziale aufgedeckt werden sollen oder eine neue Organisationsform eingeführt werden soll.

Besondere Bedeutung erlangt dieses Organisationssystem, wenn im Zusammenhang mit der computergestützten Arbeit die sogenannte **Workflow-Technologie** genutzt werden soll.

Damit sollen einige **Probleme und Schwachstellen** in den konventionellen Büro- und Verwaltungsprozessen überwunden bzw. reduziert werden:

- lange Prozessdauer infolge langer Liege- und Transportzeiten, wobei die eigentliche Bearbeitung nur einen Bruchteil (wenige Prozent) der Gesamtzeit ausmacht.
- Mangelnde Prozesstransparenz auch infolge hoher Arbeitsteilung führt häufig zu verzögerter Problemerkennung, weil wichtige Mitarbeiter nicht ent-

sprechend in die Lösungsfindung einbezogen werden, was wiederum auch die Motivation negativ beeinflussen kann.

- historisch gewachsene Aufgabenzuordnungen, weil der Ablauf der Geschäftsprozesse, die Zuständigkeiten und funktional orientierte Verantwortungsbereiche zu unzweckmäßigen Abläufen, häufigen Rückfragen, Doppelarbeiten und Mehrfacherfassung gleicher Informationen führen. Neue Stellen und Zuständigkeiten werden geschaffen, ohne die vorhandenen Strukturen zu prüfen.
- Beleg- und Dokumentenarchive haben oft nicht die gesetzlich geforderten schnellen Zugriffsmöglichkeiten. Sie erfordern großen Personal- und Zeitaufwand, haben Probleme bei der Datenpflege und der Datenkonsistenz, den Schnittstellen und durch Medienbrüche.

Der Workflow als ein anwendungsübergreifendes Werkzeug ermöglicht nun mit der Integration über die Grenzen einzelner Anwendungen hinweg eine Beseitigung bzw. Reduzierung dieser negativen Erscheinungen.

Die Workflow-Technologie bildet eine zweckmäßige Ergänzung zur Software der rechnergestützten Arbeit in den betriebswirtschaftlichen Funktionen. Sie dient der automatisierten Steuerung und Bearbeitung von Abläufen, die zwischen Transaktionen der Programme, Mitarbeiter und Organisationseinheiten übergreifend zu beherrschen sind.

Im Vordergrund stehen dabei die Koordination

- der beteiligten Mitarbeiter
- der anfallenden Arbeitsschritte
- der dabei zu bearbeitenden Daten (Belege/Dokumente).

Die Computerunterstützung bleibt damit nicht länger arbeitsplatzbezogen auf einzelne Tätigkeiten ausgerichtet, sondern wird zur ganzheitlichen Vorgangssteuerung, die sich prozessorientiert über vernetzte Arbeitsplätze aller Ebenen hinweg erstreckt.

Der Ablauf eines Workflows für Wareneingang/Lagerung in der *Abbildung 12.8* stellt dar, dass die beteiligten Mitarbeiter in Wareneingangkontrolle, Qualitätsprüfung, Produktionssteuerung, Transport und Materiallager jeweils in ihrem elektronischen Postkorb die Mitteilung über den jeweiligen Stand der Lieferung erhalten. Sie führen dann ihrerseits die dafür vorgesehenen Aktivitäten (prüfen, transportieren, Fertigungsauftrag einsteuern usw.) aus und geben die Meldung darüber im Workflow weiter. Der Informationsfluss im Workflow verläuft also parallel zum Materialfluss und aktiviert die jeweiligen Tätigkeiten.

Mit Workflow-Systemen wird also versucht,

- die Bearbeitung von Geschäftsvorgängen durchgängig zu unterstützen,
- benötigte Informationen rasch zugänglich zu machen und
- die Zeitdauer der Prozesse drastisch zu reduzieren.

Das Grundprinzip besteht darin, den an der Bearbeitung einzelner Prozessschritte beteiligten Mitarbeitern die auslösenden Ereignisse (z. B. Bestellungen, Rechnungen, Mahnungen) direkt in den elektronischen Postkorb am Arbeitsplatz computergestützt zuzuführen und damit in einem Zwangslauf eine Aufforderung zur Bearbeitung auszulösen. Hinzu kommen dann noch Zeitsteuerungen bzw. -überwachungen, die die Bearbeitung begrenzen bzw. Zeitüberschreitungen anzeigen.

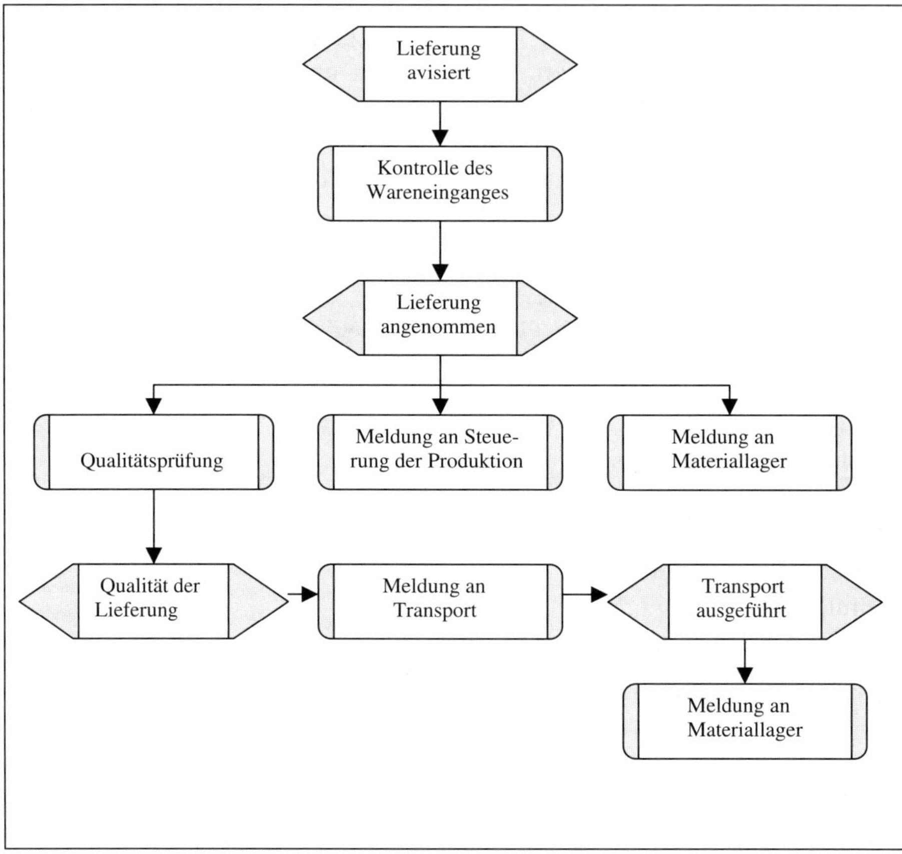

Abbildung 12.8: Ablauf eines Workflows für Wareneingang/Lagerung

Die Workflow-Technologie erfordert jedoch auch umfangreiche und aufwendige Vorbereitungsarbeiten. Alle Tätigkeiten, die in einen Workflow einbezogen werden sollen, müssen unter den angesprochenen organisatorischen Aspekten als Arbeitsaufgaben definiert und dann Stellen, Planstellen, Organisationseinheiten oder Bearbeitern zugeordnet werden. Verantwortlichkeiten für Entscheidungen, Regelungen von Stellvertretungen, Organisation von Teamarbeit usw. sind weitere Probleme, die die Einführung der Workflow-Technologie zu einer nicht trivialen Aufgabe machen. Auch auf negative psychologische Auswirkungen ist hinzuweisen, weil mit einem Workflow natürlich auch „individuelle

Freiheiten" der Mitarbeiter verloren gehen und mit dem Zwangslauf auch eine quantitative und qualitative Überwachung der Arbeit des Einzelnen erfolgen kann.

Die Integrationsbeziehungen der Personalwirtschaft eines Unternehmens werden als Arbeitsprinzip in der nachfolgenden *Abbildung 12.9* dargestellt:

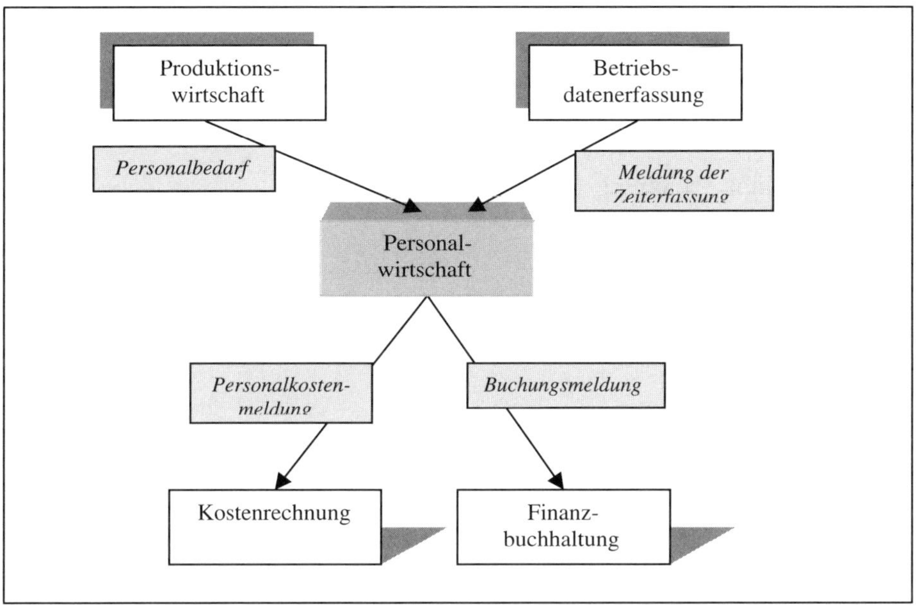

Abbildung 12.9: Integrationsbeziehungen der Personalwirtschaft

12.3.6 Rechnungswesen

Das Rechnungswesen gehörte zu den historisch ersten Teilgebieten der Betriebswirtschaft, die rechnergestützt bearbeitet wurden. Die numerischen Daten und vorhandenen Verarbeitungsvorschriften (Algorithmen) stellten günstige Voraussetzungen für die Programmierung dar.

Auch heute sind die Konten als wichtige Objekte des Rechnungswesens und die Buchungen als wichtige Verarbeitungen gut zu handhaben. Aktuelle Stände von Bilanz und Gewinn- und Verlustrechnung sind praktisch nur Zusammenfassungen der jeweils zugrunde liegenden Konten und daher mit einfachen Auswertungen (Reports) jederzeit herstell- und anzeigbar. Damit besteht für die Mitarbeiter und Manager die Möglichkeit, sich zu beliebigen Zeitpunkten über die aktuelle Situation zu informieren und daraus Schlussfolgerungen ableiten zu können. Hierin liegt allerdings auch eine Gefahr, weil dabei temporäre Zwischenstände unter Umständen nicht das reale Gesamtbild wiedergeben, sondern eine temporäre Situation möglicherweise zu fehlerhaften Aktionen veranlassen kann.

12

• Objekte und Daten des Rechnungswesens

Hierzu gehören alle Konten, Strukturen und Einstellungen, die für die computergestützten Funktionen des Rechnungswesens erforderlich sind:

- Organisationsstruktur – Konzern, Unternehmen, Profit Center usw.
- Kontenplan – Sachkontenstammdaten
- Debitorenstammdaten
- Kreditorenstammdaten
- Bankenstammdaten
- Basisparameter
  - Geschäftsjahr / Buchungsperioden
  - Zahlungsbedingungen / Skonti
  - Steuereinstellungen
  - Ausgleichsverfahren bei Differenzen
- Einstellungen für die Geschäftsvorfälle
  - Bewertungsklassen
  - Kontenfindung
  - Sonderhauptbuchvorgänge
- Einstellungen für den Geschäftsverkehr
  - Mahnwesen
  - Zahlungsprogramm (für automatischen Zahlungsverkehr)
- Einstellungen für die Mitarbeiter
  - Berechtigungen für die Ausführung von Funktionen
  - Toleranzen
- Einstellungen für Abschlüsse
- Aufbau der Bilanz
  - Struktur der Gewinn- und Verlustrechnung
- Strukturen der Kostenrechnung
  - Kostenarten
  - Kostenstellen
  - Kostenträger

• Computergestützte Funktionen des Rechnungswesens

- Finanzbuchhaltung
  - Hauptbuchhaltung
  - Nebenbuchhaltungen
  - Abschlussarbeiten
- Kosten- und Leistungsrechnungen
  - Kostenartenrechnung
  - Kostenstellenrechnung
  - Kostenträgerrechnung
  - Ergebnisrechnung

- Unternehmensstatistik

Neben den üblichen Auswertungen aus diesen konventionellen Berichtsvarianten ermöglicht es die computergestützte Arbeit, weitere darauf aufbauende und darüber hinausgehende **Analysen** vorzunehmen. Aus den diversen abgespeicherten Daten über Ein- und Verkäufe, Kredite, sonstigen zu erwartenden oder zu leistenden Zahlungen usw. lässt sich analog zur permanent möglichen Bilanz- bzw. Ergebnisanalyse eine Analyse der Liquidität und ihres planmäßigen Verlaufs in der kommenden Zeit herstellen. Auch damit hat das Management ein Instrument, welches es ermöglicht, die unternehmerischen Entscheidungen auf eine bessere Informationsbasis zu stellen und damit fundierter zu treffen.
Mit speziellen **Kennzahlensystemen** wird rechnergestützt eine Vielzahl von Auswertungskennzahlen ermittelt und in Gesamt- oder Einzelübersichten zur Nutzung angeboten:

- Erfolgskennzahlen (Erfolgs- und Rentabilitätsentwicklung)
- Finanzierungs- und Liquiditätskennzahlen (Finanzierungs- und Liquiditätsentwicklung)
- Bilanzstrukturkennzahlen (Entwicklung der Vermögenslage)
- Sonstige Kennzahlen

Die Aussagekraft solcher Kennzahlensysteme kann dadurch verbessert werden, dass nicht nur die jeweils aktuellen Werte des Unternehmens genutzt, sondern im Hintergrund die Werte vergangener Perioden, Plan- und Sollwerte, Prognosezahlen usw. auf der Datenbank bereitgehalten werden. Diese können im Bedarfsfall abgerufen und zu Vergleichen genutzt werden. Analog dazu können, wenn beschaffbar, entsprechende Werte aus vergleichbaren anderen Unternehmen, Branchen usw. einbezogen und damit für Entscheidungsvorbereitungen erschlossen werden.

Die Integrationsbeziehungen des Rechnungswesens eines Unternehmens werden als Arbeitsprinzip in *Abbildung 12.10* dargestellt.

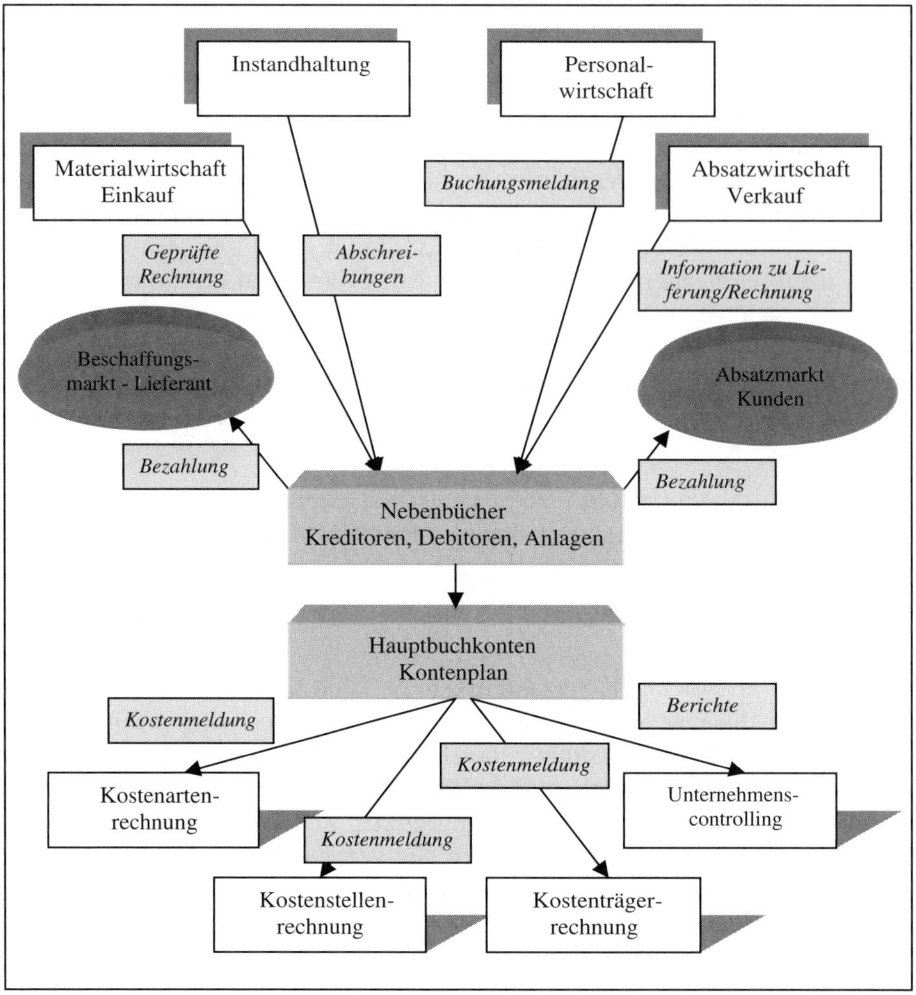

Abbildung 12.10: Integrationsbeziehungen des Rechnungswesens

12.4 Probleme des Aufbaus von Informations- und Kommunikationssystemen in Unternehmen

Architektur von Informations- und Kommunikationssystemen ❶

Aus den unterschiedlichen **Ebenen und Funktionsbereichen eines Informations- und Kommunikationssystems** in einem Unternehmen ergeben sich vielfältige Möglichkeiten für die Gliederung in unterschiedliche Arten betrieblicher Informationsteilsysteme, wie sie in der *Abbildung 12.11* schematisch ersichtlich sind.

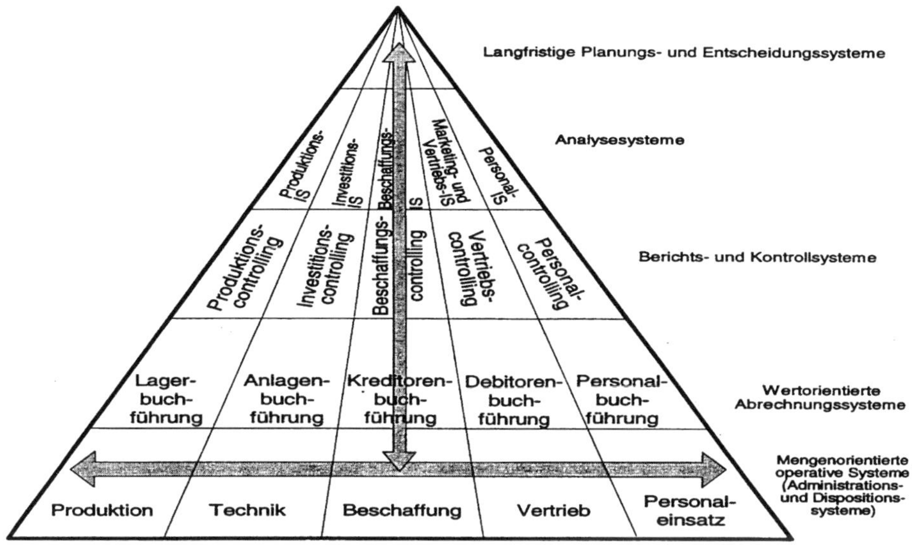

Abbildung 12.11: Integrierte Informationsteilsysteme eines Unternehmens (nach Scheer 1996)

- **Administrations- und Dispositionssysteme**

enthalten die Basisverarbeitungen, sie sind somit auf die Rationalisierung der Massendatenverarbeitung orientiert, das heißt auf Auftragsbearbeitungen, Bestandsführungen, Fakturierungen, Lohn- und Gehaltsrechnungen, Buchungen, Kostenrechnungen usw.
Dispositionen sind dabei Anordnungen und Festlegungen auf den unteren Ebenen der Unternehmenshierarchie, also Unterstützung einfacher Entscheidungen von geringer Tragweite. Es sind gut formalisierbare Entscheidungen, die dadurch teilweise oder vollständig automatisiert werden können (Routineentscheidungen der Lager- und Bestelldisposition, Platzreservierungssysteme, Fertigungssteuerung usw.).

- **Systeme zur Unterstützung der Leitungstätigkeit**

orientieren auf die Unterstützung der Tätigkeit des mittleren und höheren Managements, das heißt auf die Aufgaben, die schlechter strukturiert und weniger gut formalisierbar sind. Hierzu gehören Berichtssysteme mit und ohne Ausnahmemeldungen, Expertisesysteme, Dialogsysteme, Decision-Support-Systeme (DSS), Planungs- und Kontrollsysteme, wissensbasierte Beratungssysteme.
Das Data-Warehouse-Konzept, das ebenfalls in diese Kategorie gehört, wird im Abschnitt 12.5 dargestellt.

Aus den unterschiedlichen **Modellierungsgesichtspunkten eines Informations- und Kommunikationssystems** in einem Unternehmen ergibt sich ein Prinzipschema, wie es in der *Abbildung 12.12* schematisch ersichtlich ist.

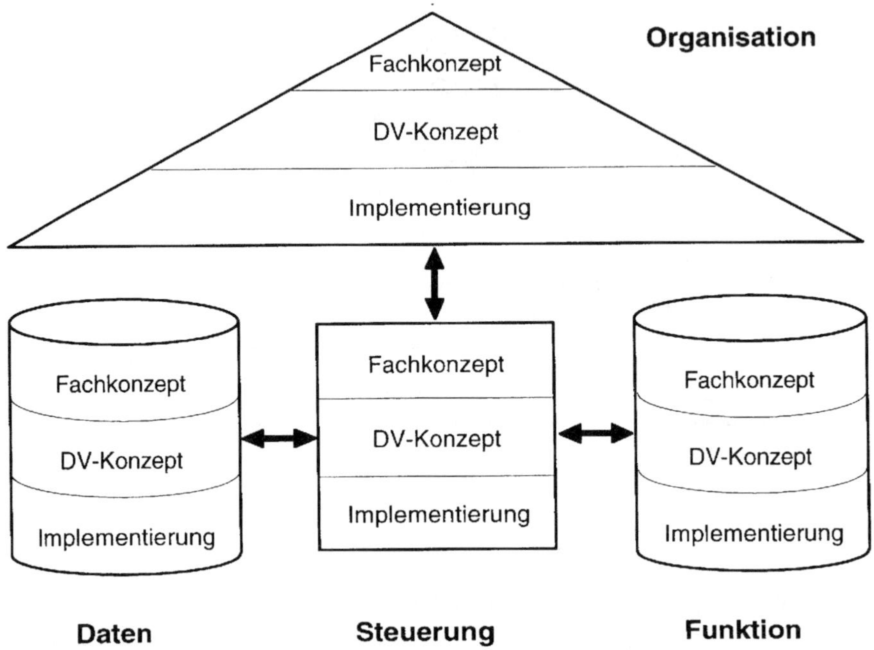

Abbildung 12.12: Modellierungsaspekte eines Informations- und Kommunikationssystems (nach Scheer 1996)

Der Prozess des Aufbaus und der Modellierung eines Informations- und Kommunikationssystems erfolgt nach dem ARIS-Konzept von *Scheer 1996* unter vier **Beschreibungssichten**:

- **Funktionssicht**
  beschreibt die auszuführenden Funktionen (Vorgänge der Geschäftstätigkeit) eines Unternehmens sowie ihre hierarchischen Zusammenhänge, die dann als Software implementiert und ausgeführt werden.
- **Datensicht**
  beschreibt die Objekte und ihre Eigenschaften, die zur Geschäftstätigkeit des Betriebes und seines Umfeldes zu modellieren sind und die dann als Daten erfasst, gespeichert und verarbeitet werden.
- **Organisationssicht**
  beschreibt die Organisationseinheiten und Bearbeiter eines Unternehmens sowie ihre Strukturen und Beziehungen einschließlich der informationstechnischen Infrastruktur.
- **Steuerungssicht**
  beschreibt als Verbindung zwischen den Sichten das Zusammenwirken von

Funktionen, Daten und Organisation. Im Zentrum der Steuerungssicht steht die Darstellung der Geschäftsprozesse in der Einheit der drei genannten Sichten.

Jede dieser Sichten wird unterschiedlich konkretisiert in drei **Beschreibungsebenen** gegliedert, wobei eine durchgängige Beschreibung von der betriebswirtschaftlichen Problemstellung bis hin zur technischen Umsetzung sichergestellt wird:

- **Fachkonzept**
  stellt das zu unterstützende betriebswirtschaftliche Anwendungskonzept in einer formalisierten Beschreibung (Entity-Relationship-Diagramme, ereignisgesteuerte Prozessketten, Organigramme u. Ä.) dar, sodass es Ausgangspunkt einer konsistenten Umsetzung in die Informationstechnik sein kann.
- **Datenverarbeitungs-Konzept**
  enthält die Übertragung aus der Darstellungs- und Begriffswelt des Fachkonzeptes in die Kategorien und Darstellungsweisen der Informationstechnologie (Struktogramme, Tabellen, Netztopologien u. Ä.).
- **Implementierung**
  überträgt das Datenverarbeitungs-Konzept in lauffähige informationstechnologische Komponenten (Programme, Datenbankstrukturen, Übertragungsprotokolle u. Ä.), die dann für die Bearbeitung der täglich anfallenden betriebswirtschaftlichen Aufgaben geeignet sind.

Individual- und Standardsoftware ❷

Diese Unterscheidung wird nach der Herkunft der Software zur computergestützten Arbeit in Informations- und Kommunikationssystemen von Unternehmen vorgenommen:
Individualsoftware entsteht durch Eigenentwicklung in einem Unternehmen selbst, ist dementsprechend auf die Spezifik dieses Unternehmens zugeschnitten und enthält alle notwendigen, aber keine überflüssigen Elemente. Allerdings ist die Eigenentwicklung schwierig sowie sehr zeit- und kostenintensiv; Qualität und Leistungsfähigkeit der so entwickelten Individualsoftware sind ungewiss und damit risikobehaftet.
Standardsoftware wird von Softwarehäusern entwickelt und auf dem Markt zum Kauf angeboten. Damit sind Qualität und Leistungsfähigkeit vorher prüfbar, dieses Risiko ist geringer. Die Standardsoftware scheint sofort einsetzbar und kostengünstiger. Dementsprechend ist vielfach ein Trend zur Nutzung von Standardsoftware zu verzeichnen. Allerdings ist zu beachten, dass die „Ernennung zur Standardsoftware" von den Anbietern selbst vorgenommen wird und keinem echten Standard entsprechen muss. Die Spezifik der Geschäftsprozesse des einsetzenden Unternehmens kann dabei nicht berücksichtigt werden. Das

führt einerseits teilweise zum Fehlen notwendiger Bestandteile, andererseits müssen oft überflüssige Elemente der Software mitgenommen werden.
Dementsprechend sind zumeist umfangreiche Anpassungsarbeiten an der Standardsoftware erforderlich. Diese können rationell mit Customizing-Tools durchgeführt werden, wofür allerdings wiederum Zeit und Spezialisten erforderlich sind. Der Anpassungsaufwand einschließlich der erforderlichen Schulungen liegt oft bei einem Vielfachen des Kaufpreises der Software.
Für betriebliche Funktionen bzw. Teilfunktionen gibt es auf dem Markt eine enorme Vielfalt diverser Softwareangebote. Umfassende ERP-Software als Standardsoftware wird z. B. von SAP, BAAN, Oracle, Peoplesoft und J. D. Edwards angeboten, wobei das System SAP R/3 unbestrittener Marktführer ist.

Outsourcing / Application Service Providing (ASP)

Bezüglich des Betreibens der technischen Infrastruktur eines Informations- und Kommunikationssystems gibt es prinzipiell zwei mögliche Varianten:

- Eigenes Rechenzentrum des Unternehmens, das heißt, das Unternehmen betreibt in eigener Regie und mit eigenen Kräften eine eigene technische Basis.
- Outsourcing auf die Systeme eines Dienstleistungsrechenzentrums, wobei dieses dann die technische Basis als Dienstleistung anbietet. Investitionsaufwand, Bedarfsschwankungen, Ausfallrisiko und Bedarf an Spezialisten lassen sich hierdurch wesentlich besser abfangen.

Eine weitergehende Form des Outsourcing setzt sich mit dem Application Service Providing (ASP) langsam durch. Hierbei nähert man sich dem alten Wunschtraum „Datenverarbeitung aus der Steckdose“ dadurch an, dass der Kunde bei Bedarf z. B. über das Internet die angebotenen Anwendungsprogramme (Applikationen) des Dienstleisters nutzt. Damit haben auch z. B. mittelständische Unternehmen die Möglichkeit, große ERP-Softwaresysteme zu nutzen, die sie allein nie betreiben könnten. Die nutzenden Unternehmen vermeiden so alle Aufwendungen und Risiken des Systembetriebes und können sich auf die reine Nutzung konzentrieren. Das Application Service Providing setzt allerdings ein sehr großes Vertrauen zum Anbieter voraus, da auf diese Weise ein starkes Abhängigkeitsverhältnis entsteht und der Provider prinzipiell das gesamte System einschließlich aller Daten einsehen kann.

Datenschutz und Sicherheit bei computergestützter Arbeit

Ausgangspunkt der Sicherheitsdiskussion bei computergestützter Arbeit ist die erheblich gewachsene Abhängigkeit der betrieblichen Abläufe von der permanenten Funktionsfähigkeit der Rechen- und Kommunikationstechnik. Verlorene Daten oder längere Ausfälle der Technik sind im praktischen Betrieb in Unternehmen schwer zu kompensieren.

Bezüglich der Daten zu den betriebswirtschaftlichen Objekten wurde schon zu Beginn dieses Kapitels darauf hingewiesen, dass in den Unternehmen zu regeln ist, wer Zugang zu den gespeicherten Daten hat.
Das **Bundesdatenschutzgesetz** regelt die Fragen des Datenschutzes aus der Sicht der persönlichen Daten des Individuums und seiner schutzwürdigen Belange. Diese Fragestellung spielt in Unternehmen insbesondere bei Personalinformationssystemen eine wichtige Rolle, weil hier die Befürchtungen des Datenmissbrauchs bzw. des „gläsernen Mitarbeiters" besondern akut sind.
Prinzipiell sind die Grundsatzregelungen des Bundesdatenschutzgesetzes auch auf betriebliche Daten anwendbar.
Es ist also eine Frage des Datenschutzes, dass der Zugriff auf die Daten durch firmeninterne Regelung eingeschränkt wird, zumal die Erfahrungen besagen, dass der Datenmissbrauch zum großen Teil nicht von außen, sondern von Mitarbeitern innerhalb der eigenen Organisation erfolgt.
Limitierter Zugang verhindert, dass nicht zuständige Personen Daten einsehen oder gar ändern können. Wenige Benutzer erhalten die Berechtigung, Daten neu anzulegen bzw. zu modifizieren. Das heißt, sie sind befugt, bestimmte Datensätze in den Dateien anzulegen bzw. zu ändern.
Die **Sicherheit** bei der Nutzung der Informationstechnologie betrifft zum einen eine Absicherung gegen Ausfälle oder Fehler der Technik durch organisatorische und technische Maßnahmen (Duplizieren von Datenbeständen, Notstromversorgung, Technikreserven usw.); zum anderen aber auch die Verhinderung von Computerbetrug, bei dem die zielgerichtete unbefugte Manipulation von Daten und Programmen vorgenommen wird, um manipulierte Ausgabedaten zu erreichen. Computerspionage ist die unberechtigte Beschaffung oder Verwertung von Daten und/oder Programmen.
Die zunehmende Vernetzung, wie sie bei der Internetarbeit dargestellt wurde, erhöht zweifellos die Risiken der computergestützten Arbeit. In der Öffentlichkeit werden allerdings die Risiken oft in falschen Relationen dargestellt, weil natürlich auch andere Arbeitsweisen risikobehaftet sind.

12.5 Entwicklungstendenzen der computergestützten Arbeit

Weiterführung des Integrationsgedankens

Abgeleitet aus den eingangs angeführten Begriffen und Zielstellungen folgt, dass die computergestützte Arbeit in den einzelnen betrieblichen Funktionsbereichen nur sinnvoll und effektiv funktionieren kann, wenn sie insgesamt in dem schon angesprochenen Informations- und Kommunikationssystem eines Unternehmens integriert zusammengeführt wird.

Die speziellen Anforderungen von Konkurrenz und Wettbewerb auf dem Absatzmarkt zwingen dazu, bezüglich Schnelligkeit, Reaktionsfähigkeit, Eingehen auf individuelle Kundenwünsche und Qualität alle Funktionsbereiche des Unternehmens einzeln in ihrer Leistungsfähigkeit zu erhöhen, aber auch über ihr verbessertes Zusammenwirken diese Effekte zu steigern.
Offensichtlich wird das speziell in der logistischen Kette, die funktionsübergreifend wirkt und nur dann rationell arbeitet, wenn die darin enthaltenen betrieblichen Geschäftsprozesse sowohl auf der stofflichen als auch auf der informationellen Ebene reibungslos miteinander funktionieren.
Auf Grund der bei Absatz-, Material- und Produktionswirtschaft schon angesprochenen integrativen Verflechtungen ist es durchaus sinnvoll, diese drei Teilsysteme als ein Logistik-Informationssystem innerhalb des Informations- und Kommunikationssystems zu sehen. Dieser Ansatz ist dann noch zu erweitern, wenn man auf der

- Beschaffungsseite die Problematik und Inhalte des **Supply Chain Management (SCM)** im Zusammenhang mit den Nutzungsmöglichkeiten von Extranet/Intranet,
- Absatzseite die Problematik und Inhalte des **Customer Relationship Management (CRM)** ebenfalls im Zusammenhang mit den Nutzungsmöglichkeiten von Extranet/Intranet

als logische Fortsetzung der logistischen Kette betrachtet.
Beim CRM steht die Erhaltung der Kunden durch ein Beziehungsmanagement als Ziel, wobei alle Einzelbeziehungen eines Unternehmens zum Kunden (Verkauf, Service, Support, Außendienst, Callcenter usw.) über eine optimale gemeinsame Kundenansprache gehandhabt werden sollen. Eine Grundlage dafür ist der Ausbau der im Abschnitt 12.3.5 beschriebenen Kundendaten und der dazugehörigen Auswertungsfunktionen.

Die prinzipielle Betrachtung der Weiterführung der Integration verdeutlicht *Abbildung 12.13*, wobei die technologische Realisierung der Verbindungen zwischen Unternehmen, Kunden und Lieferanten hierbei nicht ersichtlich ist.

Sie ist, wie bereits ausgeführt, in einer Kombination von „normaler“ Vernetzung, Extranet/Intranet und anderen Kommunikationsmitteln zu sehen.
Von der inhaltlichen Logik ist speziell zu beachten, dass die Beziehungen sowohl von Kunden als auch von Lieferanten zum Unternehmen nicht nur über die üblichen Beschaffungs- bzw. Absatzorgane laufen, sondern den Kunden und Lieferanten z. B. in gewissem (natürlich eng begrenztem) Umfang auch Zugriff zum Produktions- und Lagerungsbereich ermöglicht wird. Dadurch können sich diese sie betreffende Informationen selbst direkt beschaffen:

- Lieferanten überwachen Bestände von Materialien, für deren Lieferung sie zuständig sind, und veranlassen selbstständig eine Lieferung ohne das übliche Procedere von Anfrage/Angebot/Bestellung;
- Lieferanten bereiten selbstständig eine Lieferung vor bzw. veranlassen sie auf der Basis ihrer Einsichtsmöglichkeiten in die Produktionsplanung;
- Kunden können in Bestände von Materialien einsehen, deren ständiger Bezieher sie sind, und veranlassen selbstständig eine Lieferung ohne das übliche Procedere von Anfrage/Angebot/Bestellung;
- Kunden können auf der Basis ihrer Einsichtsmöglichkeiten in die Produktionsplanung selbstständig operativ Realisierungsmöglichkeiten von Auftragsänderungen bzw. freien Kapazitäten für zusätzliche Aufträge einsehen und gegebenenfalls entsprechende Maßnahmen veranlassen.

Offensichtlich ist, dass diese neuen Möglichkeiten einerseits ein extremes Vertrauensverhältnis zwischen den beteiligten Unternehmen voraussetzen und andererseits spezielle Sicherheitsmaßnahmen erfordern, um zu gewährleisten, dass nur die eng begrenzten Einsichten möglich sind und nicht ein unbefugter weitergehender Einblick in andere Datenbestände möglich wird.

E-Business / Marktplätze / Portale ❸

E-Commerce

Electronic Commerce ist eine Zielstellung, bei der z. B. mittels Internet-Technologien und der weiteren Anbindung von Diensten und Datenbanken eine neue Form der Geschäftstätigkeit eröffnet werden soll.
Die Grundidee des Electronic Commerce ist die masse- und verzögerungslose Abwicklung von Geschäftsprozessen aller Art zwischen möglichst allen Partnern unabhängig davon, wo diese sich gerade befinden.
Hierzu können z. B. auch diverse Prozesse außerhalb des Big Business gehören:

- Hausratverkauf von privat an privat,
- Ersatzteilauswahl und -order,
- Versteigerungen,
- kommunale Verwaltungsdienstleistungen,
- Abgabe von Steuererklärungen.

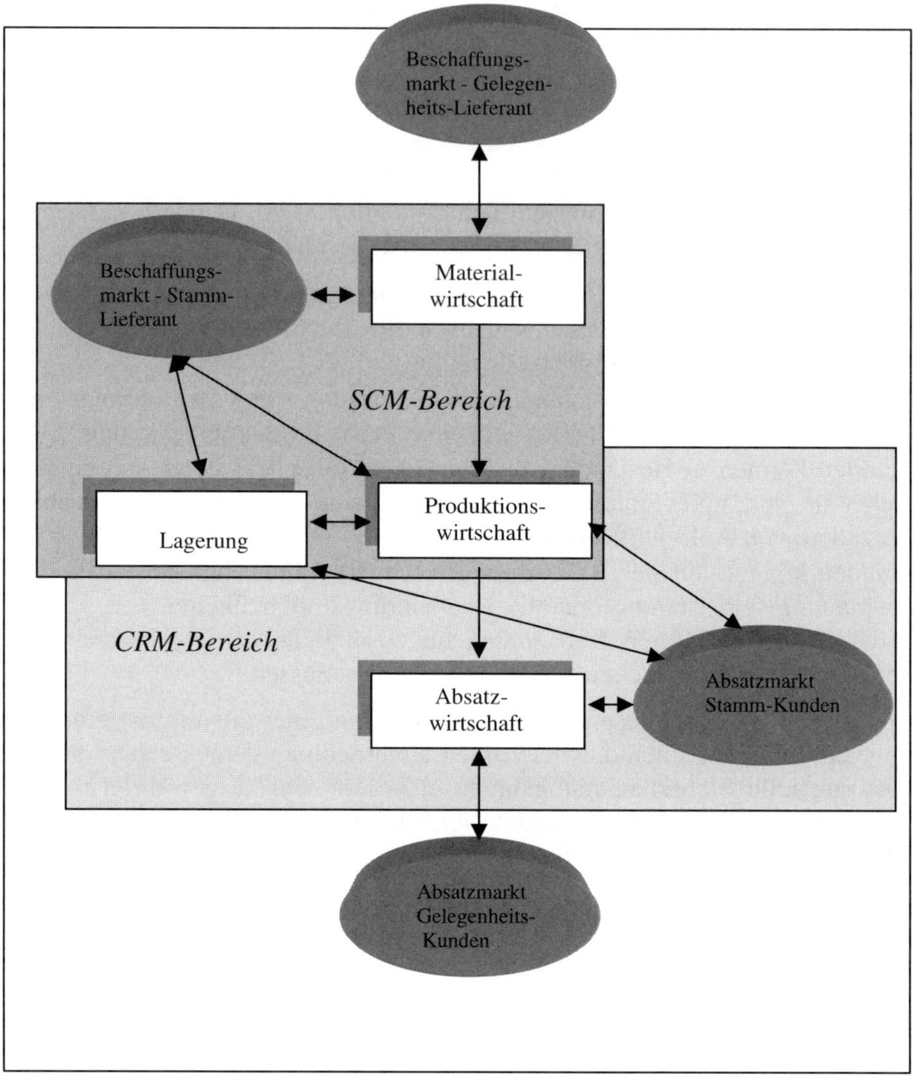

Abbildung 12.13: Integrationserweiterungen durch SCM und CRM

Das heißt, es geht nicht nur um die etablierten bekannten Geschäftsprozesse aus betriebswirtschaftlichen Funktionen, sondern auch um wirtschaftlich bisher nicht sinnvolle Interaktionen zwischen Personen, Behörden und Unternehmen. Dadurch könnte erreicht werden:

- Kleine Anbieter erhalten vergleichbare Chancen wie größere Unternehmen,
- auf Informationsdefiziten beruhende Fehlentscheidungen werden reduziert,
- die Markttransparenz im Internet kann den marktwirtschaftlichen Gesetzmäßigkeiten mehr Wirksamkeit verschaffen,

- weltweit vereinheitlichte Darstellungs- und Übertragungsverfahren könnten die „babylonische Sprach- und Beziehungsverwirrung“ zwischen kommerziellen Partnern reduzieren helfen.

Electronic Commerce ist zu verstehen als Strategie, bei der individuelle Abwicklungen von Geschäftsprozessen zwischen Wirtschaftsobjekten wie Unternehmen, privaten Haushalten oder öffentlichen Einrichtungen unter Nutzung verschiedenster Informations- und Kommunikationstechnologien und deren problemspezifischer Kombination erfolgt (weltweiter Handel über Computernetzwerke). In diesem Sinne ist Electronic Commerce eine Submenge des Electronic Business.

Auch beim Electronic Commerce hängen Wertschöpfungspotenzial und Aufbau eines geeigneten Angebots stark von der Produktstruktur der Unternehmen ab. Aus dieser Klassifizierung der Produkte ergeben sich somit verschiedene Stufen zur Nutzung des E-Commerce, wobei mit jeder Stufe Interaktivität und potenzieller Nutzen steigen. Allerdings steigen dabei auch die erforderlichen organisatorischen Voraussetzungen.
Für Unternehmen, die Güter über das Internet vermarkten wollen, ist daher eine präzise Analyse der Wertschöpfungspotenziale des E-Commerce von ausschlaggebender Bedeutung:

- **In Produktionsbetrieben** beispielsweise kann eine Verteilung des Konstruktions- und Entwicklungsprozesses im Sinne virtueller Entwicklungsgemeinschaften zu stark verkürzten Produktentwicklungszeiten führen, wenn die Arbeitsergebnisse einer Projektgruppe zeitnah den anderen Gruppen zur Verfügung stehen.
- Im **Handel mit digitalisierbaren Produkten**, wie z. B. Software oder Verlagserzeugnissen, können durch reduzierte Vertriebskosten Verkaufspreise gesenkt und die Gewinnspannen erhöht werden.
- **Nicht digitalisierbare Produkte** können mit E-Commerce beworben und verkauft werden.

Die größten **Hindernisse** auf dem Weg zur echten kommerziellen Nutzung des Internet sind

- mangelnde Performance,
- ungenügende Sicherheitsmechanismen,
- fehlende Bezahlungsverfahren.

Hieraus resultieren trotz erheblicher Fortschritte beträchtliche Frustrationen der Nutzer, da das Internet bei seiner Nutzung „als bessere Plakatwand“ nicht die erhofften Effekte bringt.

Entwicklungsstufen des E-Commerce können sein:

– **Bereitstellung von Informationen**

Auf dieser untersten Stufe des E-Commerce steht die Selbstdarstellung der Unternehmen im Vordergrund (siehe viele derzeitige WWW-Seiten), mit der auch die Anwenderakzeptanz getestet wird (Zugriffszähler). Sie ist kostenfrei, allerdings ist kaum eine Navigation nach tiefer gehenden Informationen möglich. Diese Entwicklungsstufe hat noch keine Auswirkungen auf Arbeitsweise und Organisation der Unternehmen, ist allerdings auch noch kein E-Commerce im eigentlichen Sinne!

– **Abruf individueller Angebote**

erfolgt auf einem höheren Interaktionsniveau, wobei neben dem allgemeinen Niveau der Informationen auch spezielle, individuelle **Informationsbedürfnisse** abzudecken sind. Hierzu können gehören:

- allgemeine Katalogangebote z. B. von Versandhäusern, bei denen die Möglichkeit der individuellen Vertiefung besteht,
- gezielte Abfrage von Fahr- und Flugplänen sowie -preisen nach der Eingabe von Flugziel und -termin,
- Anforderung individueller Angebote nach Eingabe von gewünschtem Produkt, Menge, Preis und gegebenenfalls auch Liefertermin,
- Zusammenstellung eines individuellen PKWs aus vorgegebenen Ausstattungsvarianten des Herstellers.

Problematisch ist hierbei, dass das Unternehmen die Kaufentscheidung des Kunden nicht spontan beeinflussen kann, sondern auf die erneute Kontaktaufnahme des Interessenten warten muss, was durch Kostenfreiheit für den Interessenten unterstützt werden kann.

Diese Entwicklungsstufe hat erhebliche Auswirkungen auf Arbeitsweise und Organisation der Unternehmen, weil z. B. eine weltweite Informationstransparenz über Produkt- und Preisstrukturen geschaffen wird. Dies kann bei mittelständischen Unternehmen ein gravierendes Problem sein, da hier die Kundenbindung oft auch über die Gewährung individueller Rabatte erreicht wird.

– **Auslösung von Bestellungen**

Hierbei kann, aufbauend auf den individuellen Angeboten der vorangegangenen Stufe, eine sofortige Bestellung erfolgen. Die Art der Produkte spielt keine Rolle, da Fakturierung und Vertrieb auf konventionelle Art und Weise erfolgen. Diese Stufe wird z. B. von Versandhäusern erreicht, birgt aber durch die mangelhafte Identifizierbarkeit des Bestellauslösers die Gefahr einer hohen Stornoquote durch Missbrauch des Systems.

Zusätzlich zu den organisatorischen Veränderungen der Vorstufe macht sich lediglich die Sicherung der sofortigen Weitergabe der eingegangenen Bestellungen in das System der Geschäftsvorfälle des Unternehmens erforderlich. In fortgeschrittenen Systemen werden die entsprechenden Transaktionen automatisch ausgelöst.

– **Bezug und Bezahlung von Produkten**
Das größte Wertschöpfungspotenzial ist dann gegeben, wenn die Kunden Produkte und Dienstleistungen direkt über E-Commerce erhalten und bezahlen können.
Die Möglichkeit hierzu ist bei vollständig digitalisierbaren Produkten (Software, Texte, Musik usw.) vorhanden, wodurch sich enorme Zeit- und Kostenvorteile erreichen lassen. Eine schon häufig praktizierte Variante ist dabei die Abwicklung von Support und Hotline der Unternehmen der Informationstechnologie im Internet, wie z. B. SAPNet, Hotlines, Problemdatenbanken und Updates für Programme und Dokumentation.
Hemmend wirkt sich bei dieser Entwicklungsstufe aus, dass noch nicht ausreichend akzeptierte Bezahlverfahren auch für kleinere Geldbeträge implementiert und etabliert sind.
So ist der digitale Verkauf für Online-Datenbankanbieter erst dann lohnenswert, wenn der Kunde vor Erhalt der elektronisch übertragenen Ware ebenfalls elektronisch bezahlen kann.
Die teilweise kostenlosen Angebote von Free- und Shareware oder von Verlagen sind nicht als Dauerlösung gedacht, sondern sollen entsprechende Kundenkontakte herstellen. Bei Einführung von kostengünstigen Verfahren der Abwicklung auch kleinster Zahlungen (Micropayment) werden auch diese Anbieter geringe Preise verlangen, die keine Kunden verschrecken, in der Summe aber trotzdem für den Anbieter lohnend sein werden.
Die organisatorischen Auswirkungen sind bei dieser Stufe des E-Commerce gravierend, da sich sowohl logistische als auch finanzielle Prozesse stark verändern müssen.

Electronic Commerce als so genannte B2C-Beziehung (Business-to-Customer-Beziehung) ist als die erste Submenge eines **Electronic Business** anzusehen. Wie schon zur Weiterführung des Integrationsgedankens dargestellt, entwickelt sich nun die anfängliche reine Handelstätigkeit zur vollen elektronischen Geschäftstätigkeit, wie sie z. B. in der B2B-Beziehung (Business-to-Business-Beziehung) zum Ausdruck kommt.
Hierbei wird neben der Erweiterung der logistischen Kette in Kundenrichtung durch das Customer Relationship Management (CRM) und in Lieferantenrichtung durch das Supply Chain Management (SCM) mit Marktplätzen (marketplaces) und Unternehmensportalen im Internet eine neue Qualität erreicht. In Fortsetzung dessen, was mit Homepages für Unternehmen im Internet begonnen hat, sind **Unternehmensportale** ein Zugang zu

- weiteren Inhalten,
- Datenbanken,
- Services,
- Suchdiensten,
- speziellen Informationskanälen,

- Intranets,
- interaktivem Informationsaustausch usw.

Typisch für diese Portale ist die Möglichkeit der Personalisierung, das heißt der Anpassung an die speziellen Informations- und Funktionalitätsanforderungen einer bestimmten Person.
Ein **Marketplace** in diesem Sinne ist ein offener elektronischer Marktplatz im Internet, auf dem potenzielle Geschäftspartner anbieten bzw. nachfragen und über den dann unternehmensübergreifende Kauf-, Verkaufs- und Kommunikationsprozesse abgewickelt werden können. Ein Marktplatz dient also dem Anbieten von Informationen, der Suche nach Geschäftspartnern und Gütern, der Durchführung der Geschäftsprozesse und gegebenenfalls auch der Lieferung von Produkten (wenn sie in digitalisierter Form vorliegen).
Vielfach ist eine Abgrenzung zwischen Unternehmensportalen und Marketplaces nicht eindeutig möglich, sie dienen sowohl als das eine als auch als das andere.

Data-Warehouse-Konzept

Werden die Kennzahlensysteme des Rechnungswesens (siehe Abschnitt 12.3.6) auch auf darüber hinausgehende Daten ausgebaut, entwickeln sie sich in die Richtung von Systemen, die seit längerer Zeit als Management Information Systems (MIS) propagiert werden. Zielstellung war hierbei, eine spezielle, auf den Informationsbedarf des Managements ausgerichtete Datenbank aufzubauen und nutzerfreundlich handhabbar zu machen. Diese Absicht wurde in der Vergangenheit aus einer Reihe von technischen, subjektivistischen und inhaltlichen Gründen nicht erreicht.
Mit der Entwicklung der komplexen ERP-Systeme und ihren umfassenden Datenbanken sowie den Fortschritten der Informationstechnologie in den 90er-Jahren wurden die alten, nicht realisierten Grundgedanken wieder aktuell. So enthält beispielsweise das ERP-System SAP R/3 einen Modul **Executive Information System (EIS)**, der Aufbaumöglichkeiten für ein System von Managementinformationen zur Verfügung stellt. Über ein Definitionssystem können beliebige Merkmale (Attribute) betrieblicher Objekte oder von Objekten aus dem Unternehmensumfeld festgelegt und kombiniert sowie mit entsprechenden Kennzahlen versehen werden. Ein vereinfachtes Beispiel hierzu enthält *Abbildung 12.14.*

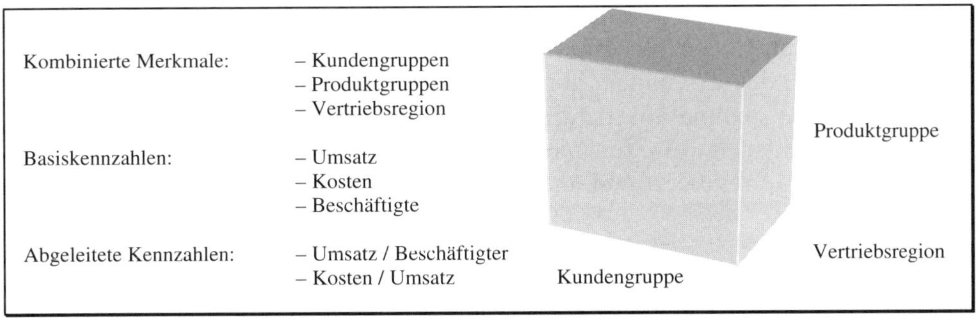

Abbildung 12.14: Schema eines Datenwürfels in einem Executive Information System

Dieser schematisch dargestellte Datenwürfel ist in seinen Bestandteilen als Struktur von Tabellen einer relationalen Datenbank abgespeichert und kann mit den konkreten Daten (Bezeichnungen bzw. Schlüssel der einzelnen Merkmalsausprägungen, Werte der Basiskennzahlen) gefüllt werden.
Auf diesen Daten aufbauend lassen sich dann **Berichte** herstellen, die beliebige Merkmalskombinationen und Kennzahlen enthalten können. Da Berichte auf Papier bzw. am Bildschirm nur zweidimensional sind, lassen sich die weiteren Dimensionen (das heißt Anzahl der zu kombinierenden Merkmale) über Navigationsmöglichkeiten in den Berichten erreichen. Für diese Berichte werden bei Bedarf auch die abgeleiteten Kennzahlen ermittelt und angezeigt.
So kann ein Bericht z. B. folgende Fragen beantworten:

- Welche Kundengruppen bestellen welche Produktgruppen?
- Welche Produktgruppen werden in welchen Vertriebsregionen bevorzugt?
- Welche Kundengruppen beziehen in welchen Vertriebsregionen welche Produktgruppen?
- Wie ist der Kosten- bzw. Personalaufwand bezogen auf den Umsatz in verschiedenen Vertriebsregionen?

Zusätzlich bieten Executive Information Systems die Möglichkeit, ein sehr altes Prinzip des Managements, das **Management by exception,** in breitem Maße zu realisieren. Denkansatz ist hierbei, dass ein Manager Entscheidungen vorrangig dann zu treffen hat, wenn eine Ausnahmesituation, eine Abweichung vom geplanten Normalfall, auftritt. Damit in einer solchen Situation der Manager eine Information bekommt, ist es erforderlich,

- dass die zu überwachenden Kennzahlen festgelegt werden;
- dass bei jeder Kennzahl definiert wird, welche Über- bzw. Unterschreitungen des Sollwertes als meldepflichtige Abweichungen anzusehen sind;
- dass die aktuellen Werte der Kennzahlen bezüglich aufgetretener Über- bzw. Unterschreitungen überwacht werden;
- dass aufgetretene Über- bzw. Unterschreitungen dem verantwortlichen Manager gemeldet werden.

Die Verwirklichung dieser Anforderungen wird, wenn eine größere Anzahl von Kennzahlen einbezogen werden soll, nur möglich, wenn die Überwachung einem Programm des Computers übertragen wird. In den Berichten an den Manager sind die Ausnahmefälle deutlich zu kennzeichnen bzw. Berichte sind nur dann zu liefern, wenn ein Ausnahmefall eingetreten ist. Dadurch wird die Informationsmenge reduziert und auf wirklich entscheidungsrelevante Informationen konzentriert.

Ein spezieller Gesichtspunkt derartiger managementorientierter Systeme ist, dass der Informationsbedarf stark auf **externe Informationen** aus dem Umfeld des Unternehmens, z. B. Marktsegmente und -volumen, Konkurrenzunternehmen und -produkte, Branchenentwicklungen usw., gerichtet ist. Damit tritt der Aspekt der Beschaffbarkeit zuverlässiger Daten in den Vordergrund. Es genügt also nicht, in einem leistungsfähigen System nützliche Inhalte und aussagekräftige Berichte zu definieren, sondern diese Daten müssen dann auch in der erforderlichen Form zu beschaffen sein. Dies gilt natürlich auch für die unternehmensinternen Daten, weil auch hier nur die Daten ausgewertet werden können, die zuvor z. B. im Rechnungswesen erfasst worden sind. Wenn im o. g. Beispiel die Kostenrechnung keine Kosten pro Vertriebsregion erfasst, kann damit auch in der Auswertung nicht gearbeitet werden. Der simple Satz, dass man nur Daten auswerten kann, die man hat, wird bei den Anforderungen von Berichten aus Unkenntnis oft nicht berücksichtigt. In diesem Zusammenhang wird auch immer wieder die Frage diskutiert, wer derartige Executive Information Systems handhaben soll. Also ob es den Managern zuzumuten ist, sich die benötigten Berichte selbst zu erstellen, oder ob dafür entsprechende Stabsstellen zuständig sind. Eine eindeutige Antwort auf diese Frage gibt es bisher nicht, weil dabei auch sehr subjektive Ansichten der jeweiligen Individuen maßgeblich sind. Daher bieten leistungsfähige Systeme sowohl die Möglichkeit der individuellen Anfertigung von Berichten als auch der Nutzung vorgefertigter Berichte in Berichtsbäumen bzw. -heften.

In ihrer Leistungsfähigkeit weiter ausgebaute und eigenständige Systeme der Managementunterstützung werden dann als „Data Warehouse“ oder auch „Information Warehouse“ bezeichnet.

12.6 Kontrollfragen, Übungsaufgaben und Literaturhinweise

Kontrollfragen

1. Was ist der wesentliche Inhalt des Informationsmanagements in einem Unternehmen? ➠ Abschn. 12.2
2. Worin besteht der Grundgedanke der Integration bzw. integrierter Systeme? ➠ Abschn. 12.3.1
3. Welche Probleme der Strukturierung der Materialdaten gibt es? ➠ Abschn. 12.3.2
4. Welche Integrationsbeziehungen zu anderen Bereichen hat die Produktionswirtschaft? ➠ Abschn. 12.3.3
5. Welche computergestützten Funktionen stehen in der Absatzwirtschaft im Vordergrund? ➠ Abschn. 12.3.4
6. Welche organisatorischen Objekte spielen beim Einsatz der Mitarbeiter im Unternehmen eine Rolle? ➠ Abschn. 12.3.5
7. Worin besteht die Grundidee der Workflow-Technologie und wie wird sie umgesetzt? ➠ Abschn. 12.3.5
8. Welche Möglichkeiten und Probleme der computergestützten Arbeit gibt es im Rechnungswesen? ➠ Abschn. 12.3.6
9. Welche Informationsteilsysteme lassen sich in einem Informations- und Kommunikationssystem eines Unternehmens unterscheiden? ➠ Abschn. 12.4
10. Welche Modellierungsaspekte eines Informations- und Kommunikationssystems sind zu unterscheiden? ➠ Abschn. 12.4
11. Ist für den Aufbau eines Informations- und Kommunikationssystems Individual- oder Standardsoftware zu bevorzugen? ➠ Abschn. 12.4
12. Welche praktikablen Ansätze gibt es zur Erweiterung des Integrationsgedankens? ➠ Abschn. 12.5
13. Was versteht man unter einem Marktplatz im Internet? ➠ Abschn. 12.5
14. Welche Voraussetzungen und Möglichkeiten sind im Zusammenhang mit dem E-Business zu sehen? ➠ Abschn. 12.5
15. Worin besteht die Grundidee eines Data Warehouses und welche Probleme gibt es bei ihrer Realisierung? ➠ Abschn. 12.5
16. Warum ist das Informationsmanagement eine Führungsaufgabe der Geschäftsleitung? ➠ Abschn. 12.2

Übungsaufgaben

❶ Aufbau eines Informations- und Kommunikationssystems

Ein Unternehmen will sein historisch gewachsenes Informationssystem strategisch neu gestalten und ein modernes Informations- und Kommunikationssystem aufbauen. Erarbeiten Sie einen Arbeitsplan, aus dem hervorgeht

- welche Grundsätze dabei zu beachten sind,
- welche Modellierungsaspekte dabei eine Rolle spielen,
- welche Schwerpunktaufgaben dabei anstehen.

❷ Rationeller Zugang zu nutzbarer Software

Ein mittelständisches Unternehmen will seine historisch gewachsene Informationsverarbeitung, bestehend aus einer Anzahl von fallweise angeschafften unterschiedlichen Softwarelösungen, verbessern. Ziel ist es, mit einem Schritt einen wesentlichen Fortschritt zu erreichen.

Die Geschäftsleitung hat allerdings Bedenken wegen der erforderlichen hohen Investitionen und des entstehenden Bedarfs an Informatik-Spezialisten.

Welchen Weg könnten Sie vorschlagen, um das Ziel mit einer akzeptablen Belastung zu erreichen ?

❸ Geschäftstätigkeit im E-Business

Die Geschäftsführung eines Unternehmens denkt darüber nach, die Geschäftstätigkeit auch auf das E-Business auszudehnen.

Welche Analysen und Maßnahmen würden Sie empfehlen, um der Geschäftsführung konkrete Entscheidungshilfen für diese Einführung an die Hand zu geben?

Literaturhinweise

Bundesbeauftragter für den Datenschutz: Bundesdatenschutzgesetz – Text und Erläuterung. Bonn, 1991.

Disterer, G.; Fels, F.; Hausotter, H.: Taschenbuch der Wirtschaftsinformatik. Leipzig: Fachbuchverlag, 2000.

Hansen, H. R.: Wirtschaftsinformatik I. Stuttgart: Lucius & Lucius, 1996.

Hansen, H. R.: Arbeitsbuch Wirtschaftsinformatik I. Stuttgart: Lucius & Lucius, 1996.

Korndörfer, W.: Allgemeine Betriebswirtschaftslehre. Wiesbaden: Gabler-Verlag, 1996.

Krieger, W.: Informationsmanagement in der Logistik. Wiesbaden: Gabler-Verlag, 1995.

Möhrlen, R. / Kokot, F.: SAP R/3 – Funktionsumfang. Haar bei München: Markt & Technik, 1998.

Riemann, W., et. al.: Wirtschaftsinformatik – Anwendungsorientierte Einführung. München, Wien: Oldenbourg, 2000.

Scheer, A.-W.: Architektur integrierter Informationssysteme. Berlin, Heidelberg: Springer-Verlag, 1996.

Scheer, A.-W.: Wirtschaftsinformatik – Referenzmodelle für industrielle Geschäftsprozesse. Berlin, Heidelberg: Springer-Verlag, 1997.

Schwarze, J.: Informationsmanagement – Informationsversorgung im Unternehmen. Herne/Berlin: Verlag Neue Wirtschafts-Briefe, 1998.

Specht, O.: Betriebswirtschaft für Ingenieure + Informatiker. Ludwigshafen: Kiehl, 1996.

Stahlknecht, P.: Arbeitsbuch Wirtschaftsinformatik. Berlin, Heidelberg: Springer-Verlag, 1996.

Stahlknecht, P. / Hasenkamp, U.: Einführung in die Wirtschaftsinformatik. Berlin, Heidelberg: Springer-Verlag, 1999.

Wenzel, P.: Betriebswirtschaftliche Anwendungen von SAP R/3. Wiesbaden: Vieweg, 1996.

Lösungen zu den Übungsaufgaben

1 Grundlagen der Betriebswirtschaftslehre

❶ Methoden der betriebswirtschaftlichen Erkenntnisgewinnung

zu 2.1

1a) genetische Methode
1b) deskriptive Methode
1c) induktive Methode
1d) axiomatisch-deduktive Methode

zu 2.2

Die axiomatisch-deduktive Methode entfällt, da Axiome keines Beweises bedürfen.

❷ Kennzahlen betrieblichen Wirtschaftens (Produktivität)

zu 2.1

a) Arbeitsproduktivität

Betrieb A

$$\text{Arbeitsproduktivität} = \frac{1440 \text{ Stück}}{200 \text{ Mitarbeiter}} = 7{,}2 \text{ Stück/M.}$$

Betrieb B

$$\text{Arbeitsproduktivität} = \frac{1800 \text{ Stück}}{250 \text{ Mitarbeiter}} = 7{,}2 \text{ Stück/M.}$$

b) Kapitalproduktivität

Betrieb A

$$\text{Kapitalproduktivität} = \frac{1440 \text{ Stück}}{32000 \text{ €}} = 0{,}045 \text{ Stück/€}$$

Betrieb B

$$\text{Kapitalproduktivität} = \frac{1800 \text{ Stück}}{36000 \text{ €}} = 0{,}05 \text{ Stück/€}$$

zu 2.2

$$\text{Wirtschaftlichkeit} = \frac{1440 \text{ Stück} \times 19{,}20 \text{ €/Stück}}{32000 \text{ €}} = 0{,}864$$

zu 2.3

$$0{,}85 = \frac{1800 \text{ Stück} \cdot x}{36000 \text{ €}}$$

$$x = 17 \text{ €/Stück}$$

❸ Kennzahlen betrieblichen Wirtschaftens (Rentabilität)

zu 2.

$$Eigenkapitalrentabilität = \frac{14400\ € \cdot 100\ \%}{120000\ €} = 12\ \%$$

$$Gesamtkapitalrentabilität = \frac{(14400\ € + 7200\ €) \cdot 100\ \%}{120000\ € + 150000\ €} = 8\ \%$$

Das Unternehmen erreicht eine gute Verzinsung seines Kapitals.

❹ Kennzahlen betrieblichen Wirtschaftens (Liquidität)

zu 2.

$$Barliquidität = \frac{(2000 + 4000 + 6000)\ €}{8000\ €} = 1{,}5$$

$$Liquidität\ 2.\ Grades = \frac{(2000 + 4000 + 6000 + 1200)\ €}{8000\ €} = 1{,}65$$

2 Betrieb und Unternehmung als Erkenntnisobjekte der Betriebswirtschaftslehre

❶ Gewinn- und Verlustbeteiligung an einer OHG

zu 2.1 Berechnung der Gewinn- und der neuen Kapitalanteile

Gesell-schafter	Kapitalanteil	Vordivi-dende	Arbeits-anteil	Restge-winn	Gesamt-gewinn	Kapitalan-teil (neu)
A	760.000 – 50.000 710.000	30.400 – 583 29.817	–	178.314,5	208.158,5	918.158,5
B	520.000 – 60.000 + 10.000 470.000	20.800 – 2.700 + 300 18.400	15.100	178.341,5	211.841,5	681.841,5
A + B	1.180.000	48.217	15.100	356.683	420.000	1.600.000

Nebenrechnung:
Gesellschafter A:

– Aus der Privatentnahme von 50.000 € zum 20.10. ergibt sich ein abzuziehender Wert von

$$50.000\ € \cdot 0{,}06 = 3.000\ €,\ 3.000\ € \cdot \frac{70}{360} = \underline{\underline{583{,}33\ €}}$$

Gesellschafter B:

– Aus der Privatentnahme von 60.000 € zum 30.03. ergibt sich ein abzuziehender Wert von

$$60.000\ € \cdot 0{,}06 = 3.600\ €,\ 3.600\ € \cdot \frac{270}{360} = \underline{\underline{2.700\ €}}$$

– Aus der Privateinlage ergibt sich ein hinzuzufügender Wert von

$$10.000\ € \cdot 0{,}06 = 600\ €,\ 600\ € \cdot \frac{180}{360} = \underline{\underline{300\ €}}$$

zu 2.2. Berechnung der neuen Eigenkapitalrentabilitäten

Gesellschafter A: $R_{EK} = \frac{208.158{,}5}{710.000} \cdot 100\,\% = \underline{\underline{29{,}31\,\%}}$

Gesellschafter B: $R_{EK} = \frac{211.841{,}5}{470.000} \cdot 100\,\% = \underline{\underline{45{,}07\,\%}}$

zu 2.3

S — Gewinn- und Verlustrechnung — H

S		H
*		*
*		*
*		*
Gewinnanteil A	208.158,5	
Gewinnanteil B	211.841,5	

S — Privatkonto A — H

S		H	
Entnahme	50.000	Kap. A	50.000
	50.000		50.000

S — Kapitalkonto A — H

S		H	
Privat	50.000	AB	760.000
SB	918.158,5	Zugang	208.158,5
	968.158,5		968.158,5

S — Privatkonto B — H

S		H	
Entnahme	60.000	Einlage	10.000
		Kap. B	50.000
	60.000		60.000

S — Kapitalkonto B — H

S		H	
Privat	50.000	AB	520.000
SB	681.841,5	Zugang	211.841,5
	731.841,5		731.841,5

zu 2.4

Buchungssatz zu a) per GuV an Kapitalkonto A 208.158,5 €

Buchungssatz zu b) per Kapitalkonto B an Privatkonto B 50.000 €

❷ Gewinn- und Verlustbeteiligung an einer KG

zu 2.1 Berechnung der Gewinn- und der neuen Kapitalanteile

Gesell-schafter	Kapitalan-teil	Vordivi-dende	Arbeits-anteil	Restge-winn	Gesamt-gewinn	Kapitalan-teil (neu)
A	760.000 – 50.000 710.000	30.400 – 583 29.817	15.100	267.512,25	312.429,25	1.022.429,2
B	520.000 – 60.000 + 10.000 470.000	20.800 – 2.700 + 300 18.400	–	89.170,75	107.570,75	470.000
A + B	1.180.000	48.217	15.100	356.683	420.000	1.492.429,2

zu 2.2 Berechnung der Eigenkapitalrentabilitäten

Komplementär: $R_{EK} = \frac{312.429,25}{710.000} \cdot 100\,\% = \underline{\underline{44\,\%}}$

Kommanditist: $R_{EK} = \frac{107.570,75}{470.000} \cdot 100\,\% = \underline{\underline{22,88\,\%}}$

zu 2.3

A Bilanz der KG P

		01.01.XX	31.12.XX
Anlagevermögen	Kapital A	710.000	1.022.429,2
Umlaufvermögen	Kapital B	470.000	470.000
	sonstige Verbindlichkeiten		107.570,75

❸ Rechtspersönlichkeit und Mindestkapital einer GmbH

zu 2.1

Ja, eine Gründung ist prinzipiell möglich, denn einerseits erbringt jeder Gesellschafter die im § 5 Absatz 1 GmbHG geforderte **Mindest-Stammeinlage** von **100 €** und andererseits wird auch der im gleichen Paragraphen fixierte **Mindestbetrag** des Stammkapitals von **25.000 €** erreicht (**Istwert**: 25.000 €).

zu 2.2

Ja, auch eine Anmeldung im Handelsregister ist laut **§ 7 Absatz 2 GmbHG** möglich, denn der geforderte Gesamtbetrag von **12.500 €** wird auch bei einer ¼-Einzahlung der Geldeinlagen insgesamt erreicht. Damit ergibt sich aus den vollzogenen Modalitäten ein Gesamtbetrag von

$$\left(\frac{6.000}{4} + \frac{4.000}{4} + \frac{2.000}{4} + 9.000 + 4.000\right) € = \underline{\underline{16.000\ €}}$$

zu 2.3
Eintragungskonsequenz:
Wird dem unter 2.2 geforderten Gesamtbetrag von **12.500 €** nicht entsprochen, so erfolgt auch **keine Anmeldung** im Handelsregister. Als logische Konsequenz ergibt sich laut **§ 11 GmbHG** eine **persönliche und solidarische Haftung** aller Gesellschafter der „Personenvereinigung eigener Art“:

❹ Öffentlich-rechtliche Betriebe

These 1: Richtig.
Ein weiteres Unterscheidungsmerkmal liegt in der vorrangigen Integration des öffentlichen Rechts gegenüber dem Privatrecht begründet.
These 2: Falsch.
Richtigstellung: Auch öffentlich-rechtliche Betriebe können in privatrechtlicher Form, vorrangig als öffentliche Kapitalgesellschaften und Genossenschaften geführt werden.
These 3: Richtig.
These 4: Falsch.
Richtigstellung: Die genannte Medienanstalt verkörpert eine öffentlich-rechtliche Anstalt; Körperschaften sind rechtsfähige Verwaltungseinheiten mit Mitgliedern.
These 5: Falsch.
Richtigstellung: Die genannten Verwaltungseinheiten dokumentieren öffentlich-rechtliche Körperschaften. Eine Anstalt dagegen ist eine durch Gesetz errichtete Institution, allerdings ohne Mitglieder.
These 6: Richtig.

3 Personalwirtschaft

❶ Bestimmung des Personalbedarfs

zu 2.1
t_0 = 01.04.2001 t_x = 01.07.2001
Bruttopersonalbedarf in t_x: 83 MA
Personalbestand in t_0: 93 MA
Nettopersonalbedarf = 83 MA – 93 MA + (7 MA + 2 MA + 3 MA) – 1 MA
= 1 MA

zu 2.2
Voraussetzung für die Neubesetzung einer Stelle sind Informationen über die Anforderungen, die an den künftigen Mitarbeiter gestellt werden. Auf der Basis eines geeigneten Kriterienkataloges, z. B. dem Genfer Schema und dessen Erweiterungen, sollte für diese Stelle ein Anforderungsprofil erstellt werden. Dieses Anforderungsprofil beinhaltet Informationen, ob und in welchem Ausmaß solche Aspekte wie Kenntnisse, Geschicklichkeit, Verantwortung, Belastung sowie Umgebungseinflüsse an diesem Arbeitsplatz für einen Stelleninhaber relevant sind.

❷ Berechnung des Personalbedarfs mit Hilfe der Kennzahlenmethode

zu 2.

Geplante Wertschöpfung: 1,1 Mio €
Geplante Arbeitsproduktivität: 2,3 +0,184 = 2,484
(= 2,3 + 8 %)

$$Arbeitsproduktivität = \frac{Wertschöpfung}{Arbeitsstunden}$$

$$Arbeitsstunden = \frac{geplante\ Wertschöpfung}{geplante\ Arbeitsproduktivität} = \frac{1{,}1\ Mio}{2{,}484} = 442834$$

Erforderliche Stundenzahl im Jahr 2002: 442 834

❸ Fallstudie zur Personalentwicklung

Denkanstöße zur Fallstudie

zu 2.1
- Die Meldung über einen vermuteten Entwicklungsbedarf erfolgte viel zu spät.
- Der Gruppenleiter hätte eher informieren müssen.
- Für die Planung von Qualifizierungsmaßnahmen ist es viel zu spät.

zu 2.2.
- Sie als Verantwortlicher für Aus- und Weiterbildung müssen über geplante Änderungen und Investitionen immer auf dem Laufenden sein.
- Sie haben keine aktive Informationsbeschaffung betrieben.

zu 2.3
- Es sollte ein Anforderungsprofil für die Bedienung der neuen Maschine erstellt werden.

- Anhand des Anforderungsprofils muss festgestellt werden, welche Mitarbeiter evtl. besser geeignet sind, die neue Maschine zu bedienen, als die von dem Gruppenleiter vorgeschlagenen.
- Überlegen, ob über andere Maßnahmen der Personalbeschaffung kurzfristig der entstandene Personalbedarf gedeckt werden kann (z. B. über Personalleasing)
- Qualifizierungsmaßnahmen planen, um zumindest in absehbarer Zeit geeignete Mitarbeiter im Unternehmen zu haben, die in der Lage sind, die neuen Maschinen zu bedienen.

❹ Entlohnung

zu 2.1

Akkordrichtsatz	= 17,50 €/h + 10 % = 17, 50 €/h
	+ 1,75 €/h = 19,25 €/h
Minutenfaktor	= 19,25 €/h : 60 = 0,32 €/min
Geldfaktor	= 3 min/Stück × 0,32 €/min = 0,96 €/Stück
Zeitakkord	= 23 Stück/h × 3 min/Stück × 0,32 €/min
	= 22,08 €/h
Geldakkord	= 23 Stück/h × 0,96 €/Stück = 22,08 €/h

Zeitakkord und Geldakkord betragen jeweils 22,08 €/h.

zu 2.2

Zeitakkord	= 19 Stück/h x 3 min/Stück × 0,32 €/min
	= 18,24 €/h
Geldakkord	= 19 Stück/h × 0,96 €/Stück = 18,24 €/h

zu 2.3

Folgende Voraussetzungen müssen erfüllt sein, wenn die Lohnform Akkordlohn eingesetzt werden soll: Die Arbeiten müssen akkordfähig sein, d. h., die anzuwendenden Arbeitsmethoden müssen im Voraus bekannt und das Arbeitsergebnis mengenmäßig erfassbar sein. Gleichzeitig muss eine Arbeit akkordreif sein, d. h., der Arbeitsplatz, der Arbeitsvorgang und der Arbeitsablauf müssen so gestaltet sein, dass ein ausreichend geeigneter und eingearbeiteter Mitarbeiter die Arbeit störungsfrei durchführen kann.

4 Anlagenwirtschaft

❶ Methoden der planmäßigen Abschreibung

zu 2.1/2.2/2.3

	lineare Abschreibung	arithmetisch-degressive Abschreibung	geometrisch-degressive Abschreibung
Anschaffungswert – 1. AfA	42.000 7.000	42.000 12.000	42.000 10.500
1. Restwert – 2. AfA	35.000 7.000	30.000 10.000	31.500 7.875
2. Restwert – 3. AfA	28.000 7.000	20.000 8.000	23.625 5.906,25
3. Restwert – 4. AfA	21.000 7.000	12.000 6.000	17.718,75 4.429,69
4. Restwert – 5. AfA	14.000 7.000	6.000 4.000	13.289,06 3.322,27
5. Restwert – 6. AfA	7.000 7.000	2.000 2.000	9.966,79 2.491,70
Restwert	0	0	7.475,09

zu 2.4

$$i = n - \frac{100}{p} + 1 = 6 - \frac{100}{25} + 1 = 3$$

Im dritten Jahr sollte von der geometrisch-degressiven Abschreibung in die lineare Abschreibungsform gewechselt werden.

❷ Investitionsrechnung mittels der internen Zinsfuß-Methode

zu 2.1
Definition interner Zinsfuß:
Der interne Zinsfuß ist der Zinssatz, bei dem der Kapitalwert einer Investition gleich null ist.

Grundansatz:
- Maßstab für die Darstellung der Vorteilhaftigkeit einer Investition ist der interne Zinsfuß(satz), das heißt, die Effektivverzinsung des in einer Investition gebundenen Kapitals.

Formel nach *Olfert 1995*, 202:

$$0 = \frac{e_1 - a_1}{(1+i)} + \frac{e_2 - a_2}{(1+i)^2} + L + \frac{e_n - a_n}{(1+i)^n} + \frac{L}{q^n} - a_0$$

i = Kalkulationszinssatz (%)

Arbeitsschritte der Näherungslösung

1. Arbeitsschritt

- Berechnung des Kapitalwertes mit einem beliebigen Zinssatz
- Ergibt sich im Ergebnis ein positiver Kapitalwert, so ist der interne Zinssatz größer als der integrierte Zinssatz. Bei negativem Kapitalwert gilt die umgekehrte Feststellung.

2. Arbeitsschritt

In einem zweiten Schritt ist dann der Kapitalwert mit einem entsprechend höheren Kalkulationszinssatz zu berechnen, wenn die Berechnung zu 1. einen positiven Kapitalwert ergab. Dieser Kalkulationszinssatz sollte so gewählt werden, dass der Kapitalwert negativ wird. Andernfalls ist umgekehrt zu verfahren.

3. Arbeitsschritt

Im dritten Schritt wird der gesuchte interne Zins durch Interpolation rechnerisch oder grafisch ermittelt. Logischerweise muss sich im Ergebnis der interne Zinssatz zwischen dem zuerst gewählten niedrigen Kalkulationszinssatz mit positivem Kapitalwert und dem dann höheren Kalkulationszinssatz mit negativem Kapitalwert befinden.

zu 2.2

Entscheidungsregel bei Einzelentscheidung: $\boxed{r = \geq r_{min}}$

- Ergebnisse zum 1. Arbeitsschritt

Versuchszinssätze		I = 0,07		i = 0,30	
Jahr	Überschüsse	Abzinsungsfaktor	Barwert	Abzinsungsfaktor	Barwert
1	50.000	0,935	46.750	0,769	38.450
2	50.000	0,873	43.650	0,592	29.600
3	300.000	0,816	244.800	0,455	136.500
4	100.000	0,763	76.300	0,350	35.000
5	200.000	0,713	142.600	0,269	53.800
+ L	20.000	0,713	14.260	0,269	5.380
=	Summe		568.360		298.730
-	Anschaffungswert		300.000		300.000
=	Kapitalwert		+ 268.360		– 1.270

Ergebnis zum 3. Arbeitsschritt

- Rechnerische Interpolation

  Formelansatz nach *Olfert 1995*, 203: $\boxed{r = i_1 - C_{O_1} \cdot \frac{i_2 - i_1}{C_{O_1} - C_{O_2}}}$

  r = interner Zinsfuß

  r_{min} = vom Unternehmen festgelegte Mindestverzinsung

$$r = 0{,}07 - 268.360 \cdot \frac{0{,}30 - 0{,}07}{-1.270 - 268.360} = 29{,}89\,\%$$

Die Investition wäre vorteilhaft, da der interne Zinsfuß 13,89 % über dem Mindestverzinsungsanspruch von 16 % liegt.
Grafische Interpolation:

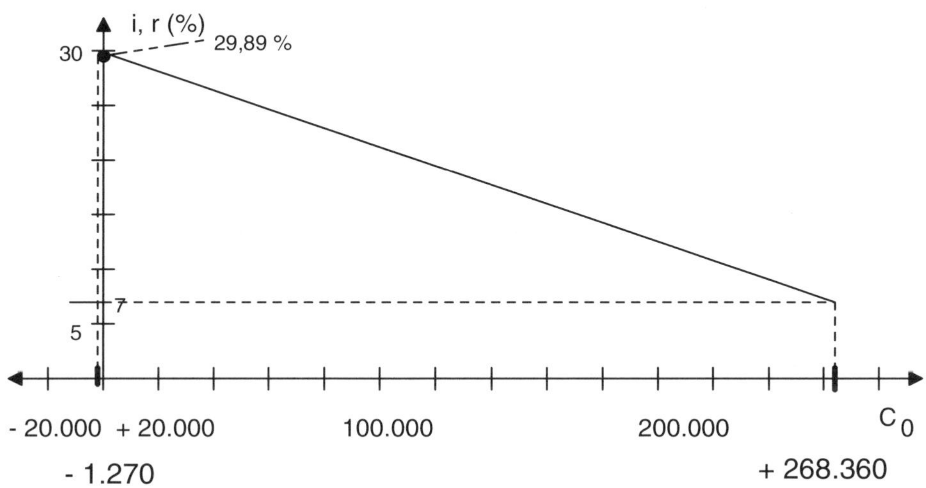

❸ Investitionsrechnung mittels der Annuitäten-Methode

zu 2.1
Definition Annuität:
Annuität ist eine regelmäßige, stets gleich bleibende Jahresleistung zur Verzinsung und Tilgung einer Schuld.

Formelansatz nach *Olfert 1995*, 210: $d = C_0 \cdot \frac{q^n\ (q-1)}{q^n - 1}$

d = Annuität (€/Jahr)

$\frac{q^n\ (q-1)}{q^n - 1}$ = Kapitalwiedergewinnungsfaktor

Lösungsweg:

- Zunächst werden die über den Investitionszeitraum anfallenden Aus- und Einzahlungen unter Anwendung eines Kapitalwiedergewinnungsfaktors in durchschnittliche, gleich bleibende jährliche Zahlungsströme umgerechnet.
- Der Kapitalwiedergewinnungsfaktor bestimmt sich vorrangig durch die Höhe des Kalkulationszinssatzes und die Investitionsdauer.

zu 2.2

Entscheidungsregel bei Einzelentscheidung: $\boxed{d \geq 0}$

Ergebnisse zum Lösungsweg:

	Summe der Barwerte:	568.360
–	Anschaffungswert:	300.000
=	Kapitalwert	268.360

$$d = C_0 - \frac{q^n\ (q-1)}{q^n - 1} = 268.360 \cdot 0{,}2439\ \text{€/Jahr} = 65.453\ \text{€/Jahr}$$

Die Investition ist vorteilhaft, da die Annuität positiv ist, also eine Gewinnannuität vorliegt.

5 Materialwirtschaft

❶ ABC-Analyse

zu 2.1

Rang	Material-position	Jahresbedarf (€)	%-Anteil vom Gesamtwert	%-Anteil kumulativ	Wertgruppe
1	6	60.000	40 %		A
2	9	45.000	30 %	70 %	A
3	1	22.500	15 %	85 %	B
4	3	7.500	5 %	90 %	B
5	5	7.500	5 %	95 %	B
6	2	1.500	1 %	96 %	C
7	4	1.500	1 %	97 %	C
8	7	1.500	1 %	98 %	C
9	8	1.500	1 %	99 %	C
10	10	1.500	1 %	100 %	C
Summe		150.000	100 %		

zu 2.2

Materialwirtschaftliche Aktivität	gilt für Wertgruppe
Anwendung von Markt-, Preis- und Kostenstrukturanalysen	A
Festlegung kleiner Bestellmengen	A
Großzügige Festlegung von Sicherheitsbeständen	C
Anwendung exakter Dispositionsverfahren	A

❷ Materialbedarfsrechnung

zu 2.1

Mengenbedarf an BT 2 = 3 + 18 + 3 + 6 + 1 = 31 ME

	8	9	10	11	12	13	14	15	16	17	18	19
Primärbedarf E1					19	17	15	12	6	6	14	16
Sekundärbedarf BT 2					589	527	465	372	248	186	434	496
Vorlaufverschiebung		589	527	465	372	248	186	434	496			
+ Zusatzbedarf		30	50		80							
= Bruttobedarf		619	577	465	452	248	186					
– Lagerbestand		800	181	0	35		48					
+ Vormerkbestand			40									
– Bestellbestand				500								
– Werkstattbestand						200						
= Nettobedarf		– 181	+ 436	– 35	+ 417	+ 48	+ 138					

zu 2.2

Es sind vier Bestellungen, und zwar in der 10., 12., 13. und 14. Periode auszulösen.

zu 2.3

699 + 10 + 10 + 10 – 5 = 724

Die erste Bestellung muss am 724. Fabriktag ausgelöst werden.

❸ Strategieformen

zu 2.

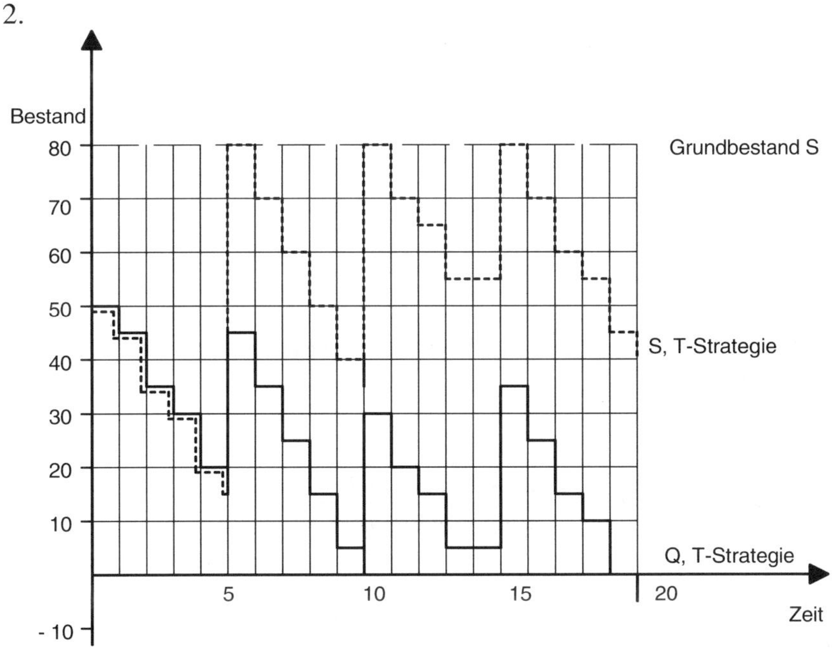

Auswertung:

- Bei der Q, T-Strategie wird Anfangsbestand nicht mehr erreicht
- Bestandsabbau führt nach der 4. Periode zu einem Minuswert, d. h., der „eiserne Bestand" muss angegriffen werden
- Wenn keine eiserne Reserve vorhanden, dann entstehen Fehlmengenkosten mit allen sich daraus ergebenen Konsequenzen
- Vorteil: geringe Kapitalbindung
- bei S, T-Strategie wird immer bis auf den Grundbestand aufgefüllt
- Nachteile:
  - hohe Kapitalbindung (Eiserne Reserve + Überschuss an lfd. Bestand)
  - hohe Lagerhaltungskosten
- Vorteile:
  - Gewährleistung der Realisierung hoher Servicegradanforderungen
  - mögliche Inanspruchnahme von Rabattkonditionen

❺ Lager- und Transportkennzahlen

zu 2.

$$\varnothing\ Lagerbestand = 20.000\ (in\ 1000\ €)$$

$$\varnothing\ Eindecktage = \frac{20.000 \cdot 1000\ € \cdot Tag}{2.5000\ \ 1000\ €} = 8\ Tage$$

$$Sicherheitskoeffizient = \frac{6000 \cdot 100\,\%}{20000} = 30\,\%$$

$$Einsatzgrad\ \ Tm = \frac{14}{20} = 0{,}7$$

6 Produktionswirtschaft

❶ Grundlegende Eigenschaften von Produktionssystemen Kapazität

zu 2.1

$$Kapazitätsauslastungsgrad = \frac{Kapazitätsbedarf}{Kapazitätsangebot} \cdot 100\,\%$$

Für KW 25 gilt: $= \frac{4900\ \ Std.}{4000\ \ Std.} \cdot 100\,\% = 122{,}50\,\%$

Es besteht eine Kapazitätsüberlast für die KW 25.
Für den gesamten Planungszeitraum von 13 KW ergibt sich durch summierte Werte für Kapazitätsbedarf und -nachfrage folgender Kapazitätsauslastungsgrad:

$$Kapazitätsauslastungsgrad = \frac{50.100\ Std.}{52.000\ Std.} \cdot 100\,\% = 96{,}35\,\%$$

zu 2.2
Zur Beseitigung der Kapazitätsspitze in KW 25 sollte die kurzfristige Durchführbarkeit folgender Maßnahmen geprüft werden:

- zeitliche Verschiebung von Fertigungsaufträgen auf frühere oder spätere Termine
- zeitweilige Vergabe von Fertigungsaufträgen an externe Dienstleister
- Überstundenarbeit, kurzfristiger Einsatz zusätzlicher Arbeitskräfte und/ oder Betriebsmittel

zu 2.3
Die dargestellte Situation charakterisiert einen längerfristig bestehenden Kapazitätsengpass. Zur Beseitigung dieses Engpasses sind unter Wahrung des Wirtschaftlichkeitsprinzips Investitionen in Betriebsmittel, die Einstellung von Arbeitskräften und/oder die Vergabe von Fremdleistungen als mögliche Entscheidungsalternativen zu prüfen.

❷ Produktionstypen

zu 2.
Entsprechend den skizzierten Produktionsbedingungen ist die Gruppenfertigung ein geeigneter Produktionstyp.
Gemeinsame geometrische Formelemente in Verbindung mit ähnlichen technologischen Produktionsabläufen können als Grundlage für die Gruppenbildung der Getriebewellen genutzt werden. Für die nach diesen Aspekten gruppierten Werkstücke ist eine Fließfertigung mit variablen Prozessfolgen zu organisieren. Unter Nutzung der Vorteile der Fließfertigung ist dennoch eine flexible, auf hohe Produktvielfalt orientierte Fertigung in Serien möglich.
Welches konkrete Produktionskonzept (z. B. Fertigungszellen, flexible Fertigungssysteme, flexible Fertigungsinseln) konkret anzuwenden ist, bleibt jedoch weiteren Untersuchungen vorbehalten.

7 Marketing

❶ Produktinnovation

zu 3.
Berechnung des Gewinnschwellenwertes x_B:

$$x_B = \frac{Fixkosten\ (K)}{Preis(p) - variableKosten\ (k_v)}$$

$$x_B = \frac{150\ 000\ €}{30\ €/St. - 14\ €/St.}$$

$$x_B = \underline{\underline{9375\ Stück}}$$

Da die erwartete Absatzmenge (15 000 Stück) deutlich über dem Gewinnschwellenwert (9375 Stück) liegt, kann das Projekt weiter verfolgt werden.

8 Finanzwirtschaft

❶ Liquidität

zu 2.
Der Cash-Flow ergibt sich wie folgt:

Jahresüberschuss	150.000 €
+ Abschreibungen	200.000 €
+ Rückstellungsaufwendungen	30.000 €
– Zielverkäufe	120.000 €
+ Einzahlungen aus Zielverkäufen	100.000 €
= Cash-Flow	360.000 €

❷ Finanzierungsregeln

zu 2.
Die horizontale Bilanzregel führt zu folgenden Relationen:

- in t = 0

$$Goldene\ Bilanzregel = \frac{800 + 60}{500 + 600} \cdot 100\,\% = 78{,}18\ \%$$

- in t = 1

$$Goldene\ Bilanzregel = \frac{1000 + 50}{550 + 750} \cdot 100\,\% = 80{,}77\ \%$$

Die Regelanforderung wird damit eingehalten.
Die vertikale Kapitalstrukturregel führt zu folgenden Relationen

- in t = 0

$$V = \frac{200 + 600 + 200}{500} = 2$$

- in t = 1

$$V = \frac{300 + 750 + 150}{550} = 2{,}18$$

Die (gemilderte) Regelanforderung wird nur knapp erfüllt.

❸ Langfristige Kreditfinanzierung

zu 2.

Einzahlung: 189.000 €
Auszahlungen: Kapitaldienst (Annuität)

J	Restschuld PA	Zinsen	Tilgung	Annuität	Restschuld PE
1	200.000,00	12.000,00	40.000,00	52.000,00	160.000,00
2	160.000,00	9.600,00	40.000,00	49.600,00	120.000,00
3	120.000,00	7.200,00	40.000,00	47.200,00	80.000,00
4	80.000,00	4.800,00	40.000,00	44.800,00	40.000,00
5	40.000,00	2.400,00	40.000,00	42.400,00	0

Der Effektivzins entspricht dem internen Zinsfuß der Zahlungsreihe (= Zinssatz, der zu einem Kapitalwert von 0 führt). Es gilt (in €):

$$189.000 \quad - 52.000 \cdot 1{,}06^{-1} - 49.600 \cdot 1{,}06^{-2} - 47.200 \cdot 1{,}06^{-3} - 44.800 \cdot 1{,}06^{-4} - 42.400 \cdot 1{,}06^{-5}$$

Die Ermittlung des gesuchten Zinssatzes erfolgt über wenigstens 2 Versuchszinssätze und Interpolation der Ergebnisse mit der Regula falsi.

Zahlungen	i = 7 %	Kapitalwert	i = 9 %	Kapitalwert
189.000,00	1	189.000,00		189.000,00
– 52.000,00	0,9346	– 48.599,20	0,9174	– 47.704,80
– 49.600,00	0,8734	– 43.320,64	0,8417	– 41.748,32
– 47.200,00	0,8163	– 38.529,36	0,7722	– 36.447,84
– 44.800,00	0,7629	– 34.177,92	0,7084	– 31.736,32
– 42.400,00	0,7130	– 30.231,20	0,6499	– 27.555,76
Summe		– **5.858,32**		**3.806,96**

$$i_{eff} = i_1 - K_1 \cdot \frac{i_2 - i_1}{K_2 - K_1}$$

$$i_{eff} = 0{,}07 + 5.858{,}32 \cdot \frac{0{,}09 - 0{,}07}{3.806{,}96 + 5.858{,}32} = 0{,}0821$$

Der Effektivzins liegt bei 8,21 %. Eine höhere Genauigkeit ist zu erreichen, wenn weitere Versuchszinssätze verwendet werden.

❹ Kurzfristige Fremdfinanzierung

zu 2.
Der Jahreszins ergibt sich mit

$$p = \frac{3\,\%}{90 - 10} \cdot 360 = 13{,}50\ \%$$

Falls der Unternehmer eine freie Kontokorrentlinie zu 10 % Zinsen hat, empfiehlt sich die Zahlung nach 10 Tagen unter Abzug von Skonto.

9 Steuern

❶ Gewerbesteueraufwand einer OHG

Gemäß der in Abschnitt 9.3.2.5. angegebenen Formel gilt:

A = 500/2500 · (125.000 – 48.000) = 15.400,–

❷ Einkommensteuerbelastung eines Einzelunternehmers

Der Verlustausgleich ist maximal möglich bis zu

100.000 + (200.000 – 100.000)/2 = 150.000.

Diese Grenze wird durch 45.000 nicht erreicht.
Einkommensberechnung:

200.000
– 45.000 (Verlustausgleich)
– 8.000 (Sonderausgaben)
____
147.000 (zu versteuerndes Einkommen)

Abrundung: 146.988 (ohne Rest durch 54 teilbar)

Anwendung der Steuerformel:

146.988 · 0,485 – 19.299 = 51.990,18

❸ Umsatzsteuer: Ermittlung der Zahllast

Umsatzsteuer-Schuld vor Vorsteuerabzug (Saldo):		160.640,–
	–	12.400,–
	=	148.240,–
Vorsteuerabzug (Saldo):		87.540,–
	–	7.050,–
	=	80.490,–
Zahllast:		67.750,–

10 Rechnungswesen

❶ Gewinnermittlung

Aufwendungen	Gewinn- und Verlust-Rechnung		Erträge
Personal	2.500.000,–	Umsatzerlöse	6.800.000,–
Sachaufwand	1.500.000,–	Sonst. Erträge	200.000,–
Sonst. Aufwand	100.000,–		
Abschreibungen (1)	386.000,–		
Gewinn (2)	2.514.000,–		
Summe	7.000.000,–	Summe:	7.000.000,–

Anmerkung:
(1) Die Summe der jährlichen Abschreibungen (vgl. Fall 2, Anm. (2) bis (4)) beträgt 96.000,– + 250.000,– + 40.000,– = 386.000,–
(2) Saldo aus Erträgen minus Aufwendungen.

❷ Bilanzierung

Aktiva	Schlussbilanz		Passiva
Grundstück (1)	1.200.000,–	Langfr. Schulden	3.000.000,–
		Kurzfr. Schulden	300.000,–
Gebäude (2)	3.648.000,–	Eigenkapital	4.528.000,–
		- davon Gewinn: 2.514.000,– (5)	
Maschinen (3)	1.250.000,–		
Möbel usw. (4)	80.000,–		
Vorräte	100.000,–		
Forderungen	1.500.000,–		
Zahlungsmittel	50.000,–		
Summe	7.828.000,–	Summe	7.828.000,–

Anmerkungen:

(1) Grundstücke sind nicht abnutzbar, daher keine Abschreibung.

(2) Jährliche Abschreibung = 4,8 Mio : 50 Jahre = 96.000,–. Bis zum 12. Jahr der Nutzung sind also 12-mal 96.000,– = 1.152.000,– abgeschrieben. Der Restbuchwert beläuft sich damit auf 3.648.000,–.

(3) Jährliche Abschreibung = 2,5 Mio : 10 Jahre = 250.000,–. Bis zum 5. Jahr der Nutzung sind also 5-mal 250.000,– = 1.250.000,– abgeschrieben. Der Restbuchwert beläuft sich damit auf 1.250.000,–.

(4) Jährliche Abschreibung = 200.000,– : 5 Jahre = 40.000,–. Bis zum 3. Jahr der Nutzung sind also 3-mal 40.000,– = 120.000,– abgeschrieben. Der Restbuchwert beläuft sich damit auf 80.000,–.

(5) Vgl. die Lösung der folgenden Kontrollfrage!

❸ Kostenstellensystematik

Vorkostenstellen sind: Rechenzentrum, Lager, Gebäude, Abstellplätze, Verwaltung, Reparaturwerkstatt, Tankstelle, Vertrieb.
Alle anderen Kostenstellen sind Endkostenstellen, weil sie mit der Fertigung der zu verkaufenden Produkte befasst sind und ihre Kosten unmittelbar den Kostenträgern (Automobile) zuzurechnen sind.

❹ Betriebsabrechnung

Die beiden Gleichungen lauten:

(I) $500 + 100b = 2000a$

Gesamtmenge der von V1 abgegebenen Leistungseinheiten

100 Leistungseinheiten von V2 an V1

Primäre Kosten von V1

(II) $1000 + 50a = 5000b$

wobei a und b die Verrechnungssätze der Vorkostenstellen V1 und V2 sind.

Umformung:

(I) $2000a - 100b = 500$

(II) $50a - 5000b = -1000 \quad | \cdot 40$

(IIa) $2000a - 200000b = -40000$

(I – IIa) $199900b = 40500$

$b = 0{,}2026013$

In (I) eingesetzt:

$a = 0{,}2601301$

<u>Vervollständigter BAB:</u>

Kostenstelle:	E1	E2	Summe
Primäre Kosten:	20.000,–	30.000,–	50.000,–
Verrechnung V1:	260,13	247,12	507,25
Verrechnung V2:	790,15	202,60	992,75
Sekundäre Kosten:	21.050,28	30.449,72	51.500,–

❺ Äquivalenzziffernkalkulation

Sorte:	Menge	ÄZ	Menge · ÄZ	Stückkosten
Bt.o.M.	50.000	1,8	90.000	14,04
Bt.m.M.	100.000	2,1	210.000	16,38
Ht.o.M.	300.000	1,0	300.000	7,80
Ht.m.M.	500.000	0,8	400.000	6,24
		Summe:	1.000.000	

Gesamtkosten durch „fiktive Menge“: 7.800.000/1.000.000 = 7,80

❻ Kostentragfähigkeit

Marktwertverfahren. Die Stückkosten sind im Verhältnis der Marktpreise zu ermitteln. Zunächst sind die Erlöse pro Produktart zu berechnen:

A: 4.500,– (= 2,5 t · € 1800,–/t)

B: 15.750,– (= 3,5 t · € 4500,–/t)

C: 5.000,– (= 2,5 t · € 2000,–/t)

D: 3.000,– (= 6,0 t · € 500,–/t)

Summe: 28.250,–
Verhältnis Kosten : Erlöse = 22.600 : 28.250 = 0,8;
Damit sind die Stückkosten das 0,8fache der Erlöse:

A: 1.440,–
B: 3.600,–
C: 1.600,–
D: 400,–

11 Unternehmensführung

❶ Ausgangsdaten: Die Prima-Lock GmbH

zu 1.
Innerbetriebliche Probleme:

- unklarer Führungsstil: einerseits Selbstständigkeit gefordert, andererseits trifft Geschäftsführer letztendlich Entscheidungen selbst

- fehlende Regelung der Stellvertretung – ein längerer Ausfall des Geschäftsführers kann zum Stillstand des Unternehmens führen
- fehlendes Interesse des Geschäftsführers für administrative Aufgaben
- fehlende Stellenbeschreibungen
- fehlende schriftlich fixierte Organisationsstruktur

zu 2.
Mögliche Organisationsstruktur:

- Stabliniensystem – Stabsstellen können die Linien bei den Aufgaben entlasten, die nicht unmittelbar in den Kompetenzbereich der Linie fallen; Stabsstellen haben keine unmittelbare Entscheidungskompetenz, dienen eher der Entscheidungsvorbereitung;
- Vorteile – Mitarbeiter können in ihren bisherigen Tätigkeitsfeldern weiterarbeiten; Entlastung des Geschäftsführers durch neue Hierarchiestufe (Leiter Konstruktion, Leiter Produktion, Leiter Marketing); wichtige Entscheidungen, z. B. strategische Entscheidungen oder F&E-Entscheidungen, bleiben nach wie vor beim Geschäftsführer

Das Organigramm der Prima-Lock GmbH könnte wie auf der folgenden Seite dargestellt aussehen.

zu 3.
Probleme bei Direktinvestition:

- Personalrekrutierung: fehlende Stellenbeschreibung; zur Auswahl geeigneter Mitarbeiter sollten zunächst Stellenbeschreibungen erstellt werden;
- interne Personalbeschaffung: Vorteile – Mitarbeiter kennen das Unternehmen, Produktionsprozesse, Geschäftsführer weiß, was er von den Mitarbeitern erwarten kann; Nachteil – evtl. Betriebsblindheit, Versetzung nur durch entsprechende Motivationsmaßnahmen und Anreizsysteme möglich;
- externe Personalbeschaffung: – lokales Know-how, neue Inputs; Nachteile – kennen Unternehmen nicht, Unternehmen kennt sie nicht;
- Finanzierung: Gefahr der Unterschätzung des Finanzierungsbedarfs, Wechselkursschwankungen, Preisschwankungen usw.
- Umfeld: institutionelle Barrieren – z. B. Behinderung von Direktinvestitionen; verhaltensbedingte Barrieren – marktseitige Barrieren, die sich aus dem Verhalten der Wettbewerber bzw. Abnehmer ergeben (z. B. Zulieferboykott), unternehmensseitige Barrieren, die sich auf Grund ungenügender Information oder psychischer Barrieren ergeben (z. B. ungenügende Marktforschung).

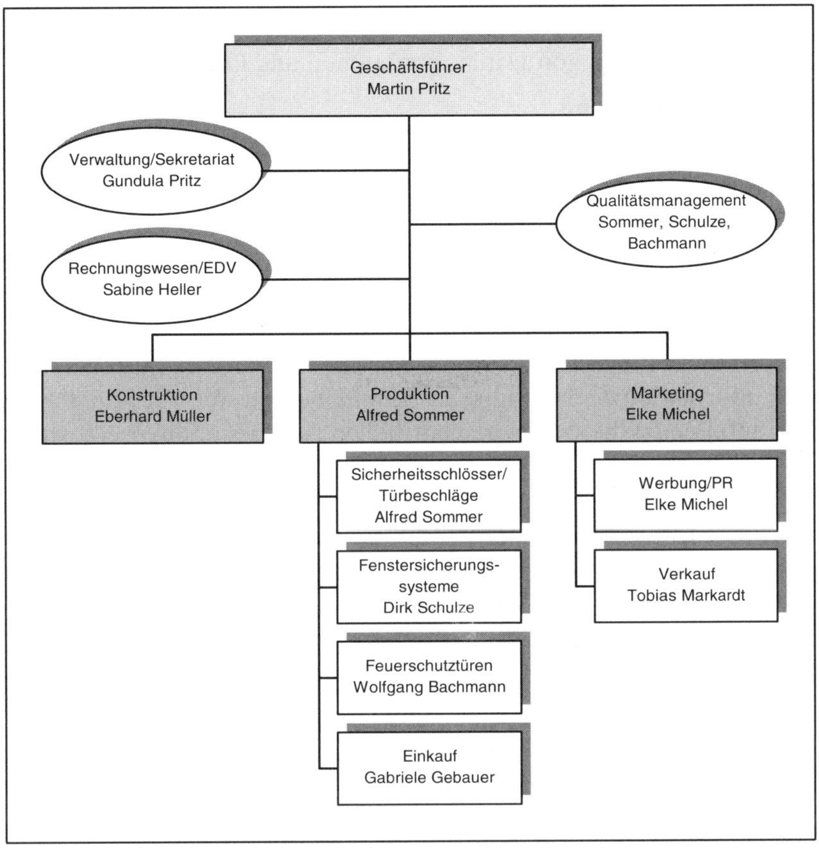

12 Computergestützte Arbeit in ausgewählten Funktionsbereichen von Unternehmen

❶ Aufbau eines Informations- und Kommunikationssystems

Grundsätze:

- Einordnung des Informationsmanagements als Führungsaufgabe
- Betrachtung der Information als zusätzlicher Produktionsfaktor und strategische Ressource
- Unternehmensinterne Integration und Weiterführung der Integration in das Unternehmensumfeld

Modellierungsaspekte:
Modellierungsgegenstände sind

- die Daten über die im Unternehmen befindlichen Objekte
- die Funktionen der Geschäftstätigkeit des Unternehmens

- die Organisation des Unternehmens
- das Zusammenwirken von Daten, Funktionen und Organisation.

Modellierungsebenen sind

- die Fachkonzeptebene, auf der die betriebswirtschaftlichen Modellierungsgegenstände in formalisiert beschriebene, aber betriebswirtschaftsnahe Modelle gebracht werden
- die Ebene des Datenverarbeitungskonzeptes, auf der die Fachkonzepte in die Kategorien und Darstellungsweisen der Informationstechnologie gebracht werden
- die Implementierungsebene, auf der die Datenverarbeitungskonzepte in lauffähige informationstechnologische Komponenten für die Bearbeitung der täglich anfallenden betriebswirtschaftlichen Aufgaben umgesetzt werden.

Schwerpunktaufgaben:

- Analyse des Informationsbedarfs und der Bedürfnisse an Informationsverarbeitung bei den betrieblichen Stellen und Organisationseinheiten
- Untersuchung, inwieweit informationstechnologische Anwendungssysteme die erhobenen Anforderungen befriedigen können
- mittel- und langfristige Anwendungssystemplanung
- Daten-, Organisations-, Funktions- und Geschäftsprozessmodellierung
- Konzeption der informationstechnologischen Ressourcen sowie Planung ihrer Beschaffung und des Einsatzes

❷ Rationeller Zugang zu nutzbarer Software

- Wegen zu hoher Belastung nicht machbar:
  Entwicklung einer eigenen unternehmensspezifischen Software und Betrieb eines eigenen Rechenzentrums
- Rationelle Wege:
  - Kauf sowie Anpassung einer integrierten Standardsoftware eines Softwarehauses und Betrieb eines eigenen Rechenzentrums
  - Nutzung einer integrierten Standardsoftware im Rechenzentrum eines Dienstleisters / Outsourcing / Applikation Service Providing

❸ Geschäftstätigkeit im E-Business

Analysen und Maßnahmen zur Vorbereitung des E-Business

- Analyse der potentiell zu erreichenden Partner – Business-to-Business-Beziehung (B2B) oder Business-to-Customer-Beziehung (B2C)
- Analyse der Geschäftsprozesse bezüglich ihrer Eignung für das E-Business und des enthaltenen Wertschöpfungspotenzials
- Inwieweit ist der Ansatz des Supply Chain Management (SCM) einzubeziehen?

- Inwieweit ist der Ansatz des Customer Relationship Management (CRM) einzubeziehen ?
- Festlegung, welche Entwicklungsstufe des E-Commerce angestrebt werden soll
- Konzipierung der erforderlichen Veränderungen in der betrieblichen Organisation
- Untersuchungen zum möglichen Aufbau eines eigenen Unternehmensportals im Internet
- Untersuchungen zum möglichen Anschluss an einen Marktplatz bzw. zum Aufbau eines eigenen Markplatzes im Internet

Stichwortverzeichnis